남명학파의 인물들

벽재 논문집 2

남명학파의 인물들

이상필 지음

경인문화사

|목 차|

제1장 남명의 문인들

제2장 남명학파의 인물들

제3장 남명학파 문집 해제

제1장

남명의 문인들

龜巖 李楨의 學問 標的
- 「神明舍賦」의 분석을 중심으로 -

Ⅰ. 머리말

龜巖 李楨(1512~1571)은 퇴계 이황의 초기 문인으로서 퇴계 학단의 여러 사람들에게 학문적 기대를 한 몸에 받았던 인물이다. 그리고 이웃 고을에 살았던 남명 조식과도 깊은 친분을 가지면서 학문적 보익을 입었던 인물이기도 하다. 그러나 만년에 남명이 귀암과 절교를 선언함으로써 후인들은 대체로 귀암이 퇴계의 영향을 받은 것에만 주목하고 남명의 영향을 받은 것에는 주목하지 않게 되었다.

그리하여 사천 지역에 남명학파가 존재하지 않은 것을 귀암이 퇴계의 문인이 되었기 때문이라고 주장하기에 이르렀다. 남명학파 학자들의 부재는 당시의 하동·남해·사천·곤명·고성·거제·진해 등지에 나타나는 공통적인 현상으로, 사천 지역에만 독특한 현상이 아니다. 물론 이들 지역에는 퇴계학파라 할 인물도 없음은 물론이다. 이는 남명과 귀암과의 만년의 절교 사실을 지나치게 확대해석한 결과인 것이다.

본고는 이 점에 의문을 제기하면서, 귀암이 과연 남명의 학문과는 무관하고 퇴계의 학문만 표적으로 삼았던가 하는 점을 검토하려는 목적에서 집필된 것이다. 이러한 목적을 성취하기 위해서는 귀암의 저술 전반을 면밀히 검토하지 않으면 확실한 결론을 내기는 어려울 것이다. 그러나 우선 귀암의 작품 가운데 「신명사부」만을 대상으로 하여 그 대강이나마 검토해 보고자 한다.

II. 南冥·退溪와의 관계

귀암이 퇴계를 만나 문인이 된 것은 鄭斗 所撰 龜巖 行狀에 의하면 榮川 군수 시절 도산으로 찾아가 뵘으로부터라 한다. 귀암이 榮川 군수에 재임한 것은 1541년에서 1546년 사이며, 퇴계의 연보에 의하면 퇴계가 그 사이에 도산에 머물렀던 때는 1543년 겨울에서 1544년 봄 사이다.[1] 그리고 1552년 8월에 귀암이 성균관 전적이 되었다가 9월에 사성으로 승진하였는데, 그 해 7월에 퇴계가 성균관 대사성이 되어 있었으므로, 귀암이 그 해 10월에 청주 목사로 부임하기 전까지 두어 달 동안은 서로 같이 근무하게 되었다.

한국문집총간 소재 『퇴계집』에는 퇴계가 귀암에게 보낸 편지가 1553년을 시작으로 하여 1570년에 이르기까지 모두 52편이 실려 있다. 문집을 통해서는 1553년 이전의 구체적 교유 상황은 파악하기 힘들다. 각자의 연보와 행장에 의거, 이 시기를 전후하여 퇴계와 귀암 및 남명이 시기별로 거주하였던 지역을 추적하여 정리하면 대체로 다음과 같다.

．．．．．．．．．．．．．．．．．．．．．

1 鄭景柱 교수는 그의 논문 「龜巖 李楨의 師友와 學問淵源」에서, 귀암의 시 「次退溪先生韻贈性眞」에 보이는 "上下甲辰庚午歲"란 표현을 근거로 귀암이 1544년 이후 퇴계의 제자로 자처하게 되었다고 하였다.

기 간	퇴 계	구 암	남 명	비 고
1543.10~1544. 2	陶山	榮川郡守	金海	1541~1546 榮川郡守
1544. 2~1546. 2	서울 仕宦	榮川郡守	金海 三嘉	
1546. 2~1546. 5	陶山	서울 仕宦	三嘉(居喪)	
1546. 5~1546. 8	陶山	善山府使	三嘉(居喪)	
1546. 8~1546.11	서울 仕宦	善山府使	三嘉(居喪)	
1546.11~1547. 8	陶山	善山府使	三嘉(居喪)	
1547. 9~1548. 1	서울	泗川	三嘉(居喪)	
1548. 1~1549.12	丹陽	泗川	三嘉	
1550. 1~1552. 3	陶山	泗川(居喪)	三嘉	
1552. 8~1552.10	서울(大司成)	서울(司成)	三嘉	
1552.10~1556. 1	서울 陶山	淸州牧使	三嘉	1553. 退南書札往復
1556. 1~1559. 6	서울 陶山	泗川	三嘉	1558.4 遊頭流山
1559. 6~1560. 7	陶山	서울 仕宦	三嘉	1561. 鷄伏堂銘批評
1560. 8~1563. 1	陶山 서울	慶州府尹	三嘉 德山	1561. 神道碑銘撰述
1563. 6~1563.10	陶山	서울 仕宦	德山	1562. 四七論辯批判
1563.11~1566. 4	陶山 서울	順天府使	德山	1564.9 退南書札往復
1566. 4~1568. 6	陶山 서울	泗川 居喪	德山	1568.6 淫婦獄事勃發
1568. 6~1569. 9	陶山 서울	서울 仕宦	德山	1568.10南冥絶交龜巖
1569.10~1571. 7	陶山	泗川	德山	

한국정신문화연구원에서 1980년에 간행된 『陶山全書』에는 27권에서 30권까지 4권에 걸쳐 귀암에게 보낸 103편의 편지가 실려 있다. 이를 줄여서 실은 것이 한국문집총간본 『退溪集』이다. 그러나 이 두 곳에도 공히 1553년의 편지부터 실려 있고 그 이전의 편지는 보이지 않는다. 퇴계가 평소 자신의 저작을 잘 모아두었다는 점을 감안하면 1553년 이전에 귀암과 퇴계의 교제는 그리 긴밀하지는 않았던 것으로 보인다.

위의 표에서 보듯이 1552년 8월부터 10월까지 약 석 달 가까이 성균관의 대사성과 사성으로 있으면서 급속히 친밀해진 것이 아닌가 생각된다. 왜냐하면 그 바로 뒤에 청주목사로 부임한 이후부터 별세할 때까지 18년 동안, 퇴계가 귀암에게 공경과 친밀의 뜻을 지닌 103편의 편지를 남겼기 때문이다.

그러나 남명과의 교유를 세밀하게 알 수 있는 기록은 별로 남아 있지 못하다. 『南冥集』이나 「南冥編年」 등에도 자세치 않고, 『龜巖集』에도 자세치 않다. 이는 필시 말년에 남명이 귀암과 절교한 뒤 두 집안의 후손들이 서로에 대한 언급을 회피한 결과일 것이다.

그러나 귀암이 남명과는 1558년에 두류산을 함께 유람하였고, 1561년에는 남명이 귀암의 先人 神道碑銘을 지었으며, 1562년에는 귀암이 경주부윤에 재임하면서 단속사에서 남명과 회합하였고 1563년 귀암이 경주부윤을 마친 후 德山에서 남명과 여러 날 강학하고 토론하였으며, 1565년 귀암이 순천부사로 재직하면서 『景賢錄』을 간행할 때 남명에게 글을 부탁함으로써 남명이 「書景賢錄後」를 남기게 되었고, 1566년에는 다시 단속사에서 회합하였다. 이러한 관계를 종합해 보면, 남명과 귀암을 단순히 범상한 종유인으로만 이해할 수는 없는 것이다.

특히 귀암의 초기 스승이었던 圭菴 宋麟壽는 남명과 절친하여, 남명이 모친상을 당하자마자 부탁한 先夫人 墓碣銘을 지어 주었다. 규암은 이 글에서 司憲府 大司憲을 역임한 자신보다 두 살 적은 46세의 백면서생인 南冥을 곳곳에서 '先生'이라 호칭하고 있다. 그리고 銘에서 "현철한 아들 낳아 義方으로 교육함에, 道學의 宗師요 儒林의 望이로다.[克生賢子 敎以義方 道學之宗 儒林之望]"라고 표현한 데서, 그의 남명에 대한 존경의 정도를 짐작할 수 있다. 이런 생각을 가진 규암이, 위기지학을 추구하고 있는 자신의 문인 귀암에게 남명을 평소에 언급하지 않았을 리가 없다. 더구나 귀암은 丁熿과 金鸞祥이 죄인으로 거제도에 유배되어 있을 적에 일부러 배를 구하여 타고 가서 이들을 만날 정도로 위기지학을 추구하려는 정성이 지극하였던 인물임에랴!

퇴계가 1553년에 남명에게 편지를 먼저 보내어 출사하기를 권하였던 배경에는 귀암이 있지 않았을까 추측되기도 한다. 귀암이 퇴계를 만나기

이전부터 규암으로부터 남명의 위인에 대해 들어서 벌써부터 만나고 있었을 가능성이 크기 때문이다. 그러나 이 시기만 하더라도 아직은 퇴계가 남명의 학문에 대해 비평을 가하는 것이 보이지 않는다. 적어도 1558년에 남명이 규암과 함께 두류산을 유람할 적에만 하더라도 그런 흔적은 보이지 않는다.

귀암이 이처럼 남명과의 교제를 유지하면서 퇴계를 사사한 이후 퇴계의 학문에 경도되었던 것에 대해서는 아무도 이론을 제기하지는 않을 것이다. 다만, 앞에서 이미 보았던 것처럼 퇴계를 만난 이후에도 줄곧 귀암이 남명과의 교제가 있었고, 남명에 대해서 퇴계가 다음과 같이 언급한 것은 남명과 귀암과의 관계를 이해하는 데 있어서 좀 더 깊이 생각할 필요가 있는 부분일 것이다.

> ① 鷄伏堂銘을 기록하여 보내주심에 깊이 감사합니다. 다만 그 표현이 曠蕩하고 玄邈하여 비록 老莊의 서적에서라도 아직 못 본 것입니다.[2]

> ② 남명과의 사찰에서의 회합이 매우 한적했겠습니다. 모르겠습니다만 어떤 기이한 이야기와 특이한 논의가 있었는지요? 요행히 풍편으로라도 당시의 이야기를 전해들을 수 있겠습니까?[3]

> ③ 근래에 남명의 처소로부터 온 사람이 말하기를, 호남의 奇斯文이 일찍이 滉과 사단칠정을 토론하며 서찰을 왕래했던 일을 두고 남명이 매우 그르게 여기고 있다고 합니다. 그리하여 欺世盜

....

2 李滉, 「答黃仲擧」(1561), 『退溪集』 卷20 15張, "鷄伏堂銘 深荷錄示 但其說曠蕩玄邈 雖於老莊書中 亦所未見."

3 李滉, 「答李剛而」(1562), 『退溪集』 卷22 2張, "南冥蕭寺之會 甚適 不知有何奇談異論 幸可因風得聞緒餘否耶."

名으로 지목하기까지 하였답니다. 이 말이 참으로 藥石이긴 하지만, 이 명칭은 매우 두려워할 만합니다.[4]

인용문 ①은 퇴계가 1561년에 문인 錦溪 黃俊良에게 보낸 편지의 일부다. 계부당은 남명이 모친의 삼년상을 마친 1548년 이후 金海의 山海亭에서 三嘉 兎洞으로 還故하면서 외가 근처에 새로 지어 거처하던 집이다. 여기서 언급된 鷄伏堂銘이 바로 「神明舍圖銘」을 의미한다는 것은 이미 학계에 보고된 바 있다.[5] 그러니까 남명의 「신명사도명」은 1560년 이전에 완성되어 琴蘭秀를 통해 퇴계에게까지 알려진 것이고, 귀암은 아마 이보다 훨씬 먼저 남명의 「신명사도명」을 접할 수 있었을 것으로 보인다.

그리고 인용문 ②에서 보듯이 퇴계는 남명에 대한 비판적 인식을 가지고 있으면서 귀암이 남명과 절집에서 회합했다는 소식을 접하고 비상한 관심을 가지는 것이다. 이것은 귀암의 학문이 남명으로 인하여 퇴계 자신이 못마땅하게 생각하는 노장의 방향으로 흐를 가능성에 대한 끊임없는 감시의 눈길로 판단되는 것이다.

인용문 ③은 남명의 비판에 대한 퇴계의 겸허한 수용이라는 측면과 함께 문인들에 대한 주의 환기의 의미라고 판단된다. 특히 '약석이긴 하지만 기세도명이란 이름은 매우 두려운 명칭'이라 언급한 것에서, 주의 환기를 넘어 경계하는 정도에 이르렀음을 짐작할 수 있다.

다만 이와 같은 전후 맥락 속에서 귀암이 「신명사부」를 언제 지었을까 하는 점도 궁금하다. 내용의 이해가 그 핵심이긴 하지만, 귀암이 「신명사부」를 지은 시기가 남명 「신명사도명」에 대한 퇴계의 비판적인 글을 본 이후인지

....

4 李滉, 「答李剛而」(1562), 『退溪集』 卷21 40張, "近有人自南冥所來言 湖南奇斯文 曾與滉論四端七情書札往復事 南冥極以爲非 至以欺世盜名目之云 此言眞藥石 此名 甚可懼."

5 李相弼, 『南冥學派의 形成과 展開』, 와우출판사, 2005. 44쪽 참조.

그 이전인지는 내용 이해와 함께 검토되어야 할 것이다. 그러나 아직까지는 이에 대한 확증이 없으므로 보류할 수밖에 없다.

어쨌든 퇴계와 남명과 귀암 사이의 관계는 평범한 사승이나 종유의 의미를 넘어 性理學史上 매우 중요한 의의가 있다고 할 수 있다. 당시 성리학에 종사한다는 사람들의 부류 가운데 퇴계가 보기에는 남명은 노장 취향이 너무 강하다고 판단되었고, 남명은 퇴계가 출처와 학문 모두 대단하지만 이론에 편향된 측면에 대해서는 못 마땅하게 생각하였던 것이다. 그리고 퇴계의 비판은 결국 후학들에게도 이어져 남명의 학문을 정통 성리학이 아닌 것으로 평가하여 문묘에 종사되지 않게 하였던 것이다.

퇴계의 문인 艮齋 李德弘이 퇴계에게 질문하고 퇴계가 대답한 다음 내용은 매우 시사하는 점이 많다고 할 것이다.

> "오늘날 누가 학문에 능합니까?" 하고 여쭈었다.
> 선생께서 "아직은 그런 사람을 보지 못했다." 하셨다.
> "奇高峰과 李龜巖은 어떠합니까?" 하고 여쭈었다.
> 그러자 선생께서 다음과 같이 말씀하셨다. "이 두 사람은 厚重하여 仁에 가까우며 선현이 제시한 길을 잘 따르니, 반드시 끝까지 학문의 방향을 바꾸지는 않을 것이다. 다만 소견이 아직은 大綱領을 透得하지 못했으니 이것이 안타까울 따름이다. 대체로 세상에는 자신에게 절실한 근본적인 공부를 하는 사람이 없다. 다만 曹南冥이 있으나 그는 南華의 학문을 창도하고, 盧穌齋가 있으나 그는 象山의 견해를 지키고 있으니, 이는 매우 두려운 일이다. 高峰이 百尺竿頭에서 다시 한 걸음 나아가서, 怡然히 따르고 浩然히 돌아갈 수 있을지 모르겠다. 그렇지 않으면 陸氏의 학문이 중국에서만 성대하지 않게 될까 두렵다."[6]

....

6 李德弘,「溪山記善錄下」,『艮齋集』卷6 13張, "問今世誰能學問 先生日 未見其人 日 如奇高峰李龜巖者 何如 日 此人厚重近仁 而循途守轍 必終不回頭 向別處去 但 所見猶未能透得大綱領 這可惜耳 大凡世無切己根本上做工夫底人 只有曹南冥唱南

이 글에서 우선 짐작할 수 있는 것은 간재의 입을 통해서지만 당대에 학문에 능한 이로 거론되는 인물이 高峰과 龜巖이라는 사실이고, 다음으로는 자신에게 절실한 근본적인 공부를 하는 사람으로서 퇴계가 인정하면서도 방향이 잘못 되었다고 指斥한 인물이 바로 南冥과 穌齋라는 사실이다.

이를 통해 우리는 퇴계가 당대의 학문 방향에 대하여 심각하게 고민하고 있었고, 이러한 고민은 간재 등 측근에서 퇴계를 追隨하던 이들을 통해 문인들 전반으로 퍼져갔을 것이다. 귀암 또한 퇴계의 이러한 견해를 누구보다도 먼저 알고 있었을 것이다. 그럼에도 그는 남명과의 관계를 계속 유지하고 있었던 것이며, 이는 적어도 그가 가진 학문에의 열정 때문이 아닌가 생각되기도 한다.

『南冥編年』에 보이는 다음의 기록이 이를 어느 정도 뒷받침하지 않을까 한다.

> 그 전에 귀암과 선생은 (덕산의 산천재 근처에) 함께 이웃하여 살자는 약조가 있었다. 경주부윤에 부임함에 이르러 사람을 시켜 (이곳에) 집을 짓게 하였다. 그리고 이때에 이곳에 와서 여러 날 강의와 토론을 하고는 다음과 같이 말하였다. "참된 즐거움은 여기에 있으니 부화한 영화는 사절할 만합니다. 眞樂과 浮榮이 서로 싸워 진락이 이겼으니 야윈 제 몸이 이제 살찔 것입니다. 앞으로 모시고 노닐면서 일생을 마친다면 그것으로 충분합니다."[7]

귀암과 남명이 산천재 인근에 이웃하여 함께 살자는 약속을 언제 하였

華之學 盧穌齋守象山之見 甚爲懼也 不知高峰 百尺竿頭 更進就一步 怡然其順 而浩然其歸乎 不然則陸氏之盛 恐不獨於中原也."

7 『南冥編年』(1563年 2月條), "李龜巖來訪 初龜巖與先生 有同隣之約 及尹東京 使人作室 至是而來 數日講討 因曰 眞樂在是 浮榮可謝 交戰而勝 癯者肥矣 自此陪遊 終老足矣."

는지는 기록이 전하지 않아 알 수는 없다. 그러나 1561년 무렵에 남명이 이곳으로 거처를 옮겼으니 대체로 이 무렵이 아닌가 짐작된다. 이 시기는 앞에서도 보았듯이 퇴계로부터 남명 학문의 노장적 요소가 指斥 대상이 되고 있었던 시기이다. 그리고 1563년 무렵에도 단속사에서 회합하였다는 앞의 기록을 보더라도, 퇴계를 존숭하는 학문적 분위기를 유지하면서도 남명과의 학문적 교제를 계속 유지해 왔음을 알 수 있는 것이다.

그러다가 남명이 귀암과 관계를 끊었음은 다음의 기록을 통해 알 수 있다.

> 剛而는 이 사건에 대해 세 차례나 말을 번복하였습니다. 처음에는 잘 모르겠다고 하였고, 중간에는 과연 그렇다고 하였고, 마지막에는 허위의 일이라 하였습니다. 이것이 과연 성현의 글을 담론하며 일찍이 경의를 말하던 자가 할 일입니까?[8]

이 글은 河婦 淫行 사건과 관련하여 남명이 자신의 문인 덕계 吳健과 약포 鄭琢에게 준 편지글이다. 이 글이 쓰인 때가 1568년 10월 27일이라고 하니, 아마도 이 무렵에 남명이 귀암과 관계를 끊은 것으로 보인다. 그러니 남명이 관계를 끊은 것은 귀암이 별세하기 직전 3년 정도의 기간에 불과하다. 남명은 이처럼 귀암과의 관계를 끊었지만 귀암은 퇴계의 조언을 받아 이에 대해 일체 대응하지 않았다. 즉, 남명은 귀암과의 관계를 끊었으나 귀암은 남명과의 관계를 끊었다고 볼 수는 없다는 것이다.[9] 이

---

8 曹植, 「與子强子精書」, 『南冥集』 卷2, "剛而於此 三次反覆 初曰昧昧 中曰果然 終曰虛事 此果談聖賢書 嘗說敬義者事乎."

9 이러한 관계를 증명할 수 있는 또 하나의 예는 남명의 뜻을 가장 잘 이해하고 존중한 덕계 오건이 남명 생시에 선조의 뜻으로 귀암에 대한 제문을 지었으며, 덕계의 아들 사호 오장이 귀암의 曾孫壻가 되었다는 것으로도 짐작할 수 있다. 귀암과 남명의 문인이면서 내암 정인홍과 깊은 친분을 유지한 부사 성여신 또한 남명의 생존 시에 귀암에 대한 제문과 만장에서 귀암을 극히 존경하고 있는

것은 귀암이 퇴계의 학문만을 표적으로 하였던 것이 아니고, 남명의 학문 또한 꾸준히 자신의 학문 표적으로 삼으려 한 것과 무관하지 않다.

III. 南冥學과 退溪學의 受容
- 「神明舍賦」의 분석과 그 의미를 중심으로 -

1. 「神明舍賦」의 분석

귀암이 퇴계의 학문을 표적으로 하고 있음은 재론을 요하지 않을 것이다.[10] 여기서는 귀암이 남명의 학문도 자신의 학문의 표적으로 삼아 자기화하려고 노력하였음을 논급하고자 하는 것이다. 그래서 그 한 가지 예로 귀암이 지은 「신명사부」를 분석하면서 이해의 폭을 넓히고자 한다.

앞에서도 언급하였듯이 귀암의 「신명사부」는 구체적인 저작 연도를 알 수 없다. 그런데 남명이 그 외손서 동강 김우옹에게 자신이 지은 「신명사도명」에 대하여 부연하는 의미로 짓게 한 것이 『동강집』에 보이는 「天君傳」이고, 이 「천군전」과 귀암의 「신명사부」가 일정한 관련이 있다는 점에서도 주목할 필요가 있다.

관련이란 다른 것이 아니라, 동강의 「천군전」이 「신명사도명」의 부연이라면, 귀암의 「신명사부」가 오히려 「신명사도명」의 부연으로서 더욱 의미가 깊다고 판단된다는 것이다. 『동강집』의 「천군전」 주석에 "남명선

....

모습을 볼 수 있다.
10 이를 다룬 대표적 논문이 정경주 교수의 「귀암 이정의 사우와 학문연원」이다. 이밖에도 이미 발표된 귀암 관련 논문 아홉 편에서도 사승과 관련한 논의의 흐름은 이를 벗어나지 않는다.

생이 「신명사도」를 짓고 선생에게 명하여 전을 짓게 하였으니 대개 선생이 연소할 때이다."[11]는 말이 보인다. 동강이 연소할 때라는 주석이 있지만, 그가 1563년에 남명의 외손서가 된 이후 남명을 사사한 것으로 기록되어 전하므로, 동강의 「천군전」은 적어도 1563년 이후에 이루어진 것으로 보아야 할 것이다. 그렇다면 동강의 「천군전」보다 귀암의 「신명사부」가 먼저 저작되었을 가능성이 있다.

남명의 「신명사도명」은 사람의 마음 가운데에서 사욕이 천리를 해치지 못하게 하는 과정을 묘사하고 있어서 개인의 마음 수양만을 다루고 있다. 그러나 「천군전」은 마음 수양과 관련된 역사적 자료를 인용하면서 개인의 마음 수양의 필요성과 그 의의를 역설하고 있는데, 귀암의 「신명사부」 또한 이런 형식을 취하고 있다.

하늘과 땅 사이에 작은 움막을 세우니	立天地之小幕
안타깝게도 중간 지역이 좁고도 좁도다.	憨中區之隘陿
混沌을 벗 삼아 서로 이끌며	友混沌以相攜
冲漠에서 澹然히 정신을 노닌다.	澹遊神於沖漠
方寸의 가운데 빈 곳을 돌아보니	顧方寸之中虛
神明의 집이 있음을 鳥瞰하겠네.	瞰神明之有舍
트이도록 광활하여 밖이 없고	洞廣豁而無外
廓然히 中正하여 비길 데가 없도다.	廓中正而不亞
머물러 지낼 곳 있음은 기쁘지만	喜止宿之有地
길 아는 이 적은 것이 한스럽구나.	恨識路之蓋寡
無極을 끌어와 아득히 생각하고	援無極而玄想
시초를 더듬어 찾아본다.	究權輿之經始
태초에 인간이 처음 나면서부터	自寅開之初載

11 金宇顒, 「天君傳」, 『東岡集』 卷16 15張, 「雜著」, "南冥先生作神明舍圖 命先生作傳 蓋先生年少時也."

아득히 一理에서 변화하고 변화했네.	汍化化於一理
陰陽 두 기운의 妙機를 운용하여	運二氣之妙機
五行의 극치를 응결시켰네.	凝五行之極致
이에 經綸을 통해 흩어 베풀다	玆經綸而散施
이 집을 배 안에다 마련하였네.	奠玆舍於腔子

　　신명사의 유래를 설명한 부분이다. 우주 생명의 시초로 거슬러 올라가 아득한 예전 인간의 탄생 때부터 신명사가 있었음을 언급한다. '中區之隘隘'과 '方寸之中虛' 등은 天君이 거처하는 신명사가 있는 곳으로, 荀子가 일찍이 "마음은 中虛에 거처하면서 五官을 다스리니, 이를 天君이라 한다."[12]고 언급한 적이 있다. 남명은 「신명사도명」에서 천군이라 하지 않고 '太一眞君'이라 표현하였는데, 이런 식의 표현 때문에 퇴계로부터 노장으로 지척당했던 것이다. 그러나 순자는 성악설을 주장하였으므로 후대 유가 학자들은 정통으로 여기지 않았다. 그러므로 이러한 단어의 선택이 노장적 취향은 아니라 하더라도 주자학적인 면모라 이르기 어려운 것도 사실이다. 남명이 사용한 노장 성향의 용어들 또한 수양을 위해 빌려 쓴 것일 뿐, 참으로 노장적 사고를 보여주는 것이라 할 수는 없다. 어쨌든 중허를 천군의 자리로 본 이러한 표현은 남명도 인정하였던 것이고 동강도 사용하였던 것으로, 귀암은 이 글의 뒷부분에서 천군이란 용어를 직접 사용하는데, 여기서는 아직 사용을 유보하고 있는 셈이다.

. . . .

12　荀卿, 『荀子』 卷11, 「天論」, "心居中虛 以治五官 夫是之謂天君." 순자는 이 뒷부분에서 "暗其天君 亂其天官 棄其天養 逆其天政 背其天情 以喪天功 夫是之謂大凶."이라 하였으니, 이는 남명의 「신명사도명」의 정신과 대개 일치한다고 할 수 있고, 귀암이나 동강 또한 이 점을 염두에 두고 천군이란 용어를 사용한 것으로 보인다.

이미 德에 의지하고 禮에 근거하며	旣依德而據禮
또 信義를 구축하여 바탕을 다잡는다.	又築信而鞏基
뭇 善을 서까래 삼아야 굳게 묶이고	椽衆善而固結
三綱을 기둥으로 삼아야 잘 지탱되리라.	棟三綱而善持
仁山의 넓고 두터움을 마주하며	對仁山之博厚
智水의 맑은 물결을 마신다.	醮智水之淸波
무성히도 肝木이 벋어 영화롭고	蔭肝木之敷榮
묵직히 脾土가 고요하여 아름답네.	鎭脾土之靜嘉
진실로 몸의 형세 평이하니	信體勢之平易
어찌 기이하고 험악할까?	豈怪惡而險阨

　　신명사의 내부구조를 설명한 부분이다. 신명사는 德·禮·信·善과 三綱 및 仁山智水肝臟과 脾臟 등을 재료로 내부가 이루어져 있음을 서술하고 있다. 三綱 및 仁義禮智信의 五常과 이에 따른 肝心脾肺腎의 五臟 및 衆善을 곳곳에 적당히 배치하여 언급함으로써, 人性이 善하다는 성선설에 근거한 논리로 사람의 타고난 마음을 설명하고 있다. 그래서 원래 사람의 마음이 험악하거나 기괴하여 사악한 짓을 할 리가 없다는 것을 분명히 하였다. 그럼에도 세상에는 사악한 짓을 하는 무리가 있고, 평소 담담히 지내던 사람도 때로는 사악함에 빠질 순간들이 있으니, 귀암은 이의 원인과 대처방안을 다음과 같이 묘사하고 있다.

그러나 주인이 없으면 내부가 혼란하니	然無主則內亂
天君에게 명하여 살도록 했네.	命天君而是宅
한 집을 주재토록 하니	作一舍之主宰
엄전히 빛나는 이름이 밝게 걸려 있네.	儼渙號之昭揭
나에게 갖추어진 온갖 이치로	總具我之衆理
크고 작은 만사에 대응한다네.	應萬事之巨細

일상에서의 정밀함과 조악함이　　　　　　　　彼日用之精粗
무엇인들 虛靈함에 근본하지 않을까?　　　　孰不本於虛靈

이처럼 좋은 구조를 가진 신명사라 하더라도 주인이 없으면 혼란스러우므로 천군에게 명하여 거기에 살도록 한 것으로 설명하고 있다. 이는 타고난 본성의 선함에도 불구하고 사악과 인욕이 자행될 수 있다는 것을, 집에 주인이 없음으로 해서 어지러워지게 된다는 것으로 풀어나간 것이다. 여기서 비로소 주인의 이름을 天君이라 하여, 타고난 본성을 제대로 잘 지킬 수 있는 권능을 지닌 자의 이름으로 사용한 것이다. 엄전히 밝게 걸린 빛나는 이름은 신명사라는 현액이 걸려 있음이고, 여기서 천군이 虛靈함과 衆理로 만사에 대응하고 일상생활의 갖가지 상황을 영위해 나간다는 논리적 구조를 보여주고 있다.

아들은 효도하고 신하는 충성하며　　　　　子而孝兮臣而忠
아비는 자애롭고 임금은 현명하네.　　　　　父而慈兮君而明
모두 이 집에서 밝고 밝아　　　　　　　　　咸明明於玆舍
각기 적절히 움직임에 사특함이 없도　　　　各運斡而不忒
이것이 신명함의 소치이며　　　　　　　　　是神明之所致
진실로 예측키 어려운 오묘함이　　　　　　　固厥妙之叵測
마치 해가 나고 하늘이 갠　　　　　　　　　若日曬而天晴
신이 들어오고 귀가 나가는　　　　　　　　　似神入而鬼出
성대하게 포괄하여 사물을 體化하니　　　　猗包括而體物
마땅히 군자가 나아갈 곳이네.　　　　　　　宜君子之攸適

일상생활에서의 온갖 상황이란 예를 들면 아버지의 자애와 자식의 효성, 임금의 현명함과 신하의 충성 등이다. 이러한 등속의 일이 천군의 주재 아래 이 집에서 환히 밝혀져서 조금도 어긋남이 없게 되니 이것이야말로 신명함의 소치라는 것이다. 이 부분에서 바로 천군의 구체적 역량과 능력을 드러내었다. 그리하여 어둡고 흐린 상태에서 해가 나오 듯, 귀역이 득실거리다가 물러가고 신명함이 들어오듯, 군자가 나아가 살기에 알맞은 곳이 된다면서 그 역량과 능력을 극언하고 있다.

그러나 道心은 늘 隱微하여	然道心之惟微
向背가 한결같지 않다네.	有向背之不一
가까이 있음에도 분주히 멀리서 찾으니	紛在邇而求遠
결국은 鬼魊의 집에서 顚倒하리라.	竟顚倒於鬼室
봐도 보지 못하고 들어도 듣지 못해	視不見兮聽無聞
魍魅魍魎과 이웃이 된다네.	與魍魅而爲隣
그래서 군자는 敬을 주로 하여	故君子之主敬
넓고 넓은 天眞함을 기르는 것이라네.	養浩浩之天眞
誠意를 관문으로 삼아 출입하며	關誠意而出入
외침의 엿봄을 막아버리니,	杜外侮之來窺
비록 利慾의 풍우가 있더라도	雖利慾之風雨
서까래가 한 번도 기운 적이 없었네.	曾一椽之不欹

그러나 사람이 항상 천군의 밝은 지휘 아래 있기가 어려운 것은, 도심은 은미하고 인심이 물욕에 흔들리기 쉬운 데 원인이 있다. 이 부분의 전반은 도심이 흔들려 귀역과 이웃하게 되는 상황을 묘사하고 있다. 남명의 「신명사도」에 보이는 人鬼關 또는 夢覺關에 다름이 아니다.

그렇다면 천군이 신명사에서 자신의 역할을 확실히 하게 하는 구체적인 방법은 무엇인가? 그것은 경을 위주로 하는 것이며, 성의를 관문으로 삼는 것이다. 남명이 「신명사도」에서 보여주는 冢宰 敬의 惺惺함이며 耳目口 三關에 높이 펄럭이는 審幾의 大壯旂라 할 것이다.

귀암은 이처럼 도심은 은미하므로 성의를 관문으로 삼아 철두철미하게 관리해야 하고, 그렇게 하면 利慾의 풍우가 몰아닥친다 하더라도 결코 서까래 하나라도 기울어지지 않는다고 하였다. 이는 남명의 「신명사명」에 보이는 "發四字符 建百勿旂 九竅之邪 三要始發 動微勇克 進教廝殺 丹墀復命 堯舜日月"에 비견될 수 있는 묘사라 할 수 있다.

> 지나간 여러 성인을 우러러 생각하니 　　仰往古之群聖
> 모두 善을 집으로 삼고 中庸을 지켰네. 　　咸善宅而中規
> 堯舜이 서로 전한 道統이 아름답고 　　嘉堯舜之相傳
> 湯武가 표준 세운 것을 기뻐한다네. 　　喜湯武之建極
> 하물며 여러 길 담장의 높음은 　　況數仞之墻高
> 孔子가 中庸을 실천했음이니, 　　有將聖之允執
> 아아 杏壇에 풀이 우거진 뒤로 　　噫杏壇之草沒
> 후대에 자취가 끊어짐을 슬퍼하네. 　　悲後代之絶迹
> 그러나 이 집이 버젓이 남아 있어 　　然玆舍之自若
> 濂溪와 洛陽에서 다시 빛을 보았네. 　　復潤輝於濂洛

이 부분은 역사적으로 신명사에서 천군이 제 역할을 다 하도록 했던 성현에 대한 서술이다. 이는 요순 이래 '允執厥中' 또는 '建中建極'으로 표현되는 도통의 전수를 논급한 것인 바, 堯舜과 湯武를 거쳐 孔子에게서 集大成되었다가 끊어진 뒤 濂·洛·關·閩에서 다시 이어졌음을 묘사한 것이다. 도통의 전수는 신명사를 가장 잘 관리하는 사람에게 전해진다는 사실을 언급함으로써, 다시 개인의 수양으로 서술의 방향을 돌리려는 것이다.

> 부지런히 눈처럼 씻어 때를 벗기고 　　勤藻雪而滌垢
> 더러운 찌꺼기를 제거한다네. 　　去査滓之溷濁
> 나의 뜻한 바가 여기 있음에 　　我所志之在玆
> 감히 잠시인들 게으르겠는가? 　　敢怠忽於頃刻

隱微한 곳에서 存心하고 省察하며　　　　　　　　　　肆存省於隱微
天君에게 고하여 스스로 申飭한다.　　　　　　　　　　告天君而自飭

　1구와 2구는 같은 말의 반복이라 하겠지만 끊임없이 스스로 마음의 때를 벗기는 '自新'의 자세를 묘사한 것이다. 이처럼 '自新'에 뜻을 두었으므로 잠시라도 게을러서는 뜻한 바를 이룰 수 없다. 그러므로 幾微의 始發處인 은미한 곳에서 存心하고 省察하되, 천군에게 고하여 잠시라도 천군이 혼암하지 않도록 신칙한다는 것이다.

　　　箴을 짓노니　　　　　　　　　　　　　　　　　　　箴曰
　　　나에게 한 집이 있어　　　　　　　　　　　　　　　我有一舍
　　　性情을 統攝하네.　　　　　　　　　　　　　　　　統攝情性
　　　좌측은 天根과 연결되고　　　　　　　　　　　　　左連天根
　　　우측은 道境에 연접하네.　　　　　　　　　　　　右接道境
　　　내가 어찌 남에게 주겠으며　　　　　　　　　　　我豈與人
　　　남이 어찌 내 것을 빼앗으랴!　　　　　　　　　人豈我奪
　　　敬이여 義여　　　　　　　　　　　　　　　　　　敬乎義乎
　　　반듯하게 하고 곧게 하라.　　　　　　　　　　　方之直之
　　　神이여 明이여　　　　　　　　　　　　　　　　　神也明也
　　　열어두고 넓히어라.　　　　　　　　　　　　　　闢矣廓矣
　　　공경하라, 신명사를 가진 이여!　　　　　　　敬哉有舍兮
　　　비우지도 말고 묵히지도 말아　　　　　　　　毋曠毋荒
　　　성곽 지키듯 지키어라.　　　　　　　　　　　守之如郭

　天根은 동방의 별이름이나 여기서는 품부받은 천성을 상징하며, 도경은 도통을 수수하는 경지를 의미한다. 신명사에서 천군이 성정을 잘 통섭함으로써 도통을 수수하는 성인의 경지에 이를 수 있다. 이것은 남에게 줄 수도 없는 것이고 남이 빼앗아갈 수도 없는 것이다. 경과 의를 통해 안을 곧게 하여 만사를 반듯하게 처리할 수 있다. 그렇게 하려면 성곽을 지키듯 신명함을 지키기 위해 잠시도 게으르지 말아야 한다. 남명의 「신명사도」는 垣郭 내외를 각각 敬과 義가 주장하여 太一眞君을 보좌하는 것으로 묘사되어 있는데, 여기서는 경과 의가 주도하여 신명을 열고 넓히며 또한 비우지도 말고 묵히지도 말아 성곽을 지키듯 지킨다고 함으로써, 크게 보아 같은 틀이라는 것을 짐작하기 어렵지 않게 하고 있다.

2. 「神明舍賦」의 學術史的 意味

「신명사부」는 모두 43운 87구 502자로 되어 있으며 12차례 환운하였고, 의미 단락은 모두 8단락으로 되어 있다. 1단락은 신명사의 유래를, 2단락은 신명사의 내부구조를, 3단락은 신명사의 주재자로 천군을 임명함을, 4단락은 천군의 역량과 능력을, 5단락은 도심의 유지 이유와 그 방법을, 6단락은 도심을 유지했던 역대의 성현을, 7단락은 도심의 유지를 위한 개인의 부단한 노력을 묘사하고, 마지막으로 8단락에서는 전체 글의 마무리로 신명사의 내외를 단속하여 천군이 제 역할을 할 수 있도록 하는 것이 敬·義임을 밝히고 있다.

이것을 좀더 크게 묶으면 1·2단락을 합한 부분이 서설로서 신명사의 유래와 구조를 묘사한 부분이다. 3단락부터 7단락까지가 본문으로 천군이 신명사의 주재자로 있으면서 도심을 유지해야할 이유와 유지하는 방법을 논설한 것이다. 마지막으로 제8단락이 결말 부분이다.

이처럼 귀암의 「신명사부」는 辭賦 형식을 취하고 있으면서도 매우 논리적으로 전개되고 있다. 이는 그 명칭에서부터 이미 남명의 「신명사도명」과의 관계를 염두에 두고 쓴 것이어서, 이와 일정한 유사성을 가진 논리를 갖추지 않을 수 없는 배경을 갖고 이루어진 글이기 때문이다.

비록 문체가 다 서로 다르기는 하지만 그 요점만 본다면 동강의 「천군전」이 남명의 「신명사도명」과 전체적인 틀에서 좀더 가까운 것으로 보인다. 왜냐하면 남명의 「신명사도명」은 한 인물이 자신의 마음을 어떻게 수양하여 성인의 경지에 이를 수 있을까를 고민하고 이겨내는 과정을 다룬 것인데, 동강의 「천군전」 또한 한 인물의 마음이 인욕과 사특함에 빠졌다가 이를 이겨내는 과정을 경과 의를 중심으로 서술한 것이기 때문이다.

대체를 보면 귀암의 「신명사부」도 경과 의를 중심으로 하여 천부의 理를 발현하여 성인의 경지에 이르려 한 것이라는 점에서는 비슷하다. 그러나 귀암이 경우에는 그 본문 부분에 道心을 유지해서 성현의 경지에 올랐던 인물들을 도통의 개념으로 논술함으로 해서 주자학적 정통론을 어느 정도 수렴한 것으로 볼 수 있다. 이는 남명의 학문에 퇴계의 학문을 접합하려는 시도로 해석할 수 있을 것이다.

IV. 맺음말

귀암은 1544년 그의 나이 33세 이후 퇴계를 사사하여 그 학문을 표적으로 삼아 자신의 학문을 이루려 하였음은 물론, 인근 고을에 거처하던 남명과도 끊임없이 친분 관계를 유지하며 그 고상한 정신 경계를 추앙하여 자기화하려는 노력을 게을리 하지 않았다. 귀암의 「신명사부」는 남명의 「신명사도명」과 명칭만 유사한 것이 아니라, 남명사상의 핵심이라 할 경의 사상을 자기화하려는 노력의 일환임을 알 수 있었다. 이런 점에서 귀암은 퇴계와 함께 남명을 자신의 학문 표적으로 삼아, 평생을 성의와 집념으로 위기지학에 종사했던 인물이라 할 수 있을 것이다.

퇴계는 주자학적 방법만으로도 성현의 경지에 오를 수 있다고 생각하였다. 그래서 주자학만을 고집하는 崇正學의 기치를 내걸어 이에 어긋나는 방향으로 가는 사람을 指斥하기에 이르렀다. 남명은 성현의 경지에 오르는 것이 중요하다고 생각하였다. 그러므로 주자학적인 요소가 아닌 것이 학문 방법으로 원용될 수 있었던 것이다. 결국 퇴계는 목적을 위해서는 방법이 바르지 않으면 안 된다는 것이고, 남명은 자신에게 맞는 여러 방법을 사용하여 목표를 이루는 것이 중요하다고 보았던 것이다.

퇴계학을 추수하는 영남 남인과 기호학파가 조선 후기에 정계와 학계를 주도하면서부터 남명학을 노장으로 호도하여 폄하하였던 것도 그 근원은 여기에 있었다. 남명의 학문의 표적이 결코 노장이 아니었음에도, 퇴계가 그 중간 과정에 노장의 용어가 있다는 것으로써 노장이라 지척하였던 것은 목표와 방법을 의도적으로 혼동한 데서 온 잘못이라 할 것이다.

앞에서 논의한 것처럼 귀암이 학문의 표적을 퇴계에게도 두고 남명에게도 두었으나, 세상에서는 대체로 귀암의 학문이 퇴계를 이은 것으로만 언급되고 있었던 것이 사실이다. 이는 앞으로 다시 생각해 보아야 할 것이다. 왜냐하면 귀암의 학문 표적을 퇴계에게만 두고 남명과는 친분 관계 이상의 학문적 영향을 인정하지 않으려는 태도는 귀암의 학문에 대한 진실한 접근이라고 보기 어렵기 때문이다. 그리고 또한 이로 인해 남명학파 내에서도 귀암의 위치가 엄연히 존재함에도 불구하고 그 위치를 찾을 수 없게 되기 때문에 더욱 그러하다.

이제까지의 논의를 바탕으로 우리는 귀암을 한강이나 동강처럼 퇴계학파와 남명학파를 아우르는 노력을 한 초기 인물로서 자리매김할 필요가 있다고 본다. 덕계가 퇴계·남명 양현의 문하에 출입하면서 한강과 동강을 이끌어 양현의 학문을 겸하도록 하는 데 발판을 마련해 주었다고 볼 수 있듯이, 귀암은 덕계나 한강·동강보다 먼저 양현의 학문을 표적으로 하여 하나의 통합된 학문을 추구하였다고 함이 마땅하다고 생각한다.

金宇顒, 『東岡集』

荀卿, 『荀子』

李德弘, 『艮齋集』

李滉, 『退溪集』

曹植, 『南冥集』

曹植, 『南冥編年』

李相弼, 『南冥學派의 形成과 展開』, 와우출판사, 2005.

鄭景柱, 「龜巖 李楨의 師友와 學問淵源」, 『사천을 빛낸 문화인물 학술세미나』, 사천문화원, 2006

瞻慕堂 林芸과 南冥 曺植과의 關係

Ⅰ. 머리말

瞻慕堂 林芸(1517~1572)은 조선 시대 安陰 葛溪에 살았던 儒學者로, 그 형 葛川 林薰(1500~1584)과 함께, 살아서 孝子 旌閭를 받아 당대에 實踐儒學의 表象으로 알려져 사후에 一蠹 鄭汝昌(1450~1504)을 제향하던 龍門書院에 배향된 인물이다. 그는 자신의 형 갈천과 친밀하게 교제하였던 南冥 曺植(1501~1572)을 從遊하였던 것으로『山海師友淵源錄』에 收錄되어 있는바, 학문의 성취와 관련지어 유추해 보거나 연령의 차이를 감안한다면, 남명의 문인이라 하더라도 조금도 이상할 것이 없을 것이다.

그런데도『瞻慕堂集』을 살펴보면, 退溪 李滉(1501~1570)과의 師承 관계를 표현하고 있는 글들이 곳곳에 보일 뿐만 아니라 후인이 찬술한 瞻慕堂 墓道文字에서도 退溪의 門人임은 분명히 밝히고 있으나, 南冥과의 관련성을 짐작할 만한 첨모당 본인의 글은 쉽게 찾아내기가 어려운 것이 사실이다. 그렇다면 이를 어떻게 해석해야 할 것인가? 과연 남명과는 아무런 관련이 없는 것으로 기록되어 전하는 그 문집에 따라 남명과는 무관한 인물로 정리되어야 하는가 하는 의문이 든다. 본고는 바로 이러한 의문에 대한 일정한 해답을 찾기 위한 하나의 탐색이 될 것이다.

II. 선행 연구 검토와 그 의의

첨모당 임운에 관한 연구는 그 형 갈천 임훈의 탄신 500주년을 기념하여 경북대학교 동방한문학회에서 주관하여 학술대회를 개최한 뒤, 그 성과를 『갈천 임훈과 첨모당 임운 연구』라는 책자에 담아 간행함으로써 세상에 널리 알려지게 되었다.

이 책자에는 모두 8편의 논문이 실려 있는데, 갈천과 첨모당 개인에 관한 논문이 각각 2편씩 있고, 2편은 갈천과 첨모당의 역사적 위상 및 사상사적 위상에 대한 논문이고, 나머지 2편은 영남 지역 전체의 사림의 동향에 관한 논문과 거창 지역 전체의 학통과 사상에 관해 언급한 논문이다.

이들 여덟 편의 논문이 첨모당과 무관한 것은 한 편도 없다고 할 수 있지만, 직접적으로 첨모당을 내세워서 다룬 2편의 논문에서 첨모당의 생애와 사상 및 문학이 거의 다 다루어졌다고 할 만하다. 『첨모당집』의 규모가 부록을 포함하여 모두 90장이라는 그리 많지 않은 분량의 문집이기 때문이다.

그런데 이 두 편의 논문 가운데서 「첨모당 임운의 삶과 사상」이라는 제목의 논문을 쓴 이상호는 사상의 연원에 대해 퇴계의 문인으로서 그 영향을 받았다는 언급은 하였으나,[13] 남명의 영향을 받았다는 언급은 없다. 그리고 「첨모당 임운의 문예의식과 청진의 시세계」라는 제목의 논문을 쓴 정우락은 퇴계와 남명이 그의 학문 형성에 중요한 역할을 했을 것으로 유추하였으나,[14] 첨모당 자신의 글을 통해 증명하지는 못했다.

....

13 이상호(2002), 「첨모당 임운의 삶과 사상」, 『갈천 임훈과 첨모당 임운 연구』 152쪽.
14 정우락(2002), 「첨모당 임운의 문예의식과 청진의 시세계」, 『갈천 임훈과 첨모당 임운 연구』 168~170쪽.

그의 문집이 제1권 42장이 111제 216수의 詩와 5편의 賦로 구성되어 있고, 遊覽錄[1편]·策問[3편]·論[3편] 등 7편으로 이루어진 제2권이 37장이며, 제3권 11장이 부록으로 그의 行狀과 墓碣銘으로 이루어져 있다는 점에서, 이를 바탕으로 시문학에 대한 연구와 생애 및 사상에 대한 연구가 이루어졌으니 더 이상 첨모당에 대한 다른 깊이 있는 연구를 진행하기는 상당히 어려운 상황임을 충분히 짐작할 수 있다.

그러나 적어도 216수의 시 가운데서 퇴계를 그리워하는 내용의 시가 있고, 퇴계에 대한 그의 제문도 전해지고 있으므로, 그 자신의 글로 퇴계의 문인임을 드러내고 있음은 이로써 알 수 있다. 그러나 지금 전하는 『첨모당집』을 통해서는 자신이 남명의 영향을 받았음을 암시하는 어떠한 표현도 보이지 않는다.

Ⅲ. 『瞻慕堂集』 所載 南冥 關聯 文字 有無에 대한 논의

그렇다면 남명의 영향을 받지 않았다고 해야 옳은 것인가? 그렇지 않다면 관련 기록이 전하지 않아서 그런 것일까? 이 점은 단순하게 정리할 수 있는 것이 아니지만, 앞에서 언급한 것처럼 정우락은 그의 논문에서 남명의 영향이 있었다는 관점에서 논문을 전개시키고 있다. 그리고 그 근거 자료는 다음에 제시되는 「남명연보」에 나오는, 남명이 첨모당과의 만남이 있었을 때 대화한 내용이다. 그렇다면 이 기록이 왜 『첨모당집』에는 실리지 않은 것일까? 이러한 의문점을 하나씩 점검해 보기로 하자.

1. 『첨모당집』 이외의 첨모당 관련 기록 점검

1955년에 연활자로 간행된 『恩津林氏世譜』의 '林芸'조에 다음과 같이
기록되어 있다.

明廟 甲子年(1564)에 生旌閭를 명하였다. 정묘(1567)에 銓曹의 추천
으로 社稷署 參奉에 제수되었다. 이 해에 退陶 李先生의 문하에 올라
종용히 어려운 것을 여쭈었다. 돌아간 뒤에 李先生이 烏川의 여러 사
람들에게 답하는 편지에서, "안음의 임운이 사직서 참봉으로 와서 벼
슬길에 나아간 지 일년이 되었다. 근래에 이미 벼슬을 버리고 떠나갔
다. 그 사람을 보니 학문과 식견이 순수하고 무성하다. 그가 떠난 것
을 안타까워할 만하다."라고 하셨다. 李先生이 돌아가신 후 선생이 도
산을 그리워하여 다음과 같은 시를 남겼다. "函丈에서 제자의 예로 뵈
옴에 孤寒함이 부끄럽다. 묻고 배우면서 언제나 靜安의 경지에 이를
까? 덮여 있는 것을 드러내어 만약 능히 해와 달을 볼 수 있다면 일
생동안 시종일관 도산을 우러르리." 또 李先生을 위한 제문에서, "나
를 낳아준 이는 부모요, 나를 가르쳐준 이는 선생이네, 어찌 지금에
이르러 땅을 치고 하늘을 향해 울부짖게 하는가!"[15]

일반적으로 족보에 싣는 내용에 비해서는 지리할 정도로 많은 분량의
내용이 들어 있다. 이는 첨모당이 퇴계의 문인임을 매우 자랑스러워하는
그 후손들의 마음이 잘 드러난 부분이다. 거의 짧은 墓表 수준이라 이를

....

15 『恩津林氏世譜』(1955) 林芸條, "明廟甲子 命生旌 丁卯 以銓曹薦 除社稷署參奉 是
年登退溪李先生門 從容問難 歸後 李先生答烏川諸君書 曰安陰林芸 以社稷署參奉
來就一年 近已棄去 看其人 學識純茂 其去可惜 李先生易簀後 先生慕陶山 有詩云
摳衣函丈愧孤寒 問學何曾到靜安 發覆倘能瞻日月 一生終始仰陶山 又祭李先生文
曰 生我父母誨我先生 那至今日叩地叫天."

만할 정도로 상세히 기록된 것이다. 특히 다른 인물에 비해 비중이 높은 인물이니 당연한 대접이라고도 할 수 있다.

그러나 여기서도 退溪만 이처럼 드러내고 있다는 점은, 근래에 이르기까지도 退溪와 南冥의 位相을 상당히 격차가 있는 것으로 그 후손들이 인식하고 있었다는 증거가 되기도 한다.

2. 『山海師友淵源錄』과 『德川師友淵源錄』의 瞻慕堂 관련 기록

无悶堂 朴絪(1583~1640)이 주도하고 桐溪 鄭蘊(1569~1641)과 林谷 林眞怤(1586~1657) 및 澗松 趙任道(1585~1664), 謙齋 河弘度(1593~1666) 등 당시 남명학파의 핵심 인물들이 참여하여 1636년에 완성을 본 『山海師友淵源錄』에 첨모당은 남명의 종유인에 분류되어 수록되어 있다. 그러다가 1957년에 湛軒 河禹善(1894~1975)이 주도하고 당시 남명학파 인물들이 대거 참여하여 1960년에 완성을 본 『德川師友淵源錄』에 이르러서는 첨모당이 남명의 문인에 등재되기에 이른다.

그 근거로 제시된 글은 다음과 같다.

> 선생은 일찍이 공에게 다음과 같이 말하였다. "그대는 총명함이 남보다 나아서 모든 것을 다 통하고자 한다. 단지 이렇게만 공부한다면 결코 옳지 못하다. 무릇 堯舜 같은 지혜로도 오히려 먼저 할 일을 급하게 여기셨다. 군자는 재능이 많은 것으로 남을 이끌지는 않는다. 우리 儒家의 일은 저절로 內外와 輕重의 구별이 있다. 朱先生도 일찍이 '義理는 無窮하고 세월은 有限하다' 하고는, 드디어 書藝·楚辭·兵法 등은 버리고 此學에만 專念하여 여러 儒賢의 학문을 集大成하였으니, 이것이 어찌 후학이 마땅히 본받을 바가 아니겠는가!"[16]

이 글에서 남명은 瞻慕堂이 聰明過人하여 세상의 모든 일을 두루 통하고자 하는 것에 대해 충고하고 있다. 이는 마침 자신도 젊은 시절에 그러하였으니, 자신의 경험에 의한 충고라 할 수 있다. 그런데 자신도 그랬다는 말로 충고하지 않고 주자의 말을 인용하여 주자가 그래서 우리 유가의 학문을 집대성할 수 있었다고 하였으니, 이는 남명이 첨모당에 대하여 크게 기대를 한 충고라고 할 수 있다.

남명에 관한 다음의 기록은 이와 유사한 면모가 있다고 할 것이다.

陰陽·地理·醫藥·道家類 등의 말에 이르기까지 그 핵심을 섭렵하지 않은 것이 없고, 弓馬·行陣의 법과 關防·鎭戍의 대체에 미치기까지 유의하여 탐구하여 알지 못하는 것이 없었다. 이는 대체로 그 재주가 높고 의지가 굳세어서 하지 못할 것이 없었기 때문이었다.[17]

즉, 남명이나 첨모당 같이 총명함이 남다르게 뛰어날 경우 온갖 분야를 고루 다 해낼 수 있다고 생각하여, 관심의 폭이 무한히 넓어질 수 있었던 것이다. 남명은 31세 무렵 과거 공부를 접으면서 위기지학으로의 학문적 전환을 하게 되었고, 이때부터 斂繁就簡하여 反躬造約하는 공부를 하였던 것이며, 그런 자신의 경험을 되돌아보면서 주자의 말을 인용해서 첨모당을 깨우치려 하였던 것이다.

그런데 첨모당에 관하여 『덕천사우연원록』에서 인용한 그 글은 무민

....

16 『德川師友淵源錄』, 卷3, 林芸條, "先生嘗謂公曰 子聰明過人 欲無所不通 只如此却不是 夫以堯舜之智 猶急先務 君子不以多能率人 吾儒事 自有內外輕重之別 朱先生嘗以義理無窮日月有限 遂棄書藝楚辭兵法等 專意此學 以至集諸儒之大成 豈非後學之所當法也."

17 金宇顒, 『東岡集』 卷17, 「南冥先生行狀」, "至於陰陽地理醫藥道流之言 無不涉其梗槪 以及弓馬行陣之法 關防鎭戍之處 靡不留意究知 蓋其才高志彊而無所不學也."

당 박인이 1636년에 편찬을 완성한 『산해사우연원록』 안의 「남명선생연
보」 66세조에 다음과 같이, 앞뒤 자세한 문맥과 함께 기록되어 전하는 글
이다.

3월에 선생이 玉溪 盧禛, 介庵 姜翼과 함께 葛川 林先生 형제를 방문
하여 玉山洞에서 노닐었다. 선생이 또 山居에서부터 山陰을 경유하여
安陰으로 행차하였다. 覺齋 河沆, 大笑軒 趙宗道, 河應圖, 柳宗智, 李瀞
이 陪從하여 玉溪의 집에 이르렀다. 옥계가 예의를 갖추어 맞이함이
매우 공경스러웠다. 드디어 작은 술자리를 마련하여 세 순배를 돌린
뒤에 술자리를 파하였다. 다시 介庵 姜翼을 맞아서 다음날 함께 安陰
으로 향하였다. 玉溪가 먼저 사람을 보내어 瞻慕堂에게 연통하였다.
첨모당이 즉시 친히 中道에서 맞이하여, 받들어 모시고 집에 이르렀
다. 葛川이 신발을 거꾸로 신고 문에서 맞이하여 相揖을 한 뒤에 자리
에 나아갔다. 선생이 인하여 첨모당을 나아오도록 하여 그에게 말하
였다. "그대는 총명이 과인하여 통하지 못하는 것이 없다. 무릇 요임
금 같은 지혜로운 분으로서도 오히려 먼저 할 일을 급하게 여겼다네.
군자는 능한 것이 많은 것으로 사람을 이끌지는 않네. 그러므로 내외
와 경중의 구별이 없지 않다네. 주부자가 만년에 義理는 무궁하고 세
월은 유한하다는 것을 깨닫고, 드디어 書藝와 離騷 등의 일을 버리고
尊德性과 道問學에만 전념하여 끝내 諸儒의 학문을 集大成하였다네.
어찌 후인이 마땅히 본받아야 할 바가 아니겠는가?" 첨모당이 절하고
사례하였다.[18]

....

18 韓國精神文化研究院, 『古文書集成』 30권, 『山海師友淵源錄』, 「南冥年譜」 66歲條,
"三月先生會盧玉溪禛美介庵翼訪葛川林先生兄弟同遊玉山洞 先生又自山居由山陰
作安陰之行河覺齋沆趙大笑軒宗道河應圖柳宗智李瀞從到玉溪家玉溪禮致甚敬遂設
小酌酒三行命罷且邀介庵 明日同向安陰玉溪先使人通瞻慕堂瞻慕堂卽親逆于中路奉
陪至家葛川倒屨迎門相揖就座 先生仍進瞻慕堂謂曰 子聰明過人 無所不通 夫以堯
之智 猶急先務 君子不以多能率人 故不無內外輕重之辨 朱夫子晚年悟義理無窮日
月有限 遂棄書藝離騷等事 專業於尊德性道問學 終至集諸儒大成 豈非後人所當法

1566년은 첨모당의 나이가 50세가 되는 해다. 그 이전에 얼마나 자주 만났는지는 알 수 없으나,[19] 이 기록만으로도 첨모당이 남명을 매우 공경하였음을 알 수 있고, 충분히 남명의 문인으로 분류할 만하다. 그러나 이 글을 인용해 두고서도 무민당은 『산해사우연원록』에서 첨모당을 종유인으로 분류해 두었다. 그리고 그 뒤 1764년과 1894년 등 계속해서 『남명집』이 간행될 적마다 이 글이 부록의 연보에 실려 왔고, 그러다가 1957년의 『덕천사우연원록』에 와서는 드디어 종유인에서 문인으로 자리를 옮기게 되었던 것이다.

그럼에도 불구하고 지금 전하는 『첨모당집』에는 앞서 살펴본 바와 같이 남명과 관련이 될 법한 기록을 찾기가 힘든 상태다. 그 이유는 무엇일까? 이 이유를 알기 위하여 혈연관계를 예의 주시하면서 유림에서의 첨모당 후손들의 활동을 추적해 보고자 한다.

IV. 癸亥政變 및 南冥·龜巖과의 關係와 『瞻慕堂集』 編纂과의 관계

葛川 林薰의 문인 嶧陽 鄭惟明(1539~1596)은 갈천의 姑母夫 진양인 鄭純의 외손자다. 그리고 갈천의 묘갈명을 지은 桐溪 鄭蘊(1569~1641)이 바로 정유명의 아들이다. 그리고 동계는 來庵 鄭仁弘, 寒岡 鄭逑, 月川 趙穆,

---

也 瞻慕堂拜謝."
19 1563년 남명의 63세 때 남명이 介庵 姜翼 등과 함께 葛川의 廬所를 찾아 弔問하였다는 기록이 남명의 연보에 보인다. 이때 첨모당이 그 형 갈천 임훈과 함께 廬幕에 있었을 것이므로, 남명과 첨모당의 조우는 66세 이전에 이미 있었던 것은 분명하다.

梧里 李元翼 등을 師事하였고, 병자호란 때 인조가 남한산성에서 청나라 장수에게 항복하러 나가려고 하자 자결을 시도하였던 인물로, 그 이후 벼슬을 그만두고 安陰의 某里로 숨어 들어가 청나라 달력을 버리고 자신이 직접 농사를 지으면서 花葉을 보아서 세월의 흐름을 알았다는 것으로 유명하다.

첨모당 임운의 묘갈명을 지은이는 篁谷 李偁(1535~1600)이다. 이칭은 갈천과 첨모당의 생질이면서 그들의 문인이다. 그런데 정유명과 이칭이 이처럼 갈천·첨모당의 문인이기도 하지만, 이미 널리 알려져 있는 것처럼 남명 조식의 문인이기도 하다.[20] 정유명의 아들 鄭蘊이나 이칭의 아들 李明忪 등은 모두 정인홍의 문인이면서 정구의 문인이기도 하다. 계해정변 이후 정인홍이 적신으로 처형된 뒤로 이들이 그 스승으로 정인홍을 내세우지 않게 되자 주로 정구의 문인으로만 알려지게 된 것이다. 그렇다 하더라도 이들의 학문 계통을 남명과 무관하게 말하기는 어려운 것이다.

다음으로는 이들의 다음 세대 인물들이 어떠한 사승관계를 이어가는지 살펴볼 필요가 있다.

귀암 이정의 손자에 迂疎齋 李虎變(1549~1595)과 百忍齋 李鯤變(1551~?) 형제가 있다. 이곤변은 남명과 귀암의 절교 문제와 관련하여 『疑訛拙辨』을 지어서 그 조부 龜巖을 변호한 것으로 널리 알려져 있는데, 그 형 李虎變의 맏사위가 思湖 吳長(1565~1617)이고 셋째사위가 林谷 林眞怤(1586~1657)다. 사호 오장은 남명 문인 德溪 吳健의 아들이면서 來庵 鄭仁弘과 寒岡 鄭逑의 문인으로서, 광해군 당시에 桐溪 鄭蘊(1569~1641)과 함께, 北人 가운데서도 中北 계열을 형성한 남명학파의 핵심 구성원이라

----

20 황곡이 남명의 문인이라는 사실이 『산해사우연원록』에는 실려 전하지 않는다. 그러나 회봉 하겸진이 편찬한 『동유학안』에서는 황곡이 남명의 문인이라는 사실을 분명하게 밝혀 두었다.

고 할 수 있다.

첨모당의 손자 임곡 임진부는 그 어머니가 남명 문인 立齋 盧欽(1527~1602)의 딸 光州盧氏다. 입재의 사위는 셋인데 첫재가 임곡 임진부의 아버지 林承謹이고, 둘째는 朴廷璧(1540~1580), 셋째는 尹左辟이다. 박정벽은 고령 도진 사람으로서 남명을 종유하였던 竹淵 朴潤(1517~1572)의 아들이고, 尹左辟은 三嘉 龜坪에 거주하던 秋潭 尹銑(1559~1639)의 아들이다. 고령 도진에는 박정완과 박정번 형제 및 박정완의 아들 박광선 및 그 아들 박종주·박종윤 등에 이르기까지 모두 정인홍의 문인이었으며, 龜坪의 尹銑과 尹鐸 형제 또한 정인홍의 문인이었다.

이러한 주변 환경과 함께 본다면 林谷 林眞怤(1586~1657) 역시 立齋의 外孫이면서 그 문인이었고, 이웃에 살고 있었던 蘆坡 李屹(1557~1627)을 사사하였으며, 노파의 사위로서 삼가에 오래 거주하였던 澗松 趙任道는 그의 막역한 친구였다. 李屹 또한 立齋 盧欽의 문인이면서 鄭仁弘의 문인이기도 하였으니, 임곡 임진부 또한 내암과 무관하였다고 할 수는 없을 것이다. 특히 임곡과 절친하여 임곡이 자신의 두 아들 林汝松과 林汝栢을 집지케 하였던 무민당 박인이 내암의 각별한 지우를 받았던 문인이었고, 임곡이 내암과 머지않은 곳에 살고 있었음을 생각한다면 더욱 그러하다. 임곡이 무민당의 행장을 찬술하였는데, 그 기록이 龍淵書院의 고문서로 韓國學中央研究院에서 수습한 『古文書集成』에 전하고 있는데, 다음과 같은 기록이 있다.

계축(1613)에 당시 의론을 주도하는 자들이 영창을 죽이기를 요청하였다. 공[朴絪]이 송천(松川)에게 편지를 보내어 그것이 옳지 못하다는 뜻을 極言하였다. 그 대략은 다음과 같다.

"지금 선생께서 좌의정에 승진 임명되셨다고 들었습니다. 성상의 유지가 내려왔으니 그 실행 여부는 하늘의 뜻에 달려 있습니다. 하늘이 우리 동방을 평화롭게 다스리고자 하지 않은 지 오래 되었습니다. 저의 생각으로는 고명하신 선생께서는 이미 나아가기 어려워하는 뜻을 끊었습니다. 다만 구구하게 어리석고 망령된 견해를 가진 제가 끝내 가만히 있지 못하고 하고 싶은 말을 다 합니다. 들으니 조정에서 子瑀[永昌]를 강화에 안치한다고 합니다. 무릇 신하 된 사람으로서 역적이라는 이름을 덮어쓰면 왕법이 준엄하여 털끝만큼이라도 용서를 받을 수 없습니다. 그러나 지금 瑀는 그렇지 않아, 그 죄를 말한다면 그러한 실상이 없었고, 그 나이를 말한다면 젖먹이 어린이요, 그 몸을 말한다면 先王의 아들이며 今王의 아우입니다. 그런데 반드시 사지에 안치하고서야 그만두려고 하니, 이 어찌 성대한 덕이 있는 시대의 일이겠습니까? …… 그것이 君上의 德에 累가 되는 것이 어찌 小小하겠습니까? 선생께서는 산림의 위치에 계시어 비록 조정 신하들의 논의에 참여하지는 않으시나, 이번 瑀를 죽이자는 논의가 오로지 대북으로부터 나왔고 불행하게도 선생께서는 그 무리들의 영수가 되어 있으니, 그 자취가 진실로 이미 혐의스럽습니다. 그리고 그 전에 올린 차자도 瀦家의 뜻을 범범하게 논의했을 뿐이고, 끝내 죽여서는 안 된다는 것에 대해서는 한 마디도 언급하지 않으셨습니다. 이 점에 대해 소자는 적이 의혹스럽게 생각하고 있습니다." …… 이로부터 松川과 뜻이 어긋났다.[21]

— 본문 각주 —

21 韓國精神文化研究院, 『古文書集成』 29, p.309~310, 「(朴絪)行狀(林眞怤撰)」, "癸丑 時議請殺永昌 公致書于松川 極言其不可之義 其略曰 今聞先生升卜左台 聖諭下來 其行止 天也 天未欲平治我東方 久矣 則伏想高明之見 已斷難進之義矣 第有區區愚妄之見 不能終隱 而畢其說焉 聞朝廷安置子瑀于江華 夫爲人臣 而負逆賊之名 則王法之嚴 而不可毫髮容貸 今瑀則不然 以言其罪 則非其情也 以言其年 則乳下兒也 以言其身 則先王之子也 今王之弟也 而必欲置之死地後已 此豈盛德事也 …… 其爲君德之累 豈小小哉 先生身處山林 雖不與廷臣之論 發此殺瑀之議 專出於大北 而不幸先生領袖於其輩 其迹固已嫌矣 而前之陳箚 亦泛論瀦家之義而已 終無一言 以及於不可殺 小子竊惑焉 …… 自是貳於松川."

이 기록은 『林谷集』에 실린 「无悶堂朴公行狀」에는 몇 글자가 이 글과 다르게 수정되어 간행되었다. 곧 위 인용문 원문의 "今聞先生升卜左台 聖諭下來 其行止 天也 天未欲平治我東方 久矣 則伏想高明之見 已斷難進之義矣 第有區區愚妄之見 不能終隱 而畢其說焉" 부분과 "先生身處山林 雖不與廷臣之論" 부분은 산삭되었고, '先生' 또는 '松川'은 모두 '仁弘' 또는 '大監'으로, '小子'는 '紃'으로, '子瓛' 또는 '瓛'는 '永昌'으로 바뀌어 있다.

무민당이 내암에게 올린 글에서 내암을 '선생'이라 칭하였는데, 이로 보아 무민당이 죽은 뒤 임곡이 아직 죽지 않은 1650년대 무렵까지는 적어도 이 지역에서만큼은 내암이 완전히 사림의 배척을 받은 것이 아니었다. 이는 임곡이 來庵을 松川이라는 말로 지칭하고 있음에서 감지할 수 있다. 松川은 내암이 만년에 살던 가야면 소재지의 孚飮亭 맞은편의 마을인데, 지금도 이곳 냇가에는 내암이 새겼다고 전하는 '松川'이라는 각석이 있다. 이와 같은 표현이 후대 『임곡집』이 간행될 적에 '仁弘'으로 變改된 것이다. 이는 이미 내암이 지역 사림으로부터 완전히 배척을 받고 있다는 증거로서의 표현이다. 산삭된 부분은 내암을 어느 정도 인정하는 부분이 있기 때문에, 『임곡집』 간행을 주도했던 이들은 이러한 여지조차 없애려는 뜻으로 문집에서 이 부분을 산삭했던 것이다.

'小子'라는 표현 또한 아들이 아버지에게 쓰는 용어로 제자가 스승에게도 썼던 용어인데, 이를 '大監'으로 고친 데에는 그만큼 무민당이 내암을 가까이 생각하지 않았다고 주장하려는 뜻이 깔려 있는 것이다. '子瓛' 또는 '瓛'는 永昌大君의 이름을 바로 쓴 것인데, 영창대군이 죽을 당시와 그 이후 30년 무렵이 지날 때까지도 별 문제없이 이름을 그대로 쓰다가 정변 주도 세력이 영창대군이라 위호를 추복한 것에 따라 강우 지역에서 조차 이를 영창으로 고쳐 표현하게 되었던 것이다.

이러한 사실은 내암 정인홍이 자신의 지지 기반이 탄탄했던 지역에서

조차 유림 사회에서 공식적으로 배척받게 되었다는 것을 의미한다. 이는 임곡 집안의 처지에서 보면 다른 집안과는 또 다른 의미가 있다. 즉, 임곡의 妻家가 龜巖 李楨의 집안이고, 그 아들이면서 无悶堂 朴絪의 門人인 林汝松과 林汝栢의 입장에서는 자신의 핏줄과 관계되는 外家의 일과 師門의 일이 서로 얽혀서 선비 사회에서의 運身이 매우 어려웠을 것이라는 점이다. 귀암 이정에 대해서는 남명이 일찍이 절교를 선언한 적이 있고, 내암 정인홍 또한 그 스승의 뜻을 받들어 남명이 절교한 이후 귀암에 대한 기록을 『남명집』에서 상세히 다룬 적이 있다. 이로 인해 사림 사이에서 귀암의 입지가 좁아졌고, 나중에 이에 대해 귀암의 손자 李鯤變이 『疑訛拙辨』을 찬술하여 전파함으로 해서 남명학파와의 관계가 껄끄럽게 되었던 것이다.

그러나 임곡까지는 약간의 껄끄러운 점이 있다 하더라도 남명학파로서 활동하는 데에 큰 문제가 있었던 것은 아니나, 그 아들 대에 이르러서는 자신이 바로 귀암의 피를 이어받았기 때문에, 그 어머니를 경애하는 측면에서라도 외가의 고조가 되는 귀암에 대해 관심을 기울이지 않을 수 없었던 것이다. 지금 남아 전하는 필사본 자료 가운데서 임곡의 차남 林汝栢의 『反求堂集』에 실린 「龜山書堂遺址」와 「龜溪書院請額疏」, 「請諡疏草」 등의 글은 반구당 임여백의 처지에서 귀암 이정을 현창하는 데 적극적이었던 면모를 여실히 보여주는 글이다. 다음에서 이를 어느 정도 확인할 수 있다.

그 충효의 절개와 繼往開來한 공로가 너무나 뚜렷하고 밝아서 속일 수 있는 것이 아니다. 불행하게도 賊臣이 文元公과 文純公을 헐뜯은 뒤 因하여 선생에게까지 미쳐서, 없는 사실을 얽어 날조하고 백반으로 속이고 해쳐서 당대 사람들의 耳目을 막고 後生의 생각을 바꾸게 하였다. 지금도 따라서 짖는 무리들이 선생의 사람됨이 어떠한지도 전혀 모른 채 앞서거니 뒷서거니 하면서 오직 흠 찾기를 일삼고 있으니, 이것이 어찌 족히 선생에게 보탬이 되거나 손해가 되랴마는, 자손된 자가 어찌 이를 위해 통탄해 하지 않을 수 있겠는가?[22]

여기서의 선생은 귀암 이정이다. 이 글을 통해서 반구당은 세 가지 측면을 드러내고자 하고 있음을 알 수 있다. 첫째는 그 外先祖 귀암 이정이야말로 충효의 절개와 繼往開來의 공로가 너무나 뚜렷하여 아무도 속일 수 없는 인물이라는 점이고, 둘째는 그러한 귀암을 賊臣이 회재 이언적과 퇴계 이황을 헐뜯음으로 인해서 나중에는 귀암에게까지 나쁜 영향이 미쳤다는 것이며, 다음으로는 그 때문에 지금도 많은 사람들이 귀암에 대해서는 흠을 찾는 말을 예사로 하고 있어서 통탄스럽다는 것이다.

또한 여기서 반구당이 말한 賊臣은, 회재와 퇴계를 헐뜯고 귀암을 비방하였다는 말로 보아 내암 정인홍을 가리키는 것이 분명하다. 이는 내암이 『南冥集』의 「與子强子精書」 아래에 장문의 주석을 달면서 귀암을 비난하였고, 『남명집』의 후미에 퇴계와 귀암의 왕복 서한을 실으면서 이들을 함께 비난하였던 것을 두고 말하는 것이다. 반구당은 스승 无悶堂 朴絪의 妹夫이기도 하니, 妻外祖가 來庵 鄭仁弘의 叔父다. 스승은 내암의 문인이고 처외가는 내암의 핏줄이어서 내암을 賊臣이라 말하기는 어려웠을 것이지만, 내암이 지역 사림 전체로부터 공식적으로 배척받을 수밖에 없는 사회적 분위기가 이미 무르익었으므로 반구당이 이처럼 과감하게 글을 쓸 수 있었을 것으로 보인다.

특히 위 인용문의 마지막에서, "이것이 어찌 족히 선생에게 보탬이 되

....

22 林汝柏, 『反求堂集』 「龜山書堂遺址」, "其忠孝之節 繼開之功 炳炳烺烺 非可誣也 不幸賊臣訾毀元純 仍及先生 構虛捏無 誣害百般 塗一時之耳目 易後生之心腸 至今吠聲之徒 謾不知先生之爲何如人 而唱而和之 惟覓疵是事 此何足加損於先生 而爲子孫者安得不爲之痛惋也."

거나 손해가 되랴마는, 자손 된 자가 어찌 이를 위해 통탄해 하지 않을 수 있겠는가?"라고 함으로써, 귀암 이정에 대한 변명 내지는 현창 사업을 적극적으로 하겠다는 의지를 드러내고 있다. 『갈천집』과 『첨모당집』이 간행되는 1669년 무렵이라면 첨모당의 후손으로는 盧齋 林汝松(1612~1686)과 反求堂 林汝栢(1614~1685)이, 당시 58세와 56세라는 나이로 보나 학문으로 보나 가장 영향력 있는 인물로 보이기 때문에, 이들 형제가 이러한 생각을 가지고 있었다면 『첨모당집』에 남명 관련 문자가 실리기는 쉽지 않았을 것으로 보인다.

그러나 그의 글에서 남명을 부정적인 시각으로 보거나 비판하는 의미의 글은 보이지 않는다. 사회적인 분위기가 남명까지 비판할 수 있는 정도는 아니었기 때문이다. 그러한 반면 퇴계에 대한 존모는 물론 그의 학문의 결정체라 할 수 있는 「성학십도」를 몹시 좋아하여 병풍으로 작성하여 곁에 늘 두고 보려 하였음을, 다음의 글을 통해서 알 수 있다.

이상은 聖學十圖니, 退陶 선생이 모아서 宣祖 임금에게 바쳤던 것이다. 우리 先君子가 평소에 퇴도 선생의 글을 깊이 사모하여서, 항상 시대를 같이 하지 못한 한스러움을 가지셨다. 玄黓[壬]의 해에 先君이 林谷에 우거하시면서 퇴도 선생의 문집을 구하여 얻고서는 兀然히 단정하게 앉아서 성학십도를 보배처럼 좋아하시면서 손에서 놓지 않으셨다. 進士 全棨에게 부탁하여 한 부를 깨끗이 베껴 장차 병풍을 만들어 조석으로 우러러 보시려 하였다. 그러나 뜻만 가진 채 병풍을 만들지는 못하고 돌아가셨으니 그 한스러움이 어떠하셨을까! 不肖가 無狀하지만 繼述에 뜻을 두어서 工人에게 도모하여 흰 병풍 10폭을 만들었다. 그러나 게으른 마음이 심하였고 병치레를 하느라 시일을 끌다가 지금에 이르렀다. 다행스럽게도 두꺼운 종이를 얻어서 아들들로 하여금 베껴서 병풍 위에 붙이게 하였다. 거의 평소의 오랜 염원을 풀었으며, 더욱 羹墻의 그리움이 간절하여 감격의 눈물이 저

절로 떨어지는 줄도 몰랐다.[23]

「題聖學十圖屛幛後」라는 이 글은, 임곡이 특히 퇴계의 '聖學十圖'를 좋아하여 남명 문인 가운데서 글씨 잘 쓰기로 유명했던 濯溪 全致遠의 후손 斗巖 全榮(1609~1660)으로 하여금 글씨를 쓰게 하여 병풍으로 작성하려 하였으나 병풍으로 만들지는 못하고 타계했다는 기록이다. 이 기록은 결국 첨모당의 손자 임곡도 만년에는 특히 퇴계의 학문에 경도되었음을 그 아들 임여백이 증언하고 있는 것이다.

당초 先君子[朴絪]께서 이 淵源錄을 편찬하실 적에 한 부를 우리 先君[林眞怤]에게 보내왔고, 당시 보내온 편지에서 "절교 부분에 대해서는 그대의 가르침대로 刪改하겠습니다."라고 하였으며, 또한 "末卷의 기록은 의거할 만한 문자가 없고 단지 曹漆原이 한 말에 따라 넣은 것이다. 그러므로 간혹 이러저러한 곳이 있다."라고 하였습니다. 그런데 지금 만약 한 글자도 刪改하지 않고 그 전과 같이 하여 간행한다면 아마도 타당한 곳으로 돌아가는 것이 아닐 것입니다. 左右께서는 師友들과 商量하고 會議하여 그 가운데 관련 없고 긴요하지 않은 부분을 刪去하시기 바랍니다. 그렇다면 거의 괜찮을 것입니다. 어떻게 생각하십니까?[24]

....

23 林汝栢, 『反求堂集』「題聖學十圖屛幛後」, "右聖學十圖 退陶先生之所裒集而獻於宣廟者也 惟我先君子平生深慕先生書 常有不同時之恨 歲在玄黓 先君寓居林谷 求得先生集 兀然端坐 寶玩不釋聖學十圖 請於全進士榮 淨寫一本 將作爲屛幛 朝夕對越 而齎志未就 終天之恨 當如何哉 不肖無狀 竊有意於繼述 謀諸工人 作素屛十疊 而頹惰之甚 病冗又汩 悠悠以至于今 幸得厚紙 令子輩 模寫揭諸疊上 庶幾攄平昔之夙願 益切羹墻之慕 不覺感淚自零也."

24 林汝栢, 『反求堂集』「與朴大卿書」, "當初先君子之爲是錄也 一件送于吾先君 來書有日 絶交一段 當依來敎刪改 又日 末卷所錄 無文字可憑 只就曹漆原所○而入之 故間或有云云處云 今若無一字刪改 而一樣入梓 則恐未得安當之歸 幸左右與士友

이 글은 반구당 임여백이 자신의 스승 무민당의 아들 守拙齋 朴曼 (1610~1682)에게 보낸 편지의 일부로, 여기서 刪去하라는 것은 『山海師友 淵源錄』의 龜巖 李楨 부분에서 南冥이 龜巖에게 絶交했다는 기록을 가리 키는 것이다.

대체로 선생이 子强[吳健]과 子精[鄭琢]에게 준 편지글은 모두 과격 한 언어여서 도무지 渾厚한 기상이 없으니 후생의 의심이 없을 수 없 는 것입니다. 그 당시 선생의 편지가 나왔을 적에 寒岡이 仁弘에게 사 람을 보내어서 그것을 문집 속에 넣어서는 안 된다는 사실을 힘써 개 진하였습니다. 그러나 인홍이 한갓 귀암을 공격하여 배척할 줄만 알 았고, 선생에게 해로움이 있을 줄은 생각하지 못하고 문득 팔을 걷어 부친 채 수록하였습니다. 또한 (인홍의) 誌文 2편은 그 사이에 어긋난 부분이 있어서 선생의 문집으로 하여금 온전한 책이 되지 못하게 하 였으니, 어찌 거듭 안타까워할 만하지 않겠습니까?25

그리고 이처럼 여기서는 다시 남명의 「與子强子精書」와 이에 대한 鄭 仁弘의 誌文 및 『남명집』 말미에 정인홍이 기록해 둔 誌文은 모두 귀암에 대한 좋지 않은 글들인데 이 또한 산거하는 것이 바람직하다고 주장하고 있는 것이다. 이유는 이 글이 남명에게도 누가 되기 때문이라는 것이다. 또한 계해정변 이후 『남명집』에서 이상에서 언급한 내용을 모두 삭제해 버렸더라면 후생이 알 수 없어서 오히려 분란이 일어나지 않았을 것임을 다음과 같이 언급하고 있다.

....

商量會議 刪去其不關不緊處 則庶乎其可也 未知如何."

25 林汝栢, 『反求堂集』「與朴大卿書」, "蓋先生與子强子精書 皆是過激之語 聊無渾厚 之氣 不能無後生之疑 其時先生書之出也 寒岡送人于仁弘 力陳其不可入於集中 而 仁弘徒知龜巖之攻斥 不念有害於先生 便攘臂收錄 又以其誌二首 參錯於其間 使先 生文集 不得爲完書 豈不重可惜哉."

제가 항상 계해년 이후로 선배들이 서로 더불어 회의하여 '子精書'와 仁弘의 '誌文' 2편을 뽑아서 제거하였다면, 후생이 되는 자들이 그 전말을 들을 길이 없을 것이니 어찌 다시 후일의 분란이 있을까 하고 한스러워하였습니다. 아니면 또한 시운에 관련이 되어서 그 사이에 사람의 힘이 작용하지 못해서 그렇겠지요? 개탄할 만합니다.[26]

이 부분 역시 유림 사회에 있었던 불미한 일을 아예 산거해 버리고 나면 아무도 알 길이 없어서 자연히 아무런 분란이 없을 것이니, 그것이 가장 바람직한 처사임을 강조하고 있는 것이다. 이 역시 자신이 귀암의 외후손으로서 귀암을 위하여 좋지 않은 이야기들이 전해지지 않기를 간절히 바라는 데서 나온 견해라 할 것이다.

대저 귀암이 이미 선생으로부터 절교를 당하였으니 연원록 속에는 음부옥사의 전말을 산거하여 또한 실어 두지 않는다면 저 「졸변」 한 편이야 또한 공격하지 않아도 저절로 사라질 것이니, 어찌 마땅하지 않겠습니까?[27]

이는 반구당이 수졸재에게 귀암과 관련되는 기록을 산거하기를 요구하면서, 귀암의 손자 이곤변이 저술하여 유림 사회에 문제가 되었던 『의외졸변』 또한 『남명집』에서 음부옥사에 관한 전말을 산거해 버리면 저절로 조용해질 것이니, 이에 대한 걱정을 더 이상 할 필요가 없어질 것이라고 주장하는 것이다.

....

26 林汝栢, 『反求堂集』 「與朴大卿書」, "僕常恨癸亥以後 先輩相與會議 拔去子精書及 仁弘誌二首 則爲後生者 無由得聞其顚末 而豈復有後日之紛挐耶 抑亦關時運 而似 不容人力於其間耶 堪可慨歎."

27 林汝栢, 『反求堂集』 「與朴大卿書」, "大抵龜巖 旣已見絶於先生 則錄中刪去淫獄首 末 亦不載入 則彼拙辨一篇 亦當不攻而自滅矣 豈不的當矣乎."

반구당의 말처럼 산거해 버리고 나면 아는 사람이 적어서 인구에 회자되지는 않을지 몰라도, 과연 아무도 모르게 된다고 말하기는 어려울 것이다. 외선조 귀암 이정을 남명학파 구성원들로부터 질시 또는 폄하될 가능성을 미리 없애려는 의도가 더 큰 것이라고 하지 않을 수 없을 것이다.

V. 맺음말

이제까지의 논의를 요약하면 대체로 다음과 같이 정리될 수 있을 것이다. 『첨모당집』에 첨모당이 남명에게서 구체적인 영향을 받은 사실이 적시되어 있지 않다. 이는 원래 영향을 받은 바가 없었기 때문이었다고 단정하는 한 가지 방법이 있다. 그리고 또 한 가지는 남명을 만난 것은 사실이니, 그 영향을 받은 것도 사실일 가능성이 있으나 그와 관련된 기록이 지금 전하지 않는다고 유추해 보는 것이다. 전자는 더 이상 논의할 것이 없으나 후자는 논의할 것이 적지 않다. 그 이유가 무엇이며 언제 어떻게 해서 기록이 전해지지 않았던가 하는 점이다.

남명이 66세 때 첨모당을 만난 사실이 남명학파의 여러 기록에 남아 전하고 그 이전에 만나서 담화를 나눈 기록은 전하지 않는다. 1566년이라면 첨모당이 50세 때이니, 첨모당의 학문에 대한 남명의 충고가 첨모당에게 깊은 감명을 주어 첨모당의 학문의 방향이 크게 바뀌었다고 보기는 어려웠을 것이다. 그렇다 하더라도 『남명연보』에 전하는 남명과 첨모당의 만남 정도는 싣는 것이 정상이 아닌가 하는 데 대해서는 지금 전하는 『첨모당집』이 아무런 답변을 하지 못하고 있다.

이것은 무엇 때문인가? 이는 첨모당의 손자 임곡 임진부가 남명이 절교했던 귀암 이정의 曾孫壻라는 데 결정적인 이유가 있었다. 林谷이 자신과 친하게 지내던 无悶堂 朴絪이 편찬한 『山海師友淵源錄』의 龜巖 李楨 부분의 기록 가운데 淫婦獄事와 관련된 기록을, 일찍이 직접 刪削해 주기를 요청한 적이 있었고, 뒤에는 林谷의 아들 林汝栢이 无悶堂의 아들 朴曼에게 편지로 간곡하고 단호하게 요청하고 있다. 임여백은 귀암을 향사하고 있는 龜溪書院의 院長을 지냈고, 귀암을 위해 귀계서원의 賜額을 요청하여 성사시켰으며 귀암의 시호를 요청하는 상소도 작성하여 올린 적이 있었다.

『남명집』에 귀암 관련 기록을 남긴 인물은 내암 정인홍인데, 정인홍이 무민당의 스승일 뿐만 아니라 임곡과도 관련이 없다고 할 수 없다. 그런데다 임곡의 두 아들이 모두 무민당의 문인이 되었으니, 내암은 임곡의 아들들로서는 스승의 스승인 셈이어서 비판하기 어려운 측면이 있었을 것이다. 그러나 정인홍이 마침 계해정변으로 인해 적신으로 처형당한 뒤 신원되지 못하였을 뿐만 아니라, 1650년대 이후에는 나라에서뿐만 아니라 강우 유림 사회에서도 정인홍을 적신으로 인정하고 비난하기 시작하였다. 그러니 임곡 집안의 처지에서는 『첨모당집』을 간행할 때에 될 수 있는 한 남명과 관련을 짓지 않으려 했던 것이다.

1. 原典資料

金宇顒, 『東岡集』.

林汝栢, 『反求堂集』.

林汝松, 『虛齋集』.

河禹善 主編, 『德川師友淵源錄』, 1960.

『古文書集成』 29, 韓國精神文化硏究院, 1996.

『古文書集成』 30, 韓國精神文化硏究院, 1996.

『恩津林氏世譜』, 1955.

2. 研究論著

李相昊(2002), 「瞻慕堂 林芸의 삶과 思想」, 『葛川 林薰과 瞻慕堂 林芸 研究』, 보고사.

鄭羽洛(2002), 「瞻慕堂 林芸의 文藝意識과 淸眞의 詩世界」, 『葛川 林薰과 瞻慕堂 林芸 研究』, 보고사.

介庵 姜翼의 師友淵源과 實踐志向的 學問

I. 머리말

고려 말기에 우리나라로 들어온 성리학은 고려의 멸망에 이은 조선의
건국을 맞아 건국 주도 세력에 의해 국가의 이념으로 자리를 잡게 되었
다. 그 뒤 조정에서는 館閣의 주도세력을 중심으로 그 이념이 계승되었고,
재야에서는 圃隱 鄭夢周의 精忠과 冶隱 吉再의 節義 등을 이어서 佔畢齋
金宗直 같은 인물이 배출되었다. 점필재는 문학과 도학을 겸비한 인물이
었는데, 그가 함양군수로 있으면서 함양에 문풍을 크게 일으켰던 바, 一蠹
鄭汝昌을 비롯하여 灆溪 表沿沫과 潘溪 兪好仁 등이 점필재에 힘입어 크
게 굴기하였다.

함양 지역에서는 이러한 학문 분위기를 통해서 信古堂 盧友明과 唐谷
鄭希輔 등이 그 뒤를 잇게 되었고, 그 다음 세대에는 九拙菴 梁喜·玉溪
盧禛·靑蓮 李後白·德溪 吳健·介庵 姜翼 등이 이러한 전통을 이어서 배출
되었다.

이들 가운데 介庵 姜翼은 특히 一蠹의 실천적 학문 정신을 누구보다도
높고 크게 평가하였다. 이런 점은 역시 일두의 학문 정신을 높게 평가하
면서 당대의 성리학계를 주도하고 있던 南冥 曺植을 그가 사사하게 되면
서 더욱 견고해지게 되었다. 그리고 그가 창건한 灆溪書院을 중심으로 함
양의 儒者가 근래에 이르기까지 그의 정신을 알게 모르게 이어온 것으로

판단된다.

개암 강익에 대한 본 연구는 남명을 그 핵심으로 하는, 보다 실천에 중점을 두는 성리학의 학풍이 함양 지역에서 어떻게 전개되었던가 하는 점을 이해하는 하나의 단초가 될 수 있으리라고 본다.

『介庵集』은 梁天翼의 주도로 1686년에 처음으로 간행된 후 1706년[28]에 鄭岐胤의 서문을 받아 다시 간행되고 1846년에 다시 편집하여 중간되었으며, 이것을 1938년에 다시 분류·편차하여 목판으로 간행하였다. 본고는 남명학연구소에 영인되어 보관중인 무인(1938)에 간행된 목판본『介庵集』을 대본으로 하고, 나머지 여러 판본을 참고하여 진행된 것이다.

II. 家系와 師友淵源

1. 家系

介庵 姜翼은 通亭 姜淮伯의 아우 通溪 姜淮仲의 5대손이다. 강회백 형제는 元正公 河楫의 외손자로 진주의 南沙에도 우거한 적이 있었지만 주로 서울 인근에서 거주하였고, 개암의 조부 진사 琴齋 姜漢(1454~?)이 그 아버지 진사 姜利敬을 모시고 산청의 筆鋒山 아래 琴灘 가에 우거한 뒤로

---

28 鄭岐胤이 찬술한 『介庵集』의 序文 末尾에 '隆慶丁卯後八百有四十甲子丙戌之陽月'이라는 年紀가 보인다. 융경 정묘년은 개암이 서거한 1567년이다. 병술년은 桐溪 鄭蘊(1569~1641)의 孫子요 眉叟 許穆(1595~1682)의 女壻인 鄭岐胤(1629~1708)의 생평과 관련 지어 보면 1706년으로 볼 수밖에 없다. 그렇다면 840갑자란 1567년부터 1706년까지 140년을 날짜별로 계산하여, 840×60일의 세월이 흘렀음을 드러낸 특이한 표현으로 보인다. (1년을 6갑자로 계산하면, 140년은 840갑자가 된다.)

함양 사람이 되었다.

아버지 진사 姜謹友(?~1544)는 천거로 慶基殿 참봉을 역임하였다. 어머니 남원양씨는 逸老堂 梁灌(1437~1507)의 손녀. 일로당은 21세에 진사에 입격한 뒤 24세 때 무과에 급제하여 清白吏에 錄選되어 명성을 떨쳤으며 관직이 知敦寧府事에 이르렀던 인물이다. 일로당 양관의 맏아들 梁應麒의 사위가 바로 강익의 아버지요, 셋째아들 梁應鯤의 아들이 바로 九拙菴 梁喜(1515~1580)다. 그러니 구졸암 양희는 개암 강익의 表從叔으로서 두 사람은 이미 타고날 때부터의 교분이 있었던 것이다.

개암의 외숙 梁悅의 사위가 개암과 절친했던 梅村 鄭復顯(1521~1591)이다. 또 개암의 이모부로 鄭諆과 盧禧가 있는데, 鄭諆의 사위가 개암의 조카 博約齋 姜渭龍(1536~1575)이고, 노희의 아들이 개암과 친분이 두터운 후배 弘窩 盧士豫(1538~1594)다. 주지하듯이 개암의 표종숙 양희의 맏사위가 來庵 鄭仁弘(1536~1623)이며, 맏아들이 西溪 梁弘澍(1550~1610)다. 양희의 姉夫 鄭起門의 아들이 바로 남명의 문인으로 알려진 永慕庵 鄭構(1522~?)다.

개암의 매부로 林希秀와 鄭惟明이 있는데, 정유명의 아들이 바로 병자호란 때 자진을 시도한 뒤 某里齋에 은거하며 花葉詩를 남긴 桐溪 鄭蘊(1569~1641)이다.

개암의 집안은 그 증조부 姜利敬으로부터 조부 姜漢, 아버지 姜謹友, 백형 姜參과 자신, 조카 姜渭龍·姜渭虎·姜渭麟 등이 모두 사마시에 입격하였는데, 이 8인 가운데 7인이 진사고 1인이 생원이다. 개암이 학문에 전념할 수 있었던 것은 이와 같은 집안의 분위기와 타고난 역량에 힘입은 바 크다고 할 만하다.

개암 사후의 일이긴 하나 개암의 종형 姜奎의 손자 蘆陰 姜繡(1568~1619)은 한강 정구의 女壻이면서 내암 정인홍의 문인이다. 개암 사후 3년

뒤에 태어난 그의 생질 동계 정온 또한 내암 정인홍의 문인이다. 함양 지역
은 玉溪·德溪·介庵의 생존 시에 이미 남명 조식을 종유하였고, 그래서 이들
의 사후에도 남명학파의 淵藪가 된 곳이다. 그러므로 함양의 여느 다른
가문에도 이 시기에는 대체로 이처럼 남명 문인들과의 혼인이 중첩되어
나타난다.

이를 도표화하면 대략 다음과 같다.

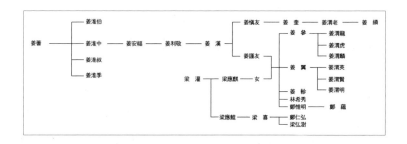

2. 師友淵源

가. 스승으로서의 唐谷과 南冥

『개암집』부록에 실린 개암의 「연보」에 의하면 개암은 공부를 늦게
시작한 것으로 되어 있다. 보통 이름을 남긴 학자들은 적어도 5~6세 무렵
부터는 글자를 익히기 시작하는데, 개암의 경우는 다음과 같이 기록되어
있다.

> 7세(1529) : 氣象과 骨格이 豪宕하고 超邁하며 穎悟함이 보통 사람
> 　　　　　　보다 월등히 뛰어났다.
> 8세(1530) : 성격이 豪宕하고 超逸하여 얽매임이 없었다. 그래서 무

룷을 굽히고 앉아 책 읽기를 좋아하지 않았다. 그러나 그 부친 承仕郞 공이 선생의 초일하고 영오함을 사랑하여 가르침과 감독을 엄격하게 하지 않았다.

9세(1531) : 母夫人이 痢疾에 걸린 적이 있었다. 선생이 얼굴에 근심하는 빛을 띠고 대변의 달고 씀을 맛보아 증세의 경중을 알아보았으며, 밤에는 물을 떠놓고 향을 피우면서 北辰에게 빌었다.

10세(1532) : 날마다 여러 아이들과 씨름을 하며 놀았는데, 항상 높은 곳에 똑바로 앉아 아이들을 지휘할 뿐이었다. 사람들이 간혹 물어보면, "제가 이것을 좋아하는 것이 아닙니다. 그저 저들을 시험해 보는 것일 뿐입니다. 어찌 직접 그 놀이를 할 수 있겠습니까?"라고 대답했다 한다.

11세(1533) : 일찍이 고질이 있어서 아직도 입학하지 못했다.

12세(1534) : 선생이 병이 잦아 부친 승사랑 공이 교육을 베풀 수 없음을 근심하였다. 그래서 선생은 날마다 학업에 열중하는 선비를 좇아 그 논설을 듣곤 하였다.

15세(1537) : 병이 차츰 낫자, 부친 승사랑 공이 다음과 같이 말하였다. "사람이 되어서 배우지 않는다면 짐승과 다름이 없다. 어찌 저 꿈틀거리는 것들과 같이 취급받음을 달갑게 여기겠는가?" 선생이 이에 두려워하여 책을 들고 같은 마을에 사는 唐谷 鄭希輔의 문하에 나아가 배웠다.

우리는 이 기록을 통해서 개암이 적어도 15세가 되어서 비로소 글을 배우기 시작했음을 알 수 있다. 이 기록이 우리에게 전해주려는 것은, 개암이 어릴 적부터 글을 배워 문학적 역량을 드러내려 했다기보다는, 부모나 어른의 가르침을 몸으로 실천하는 데에 매우 적극적이었음을 보여주려 하고 있다는 것이다.

특히 7세 때와 8세 때의 기록에서 보이는, '기상과 골격이 호탕하고 초매하였다.'는 표현이나, '성격이 호탕하고 초일하여 얽매임이 없었다.'는 표현은, 학문을 통한 자기 절제를 거칠 경우 정신적으로 매우 높은 경지에 이를 수 있음을 염두에 둔 표현으로 보인다. 12세부터 3년 동안은 병 때문에 공부를 할 수 없었다고 하였는데, 그 병이 구체적으로 어떤 종류의 질병인지 기록되어 전하지 않는다. 결국 개암은 얽매임이 없는 성격과 질병으로 인해 15세 전에는 제대로 글을 읽지 않았음을 알 수 있고, 15세가 되어 같은 마을에 살던 당곡 정희보의 문하에 나아간 것이 입학에 대한 최초의 기록으로 보인다.

이때의 상황을 桐溪 鄭蘊은 개암의 「행장」에서 다음과 같이 표현하고 있다.

> 14~15세에 이르도록 입학하지 못하고 있었다. …… 같은 마을의 정희보에게 나아가 배웠다. 그 문하의 학도들이 선생이 초학자로서 자신들을 따라 배우는 것을 보고 모두들 늦은 배움을 비웃었다. 희보가 시험삼아 『史略』初卷으로 가르쳐 보았다. 句讀가 분명하고 발음이 淸朗한 것을 보고 깜짝 놀라 기이하게 생각하며, "앞으로 큰 선비가 될 사람이 바로 이 사람이다." 하였다.[29]

이 기록에서도 역시 개암의 입학 시기가 늦었음이 언급되고 있다. 그러나 당곡이 시험삼아 글을 따라 읽도록 했을 적에, 개암이 구두를 분명히 떼어 읽고 발음도 매우 청랑하였음을 당곡이 특별히 기이하게 생각하

....

29 鄭蘊, 『桐溪集』卷3, 「介庵姜先生行狀」, "年至十四五 尙未入學 就學于同閈鄭希輔 其門學徒 見先生以初學從之 皆笑以爲晚 希輔試教以史略初卷 見其句讀分明 音韻 淸朗 竦然異之日 爲他日大儒 必此人也."

였음도 함께 기록해 두었다. 여기서 우리는 개암이 비록 늦게 입학하였지만 학문을 할 수 있는 역량은 이미 충분히 갖추고 있었음을 드러내려는 기록자의 의도를 짐작할 수 있다.

동계 정온은 그의 「행장」이 부분에 이어서, 개암의 학문이 단순한 문학적 재능에서 그치지 않고 聖人을 목표에 두는 '爲己之學'이었음을 다음과 같이 밝히고 있다.

> 이로부터 격동하여 스스로 분발하였다. 종일토록 꿇어앉아 부지런히 노력하여, 잠자는 것과 밤 먹는 것조차 잊었다. 겨우 제1권을 읽었음에도 文理가 이미 트였다. 다시는 스승을 따라 배우지 않고, 때로 의심스러운 부분을 질문할 뿐이었다. 당시에 선생은 나이가 거의 약관이 되었기에, 역사에 정통한다거나 문장 능력을 익히는데 뜻을 둘 뿐만 아니라, 대개 이미 이른바 '爲己之學'이 있다는 것을 알고, 心身과 內外의 사이에서 정신을 집중하고 수렴하여 신칙하는 데 대하여 이미 그 핵심을 터득하였던 것이다.[30]

동계의 이러한 기록은 물론 사실을 드러낸 것이긴 하지만, 기록자의 의도가 없다고는 할 수 없다. 곧 기록자 동계 정온은 개암의 학문이 문장력을 통해 과서에 급제한 뒤 입신하는 방향 즉 위인지학으로 가지 않고, 마음과 몸 및 안과 밖의 구분을 분명히 함으로써 스스로를 內聖의 경지에 이르게 하는 위기지학으로 일찍부터 방향을 잡았다는 것을 강조하고 있다는 것이다.

....

30 鄭蘊, 『桐溪集』 卷3, 「介庵姜先生行狀」, "自是激昂自奮 終日危坐 孜孜矻矻 忘寢與食 纔讀一卷 文理已達 不復從師 有時質疑而已 于時先生 年幾弱冠 不但晝以通書史習時文而已 蓋已知有所謂爲己之學者 而喚醒敏飭於心身內外之間者 已得其端的矣."

그리고 이런 관점에서 볼 때 당곡은 개암의 어릴 적 스승으로서 문장에 눈을 뜨게 해 준 큰 스승이지만, 그의 학문을 위기지학이 아니라고 하기는 어려울지 몰라도 위인지학 쪽으로 기울어지지나 않았는지 조심스럽게 추측해 본다. 그 이유는 대체로 당곡의 문집에서 위기지학 관련 기록을 발견하기가 쉽지 않다는 것이 그 하나라 하겠고, 다음으로는 桐溪 鄭蘊(1569~1641)이나 玄石 朴世采(1631~1695) 및 서문을 찬술한 鶴汀 鄭岐胤(1629~1708) 등이 모두 당곡을 개암의 스승으로 표현하지 않고 있다든지 아예 '鄭希輔'·'希輔' 등 존중하지 않는 느낌을 들게 하는 글쓰기를 하고 있는 데서 짐작할 수 있다.

이처럼 어릴 적부터 개암에게 글을 읽을 수 있는 능력과 문장을 지을 수 있는 능력을 계발해준 이는 당곡 정희보이었음에도, 남아 전하는 기록들에서 개암이 그를 '師事'했다는 표현은 보이지 않는다. 오히려 다음의 기록들에서 확인되듯이 개암의 스승은 남명 조식으로 알려져 있다.

① 연보 20세(1542) 조 : 南冥 선생의 風貌를 듣고 마음을 기울여 기뻐하고 흠모하여 스승으로서의 가르침을 받고자 하였다. 그러나 승사랑 공이 병이 있어서 결국 찾아뵙지 못하였다.
29세(1551) 조 : 남명 조 선생이 花林洞을 유람할 적에, 선생이 현명하다는 소문을 듣고 방문하여 함께 화림동을 유람하였다. 盧 玉溪와 吳 德溪 두 선생 또한 함께하였다.
32세(1554) 조 : 德川洞으로 들어가 曹 선생을 배알하였다. 두어 달 동안 도의를 강론한 뒤에 돌아왔다.

② 행장 : 학문을 함에 이르러서는 스승으로 받드는 이도 없이 스스로 분발하여 超悟함으로써, 의리를 깊이 탐구하였고 현묘하고 미묘한 이치를 꿰뚫어 알게 되었다.[至其爲學 無所師承 而自能奮拔超悟 探賾義理 貫徹玄微] …… 선생은 옥계 선생과 교계

가 심밀하여 시종 어긋남이 없었다. 선배로는 남명 선생을 섬겨 그 문하에 출입하였다.[先生與玉溪先生 交契深密 終始莫違 以先進 事南冥先生 出入其門]

인용문에서 확인되는 것처럼, 연보의 기록은 개암이 20세 때부터 남명에 대한 명망을 듣고 사사할 생각이 있었다고 되어 있고, 처음 만나기는 29세 때인 것으로 되어 있다. 물론 그 사이에 부친상을 당하고 재취를 한 일 등이 있었으나, 20세 무렵에 참으로 남명을 사사할 뜻이 있었다면 29세 때 남명이 함양의 화림동을 유람할 때까지 기다리지는 않았을 것이다. 더구나 32세 때에 덕천동으로 가서 남명을 배알하였다는 기록은, 당시 남명의 거주지가 삼가였다는 점을 생각해 보면 오기로 볼 수밖에 없다.

그렇다 하더라도 동계가 찬술한 행장에서 남명 선생의 문하에 출입하였다고 표현하고 있는 것으로 보아 남명을 스승으로 섬겼다는 것은 사실로 보지 않을 수 없을 것이다. 그런데, 개암이 남명을 스승으로 섬겼다는 동계의 기록은 그 앞의 '至其爲學 無所師承'이라는 표현과 얼핏 괴리가 있는 듯이 보인다. 동계가 과연 자신이 쓴 같은 제하의 글에서 이처럼 서로 어긋나는 듯한 표현을 한 까닭은 무엇일까?

동계의 이러한 표현은 인용한 위의 연보 기록을 음미하면서 다음의 기록을 보면 그 실마리를 어느 정도 찾을 수 있을 듯하다.

평소에 著書를 일삼지 않으셨다. 간혹 기록하고 읊조린 것이 있으나, 嚴重하고 繽密한 것들이 대부분이어서 인품을 그대로 반영하고 있다. 대체로 공은 文獻公의 고을에서 태어났으므로 이미 사모하는 마음을 일으켜 私淑하였던 것이고, 南冥 曺 先生을 종유함에 미쳐서는 師友의 의리가 있었던 것이다. 또 玉溪 盧禛 公 및 東岡 金宇顒 公과도 도의로 사귀었다.[31]

이 인용문은 결국 개암의 학문은 문헌공 일두 정여창을 사숙하여 그의 정신을 이으려 한 것으로 결론을 내린 것이다. 그리고 저술보다 천리에 치중한 일두의 정신을 이으려 했던 남명에 대해서 '從遊한 師友'로 표현함으로써 동계가 사승이 없었다고 한 기록의 의미를 정리하였던 것이다. 실제로 개암이 어릴 적부터 배웠던 당곡에 대해서는 언급조차 하지 않은 것은, 당곡의 학문이 일두에서 남명으로 이어지는 고도의 정신 경계와 천리 중시의 학문 정신과는 일정한 거리가 있다고 인식한 데서 나온 것으로 보인다. 현석이 옥계와 동강을 개암이 도의로 사귄 인물로 특별히 내세운 것 또한 동계가 찬술한 개암 행장의 정신을 이어받은 표현이다.

현석이 개암 묘갈명에서 인용문처럼 표현한 것은 동계 정온이 찬술한 개암 행장을 보고 판단한 데서 나온 결론인 것으로 보인다. 즉, 동계가 행장에서 이야기하려고 한 것을 현석이 이렇게 정리한 것이라고 할 수 있다.

함양의 사림이 일두를 위해 개암이 창건했던 남계서원에 개암과 동계를 배향하게 되는 것은, 동계가 찬술한 개암 행장과 현석이 찬술한 개암 묘갈명의 핵심을 이처럼 인식하고 깊이 동조한 데서 온 결론이라고 하지 않을 수 없다. 특히 당곡의 경우는 남계서원 별사에도 제향 되지 못하고 옥계가 주향으로 되어 있던 당주서원의 별사에 제향된 것을 보더라도 당시 함양 사림의 당곡에 대한 인식의 정도를 이해할 수 있다.

요컨대 개암은 문헌공 일두 정여창이 태어난 고을에서 그의 餘馥이 남은 상태에서 당곡 정희보를 통해 글을 익혀, 고을의 선배인 일두의 학문에 감명 받고 그를 사숙하기에 이르렀고, 나중에 남명 조식을 통해 일두의 정신을 눈으로 확인하며 배울 수 있는 기회를 가졌던 것이라 할 수 있다.

....

31 朴世采, 『南溪集』 卷74, 「介庵先生姜公墓碣銘」, "平生不事著書 間有記述吟咏 類多嚴重縝密 如其人焉 蓋公生文獻私邦 旣已興慕私淑矣 及從南冥曺先生遊 有師友之義 又與玉溪盧公禛東岡金公宇顒講劘."

나. 道義之交로서의 벗들

앞에서 이미 언급한 것처럼 개암 강익은 같은 마을에 거주한 唐谷 鄭希輔(1486~1547)로부터 젊은 시절부터 글을 익혔고, 이때 이후로 당곡의 문하에 있던 玉溪 盧禛(1518~1578), 九拙 梁喜(1515~1580), 德溪 吳健(1521~1574) 등과 친밀히 사귀다가, 1551년 화림동 유람을 위해 온 南冥 曹植(1501~1572)을 만나면서 천리를 중시하는 도학 쪽으로 학문의 방향이 정립되었던 것으로 보인다.

그러나 이들과의 교제 내용이 무엇이었으며 토론의 주제가 무엇이었던가 하는 데 대하여 정리된 자료가 거의 남아 있지 않으므로, 서로에게 준 詩나 書札 등을 분석하여 그 대강을 짐작할 수 있을 뿐이다.

다음 시는 개암이 玉溪·德溪·思菴 梁忻과 함께 산사에서 글을 읽을 때 지은 것이다.

<table>
<tr><td>한 곳에서의 기쁜 모임 참으로 좋은 인연,</td><td>一場歡會是良緣</td></tr>
<tr><td>한 달 동안 함께 독서함이 어찌 우연일까?</td><td>浹月連床豈偶然</td></tr>
<tr><td>마음은 쇠도 끊을 만큼 교분이 이미 친밀했고,</td><td>心利斷金交已密</td></tr>
<tr><td>공부는 麗澤이 깊으니 누가 도의 고하를 논하랴!</td><td>工深麗澤道誰偏</td></tr>
<tr><td>물의 근원은 활발하니 못 속의 물과 같고,</td><td>源頭活潑池中水</td></tr>
<tr><td>마음과 몸은 허명하니 갠 뒤의 하늘 같네.</td><td>心體虛明霽後天</td></tr>
<tr><td>이제 반드시 장수하기를 서로 기약했으니,</td><td>自此藏修期不負</td></tr>
<tr><td>어찌 유유범범하며 일평생을 허송하겠는가!32</td><td>肯從悠泛枉百年</td></tr>
</table>

이 시를 통해서 우선 개암이 이 세 사람과 온전히 한 달 동안 산사에 머무르며 요즈음의 이른바 그룹스터디를 했음을 알 수 있다. 이 과정에서

---

32 姜翼, 『介庵集』 卷1, 「同吳德溪盧玉溪梁思菴忻讀書山寺」.

서로 마음으로는 斷金之交, 공부로는 麗澤의 관계가 되었음도 알 수 있다. 또한 시 가운데 보이는 '源頭活潑'이나 '心體虛明'을 언급하면서, 결련에서 '藏修'의 기약을 저버리지 않기로 한 것을 본다면, 이들과 함께한 공부의 내용이 과거 공부를 위주로 하는 爲人之學이라기보다는 이미 도학의 정수를 토론하고 실천하려는 爲己之學이었다고 할 수 있을 것이다.

다음의 시에서도 이러한 상황을 보여주고 있다.

골짝 안에 눈 구경하러 오는 이 없더니,　　　　谷裏無人賞雪來

剡溪에 놀랍게도 배 한 척 들어왔네.　　　　　剡溪驚見一船回

葛川의 神仙 風味, 이 같은 이 누군가?　　　　葛仙風味人誰似

肝膽을 서로 비추며 한 잔 술 기울인다.[33]　　肝膽相傾酒一杯

개암이 이 시를 지을 때는 養眞齋에서 조용히 학문에 몰두하고 있던 어느 눈 오는 겨울이었던 것으로 보인다. '섬계에 배 한 척 들어왔다'는 표현은, 王徽之가 눈 오는 밤 도도한 흥을 이기지 못하여 문득 배를 타고 剡溪에 은거하고 있던 戴逵를 찾아갔다는 고사를 끌어온 것이다. 葛川 林薰(1500~1584)과 德溪 吳健은 개암과 도학을 논하며 간담상조할 인물이었음을 역시 보여주고 있는 작품이라 할 것이다.

개암과 덕계의 교유는 어릴 적부터 서로 가까이 지냈던 인물이라는 점 이외에도, 덕계가 남명을 사사한 뒤로 옥계나 개암도 남명과 자주 만날 수 있게 하였다는 점에서, 덕계와의 교제는 특별한 의의가 있다. 위의 시와 관련되는 듯한 서찰 한 편이 남아 전한다.

지난 번 덕성이 궁곡에 광림하여, 오래 만나지 못했던 심정을 온화

---

33 姜翼, 『介庵集』 卷1, 「謝林葛川仲成薰吳德溪雪中見訪」.

하게 만나 이야기를 나누었습니다. 그리하여 대군자의 앞에서 어리석고 의심스러웠던 점을 깨달을 수 있었습니다. …… 질문하신 「연평문답」에 대해서는 저도 또한 의심스런 부분이 있으니 어찌 감히 가벼이 대답하겠습니까? 다만 후의를 저버릴 수 없어서, 삼가 한두 조항을 다음과 같이 해석해 보았습니다. 그러나 어찌 감히 스스로 옳다고 생각해서 답변하는 것이겠습니까? 침석과 같은 비판의 말을 통해 제대로 깨닫게 되기를 기다릴 뿐입니다. 도산에 가보려 한다는 말을 적이 들었습니다. 마땅히 능력이 닿는 한 마음껏 배워올 터이니, 사람으로 하여금 흠모하고 감탄케 할 따름입니다.[34]

대군자라는 표현은 물론 갈천 같은 선배를 두고 하는 말이겠지만 이 말 속에는 당연히 덕계도 포함된다는 점에서 이들의 교제를 도의지교라 할 수 있을 것이다. 「연평문답」은 주자가 그 스승인 연평과 질문하고 대답한 내용으로, 성리학을 연구하던 이들이 깊은 관심을 가지던 글이었다. 덕계가 이를 개암에게 질의한 것으로 보면, 이미 이들의 공부 방향이 도학으로 결정되어 있어서 이러한 것 관한 질의와 응답이 자연스러웠음도 짐작할 수 있다. 마지막에는 덕계가 퇴계를 만나보려는 것에 대해 몹시 부러워하고 있음도 읽을 수 있다. 덕계가 퇴계를 만나게 되는 것은 금계 황준량과의 만남에서 비롯되었다. 덕계는 성주의 교수로 재직하면서 당시 성주목사였던 금계 황준량과 성주 지역의 흥학에 주력하였던 바, 이 과정에서 금계가 덕계에게 퇴계를 만나도록 주선함으로써 이루어지게 된 것이다.

개암과 덕계의 이러한 교제는 나이가 비슷하고 어릴 적부터 사귀어 왔

---

34 姜翼, 『介庵集』 卷1, 「答吳子强健」, "前者 德星光臨窮谷 穩承良晤於久睽之餘 仍獲叩迷疑於大君子之前 …… 所詢延平問答 翼亦有疑於其間 何敢率爾 但厚意不可孤 謹一二箋 解如左 豈敢自以爲是乎 欲俟鍼石之功 而庶幾有悟耳 竊聞將往陶山當飮河滿腹而歸 令人欽歎無已."

기 때문에 가능한 것이기도 하지만, 동강 김우옹(1540~1603)과의 교제는 순수하게 위기지학과 관련되어 있다고 할 만하다. 동강은 함양군수로 부임하여 남계서원을 적극적으로 지원하였던 沙溪 金字弘(1522~1590)의 아우이고, 金壯元으로 알려진 開巖 金字宏(1524~1590)의 아우다. 이들과 서계를 답파하며 창수한 시들이 남아 전하거니와, 서찰 또한 한 편 남아 전한다.

> 翼은 타고난 기운이 터무니없이 낮고 학문의 역량 또한 천박하여 날마다 鹵莽한 곳으로 달려가면서도 용감히 이를 떨쳐버리지 못하고 있습니다. 40년 전의 허물을 점검해 보니 등에 땀이 흥건해지고 얼굴에 붉은 빛이 드러나 청천백일 아래에서는 거의 용납되지 않을 것입니다. 허를 차 본들 어찌하겠습니까? 고명을 흠모하고 경앙하노니, 고명은 학문이 성취되고 도학이 높아 이미 평지 위의 좋은 경계를 점령하여 활보하되, 넓은 시각을 가지면서 조금의 悔吝도 없어서, 사람으로 하여금 부러워하는 마음을 그만두지 못하게 합니다.[35]

동강은 개암과 나이로 보면 17세 연하다. 그런 인물에 대해 이처럼 허여함은 동강의 학문과 행의가 도저하였음을 짐작케 하는 것이기도 하지만, 또한 도의지교로서의 동강에 대한 개암의 마음 자세를 분명히 읽을 수 있다는 점에서 이 글은 매우 의미 있다고 생각된다. 자신의 일생을 돌아보며 '汗浹背騂發面'하는 자세야말로 그의 학문이 實踐을 바탕으로 하는 위기지학이었음을 알 수 있게 함과 동시에, 17세 연하의 후배일지라도 자신보다 나은 점이 있다면 이를 당당히 인정하고 배우려 한다는 점 또한

....

35 姜翼, 『介庵集』 卷1, 「與金肅夫字顒」, "翼受氣最下於人萬萬 學力且薄 日趨鹵莽 而莫之勇拔 點檢四十年前愆尤 汗浹背 騂發面 殆不容於天日之下 咄咄奈何 欽仰高明學就道隆 已占平地上好境界而闊步 恢視無一分悔吝 令人羨羨何已."

분명히 알 수 있는 것이다.

개암과 같은 고을에 살면서 평생 도의로 사귀었던 인물로 옥계 노진 또한 빼 놓을 수 없는 존재다. 옥계는 효행이 선조의 뇌리에 깊이 박히게 한 인물로도 알려져 있고, 남명과의 교제 또한 師弟間이라고도 할 수 있을 정도로 가까이 지내면서 도학에 깊은 관심을 가졌던 인물이다. 그리고 사후에는 함양 사림이 따로 唐洲書院을 건립하여 제향했던 인물이기도 하다. 다음 시는 옥계가 벼슬길에 나간 지 20년 정도 된 시점에서 개암이 그를 그리워하며 준 시다.

숲속 너머 멀리 친구 집을 바라보려,　　　　隔林遙望故人廬
마침 비 그칠 때 시냇가에 올랐다오.　　　　溪上登臨雨歇初
그윽한 회포를 써 보낼 종이 없어,　　　　　欲寫幽懷無紙地
버들 꺾어 하얗게 글씨 써 본다오.　　　　　折來楊柳白而書

벼슬한 지 이제 이십 년이 되어 가니,　　　　釋褐今將二十春
관직 높고 명성 드날려 은총이 새롭네.　　　　官高名顯寵恩新
뜬 영화는 사람 마음을 방종케 하나니,　　　　浮榮鮮不爲淫肆
그대를 베옷 입은 사람 같이 아낀다네.[36]　　　愛子猶同布韋人

옥계는 1546년 문과에 급제하였으니, 釋褐한 지 20년이라는 표현으로 보아 이 시를 지은 시기는 대체로 1566년 무렵으로 보인다. 개암의 나이는 이 무렵 44세니, 노년은 아니로되 사실 죽기 1년 전 무렵의 작품인 것이다. 옥계의 경우는 1564년 4월에 晉州 牧使로 부임해서[37] 1565년 9월에

36　姜翼, 『介庵集』 卷1, 「贈盧玉溪二絶」.

37　옥계의 「연보」에는 "四月除晉州牧使"라 되어 있으나, 명종실록에는 "閏二月辛丑 (28日)盧禛爲晉州牧使"로 되어 있으니, 이는 2월 28일에 진주목사로 제수되어 4월에 부임한 것이다.

벼슬을 버리고 고향으로 돌아왔다.[38] 그런 뒤 1567년 2월에 吏曹 參議에 제배되고 다시 淸洪道 觀察使에 제수되었고 10월에는 全州 府尹에 제수되었다.[39]

그렇다면 인용한 시의 둘째 수 전구와 결구에서 말한, "뜬 영화는 사람 마음을 방종케 하나니, 그대를 베옷 입은 사람 같이 아낀다네."라는 표현은 매우 의미 깊은 발언이 아닌가 한다. 남명 또한 옥계에게 보낸 편지에서 "만약 성현의 도를 시행하지도 못하면서 오래 머물며 물러나지 않는다면, 또한 구차스럽게 녹만 먹는다는 비난을 면치 못할 것입니다."[40]고 말한 적이 있다. 1560년대 들어서 특히 남명 문인들은 남명의 출처에 대한 언급으로 인해 출사 자체에 대해 상당히 심각하게 고민하고 있었던 것이 사실이다. 이는 물론 명종 만년의 시사와 무관하지 않았을 것이다.

여하튼 오덕계가 1565년 9월에 벼슬을 버리고 서울에서 고향 산음으로 돌아왔을 때, 晋州 牧使에 재직하고 있던 노 옥계도 벼슬을 버리고 고향으로 돌아가면서 산음의 道士館에서 서로 만났다.[41] 개암은 벼슬길에 나간 덕계·옥계 등과 친밀히 지내면서 출처에 대해 누구보다 서로 깊이 있게 토론하였을 것이다. 그렇기에 이미 사환한 지 20년이 되어 현달한 관직에 있는 옥계에게 '뜬 영화가 사람을 방종케 한다'고도 하고, '벼슬하지 않은 사람으로서의 그대를 사랑한다.'라고도 표현한 것이다. 이런 식의 표현은 요즈음 우리의 감각으로 보면 터무니없는 오만이라 할 것이다. 그럼에도 불구하고 옥계와 덕계가 이 무렵 벼슬을 그만두고 고향으로 돌아

....

38 吳健, 『歷年日記』 乙丑年(1565) 9月 21日, "晉州牧使盧令公禛棄官大歸 入縣 使人 致問."
39 이는 연보와 실록의 기록이 일치한다.
40 曹植, 『南冥集』補遺, 「答盧子膺」, "若無行道之事 而久留不退 亦未免苟祿也."
41 吳健, 『歷年日記』 乙丑年(1565) 9月 22日, "朝拜盧令公曁主倅于道士館."

왔던 것은 대체로 남명이나 개암의 견해를 진지하게 받아들였기 때문이고, 이는 이들이 모두 성인을 추구하는 眞儒의 길을 가려고 했기 때문에 가능한 것이었다.

개암의 사우는 앞에서 든 당곡 정희보를 따라 배웠던 인물 및 남명 조식을 사사했던 인물 등 크게 두 그룹이 있다.『개암집』에 등장하는 인물 가운데 九拙·玉溪·梅村·德溪·梅庵·灆溪 등은 당곡 문인으로서의 벗들이며, 梅村·德溪·梅庵·沙溪·開嚴·灆溪·東岡 등은 남명 문인으로서의 벗들이고, 梅村·德溪·梅庵·灆溪 등은 두 문하에 함께 출입한 벗들이다.

개암의 사우를 개괄해 보건대, 당곡이 앞에서 글을 읽을 수 있는 역량 있는 학자들을 양성해 두었다고 한다면, 남명이 나중에 여기에 들어가서 이들을 도학자로 인도하여 감으로써 함양 지역이 南冥學派化하게 되었던 것이고, 덕계는 학문과 사환을 통해서 그리고 개암은 학문과 서원활동을 통해서 이를 주도해 나갔다고 할 수 있다.

III. 實踐志向의 學問

앞에서 이미 언급한 것처럼 개암은 학문의 세계로 들어가기 전부터 장래 진유로서의 면모를 갖출 수 있는 행동들을 한 바 있고, 唐谷으로부터 글을 익히면서부터는 문장을 능력을 계발하여 사마시나 문과에 급제하려는 생각보다, 南冥에 대한 이야기를 들으면서 위기지학에 깊은 관심을 가졌다. 그러다가 29세 때인 1551년에 남명이 화림동을 유람하게 되었고, 이때 개암은 남명을 배알하였다. 이후 16년 동안 살아가면서 그가 관심을 기울였던 것은 어떻게 하면 성인이 갔던 길을 자신도 갈 수 있을 것인가에 대한 것이었다. 그래서 그의 학문은 고요히 자신을 수양하면서 마음을 비우는 쪽으로 집중되었던 것이다.

1. 靜養과 虛心

『개암집』에 실린 개암의 작품은 詩 23題 26首, 書 6篇, 記 2篇에 불과
하다. 그의 작품이 이 정도밖에 남아 전하지 않은 이유를 문집 서문에서
는 '散亡遺失'했기 때문이라 하였다. 잃어버렸다는 말도 무리는 아니겠으
나, 그보다 일두나 남명의 학문태도와 관련하여 생각해 본다면 개암이 평
소에 저술을 많이 하지 않았다고 보는 것이 더 近理한 해석이 아닐까 한다.
　단지 26수밖에 안 되는 詩와 8편에 불과한 文만으로 한 인물의 내면을
온전히 이야기하기란 무척 어려운 것이 사실이다. 시 한 수가 일두를 문
묘에 종사케 하였다는 점을 생각해 보면, 이 정도라면 충분한 분량이 할
수도 있다. 이것이 아마도 적은 분량의 문집 서문을 찬술하는 이들이 '한
점 고기로도 충분히 큰 솥의 국 맛을 알 수 있다.[一臠足以識全鼎之味]'는
속담을 자주 인용하는 까닭일 것이다.
　鶴汀 鄭岐胤도 『개암집』 서문에서 개암의 시문을 다음과 같이 이해하
고 있다.

　　적이 선생의 詩를 살펴보니, 性情에서 흘러나와 '典而雅'하고 '和而
　不淫'하여 한 점 속된 기미가 없다. 渢渢하게 사람의 선한 마음을 感
　發케 하고 안일한 마음을 懲創케 하니, 『시경』의 정신을 계승한 것이
　라 하겠다. 적이 선생의 文을 살펴보니, 글자에는 字法이 있고 구절에
　는 句法이 있으며, 효제에 근본하고 의리에 밝아 그 표현이 簡約하며
　그 내용이 隱微하다. 겸양의 덕이 문장 안에 애연하다. 그러니 사람으
　로서 마땅히 해야 할 윤리와 사물의 법칙이 이를 벗어나지 않을 것이
　다. 앞으로 백세 이후에도 선생의 시를 읊고 문을 읽는다면 반드시

선생의 도를 알아주는 이가 있을 것이다.[42]

위의 인용문에서 학정 정기윤이 개암의 시를 '典雅'하고 '和而不淫'하다고 한 것은, 개암의 시에 나타나는 표현 방법과 함께 특히 그 意趣를 염두에 두고 이른 말이다. 전아하고 화이불음한 마음에서 전아하고 화이불음한 시가 나올 수밖에 없다. 전아는 典範이 될 만하고 高雅하다는 뜻이며, 화이불음이란 中和의 기상을 띠고 있어서 어느 한쪽으로 쏠리지 않았음을 뜻하는 말이다.

그의 내면세계가 과연 어떤지에 대해서는 『개암집』 첫머리에 실려 있는 다음 시를 통해서도 그 대강을 느낄 수 있다.

등불 아래에서 책을 펼쳐보니,	燈下披黃卷
성인 모습이 분명히 보이는 듯.	分明古聖顔
밤 깊어 문 열고 내다보니,	夜深開戶看
空山 雪原에 달빛이 가득하다.[43]	雪月滿空山

이 시의 제목으로 보면 개암이 夙夜齋에서 『주역』을 읽다가 지은 것임을 알 수 있다. 숙야재는 26세 때인 1548년에 집의 남쪽에 藏修之所로 지은 작은 齋舍라고 「연보」에 기록되어 전한다. 그 다음 해에 그 백형과 함께 진사시에 입격하였던 점을 감안한다면, 아마 과거 시험을 대비하기 위한 집안의 글방 역할을 하던 곳이라 할 것이다.

....

42 鄭岐胤, 「介庵先生文集序」, "竊觀先生之詩 流出於性情 典而雅 和而不淫 無一點塵埃底氣 颯颯乎感發人之善心 懲創人之逸志 則其三百篇之遺也歟 竊觀先生之文 字有字法 句有句法 本乎孝悌 明於義理 其辭約 其旨微 撝謙之德 藹然於章句之間 則民彜物則 不外是矣 自今百世之下 誦先生之詩 讀先生之文者 必有知先生之道者矣."
43 姜翼, 『介庵集』 卷1, 「夙夜齋讀易」.

글을 통해 지식을 축적하고 작문의 역량을 제고시키며 현실에 대한 대책을 조리정연하게 表達하기 위한 공부를 하여야 문과에 급제할 것임에도, 개암은 책을 통해 성인의 모습을 그리고 있다. 특히 이 시의 전구와 결구에서 개암이 드러내고 싶었던 것은, 눈 내린 공산 위에 둥그렇게 뜬 달로 대표되는 한 점 속된 기미도 용납하지 않는 맑고 순수한 마음이다. 숙야재에서 가을바람 소리를 듣고 쓴 다음 시에서도 비슷한 情調가 흐르고 있다.

가을 하늘 개어 푸르고 물소리 아득한데,　　　　　碧落秋晴響遠江
사립문은 닫혀 있고 삽살개도 짖지 않네.　　　　　柴扉撐掩息村尨
대 바람 일지 않고 작은 동산 고요한데,　　　　　竹風不動小園靜
하늘엔 밝은 달, 사람은 창에 기대 있네.[44]　　　　明月在天人倚牎

제목을 보면 시에 가을바람이 불어오는 장면이 나올 듯하다. 그러나 정작 시에는 전혀 바람이 일지 않는다. 맑게 개어 푸르고 높은 가을하늘, 아득히 먼 곳에서 들리는 물소리, 삽살개도 짖지 않는 굳게 닫힌 사립문, 댓잎도 흔들리지 않을 정도의 고요한 동산 등 한결같이 차분한 분위기를 전해주는 시어들로 점철되어 있다. 게다가 밤에는 둥근 달이 하늘에 환하게 떠 있는데, 사람은 창에 기대어 그 달을 물끄러미 쳐다보고 있다. 앞에서 인용된 시에 보이는 '雪月'이나 이 시에 보이는 '明月'이 전해주는 시적 이미지는 크게 다르다고 할 수 없을 것이다. 26세 무렵의 시라고 보기 어려울 정도로 마음이 차분히 가라앉아 있다.

이는 그에게 생래적으로 내재해 있던 차분함일지도 모른다. 화려한 스포트라이트를 받고 싶어하는 마음과는 대조적인 것이다. 內聖을 지향하여

----

44 姜翼, 『介庵集』 卷1, 「秋風坐夙夜齋」.

꾸준히 그리고 절실히 수양하려는 마음은 이러한 자세에서라야 성취 가능한 것이다.

개암은 27세 때인 1549년에 그 백형과 함께 사마시에 응시하여 進士에 입격하였다. 그런데 그의 「연보」에는 그 다음 해인 1550년에 과거 공부를 그만두었다고 기록되어 있다. 그리고 다시 그 이듬해인 1552년에 남명을 모시고 玉溪·德溪 등과 함께 花林洞을 유람하였다고 기록되어 있다. 남명의 화림동 유람은 널리 알려진 사실이고, 1550년에 그가 과거공부를 그만두었다는 것은 확실한 근거에 따른 기록으로 보기는 어려우므로, 오히려 남명을 만난 뒤로 그가 과거 공부를 중단했다고 하는 것이 더 설득력이 있을 법하다. 31세 때인 1553년에 登龜에 養眞齋를 지어두고 終老할 계획을 가지는 것 또한 이와 무관하지 않다고 해야 할 것이다.

다음은 개암이 화림동에서 남명과 유람하였을 때의 심정을 노래한 것이다.

南冥이 玉溪를 데리고서,　　　　　　　　　南冥攜玉溪
우리까지 불러 일으켰네.　　　　　　　　　喚起及吾儕
꽃다운 풀에 산 모습 아름답고,　　　　　　芳草山容好
읊조리는 채찍에 말머리 나란하다.　　　　吟鞭馬首齊
月淵에서 처음으로 발을 씻고,　　　　　　月淵足初濯
龍澗에서 다시 시를 지었네.　　　　　　　龍澗詩更題
玩賞하는 마음이 곳마다 즐거우니,　　　　賞心隨處樂
들새에게도 보내 노래하게 하리라.[45]　　輪與野禽啼

시의 첫머리에서 바로 남명이 옥계를 帶同하였다는 말을 씀으로써, 함께 유람했던 옥계·덕계 및 자신 가운데 대표 인물로서의 옥계를 드러내

45 姜翼, 『介庵集』 卷1, 「陪南冥先生與盧玉溪子膺禛遊花林洞」.

었다. 그리고 그 다음에 등장하는 '喚起'라는 단어는 단순하게 보아 넘길 수 없다. 불러 일으켜서 같이 유람하게 하였다는 의미도 들어있겠지만, 여러 곳으로 흩어진 마음을 한 곳으로 불러 모으게 한다는 喚醒의 의미가 내포되어 있는 것으로 이해해야 할 듯하다. 왜냐하면 옥계는 이 당시 知禮 縣監에 재직하고 있으면서 이 유람에 참석하였고, 덕계와 개암은 이 유람을 전후해서 남명의 문하로 들어갔기 때문이다. 남명의 이 화림동 유람은 단순한 유람이 아니라, 자신이 거주하던 三嘉와 이웃한 함양 지역의 학자들로 하여금 유자가 걸어갈 길에 대한 깊이 있는 성찰을 하게 한 중요한 계기가 된 것이 아닌가 한다.

이 유람보다 2년 앞에 남명은 함양과 이웃한 紺岳山 밑 鬴淵에서 濯足을 하면서 「浴川」이란 시를 남겨 함양의 선비 藍溪 林希茂 등을 깜짝 놀라게 한 일이 있었다. 탁족하고 있으면서도 마음속에 한 점 티끌을 용납지 않으려는 남명의 정신수련 의지는 위인지학과 위기지학에 대한 분명한 자각을 하지 못했거나 했다 하더라도 제대로 실천하지 못하고 있던 사람들에게는 엄청난 충격으로 다가왔을 것이다. 남계 임희무는 구졸·옥계·덕계 등과 함께 함양 지역의 당곡 문인으로, 남명의 이 화림동 유람은 부연에서의 탁족에 이어 함양 선비들과 깊은 관련을 맺게 되는 결정적 계기가 되었다고 보아야 할 것이다.

다시 인용한 시로 돌아가 승련 이하를 음미해 보면, 아직도 개암의 시에서는 남명이 「욕천」에서 보여준 치열한 정신수련의 모습이나 기미는 드러나지 않는다. 그러나 깨끗한 마음가짐만은 이미 俗塵이 전혀 느껴지지 않는다. 다음 시에서 이를 감지할 수 있다.

하얀 달은 가을 비단 같이 깨끗하고,　　　　　　　素月明秋練
맑은 물은 고요해 물결이 일지 않네.　　　　　　　澄流靜不波

봄바람 이는 스승과 한 자리에 앉은 밤,   春風坐一夜
참된 맛이 정말 어떠한가?⁴⁶   眞味正如何

이 시는 山天齋에서 남명을 모시고 달을 완상하면서 지은 시다. 기구
의 '素·明·練' 등은 모두 하얗고 깨끗한 이미지다. 승구의 '澄流·不波' 등
은 깨끗하고 고요한 이미지다. 전구의 '春風·坐一夜'은 따스한 분위기다.
이러한 이미지의 시어들을 나열한 뒤 이것이야말로 진유로서 살아가는
참된 멋이라고 생각하였기에, 그는 '참된 맛이 과연 어떠한가?'라는 말로
마무리를 지은 것이다. 이것이 일두와 남명과 개암으로부터 공통으로 느
낄 수 있는, 담담한 일상을 영위하고 있는 높은 정신 경계의 일면이다.
특히 개암의 이러한 수양 자세를 필자는 정양이라 하고 이러한 마음자세
를 허심이라 하여, 개암 학문의 특징적 면모로 칭양하고 싶다.

다음 시도 비슷한 정조라 할 것이다.

하늘을 우러러보니 밝은 달에게 부끄럽고,   仰天慙白月
아래를 내려다보니 맑은 물에게 부끄럽네.   臨水愧淸流
몸과 마음에 쌓인 온갖 허물을,   多少身心累
어떻게 해야 다 씻을 수 있을까?⁴⁷   何能刮盡休

섬돌 아래 차가운 매화 책상 위의 서적,   階下寒梅兀上書
야옹의 생계가 아직 온전히 성글진 않네.   野翁生計未全疎
완상하는 마음에 다시 갠 하늘 달 있으니,   賞心更有晴天月
인간 세상의 맑은 복 나는 과연 어떠한가!⁴⁸   淸福人間我何如

· · · · · · · · · · · · · · · · · · · ·

46 姜翼, 『介庵集』 卷1, 「山天齋侍南冥曹先生賞月」.
47 姜翼, 『介庵集』 卷1, 「月夜玩溪有感」.
48 姜翼, 『介庵集』 卷1, 「梅下玩月得一絶寄吳德溪子强健」.

인용된 시 가운데 앞의 것은 남명의 「욕천」과 비슷한 느낌을 보여준다. 「욕천」은 七言絶句고, 이 시는 五言絶句지만 내용을 보면 결코 무관하지 않음을 알 수 있다. 그렇다 하더라도 목숨을 거는 치열함은 보이지 않고, 허물을 끊임없이 반성하고 고치려는 마음 자세는 분명히 드러나 있다. 뒤의 시는 자연 속에서 자연과 한 덩어리로 살아가는 삶의 행복감이, 물이 차서 흘러넘치듯 저절로 묻어난다. 이렇듯 이제까지 인용된 개암의 여러 시에서 공히 보이는 달은 맑게 갠 하늘에 뜬 둥그런 달이며, 이는 대체로 개암이 靜養을 통하여 도달한 虛心의 정신 경계를 보여주는 이미지라 할 수 있다.

개암이 남긴 23제 26수의 시가 거의 모두 이러한 情調다. 「靜夜吟」이라는 다음 시 역시 靜養을 통한 虛心을 느끼게 한다.

성품 수양은 오직 고요함을 통해 얻어지니,　　養性偏從靜裏多
한밤에 온전히 깨닫는 그 즐거움 어떠한가.　　夜中全覺樂如何
하늘 가운데 달은 밝고 山門은 닫혔는데,　　天心月素山門掩
누가 속세 인연으로 우리 집에 들어오랴!49　　誰把塵緣入我家

기구와 승구에서 存心養性은 고요한 속에서라야 그 성과가 크다고 한 것이나, 한밤 고요한 가운데서 온전히 깨닫는다고 한 것 등은 개암의 학문이 평소 靜養을 지향하였음을 알 수 있게 한다. 그리고 전구에서 표현하고 있는, 맑게 갠 하늘 한 가운데 달이 환하게 떠 있고 산속 깊은 곳에 자리한 은사의 집 문이 닫혀 있다는 상황은, 靜養을 통한 虛心이 이미 안정된 경지에 이르렀음을 암시한 것이다. 그러므로 결구에서 속세의 인연을 가지고 이 집에 들어올 사람이 없다고 언명한 것이다.

....

49 姜翼, 『介庵集』 卷1, 「靜夜吟」.

이처럼 仕宦을 염두에서 끊어버린 채 內聖의 경지에 이르기 위해 靜養을 통해 虛心하였던 개암은, 45세의 젊은 나이에 세상을 버리고 만다. 개암의 죽음을 만난 덕계는 만장에서 다음과 같이 그를 추념하고 있다.

> 하늘이 우리나라에 도가 밝혀지지 않을까 하여　　　天懼吾東道未明
> 이미 文獻公을 낳으시고 다시 선생을 낳으셨네.　　　既生文獻又先生
> 敬義를 전공했으니 淵源이 아득히 멀고　　　　　　功專敬義淵源遠
> 배움이 天人을 꿰메 德業이 이루어졌네.[50]　　　　　學貫天人德業成

개암이 함양에서 유자로서 살아간 것이 문헌공 일두 정여창과 같은 역할이었다고 덕계는 평가하고 있는 것이다. 그리고 南冥學의 핵심인 '敬義'를 전공하였으니, 이는 『주역』에서 '敬以直內 義以方外'라 한 孔子의 淵源에까지 아득히 닿아있음을 드러낸 것이다.

2. 積極的 實踐

개암은 29세 때인 1551년에 남명을 종유하고부터 남명의 정신과 기맥이 통하는 함양의 선현 일두 정여창을 제향하는 灆溪書院 창건을 적극적으로 추진하여 10여 년에 걸쳐서 결국 이루어 내었는데, 이는 결국 남명을 통한 깨달음에서 나온 실천적 행위가 아니라 할 수 없을 것이다.

앞의 사우연원에서 언급한 바 있지만, 개암이 남명을 만난 것이 1551년이고 이때 그의 나이는 29세였다. 그리고 그 다음해인 1552년에 개암은 남계서원 창건을 주도하였다. 30세 때의 일이다.

---

50 吳健, 『德溪集』, 「挽姜介庵」.

嘉靖 31(1552)에 徐九淵 군수가 부임한 초기에 행정을 펼치되, 好善樂士를 우선으로 삼았다. 공이 朴承元·鄭復顯·盧祼·林希茂 등의 여러 공과 함께 尊賢養士의 뜻으로 고하자, 서 군수가 흔쾌히 들어 주었다. 이에 비로소 서원 건립을 건의하여 크게 원역을 일으켰다. 먼저 강당을 짓기 시작했는데 겨우 기둥이 세워진 상태에서 서 군수가 부친상을 당하여 체임되었다.

　　우리나라에 周 茂陵이 紹修書院을 창설한 뒤로는 오직 이 院役뿐이었다. 그래서 원근에 사는 사람들이 이 소문을 듣고 이상하게 여기며 비웃지 않는 사람이 없었다. 이처럼 고을 사람들의 비난이 빗발쳤지만, 공은 마치 듣지 못한 듯이 의지를 더욱 굳게 지녔다.[51]

　　이 인용문은 『灆溪書院經任案』의 첫 부분이다. 이 기록은 弘窩 盧士豫(1538~1594)가 처음 기록하기 시작한 것이다. 노사예는 이 책의 첫 부분 1561년 개암 강익이 원장으로 추대되어 1567년까지 재임했다는 기록 바로 그 다음에 유사로 등록되어 있는 인물이다. 그 주석에 의하면 "병진(1556)부터 書記의 임무를 맡아오다가 신유(1561) 2월에 上有司로 差任되었다."[52]고 되어 있다.

　　이 당시 서원 건립에 관여한 인물들의 나이를 보면 고개가 갸우뚱해진다. 姜翼은 30세, 朴承元은 미상, 鄭復顯(1521~1591)은 32세, 盧祼(1522~157)은 31세, 林希茂(1527~1577)는 26세다. 盧士豫는 1556년부터 서기의 임무를 맡았다고 하였는데, 그 당시 그의 나이는 19세에 불과하다. 이렇게 젊은이들

....

51　『灆溪書院經任案』,「院長進士姜翼」條, "嘉靖三十一年 徐侯九淵 下車之初 爲政 以好善樂士爲先 公與朴公承元鄭公復顯盧公祼林公希茂等 告以尊賢養士之義 則侯 樂聞之 於是設院之議 始建 大學營役 先構講堂 棟宇纔植 徐侯丁外艱 遞(任?) 我東 自周茂陵設紹修之後 唯此(役大?)擧 遠近聞者 莫不駭笑 而鄕之(誹謗?)朋興 公若不 聞也 操志益堅."
52　『灆溪書院經任案』,「有司 幼學 盧士豫」下註, "自丙辰爲掌書記之任 辛酉二月差上 有司."

이 선현을 존모하여 그를 향사하면서 그곳에서 그와 같은 인물이 되고자 강학을 하겠다며 서원 건립을 요청하였고, 당시의 군수 徐九淵(1502~1562)은 이를 적극적으로 지원해 주었다고 한다.

이들이 이처럼 젊은 나이에 적극적으로 이처럼 거창한 일을 기획하여 성사시킬 수 있었던 것은 남명 조식 같은 당대의 信望을 한 몸에 받고 있는 인물이 그들의 스승으로서 무언의 지원을 하고 있었기에 가능했던 것으로 볼 수밖에 없다. 그리고 일두야말로 남명의 마음속에 존모의 대상으로 굳게 자리잡혀 있었으므로, 이러한 사정을 알고 있었던 그 문인들로서는 이처럼 자신감 있게 일을 진행시킬 수 있었던 것이고, 그들의 요구가 정당하였으므로 서구연 군수 같은 이는 이 일을 적극적으로 지원해 주었던 것이다.

그러나 인용문의 언급처럼 서 군수가 체직된 뒤로 일이 순조롭게 진행되지는 않았다. 고을 사람들의 빈정거림도 있었다. 이런 어려움을 동지들의 재정적 지원을 유도하면서 견디어내다가 1559년에 부임한 군수 尹確의 지원으로 다시 일이 급진전되었다. 그 상황이 다음과 같이 기록되어 전하고 있다.

공은 당시의 좌절에 흔들리지 않고 네 사람과 함께 마음을 함께하고 힘을 합쳤다. 고을 선비들 가운데 즐겨 추종하려는 사람을 모집하여 米穀 약간 斛을 모았다. 이를 梁 공과 林 공에게 주어 그 임무를 맡게 하였다. 그리하여 자금이 불어나기를 기다려 그로써 공사를 마칠 계획을 하였다. 이웃 고을인 安陰과 居昌 두 고을의 선비들 또한 미곡을 거두었으니, 그것이 각각 20여 石이었다. 이로써 거들게 하였다. 기미(1559)에 마침 군수 尹確이 부임하게 되었다. 비로소 그 건물을 빛나게 하고 크게 할 수 있었다. 그리하여 담장을 두르는 일과 곳간과 전사청 등이 갖추어지지 않음이 없게 되었다. 또 다시 계획하여 강당의 동쪽 언덕에 廟宇를 지어서, 先賢을 尊慕하는 장소로 삼게 되었다. 신유(1561) 5월 16일에 공이 고을 선비들을 크게 모아 一蠹 선생의 위판을 봉안하였다. 그리고 이로써 서원의 낙성을 서로 경하하였다. 이 날 고을 사람들이 의논하여 공을 원장으로 추대하였다.[53]

인용문의 언급처럼 1561년에 드디어 사당을 완공하여 일두 선생의 위판을 봉안하고 낙성을 경하하는 자리에서 개암이 서원의 원장으로 추대되었다. 개암의 나이 39세 때의 일이다. 개암이 이처럼 39세의 젊은 나이에 남계서원의 초대 원장이 되었던 것은 단순히 서원 창건의 공 때문이었다고 하기는 어려울 것이다.

1552년에 시작한 서원 창건의 일이 서 군수의 체직으로 진전이 없게 되었을 때, 고을의 선비들 가운데 이 일에 동참할 만한 사람들을 독려하여 일부 재정을 확보하였고, 이웃 안음과 거창의 선비들에게도 동참을 유도하여 재정을 확보하는 등, 서원 건립에 대하여 신념에 가득찬 독실한 추진력으로 일을 주도해 나갔던 것이다. 30대 초반에 불과한 젊은이라고 하기에는 너무나 원대하고 당당한 생각을 자신 있게 주도하고 있었다. 이후 윤 군수의 지원은 우연히 이루어진 것이 아니라, 개암의 靜養을 통해 內聖에 이르려는 구도자로서의 적극적 실천력이 이루어낸 결과로 보아야 할 것이다.

이후 남계서원이 사액을 받는 과정이 다음과 같이 기록되어 있다.

....

53 『灆溪書院經任案』,「院長進士姜翼」條, "公亦不搖於時屈 與四人者 同心協力 募鄉儒之樂從者 得米穀若干斛 付諸梁林兩公 使典其任 待繁殖 而期訖功 鄉隣如安居兩縣儒士等 亦收米穀各廿許石 以助其力 歲己未適値尹侯確來守 始得光大其堂 而繚繞垣墻庫庾庖湢 無不就完 而又度作廟宇於堂之東丘 以爲尊賢之室 辛酉仲春十六 公大會鄉儒 奉一蠹先生位板而安焉 以相慶落 是日鄉議推公爲院長."

이 해에 관찰사 李戡에게 요청하여 이웃 네 고을의 食鹽과 두 고을의 魚醢 및 세 곳의 漁基를 영원히 서원에 속하도록 하였다. 갑자(1564)에 金宇弘 군수가 부임하였다. 드디어 그에게 요청하여 동재와 서재를 건립하였다. 다만 제사하는 일에 대한 주상의 인정이 아직 없었다. 처음 서원을 경영할 때부터 글을 진술하여 요청한 것이 몇 번인지 모른다. 그러나 세상에는 덕을 좋아하는 현자가 드물어 주상에게 전달될 기회를 얻지 못했다. 그러다가 오늘에 이르러 김 군수가 부임하고, 朴啓賢 相公이 관찰사로 부임함에 미쳐서 비로소 상달되었다. 그리하여 嘉靖 45년(1566) 7월에 서원의 額號가 하사되었다.[54]

관찰사 李戡이 지원한 것은 서원 유지를 위한 조처다. 개암 등 함양 유림은 1552년에 서원 건립을 시작하면서부터 끊임없이 賜額을 요청하였으나 그 사이의 군수나 관찰사가 성의를 다해 응해주지 않았음을 알 수 있다. 그리고 1564년에서 1566년 사이에 金宇弘(1522~1590)이 군수에 재직해 있었고, 朴啓賢(1524~1580)이 1562년 이래 1565년에 이르기까지 줄곧 承旨로 있으면서[55] 명종을 곁에서 보필하고 있었기 때문에 개암 등 함양 유림의 요청이 관철되기에 이르렀다.

伊溪 金宇弘은 남명과 친하게 지내며 남명의 인품을 인정했던 七峰 金

---

54 『灆溪書院經任案』,「院長進士姜翼」條, "是年請監司李戡 四邑食鹽兩郡魚醢三條 魚基永屬焉 歲甲子 金侯宇弘爲郡 遂請建東西齋 但以祀事 未有移院之命 自經始之 初 陳辭丐請 不知其幾何 而世罕好德之賢 未遇轉達之期 及至今日金侯來守 又遭朴 相公啓賢觀風本道 始得上達 而嘉靖四十五年七月 宣賜額號."

55 박계현은 1567년 10월에서 1568년 6월까지 경상도 관찰사로 재임했었으니, 남계서원이 1566년에 사액되는 것과 이를 연관시키는 것은 적절하지 않은 듯하다. 1565년 11월부터 1566년 11월까지 경상도 관찰사로 재임한 이가 姜士尙(1519~1581)인데, 그는 개암의 5대조 姜淮仲의 7대손이니, 개암의 12촌 족손이다. 강사상이 이 일에 적극적이었을 지의 여부는 알 수 없으나, 개암과의 관계로 보아 부정적이지는 않았을 것으로 보인다.

希參(1507~1560)의 아들이다. 김우홍의 仲弟 開巖 金宇宏(1524~1590) 또한 남명의 문인이며, 남명의 외손서로서 그 정신을 이어받은 것으로 알려진 東岡 金宇顒(1540~1603)은 그의 四弟다.[56] 당시 관찰사였다고 알려진 灌園 朴啓賢은 『덕천사우연원록』에 남명 문인으로 등재되어 있다. 그의 문집이 확인되지 않아 자세히 알기는 어렵다 하더라도, 그가 남명의 학문에 경도되었던 인물임은 미루어 짐작할 수 있다. 이들이 개암의 학문에 대한 실천의지를 분명히 인식하였기에 이 일이 순조롭게 이루어졌던 것으로 보아야 할 것이다. 개암에 학문성과에 대한 남명 문하의 동문 벗들이 인정한 것으로는, 앞에서 인용한 덕계의 개암에 대한 만시 하나로도 충분할 것이다.

개암이 갖고 있는 실천적 학문에 대한 적극적 의지는 다음 시에서도 볼 수 있다.

吾道가 이미 찬 재 됨을 안타까워하노니,　　　　　　爲憐吾道已寒灰
鍾城에서의 달빛 차가워진 지 몇 년인가?　　　　　　月冷鍾城歲幾回
늠름한 遺風이 능히 사람을 공경케 하니,　　　　　　凜凜遺風能起敬
앞으로는 狂簡한 자가 裁度할 줄 알리라.[57]　　　　　庶今狂簡幸知裁

이 시는 서원 창건 이후 개암이 자신의 뜻을 여러 동지들에게 보여준 것이다. 기구와 승구는 종성의 유재지에서 생을 마감한 일두에 대한 안타까움과 그리움을 드러내고 있다. 전구에서는 일두가 일생 동안 전념하여 이룩하였던 학문의 풍모가 후배들로 하여금 공경하는 마음을 일으키게 한다는 것이고, 결구에서 개암은 일두의 학문정신을 본받아 광간한 사람

----

56 이들 김우홍 형제들과의 서계 유람에서의 감흥을 읊은 「서계창수」가 『개암집』에 실려 전한다.
57 姜翼, 『介庵集』 卷1, 「建灆溪書院賦一絶示意」.

들이 재탁할 줄 알게 되기를 바란다는 말로 마무리하고 있다.

덕계 오건의 『역년일기』에는 1566년 정월에 남명이 산음의 智谷寺에 오겠다는 통보를 받고 즉시 함양으로 옥계 노진에게 알리자 그 다음 날 바로 옥계가 藍溪 林希茂와 함께 지곡사에 도착하였다. 그리고 인근에 수많은 士人들이 운집하여 절에서 수용할 수 없을 정도였다고 한다.[58] 이 모임에 관한 기록은 경상우도 사람들이 남명의 학문과 인품에 경도되어 있음을 여실히 보여주는 것이다. 그리고 남명이 또한 지곡사에 운집한 사인들과 단순히 章句의 해석에 매달리지는 않았을 것임도 짐작할 수 있다.

이처럼 비슷한 시기에 산음에서 일어난 지곡사 강회만 보더라도 이 무렵 함양의 남명 문인들이 추구하였던 학문 경향을 짐작할 수 있을 뿐만 아니라, 남아 전하는 개암의 몇몇 작품으로 보더라도 실천지향의 학문 태도를 확인할 수 있다. 더구나 특히 개암이 그렇게 젊은 나이에 함양 유림을 선도할 수 있었다는 것은, 당시 그의 실천지향의 학문성과가 함양을 중심으로 하는 사인들에게 매우 깊이 각인되어 있었음에 대한 증좌로 보

---

58 『역년일기』 1566년 정월 10일, "德山先生書來到 是日先生來智谷 見其書 卽伻邀盧令公諸輩 吳伋來見 往智谷 纔渡溪橋 而先生至 吳俊三兄弟呂渭(?)禹致績韓瓚齊進謁先生."

정월 11일, "鄭復顯金宇顯曺湜來見先生 盧令公禛林學錄希茂盧褌隨至 李仁祉自昌寧 來到智谷."

정월 12일, "四隣諸友雲集 多不能容 先來者吳伋禹致績韓瓚輩驅去 城主來見曺南冥盧玉溪 權世眞自丹城來到."

정월 13일, "權文顯文任文彦李天慶自丹城來 姜礎自晋陽來 姜翼姜軫鄭惟明自咸陽來 鄭元擧宋崇來見 林遇春來 李忠俊自星山來 丹城守安璵來 李景斗來."

정월 14일, "陪曺先生盧令公下山 諸友各散 主倅迎拜先生于橋下水邊 盧令公先向道士館 子將隨之 先生推主倅先歸 先生差後 余與林彦實隨之 諸友不副主倅之請 而直指車灘草亭 酒罷後余與曺南冥盧令公連轡陪行 至車灘亭 主人行酒饋飯 後盧令公諸友各辭歸 只留曺先生金肅夫而已 察訪文徵來見先生 仍留宿 文山斗(茅谿文緯의 父)亦先是來待先生 先生(問?)余將卜築有地 而往觀之 周覽三處 至上頭最奇云 是夜陪宿."

인다.

IV. 맺음말

이제까지 개암 강익의 사우연원과 그의 실천지향적 학문에 대해 개략적으로 논의해 보았다. 이를 요약함으로써 맺음말로 삼는다.

개암 강익의 최초의 스승은 당곡 정희보다. 그는 개암의 어릴 적 스승이었으며, 장구를 해석하고 문장력을 향상케 한 스승이었다. 당곡 정희보의 서거 이후에는 남명 조식을 사사하게 되었다. 남명은 고을의 선현 일두 정여창의 존재와 함께 진유의 길을 어떻게 가야할 것인지를 깨닫게 하여 실천지향적 학문을 추구하게 하였다.

개암은 정양을 통한 허심을 추구하면서 진유로의 길을 걸었고, 고을의 유림 사회가 처한 현실 속에서는 일두 정여창의 제향과 그의 학문을 붙좇기 위한 서원 건립을 주도하였다. 서원 건립은 29세에 강당 건축을 시작으로 39세에 묘우를 건립하여 위패를 봉안하기에 이르고, 이때 서원의 초대 원장으로 추대되었다.

서원 건립의 시작에서부터 묘우의 완성에 이르기까지 10년 동안 비웃음과 좌절을 겪기도 했으나, 남명의 학문 영향으로 인하여 함양 지역에 실천을 추구하는 학문풍토가 확대되는 분위기에 힘도 입었고, 결과적으로는 자신의 독실한 실천지향적 학문이 군수와 관찰사 및 조정의 관원들 및 지역 사인들의 지원을 이끌어낼 수 있었기에 가능하였던 것이다.

요컨대 개암은 어릴 적부터 일두의 학문 정신을 사숙하려는 면모가 보였었고, 당곡 정희보를 통해 기초를 얻었으며, 남명 조식과 그 문인 집단을 통해 구체적 방법을 얻었다. 그리하여 개암은 사환을 단념하고 고요히 은거하며 존심양성하는 과정을 통해 허심에 이르려 하였다. 그러면서 남계서원 건립 과정을 통해 알 수 있듯이 사회적 실천 지향의 의지가 특별히 돋보이는 삶을 영위하였던 인물이라 할 것이다.

曺植, 『南冥集』
吳健, 『德溪集』 및 『歷年日記』
姜翼, 『介庵集』
『灆溪書院經任案』
鄭蘊, 『桐溪集』
朴世采, 『南溪集』

『篁谷先生日記』小考

I. 머리말

咸安은 麗末에 趙悅, 李午 등 忠節之士가 은거했던 곳이며, 鮮初에 生六臣의 一人인 漁溪 趙旅가 태어났던 곳이고, 이어서 南冥 曺植의 門人인 篁谷 李偁, 篁嵒 朴齊仁, 茅村 李瀞 등이 유교문화를 성대하게 펼침으로써, 남명의 재전문인들이 우후죽순처럼 일어나 조선 후기에 이르기까지 수많은 學者와 文人이 배출되었던 儒賢의 고장이다.

이 가운데 황곡은 특히 퇴계와 남명의 문인으로 알려져 있으며, 임진왜란을 겪으면서 주변 사람들과 함께 창의하였고, 왜란 기간 중에 잠시이긴 하나 추천으로 충청도 석성현의 현감으로 부임하여 온축한 학문을 현장에 베풀어 보기도 하였다. 무엇보다도 왜란 기간 중 여기저기 피란 다니면서 매일 있었던 일을 짤막하게 기록으로 남긴 일기, 즉『황곡선생일기』가 지금까지 전해지고 있어서 이에 대한 연구가 요구되고 있었다.

이번에 마침 함안문화원에서 16세기 함안의 인물을 집중 조명하면서, 필자에게 황곡 이칭에 대한 연구를 의뢰하였다. 일찍 황곡 가문에 대해 관심을 가지기도 했거니와,『황곡선생일기』를 발굴하여『남명학연구』에 게재하기도 한 인연이 있으므로, 사양하지 못하고 영광스럽게도 이번의 학술행사에 참여할 수 있게 되었다.

황곡의 문집은 3권 1책의 분량에 불과한데, 이 문집을 통한 연구는 이

미 몇 년 전에 이루어진 적이 있으므로, 이번에는 주로 『황곡선생일기』를
중심으로 논의를 펼치고자 한다.

Ⅱ. 生涯와 交友

1. 家系와 生涯

가. 家系

篁谷 李偁(1535~1600)의 관향은 廣平59이다. 廣平君 李能을 전후하여
약 7代 동안은 성주에 세거하였으나, 광평군의 현손 李寧善의 대에 처향
을 따라 金山의 賀老里로 이거하였고, 그 아들 靖武公 이호성의 대에 다시
처향을 따라 함안에 이거하였다가, 그 아들 훈련원 봉사 李處仁의 대에
또 처향을 따라 단성에 이거하였으니, 이처인이 바로 황곡의 증조다. 조부
현감 李順祖는 순흥안씨와 혼인하여 다시 함안으로 돌아왔다. 그리고 아
버지 李士諮는 安陰에 살던 石泉 林得蕃의 딸에게 장가들어 황곡을 낳았다.

황곡의 가계에는 대대로 무인으로 이름을 떨쳤던 인물이 많다. 7대조
李希廣이 大護軍이었고, 6대조 李晈는 郎將이었고, 5대조 李寧善은 縣令이

----

59 廣平 : 지금의 星州다. 성주를 관향으로 하는 이씨는 다섯 가문이 현존한다. 隴
西郡公 李長庚의 후손, 碧珍將軍 李悤言의 후손, 星山君 李能一의 후손, 廣平君
李能의 후손 및 少府尹 李珹의 후손이 바로 그들이다. 이들은 조선시대와 일제
강점시기에 이르기까지 서로 각기 星州李氏와 星山李氏를 혼용하며 다섯 이씨
가 서로 혼인을 이어오다가, 대한민국 정부가 들어선 이후 同姓同本 혼인 금지
법률로 인해 星州李氏, 碧珍李氏, 星山李氏, 廣平李氏, 京山李氏로 호적상 본관
을 각기 다른 성주의 옛 이름으로 일컬으면서 족보상 본관도 각기 다르게 일컫
게 되었다.

었으며, 고조 李好誠은 무과에 급제하여 병조판서에까지 이르렀다. 증조 이처인도 무과에 급제하여 훈련원 봉사를 역임하였고, 종증조 이거인도 무과에 급제하여 병사를 역임하였다. 재종조 이희조는 옥포 만호, 이윤조는 상호군이었으며, 조부 이순조도 무과에 급제하여 현감과 훈련 습독관을 역임하였다. 아버지 이사후는 창신교위였으며, 仲父 李士訓은 折衝將軍이었고, 從兄 李侃 또한 彰信校尉였으며, 三弟 李伶은 定略將軍이었다. 둘째아들 이명신은 1594년에 무과에 급제하였고, 조카 이명서도 1594년에 무과에 급제하였다.

이들 가운데 이호성은 경상좌도절제사와 경상우도처치사로 있으면서, 倭賊의 방비와 北賊을 대비하는 실효성 있는 國防對策과 여러 利民之策을 建明한 인물로 유명하며,[60] 이령은 왜란 도중 김해성 전투에서 장렬하게

....

60 『金羅傳信錄』「靖武公事蹟」조에 '총담'의 기록이라면서 다음의 이야기가 전한다. "정무공은 무용이 출중하였다. 간혹 스스로 시험하느라 두어 발 높이를 뛰어올랐는데, 마치 작은 흙무더기를 뛰어넘듯 하였다. 혼신의 힘을 다해 달려가면 말도 따라가지 못하였다. 일찍이 북병사가 되었을 때 한 큰 나뭇가지가 길위에 가로놓여 있었다. 말을 타고 가는 사람은 그 아래로 머리를 숙이고 빠져나갔다. 공은 말을 달려 그 나무 아래 이르러, 순식간에 말 위에서 뛰어올라 나뭇가지 위를 뛰어넘었다. 말이 나뭇가지를 지나오자마자 바로 안장에 걸터앉았다. 사람들이 모두 경이로워하였다. 공의 아들 居仁도 무용으로 일컬어졌다. 병사가 되어 관북에 부임하여 이 나무 아래에 이르렀다. 역시 말을 달려 몸을 솟구쳤다. 겨우 그 나뭇가지 위에 올랐는데 말은 이미 나뭇가지를 지나버려서 말 위에 올라앉지 못하였다. 그러고는 아버지에게는 미치지 못하겠다!"하였다. 공의 손자 顯祖도 용력이 절륜하였다. 그 집앞의 시내 가운데 삿갓을 깎아 세운 듯한 바위가 있었는데, 물가에서 10여 자 떨어져 있었다. 그가 물가에서 몸을 날려 바위 위로 뛰어올랐다가 몸을 돌려 다시 물가로 뛰어왔다. 그 모습이 마치 나는 듯하여, 사람들이 모두 놀라며 탄복하였다. 이씨 집안의 할아버지와 아들과 손자의 날쌔고 용감한 풍골이 대를 이어 이처럼 출중하였다.[靖武公武勇出衆或自試之超數丈之高如越土塊奮身而走奔馬不及嘗爲北兵使有一大樹枝橫路上跨馬者俛出其下公馳馬到樹下倏於馬上踊身跳越枝上馬纔過枝而旋及跨鞍人莫不驚異之公之子居仁亦以武勇稱繼鎭關北到此樹下亦馳馬踊身僅上其枝馬已過枝而未及跨馬曰不

순국한 인물이다.

그러나 황곡과 그 二弟 獨村 李佶은 內舅 葛川 林薰과 瞻慕堂 林芸의 영향으로 일찍부터 文士로서의 길을 걸었다. 황곡의 장자 梅竹軒 李明怘도 1605년에 진사에 입격하여 新山書院의 원장을 역임하였으며, 三子 菊菴 李明慇과 함께 寒岡 鄭逑의 문인으로도 크게 이름을 얻음으로써, 이후 황곡의 가문에 대대로 선비가 떨어지지 않게 되었다.

가계도를 그려보면 다음과 같다. 이 가계도에 나오는 異姓의 인물은 황곡이 경상우도 지역을 유리하는 동안 대체로 자주 만나는 사람들이다.

逮先人矣公之孫顯祖亦勇力絶倫其家前溪心有石削出如笠帽去岸可十餘尺李在岸跳身登石頂旋復投岸狀若飛越人皆驚服李氏祖子孫驍勇風骨繼世出衆又以淸白傳家顯祖年弱冠而遽爾早世人皆惜之]"

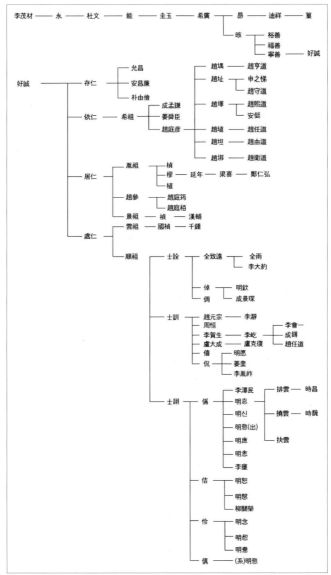

〈광평이씨 황곡 이칭 가계도〉

나. 生涯

篁谷 李偁의 자는 汝宣, 호가 황곡 또는 灌花看竹翁이다.

황곡은 1535년 2월에 함안의 冬只山(들기미) 마을에서, 부친 李士調와 모친 恩津林氏 사이의 장남으로 태어났다. 어려서부터 內舅 葛川 林薰(1500~1584)과 瞻慕堂 林芸(1517~1602)의 훈도를 입었다.

19세 때인 1553년에 부친의 상을 당한 뒤로 모친의 뜻을 거스른 적이 없었고 형제간의 우애가 독실하였다.[61]

24세 때인 1558년에 생원에 입격하였다. 그러나 이는 모부인의 간곡한 권유에 의한 것이고, 황곡 스스로는 군자의 실제 학업이 이에 있지 않다고 생각하여, 계속 위기지학에 전념하였다. 41세 때인 1575년에는 모부인 상을 당하였다.

50세 때인 1584년에는 유일로 천거되어 남부참봉에 제수되었다. 그러나 謝恩하고 곧바로 돌아왔다. 1586년에는 동문인 寒岡 鄭逑(1543~1620)가 함안군수로 부임하여 왔다. 이 무렵 한강과 가까이 지내면서 守愚堂 崔永慶(1529~1590)과도 교제하였다.

58세 때인 1592년에 임진왜란이 일어났다. 증손 李時昌의 家狀에 의하면, 茅村 李瀞(1541~1613)과 함께 의령 자굴산으로 피난 갔다가 鵲院陣이 무너졌다는 소식을 듣고, 모촌과 상의하여 창의를 결심, 5월 25일 함안으로 돌아와 황암 박제인과 회합하여, 처음 80여인을 모았고, 대소헌 조종도가 나중에 함께 토적하기로 맹서함에 군사가 5,000여 명에 이르렀다고

---

61 간송 조임도는 황곡 행장에서 다음과 같이 증언하고 있다. "나의 선친(趙埴)께서 일찍이 나에게 다음과 같은 말씀을 해 주신 적이 있다. 石城(李偁)의 세 아우는 부모를 섬기는 도리로 형을 섬긴다. 이는 쉽게 얻어 볼 수 없는 일이다. 혹시 말을 타고 이웃마을로 나가 노닐 때면, 한 아우는 앞에서 인도하고, 두 아우는 그 뒤를 수행한다. 보는 사람들이 특이하게 여겼다.[先君子嘗語孤曰 石城三弟 以事父之道事兄 甚不易得 或時乘馬 出遊近里 一弟前道 二弟隨其後 見者異之]"

한다.[62] 이 군사를 군수 柳崇仁(1565~1592)에게 넘겼다. 유숭인은 무과에 급제하여 당시 함안군수로 부임해 있었고, 전쟁 초기에 왜적을 물리친 공이 있어서 9월에 경상우병사로 승진되었으며, 10월 3일 진주성 인근 싸움에서 전사하였다.[63]

이후 1594년까지는 어떻게 대처하고 있었던지 알 길이 없다.

60세 때인 1594년 5월 24일부터 1596년 8월 14일까지는 스스로 남긴 일기가 있어서 비교적 자세히 알 수 있다. 그 동안 임시 주거주지가 안음 갈계리의 외가 인근이고, 그 이외에도 초계의 신촌 탁계 전치원의 집 인근에도 우거하였으며, 함안 본가에는 자주 왕래하면서 농사를 계속 짓고 있었으며, 경상우도 전역을 일이 있을 때마다 자주 출입하였다.

1595년에는 才全德備의 인재로 추천되어 청양현감과 진잠 현감이 제수되었고, 1596년 정월에는 당진현감에 제수되었으나 모두 사양하고 나아가지 않았다. 그러다가 1596년 2월에 석성현감에 제수되었다. 당시에 동문인 동강 김우옹이 조정에 있으면서 존재 곽준에게 편지를 보내 사양하지 말고 부임하기를 간곡히 권함으로 해서 드디어 부임하게 되었다.

약 5개월 동안 전란 후의 수습에 힘썼다. 그러던 중 7월에 이웃고을 홍산현으로부터 이몽학의 난이 일어나 여러 고을이 함락되었다가 6일 만에 상황이 종료되었으나, 이 난리에 대처를 잘 하지 못했다는 이유로 관직을 버리고 돌아왔다.

그 뒤 정유재란이 일어났는데 이때 아우 忠順堂 李伶이 金海에서 死節하였다.

....

62 李偁, 『篁谷集』 附錄, 李時昌 所撰 「家狀」, "壬辰之亂先生與鄕友茅村李公瀞入闍
崛山聞鵲院陳失守先生謂李公曰聞金友沔郭友再祐皆奮義討賊吾輩竄伏能無愧乎是
歲五月二十五日自宜寧東渡抵郡安道地篁嵓朴公齊仁聞而來會 相與倡義募軍僅八十
餘卽報招諭使趙大笑軒宗道聞之亦來相與誓心討賊士卒爭赴不多日衆至五千餘."

63 趙慶男, 『亂中雜錄二』 壬辰下.

정유년 가을에 바다로부터 온 왜구가 다시 날뛰었다. 선생은 세 아우가 있었다. 한 아우 伶이 金海 鎭에서 死節하였고, 한 아우 俔은 병으로 이보다 먼저 죽었다. 선생은 다음과 같은 시를 지었다.

두 아우 목소리와 얼굴은 어디 숨어있나?　　　兩季音容何處秘
두 아이 소식은 언제나 찾을 수 있을까?[64]　　二兒消息幾時尋

황곡의 증손 李時昌(1644~1703)이 기록한 이 가장에 의하면 황곡의 막내아우 李俔은 1597년 이전에 병으로 죽었고,[65] 忠順堂 李伶은 정유년 가을 이후에 김해 진에서 죽었음을 알 수 있다.[66] 그리고 두 아이 가운데 명광이 죽는 것은 일기에 자세히 기록되어 있으나, 다른 한 아이는 누군지 분명치 않다. 다만, 자주 보이던 명덕이 어느 순간 보이지 않으니 그가 아닐까 생각되기도 한다.

가장에 의하면 황곡은 충청도 황간 등지까지 전전하다가, 66세 때인 1600년 봄이 되어서야 비로소 함안으로 돌아와, 아우 李佶과 함께 한 書榻에 앉아 날마다 吟詠自娛하며 형제간의 우애를 즐겼으나, 이 또한 잠시 뿐 그 해 12월 16일에 儉巖精舍에서 考終하게 된다.

....

64 李偁, 『篁谷集』 附錄, 李時昌 所撰 「家狀」, "丁酉秋 海寇再猘 先生有三弟 一弟伶 金海鎭死節 一弟俔以疾先歿 先生感念 有詩曰 兩季音容何處秘 二兒消息幾時尋."
65 『황곡선생일기』에 의하면 1594년 9월 16일에 병으로 죽었음을 알 수 있다.
66 『황곡선생일기』에는 한번도 아우 伶에 관한 언급이 없다. 간송 조임도 또한 李伶이 1597년 이후에 죽은 것으로 이해하고 행장에 기록하고 있으나, 19세기 후반에 나오는 김해 읍지의 기록은 1592년에 죽은 것으로 보았다.

2. 師承과 交友

가. 師承

증손 이시창의 가장과 간송 조임도의 행장에 의하면, 갈천 임훈과 남명 조식 및 퇴계 이황이 황곡의 스승이다.

앞에서 언급한 것처럼 친가의 가계는 주로 武班이었기 때문에, 文人으로서의 성장은 외가의 영향으로 봄이 아무래도 타당할 것이다. 외조부 석천 임석번이 이미 명망이 있었고, 그 아들 갈천 임훈과 첨모당 임운 또한 남명·퇴계와 교유하며 이미 크게 이름을 얻고 있었다. 그러니 남명과 퇴계를 찾지 않고도 이미 큰 학자가 될 여건이 다 갖추어져 있었다고 할 수 있다.

가장에서는 스승으로 퇴계를 먼저 언급하고 남명을 뒤에 언급하였으며, 행장에서는 남명을 먼저 언급하고 퇴계를 나중에 언급하고 있다. 그러나 이는 퇴계와 남명이 모두 황곡의 스승이었다는 뜻 이외에 별 다른 의미는 없다. 즉, 황곡이 퇴계 문하의 사람들과 얼마나 깊이 교제하였던가에 대한 것은, 적어도 지금 남아 있는 자료로서는 확인할 수 없기 때문이다. 남명에게 언제 어떤 상황에서 집지하였는지, 혹 집지하지는 않았다 하더라도 얼마나 자주 만나 가르침을 받았던가 하는 점 또한 지금 남아 있는 자료로서는 확인할 길이 없다.

그러나 이번에 발표 대상으로 하는 『황곡선생일기』에 의하면 그가 만나는 수많은 인물들이 대부분 남명의 문인들이므로 남명의 문인이라 일컫는 데에는 조금도 이의가 없음을 알 수 있다.

나. 交際人物

황곡이 교제한 인물은 자신이 주로 거주하였던 함안 지역의 인물과 외가 곳인 안음 지역의 인물이 주류를 이루고, 이들과 교제하던 사람들과의 관련 인물이 더 포함된다.

함안 지역의 인물로는 같이 남명 문인으로 알려진 篁嵒 朴齊仁과 大笑軒 趙宗道 및 茅村 李瀞, 葛村 李潚 등이 가장 가까운 인물이었고, 한 집안 4대 인물과 모두 알고 지낸 경우도 있었으니 吳彦毅·吳守貞·吳潗·吳汝橃이 바로 이에 해당된다. 典籍을 역임한 竹溪 安憙와 鵲溪 成景琛, 匡西 朴震英 등도 황곡과 친밀하였던 인물이다.

안음 지역의 인물로는 갈천 임훈의 문인으로서 남명의 문인으로도 알려져 있는 嶧陽 鄭惟明과 그 아들 桐溪 鄭蘊 및 외사촌인 林承信·林承謹이 있고, 갈천의 문인으로 짐작되는 尹劼, 金信玉 등이 있다. 거창 지역의 인물로는 내암 정인홍의 문인이거나 교유인인 邢鐸·邢孝甲 부자, 劉敬甲, 尹景男, 文緯, 全八顧 등이 있다. 함양 지역의 인물로는 내암 정인홍의 문인인 孤臺 鄭慶雲과 가장 친밀하여, 함양을 지날 때면 반드시 들러 유숙하곤 하였다.

초계 지역 황곡의 또한 피란 기간 동안의 임시 거주지의 한 곳이었는데, 바로 從姉夫 濯溪 全致遠의 집이 거기에 있었기 때문이다. 睡足堂 全雨와 雪壑 李大期·李大約 형제도 황곡이 초계를 지날 때마다 만나는 인물들이다.

산음 지역의 思湖 吳長, 삼가 지역의 蘆坡 李屹, 許洪材, 尹彦禮·尹彦雄 형제, 의령 지역의 李旨, 고령 지역의 龍潭 朴而章과 桃津의 朴廷琬·朴廷璠 형제, 합천 지역의 河渾, 權瀁, 文勵, 周國新, 曺應仁, 文弘道, 단성 지역의 李惟諴, 朴仁亮, 河汝灌, 진주 지역의 金大鳴, 河應圖, 成汝信, 河鏡昭, 崔琦準 등이 있다.

이들 황곡과 교제한 인물들은 대개 남명 문인과 갈천 문인 및 내암 정인홍의 문인과 한강 정구의 문인 등 대략 네 갈래 정도로 정리된다.

Ⅲ. 『篁谷先生日記』 分析

1. 『篁谷先生日記』의 개괄

『篁谷先生日記』는 이미 1996년 12월에 『남명학연구』 제6집 부록으로 실리면서 그 원문이 세상에 널리 알려지게 되었고, 당시에 이미 간략한 해제도 함께 실렸다. 이를 바탕으로 약간 보충하여 정리하면 다음과 같다.

가. 기록 시기와 분량

1594년 5월 24일부터 1596년 8월 14일까지 약 2년 3개월분이며, 한지로 59장 118면의 분량이다. 다만 1594년 12월 9일부터 12월 17일까지 9일간과 1596년 3월 5일부터 3월 15일까지 11일간에 대해서는 날짜 기록조차 없이 완전히 빠져 있다.

나. 기록 방법

연도는 그 해의 가장 앞에 한번만 기록해 두고, 해당 월 또한 그 달의 가장 앞에 한번만 기록해 둔다. 월이 바뀌지 않으면 행을 바꾸지 않는다. 날짜와 날짜 사이에는 ○로 표지한다. 매일 날짜 다음에 간지를 쓰고 그 뒤에 날씨를 기록해 두었다. 내용이 없는 경우에도 날짜와 간지는 반드시 적어 두었다.

다. 왕래 지역

안음의 외가 인근에 주우거지가 있었고, 초계에 거주하던 전치원의 집 근처에도 임시 우거지가 있었다. 석성현감으로 부임하기 전까지는 주로 함안과 의령 초계 고령 합천 삼가 거창 안음 함양 산음 단성 진주 등지를 왕래하였다. 석성 현감에서 돌아오면서 일기는 끝이 난다.

2. 『篁谷先生日記』의 주요 내용

가. 만난 인물들과 그 성격

일기에서 황곡이 만난 인물을 지역별로 분류하면 대체로 다음과 같다.

지역	만난 인물	비고
安陰	朴惺(縣監) 郭趙(縣監) 金信玉 鄭惟明 鄭蘊 鄭續 鄭緯 鄭緒 鄭彦謙 林承慶 林眞慭 林承謹 林承信 劉顯普 劉春丁 劉敬甲 韓湜 鄭洪祐 尹莘叟 愼讓 愼說 尹劼 郭希剛 申言 邢鐸 成大奎 成大效 朴明榑 姜繢	
三嘉	鄭景順 鄭景惠 鄭宗愈 鄭承先 權濂 曺應仁 文益精 朴天祐 朴天禎 許槊 朴世麟 金烈 李濟伯 孫藕而 尹景漢 尹彦禮 尹彦雄 尹銑 朴曄 金大鳴 盧欽 朴元甲 許洪材 文博 文煬	
居昌	尹景男 文山斗 文緯 李希雍 全八顧 全八及	
陝川	吳澐(郡守) 宋弘得 文勵 曺應仁 權濱 河渾 周嗣宗 文弘道 鄭仁弘 文景虎 柳震庭 周嗣宗 周慶昌 周以昌	
草溪	全致遠 全雨 韓孝純(巡察使) 鄭士信(都事) 李大期 李大約 李胤緒 成景琛 柳活 柳潑 安克家	
高靈	朴廷琬 朴元甲 吳汝檼 郭永禧 朴而章 金壽悅 金應成	
咸陽	鄭慶雲 權濼	
山陰	安憙 李鯤變 吳長	
丹城	趙宗道(縣監) 權濼 朴寅亮 河汝灌 李惟誠 權世仁	
晉州	金大鳴 趙宗道 趙英漢 曺次石 李純勛 李薑勛 河鏡昭 河應龜 孫景立 河應圖 成汝信 成鑄	
昆陽	李光岳(縣監) 河鏡昭 河應龜 孫景立 河應圖 李殷佑 李汝霖	
河東	安憙 安瑾 安璜 金遙 金潑 趙坮 安國 李潤 李惟誠	

泗川	李鯤變	
宜寧	李旨	
咸安	安沃(郡守) 安憙 朴齊仁 李㴌 李㶉 成景琛 趙宗道 趙垹 趙墠 全元老	
昌原		
鎭海		
金海		
玄風	郭越 朴惺	
靈山	李碩慶 李虞卿 형제, 辛礎(支叟)	

이들은 대부분 앞에서 언급한 交友들이고, 한번 만나고 더 이상 만나지 않는 사람이 오히려 드문 편이다. 주로 안음에 살면서 농장과 집이 있는 함안으로 자주 출입하고, 그 과정에서 삼가, 합천, 초계 지역을 지날 수밖에 없고 그 때 만나 사람들이 대부분 전부터 알고 지내던 사람들이다.

이 가운데 갈천의 문인에 해당되는 인물로는 鄭惟明(1539~1596), 金信玉(1534~1598), 成彭年(1540~1595), 林承慶(1543~1633), 尹劼(?~?) 등이 있다. 다음의 일기 기록으로 대체로 이들과의 친밀한 정도를 짐작할 수 있다.

> 정유명과 함께 옹참으로 갔다. 김신옥이 그 형의 아들 김온의 신주를 예안으로 보내느라 이곳에 와서 모여 이야기하자는 약속이 있었던 것이다. 해가 저무는데 혼자 돌아가기 싫어 산골짝에서 공서(김신옥)와 함께 말고삐를 나란히 하여 가서 (김신옥 집에서) 묵었다.(1594년 12월 7일)
> 성여신과 홍백윤 두 사람이 시험에 떨어져 서울에서부터 오다가 들러 김첨지(김신옥)를 만나는데, 내가 이 두 벗을 만나는데 참여케 된 것은 행운이다. 밥 먹은 뒤에 자고(윤할)를 만나보고 돌아오다가, 역계에 이르러 극윤(정유명)을 청하여 잠시 이야기를 나누고 길을 갔다.(1594년 12월 8일)

成頤翁(成彭年)의 几筵에서 곡하다.(1596년 1월 5일)

황곡은 특히 정유명 및 김신옥과 친밀하여 일기 곳곳에 이 두 사람의 자인 克允과 公瑞가 얼마나 자주 등장하는지 모를 정도다. 이들의 집을 지나갈 경우 반드시 찾아보곤 하였으며 조금의 미안함도 없이 황곡의 많은 신세를 지고 있음을 일기는 여실히 보여준다. 임승경은 내종제로 갈천의 조카다. 피란 당시 거의 전적으로 이 외가에 힘입은 바가 큼 또한 혈연과 함께 학연이 있었기에 가능했던 것으로 보인다.

그리고 황곡이 만난 사람들 가운데 이름이 널리 알려진 인물들은 대개 남명 조식의 문인이거나 내암 정인홍의 문인들이다. 이들 가운데 남명의 문인으로는 金大鳴(1536~1603), 盧欽(1527~1602), 吳澐(1540~1617), 鄭仁弘(1536~1623), 全致遠(1527~1596), 趙宗道(1537~1597), 朴齊仁(1536~1618), 李瀞(1541~1613), 成汝信(1546~1632) 등이 있다. 내암의 문인으로는 박성, 곽준, 정온, 유경갑, 박명부, 권양, 조응인, 윤선, 허홍재, 윤경남, 문위. 문려, 하혼, 문홍도, 문경호, 유진정, 전우, 이대기, 유활, 오여은, 김응성, 정경운, 안희, 오장, 안극가 등이 있다.

황곡이 이들을 만날 때마다 대체로 이들은 황곡을 극진히 예우하며 어려움을 안타까이 여기고 있음을 볼 수 있다. 특히 1596년 2월 9일부터 13일까지 돈평 인근의 내암 정인홍 우거를 찾아갔다가 오는 상황을 적은 다음의 기록은 황곡과 이들과의 관계가 범상치 않음을 알게 한다.

遯坪으로 돌아오니 날이 이미 어두워졌다. 하성원(河渾)의 정사에서 모여 이야기를 나우었다. 德遠(鄭仁弘)과 河性源, 文景虎, 柳震楨 등이다. 밤에 제군이 서당의 자연경관이 좋음에 대하여 성대하게 일컬었다.(1596년 2월 11일)
식후에 제군과 말고삐를 함께하고 尤溪書堂으로 향하였다. 바로 鄭

令公(鄭仁弘)의 齋刹이다. 이 산의 외면은 평범하고 속된 모습인데 내를 따라 數里를 들어가니 냇물과 바위가 점점 볼 만하였다. 서당 아래에 이르러 말을 버리고 서로 더불어 시내의 바위를 밟으며 걸어갔다. 굽이굽이마다 더욱 기이하고 빼어났으며 一潭과 一巖이 이름을 붙일 만하지 않은 것이 없었다. 이렇게 1리 남짓 걷고, 全兄(全致遠)과 德遠은 반석에 머물러 앉아 있었다. 덕원이 내가 그늘진 벼랑으로 가보는 것을 보고 있었다. 내가 혼자 가니, 여러 年少하고 다리가 튼튼한 사람들이 뒤따라왔다. 이른바 그늘진 벼랑이란 기이한 바위로 시내의 서쪽에 절벽이 되어 서 있는데, 높이가 백여 자나 되겠고 그 위에는 老松 한 그루가 있다. 가지와 줄기를 멀리 드날리며 아래로 시내의 표면을 덮고 있으면서, 뜨거운 햇빛을 새도록 하지 않으니 서늘하기가 가을이나 겨울과 같다. 한참을 소요하다가 덕원이 있는 곳으로 도로 내려왔다.

그리고 말했다. "이 산 냇물과 바위의 아름다움이 매우 가볍지 않으니, 어제 全公의 말씀이 나를 속이지 않았습니다." 하고, 즉시 絶句 한 수를 지어 보였다.

우계의 산수가 빼어나단 말을 듣고서	聞道尤溪山水勝
여러 벗 따라 기쁘게 崇阿를 찾았네.	喜從諸伴訪崇阿
걷고 걸어 그늘진 벼랑에 이르러서야	行行到得陰崖下
비로소 내암이 誇張 않았음을 믿겠네.	始信來庵語不誇

인하여 제군과 손바닥을 치면서 웃었다. 全兄과 安宜之(安克家, 1547~1614)가 각기 두어 병의 술을 차고 왔는데, 술을 다 마심에 은근히 취하여 야단스레 이야기를 하고 파하였다. 서당으로 내려와 또 어패류를 포식하고, 머물러 자는데 나는 全兄, 德遠과 함께 잤다.(1596년 2월 12일)

이상과 같이 황곡이 피란하는 동안 경상우도 지역을 다니면서 친밀히 만났던 사람들은 결국 갈천의 문인과 남명의 문인들이 주류를 이루고 있음을 알 수 있다. 이러한 사실로 보아 황곡이 비록 남명에게 집지하였는지의 여부는 알 길이 없지만, 그가 갈천의 문인이면서 남명의 문인이기도 하였다는 사실을 뒷받침한다고 볼 수 있다. 황곡과 비슷한 길을 걸은 인물이 바로 정유명과 김신옥 같은 인물이라고 볼 수 있다.

나. 파란 기간 동안의 賊情과 민간의 대처 양상

황곡이 피난 다니던 1594년 5월부터 1596년 2월까지의 일기 기록을 통해, 적어도 이 기간 동안은 내륙 깊숙한 곳까지 왜적이 출몰하지는 않아, 거의 평시와 같이 생활하였음을 알 수 있다. 즉 잔치도 하고 다정한 모임도 거의 평상시와 다름없이 행해지고 있음을 다음 기록에서 어느 정도 확인할 수 있다.

> 丘坪에 이르러 좌수 金烈 씨를 방문했다. 정자 위에 앉아 잠시 이야기하며 술을 마셨다. 인하여 고성 매씨가 와서 머무른 지 한 달 쯤 되었다는 소식을 들었다. 즉시 들어가 만나 보았다. 큰 병을 겪은 뒤라 수척하고 검어져서 차마 보지 못하겠다. 그러나 죽지 않고 연명하고 있는 것은 사돈이 구휼해 주었기 때문이다.
> 가다가 윤진사[尹彦禮, 1526~1598]의 집에 이르렀다. 건너편을 바라보니 윤진사 일가가 집 북쪽에 모여서 술을 마시고 있었다. 服을 입고 있는 사람으로서[이때 아우 李偵이 죽은 지 한 달 정도밖에 되지 않았다.] 들어가 참여하기 미안하여 사람을 보내 문안하고 장차 法勿如로 향하려 하였다. 윤형[尹彦禮]이 종을 보내어 나를 정성스런 말로 맞이하였다. 말고삐를 돌려 들어가 인사를 하니, 金豊基, 李都事, 正字 朴明榑, 柳活, 柳潑 등이 坐客이었다. 尹忠義와 李叔主 또한 首座에 있었다.(1594년 10월 15일)
> 林承信이 橡實을 쪄서 나의 형제와 진상, 명각, 명경, 명광 등을 초

청하여 한 사발씩 바쳤다. 배부르게 먹었는데, 맛 또한 좋았다.(1594
년 11월 25일)

비록 고성 盧大成에게 시집간 사촌 누이가 난리 중에 아픈 몸을 하고
사돈집에서 요양하고 있는 것을 보고 안타까워하고 있지만, 한편으로는
가까운 사람들끼리 모여서 술을 나누어 마시며 즐거운 때를 보내고 있음
을 알 수 있다. 안의, 삼가, 합천, 초계 등지의 내륙에서는 먹고 지내기가
어려운 사람들도 많이 있긴 했으나 대체로 이런 정도의 삶이 이어지고 있
었던 것이다.

그러나 함안은 바다와 가까이 있고 왜적이 물러가지 않은 채 해변에
주둔하고 있었으므로 사는 것이 편안치 않고, 농사를 짓거나 출입하다가
왜적에게 죽거나 다치는 등의 일이 있기도 하였다. 특히 황곡은 함안에
갈 경우 거의 대부분 別將 安信甲(1564~1597)의 진중에 묵었다.

> 모로곡의 안별장(安信甲) 진중에서 묵다. 全元老와 成景琛, 姜奎가
> 와서 보았다. 진중의 제군도 모두 와서 보았다. 이름을 다 기록할 수
> 가 없다.(1595년 3월 23일)
> 사냥하는 왜적 오륙 명이 安尼代로부터 冬只山을 지나 돌문의 도끼
> 와 길가는 데 필요한 도구를 빼앗아 가고 사람을 해치지는 않았다고
> 한다. 반드시 강화하려는 것이리라.(1595년 4월 2일)
> 왜적이 강화하고 철병한다는 소문을 들었다.(1595년 6월 3일)

안 별장은 황곡과 잘 알고 지내던 竹溪 安憙의 조카다. 본래 친분이
있었던 사람이긴 하지만, 그만큼 진중이 안전하기 때문에 자주 안별장의
진중을 찾아가 묵었을 것이다. 당시에 황곡은 위의 인용문처럼 왜적이 강
화를 하려는 것으로 이해하고 있었지만, 한편으로는 다음과 같이 줄곧 피

해를 보는 사례들이 속출하고 있음도 볼 수 있다.

4일에 웅천에서 온 金晩成이 말생을 데리고 웅천의 倭陣으로 갔다. 왜장은 安房守다. 4월 12일에 말생이 웅천으로부터 돌아왔다. 김만성이 표피와 매를 바치지 않았다고 왜장이 노여워하여 面縛하여 곤욕을 주었다.(1595년 4월 6일)

말생이 쌀을 운송하는 일로 월영대의 왜선에 갔다. 밤중에 말생 등이 돌아왔다. 김만성 등이 검암 냇가에서 자고 바로 진소로 갔다고 한다.(1595년 4월 13일)

충용장군이 별장에게 전령하여 군사를 거느리고 고성으로 가게 하였다. 전일 왜적이 구만리로 들어와서 사람을 살해하고 물건을 약탈해 갔기 때문이다.(1595년 4월 8일)

모두 16명의 왜적이 백암으로 들어와 의복과 도구들을 빼앗아 갔다. 복병 몇 사람이 추격하였다. 아도에 사는 김옥중이 죽었다고 한다. 城主와 安別將이 말을 달려 추격하였으나 중도에 大峴을 넘어갔다는 말을 듣고 돌아갔다.(1595년 4월 15일)

앞의 두 기록은 웅천에 주둔한 왜적과 아슬아슬하게 무역을 하고 있음을 짐작케 하는 것이고, 아래 두 기록은 왜적이 갑자기 떼를 지어 덮쳐서 자기들이 필요한 물건을 확보하고 있음을 보여주는 것이다.

원수가 합천의 군진을 철수하여 진양 살천으로 이동한다고 한다.(1595년 2월 21일)

그러나 조선군의 元帥는 위의 기록처럼 내륙 깊숙하게 진을 치고 있으면서 왜적의 동향을 주시할 뿐, 적극적으로 왜적을 몰아낼 기미는 전혀 보이지 않고 있음을 알 수 있다.

다. 피란지에서의 생활 대책

　피란지에서 황곡 일가가 여러 명의 식구들을 대동하고 살아가는 데는 많은 어려움이 있었던 것으로 보인다. 물론 함안에 있는 농장의 농사를 포기한 것은 아니나, 아무래도 왜적의 눈치를 보느라 평상시처럼 농사일을 하기 어려우므로 수확되는 곡식도 자연 많이 감소할 수밖에 없었을 것이다. 그래서 아는 사람들의 신세를 많이 지게 된다.

> 　말생을 김첨지(金信玉) 집으로 보내어 누룩과 꿩을 얻어왔다.(1594년 11월 28일)
> 　말생이 김첨지가 준 租一石을 싣고 왔다.(1594년 12월 4일)
> 　명덕이 온양으로부터 왔다. 숙유가 지난 10월에 의금부에서 풀려나 식구들을 온양에 머무르게 하였다. 순변사의 군관으로 내려왔다고 한다. 명덕이 막금이를 데리고 왔다.(1594년 12월 18일)
> 　닭이 세 번 울 적에 賊盜가 休歇家에 불을 질렀다. 집이 비록 초가라 해도 안팎으로 흙을 두껍게 발랐으므로 큰 불에 이르지 않아서 즉시 박멸하였다.
> 　명광이 寒疾을 얻음.(1594년 12월 21일)
> 　한밤중에 명광이 전보다 땀을 배나 흘렸다. 새벽에 또 땀을 흘렸다. 말을 알아들 수 없고, 기식이 엄엄하다. 구하기 어려운 형세에 이르렀다. 오시에 기절하더니 깨어나지 못했다. 나는 마지막을 보지 못했다. 죽은 뒤에도　차마 가보지 못하겠다.(1595년 12월 28일)
> 　명신의 처가 임시 거처하던 집에서 머물고자 하는 것을 보고, 죽은 명광을 생각함.(1595년 1월 11일)
> 　명신이 근래 폐창이 있어서 말만이로 하여금 산약을 캐어오게 하여 병을 다스리려 했으나 안된다고 하니 미웠다. 그러다가 말만이 가서 대여섯 뿌리를 캐어 오니 가상하였다.(1595년 2월 12일)
> 　먹고 사는 것이 어려우니 노비가 도망함. 95년 4월 30일에 말만이 도망하여 유리중이라 하고, 5월 17일에는 말생이 도망했다가 그 다음

날 돌아왔고, 6월 17일에는 연생이 도망.

이상의 기록은 황곡이 피란을 다니는 동안 당했던 여러 일 가운데 극히 일부분이다. 일기 곳곳에서 김신옥, 임승경, 정유명, 윤언례, 전치원 등 지인에게 먹을 것을 얻은 사실을 확인할 수 있는 바, 이것으로도 어려웠든지 소금을 매매해서 자금을 마련하는 것이 보인다. 1594년 무과에 급제하여 군관으로 산음 지역에 있던 아들 명신에 휴가를 얻도록 하여 남해까지 가서 소금을 실어오게 하였다. (1594년 6월 18일부터 7월 2일까지 휴가를 냄) 1594년 11월 22일에는 말생을 삼가 병목의 참봉 윤경한의 집으로 보냈는데, 이는 鹽石을 실어오는 일 때문이었다.

라. 제사 관련 기록

황곡이 일기를 쓰는 동안은 대체로 流離中이므로 사당이 없어 사시제는 지낼 수 없는 상황이었다. 그래서 사시제에 관한 기록은 전혀 보이지 않는다. 아울러 정월 초하루와 팔월 보름날에도 제사가 없었음이 확인된다. 사당이 없어서 이런 제사를 받들지 않았다기보다는 어쩌면 당시에 명절 제사와 사시제 등은 보편화되지 않았던 것이 아닌가 여겨지기도 한다.

왜냐하면, 그런 제사를 평시에 지냈다면 그 날 제사를 지낼 형편이 되지 못해도 어떻게든 못 지내게 되는 사정을 기록해 둘 법도 한데, 일체 제사에 관한 언급이 없기 때문이다. 이는 기제사의 경우 반드시 어려운 상황 속에서도 시행함을 기록하고 있는 데서도 확인된다.

> 1594년 8월 15일 내용 기록이 없음. 1595년 8월 15일에도 제사에 관한 일체의 기록이 없음
> 1595년 1월 1일, 1596년 1월 1일. 제사에 관한 일체의 언급이 없음.

1595년 1월 3일 처음에는 舍弟와 함께 잠시 기제사를 지냈으나 일의 형세가 곤궁하여 이와 같은 지경에 이르렀다. 더욱 비탄스럽다.

1595년 3월 1일 기제를 행함 (명덕 맏생과 함께 기제사를 지냈다.) 1596년 3월 1일에는 석성현감으로 제수받아 서울로 사은하러 가는 도중이라 제사를 지낼 수 없었다.

1595년 4월 28일 제병 제상 제기를 빌었다는 기록은 있으나 (27일 제수를 마련) 제사를 지낸 기록은 보이지 않음. 1596년 4월 28일에는 무사히 제사를 지냈다는 기록이 보임.

1595년 7월 15일에 성묘한 기록이 있음. 94년 7월 15일에는 앞뒤로 며칠 동안 아무런 기록을 남기지 못했음.

1595년 9월 23일 증조부의 기제사를 지냄.

1595년 12월 3일 제사를 지냈다. 길이 와서 참여했다. 1594년 12월 3일에도 아이들이 제사를 지냈다.

위 기록을 보면 명절 제사와 사시제를 지내지 않았으나, 기제사는 어려운 속에서도 반드시 지냈음이 확인된다. 7월 15일에 성묘 기록이 있는 것으로 보아 이날, 즉 7월 백중 날 조상 묘소에 성묘하는 풍습이 있었던 듯하다.

한 가지 제사와 관련하여 특이한 것은 황곡이 증조부의 맏종손도 아닌데 기제사를 지내고 있음이다. 1594년 9월 23일에는 기제사와 관련하여 일체의 언급이 없었는데, 1595년 9월 25일에 아무런 말도 없이 증조부 제사를 지내는 것으로 보면, 당시까지는 윤회 봉사를 한 것이 아닌가 짐작된다. 1550년대와 60년대에 성주로 유배와 있던 묵재 이문건의 일기에서 그 형제자매들이 부모의 제사를 윤회하여 받들고 있음을 볼 수 있다. 황곡의 시대 또한 묵재와 거의 같은 시기이다. 그러므로 이 기록은 윤회봉사 시기가 임진왜란이 지나 재산 상속을 맏이 중심으로 하는 시기까지 즉, 이보다 훨씬 뒤까지 이어졌을 것임을 짐작케 해 주는 기록으로 보인다.

마. 출사 관련 기록

황곡은 1558년 그의 나이 24세 때 생원시에 입격하였으나, 문과에 급제하지는 못했다. 벼슬에는 뜻이 없었다고 일기에서 토로하고 있으나, 내려오는 벼슬을 끝내 사양하기란 참으로 어려운 것이었다. 다음이 대체로 벼슬 관련 기록이라 할 만하다.

> 1595년 8월 24일, 월초에 靑陽현감에 제수되었음을 단성현감 李澗의 편지로 앎. 官人도 오지 않고 告身도 없는데 기한은 임박했으므로 사퇴하려 함.
> 1595년 12월 14일, 鎭岑현감에 제수되었다는 명경의 서신을 받음. 12월 24일 진잠 현감은 체차되고 唐津 현감으로 제수되었으나 司憲府에서 다른 사람으로 啓請했다고 함.
> 1596년 2월 14일 합천 명신의 우거에서 石城현감에 제수된 소식을 접함. 2월 25일에 안음에서 출발하여 錦山 지경에 이름. 26일에 珍山 安心洞에서 잠. 27일 尼山縣의 경계에 이름. 28일 石城縣 公廨에서 잠. 29일 사은을 위해 출발 振威, 板橋를 거쳐 3월 2일 서울 성안에 도착, 3월 3일 肅拜함. 3월 16일부터 근무 기록이 보임.

이 기록을 보면 난리 중인 1595년 8월부터 12월 사이에 청양 현감과 진잠 현감 당진 현감에 제수되었고, 1596년 2월에 석성 현감이 제수되자 부임하였다. 행장에서는 동강이 부임을 권했다고 하나, 일기에는 부임을 권했다는 일체의 기록이 보이지 않는다.

석성 현감으로 재임중 7월에 이몽학의 반란 사건이 이웃고을 홍산에서 일어났고, 이에 대해 명쾌하게 대처하지 못했다고 판단했는지는 모르지만, 그 이유를 자세히 말하지는 않은 채 바로 벼슬을 버리고 돌아왔다. 그가 왜 그렇게 급히 사직을 했는지는 알기 어렵지만, 그의 일기 기록은 매우 중요한 역사적 의미가 있다. 즉, 이몽학의 사건에 대해 선조실록은 구체적으로 일어난 날짜를 적시하지 못하고 1596년 7월 17일에 이몽학과 반란을 도모했던 한현을 임금이 친국했다는 기사만 보인다. 또한 계해정변 이후 이루어진 선조수정실록에서는 7월 1일에 이몽학이 난리를 일으킨 것으로 기록하고 있다.

황곡의 일기에는 다음과 같이 기록되어 있다.

1596년 7월 초6일 진사 한찬남과 수재 최남수가 모두 와서 순찰사에게 인사하였다. 순찰사(李廷馣, 1541~1600)가 또한 시를 지어 우리 두 사람(황곡 자신과 金谷城을 가리킴)에게 두 번이나 부치면서 화답시를 요구하였다.

1596년 7월 초7일 恩津과 尼山 수령이 공사로 말을 달려 이르렀다. 오후에 鴻山의 土賊 李夢鶴이 같은 날 새벽에 기병하여 홍산현감 尹英賢을 사로잡고, 인하여 林川으로 향하여 임천군수 朴振國을 사로잡았다는 기별이 扶餘로부터 말로 알려왔다. 이윽고 부여현감 허수겸이 말을 달려와서 순찰사에게 변란이 일어났음을 고하였다. 여러 고을 수령들이 모두 순찰사에게 入拜하였다. 尼山현감과 扶餘현감은 즉시 자기 고을로 돌아갔다.

1596년 7월 12일 새벽에 代將이 군사를 거느리고 공주로 말을 달려갔고, 나는 식전에 관청으로 돌아왔다. 노상에서 적장 이몽학의 목을 베었다는 소식을 들었다. 목을 벤 자는 扶餘의 可使 林億明이다. 억명이 일찍이 적중에 들어가 있다가 일이 성사되지 못할 것을 알고 밤에 갑자기 (이몽학의) 목을 베었다고 한다.

이 기록에 의하면 이몽학의 난은 1596년 7월 7일에 시작하여 7월 12일에 끝이 났음을 알 수 있다. 선조실록과 선조수정실록의 기록이 모두 사실을 미흡하게 기록하고 있으므로, 이를 바탕으로 다시 정리할 필요가 있다. 다만 『燃藜室記述』에 의하면 『甲辰漫錄』이라는 글을 인용하여 이몽학이 7월 6일에 기병하였다가 7월 11일에 부하에게 목이 베였음을 증언하고 있는 것이 이 기록과 가장 비슷하다. 그래서 근래에 이루어진 백과사전에도 『연려실기술』의 기록을 근거로 이몽학의 난이 7월 6일에서 11일까지로 정리되어 있다. 구체적인 날짜가 하루씩 어긋나고 있으므로 역시 바로잡아야 할 것이다.

바. 기타 기록

1) 三弟 忠順堂 李伶에 대한 언급이 이 일기에서는 전혀 보이지 않는다. 다만 四弟 李偵에 대한 다음 기록이 보인다.

> 들으니 汝昌이 염질을 얻어 두 번이나 고통스러워하다가 또 이질을 앓아 고생이 지극하다고 한다. 길이 멀어서 말을 달려가 볼 수 없으니, 타는 마음을 말로 다할 수 있겠는가! 말로 다할 수 있겠는가!(1594년 8월 5일)
> 아우의 병이 조금 나았다.(1594년 8월 27일)
> 남흥촌 근처에서 舍弟 偵의 부음을 들었다. 이달 16일 새벽에 하세했다고 한다.(1594년 9월 20일)

8월 5일에 아프기 시작해서 8월 27일 좀 나았다가 9월 16일에 죽은 사람은 같은 사람으로 황곡의 四弟 李偵으로 봄이 마땅하다. 四弟에 관한 이야기는 이전에도 있었다. 황곡이 6월 24일 단성에 갔을 적에 "전원로와 함께 偵弟가 어제 도착했다고 한다."라는 기록이 보일 뿐만 아니라, 후일 황곡이 함안에서 전원로를 자주 만나는 것으로 보아 7월과 8월 사이에 李偵은 함안에 있었던 것으로 봄이 순리일 듯하다. 그런데 지금의 족보에는 李偵의 자가 汝季로 되어 있어서 헷갈린다.

廣平李氏 族譜 가운데 최고본인 1772年刊『星州李氏族譜』에는 李偵의 자가 두 자 모두 비어 있고, 李伶의 자는 '汝' 한 자만 있고 한 자는 비어 있다. 이로 미루어 보면『황곡선생일기』가 집에 전해지지 못하고 있어서 이러한 사실을 모르고, 1772년 이후 족보를 다시 만들면서 막내니까 '汝季'로 채워 넣은 것으로 보인다. 그러므로 이 일기에 근거하여 황곡의 四弟 李偵의 자를 '汝昌'으로 바로잡음이 마땅할 것이다.

2) 남명과 퇴계에 대한 언급이 일체 없다

1594년 10월 18일 황곡이 단성으로 가서 趙宗道와 曺次石을 만났는데, 이때에도 조차석이 남명의 아들이란 말도 없고, 남명을 추억하는 일체의 반응이 없다. 2년 3개월 기간 동안 남명이나 조식, 퇴계, 이황 등의 표현이 일체 보이지 않는 것은, 직접적으로 관련이 없는 일은 일체 기록하지 않는다는 일정한 기록 원칙이 있었기 때문이 아닐까 생각해 본다.

남명과 퇴계의 문인으로서 임란 전에 함안 군수까지 역임한 적이 있는 한강 정구에 대한 기록도 마찬가지로 한 차례도 보이지 않고, 동강 김우옹에 대한 기록은 석성현감에 제수되어 사은숙배하러 서울 갔을 적에 단 한 차례 보일 뿐이다. 이는 일기가 가진 간결함의 결과로 이해해야 할 것으로 보인다.

3) 명나라 병사의 폐해

孤臺 鄭慶雲 또한 함양에 있으면서 자신이 명나라 병사들에게 욕을 당한 구체적 사실을『孤臺日錄』에 기록해 두고 있듯이, 황곡도 친구 합천군수 竹牖 吳澐의 아들 吳汝檍이 명나라 병사들에게 욕을 당한 사실을 다음과 같이 기록하고 있다.

명나라 군사가 좌도로부터 와서 作亂을 하였다. 관아에 이르러 上
舍 吳汝檍을 결박하여 무수히 난타하였다. 돌아가는 길에 방환하였다.
태수 또한 그 난리를 피하여 여기 왔다가 다 돌아갔다는 이야기를 듣
고 관아로 돌아갔다. (1595년 2월 7일)

합천 군수인 자신의 아들이 자신의 관할 지역 안에서 명나라 병사들의
作亂에 크게 욕을 당하고 있는데도, 앞으로 나아가 말리거나 나무라지도
못할 뿐만 아니라, 오히려 그러한 난리를 피하여 달아났다가 돌아오는 모
습은 참으로 기이한 현상이라 할 만하다. 동두천 인근에서 미군 병사가
자주 우리 국민을 우습게보고 못된 짓을 하는 것과 어찌 그리도 닮았는지
싶을 정도다.

IV. 맺음말

이상으로 『황곡선생일기』를 몇 가지 측면에서 검토해 보았다. 이 일기
를 통해서 드러난 것으로는 첫째, 그의 사승과 교우를 확인할 수 있다는
점이다. 葛川의 문인으로서 南冥의 문인이 되어 남명학파에 해당하는 인
물들과 주로 교유하고 있음을 알 수 있었다. 특히 동문인 來庵 鄭仁弘과
그 문인들과의 교제가 매우 긴밀함을 알게 해주었다.

둘째는 내륙 지역과 해안 지역 사이에 적정이 많이 달랐고, 특히 해안
지역은 여전히 왜적의 발호를 두려워하여 농사조차 마음 놓고 지을 수 없
는 형편이었음을 알 수 있었다.

셋째 피란지에서 주로 동문이나 친척들에게 곡식 등의 먹을 것을 많이
얻고, 소금을 매매하여 생활 자금을 마련하기에 이른 황곡의 모습도 볼
수 있었다.

넷째 당시에는 四時祭와 설 추석의 명절 제사가 없고 기제사만 있었던 것으로 보인다. 7월 백중날의 성묘 또한 오늘날과 같지는 않다. 그리고 당시까지도 윤회봉사를 했었던 것으로 짐작되는 기록이 있었다.

다섯째 벼슬에 깊은 관심은 없었으나 서너 차례 관직을 사양한 뒤 석성현감에는 부임하였다. 그러나 이것조차 여섯 달도 제대로 채우지 못하고 사퇴하였다. 물론 이몽학 사건의 처리와도 무슨 관련이 있을 듯하나, 남아 있는 기록만으로는 달리 짐작할 것이 없다. 다만, 황곡의 일기로 말미암아 이몽학이 기병했다가 죽는 날짜가 더욱 분명해졌으므로, 기존의 잘못된 기록을 고칠 수 있게 된 것은 매우 의의 있다고 할 만하다. 그리고 이 일기가 막내아우 李債의 자 ‘汝季’를 ‘汝昌’으로 바로잡는 중요한 근거가 된다는 의의도 있다.

『황곡선생일기』가 갖는 의의는 여기서 밝힌 다섯 가지에서 그치지 않을 것이다. 어떤 관심을 가지고 있는지에 따라, 즉 시각에 따라 그 의의는 훨씬 더 많아질 수 있을 것이다. 특히 황곡이 만난 사람들의 벼슬과 자를 몰라 누군지 아직 밝히지 못한 사람들까지 다 밝혀진다면, 황곡이 피란 기간 중 보여준 교유의 의의를 더욱 분명하게 자리매김할 수 있을 것이다. 또한 지금까지 거주지가 알려지지 않은 인물, 예를 들면 金烈 같은 인물들의 거주지가 밝혀진 경우도 있으니, 이런 인물들이 더 많이 밝혀질 경우 남명학파의 세밀한 거주지 분포도 이루어질 수 있을 것이다.

來庵 鄭仁弘의 學問性向과 政治的 役割

I. 머리말

來庵 鄭仁弘(1536~1623)은, 학문성향의 측면에서 南冥 曺植(1501~1572)의 여러 문인들 가운데 南冥을 가장 닮았다고 한다. 그리고 내암은 광해군 당시에 大北 정권을 주도, 山林政丞으로서 遙執朝權하다가 癸亥政變 때 賊臣으로 처형되었다. 그 이후 자신을 지지해 줄 수 있는 세력이 한번도 정계를 주도하지 못함으로 해서 변명의 기회조차 잃었다. 그러다가 1908년에 와서야 관작이 追復되었다.

이로 인해 정치적인 면에서는 내암의 명예가 회복되었다고 할 수 있지만, 과거 내암과 문제가 있었던 지역의 유생들이나 그 후학 가운데는 아직도 이를 부정하려는 생각을 갖고 있음이 사실이다. 이는 약 300년 동안 부정 일변도의 사고방식을 갑작스럽게 돌릴 수 없기 때문인 것으로 생각된다.

그러나 근자에 남명학 연구가 본격화되면서 내암에 관한 연구도 활기를 띠기 시작하였다. 무엇보다도 남명학의 전개 과정을 연구함에 있어서 내암에 관한 연구가 필수적이기 때문이다. 그런데 계해정변 이후 줄곧 내암을 너무 나쁘게 인식해 온 것에 대한 반발 심리 때문인지는 몰라도, 근자의 내암에 관한 연구 가운데는 그 방향이 찬양 일변도인 경우도 있었다.

명예 회복이 된 후에도 그 전과 같이 부정적인 시각으로만 보려고 하는 경우도 바람직하지 못 하지만, 찬양 일변도의 연구 방향은 오히려 자첫 참으로 내암을 잘못 인식케 하는 역할을 할 수도 있다. 어떠한 경우도 마찬가지이겠지만 특히 내암과 같은 경우는 연구자의 시각이 중립적이면서, 인용하는 자료가 객관적이어야 설득력이 있다. 예컨대 실록의 자료라 하더라도 『선조실록』과 『선조수정실록』의 기록을 동일한 시각으로 보아서는 안될 것이며, 『광해군일기』에 있어서는 행간에 보이는 의미를 최대한 객관적으로 해석하려는 노력이 있어야 할 것이다.

이제까지 내암에 대한 연구는, 대체로 내암을 학자로 보기보다는 정치꾼처럼 보려는 시각을 벗어나지 못 하고 있다. 유학자는 일반적으로 그들의 학문이 가진 속성상 정계에 나아가 자신이 온축한 학문을 현실에 적용하여 이상적인 사회를 실현하려고 한다. 그러나 현실은 세월이 흐를수록 각박해져서 유학자들이 꿈에도 그리던 왕도정치는 갈수록 실현되기 어려웠던 것이 사실이다.

이러한 어려운 여건 속에서도 줄기차게 그것을 현실화하려는 생각을 가지고 진지하게 살았던 사람이 학자라면, 정치꾼은 이를 빙자하여 사욕을 채우려는 사람들인 바, 이 둘은 당연히 구분하여 보아야 한다. 설사 이를 확연히 구분하기 어려운 측면이 있다 하더라도, 이러한 구분의 기준마저 모호해진 상태에서 모두 한 덩어리로 보게 되면 논의가 겉돌 가능성이 많다.

그래서 여기서는 내암을 학자로 보고, 그의 모든 정치적 활동도 모두 학자의 처지에서 한 행동으로 이해하려고 한다. 그렇다면 우선적으로 그의 학문이 어떠한 것인가 하는 것이 가장 중요한 문제로 떠오른다. 지금 남아 전하는 『내암집』에는 내암의 학문 내용을 체계적으로 이해할 수 있게 하는 자료가 별로 없다. 그러나 자세히 들여다보면 자료가 전혀 없는 것은 아니다. 특히 상소문 계열의 글은 많이 남아 있기 때문이다.

이런 글을 바탕으로 그의 학문이 적어도 어떠한 성향을 띠고 있는가 하는 정도는 파악할 수 있으리라고 보고, 이를 바탕으로 그의 정치적 행동과 정치적 신념을 분석해 보려고 한다.

II. '敬義'에 입각한 현실주의적 학문성향

주지하다시피 내암은 남명의 문인이다. 그리고 남명의 여러 문인 가운데서도 남명의 학문을 가장 깊이 체득한 인물이라고 알려져 있다.

내암이 남명에게 수학하기 시작한 연대는 정확하게 밝혀져 있지 않다. 다만 20세를 전후한 시기인 것만은 틀림없다.[67] 이때가 1555년을 전후한 시기인데, 이때 이미 남명은 그 聲價가 전국에 알려져 여러 번 벼슬을 제수받았다. 특히 「乙卯辭職疏」로 알려진 丹城縣監 辭職疏가 바로 이 해에 올라간 것이다. 그리고 이보다 앞서 1553년에 퇴계로부터 '출사하지 않는 것은 군신간의 의를 무시하는 것이 아니냐'는 요지의 편지를 받고, 撥雲散을 구해 달라는 답장을 보낸다. 이 이후로 퇴계는 남명에 대하여 正學을 하지 않는 것으로 비판하고, 남명은 퇴계가 실질적인 학문에 매진하지 않고 이론적인 데로 학문의 방향을 돌리고 있음에 대하여 충고한 적이 있다. 내암이 이 시기에 남명에게 급문하면서 남명학의 요체를 전수받을 수 있었던 것으로 보인다.

....

67 『家狀』에는 山天齋에서 講道하고 있는 南冥을 만난 것으로 되어 있는데, 1561년 이후에 남명이 德山의 산천재에 거처하였으므로, 그렇다면 적어도 내암의 나이 26세 이후가 된다. 실록 등에는 어릴 적부터 남명의 문하에 출입한 것으로 되어 있다. 그러나 자신이 지은 「祭先師南冥曺先生文」에는 弱冠에 入門한 것으로 되어 있으므로, 來庵의 나이 20세 즉 1555년을 전후해서 三嘉 兎洞의 雷龍舍에서 처음 만난 것으로 보인다.

남명이 제자들에게 가장 크게 경계한 것이 출처 문제였다. 특히 내암에게 이를 강조한 적이 있다. 그리고 남명의 학문이 가지고 있는 가장 큰 특징이 바로 '敬義'의 학문이다. 즉 敬으로 마음을 수양하고 義로써 현실 문제를 판단하라는 것이다. 이 가운데 특히 '義에 의한 現實 問題 判斷'이라는 측면을 '敬에 의한 心身 修養'이라는 측면과 그 가치를 동일시하는 것이 남명학의 특별한 면모인 바, 남명의 문인들은 대체로 '義'의 측면에 남다른 의지를 갖고 있었던 것은 틀림없는 사실이다.

내암의 학문적 연원도 바로 여기에 닿아 있다. 그의 학문 내용은 대체로 세 가지 측면에서 살펴볼 수 있다. 첫째는 文學에 힘쓰기 보다는 實踐에 힘써야 한다는 것이다. 둘째는 百姓이 나라의 근본이고 근본이 튼튼해야 나라가 편안하다는 民本精神에 입각한 爲民政治를 力說하였다는 것이다. 셋째는 현실에서의 잘잘못에 대한 판단 기준이 '義'라는 점이다.

다음은 來庵이 文學에 힘쓰기보다는 義理의 實踐에 힘써야 한다는 것을 심도 있게 설명하고 있는 글이다. 내암의 문자 가운데 이런 류의 글이 흔하지 않기 때문에 좀 지루한 듯하지만 인용한다.

　　客 가운데 能文에 뜻을 둔 자가 과거시험에 응시하지 않고 나를 찾아왔다.
　　내가 물었다. "그대는 과문 공부를 하여 쌓은 공이 많은데 어찌 갑자기 그만두고 과거 시험을 보지 않습니까?"
　　객이 말하였다. "여러 번 응시하였으나 합격하지 못 했으니 이는 운명입니다. 이제 나이도 들었고 게다가 흥미도 없어졌기 때문입니다."
　　내가 말했다. "그대에게는 노친이 계시니 노친께서 만약 그만두기를 바라지 않으면 어찌 마음대로 할 수 있겠습니까?"
　　"늙으신 아버님께서도 내가 응시하고 싶어 하지 않음을 아시고는 마음대로 하라고 하셨습니다."
　　내가 말했다. "이것은 쉽지 않은 일입니다. 부모는 그 아들의 재주

가 과거에 합격하여 영예를 취할 능력이 없음을 생각지 않고 억지로
응시하게 하여, 그 아들로 하여금 급급하게 구하여 반드시 얻도록 함
으로써 흰 머리에 이르도록 갇혀 지내게 합니다. 다른 사람이 이를
보게 되면 역시 불쌍하게 생각할 것입니다. 이것이 과연 그 아들을
사랑하는 것이겠습니까? 미혹됨이 심합니다. 세속 사람이라면 이상하
게 여길 것도 없지만, 가끔은 의리를 좀 안다는 사람조차도 그 아들
로 하여금 스무 살 전부터 머리가 허옇게 될 때까지 망아지나 송아지
를 몰듯이 과거시험장으로 몰아붙이는 경우도 있습니다. 다행히 합격
하면 龍門에 오르는 것이고, 합격하지 못하면 깊은 우물 속에 빠진 것
같이 생각합니다. 그 기뻐하고 슬퍼하는 모양은 특히 참아 보지 못하
겠습니다. 어찌 名利가 사람을 迷惑시킴이 이 지경에 이르렀을까요?"

　"名利의 길이 열림에 사람들이 엎어지고 자빠지면서 그곳으로 달
려가니 이를 어찌 이상하게 여기겠습니까?"

　"예전에 楊朱라는 사람이 있어서 '爲我'의 학설을 제창하였고, 墨翟
이라는 사람이 있어서 '兼愛'의 학설을 제창하였는데, 사람들이 여기
에 많이 미혹되었었습니다. 불교에서 마음을 깨끗이 하여 수련하는
것은 더욱 그럴 듯한 이치이므로, 선비 가운데 고명한 사람은 여기에
미혹되고 비하한 사람은 여기에 능하지 못합니다. 그런데 名利에의
誘惑은 智愚高下를 막론하고 서로들 달려들어, 득실을 헤아려 비교함
에 못할 짓이 없으며, 심지어 파리 떼나 개처럼 비루한 짓을 하면서
도 부끄러운 줄 모릅니다. 지조와 기개를 잃고 마음을 허물어지게 하
여 피해가 극심하니 어찌 異端의 해로움 정도일 뿐이겠습니까? 아아,
'爲我'와 '兼愛'도 종국에는 '無父無君'을 면하기 어렵거늘, 이익을 꾀
하는 일과 얻지 못할까 걱정하는 것이 극도에 이르면 무슨 일인들 하
지 못하겠습니까? 부모된 사람들은 아들을 사랑하는 도리를 모르고,
子弟된 사람들은 어버이를 섬기는 의리를 생각지 않습니다. 모두들
구덩이 속으로 들어가건만 아무도 구할 수 없습니다. 만약 世道의 扶
持를 자신의 임무로 생각하는 사람이 있어서, 홍수를 억제하고 이단
을 물리치듯이 엄하게 '名利'를 물리친다면, 아마 희망이 있을 것입니

다. 다만 한 줌의 흙으로 孟津의 물줄기를 막으려는 것과 같을까 걱정됩니다.”

“前賢이 ‘科擧가 사람을 나쁘게 하는 것이 아니라 사람 스스로가 나쁜 짓을 하는 것이다.’ 하였으니, 科擧가 비록 ‘名利의 길’이라고는 하나 古人이 크게 나쁘게 생각하지는 않았으니, 이는 무슨 까닭입니까?”

“전현의 말씀은 ‘득실을 염두에 두지 않는다면 비록 날마다 과거 시험에 응하더라도 괜찮다’는 뜻입니다. 그러나 이미 과거 시험에 응할 마음이 있다면 어찌 이득을 계산할 생각이 없을 수 있겠습니까? 과거 시험에 응하면서도 득실에 마음이 끌려가지 않는 것은, 인품이 고상하거나 학력이 뛰어난 사람이어야 가능한 일이고, 보통 사람이 바랄 수 있는 것은 아닙니다. 내가 젊은 시절에 바로 이 ‘名利의 마당’에 빠져 본 일이 있기 때문에 이에 대해 잘 알고 있습니다. 주자는 ‘아직 출사하기 전에 마음이 이미 허물어진다면 출사한 뒤의 氣節은 알 만하다.’ 하셨으니, 이것이 바로 科擧가 사람의 마음을 이지러지게 한다는 이야기의 출처입니다.

나는 일찍이, 예전의 현군자들이 時尙의 是非와 學術의 邪正을 논한 것이 모두 엄정하고 절실하지만, 董仲舒만큼 峻截한 사람은 없다고 생각하였습니다. 동중서는 일찍이 ‘크게 하나로 통합하는 것은 天地의 常經이요 古今의 通誼이니, 六藝의 과목과 관련이 없거나 孔子의 학술이 아니면 모두 그 道를 끊은 연후에야, 統紀가 하나로 될 수 있고 法度가 밝혀질 수 있어서 백성들이 따를 바를 알게 된다.’고 하였습니다. 요즈음 사람들의 이른바 ‘科業’이라는 것은, 바로 이른바 ‘文學’의 餘技이니, 혹 공자의 학술이 아니라고 할 수는 없을 것입니다. 그러나 도리어 인심에 해가 되는 것은, 바로 잡초가 곡식 논에 자라면서 곡식을 해치고 도적이 백성 가운데서 일어나 양민을 해치는 것과 같으니, 이는 바로 ‘文學’ 가운데 하나의 異端인 것입니다.

게다가 예전에 ‘문학’이라 했던 것이, 어찌 지금의 ‘句讀에 신경 쓰고 韻律에 재주를 부려, 시대의 변화에 편승하여 爵祿이나 취하기를 좋아하는 것’을 말하는 것이겠습니까? 논어 맹자 대학 중용을 외면서도 그 말만 숭상하고 실천하기를 숭상하지 않으며, 華에만 힘쓰고 實에는 힘쓰지 않아서, 몸(身)과 책(書)이 나뉘어 둘이 되고 문(文)과 행(行)이 서로 관련이 없게 됨으로써, 처음에는 자기 자신을 그르치고 종국에는 나라를 그르칩니다. ……

그러므로 선비로서 학문에 뜻을 둔 자는 董仲舒의 '一統'의 설을 생각하여, 먼저 科擧의 폐습을 깨뜨려 벗어나고 名利의 유혹을 벗어나서, 생각을 專一하게 하고 있는 힘을 다한 연후에야, 숭상할 바를 알게 되며 造詣의 淺深을 논할 수 있습니다. 활을 당겨 鴻鵠을 쏘리라고 생각하는 것이 바둑을 배우는 데에는 어찌 큰 방해가 되지 않겠습니까? 보잘것없는 이 사람의 생각에는 선비의 학문이 분열되고 인심이 이지러지며, 이욕이 하늘에 넘쳐 세도를 빠뜨리고 있는 것에 대해 항상 분노하고 있었습니다. 그렇기 때문에 이러한 말이 생각나는 대로 나오게 되어, 나도 모르게 과격하였습니다."

곁에서 말하는 사람이 있었다. "지금 선비들은 만약 科擧가 없다면 책을 읽거나 글을 지으려 하지 않을 것입니다. 그렇다면 유학이 장차 이로 인해 몰락할 것이니, 科業 역시 없을 수는 없습니다."

"儒學과 科業은 일은 같지만 결과는 다르니, 마치 天理와 人慾이 행하는 것은 같으면서도 實情은 서로 다른 것과 같습니다. 지금 사람들이 어리석게도 잘 살피지 못하여 擧業을 儒學이라고 인식하고, 글재주가 있어 과거에 잘 합격하는 사람을 人才라고 생각합니다. 그러나 과거에 잘 합격하는 사람은 단지 文人이 될 수 있을 뿐이고 人才는 될 수 없습니다. …… 만약 科業은 歷代로 사람을 뽑는 잣대로서 그 유래가 오래 되었으므로 없애는 것이 쉽지 않다고 하면 그래도 가하거니와, 科業을 없애면 儒學이 이로 인해 몰락할 것이라고 말하는 것은 옳지 못합니다. 과업이 실시되지 않았던 시대에 자연스레 성현이 있었으니, 어찌 과업을 없앤다고 유학이 몰락하겠습니까? …… (과거 공부하다가 죽는 경우도 있으니 이것이 과연 유학인가라고 반문하고 있다.)

요즈음 사람들은 과업에 몸을 바치지 않으려는 자가 없습니다. 그

런데도 죽지 않는 것은 요행히 면한 것일 뿐입니다. 비록 죽지는 않
더라도 병의 뿌리는 항상 남아 있습니다. 그래서 거처하는 곳에 따라
자라서, '내 모름지기 좋은 관직을 차지하리라'라고 생각하니, 天位와
天爵을 개인의 물건으로 여기고 있는 것입니다. 꼭 얻기를 기약하여
죽은 뒤에나 말 정도라면, 名利의 마당 속에 마땅히 나라의 기둥이 될
만한 강직한 신하는 없을 것이며 시대를 구제할 현명한 신하는 없을
것이니, 어찌 張儀가 魏나라의 忠臣이 되며 秦檜가 宋나라의 良相이
되는 줄 알 수 있겠습니까? …… 맹자께서 '마음을 기르는 것은 욕심
을 적게 하는 것보다 나은 것이 없다. 그 사람됨이 욕심이 많으면 비
록 存心한 바가 있더라도 적을 것이며, 그 사람됨이 욕심이 적으면 存
心하지 못한 바가 있더라도 적을 것이다.' 하셨으며, 또 '기술은 조심
해서 선택하지 않으면 안된다.'고 하셨습니다. 기술을 조심해서 선택
하지 않아 만약 화살 만드는 사람이 되었다면 비록 사람을 다치게 하
고 싶지 않더라도 되겠습니까? 무릇 선비된 사람은 마땅히 마음을 기
르고 기술을 선택하는 것을 급선무로 삼아야 할 것입니다."

드디어 기록하여 적이 스스로 朱文公의 貢擧私議에 붙이려고 한다.[68]

중요한 점만 간추려 보면, 첫째로 名利에의 誘惑은 異端보다 더 나쁘
다. 그러므로 世道의 扶持를 위해 노력하는 사람이 절실히 필요하다. 둘째
로 科業은 文學의 餘技이니, 유학이 아닌 것은 아니나 곡식 논 가운데의
잡초와 같은 것이므로, 文學 가운데의 異端이다. 셋째로 지금은 학문이 分
裂되어 있고 이욕을 추구하는 마음이 하늘을 찌르고 있는 바 이는 몹시

68 『來庵集』下, 「問答」, "客有有志能文者 嘗不赴試 來見訪 余問曰 子治科文有積功
何遽廢不擧 客曰 屢擧不得 實由命薄 今旣年晚 尤無興味故也 余曰 君有老親 親若
不欲 豈得自由 曰老父亦知余不肯赴 許令任意爾 余曰 此不易也 爲父母者 不念其
子才不能決科第取榮耀 而强之使擧 使其子 不免急急焉求必得之 至白首荊園 使他
人見之 亦可矜憐 此果愛其子乎 惑之甚者也 在俗間人 不足怪也 往往粗知義理者
亦且不免 其子年未勝冠 髮或須白 驟之如驅駒犢然 幸而中則若登龍門 不得則若墮
深井 其充詘隕穫之狀 殊不忍見 豈謂名利之惑人 一至此也."

분노할 만하다. 넷째로 과거에 잘 합격할 수 있는 사람은 문인이라고 할 수는 있을지언정 인재라고는 할 수 없다.

여기서 우리는 내암이 과거에 합격하기 위한 공부를 爲人之學의 범주에 넣고 있음을 알 수 있다. 과거에 합격하기 위한 공부는 우선 명리를 추구하기 때문에 문제가 있는데다가 문학에 너무 치우치기 때문에 더욱 문제라는 것이다. 내암은 여기서 '유학을 공부하는 목적이 자신을 닦고 나아가 이상적인 현실세계를 이룩하기 위한 것인데, 이상적인 현실세계를 이룩하기 위한 방법의 하나로 채택된 과거제도로 인하여 사람들이 名利의 場으로 이끌려 가고 있음'을 분명히 하고 있다. 과거에 합격하기 위해서는 문장이 뛰어나야 하므로 문장을 잘 쓰는 일에 신경을 집중시키기 마련이고, 그러다 보면 일상생활 속에서 성찰하고 극기하는 일과 경서의 정신을 현실에 살리는 구체적인 방법을 연구하여 실천하려는 데는 소홀하기 마련인 것이다. 그래서 내암은 이 글에서 결론적으로 국가를 경영하는 데는 인재가 필요한 것이지 문인이 필요한 것은 아니라고 한 것이다. 이것은 내암이 현실문제에 접근하는 한 가지 방식에 불과하지만, 이를 통하여 우리는 그가 위기지학에 의한 修己治人을 추구하는 자세 및 현실을 보는 실질적인 자세를 감지할 수 있다.

다음으로 내암의 학문 성향이 백성의 현실적인 삶에 깊은 관심을 표명하고 있다는 점, 즉 민본정신에 입각한 위민정치를 역설하고 있음을 살펴본다.

臣은 "聖人의 大寶는 王位인데 이 왕위를 어떻게 지킬 것인가? 사람에게 달려 있다."라는 공자의 말씀이 있고, 또 『書經』(「五子之歌」)에 "백성은 나라의 근본이니 근본이 튼튼해야 나라가 편안하다."라는 말이 있다고 들었습니다. 아, 사람이 있고 난 뒤에 왕위를 지킬 수 있으며, 민심이 안정된 뒤에야 나라가 편안해 지나니, 백성과 나라가 용납되지 못하면 나뉘어져 둘로 됩니다. 『주역』에서는 아랫사람의 것을 빼앗아 윗사람에게 더해 주는 것은 '損'이라 하고, 윗사람의 것을 덜어서 아랫사람에게 보태주는 것을 '益'이라 하였으니 그 뜻이 매우 분명하여 만세토록 바뀌지 아니할 것입니다.

맹자가 '백성을 보호해서 그들에게 恒産을 마련해 주어야 한다'는 설을 제나라 위나라 등지에서 역설한 것은 진실로 현실을 구제하는 일이 이보다 더 급한 일이 없었기 때문입니다. 만약 맹자를 두고 時務도 모르는 迂闊한 선비라고 한다면 그만이거니와, 그렇지 않다면 나라를 다스리는 자가 백성 보호하는 일을 그만두고 무엇을 먼저 하겠습니까?

신은 또 『서경』(「大禹謨」)에 "두려워할 만한 것은 백성이 아니겠는가?", (「召誥」에) "民嵓을 돌아보고 두려워하소서."라는 말이 있다고 들었습니다. 신이 일찍이 고인의 뜻을 미루어 밝혀 보건대, 국가는 백성으로 인해 존재하기도 하고 백성으로 인해 망하기도 합니다. 임금의 처지에서 말하면 백성이야말로 진실로 돌아보며 두려워해야할 하나의 암초입니다. 백성이 안정되고 국가가 튼튼하면 외적이 감히 넘볼 수 없으니, 이것이야말로 이웃한 적국의 처지에서 말하면 오를 수 없는 천험의 역할을 하는 셈입니다.

『周易』「益卦」九五爻에 "지성으로 (백성을) 은혜롭게 하려는 마음이 있으면 (백성이) 지성으로 나의 덕을 은혜롭게 생각한다."라는 말이 있으니, 임금이 지성으로 백성을 사랑하면 백성도 지성으로 임금을 사랑하여, 더불어 흰 칼날을 밟을 수도 있으며, 더불어 물과 불에 들어갈 수도 있으며, 끝내 시장에 가듯 마음이 편안하며 죽기를 각오하고 떠나가지 않습니다. 싸움을 하면 이기고 지킬 적에는 튼튼합니다. 그렇다면 인심이란 무엇보다 암험한 것이기도 하며 무엇보다 든든한 것이기도 합니다.

이로 보면 백성을 보호하는 것은 지극한 다스림을 위한 급선무일 뿐만 아니라, 스스로 외적을 제압하는 중요한 방법이기도 합니다. 안으로 백성을 잘 다스리고 밖으로 외적을 물리치는 일이 애초에 두 가지 일이 아닙니다. 맹자가 이른바 '정치를 하되 어진 마음을 펴면 몽둥이로도 秦楚의 堅甲利兵을 이겨낼 수 있다'고 한 것이 바로 이것입니다. 그런데 지금은 부역이 번중하여 백성들의 괴로움이 거꾸로 매달려 있는 듯하며, 방납의 폐해와 인정의 폐단이 갈수록 심해져서 백성들이 국가의 명령을 감당하지 못하고 있습니다.[69]

임금: 인심이 어떻게 이 지경에 이르렀습니까?

좌상: 그렇게 된 지 오래 되었사옵니다. 신이 무신(1608)간에 호역자는 많고 토역자는 적은 것을 보았사온데, 이후로 인심이 나뉘어져 두 개의 당이 되었사옵니다. 서로 배격하는 것을 일삼기만 하고 국사는 생각지도 않으면서 유유히 세월만 보내고 있사옵니다. …… 위로 하늘을 두려워하고 아래로 백성을 구휼하는 것이 바로 임금이 꾀해야 할 일이옵니다. 만약 위로 하늘을 두려워하지 아니하고 아래로 백성을 구휼하지 않는다면, 민심을 어떻게 수습하겠사오며 하늘의 뜻을 어떻게 되돌리겠사옵니까? 『周易』에 "아랫사람을 후하게 대우함으로써 편안하게 거처한다."(「剝卦」), "윗사람의 것을 덜어서 아랫사람에게 더해준다."(「益卦」)는 말이 있사오며, 『서경』에 "백성은 나라의 근본이니 근본이 튼튼해야 나라가 편안하다."(「五子之歌」)라는 말과 "덕으로 위엄을 보이니 천하가 두려워하고 덕으로 밝히니 천하가 밝혀졌

69 『來庵集』上, 257쪽 「辭貳相箚」, "臣聞 孔子曰 聖人之大寶曰 位 何以守位 曰人 又 聞 書曰 民惟邦本 本固邦寧 噫 有人而後 位可守 民心固而後邦國寧 民與國不 容判而爲二也 況易以損下益上爲損 以損上益下爲益 其義甚明 爲萬世不易之象 孟 子之以保民制産之說 眷眷於齊梁者 誠以救時之務 莫急於此也 若以孟子爲不識時 務迂儒則已 不然 爲治者 舍保民何先 臣又聞書曰可畏非民 曰用顧畏于民嵒 臣嘗推 明古人之意 竊以爲國以民存 以民亡 自人君言 固是可顧畏之一嵒也 民安國固 賊 不敢乘 自隣敵言 則爲不可升之天險也 易益之九二曰 有孚惠心 有孚惠我德 人君以 誠愛民 民以誠愛君 可與冒白刃 可與入水火 終如歸市 效死不去 以戰則勝 以守則 固 然則人心者 莫險之險 莫固之固 以此而言 保民 不獨爲致治之先務 亦自爲制 敵之要術 內治外攘 初非兩項事 孟子所謂發政施仁之餘 可制梃撻秦楚堅利之甲兵 者 盖以此也 今者賦役煩重 民苦倒懸 防納之害 人情之弊 愈久愈甚 而民不堪命."

다.”(「呂刑」)는 말이 있사오니, 이 두 책의 말은 실로 서로 表裏가 되는 표현이옵니다. 지금은 백성이 離散하되 마치 울타리가 없는 듯하니, 백성 보호하는 방법을 상감께서는 마땅히 힘써 강구하셔야 할 것이옵니다.

임금: 어떻게 하면 백성을 보호할 수 있습니까?

좌상: 『주역』에 “진실함이 있어 마치 단지를 채우듯이 한다면 길하리라.”(「比卦」)라는 말이 있사오니, 상감께서 정성으로 백성에게 은혜를 베푸신다면 백성들은 마음을 다할 것이옵니다. ‘백성들이 즐거워하는 것을 즐기고 백성들이 걱정하는 것을 걱정한다.’는 말이 바로 임금과 백성이 한 몸임을 밝혀주고 있사오니, 어찌 임금과 백성이 두몸일 이치가 있겠사옵니까? 신이 높은 산 깊은 골짝에 있어서 백성의 일을 알지 못하오나, 길에서 보니 지나는 넓은 들판 가운데 눈 안에 들어오는 곳은 모두 一畝나 一束도 수확할 것이 없었사옵니다. 호남은 더욱 심하여 13 고을의 백성이 모두 산지사방 흩어져서 배를 타고 바다를 따라서 남쪽으로 경상도로 들어가 육지에 내려서 모인다고 하옵니다. 이런 백성들은 구원할 방법이 없사옵니다.[70]

백성을 진정으로 걱정하는 정치를 할 것을 역설하고 있다. 保民이니 愛民 爲民 生民 恤民 등의 용어를 내암의 疏箚에서 흔하게 볼 수 있는 것

....

70 『來庵集』 下, 5쪽, 1615년 10월 1일 引見草, “上曰 人心何以至此乎 左相曰 其來久矣 臣於戊申年間 見護逆者多討逆者少 此後人心携貳 分爲二黨 只以排擊爲事 不以國事爲念 悠悠度日 人主孤立而不恤 不見其形 願察其影 人事悠於下 然後天道應於上 上畏天 下恤民 乃人君之策也 若上不畏天 下不恤民 則民心安可以收 天意安可回乎 易曰 厚下安宅 損上益下 書曰 民惟邦本 本固邦寧 又曰 德義(필자주: 義는 威의 誤字임)惟畏 德明惟明 實相表裏之言也 今則百姓離散 若無藩籬 保民之道 上宜務行 上曰 何以則保民乎 左相曰 易有之 有孚盈缶吉 自上以誠加惠於百姓 則百姓盡心 樂民之樂者 民亦樂其樂 憂民之憂者 民亦憂其憂 此所以明其君民一體也 豈有君民異體之理哉 臣在太山長谷之中 不知民事 在途始見之 則所經曠野一望之地 無一畝一束可以收穫 湖南尤甚 十三邑之民 皆流散 散之四方 乘船沿海 南入慶尙道 下陸聚會云 此等百姓無救活之道矣”

이다. 이는 내암의 학문성향이 현실에 밀착해 있으며, 특권 계층이 아닌 일반 백성의 삶에 깊은 관심이 있음을 보여주는 것이다.

'保民'은 『맹자』에 나오는 말로 왕도정치의 기본이다. 내암은 임금에게 이 보민과 함께 백성이 암험한 존재임도 아울러 역설함으로써, 현실에 대해 심각한 경계를 하고 있다. 백성이 암험한 존재라는 인식은 남명이 「민암부」에서 심각하게 제기하였던 내용임을 감안한다면, 내암의 이러한 언표는 남명의 현실인식에 깊이 동감한 데서 우러나온 것으로 이해된다. 남명의 「민암부」에서는 『서경』의 "민암을 돌아보고 두려워하소서(用顧畏于民嵒)"란 말을 援用하여 글을 전개하고 있는데, 여기에 인용한 내암의 글을 보면 마치 「민암부」에 주석을 붙인 것으로 착각이 될 정도로 그 의미를 부연설명하고 있음을 알 수 있다. 이는 현실인식에 대한 남명의 영향이 내암에게 어떻게 연계되느냐는 것을 비교적 분명하게 보여주는 자료라고 생각된다.

현실인식과 관련되는 것으로 현실에 대처하는 방식 즉 처세방식이 학자나 학풍에 따라 매우 특징적으로 나타날 수 있는데, 남명의 문인 또는 재전 문인들의 처세 방식을 보면 이들이 매우 깊이 서로 연계되어 있음을 알 수 있다. 이 부분이 남명 학문의 가장 큰 특징이라 할 수 있는 '경의'와 관련이 있으며, 남명 문인 가운데 남명의 학문에 가깝다고 하는 학자일수록 이 부분에 대한 깊은 공감이 있다는 것도 알 수 있다. '경의'는 기본적으로 사회적 실천의지와 맞물려 있는 것으로, '경'은 위기지학을 하는 학자의 내적 수양을 위한 필수적인 것이며 '의'는 이를 현실세계에 구현하는 데 기준이 되는 것이다. 남명이 '경'과 함께 '의'를 중시하여 강조한 것은 온축한 학문을 현실세계에 구현하는 방법에 대해서 남다른 관심을 가졌다는 증거라고 할 수 있다. 남명이 동강에게는 '경'의 상징인 방울을 주고 내암에게는 '의'의 상징인 칼을 주었다[71]고 하는 데서도 남명과 그 문인들의 경의에 관한 관심과 집념을 읽을 수 있다.

앞에서 언급한 것처럼 '의'에 의한 현실 판단과 그 실천을 '경'에 의한 내적 수양과 동일한 가치로 보는 것이 남명학의 특징적인 면모인데, 내암에게서 이러한 점이 두드러지게 나타난다. 기축옥사와 연관되어 동문인 守愚堂 崔永慶(1529~1590)이 억울하게 죽은 것과 관련하여 牛溪 成渾 (1535~1598)과 松江 鄭澈(1536~1593)을 심도 있게 비판한 것도, 단순히 미워하기 좋아하는 마음이 있었기 때문이라고 하기 보다는 현실 판단의 기준을 '의'에 두고 그 실천을 위해 끊임없이 노력하는 과정으로 이해하는 것이 바람직하지 않을까 생각된다. 물론 임해군 및 영창대군 등이 관련된 역옥을 이해하고 처리하는 기준도 역시 '의'였다고 생각된다. 이 문제들은 다음에 장을 달리 해서 상론할 것이다.

栗谷은 來庵을 두고 "德遠은 剛直하지만 생각이 정밀하지 못하고 學識이 밝지 않다. 用兵에 비유하면 突擊將이 될 만하다."[72] 한 적이 있다. 이는 내암이 沈義謙을 공격하면서 鄭澈까지 같은 무리로 보아 심하게 공격하였던 후에 붙어 있는 평가이다. 율곡이 정철은 심의겸과는 동질의 인물이 아니라고 하였으나 내암이 끝까지 굽히지 않았으므로, 율곡이 내린 평가이다. 그러나 이는 어디까지나 심의겸과 정철은 동일시할 수 없는 인물이라는 것을 몰라준 데 대한 부분적인 평가라고 하여야 할 것이다.

내암이 경연에서 『춘추』나 『주역』을 강의할 적에 제시한 의견을 보면 학문이 밝지 못하다는 율곡의 표현은 매우 상대적인 평가로 보인다. 宣祖 14年(1581) 4月 辛巳日의 朝講에서, 楚 令尹 子南의 아들 棄疾에 관한 논

....

71 『宣祖修正實錄』 卷7, 宣祖 6年 5月條, "植常佩鈴喚醒 拄劒警昏 末年以鈴與金宇顒 以劒與仁弘 日以此傳心 仁弘以劒拄頷下擎跽 終身如一日."

72 「石潭日記」, 宣祖 14年 8月(『韓國文集叢刊』 45卷 224쪽). "李珥日 德遠剛直 而計慮不周 學識不明 譬之用兵 可用以爲突擊將矣."

의가 있었는데 내암은 "평시에 아버지에게 힘써 그 잘못을 간하지도 못하고, 아버지가 죽게 되는 험난한 일을 당하여 몰래 업고 도망가지도 못하면서, 임금의 명령을 누설하면 중형을 면치 못한다는 핑계를 대고 있으니, 이는 자식의 도리를 극진히 하지 못한 자입니다."[73]라고 하였다.

내암의 학문이 겉으로 이름만 대단하고 실속은 없는 것처럼 이야기되는 것은 내암을 의도적으로 폄하하기 위하여 만들어낸 말인 듯하다. 내암이 1602년 대사헌으로 소명을 받아 상경하자 孚飮亭으로 수백 명의 門徒가 찾아왔다는 기록도 있고, 陜川을 중심으로 해서 인근의 星州 高靈 居昌 咸陽 安陰 山陰 晋州 三嘉 草溪 등의 선비 가운데 이름난 이들은 모두 내

....

73 『실록』 21권, p.375(1581년 4월 신사일), "掌令鄭仁弘曰 平時不能力陳 而至此臨難 又不能竊負而逃 諉諸洩命重刑 皆不能盡其子道者也."
『春秋左氏傳』「襄公 22年條」에 다음과 같은 이야기가 나온다. 楚의 觀起가 令尹子南(公子追舒)에게 寵愛를 받아 祿을 더 받지 않았는데도 말 數十 乘을 소유하게 되었다. 초나라 사람들이 이를 걱정하자 왕이 이를 討罪하려고 하였다. 마침 子南의 아들 棄疾이 왕의 마차를 모는 지위에 있었다. 왕이 棄疾을 보면 반드시 눈물을 흘렸다. 棄疾이 "임금님께서 세 번 저를 보고 우셨습니다. 감히 묻겠습니다만 누가 잘못을 저질렀습니까?" 하였다. 왕이 "令尹이 無能한 것은 그대가 아는 바라, 나라에서 그를 討罪하려 하는데 그대는 가만히 있겠는가?" 하였다. 棄疾이 애비가 죽는데 자식이 가만히 있는다면, 임금님께서는 그런 사람을 어디다 쓰겠습니까? 임금님의 명령을 漏洩함은 重罪이니 신은 또한 그런 일도 할 수 없습니다." 하였다. 이에 왕이 드디어 저자에서 자남을 죽이고 관기를 車裂刑에 처하였다. 子南의 家臣이 棄疾에게 子南의 屍身을 저자에서 옮기자고 청하였다. 그러자 棄疾은 "임금과 신하 사이에는 예절이 있으니 자네들은 아직 가만히 있으라." 하였다. 사흘 만에 棄疾이 시신을 요청하자 임금이 허락하였다. 葬禮를 지낸 뒤 家臣들이 "떠나겠습니까?" 하자, "내가 우리 아버지를 죽이는데 참여하였으니, 떠난들 장차 어느 나라에 들어가겠는가?" 하였다. "그렇다면 왕에게 신하 노릇을 하려고 합니까?" 하자, 기질이 "아버지를 버리고 원수를 섬기는 일은 참아 할 수 없다." 하고는 드디어 목을 매어 죽었다. 이 문제에 대해서 '傳에서는 임금인 楚의 康王이 君臣間의 義理를 잃었음을 譏弄하였다'고 杜預는 註釋을 달고 있다.

암의 문인들인데, 학문적 역량이 부족하다면 이처럼 많은 門人이 坌集할
리가 없다는 것은 자명하다.

III. 己丑獄事와 來庵의 對處

기축옥사는 주지하다시피 1589년 10월에 鄭汝立이 叛逆을 꾀했다는
이유로, 그 뒤 약 3년간에 걸쳐서 천여 명의 東人系 인물이 피해를 입은
사건이다.

내암은, 서인 측에서 동인이 주도하던 정국을 반전시킬 수 있는 절호
의 기회로 삼았던 이 사건을, 외면적으로 주도했던 인물은 松江 鄭澈
(1536~1593)이지만, 내면적으로는 牛溪 成渾(1535~1598)의 의지가 상당
히 많이 담긴 것으로 파악했다. 이는 다음의 기록에서 확인된다.

대사헌 정인홍이 차자를 올렸는데 그 내용은 다음과 같다.

"신이 경성에 들어오는 날로 쇠병 때문에 벼슬할 수 없다는 내용으
로 전하의 귀를 더럽혔사옵니다. …… 신은 거의 죽게 된 나이에다가
온갖 병중이 교대로 찾아들고 있사옵니다. …… 신의 병이 이와 같은
것이 벼슬길에 나갈 수 없는 첫째 이유이옵니다. 벼슬을 그만두어야
할 나이를 도리어 벼슬하기 시작하는 나이처럼 여긴다면 또한 어렵지
않겠습니까? …… 이것이 벼슬길에 나갈 수 없는 두 번째 이유이옵
니다. 신이 이귀가 올린 상소문을 보니 …… 신이 비록 스스로 몰랐
다 하더라도 실로 남에게 죄를 얻은 것이 이와 같은데도, 뻔뻔하게
자리를 차지하고서 국가의 관직을 더럽히고 자신의 죄를 더욱 무겁게
할 수 있겠사옵니까? 이것이 벼슬길에 나갈 수 없는 세 번째 이유이
옵니다. 신이 聖敎를 보니 신이 남쪽 지방에서 성혼이 최영경을 모함
하여 죽인 문제를 힘써 말하였기 때문에 이런 상소가 올라오게 되었

다고 하였사온데, 이것은 전하께서 천리 밖의 일을 훤히 잘 보신 것이옵니다. 신은 애초부터 혼의 죄를 모르지 않았사옵니다. 다만 혼이 이미 그 죄를 받아 관작을 삭탈 당했는데 또 다시 소급하여 논의한다면 金藟가 신을 배척했기 때문이라는 혐의가 있을 뿐 아니라, 우물에 빠진 사람에게 돌을 던지는 것과 비슷하여 자못 마음에 편안하지 않을 것이기 때문에 은근히 참고 말하지 않은 지 오래였사옵니다. 지금 성교가 이와 같으니 신이 감히 그 대강을 말씀드리지 않을 수 없사옵니다. 신이 20년 전에 이미 이 사헌부에 있으면서 '권세를 탐내고 私黨을 심으며 거상 중의 인물을 불러내어 벼슬 시키려고 은근히 꾀했다'는 죄목으로 심의겸을 탄핵하면서 정철에 대해서까지 언급하였사옵니다. …… 신은 혼이 의겸이나 철과 가까이 사귀는 것을 보고 속으로 매우 비루하게 여겼사옵니다. 왜냐하면 철의 악이 그 때 비록 드러나지는 않았지만 의겸이 외척으로서 흉악한 짓을 한 것이 명약관화한데도 그가 오히려 의겸의 악함을 모르고 있었기 때문이옵니다. 또 '사당을 심는다'는 말을 보고 또한 자못 자신을 몰아붙이는 것이라고 생각하여 문득 언어와 기색으로 남에게 그 감정을 드러내었으니 그 사람됨을 진실로 알 수 있었사옵니다. 계축년간에 비록 그의 심보가 과연 드러났사옵니다만, 시종일관 철과 함께 참혹한 독을 흘려 무고한 선비들에게까지 미치게 할 줄이야 어찌 생각이나 하였겠사옵니까? 혼이 영경을 지척하여 삼봉이라 한 것은 실로 金宗儒의 말에서 나왔고 산을 뚫어 길을 낸다는 것과 같은 엉터리없는 말 또한 혼이 직접 한 것을 귀로 들은 자가 있으니, 혼이 죽인 것이 아니고 그 누구이겠사옵니까? 철이 혼에게 의지함이 중하여 혼의 말이면 반드시 들었으므로 만일 그 때 한 마디만 꾸짖고 말렸다면 결코 죽이기까지는 하지 않았을 것이옵니다. …… 그래서 '철의 악은 작고 혼의 악은 크며, 철의 죄는 가볍고 혼의 죄는 무겁다'고 하였사옵니다. …… 신이 이전에 남쪽 지방의 土友들과 이에 대한 이야기를 하다가 마음이 아파 과격한 것도 잊고 입에서 나오는 대로 말하기를 '간악한 철을 몰래 부추겨 고명한 선비를 죽임으로써 국맥을 해치고 사람을 피로 더

럽힌 자는 成渾이며, 行長과 淸正을 시켜 우리의 종묘사직을 능욕하고 우리의 강토를 유린한 자는 秀吉이니, 그 사업이 거의 같다'고 하였사옵니다. 김휘가 신을 지척하여 '흔과 틈이 있던 자'라고 한 것은 대체로 이런 일을 가리킨 것이옵니다. 이귀가 신의 죄를 낱낱이 들면서도 흔을 위하여 한을 풀어 주려는 것이라고 하지 않은 것은 본심이 아닙니다. …… 어찌 사헌부 관리로서 남에게 비방과 지척을 받고도 뻔뻔히 스스로 변명이나 하면서 그 자리에 그대로 앉아 있을 수 있겠사옵니까? 이것이 벼슬길에 나갈 수 없는 네 번째 이유이옵니다. 신은 '士類는 국가의 元氣이고 公道는 士類의 命脈'이라고 들어 알고 있사옵니다. 오늘의 사대부가 나뉘어 둘로 되면서 편당을 짓는 것이 습관이 되어버린 것을 보고 늘 스스로 비웃고 탄식하였는데, 지금 또 나뉘어 너댓이 되어 각자 무리를 지어 명리를 다투고 서로 공격하면서 국사에는 여념도 없사옵니다. …… 하물며 신은 일찍이 성혼 정철과 사이가 좋지 않았고 또 유성룡에게는 불쾌한 감정이 있었사옵니다. 지금 그 무리들의 분한 마음이 아직 사라지지 않고 기색도 좋지 않아서 조금만 탄핵해도 금방 의심하여 지난날과 같은 소요가 있게 될 것이옵니다. 신이 비록 사류를 부식하고 공도를 넓히려고 해도 결코 될 수 없을 것이옵니다. 이렇게 보면 신은 애초에 행할 만한 도리가 없어 결국 봉급만 축낸다는 기롱을 면할 수 없을 것이옵니다. 이러고도 있을 곳이 아닌 곳에 그대로 앉아 있다면 비록 견책이 없다 하더라도 속으로 부끄럽지 않겠사옵니까? ……"

(왕이) 다음과 같이 답하였다.

"사람은 나이 들수록 노성해지나니 나이 많은 것이 어찌 문제가 되겠소? 질병에 대해서는 응당 스스로 조리하면서 일을 보아야지 어찌 사임할 수 있겠소? 다만 경이 남쪽 지방에서 의논했던 것에 대해서는 내가 그 곡절을 전혀 몰랐었소. 오직 지난날 김휘라고 하는 자가 -어떤 사람인지도 모른다- 상소문에서 경의 이름을 지척하여 모해하려는 조짐이 있었고, 또 이귀의 상소문을 보건대 경에게 '不測'의 이름을 뚜렷이 덮어씌우기에, 간사한 사람이 아닌가 의심하였더니, 이제 차

자의 내용을 보고 과연 다른 사람들의 말이 있게 된 연유를 알게 되
었소. 자고로 충현이 남의 입에 많이 오르는 것이 어찌 한정이 있었
겠소? 따질 것도 없고 마음에 끼고 있을 것도 없소. 경은 사임치 말고
더욱더 마음을 다하여 나를 보필해 주시오.74

....

74 『조선왕조실록』卷24, 362~363쪽(1602年 3月 己卯(17日), "大司憲鄭仁弘上箚曰
伏以臣於入城之日 輒以衰病不可仕之實 塵瀆聖聽 …… 臣以垂死之年 百病交攻
…… 身病如此 其不可仕一也 …… 乃以致仕之年 反爲强仕之日 不亦難乎 ……
其不可仕二也 臣伏見李貴之疏 …… 臣雖不自知 而實有以獲罪於人也如此 尙可靦
然在職 以辱名器而重罪戾乎 其不可仕三也 臣伏見聖敎 以臣於南方 力言成渾陰殺
崔永慶之事 故致有此疏 此見殿下聰聽千里之外也 臣初非不知渾之罪也 但念渾旣
被其罪 削去官爵 而又復追論 則非但有金霮斥臣之嫌 亦近於落井下石 頗有不安於
心者 故隱忍不發 蓋有日矣 今聖敎及此 臣不敢不擧其梗槪也 臣於二十年前 嘗忝本
府之職 劾沈義謙貪權勢植私黨陰圖起復之罪 仍及鄭澈 …… 仍與之絶 見渾與義
謙澈交密 心甚鄙之者 蓋以澈之惡 雖未著 而義謙身在戚里 兇惡之狀 明若觀火 猶
不知惡 又見植私黨之語 亦頗侵己 邃以辭氣 加於人 其爲人固可知矣 其在癸丑年間
雖其心迹 果爲敗露 豈謂終始與澈同事 流毒之慘 及於無辜之士乎 渾斥永慶爲三峰
實出於金宗儒之言 鑿山通道之說 亦有耳聞於渾之口者 非渾殺之 其誰也 不然 澈倚
渾爲重 惟渾是聽 一言呵止 決不至於殺也 …… 故曰 澈之惡小 而渾之惡大 澈之罪
輕 而渾之罪重也 …… 臣嘗與南中士友 言及痛心 衝口而出 不覺其過於激曰 陰嗾
奸澈 賊殺高賢 戕害我國脈 血汚我士林者 成渾也 指示行長淸正 凌辱我廟社 蹂躪
我疆場者 秀吉也 其事業略同也 金霮指斥臣 與渾有隙者 蓋指此等事也 李貴之歷擧
臣罪 而不言爲渾釋憾者 非其情也 …… 安有臺官被人詆訐 靦然自明 而仍冒其職
者乎 此不可仕四也 臣竊聞士類者 國家之元氣也 公道者 士類之命脈也 嘗見今之士
大夫 分而爲二 偏黨成習 嘗自笑歎 今又分而爲四五 各自爲徒 爭名爭利 互相攻擊
而不暇以國事爲念 …… 況臣嘗與成渾鄭澈不相能 又不快於柳成龍 今其徒黨 餘忿
未消 風色不好 纔有擧劾 便自猜疑 致有頃日之騷擾 臣雖欲扶植士類 恢張公道 決
不可得 此見臣初無可行之道 而終不免穀恥之譏 猶復冒處非據 則雖無譴責 獨不愧
於心乎 此不可仕五也.
　　答曰 人惟老成 年高何妨 至於疾病 自當調理而行 何可辭也 但卿之言論於南中者
予全不知其曲折 惟於前日 有金霮稱名者 不知何許人 而疏指卿名 將有欲害之漸 又見
李貴之疏 顯加卿以不測之名 予疑其爲奸人所爲 今見箚辭 果知其致人言之有其由也
自古忠賢之致人多口 何限 不足數也 亦不可介懷也 卿宜勿辭 更加盡心輔予."
『來庵集』上, 105쪽「大司憲時五不仕辭職箚子」(壬寅 3月 初八日)에도 같은 내

내암이 기축옥사로 낙향해 있을 동안 때로 격해지면 牛溪와 松江에 대해 좋지 않은 감정을 드러내곤 했다. 기축옥사 당시의 委官은 松江이었음에도 불구하고 來庵은 牛溪를 송강보다 더 나쁜 인물로 인식하고 있었다. 그 이유는 우계가 송강을 사주하였다고 판단했기 때문이다. 송강은 守愚堂 崔永慶(1529~1590)과 일면식도 없지만 우계는 수우당과 젊은 시절 서로를 깊이 인정할 정도로 친분이 있었던 사이이므로, 송강과 친분이 두터운 우계가 수우당을 나쁘게 이야기하지 않았으면 수우당이 옥사에 관련될 수도 없었고 죽을 수도 없었다고 내암은 판단했던 것이다.

이 문제에 대해서 내암 쪽의 견해를 수용하면 우계가 그야말로 '음흉'한 사람이고, 우계 쪽의 견해를 수용하면 내암이야말로 편협한 자기중심적 사고방식의 소유자가 되고 만다. 조금도 양보할 수 없는 이 두 쪽의 견해에 대해서 시비를 밝히기란 여간 어려운 일이 아니다. 그러나 수우당의 죽음이 원통하다는 것에 대해서는 양쪽의 의견이 같다. 내암이 同門 '道義之友'의 원통한 죽음에 대하여 그 억울함을 하소연하였다. 이 점에 대해서는 누구나 긍정적으로 생각할 수밖에 없을 것이다.

앞에서 언급한 것처럼 내암이 대사헌으로 발탁되어 상경할 적에 부음정으로 모인 벗들과 문인들이 수백명이었다고 하였는데, 이들 내암의 추종자들을 단순히 벼슬을 바라는 무리들로만 매도할 수는 없을 것이다. 우계의 수많은 문인들을 그렇게 볼 수 없는 것과 같은 이치이다. 즉 내암이나 우계는 각기 그 상대편에서 보듯이 형편 없는 인물이 아니고, 엄청난 중망을 입고 있던 선비였다는 점을 되새길 필요가 있다. 이를 인정하지

용이 실려 있는데, 유독 『내암집』에는 '其不可仕四也' 부분이 거의 대부분 생략되어 두 줄로만 되어 있다. 『내암집』을 편찬하면서 의도적으로 뺀 것으로 생각된다. 이는 바로 이 부분의 내용을 통해서 내암이 우계와 송강에 대해 너무 지나치게 공격하고 있음을 누구나 공감할 수 있을 것으로 생각했기 때문이 아닌가 한다.

않으면 논의는 계속 겉돌고 말 것이다. 그렇다면 우계가 의도적으로 사주하여 수우당 같은 이를 죽게 하였다고 보기는 어렵다. 오히려 우계도 이 사건의 피해자라고 보아야 할 것이다. 그런데도 불구하고 내암이 우계를 송강보다 더 나쁘다고 몰아부친 이유는, 첫째로 말릴 수 있는 우계가 말리지 않았기 때문이고, 둘째로 수우당이 죽은 뒤 그 죽음이 원통하다는 것을 우계가 즉시 드러내어 밝히지 않았기 때문이다. 우계가 비록 내암의 비판처럼 음흉하지는 않았다 하더라도, 내암이 수우당을 위해 변명한 것을 두고 공격하기 좋아하는 사람이라고 몰아붙이는 것은 바람직하지 못한 듯하다.

왜냐하면 내암이 알고 실천하려고 했던 '의'가 바로 이와 맞물려 있기 때문이다. 즉 서인측이 기축옥사 관련자를 확대하여 동인 측의 강경론자들을 그 속에 포함하여 수우당 같은 인물들이 억울하게 죽도록 한 것은 분명하고, 서인 측의 이와 같은 행위가 부당함을 논하면서 수우당의 원통함을 풀어주는 것은 바로 내암이 실천하려던 '의' 바로 그것이라는 뜻이다.

혹자는 내암이 이 사건을 계기로 정권을 잡으려는 것으로 이해하기도 한다. 그러나 이러한 인식은 내암이 올린 수십 차례의 사임 상소문이 단지 인사치레에 불과하다는 식으로 이해해야 가능한데, 과연 그렇게 볼 수 있을까?

1602년, 임진왜란 동안 경상우도 지역의 의병활동을 주도했던 내암이 앞으로 정계의 실세로 등장할 가능성이 보이자, 默齋 李貴(1557~1633)가 상소로 내암을 극력 비난하였다. 위 인용문에서 내암이 지적한 것이 바로 이것인데, 默齋는 1601년 10월에 體察使 漢陰 李德馨의 召募官으로 居昌을 지나가면서 보고 들은 것을 토대로 내암의 죄목을 조목조목 열거한 것이다. 이에 대해서 내암은 범연히 논박하고 말았지만, 來庵의 門人 宜寧 儒生 洛厓 吳汝檼(1561~1633)은 1602년 9월에 장문의 상소를 올려 묵재 상소문의 내용을 조목조목 변명하였다.

이 뒤로 묵재는 크게 영달하지 못하였고, 광해조 때에는 지방 수령을 역임하는 데서 그쳤다. 그 뒤 1623년 默齋가 北渚 金瑬(1571~1648)와 이른바 政變을 일으킨 데에는 여러 가지 요인이 있었겠지만, 광해조를 내암과 이이첨이 정권을 농단한 것으로 보고, 그 상태가 지속되면 자신의 스승인 牛溪는 伸寃될 날이 없을 것이고 따라서 자신을 포함한 그 문인들의 정계 진출 또한 어렵기 마련이라는 위기의식에서 나왔다고 판단된다. 계해정변 후에 내암이 처형될 수밖에 없었던 원인 가운데 가장 중요한 점이 바로 여기에 있다고 생각된다.[75]

IV. 殺弟廢母와 來庵의 態度

광해군이 세자로 있을 때 왕위계승에 걸림돌이 될 수 있었던 인물은 임해군과 영창대군이었다. 이 가운데 임해군은 선조 만년과 광해군 즉위 초에 광해군에게 여러 가지로 심각한 위험으로 다가왔고, 결국 임해군이 역모로 몰리게 되었다. 그러나 임해군에게 토역의 법을 적용하여야 한다는 討逆論과 은혜를 베풀어 죽이지 않아야 한다는 全恩論이 엇갈리게 되었다. 내암은 토역론을 주도하였고 임해군은 결국 유배도중 1609년에 처형당했

----

[75] 내암이 처형당하면서 남긴 공사 내용을 보면 자신이 죽는 이유는 폐모 때문으로 알고, 이는 자신과 무관한 것이라고 한 대목이 있다. 그리고 『朝野輯要』卷 16 光海朝·下(『韓國史書叢刊』6권 19쪽)에는 내암을 처형한 뒤의 頒敎文 일부가 실려 있는데, 앞부분은 **묵재가 내암을 비판하며 올렸던 상소문의 내용을 그대로 옮겨 놓고서** 비난하다가, 나중에는 폐모의 원흉으로 지적하고 있다. 이제까지의 연구에서도 밝혀졌듯이 내암이 폐모의 죄를 뒤집어쓸 분명한 이유를 객관적 자료로서는 찾아볼 수 없다.

다. 임해군의 경우에는 반역을 전적으로 부인하기 어려운 상황이었지만, 영창대군의 경우는 실제 반역 행위를 한 것으로 덮어씌우기에는 문제가 있었으므로 이이첨 등이 영창대군을 위리안치를 시킨 상태에서 은밀히 폐모의 논의를 진행하고 있었다.[76] 이때 강화 부사 鄭沆이 영창을 죽였으므로 桐溪 鄭蘊(1569~1641)이 '정항을 목 베고 영창대군의 위호를 추복하라'는 내용의 상소를 올린 것이다.

이 문제와 관련해서 내암의 문인이 두 갈래로 나뉜다. 즉 桐溪와 뜻을 같이하는 사람들 및 이이첨의 뜻에 따르는 사람으로 나뉜 것인데, 일반적으로 전자를 中北 후자를 大北이라 한다. 중북에 속하는 인물은 내암 문인 가운데 대체로 重鎭에 속하고, 대북에 속하는 인물들은 대체로 新進이며 출세지향적인 인물들이다.

대북에 속하는 내암의 소장 문인들이 중북에 해당하는 인물들을 두고 역적을 옹호하고 스승을 배반했다는 명목으로 몰아붙여서 세력을 꺾는데, 이때 내암의 태도가 분명치 못했다. 동계는 영창대군을 죽게 한 鄭沆을 斬刑에 처하고 죽은 永昌大君의 位號를 追復해 주어야 한다고 주장하였다가, 護逆의 죄명으로 죽기 직전에 감형되어 제주도 大靜에 위리안치 되었다. 동계의 논리에 동조한 대표적인 내암 문인은 雪壑 李大期(1551~1628)와 嶧陽 文景虎(1556~1619)이다. 동계를 포함한 이들 중북은 내암에 대하여 섭섭한 마음이 있었을지는 몰라도 내암에 대한 존경의 정도가 내암이 처형당한 뒤에도 별로 떨어지지 않았다. 이는 다음의 자료에서 확인된다.

....

76 물론 이때 이이첨 등의 대북은 영창대군을 처벌하자는 소북의 의논을 한발 앞서 나감으로써 정국을 주도하려고 폐모논의를 일으켰던 것이 사실이다. 이에 대해서는 우현구의 영남대학교 국사학과 석사학위논문 『내암 정인홍과 광해조 정국주도세력』을 참조하였다.

(1) 들으니 대간이 지난 13일에 '산림을 가탁하여 멀리서 폐비의
의논을 주도하고 간흉을 길렀다'는 이유로 정인홍을 논죄하고
잡아와서 정죄하기를 청하였다고 한다.[77]

(2) 이 날 來相이 正刑에 처해졌다고 한다. 因城과 함께 이야기하기
를, "이는 사람이 한 것이 아니다. 비록 스스로 취한 데에서 나
온 것이기는 하나 본래의 뜻은 이처럼 심하지는 않았다. 그러
나 죄가 같으니, 어찌 원통하지 않겠는가? 棱의 무리가 誤導한
죄를 이루 다 말할 수 있겠는가?"[78]

(3) 아아 4년 동안 몹쓸 곳에 버려져 있다가 하루아침에 살아서 돌
아왔건만, 서로 만나 슬프기도 하고 기쁘기도 하니 어찌 말로
다 드러낼 수 있겠는가?[79]

　　위의 자료 (1)에서 폐비의 의논을 주도했다는 것으로 정인홍을 논
죄하였다고 했는데 사실 살제폐모는 덮어씌운 죄명에 불과하다.[80] 그
리고 자료 (2)와 (3)은 내암이 동계를 포함한 중북 세력에 지지를 보
내 주지 않았던 섭섭함 및 회재·퇴계에 대한 비판과 우계·송강 및 서
애 등에 대한 비판으로 재앙을 자초했다는 점 등은 어느 정도 인정하
되, 정변 후 내암을 정형에 처한 것은 지나치다는 뜻이 분명히 드러
나 있다.

....

77 李大期, 『雪壑集』 卷2 張13, 「南行錄 癸亥年(1623) 3月 15日字 記錄, "聞臺諫曾於
　　十三日 以假托山林 遙主廢妃之論 釀成奸凶之計 論鄭仁弘, 請拿鞫定罪云."
78 李大期, 『雪壑集』 卷2 張19, 「南行錄」 癸亥年(1623) 4月 9日字 記錄, "是日 聞萊相
　　慘於正刑 與因城共與結話曰 此非人所爲 而雖出於自取 本情則不如是之甚而已 然
　　罪同 豈不冤乎 稜輩誤之之罪 亦可勝言哉."
79 李大期, 『雪壑集』 卷2 張19, 「南行錄」 癸亥年(1623) 4月 10日字 記錄, "噫四載投
　　荒 一朝生還 相逢悲喜 何可言諭."
80 禹賢玖, 前揭 論文 註釋 194~196 및 217~219 參照.

다음은 내암이 정형을 당하면서 진술한 공초의 일부분이다.

嶺外와 朝廷은 멀리 떨어져 있어 이 몸은 일찍이 폐모의 논의가 누
구에게서부터 일어났는지를 알지 못하였소. …… 師友로부터 학문을
받아 君臣·父子간의 大義에 대해서는 조금 알고 있소. 아, 내가 물러
나 시골에서 지낸 지 이제 이십 년, 세상의 시끄러운 일에 대해서는
알고 싶지 않았는데, 아흔 살 모진 목숨 아직도 죽지 못해 끝내 廢母
의 凶名을 얻었도다![81]

내암이 '군신·부자간의 대의에 대해서는 조금 알고 있다'고 한 표현은
살제폐모의 흉명을 자기에게 뒤집어씌우는 것이야말로 유자로서의 치욕
이라는 의미에 다름 아닐 것이다. 그러나 광해군이 내암을 가장 믿었고,
引見 때 이조판서에 가장 적합한 인물로 내암이 이이첨을 추천하였으며,
광해군이 믿었던 이이첨에 의해 정변의 빌미가 제공되었으므로, 이이첨을
훌륭한 인물로 적극 추천했던 책임은 면할 수 없을 것이다.

그런데 내암 문인 가운데 중북에 속한 사람들은 대체로 한강과 일정한
연관이 있는 사람들이란 점에서 이들에 관한 이해는 남명학파 전체를 이
해하는 데에 상당히 중요한 역할을 한다고 생각되지만, 여기서는 논의를
생략하기로 한다.

....

81 鄭仁弘, 『來庵集』下 379쪽, 「史本通記」, "嶺外與朝廷隔遠 矣身未嘗知廢母之論
起於何人 …… 學受師友 粗知君臣父子之大義 噫矣身退臥邱園 今垂二十年 紛紜
世事 不欲聞知 而九十頑命 尙今不死 終得廢母之凶名."

Ⅴ. 晦退辨斥과 來庵의 意圖

내암은 1604년 『南冥集』을 간행하면서, 그 말미에 퇴계가 남명을 두고 비평한 말들을 辨斥하는 글을 싣고, 南冥이 龜巖 李楨(1512~1571)과 절교한 뒤 退溪가 龜巖에게 보낸 편지를 문집 뒤에 실음으로써, 퇴계에 대한 공격을 공개적으로 시도하였다.

내암은 그 뒤 1611년 3월 26일 贊成 직함을 사직하면서 올린 차자에서, 1610년 9월에 이미 문묘에 종사된 五賢 가운데 晦齋와 退溪는 문묘에 종사되는 데 문제가 있다고 비판하였다.

> 鄭仁弘이 차자를 올려 文元公 李彦迪과 文純公 李滉을 文廟에 從祀하는 것이 잘못이라고 비방하였는데, 왕이 그 차자를 보류하였다. 이보다 앞서 왕이 여러 번 인홍을 불렀으나 인홍이 병을 핑계로 오지 않았다. 왕이 특히 內醫와 禮曹의 관리를 보내 문병하게 하고 병을 참고 올라 오도록 유시하였다. 인홍이 드디어 차자를 올려서 지니고 있던 찬성 벼슬을 사임한다는 핑계로 언적과 황을 지극히 헐뜯어 문묘에 종사함이 부당하다고 하였다.[82]

이처럼 실록에서는 내암이 찬성의 직함을 사임하면서 공연히 회재와 퇴계를 비판한 것으로 기록하고 있다. 그러나 이는 내암을 실없는 사람처럼 보려는 의도에서 기록한 것이고 실록에 실린 내암의 차자에는 다음과 같은 내용의 사임 이유가 있다.

....

[82] 『光海君日記』(鼎足山本), 3年 辛亥 3月 26日 丙寅條, “鄭仁弘 上箚 譏斥文元公李彦迪文純公李滉從祀之非 箚留中 先是王屢召仁弘 仁弘稱病不來 王特遣內醫及禮官 問疾 諭令力疾上來 仁弘遂上箚 托以辭所帶贊成職名 極毀彦迪滉 以爲不當從祀文廟.”

신의 구구한 견해가 대체로 이와 같으므로 일찍이 식과 운이 무함당한 것을 변명한 적이 있었사옵니다. 그리고 또 이런 문제를 언급하여 앞으로의 의혹을 풀려고 하였는데, 도리어 당시 사람들의 노여움을 사게 되어, 여러 사람이 모여 비방하고 배척하였으며 그것이 온나라에 미치게 되어 결국 신으로 하여금 나라 안에서 용납될 수 없게하였사옵니다. …… 신은 바로 노자와 장자를 따르는 사람이옵니다. 지금 온세상 사람들이 취하고 버리는 기준이 정해졌고 조정에서 좋아하고 미워하는 사람이 결정되었으니 전하께서 좋아하는 것도 알 수있사옵니다. 그런데 신이 어떻게 감히 뻔뻔스럽게 나가서 스스로 색다른 사람들에게 시기를 받을 수 있겠사옵니까?[83]

내암이 일찍이 남명에 대해 변변을 한 것이 오히려 역효과를 보아, 자신이 나라 안에 용납할 수 없을 정도로 몰려 있기 때문에 이런 상태로서는 벼슬을 할 수 없다고 한 것이다. 다시 말해서 자신의 주장이 나라 안에 통하지 않을 뿐 아니라 오히려 비방을 심하게 받고 있는 상태이므로 벼슬을 할 수 없다는 내용이다. 그러면서 그 주장이 일리 있음을 한 번 더 주장한 것이다.

신이 일찍이 故贊成 李滉이 조식을 헐뜯은 것을 보니, 한번은 "남에게 오만하고 세상을 업신여긴다."라고 하였으며, 한번은 "高亢한 선비이므로 中庸의 도를 요구하기 어렵다."라고 하였으며, 한번은 "노자와 장자가 빌미가 된다."라고 하였사옵니다. 그리고 成運을 淸隱이라 지목하여 협소하고 작은 한 가지 지조만 가진 사람으로 인식하였사옵니다. …… 식과 운은 같은 시대에 나서 뜻도 같고 도도 같았사옵니다.

83 『光海君日記』卷39, 3年 辛亥 3月 丙寅(26日)條, "臣區區之見 蓋如此 故嘗辨植運之被誣 仍以語及此等事 庶解後來之惑 反被時輩之忿 群聚而詆擯 極之於八路 使臣無所容於國境之內 …… 臣是老莊之徒也 今者 一世之趨舍 定矣 朝廷之好惡 決矣殿下之所向 亦可見矣 臣何敢靦面前進 自取異色之猜也."

泰山喬嶽 같은 기상과 精金美玉 같은 자질로 학문에 독실한 공을 쌓아서 작게는 서로 사귀면서 주고받는 사이에, 크게는 벼슬길에 나가거나 물러나 지내는 즈음에 옛사람에게 부끄러울 바가 없었사옵니다. 반듯한 법도는 모두가 모범으로 삼을 만하였으니, '聖人의 뜻을 고상하게 실천한 사람' 또는 '盛世의 逸民'이라고 해야 할 것이옵니다. …… 이황은 과거 출신으로 온전히 나아가지도 않았고 온전히 물러나지도 않은 채 어물어물 세상을 비방하면서 스스로 그것을 중용의 도라고 생각하였사옵니다. 식과 운은 일찍이 과거 공부를 그만두고 시골에 숨어살면서 도를 지킴이 확고하였으며 임금의 부름에 응하지 않았사온데, 황은 이를 두고 '괴이한 행동' 또는 '노장의 도'라고 인식하였사옵니다. …… 이로써 말한다면 황의 이른바 '중용'이란 것이 성인의 뜻에 어긋난다는 것을 분명히 알 수 있사옵니다. …… 이언적과 이황이 지난 가정 을사년(1545)과 정미년(1547)간에 혹은 높은 벼슬을 하기도 하고 혹은 청요직에 있기도 하였는데, 그들의 뜻이 과연 벼슬할 만한 때라고 생각한 것이겠사옵니까? …… 대체로 고상한 것을 두고 중용의 도에 벗어난다고 하는 것은 예전에는 없던 일이오며 이황에게서 비롯된 것이옵니다.[84]

즉, 남명과 대곡의 학문과 행실은 중용의 도에 합당한 것인데 퇴계가 도리어 이를 비난한 것은 잘못이며, 을사사화와 정미사화 때 회재와 퇴계

....

84 『光海君日記』(太白山本), 3年 辛亥 3月 26日 丙寅條, "臣嘗見故贊成李滉誣毁曹植 一則曰傲物輕世 一則曰高亢之士難要以中道 一則曰老莊爲崇 目成運以淸隱 認爲 偏小一節之人 …… 植與運生同一世 志同道同 以泰山喬嶽之氣 精金美玉之質 加 學問篤實之功 小而交與辭受之間 大而行藏出處之際 無愧古人 井井規模 皆可師範 謂之聖門之高蹈盛世之逸民 可也 …… 李滉爲科目發身 不全進不全退 依違譏世 自以爲中道 植與運早廢科業 鐖彩山林 守道不撓 被召不起 滉遽認爲詭異之行老莊 之道 …… 以此而言 滉之所謂中 殊失聖賢之旨 約然可見矣 …… 李彦迪李滉 往 在嘉靖乙巳丁未年間 或爵位崇極 或踐歷淸要 其意果以爲可仕之時乎 …… 大抵以 高尙爲過中 古未嘗有 而俑於李滉."

가 벼슬하고 있었던 것은 과연 벼슬할 만한 때라고 생각하여 벼슬하고 있었던 것은 아니지 않느냐는 내용이다. 사실 퇴계는 당시 이른바 '崇正學'의 기치를 내걸고 있던 때이므로 남명의 학문 가운데 노장의 기미가 있는 것이 문제라는 식으로 이야기함으로써 후학이 노장 쪽으로 가는 것을 경계한 것이었지, 의도적으로 남명을 비난하려는 것은 아니었던 것이다. 그런데 결과적으로 퇴계는 문묘에 종사되고 남명은 종사되지 못하게 되자, 내암은 퇴계가 남명에 대해서 노장 사상가인 것처럼 말한 것이 원인이 되었다고 보고, 남명을 변명하기 위해 퇴계를 비난했던 것이다.

사신은 이른다. 인홍의 이 차자는 오로지 언적과 황을 공격한 것이다. 아, 언적과 황을 어찌 쉬이 공격하겠는가? 학문이 끊어진 뒤 분기하여, 대업에 잠심하여 오의를 천명하며 어리석은 이를 깨우쳐 유림에 본보기가 된 지 이미 사오십 년이 되었다. 재주 있거나 어리석거나 똑똑하거나 못났거나 간에 온 세상 사람이 다 이들을 大儒로 알고 있으니, 이 어찌 하루 아침의 언론으로 갑자기 공격하여 깨뜨릴 수 있는 것이겠는가? 인홍이 이렇게 논의한 것은 대체로 황이 일찍이 그 스승 조식을 평론한 것에 대하여 분개했기 때문이다. 선배의 장점과 단점을 후학이 쉽게 논할 수는 없으나, 두 사람의 글이 남아 있으니 그 논저를 보면 황과 식의 醇疵를 알 수 있을 것이다.[85]

내암의 공격은 당시에 오히려 엄청난 비판을 받았다. 성균관 유생은 靑襟錄에서 來庵의 이름을 삭제하고 다른 대부분의 신하들도 성균관 유생

....

85 『光海君日記』(太白山本), 3年 辛亥 3月 26日 丙寅條, "史臣曰 仁弘之是箚 專攻彦迪滉 嗟乎彦迪滉 豈易攻哉 彦迪滉 奮乎絶學之後 潛心大業 闡明奧義 覺悟昏蒙 矜式儒林者 已四五十年矣 擧世之人 無智愚賢不肯 皆知其爲大儒 則是豈可一朝言論 遽爾攻破哉(自史臣曰至此 鼎足山本無) 仁弘之爲此論 蓋憤滉嘗論其師曹植也 先輩長短 非後學所易論 然二人遺文俱在 觀其論著 則滉植之醇疵 可見矣."

의 행동을 심정적으로 이해하는 방향에서 논의가 전개되었다. 다만 내암의 문인 가운데 사헌부 지평으로 있던 感樹齋 朴汝樑(1554~1611)이 내암의 차자에 대한 변명을 하고 사퇴를 청하였으며, 朴乾甲 李宗郁 成鑄 등도 차례로 내암을 변명하는 상소를 올렸다. 요컨대 이 사건은 내암 및 내암문인 가운데 좌파에 해당하는 몇몇 사람과 전국의 유생 및 대부분의 조정대신들과의 논쟁이었다고 할 수 있다. 위의 인용문에서 보여준 비판의 태도는 오히려 공정한 면이 있는 듯하다. 온세상 사람들이 대유로 알고 있는 회재와 퇴계를 비난하는 사람이야말로 오히려 문제가 있지 않느냐는 평가인 것으로 이해된다. 실로 내암은 남명을 높이려는 순수한 생각에서 출발하여 퇴계를 비난하는 쪽으로 그 방향이 굴절됨으로 말미암아 도리어 세인의 비난을 받고 역사의 엄중한 평가에 수백 년 동안 남명학파 전체가 위축되게 하였다. 남명의 학문과 퇴계의 학문을 비교하면서 내암의 차자를 냉정하게 비판하고 있는 사신의 다음과 같은 평가는 후세의 학자들이 남명과 내암을 판단하는 기준 역할을 한 것으로 보인다.

식의 학문은 의리를 강론하는 것을 크게 꺼리었으니 이는 주자가 육씨를 공격한 이유였다. 경을 논하되 마음과 숨이 서로 의지하는 것으로 요점을 삼으니 이는 도가의 수련법에 나오는 것이고 우리 유가에는 일찍이 이러한 공정이 없었다. 기타 시골에 거처하면서 폐해를 끼친 것이라든지 임금에게 불손하게 고한 것은 다 악을 미워함과 높고 곧음이 지나친 데서 나온 것이며 전혀 유자로서의 기상이 없다. …… 황의 학문은 한결같이 주자를 표준으로 삼아 논변과 저술 방면에 크게 드러낸 점이 있다. 그리고 그 기상이 화평하고 신밀하여 자연히 도에 가까왔다. 젊어서 아직 학문이 지극하지 않았을 적에 벼슬길에 올랐는데, 비록 이것이 조그마한 허물이 되지 않을 수 없으나 失身하는 데에 이르지 않고 이내 벼슬을 그만두고 돌아갔다. …… 언적에 대하여 말한다면 그 출처의 시종이 비록 황에게는 미치지 못하여 위사에 관한 한 가지 일은 역시 지극히 훌륭했다고 할 수 없을 듯하나, 그 마음이 깨끗하여 조금도 의심할 만한 것이 없다. …… 두 유자에게 비록 이런 일이 있었다 할지라도 젊은 시절의 일에 불과하다. …… 허물이 있는 중에서도 허물없는 것을 찾는 것이 군자의 마음 씀씀이다. …… 인홍이 이상한 의논을 제창하여 방자하고 기탄없이 만세의 학자를 속였으니 세상을 의혹하게 하고 백성을 속인 죄가 양주나 묵적의 아래에 있지 않을 것이다. …… 더구나 세상에서 두 유자를 존경해 온 지 오래 되었고, 문묘에 종사하자고 요청한 지도 수십 년이 되었다. 지난날에는 어찌 아무 말도 하지 않다가 이제사 어찌 그런 말들을 하는가? 그 정상을 헤아려 보면 임금에게 요구했다는 비방을 면하기 어려울 것이다. 대체로 인홍의 사람됨은 속이 좁고 사나우며 식견이 분명치 않다. 생각과 행동을 방자하게 하여 전혀 돌아보거나 꺼려하지 않아서, 세상의 현인군자라는 사람 치고 그의 비방을 입지 않은 이가 없다. 일찍이 그의 무리를 사주하여 상소로 성혼을 헐뜯었고 또 이이를 지극히 비방하였는데, 이에 이르러 또 두 유자를 이처럼 힘써 공격하니, 인홍 같은 자를 두고 사문의 가라지요 사류의 좀도적이 아니라고 한다면 무엇이라 하겠는가.[86]

---

[86] 『光海君日記』(鼎足山本), 3年 辛亥 3月 26日 丙寅條, “植之學 以講論義理爲大忌 此朱子所以攻陸氏者也 論敬以心息相依爲要 此出於道家修鍊法 吾儒未嘗有此工程 也 其他居鄕之貽弊 告君之不遜 皆出於嫉惡亢直之過 而殊無儒者氣像 …… 滉之 學 一以朱子爲標準 論辨著述大有發明 且其氣像 和平愼密 自然近道 早年學未至 略(鼎足山本無略字)登仕路 雖未免有小悔吝 亦不至於失身 旋卽引去 …… 至如彦 迪 其終始出處 雖若不逮於滉 衛社一事 亦未可謂盡善(此十字鼎足山本無) 然其心 事皎然 決無可疑 …… 二儒誠有此事 不過少年所爲 …… 有過中求無過 自是君子 心事 (태백산본) …… 仁弘倡爲異論 肆然無忌 以誤萬世學者 其惑世誣民之罪 不 當在楊墨下矣 …… 況世之尊二儒 其來久矣 從祀之請 積有年紀 昔何隱嘿而今何 云云耶 揣其情狀 亦難免要君之誅矣 蓋仁弘之爲人 偏狹狼(狠:鼎足山本)戾 識見不 明 肆意妄作 不復顧忌 凡世之所謂賢人君子者 無不被其詆疵 嘗嗾其黨 上疏毀成渾 又極詆李珥 至是又力攻二儒如此 若仁弘者 謂非斯文之稂莠士類之蟊賊 何哉.”

특히 인용문 뒷부분의 '임금에게 요구했다는 비방을 면하기 어려울 것이다'라는 표현은 광해군의 자신에게로 기울어진 마음을 이용하려는 내암의 속마음을 지적한 것으로, 계해정변 이후 西南人系 史臣의 내암에 대한 부정적인 견해의 대표적인 단면이라고 할 만하다.

그런데, 광해군이 당대 인물 가운데 가장 존숭하는 인물이 내암이었으므로, 내암을 공격하는 모든 상소에 대해서 광해군은 내암을 이해하는 방향으로 비답을 내렸다. 즉,

> "사람은 저마다 소견이 있는 법이니, 군이 몰아 세워 억지로 자기에게 부화뇌동하게 할 것은 아니다."[87]
> "다만 鄭贊成은 시골에서 독서하는 선비로 평생동안 道를 지키면서 흔들림이 없이 살아왔다. 箚子 속에서 진달한 바는, 그 스승이 알아줌을 받지 못한 실상을 따져 밝히려는 것에 불과할 따름이다."[88]
> "사람은 저마다 소견이 있는 법이고 스승을 존숭하는 마음은 고금을 막론하고 똑같은 것이다. 정찬성은 그 스승이 남에게 인정 받지 못한 일을 밝히고자 한 것이고 그 뜻이 특별히 다른 데 있는 것은 아니다. 그러니 깊이 공박할 필요는 없다."[89]

라는 등등의 말로 내암을 옹호하고 있다. 물론 광해군의 이러한 언표가 회재와 퇴계에 대해여 광해군이 내암과 같은 생각을 가지고 있다는 증거는 되지 않는다. 다만 광해군은 평소 존숭하던 내암을 이해하려는 차원에서 인용문과 같은 비답을 내린 것으로 이해해야 할 것이다.

....

87 『光海君日記』卷40, 3年 辛亥 4月 丁丑條, "人各有所見 不必驅策 强使雷同."
88 『光海君日記』卷40, 3年 辛亥 4月 己卯條, "鄭贊成乃林下讀書之人 平生修道不撓 箚中所陳 不過辨明其師不見知之實而已."
89 『光海君日記』卷40, 3年 辛亥 4月 辛巳條, "人各有所見 而尊師之心 無古今一也 鄭贊成欲明其師不見知於人也 其意別無他焉 不必深攻."

좌의정으로 있던 白沙 李恒福(1556~1618)이 올린 箚子 가운데, "바라건대, 聖明께서는 공평한 심정으로 自省해 보소서. '이언적과 이황은 도덕이 어떤 사람인가? 정인홍이 그들을 공격하였으니 그 뜻이 공정한 것인가? 관학에서 그들을 존숭하였으니 그 뜻이 私意에서 나온 것인가? 이 일로 금고를 할 경우 위에서의 처치가 어떤 것인가? 史筆에 나오게 되면 후세에 그것을 보는 자가 어떻게 여기겠는가?'라고 말입니다."[90]라는 표현은 상당히 설득력 있는 표현으로 보인다.

여하튼 이 일로 해서 내암은 자신의 문인들을 제외한 전국의 당대 선비들에게 비판을 받았고, 후세의 선비들에게도 지속적으로 비판의 대상이 되었다. 실상 광해군의 비답처럼 내암은 단지 스승인 남명을 위해 변명한 것에 불과하다. 그러나 그 반대편의 처지에서도 수긍하고 가만히 있을 수는 없는 형편이므로, 필연적으로 논쟁이 있을 수밖에 없는 것이고, 여기서 내암은 남명과 함께 패퇴하지 않을 수 없었다.

이 사건은 내암이 계해정변 이후에 묵재를 포함한 그 주동 세력에 의해 역신으로 처형당함으로써 비참한 최후를 맞았음에도 불구하고 동정하는 세력이 없게 하였으며, 그 이후 조선조 내내 신원할 수 있는 기회조차 없게 하였던 것이 아닌가 생각된다.

VI. 맺음말

내암에 관하여 漢陰 李德馨(1561~1613)은

---

90 『光海君日記』 卷40, 3年 辛亥 4月 癸未條, "伏乞聖明 勿以先入堅持 設以往事泛觀 平心察理 降氣猛省曰 李彦迪李滉道德如何 鄭仁弘攻之 其意公乎 館學尊之 其意私耶 以是禁錮 則上之處置何如 出諸史筆 則後之觀者如何."

"신이 鄭某를 모릅니다만 지난 번 남쪽으로 내려가서 처음으로 그 사람을 보았습니다. 사람 됨이 어떤 일이 옳은 줄 알면 옳다고 생각해서 시종일관 고치지 아니하고, 어떤 일이 그르다고 들으면 시종일관 그르다고 여겨 또한 고치지 않습니다."[91]

라고 하였는데, 내암의 성격을 그런 대로 객관적으로 표현한 말이 아닌가 생각된다. 내암의 이러한 성격은 남명 학문의 요체로 알려진 '敬義'를 체득하여 '修己'와 '治人'에 적용하려 하였던 데서 형성된 것으로 이해된다. 우계 성혼과 송강 정철에 대한 비판 및 우계의 문인 묵재 이귀에 대한 비판도 수우당 최영경의 원통한 죽음과 관련된 것으로, 정치적 우위를 확보하기 위한 과정으로 보기 보다는, 오히려 그의 학문의 근저인 '義'의 사회적 체현 과정의 하나로 이해하는 것이 바람직하다고 생각된다.

다음은 1607년(선조 40) 5월에 올린 상소문에 대한 사신의 평가이다.

전공조참판 정인홍이 상소하였다. "지난 12월에 본도 순찰사 유영순에게 명하여 신에게 세시 음식을 하사였사온데, 신이 그 달 30일에 엎드려 받았사옵니다. 감격스럽고 경황스러워 어찌할 바를 모르겠사옵니다. 다만 묵은 병이 너무 깊어 이미 한 달 넘어 붓을 잡을 수 없었사옵니다. ……"

사신이 이른다. "인홍은 孝性이 出天하고 操履가 剛方하다. 어려서부터 남명선생을 좇아 배웠다. 남명이 인정하여 '덕원이 있으면 나는 죽지 않은 셈이 된다'고 하였는데, 인홍 또한 돈독히 존신하고 오로지 학문에 전념하였다. 꿇어 앉아 독서하되 밤으로써 낮을 이었다. 성질이 청렴하고 날카로워 사람들과 잘 어울리지 못했으나 의로운 것을

---

91 필사본 『來庵疏狀』 65~67쪽, "七月二日(1602년:筆者註)自上引見三公問曰 鄭某緣 何故而去耶 領議政李德馨對曰 臣不識鄭某 而往年南下 初見其人 爲人知某事之是 也 則以爲是也 終始不改 聞某事之非也 則終始爲非 亦不改之."

숭상하고 사악한 것을 미워하는 마음은 시종 흔들리지 않았다. 사람을 상대하여 논의할 때에는 칼로 끊듯이 분명하였다. 의리 없는 행위를 하면 비록 아무리 높은 관리라 하더라도 노복처럼 비루하게 여기고 원수처럼 미워하였다. 비록 이름난 유자나 큰 선비로서 평소 서로 아는 사람일지라도, 빌붙거나 잘 보이려는 태도가 조금이라도 있으면 절교하고 서로 말하지 않았다. 그래서 사람들이 모두 꺼려하고 병통으로 여겼으나 조금도 개의치 않았다. 잠시 사헌부에 있었는데 온갖 관료들이 두려워서 숨을 죽였다. 여러 차례 고을을 다스렸는데 고을 사람들이 공경하고 두려워하였다. 비록 시골에서 살았지만 강개한 마음으로 나라를 걱정하였으며, 난리 때는 창의하고도 공을 내세우지 않았으니, 그 절조와 풍모는 남들이 미치기 어려운 점이 있다. 유성룡과 크게 맞지 않아 양쪽 문인들이 서로 배척하였다. 남인과 북인 사이의 알력이 이로 인해 이로 인해 더욱 깊어졌다. 게다가 인홍이 남명을 높이고 퇴계를 깎아내리려는 의도에서 나온 비난과 폄하의 표현을 문자로 드러내었으므로, 사류의 비난을 받았다.[92]

내암에 대한 비교적 공정한 비평으로 보인다. 강인한 성격과 함께 퇴계를 비판하는 점이, 이미 자신의 입지가 강하던 시절에도 비판의 대상이 되었다는 점에서, 이 글은 매우 의미 깊은 것이라 할 수 있다.

---

92 『宣祖實錄』卷211, 40년 丁未 5월 丁丑條, "前工曹參判鄭仁弘上疏曰 伏以前十二月 本道巡察使臣柳永詢處 有旨 賜臣歲時食物 臣以其月三十日 拜伏祗受訖 感激驚惶 罔知所爲 第以宿病侵尋 不能就紙筆 已過旬月 …… 史臣曰 仁弘孝性出天 操履剛方 自少從師南冥先生 南冥器之曰 德遠在則吾爲不死矣 仁弘亦尊信之篤 向學之專 危坐讀書 夜以繼日 廉劌棘棘 與人寡合 尙義嫉邪之心 終始不撓 對人論議之際 劍鋒截然 聞人有非義之行 則雖高官大爵 鄙之如奴 疾之如讐 雖號爲名儒碩士 素所相識者 少有依阿苟合之態 則絶不與語 人皆憚而病之 略不介意 暫入栢府 百僚屛氣 屢宰州縣 邑人敬畏 雖居林下 慷慨憂國 臨亂倡義 不尸其功 其節操風裁 有人所難及處 與柳成龍大不合 二家門人互相排軋 南北之黨 至此愈深 加以仁弘尊南冥而夷退溪 譏貶之辭 形於文字中 以此爲士類所詆."

변명을 하다가 보면 그 상대방을 비방하기가 쉽다. 내암이 남명을 변명하려다가 퇴계를 배척한 측면이 있었던 점 이외에도, 묵재 이귀가 자기 스승 우계 성혼을 변명하려다 보니 내암을 비방하게 되었던 것이고, 갈암 이현일이 퇴계의 학설을 변명하려다가 율곡 이이를 비방하게 되었던 것이다. 특히 갈암 같은 이는 노론 집권하에서 신원되지 못하다가 한말에야 비로소 신원이 되었지만, 퇴계학파의 선비들로부터 그 이후 줄곧 존숭을 받아왔다. 비록 대현의 단점을 보려는 것이 바람직스런 것은 아니라 하더라도, 그 의도가 스승을 높이려는 것 이외에 富貴榮華에 대한 私欲이 개재하지 않았다면 일방적으로 비난하는 것은 바람직한 태도가 아니라고 본다.

더욱이 남명과 퇴계는 기본적으로 유학자라는 점은 같지만, 퇴계가 朱子學만을 높이려고 한 반면 남명은 유학의 바탕 위에 다른 학문의 장점을 수용하려는 학문적 개방성이 있었다는 점에서, 두 분 안에 이미 상대방을 비판할 수밖에 없는 요소가 깔려 있었던 것이다. 당시 퇴계 및 퇴계의 영향을 입은 율곡이나 우계와 그 문인들이 절대다수였고, 이들에 의해 여론이 형성되었으므로 내암의 패퇴는 어쩌면 역사적 필연으로 보인다.

앞에서도 언급한 것처럼 내암이 계해정변 후에 반동주동 세력에 의해 자복할 수 없는 죄명을 덮어쓰고 역신으로 처형되었음에도 300년 가까이 신원되지 못했던 것은 회퇴변척으로 인한 악감정 때문이었을 것으로 판단된다. 그러나 원인이 비록 그렇다 하더라도 결과적으로, 내암의 문인들은 선비로서 떳떳하게 내암의 문인으로 자처하기 어렵게 되었고, 내암이 남명학파 가운데 가장 큰 문인 집단을 형성하고 있었으므로 남명을 존숭하던 영남우도 지역의 학문활동이 전반적으로 침체하게 되었다.

南冥學派의 展開過程에서 來庵 鄭仁弘에 대한 認識 再考

Ⅰ. 緖言

이번에 우리 동양한문학회에서 한국고전지성사를 기획주제로 하여 남명학파에 대한 발표를 요청하여 이처럼 발표회를 가지는 것은, 그 다루는 대상이 워낙 큰 문제인지라 중요하고도 시급한 것이라 할 수 있다. 남명의 학문 정신과 남명학파의 전개양상에 대한 발표를 맡을 적임자는 요점을 제대로 잘 끄집어내어 맛깔나고 뜻깊게 분석하고 정리할 수 있는 역량을 갖춘 사람이라야 할 것이다.

발표자는 90년대 초반부터 지금까지 약 20년간 남명학파의 연구에 종사하였다. 남명의 「民巖賦」에 대해 분석한 적이 있으며, 남명의 문인 鄭逑·鄭仁弘·吳健 등과 사숙인 河受一, 河憕, 朴泰茂, 朴致馥, 許愈, 金鎭祜, 郭鍾錫 등에 대하여 연구하였고, 「南冥學派의 形成과 展開」라는 박사학위논문을 발표하였으며, 남명학파 인물에 대한 석사 및 박사 학위논문을 약 20편 가까이 지도하였으므로, 적임자라 판단하여 주최 측에서 추천하고 의뢰하였던 것으로 생각된다. 과연 이처럼 수량만으로 본다면 적지 않은 연구를 했다고 할 수 있지만, 논문은 양으로 말하는 것보다는 질로 말해야 하는 것이다.

그야말로 역량이 있는 적임자가 몇몇 있으나 모두 형편이 되지 않아

할 수 없이 발표자가 맡은 듯하다. 발표자는 남명의 학문과 사상이 생전에는 퇴계와 쌍벽이 되어 학문의 성향상 그 우열을 논하기 어려울 정도였다가, 계해정변 이후 급격히 쇠퇴의 길로 들어섰고 그 이후 조선 말기에 이르기까지 크게 빛을 드러내지 못한 상황에 이르게 되었다고 보고 있는 사람이다.

그래서 우선 남명 정신의 특징과 관련해서 논의해 보고, 다음으로 왜 계해정변 이후에 남명학파가 쇠퇴의 길로 들어서게 되었으며, 이 점이 남명학파의 전개사에서 왜 중요한 문제가 되는지에 대해 언급하고자 한다. 발표자가 이번에 이 문제를 들고 나온 것은 결국 남명의 정신과 이를 계승하려는 남명학파의 역사를 이해하는 데 있어서 이 문제가 가장 핵심이 되는 과제라고 생각했기 때문이고, 근자에 진주 수곡에서 『辨誣』라는 필사본 책자가 발견되어 이를 아울러 논의할 필요가 있기 때문이라고 판단해서다.[93]

II. 南冥 精神의 特徵과 그 傳承

남명 정신[94]의 특징에 대해서는 발표자가 1998년에 박사학위 논문에

....

93 『辨誣』는 내암 정인홍을 추종하는 인물이 남긴 필사본이므로, 이 기록에만 기대어 논의한다면 한 쪽으로 치우쳐질 가능성이 농후하다. 이 점은 일단 새로운 자료에 대한 일차적 보고라는 의미로 받아들이면 좋을 것이다.

94 남명 정신 : 필자의 박사학위논문 『남명학파의 형성과 전개』는 물론 일반적으로 남명 정신이라는 용어보다는 남명사상이라는 용어를 많이 사용하고 있는 것이 사실이다. 사상이라는 용어가 좀더 객관적이라면, 정신은 자신의 사상이 자신의 언행에 젖어들어 완전 침투된 상태를 의미하는 것이라 볼 수 있는데, 남명의 경우는 정신이라 일컫는 것이 더 바람직하다고 생각된다.

서 제시한 것이 있다. 이후 특별히 이를 반박하거나 더 추가한 것이 없으므로, 여기서는 이를 중심으로 그 전승의 양상에 대해 말하고자 한다.

남명 정신에서 가장 중요하다고 언급되어 왔고 가장 오래도록 많이 언급되어 온 것이 바로 '敬義思想'이다. 이 가운데 敬은 廓殺的 存養省察로, 義는 方斷的 處事接物로 그 특징이 摘出된 셈이지만, 무엇보다도 중요한 것은 敬과 義가 분리되어 설명될 수 없을 정도로 깊이 상호 관련되어 있다는 점이다.

이 경의사상은 남명 정신의 특질로서 조선 후기까지는 물론이고 현재까지도 이 지역 儒林이 지속적으로 꼽고 있는 것이다. 人鬼關·夢覺關 및 秋霜烈日·壁立千仞의 氣像 등은 경의사상에 의해 형성되는 남명 정신의 또 다른 측면이다. 그리고 老莊思想의 수용 또한 老莊으로 나아가려고 한 것이 아니라 방법적 援用이라는 측면에서 이해되는 것이다.

그러나 인귀관·몽교관 및 추상열일·벽립천인의 기상, 노장 사상의 수용 등과 관련된 남명의 정신은 남명 사후 엄청나게 위축되었다. 이는 퇴계의 '老莊爲崇'라는 비판적 용어로 인한 것으로 판단된다. 이 가운데 추상열일·벽립천인은 노장과는 무관한 것인데도, 이조차 점잖고 차분하게 공부해 들어가는 모습과는 거리가 있다는 생각에서, 남명 정신을 계승하려고 하는 사람들이 적극적으로 추구하지 못했던 것이 아닌가 생각된다. 이는 계해정변 이후의 이 지역 士林의 위축과 무관하지 않았던 것이다.

다음으로 남명 정신이라 할 수 있는 것은 엄정한 출처관과 현실지향적 성향이다. 이 두 가지는 남명의 경우 벼슬은 결코 하지 않으려 하면서 현실에 대해서는 매우 적극적인 지향성을 보이는 것으로 나타났다. 이 점은 남명이 노장이나 불교를 인정하는 측면이 있었다 하더라도 그가 노장이나 불교를 추구한 것이 아니었다는 결정적 증거가 되는 것이다.

그런데 계해정변 이후에는 벼슬하려고 해도 할 수 없는 상황이 오래 지속되다 보니 엄정한 출처관이 무용지물이 되어 버렸다. 그리고 계해정변 이후의 역사적 상황은 남명학파 구성원들에게 현실비판적 성향을 드러낼 수 있도록 허락하지 않았다. 특히 적극적 현실 비판은 체제 전복을 기대한다는 오해를 받을 소지가 있기에 더욱 위축될 수밖에 없었던 것이다. 그러다 보니 조선 후기까지의 남명학파에게서 엄정한 출처관이나 현실을 지향하면서 예리한 비판적 자세를 견지하는 모습을 발견하기는 어려울 수밖에 없었다.

다음으로 남명 정신의 특징 가운데는 학문 방법상의 독특한 특징이 있다. 그 가운데 하나는 敎學上의 開悟式 방법이고 다른 하나는 '程朱後不必著述'의 태도라 할 것이다. 남명은 '눈만 뜨고 나면 스스로 천지와 일월을 볼 수 있다'면서 反求自得하게 하는 개오식 방법을 평소 강조하였다. 이것은 퇴계의 하나하나 차근차근 모르는 것에 대해 자세히 알게 해 주는 공부 방법과 견주어 볼 적에, 선불교적 방법에 가까울 뿐만 아니라 아무나 쉽게 베풀기 어려운 공부 방법이므로 계승이 어려웠다고 볼 수 있다. 그리고 '程朱後不必著述'의 태도는 공자의 학문 태도에 가장 근접한 것이기는 하지만, 육상산이나 왕양명이 추구했던 학문 태도와의 유사성 때문에 후대에 전승되기 어려웠던 것으로 보인다. 이 두 가지 또한 학문의 내용이 문제가 아니라 그 방법이 문제였던 것으로, 내암 정인홍의 패퇴에 따라 급속하게 전승 목록에서 사라진 것이 아닌가 한다.

사정이 이와 같음에도 불구하고 남명 정신의 전승이란 측면에서 보면 조선 후기는 물론 오늘날에 이르기까지 이 지역 지식인들이 가지고 있는 남명에 대한 尊慕는 거의 기질을 변화시킨 聖人에 比定할 정도다. 이는 그의 경의 사상이, 개인적 수양을 통한 치국평천하의 추구로 이어져서 공자 이래의 유학의 본질을 가장 잘 간직하고 있다고 여겼기 때문이라 생각된다. 그러나 한편으로는 문집의 대부분에 이미 퇴계를 남명보다 존숭하는 모습이 곳곳에 보이고, 그리하여 무리하다 할 정도로 퇴계학파에 편입되려 하는 경향 또한 18세기 무렵부터의 현실이라 하지 않을 수 없다.

왜 이렇게 경상우도 지역 학자들이 독자적인 면모를 바닥에 깔아둔 채 방향을 선회할 수밖에 없었는가? 발표자는 여기에 내암 정인홍이라는 인물에 대한 부정적 평가가 그 가장 핵심이라고 보았다. 그는 과연 이 지역 학자들에게도 부정될 수밖에 없는 인물이었겠는가? 이를 중심으로 다음에서 논의를 전개해 보려 한다.

Ⅲ. 癸亥政變과 來庵 鄭仁弘에 대한 認識

계해정변은 조선시대는 물론 일제 강점기 및 1980년대에 이르기까지 일반인의 그에 대한 인식이 비슷하였다. 즉, 광해군과 광해군 시기에 집권하였던 인물들은 殺弟廢母를 자행한 비도덕적인 집단이었고, 임진왜란을 구원하러 왔던 명나라에 대한 은혜도 모르는 몰상식적인 집단이었고, 토목사업을 무리하게 일으켜 민생을 도탄에 빠뜨린 무능한 집단 등으로 호도하여 왔다는 것이다.

그러다가 1990년대 이후로 젊은 학자들에 의해 제기된, 광해군대의 국내외 정치가 인조의 정치보다 오히려 더 볼만하였으며, 비도덕적이고 몰상식적이고 무능하다는 것은 그들이 정권을 차지할 명분을 억지로 짜 맞춘데 불과하며, 따라서 그들의 행위는 쿠데타로 규정할 수밖에 없다는 논의가 더욱 주목을 받기에 이르렀다.

이러한 점에서 조선시대에 내암 정인홍에 대한 언급을 터부시했던 태도를 되돌아보며 진실을 드러내어 말할 수 있어야 한다고 생각한다.

1. 癸亥政變과 南冥學派

계해정변이 광해군 시대의 정치를 부정한 데서 이루어진 것이니, 광해군 시대의 정치와 깊은 관련이 있던 인물이라면 조선시대에는 빛을 보기 어려웠던 것이 일반적 정황이다. 오늘 여기서 논의의 대상으로 삼고 있는 내암 정인홍은 광해군이 가장 존경하여 조선시대 최초의 산림 정승이 되었으며 따라서 북인 정권의 정신적 지주 역할을 하였으므로, 광해군 시대의 실질적 책임자였던 이이첨과 함께 계해정변 당시에 가장 먼저 가장 중하게 처벌을 받았던 인물이다.

그러나 정인홍의 가장 큰 죄목인 '살제폐모의 원흉'이란 점은 계해정변 주동 세력에 의해 편수된 『광해군일기』에서 확인될 수 없고, 정인홍의 후손 가에 보존되어 내려오는 여러 상소문에서 사실무근임이 드러났으므로, 그가 죽은 것은 그 죄목과는 무관하게 덮어씌워진 것임은 이제 거의 잘 알려진 상황이다.

그렇다면 그가 죽은 실질적 이유는, 西人의 정신적 지주인 牛溪 成渾과 松江 鄭澈 및 남인의 정신적 지주였던 退溪 李滉을 모질게 비판했던 것이라 하지 않을 수 없다. 조선시대에는 인조의 후손들이 왕위에 있었고 정변 공신의 후손들이 계속 집권하고 있었기 때문에 정인홍의 원통한 죽음을 신원할 수 없었고, 일제 강점기 이후 오늘에 이르기까지도 서인과 남인의 후학들이 절대 다수이므로 광범위한 인정을 받기 어려운 처지에 놓여 있었다.

여기서는 남인과 서인들이 정신적 지주로 삼는 인물들에 대한 비판으로 인해 정인홍이 당시의 학계와 정계는 물론 역사에서까지 추방당하게 되는 근본 문제를 짚어 보려 한다. 성혼과 정철에 대한 비판은, 同門인 守愚堂 崔永慶이 고고탁절한 선비였음에도 기축옥사 때 죄 없이 서울에

끌려가서 감옥에서 죽은 일을 두고, 정인홍이 그 일을 사주하였다고 판단되는 성혼과 정철에 대해 혹독하게 비판했던 것을 이른다. 퇴계에 대한 비판은, 스승인 남명이 퇴계의 비판으로 인해 학문적 무함을 입었다고 생각하여, 정인홍이 퇴계의 학문 자세와 출처 문제를 지적하며 비판한 것이다.

이 두 가지는 모두 師門에 대한 辨誣의 성격이어서, 조선시대 상소에서 흔히 보이는 내용이지만, 특히 이황에 대한 비판은 이황을 존경하고 숭모하는 인물이 워낙 절대다수였으므로 다른 인물에 대한 비판과는 그 차원을 달리 하여 크게 원한을 샀다는 차이점이 있다. 이 두 가지는 정인홍이 이로 인한 반사 이익을 보려는 의도에서 비판하였다고 보기보다는, 오히려 엄청난 반발을 예상하고도 비판을 하지 않을 수 없었다는 점에서, 오늘날 여기서 논의하는 의의가 있다고 생각한다. 여기서는 이황에 대한 비판 문제만 중점적으로 살피고자 한다.

2. 來庵 鄭仁弘의 退溪 李滉 비판의 이유와 그 의의

조식과 이황은 다 같이 1501년에 태어난 동갑의 학자로서 같은 경상도에 살며 같은 유학을 추구하였으면서도, 학문하는 방법과 급하게 여기는 것의 차이 등으로 인해 '敬而遠之'하며 일생을 마쳤다. 그러나 한 시대를 같은 道에 살다 보니 서로 만나지는 못했다 하더라도 제자들끼리는 서로 왕래하는 경우가 있어서 누구보다도 상대를 잘 알고 있었다. 그래서 제자들의 학문 방향을 바람직하게 인도하려는 의미에서라도 질문에 대답할 경우 상대방에 대한 이야기를 자연스럽게 하였던 것이다. 이것이 양인의 생전에는 심각한 문제로까지 불거지지 않다가, 그 문인들의 시대에 이르러 문제가 되기에 이르렀고, 여기서 정인홍의 이황에 대한 비판이 있게 되었던 것이다.

가. 鄭仁弘의 李滉 批判 이유

조식은 특히 出處를 중시하여 士君子의 대절은 출처 하나에 달려 있다고까지 하였으나, 이황은 1553년에 조식에게 보낸 편지의 첫머리에서 다음과 같이 말하고 있다.

> 지난번 吏曹에서 遺逸之士를 천거하자 성상께서 賢才를 얻은 것을 즐거워하시어 임용하시되 특별히 6품관으로 상례를 뛰어넘어 임명하셨습니다. 이는 실로 우리 동방에서는 예전에 없던 성대한 일이었습니다. 황은 적이 생각건대 벼슬하지 않음은 義를 업신여김이니, 군신 사이의 큰 윤리를 어찌 폐지할 수 있겠습니까?[95]

이황은 여기서 조식에게, 벼슬하러 나오지 않는다면 오륜 가운데의 君臣有義 항목을 폐지하려는 뜻이 있는 것으로 판단하겠다고 압박하고 있음을 알 수 있다. 그러나 이 편지의 마지막 부분에서는 자신도 벼슬을 그만두려고 1543년부터 1552년까지 10년 동안 세 차례나 퇴귀하였다가 세 차례 모두 소환당하였다고 하며, 조식이야말로 평소의 절개를 온전히 하고 있어서 먼 앞날을 내다보는 식견 있는 현자라고 추켜세웠다.[96]

이황은 조식의 벼슬하지 않으려는 행위에 대해 한편으로는 노장적 시각으로 보려는 마음을 가지고, 한편으로는 벼슬할 만한 시기가 아니어서 퇴처하고 있는 유가적 현자로 보려는 마음을 가진 채 여기에 대해 조식이

---

95 李滉, 『退溪集』 卷10, 「與曹楗仲」, "頃者 銓曹薦用遺逸之士 聖上樂得賢材而任用之 特命超敍六品之官 此實吾東方古所罕有之盛擧也 滉私竊以爲不仕無義 君臣大倫 烏可廢也."

96 李滉, 『退溪集』 卷10, 「與曹楗仲」, "自癸卯至壬子 凡三退歸而三召還 …… 夫輕於自進 而屢躓於末路者 鄙人之昧行也 重於一出 而可全於素節者 賢者之遠識也 二者之相去 何止百千萬里乎哉."

명쾌한 답변을 해 주기를 요망한 것이다.

이에 대해 조식은 다음과 같은 답장을 보냈다.

> 공께서는 犀角을 태우는 明哲함이 있지만, 植은 동이를 이고 있는 탄식이 있습니다. 그런데 오히려 아름다운 문장이 있는 곳에서 가르침을 받을 길이 없습니다. 게다가 눈병까지 있어서 앞이 흐릿하여 사물을 제대로 보지 못한 지가 여러 해 되었습니다. 明公께서 撥雲散으로 눈을 밝게 열어주시지 않겠습니까?[97]

조식은 여기서 이황이야말로 어두움의 세계도 볼 수 있는 '서각을 태우는 명철함'이 있다고 하여, 오늘의 현실이 과연 출사할 만한 정치상황인지의 여부를 명료하게 인식할 수 있을 것이라고 전제하였다. 그러나 자신은 동이를 이고 있는 듯하여 현실을 제대로 볼 수 있는 역량이 없다고 낮추었다. 그러므로 당연히 아름다운 문장을 가진 이황에게 나아가 가르침을 받아야 하는데도, 그렇게 하지 못하고 있는데다가 눈병으로 앞이 흐릿하여 사물을 제대로 보지 못하고 있다면서, 눈을 밝힐 수 있는 발운산을 좀 구해 달라고 요청하고 있다.

이 말은 결국 자신이 벼슬하지 않은 이유를 말로 표현할 길이 없는 상황이긴 하지만, 그대도 이미 이유를 분명히 잘 알고 있는 것이 아니냐는 뜻이다. 즉, 을사사화를 일으킨 핵심 인물이 用事를 하고 있는 당시의 상황에서, 벼슬할 수 있는 이유를 납득시킬 수 있다면 자신에게 가르쳐 달라는 내용인 것이다.

물론 이황은 이 편지에 즉시 답변을 하면서 자신도 물러나기에 급급해

---

97 曹植, 『南冥集』 卷2, 「答退溪書」, "公有燃犀之明 而植有戴盆之嘆 猶無路承教於懿文之地 更有眸病 眊不能視物者有年 明公寧有撥雲散以開眼耶."

하는 사람이니 벼슬할 이유를 명쾌히 설명할 형편이 되지 않는다는 뜻을 우회적으로 표현한 바 있다.[98] 이러하다면 이황이 조식의 출사하지 않으려는 뜻을 老莊으로 여기지는 않았다고 이해할 수 있다. 그러나 제자들에게 말하거나 제자들과의 서찰 왕래 등에서는 조식이 노장을 추구하는 사람이므로 그에게 관심을 가져서는 안 될 것으로 보았다.

다음은 모두 『퇴계집』에 실려 있는 것이다.

① 기이함을 숭상하고 좋아하여 중용의 도를 기대하기 어렵다.[尙奇好異 難要以中道][99]
② 의리의 학문에 정밀치 못하고 노장이 그 학문의 빌미가 된다.[義理未透 老莊爲祟][100]
③ 노장의 서적에서도 볼 수 없는 것이다.[老莊書中 亦所未見][101]

위의 인용문 ①은 조식의 「遊頭流錄」에 대한 독후감 성격의 글이고, ②와 ③은 모두 黃俊良(1517~1563)에게 보낸 답장에 들어 있는 것이다. 한결같이 조식의 글이나 학문 내용이 純儒가 아니라는 뜻의 말이고, 결국은 본받을 것이 못 된다는 내용으로밖에 볼 수 없다. 鄭逑의 門人 黃宗海가 정인홍을 비판한 글에서도 이를 조식의 偏處·病處로 인식하고 있음에

----

98 李滉, 『退溪集』 卷10, 「答曹楗仲」, "示索撥雲散 敢不欲勉 但僕自索當歸而不能得 何能爲公謀撥雲耶."
99 李滉, 『退溪集』 卷43, 「書曹南冥遊頭流錄後」(1558), "或以其尙奇好異 難要以中道爲疑者 噫 自古山林之士 類多如此 不如此 不足以爲南冥矣 若其節拍氣味所從來 有些子不可知處."
100 李滉, 『退溪集』 卷19, 「答黃仲擧」(1558), "其所論曹楗仲之爲人 亦正中其實矣 其於義理未透 此等人多是老莊爲祟 用工於吾學 例不深邃 何怪其未透耶 要當取所長耳."
101 李滉, 『退溪集』 卷20, 「答黃仲擧」(1561), "雞伏堂銘 深荷錄示 但其說曠蕩玄邈 雖於老莊書中 亦所未見 旣未嘗學 焉敢議及 其人固非尋常 而其學又難學也."(琴蘭秀 「惺齋日記」)

서,[102] 이러한 표현을 당시 사람들이 모두 이황의 조식에 대한 비판으로 인식하였던 것임을 알 수 있다.

물론 이황의 조식에 대한 비판에 불만을 먼저 품은 이로는 金宇顒의 형 金宇宏(1524~1590)이 있다. 그는 일찍이 이황에게 이 일로써 따진 적이 있었고,[103] 이황이 답변한 적이 있다. 김우굉의 이 편지는 『開巖集』에는 실려 있지 않고, 『개암집』의 연보 1560년조에 그러한 편지가 있었다고 하나 잘못된 것이라는 주석이 달려 있다. 이황의 답장이 전해지고 있는데도 이런 주석을 달아둔 것은, 김우굉의 후손들이 퇴계학파의 핵심 지역으로 들어가 살면서 퇴계학파의 질시를 견디기 어려워서 택한 고육지책이라고 생각된다.

어쨌든 이황의 조식 비판은 이처럼 뚜렷하여 人口에 膾炙되기에 이르렀으며, 그로 인해 조식의 학문 세력이 확장되는 데에도 일정한 제어장치의 역할을 하였다고 볼 수 있다. 더구나 1609년에 퇴계를 포함한 五賢이 文廟에 從祀될 무렵에, 조식에 대한 문묘종사 요청의 분위기는 전국적 동

. . . .

102 黃宗海, 『朽淺集』 卷2, 「罪鄭仁弘疏」, "特不過指其偏處而言之耳."
103 河受一, 『松亭歲課』 「松亭先生河公行狀」, "靑松適見其書 大驚 乃上李先生書
   署曰 南冥先生之於右道之鳳城 先生之於左道之禮安 如日月然 皆以興起斯文 爲己
   任 倡明道學 士習一變 可以至道 其中有進德達材答問私淑艾者 如飮河充腹 及門
   異於凡流 雖或有硜硜然小人 而言行必信果 其上乃孝悌忠信之士 曺先生則尤以下
   學爲主 深警之曰 爲學不出事親從兄 若不務此 是不以人事上求天理 終無所得 宜
   深戒之 無一言近於虛無 涉於寂滅 今乃曰老莊爲祟 曰於吾學不深邃 小子妄以爲學
   問不出人倫日用間 敬以直內 義以方外 爲坤道 忠信進德修業 爲乾道 以極於無極
   太極之妙 又聞此道理 全在日用處熟 動靜語默之間 存心省察 習於其事 然後不知
   爲實得 此乃實學問也 又聞達道於博學審問愼思明辨篤行五者 廢其一 非學也 曺先
   生之學 不出此 敢問吾學 此外安在 今先生肆然詆斥 至於異端而不惜 曺先生聞之
   必不以爲意 於先生安乎 小子恐有損於先生大度也 願先生詳爲開釋 以解滋甚之惑
   千萬幸甚 答曰吾於曺某 慕用之甚 安敢肆然詆斥 但不能溢口稱譽 故有下帷之評
   未醇之論耳 亦載松亭歲課文集中矣."

조를 얻지 못했던 것으로 보인다.

이에 정인홍이 드디어 참고 말하지 않았던 문제를 처음으로 끄집어 낸 것이, 바로 1604년『남명집』을 창간할 때 이황을 비판한 내용을 그 발문에서 언급한 것이다. 그리고 鄭逑가 1603년 김우옹에 대한 만사에서 이황에게는 正脈이라 하고 조식에게는 高風이라 한 점을 정인홍이 매우 못마땅하게 생각하다가, 1606년에「正脈高風辨」을 지어 정구를 공격하면서 이황을 비판하였다. 또 1609년 오현이 문묘에 종사된 뒤 1611년 좌찬성 벼슬을 사양하면서 올린「辭貳相箚」에서 정인홍은 이언적과 이황의 문묘 종사는 문제가 있다고 하면서 불가한 이유를 들어 비판을 가하였다. 그밖에 언제 지은 글인지 알 수 없는「高亢學問辨」도 있다.

2003년 晉州 士谷에서 고문서 조사를 하던 중에『辨誣』라는 제목의 소책자를 발견하였다. 이 책에는 정인홍이 조식의 억울함을 변명하려는 이러한 글들과 함께 정인홍의 무함을 변명하기 위하여 이루어진 것으로 보이는 글 등 모두 20편이 실려 있다. 이를 대략 정리한 것이 다음의 표다.

순번	제목	작자	비고
1	辨誣草略	鄭仁弘	퇴계의 남명 비판에 대한 변명
2	高亢學問辨	鄭仁弘	퇴계가 '高亢'으로 남명을 지적한 것에 대한 변명
3	跋文解	鄭仁弘	『남명집』 발문에서 퇴계를 비판한 데 대한 변명
4	答人問	鄭仁弘	노장, 고항, 고풍, 정맥 등에 대한 의견 제시
5	正脈高風辨	鄭仁弘	정구의 김우옹 만시에 대한 비판
6	與崔持平季昇書	鄭仁弘	정구의 시각을 견지한 최현에게 보낸 편지
7	來庵辭職箚	鄭仁弘	1611년에 올린 차자. 회재 퇴계의 문묘종사 반대
8	答權叔正書	鄭仁弘	권용중에게 보낸 편지. 동조해 줌에 감사
9	辨疑	鄭仁弘	포은 출처에 대한 남명 견해 옹호
10	權石洲鞸所記	權鞸	회재 퇴계에 대한 비판과 남명에 대한 인정
11	上鄭同知書	李瀞	덕천원장 이정이 정구에게 보낸 편지
12	答書	鄭逑	위 편지에 대한 답서
13	與安陰鄕校校長書	李瀞	임훈의 조식에 대한 만사 개정여부에 대한 문의
14	三嘉生員朴乾甲等疏	朴乾甲	정인홍 削錄에 대한 抗疏

15	右道儒生疏		정인홍 사직 차자로 인한 貶毁에 대한 변명
16	咸陽幼學鄭慶雲等疏	鄭慶雲	위와 같음
17	宜寧幼學李宗郁疏	李宗郁	위와 같음
18	李瀞疏	李瀞	위와 같음
19	幼學鄭暄獨疏	鄭暄	위와 같음
20	擬上疏	成박	

이 가운데 조식에 대한 변명과 관련이 있는 13편의 글을 정리하면 대체로 다음 두 가지 의미를 지닌 것이었다.

    ㉠ 남명 학문의 실상을 분명히 하려는 것 : 남명의 학문이 퇴계에 의해 잘못 알려진 것에 대한 변명과 비판
    ㉡ 남명 학문이 퇴계의 학문보다 우위에 있음을 드러내고자 한 것 : 남명의 학문 정신이 퇴계의 학문 정신에 비해 공자의 사상을 실천하는 데 있어서 정통성을 확보했다고 생각하는 것.

나. 鄭仁弘의 李滉 批判의 意義

상기 『변무』에 보이는 정인홍의 여러 편의 글에서도 이미 당시에 퇴계를 지지하는 유림의 숫자가 월등하게 많음을 언급하고 있는 것으로 보아서, 정인홍이 자신의 세력을 규합하여 상대방의 견해에 대해 수적 우위를 점하기 위해 조식을 변명하고 이황을 비판한 것으로는 보이지 않는다. 비록 그가 명목상이기는 하나 1611년에는 찬성 벼슬에 제수된 적이 있고, 그 이후에도 줄곧 벼슬이 내려져 정승의 지위에까지 올랐지마는, 그 자리에서 行公을 한 적이 없을 뿐만 아니라 정승의 지위에 올랐다고 해서 조식에 대한 사림의 지지도가 높아지고 이황에 대한 사림의 지지도가 낮아질 가능성도 없었다.

정인홍의 조식에 대한 변명은 이황에 대한 비판 없이는 불가능할 정도

로, 이황의 조식에 대한 언급이 자기중심적이라는 점을 생각해 보면, 이처럼 열악한 상황에서 정인홍의 이황에 대한 비판은 무모하다고도 할 수 있고 고군분투라고도 할 수 있을 것이다. 그렇다면 당대는 물론 조선시대가 끝날 때까지 학계에서 정인홍을 白眼視하였던 궁극적 이유가 쉽게 이해될 것이다. 이황처럼 흠이 없는 사람을 흠잡으려는 태도를 두고 흉악한 인물로 인식하기에 이르렀다는 것이다.

그렇다면 과연 이황은 참으로 한 점 흠 잡을 데가 없어서 조식을 비판하였던 것인가? 성인이라 하더라도 사람이고 사람이라면 사람다운 데가 있으니, 자신과 다른 길을 가려는 사람에 대한 비판은 사람다운 모습이라고 볼 수 있다. 이처럼 서로 비판하면서 자신이 좋은 방향을 찾아 그 길로 가는 것이 더 사람다운 모습이 아닌가 한다. 정상적인 방법으로 비판을 하는 것은 오히려 서로간의 발전을 위한 필요조건의 하나라고 할 수 있을 것이다. 물론 상대가 누구나 수긍이 가는 비판을 하였고 자신도 거기에 동조한다면 말할 것이 없겠거니와, 남의 눈이 두렵고 귀찮아서 스승이 당한 사실 아닌 비판에 대해서도 입을 다물고 있다면, 자기 한 몸은 편할 수도 있겠지만 그것이 과연 門人으로서의 도리인지 깊이 생각해 보지 않을 수 없을 것이다. 정인홍의 이황에 대한 비판을 이런 관점에서 이해해야 한다고 생각한다.

3. 鄭仁弘에 대한 師承 變改

정인홍의 이황에 대한 비판은 李玄逸의 李珥에 대한 비판과 크게 다르지 않아 학파 소속 사람 사이의 異見 정도로 남아 전해질 것이었는데, 계해정변이란 정변을 거치면서 엄청난 소용돌이에 빠지게 되었다. 경상우도 지역 사림의 경우 조금이라도 이름이 있는 학자라면 정인홍의 문하에 출입하지 않은 사람이 없을 정도였다. 그런데 이들이 계해정변 이후에 적신으로 처형단한 정인홍의 문인이라고 계속해서 자처할 것인가 하는 점이 당시로서는 초미의 문제였다.

이에 대해서 김익재의 박사 논문이 나와 있으므로 여기서는 상론을 생략하고 그 개략만 언급하고자 한다.

가. 師承 變改와 그 意味

여기서 말하는 사승 변개란, 정인홍의 문인이면서 그 자신 또는 그 후손들에 의해 이러한 사실이 부인되는 경우를 두고 말한다. 발표자가 박사학위 논문에서 남명학파의 전개 과정을 고찰하면서 정인홍의 문인을 115명 정도 밝혀서 정리해 둔 적이 있다. 그런데 이 인물들의 문집에서 정인홍의 문인이었음을 자랑스럽게 드러낸 경우는 하나도 없었다.

정인홍의 명망을 듣고 문하에 찾아갔다가 그 인물됨이 강퍅한 줄 알고 관계를 끊었다거나 잘못에 대한 비판의 편지를 보낸 적이 있다면서 이를 크게 드러낸 경우는 더러 있다. 그러나 상기 『변무』에서 정인홍을 변호한 상소를 올린 사람들은 대체로 문집을 남기지도 못했고, 어쩌다 문집을 남긴 경우에도 그 상소문을 문집에 올리지 않았을 뿐만 아니라 그 상소문의 존재 자체를 모르도록 숨기고 있는 실정이다. 그래서 朴乾甲·鄭慶雲·李宗郁·李潚·鄭暄 등의 후손들조차 이러한 사실을 잘 모르고 있으며, 혹시 알려 주면 몹시 불쾌하게 여기는 것이 일반적 현상이다.

그러나 계해정변 이후 즉시 이러한 현상이 일어났던 것은 아니다. 여러 곳에서 산견되는 자료에 의하면 1651년 무렵까지는 정인홍을 佇相·佇鄭·來庵·來相 등의 용어로 지칭하면서 나름대로 존경의 뜻을 부치고 있었던 것을 확인할 수 있었다. 그러다가 덕천서원에 있던 『남명집』 책판을 훼판하는 사건이 일어나는 1651년을 기점으로 정인홍을 계속 염두에 둘

수 없는 분위기로 흐르고 말았다.

이 시기를 기점으로 해서 대체로 정인홍과의 관계가 비교적 밀접하지 않았던 사람들이 남인화하고, 상대적으로 밀접했던 사람들은 서인화하기 시작하고, 일부는 이러지도 저러지도 못하고 중간의 입장에서 약 200년 정도 침체기를 보내게 되었다. 서인화한 사람들은 대체로 자신의 조상이 정인홍의 문인이었음을 알고 있었지만, 문집에도 내세우지 않고 후손들에게도 웬만하면 말하지 않아 후손조차 잘 모르는 경우도 생기게 되었다.

남인화된 경우는 더욱 심각하여 정인홍의 문인이었던 자신의 조상이 정인홍과 적대적 관계에 있었던 것으로 이해하고 있는 경우까지 있었다. 이러한 현상은 19세기 이후 경상우도 지역에 문풍이 크게 일어나 학자들이 엄청나게 배출되는 상황에서도, 정인홍을 자신의 조상과 관련시켜 우호적으로 언급하는 경우는 한 사람도 없었다. 그리고 남의 묘비문이나 재각·정자 등의 기문을 작성할 경우에도 우호적으로 언급하는 경우는 없었다.

현대에 와서까지도 사정은 크게 변하지 않아서, 발표자의 논문에서 자신의 조상을 정인홍의 문인이라고 언급한 것에 분한 마음을 품고, 발표자를 명예훼손으로 고발하겠다고 하면서 엉터리 내용이 들어있는 발표자의 학위논문을 인정한 고려대학교 총장을 고소하겠다고 협박하는 경우도 있었다.

명예훼손은 아마 자신의 조상이 실제 정인홍의 문인이 아니었다 하더라도 성립되지 않을 것이다. 정인홍이 천하에 흉악한 죄인임을 다시 증명하더라도 성립되기 어려운 일인데, 이미 신원된 사람에 대하여 무슨 수로 증명을 할 수 있겠는가? 그러나 여기서 아직까지 변하지 않고 있는 정인홍에 대한 민심을 볼 수 있다. 이제 정인홍에 대한 인식 전환의 필요성을 언급하지 않을 수 없다.

나. 鄭仁弘에 대한 認識 轉換의 필요성

남명학파의 흥망성쇠와 남명 정신의 전승을 언급하면서 늘 명쾌하게 설명하기 어려운 문제는, 바로 정인홍에 대한 인식이 바뀌지 않음으로써 남명 정신을 가장 잘 계승한 인물군을 통째로 제외하고 논해야 한다는 것이다. 이에 발표자는 다음의 세 가지 문제를 위해서라도 이에 대한 인식 전환이 있어야 한다고 생각한다.

1) 歷史的 眞實 究明을 위하여

이제 조선시대 역사에서 계해정변은 반정이 아니라 인조가 권력을 장악하기 위하여 일으킨 쿠데타로 정의되고 있다. 그리고 이 일을 추진한 핵심 인물 李貴는 권력을 얻기 위해 서인인 성혼과 정철을 심하게 비판했던 정인홍을 살제폐모라는 죄로 무함하여 正刑에 처하도록 하였던 인물로 드러났다. 물론 여기에는 정인홍이 이황을 비판함으로 해서 갖게 된 악감정이 있었던 남인의 암묵적 동의가 있었다. 새로 등극한 인조에게 桐溪 鄭蘊(1569~1641)이 상소하여 정인홍을 죽이지 말라고 말렸음에도 불구하고, 88세의 고령인데다 정승을 역임한 인물에 대하여 관습법을 어겨가며 자연사할까 두려워 빨리 끌고 와서 정형에 처한 행위는, 지금이라도 마땅히 지적해 두어야 할 계해정변 주동자들의 또 다른 과오라 할 것이다.

그리고 정인홍의 억울한 죽음을 바로 이해함은 그 문인들이 얼마나 성대했던가를 확인할 수 있도록 한다. 이는 남명학파의 성대했던 번창이 하루아침에 몰락해서 아무런 자취도 남긴 것이 없는 것처럼 여겨지고 있는 이제까지의 인식을 바꾸게 할 수 있다. 조선 후기까지 경상우도 지역 인물들이 조식에 대한 존모를 끊임없이 이어온 것에 대한 합당한 설명을 하는 데에도 중요한 의미가 있을 것이다.

또한 정인홍의 문인이었던 조상을 가진 경상우도 유림들이 좀 더 당당한 자세로 역사를 볼 수도 있고, 자신감 있게 현실에 임할 수도 있을 것이다.

2) 杜撰에 관한 認識 提高를 위하여

계해정변이 일어나 정인홍이 정형을 받은 뒤, 수많은 정인홍 문인이나 그 후손들은 대개 그 사실을 숨기기에 급급하여 적극적인 두찬을 하기도 하고, 경우에 따라서는 소극적인 두찬을 하기도 하면서 수많은 사람들의 눈을 속인 셈이 되었다.

그래서 경상우도 지역의 문집을 보거나 이를 바탕으로 한 논문을 쓸 적에 이 점이 늘 심각한 문제가 되었다. 문집에 있는 것을 왜 사실로 받아들이지 않으려고 하는가 하는 지적을 더러 하는데, 이것은 이 지역 문집에 보이는 부분적 두찬이 얼마나 심각한지 모르기 때문에 하는 의아심이 아닌가 생각된다.

의병 관련 기록에서조차 정인홍과 함께 의병활동을 했던 사람들이, 창의하여 忘憂堂 郭再祐(1552~1617)와 火旺山城에서 함께 의병활동을 하였다고 하는 경우가 허다하며, 심지어는 19세기에 『火旺山城同苦錄』이라는 책을 통째로 두찬하는 일까지 일어나게 되었다. 이처럼 경상우도 지역의 두찬 서적은 그 원인을 분석하다 보면 대체로 정인홍과 관련되는 경우가 많다. 이러한 상황을 잘 모르고 이 지역 문집의 기록만으로 연구하다가는 낭패를 당하기가 쉽다.

결국 정인홍에 대한 정당한 인식은 이 지역 두찬 서적이나 부분적 두찬에 대한 이해를 제고토록 하여 역사적 이해를 정당하게 해 줄 수 있게 하는 데 큰 도움이 될 것이다.

3) 南冥 精神의 傳承을 위하여

남명 정신의 정상적인 전승을 위해서도 정인홍에 대한 이제까지의 인식을 바꾸지 않을 수 없다. 조식의 정신을 가장 잘 이어받았다고 하는 정인홍을 제외하고 논의한다면, 정인홍의 문인으로서 남명 정신을 잘 이어받은 것으로 이해되는 鄭蘊의 행위와 자세를 합당하게 설명하기가 어렵다.

그리고 정인홍과 친밀하였던 松亭 河受一(1553~1612)의 퇴계학파에 대한 자신감 있는 표현이나, 하수일의 현손 知命堂 河世應(1671~1727)과 하세응 아들 台窩 河必淸(1701~1758) 및 이들의 학통을 계승한 南溪 李甲龍(1734~1799), 南皐 李志容(1753~1831), 月浦 李佑贇(1792~1855) 등을 통해 조선 후기까지 이르는 순수한 남명 학맥에 대한 자긍심에 대해서도 합리적인 설명을 하기가 어려울 것이다. 또한 端磎 金麟燮(1827~1903)과 그 아버지 金櫶이 가지고 있었던 현실비판적 사고의 행동화로 드러난 단성민란의 밑바닥에 깔린 사상에 대하여도 합리적 이해를 하기 어려울 것이다.

이러한 인식이 바뀐다면, 경상우도 지역 인근 사람들이 오늘날에 이르기까지 자신도 모르게 발현되는, 사회의 부조리나 불합리한 일에 대한 비판적 사고와 이를 시정하기 위한 적극적이고도 실천적인 행동이 어디서 연원하는가를 어느 정도 합리적으로 이해할 수 있을 것이다.

IV. 結言

사람의 얼굴이 다른 만큼 생각도 다양하기 마련이다. 전제군주의 시대라 하더라도 중국은 그렇지 않았으나, 조선의 경우에는 학문이나 사상에 자유가 거의 없었다. 중국은 역대로 불교나 노장도 당당하게 세력을 가지고 있었으며, 유교 또한 정주학에만 매몰되지 않고 육상산이나 왕양명의 학문이 주자학보다도 더욱 폭넓게 수용되었다.

이처럼 다른 사상을 가지고 있더라도 조화롭게 어울려 살 수 있었다. 더구나 현대 사회에서야 더 말할 필요가 없다. 오늘날에도 일방적으로 한 가지 사상이나 한 쪽의 주장에만 동조하기를 바라는 분위기가 있다면, 이는 타파하지 않을 수 없는 악습이라 할 것이다. 그런 의미에서라도 다양한 의견 개진을 바람직하게 생각해야 할 것이다. 다만 도덕적으로 문제가 될 정도의 저속한 표현을 써서 상대방의 감정을 지나치게 자극하지는 않아야 할 것이다.

과거에는 적어도 영남 지역에서의 이황에 대한 비판은 거의 금기시되었다고 해도 과언이 아닐 것이다. 그러나 공자나 맹자도 비판하고 정자나 주자도 비판하는 오늘날에 와서까지 여기에 얽매일 것은 없을 것이다. 비판을 위한 비판은 자제해야겠지만 발전을 위한 비판은 꼭 필요한 것이다.

이황이 조식을 비판했던 것은, 이황은 적어도 당시의 학문, 즉 유학의 방향이 자신이 생각한 주자 중심의 순정한 성리학으로 가야 한다고 믿었기 때문에 그처럼 여러 가지로 비판을 하였던 것이다. 정인홍은 유학의 방향이 스승인 조식이 추구했던 사회적 실천을 중시하는 방향으로 가야 된다고 생각했기 때문에, 조식을 옹호하면서 이황을 비판하였던 것이다.

물론 정인홍의 행위가 지닌 부정적 이미지도 정상적으로 인식해야 하겠거니와, 긍정적 이미지에 대하여는 더욱 적극적으로 이해하려고 해야 지성사에서 차지하고 있는 남명 정신의 흐름도 정상적으로 서술할 수 있을 것이다.

참고문헌

編纂者 未詳, 『辨誣』(筆寫本)

李滉, 『退溪集』

曹植, 『南冥集』

黃宗海, 『朽淺集』

河受一, 『松亭歲課』

李相弼, 『南冥學派의 形成과 全開』, 臥牛出版社, 2005.

來庵 鄭仁弘 所撰 南冥 神道碑銘 小考

Ⅰ. 머리말

南冥 曺植(1501~1572)의 神道碑로서 가장 먼저 세워진 것은 1617년 무렵, 그 문인 來庵 鄭仁弘(1536~1623)이 찬술하고 내암 문인 慕亭 裵大維(1563~1632)가 글씨를 쓴 것이다.[104] 이 비석은 1623년 癸亥政變이 성공함으로 인해 내암이 정치적으로 패퇴하여 賊臣으로 처형되고 난 뒤 사람들의 눈앞에서 없어지고 말았다. 겉으로는 적신으로 처형된 내암이 찬술한 글이기에 넘어진 것이지만, 내용을 들여다보면 퇴계를 은근히 비판한 글이기에 더욱 세워둘 수 없었던 것이다.

내암이 이 글을 어떻게 하여 찬술하게 되었고 왜 이렇게 쓸 수밖에 없었으며, 결과적으로 이 글을 쓴 목적은 무엇이며 효과는 과연 어떠하였을까 하는 점을, 이번에 남명 신도비 4종을 동시에 논의하면서 함께 제기하여 토론할 수 있다는 것은 참으로 뜻깊은 일이다.

---

104 裵大維,『慕亭集』卷3,「新山書院記」(萬曆四十六年(1618) 撰述), "去歲忝寫先生 神道碑 祇謁德川廟庭 第二郎次磨 取李山立龍岩院記 示余曰 諸院必有記 以識顚末 請以新山相屬."

II. 작성 배경

神道碑銘은 史傳이나 墓碣銘, 墓誌銘 등과 같이 碑誌類로 분류된다. 다만 묘갈명이나 묘지명은 관직의 고하에 관계없이 찬술될 수 있는 것이지만, 신도비는 2품 이상의 품계를 가진 사람만이 그 대상이 될 수 있다는 점에서 차이가 있다. 물론 墓誌는 묘소의 壙前에 묻는 것이고 墓碣은 묘소 앞에 세우는 것이고, 神道碑는 묘소의 동남쪽 방향의 큰길가에 세운다는 차이점도 있기는 하다. 남명의 경우는 1572년에 그 죽음이 조정에 알려지면서 바로 정3품 大司諫으로 증직되었는데, 이 품계로는 신도비를 세울 수 없었으므로 장례 뒤에 바로 友人 大谷 成運(1497~1579)이 찬술한 墓碣만 세워진 것이다.

그러다가 1615년에 있었던 유림의 상소에 의해 남명이 '大匡輔國崇祿大夫 議政府 領議政 兼領經筵弘文館藝文館春秋館觀象監事 世子師'에 증직되고 文貞이란 시호가 내려오게 되었다. 내암은 자신이 찬술한 남명 신도비명에서 가장 먼저 다음과 같이 찬술 배경을 언급하고 있다.

> 선생이 돌아가심에 山天齋 뒤의 언덕에 장사 지내고 墓碣을 세웠으니, 그 글은 大谷 成 先生이 지은 것이다. 성 선생은 선생과 같은 도를 추구하던 벗이다. 그러므로 이 묘갈에 선생의 학문과 공부 과정, 도덕과 조신하는 방법 및 계파의 원류 등을 상세히 실어 두었으니, 더 이상 다시 덧붙일 것이 없다.
>
> 그 30년 남짓 뒤에 선생의 맏아들이, 예전 묘갈의 빗돌이 하등의 품질이어서 깎이고 이지러진 곳이 이미 많아 오랜 세월을 기약할 수 없기 때문에, 돌을 마련하여 장차 고쳐 세우려 하고 있었다. 마침 성균관 유생들이 상소하여 관작을 더 높이 증직하고 시호를 내려주기를 요청하여 윤허를 받았다.

드디어 새로 마련한 돌로 신도비를 만들기로 하고 나에게 글을 요청하였다. 사양하여도 받아들여지지 않았다. 해와 달을 그리는 사람이 그 형체는 그려낼 수 있지만, 어찌 그 빛나는 모습까지 그려낼 수 있겠는가?[105]

이 글은 문단을 나누어 둔 것처럼 대개 세 가지 사실을 말하고 있다. 첫째는 자신이 이처럼 신도비명을 찬술하지만, 이미 대곡 성운이 찬술하여 묘전에 세워져 있는 묘갈명에서, 남명의 학문과 공부 과정, 도덕과 조신하는 방법 및 계파의 원류 등을 상세히 실어 두었으므로, 자신이 여기에서 더 이상 다시 덧붙일 것이 없다는 점을 밝히고 있다는 것이다. 이는 내암이 이미 여러 곳에서 대곡을 남명과 같이 스승으로 존숭하고 있다는 언급을 한 데서 알 수 있듯이,[106] 대곡이 찬술한 남명 묘갈명은 碑誌類의 글에서 언급해야할 핵심적인 말이 모두 들어 있다고 칭송하는 말에 다름 아니다.

둘째는 남명은 징사에 불과하였고, 사후에 대사간에 증직이 되었지만 이 역시 삼품에 그쳐, 2품 이상이라야 가능한 신도비는 조선시대 법으로는 세울 수 없었다. 그런데 1615년에 유림의 상소에 의해 영의정에 추증되고 문정공이라는 시호가 내려옴으로써 신도비를 세울 수 있는 객관적

---

105 鄭仁弘, 『來庵集』卷13, 「南冥曺先生神道碑銘幷序」, "先生歿 葬于山天齋後岡 樹之碑 其文大谷成先生撰也 成先生於先生 同道友也 先生學問工程 道德範守與系派源流 詳載無以復加也 後三十餘年 胤子以舊碑石品下 剝缺已多 不可圖久遠 伐石將改樹 適泮儒上章 請加贈爵賜諡 蒙允 遂以新伐石爲神道碑 請文 辭不獲焉 摹日月者 得其形 其能得其光乎."

106 그 한 예를 들면 다음과 같다. 『광해군일기』 3년 신해(1611,만력 39) 3월 26일(병인)조, "신이 젊어서 曺植을 섬겨 열어주고 이끌어주는 은혜를 중하게 입었으니 그를 섬김에 君師父 일체의 의리가 있고, 늦게 成運의 인정을 받아 마음을 열고 허여하여 후배로 보지 않았는데, 의리는 비록 경중이 있으나, 두 분 모두가 스승이라 하겠습니다.……"

인 여건이 성립되었던 것이다. 묘갈의 빗돌 품질이 좋지 않아 오래도록 전하기를 기약하기 어려워 새로운 돌을 마련하여 비석을 다시 세우려던 차에 이러한 여건이 성립되어 새로 마련한 이 돌을 신도비로 세우기를 결정하였다는 것이다.

셋째는 남명의 맏아들이 비문을 찬술할 사람으로 자신을 지목하였고, 사양해도 되지 않아 글을 짓게 되었다는 것이다. 여기서 남명의 맏아들이 자신을 신도비문의 찬자로 지목한 이유를 말하지는 않았지만, 이는 내암이 당시 나이가 80세로 남명 문인 가운데 독보적인 존재이기 때문이었을 것임은 충분히 짐작할 수 있다.

물론 당시까지 한강 정구가 살아 있었기는 하다. 그러나 한강의 경우는 퇴계의 문하에 집지하기도 하였으므로 이미 이 10여 년 전 동강 김우옹이 운명하였을 적에 지은 만시로 인해 그전까지 내암과 서로 좋았던 사이가 많이 틀어져 있었던 상태인데다,[107] 내암은 내심 이 신도비문을 통해 퇴계를 폄하할 생각을 가지고 있었으므로 선뜻 이 제안을 받아들인 것으로 이해된다.

1609년 광해군에 의해 오현의 문묘 종사가 결정되었는데 이때 남명은 빠지고 퇴계는 들어간 것에 대해, 내암이 불만을 가지고 1611년 찬성을 사직하며 올린 차자에서 그 결정이 바람직하지 않은 것이라며 이미 자신의 견해를 드러낸 바가 있었으니, 여기서 내암은 다음과 같은 언급을 하고 있다.

. . . .

107 『변무』에 보이는 「정맥고풍변」은, 한강이 동강 만사에서 쓴 정맥과 고풍이란 표현이 퇴계를 유학의 정맥이라 여기어 높이고, 남명을 한 가지 고풍을 지닌 인물로 폄하한 표현이라 하면서, 내암이 한강과 퇴계를 아울러 비판한 것이다.

신이 일찍이 고 찬성 이황이 조식을 비방한 것을 보았는데, 하나는 남에게 오만하며 세상을 경멸한다는 것이고, 또 하나는 높고 뻣뻣한 선비여서 중도(中道)를 요구하기가 어렵다는 것이고, 또 하나는 노장 (老莊)이 그 학문의 문제점이라는 것이었습니다. 그리고 성운에 대해 서는 청은(淸隱)이라 지목하여 한 조각의 작은 절개를 지키는 사람으 로 인식하였습니다. 신이 일찍이 원통하고 분하여 한번 변론하여 밝 히려고 마음먹은 지 여러 해입니다.[108]

이 글이 1611년에 이루어진 것이고 문묘종사는 1609년에 이루어진 것 이니, 2년 전에 있었던 문묘종사에 대해 못마땅하게 여기고 있던 중 찬성 벼슬을 사직하면서 자신의 스승에 관련된 이 일을 한번 변론하여 밝히겠 다는 뜻임을 알 수 있다. 당시 이 차자로 인해 내암은 청금록에서 이름이 삭제되는 등 서인과 남인의 거센 반발을 당한 적이 있었다. 내암은 남명 의 신도비 찬술을 제의받으면서 오륙 년 전에 있었던 이 차자에 대하여 서인과 남인이 반응한 집단 반발을 염두에 두고, 신도비 찬술 제의를 수 락한 것이 아닌가 한다.

Ⅲ. 형식과 내용

신도비를 포함한 대부분의 碑誌類 문장은 序文과 銘으로 이루어져 있 으며, 서문은 주인공의 일생을 산문으로 서술한 것이고 명은 이를 운문으 로 稱揚하는 것이다. 내암 소찬 남명 신도비 역시 예외는 아니어서, 크게 는 서문과 명으로 구성되어 있다. 그리고 서문은 찬술배경과 일생 요약,

....
108 『광해군일기』 3년 신해(1611, 만력 39) 3월 26일(병인)조.

일생 이력의 핵심 및 학문, 부인과 자손 등으로 나누어 볼 수 있다. 이를 분량과 관련하여 정리하면 다음 표와 같다.

분류	세분	글자수	구성비	서문구성비
序	1. 찬술의 배경	122자	16%	17%
	2. 일생의 요약	175자	23%	25%
	3. 이력의 핵심	307자	40%	44%
	4. 부인과 자손	95자	13%	14%
銘	5. 銘文	62자	8%	
계		761자	100%	100%

서문과 명의 분량은 어느 경우에도 대개 이 경우와 같이 서문에 비해 명의 분량이 매우 적은 것이 특징이라 할 수 있다. 글의 주체인 명은 짤막하게 운문으로 쓰면서 서문에서 언급한 내용을 포괄하고, 한편으로는 여러 가지 수사를 통해 주인공을 칭양하는 것이 일반적이다.

그리고 서문 안에서는 찬술의 배경이 자손록의 뒤, 명의 앞에 위치하는 것이 더 일반적이고, 일생을 서술하는 분량이 절대적으로 많은 분량이고 이력의 핵심을 다시 언급하는 것은 대개 짧기 마련이다. 그러나 내암은 이 글에서 이러한 일반적인 관례를 적용하여 글을 찬술하지 않고 약간은 특이한 방법과 순서로 글을 전개하고 있다.

즉, 찬술의 배경이 가장 앞부분에 위치할 뿐만 아니라, 이와 함께 일생에 대한 서술부분까지 다 합하여도, 이것이 보통의 경우 간단하게 요약되는 이력의 핵심보다 분량이 오히려 적다는 것이 특이하다는 것이다. 그만큼 이력의 핵심에 이 신도비명 전체의 초점이 모아져 있음을 알 수 있다.

이제 이를 염두에 두고 내암 소찬 남명 신도비를 내용에 따라 세분하여 그 의미를 논의하고자 한다.

1. 찬술의 배경

내암이 남명의 신도비명을 찬술하게 되는 배경을 가장 먼저 밝히고 있는데, 이에 대해서는 이미 앞 장에서 대강 언급하였다. 여기서는 두 가지 점만 다시 살펴보려 한다. 내암이 찬술배경을 밝히면서, "선생의 학문과 공부 과정, 도덕과 조신하는 방법 및 계파의 원류 등을 상세히 실어 두었으니, 더 이상 다시 덧붙일 것이 없다."며 대곡이 찬술한 남명 묘갈명을 칭양한 것은 투식적 칭송이 아니라, 진실로 자신이 존경하는 대곡이 매우 상세하게 기술해 두었으므로 일생의 서술에 다시 많은 분량의 글을 쓰지 않겠다는 뜻이다.

실제로 대곡이 찬술한 남명 묘갈명은 글자 수가 모두 2,216자에 달한다. 내암이 찬술한 신도비명 글자 수의 3배에 달하는 장문이다. 대개 같은 인물의 묘갈명과 신도비명의 분량은 이와 반대가 되는 것이 일반적이니, 대곡의 글의 분량이 특별히 많다고 하든지 아니면 내암의 글의 분량이 특별히 적다고 해야 할 것이다.

내암이 찬술한 남명 신도비가 계해정변 이후에 넘어지고 그 뒤에 용주 조경과 미수 허목 및 우암 송시열이 찬술한 신도비가 있게 되었는데, 이들은 각기 1,151자, 1,145자, 1,579자의 분량이다. 그러니 이들의 글은 글의 분량의 면에서 보면 내암 글의 1.5배 내지 2배에 해당하고, 대곡의 글의 절반 내지 3분지 2에 해당한다. 결국 대체로 대곡의 글이 묘갈명으로서는 분량이 많은 편이고, 내암의 글이 신도비명으로서는 분량이 적은 편이라 할 것이다.

그러니 대곡이 정밀히 남명의 일생을 곡진히 서술하였으므로 이에 대해서는 자신이 더 부연하지 않겠다는 것이고, 그럼에도 불구하고 찬술 제의에 응한 것은 바로 "해와 달을 그리는 사람이 그 형체는 그려낼 수 있지만, 어찌 그 빛나는 모습까지 그려낼 수 있겠는가?"라는 말에서 참으로 자신이 찬술할 수밖에 없는 이유를 암시하고 있다.

대곡도 이 점이 안타까웠든지 글의 마지막 부분에서 다음과 같이 마무리하고 있다.

> 아아, 공이 학문에 독실했던 점과 행실에 힘썼던 점, 도와 덕을 닦아 매진했던 점, 정밀한 지식과 굉박한 견문 등은 더불어 견줄 이가 드무니, 또한 전대의 현자에 추배할 만하고 후세 학자들의 종사가 될 만하다. 그러나 혹자는 이를 알지 못하여 논의를 달리하는 사람이 있기도 하다. 그러나 어찌 꼭 지금 사람들에게 알아주기를 바라겠는가? 단지 후세에 알아줄 사람이 알아주기를 기다릴 따름이다. 내가 외람스럽게도 친구의 반열에 있어서 종유한 지 가장 오래 되어 앞뒤로 덕행의 실상을 보았기에 남들이 미처 알지 못한 것도 있다. 그러니 여기에서의 기록은 모두 내가 직접 본 것이고 귀로 들은 것이 아니어서, 믿고 전할 만한 것이다.[109]

대곡이 이 글에서 이미 남명의 진면목을 모르고 논의를 달리하는 사람이 있음을 말하였는데, 이는 역시 퇴계를 두고 한 언급임은 다시 말할 필요가 없을 것이다. 내암 역시 이 점을 안타깝게 생각하고 자신이 진면목을 드러내고자 한 것이다. 그래서 '해와 달의 모습은 대강 그릴 수 있지만 그 광명을 어떻게 그려낼 수 있겠는가' 하여 겸손의 뜻을 드러내면서 이 글의 찬술을 떠맡은 것이다. 그렇다면 이 표현은 어떻게든 그 광명한 모습을 자신이 드러내어 밝히겠다는 의지가 내포된 것으로 읽힌다.

....

109 成運, 『大谷集』 卷下, 「南冥先生墓碣」, "嗚呼 公篤學力行 修道進德 精識博聞 鮮與倫比 亦可追配前賢 爲來世學者宗師 而或者之不知 其論有異焉 然何必求知於今之人 直百世以俟知者知耳 運忝在交朋之列 從游最久 觀德行於前後 亦有人所不及知者 此皆得於目而非得於耳 可以傳信."

2. 일생의 요약

내암은 남명의 일생을 다음과 같이 요약 정리하였다.

> 선생의 이름은 植이요, 자는 楗仲이며, 본관은 昌山이다. 시조 曹瑞는 고려 왕조에 벼슬하여 刑部員外郎이 되었으며 그 어머니는 德宮公主다. 후손 가운데 생원 曹安習이 있으니 그가 선생의 중조부다. 생원이 曹永을 낳았는데, 그는 벼슬하지 않았다. 이 분이 判校 曹彦亨을 낳았다. 판교는 仁川李氏에게 장가들어 선생을 낳았으니, 그 때가 홍치 신유(1501) 6월 임인(26)일이다.
> 선생은 일찍부터 과거 공부에 염증을 느끼고 있었다. 도덕에 뜻을 두고 예전 집 방천 가에 초가를 지어서 '雷龍舍'라고 하였으며, 南冥이라 自號하였다. 만년에 두류산 아래 德川洞에 터를 잡고 거기서 깊이 숨어 지냈다. 그곳 재실의 편액은 山天齋라고 하였다.
> 중종조부터 이미 벼슬에 제수되었지만 나아가지 않았으며, 명종과 선조 두 조정의 召命과 小伸이 앞뒤로 거듭 이르렀으나 끝내 나아가려 하지 않았다. 나중에 尙瑞院 判官으로 나아가 恩命에 사례하였으나, 이는 군신간의 의리에 따른 행위였을 뿐이었다. 登對를 마치고는 문득 山居로 돌아와서 易簀하기까지 벼슬길에는 나아가지 않으셨다. 향년이 72세였다.[110]

이 부분은 175자에 불과하다. 대곡이 이 부분의 서술에 959자를 할애

---

110 鄭仁弘, 『來庵集』卷13, 「南冥曺先生神道碑銘幷序」, "先生諱植 字楗仲 昌山人也 始祖曰瑞 仕高麗爲刑部員外郎 其母德宮公主也 後有生員安習 於先生曾大父也 生員生永 不仕 是生判校彦亨 判校娶仁川李氏 生先生 弘治辛酉六月壬寅也 先生早厭擧子業 志於道德 就舊業旁川上 構茅屋 曰雷龍舍 自號南冥 晚卜頭流德川洞 肥遯焉 齋扁曰山天 自中廟朝已有除命 不就 明廟宣廟兩朝 召命小伸 前後洊至 久不肯就 後以尙瑞判官 趨謝恩命 君臣之義 登對訖 便還山 以至易簀 享年七十二."

하였으니, 내암은 신도비에 인물의 일생을 쓰지 않을 수 없어 이를 최소한으로 요약하였음을 알 수 있다. 이를 두고 일생을 지나치게 간략화하여 신도비의 체면을 잃었다고 말한다면, 이는 내암의 의도를 인정하지 않으려는 것에 불과할 것이다.

내암의 의도는 이 글에서 남명 이력의 핵심을 어떻게 사람들이 제대로 이해할 수 있도록 드러낼 것인가에 있었던 것이다. 다음에서 이를 확인해 보자.

3. 이력의 핵심

내암은 퇴계가 남명에 대해 언급하면서 제자들과의 문답에서 儒家의 一節만 있고 道家에 가깝다는 비판을 하였음을 의식하고 이를 두 가지 측면에서 밝히고자 하였다. 첫째는 남명이 중용을 실천한 도학군자였음이요, 둘째는 학문의 내용이 敬義에 바탕을 두고 실천을 중시한 孔子와 顔子 및 朱子가 추구했던 학문이었다는 것이다.

가. 南冥은 中庸을 실천한 道學君子였다

내암은 이 글에서 이 부분을 기술하기 위해 붓을 잡았다고 해도 과언이 아니다. 그래서 우선 퇴계의 비판 내용을 먼저 제시하고 그것이 잘못 이해한 것임을 변파하고 있다.

세상 사람들이 혹은 세상을 가볍게 본다고 인식하기도 하고, 혹은 한 가지 절개만 가진 사람으로 배척하기도 한다. 심하도다! 도를 알지 못함이여. 아아, 군자는 중용에 의지하여 숨어 지내면서 남들이 알아주지 않아도 뉘우치지 아니하나니, 오직 선생만이 여기에 가까운 분이다. 무릇 中의 쓰임은 정해진 體가 없어서 오직 때[時]에 달려 있으니, 보통 사람들이 알 수 있는 바가 아니다.

舜이 미천할 적에 깊은 산 속에 살았는데, 堯가 아니면 거기서 일생을 마쳤을 것이다. (舜이 나아가 벼슬하여) 두 끝을 잡아 (백성에게) 중용의 도를 썼으니, (중용의 도가) 바로 이 舜에게 있지 않겠는가! 세 번이나 자기 집 문 앞을 지나면서 들어가지 않았으니 이는 禹와 稷이 중용의 도를 행한 것이요, 한 도시락의 밥과 한 표주박의 마실 것으로 누항에서 지내었으니 이는 顔回가 중용의 도를 행한 것이다. 그러므로 숨어 지내면서도 뉘우치지 아니함을 두고 '高亢하다'고 하지 않고, '中庸에 의지하였다'고 하였으니, 그 의리를 대략 알 수 있다.[111]

내암이 여기서 거명하여 분명히 밝히지는 않았지만, 남명을 두고 '세상을 가볍게 본다고 인식하기도 하고, 한 가지 절개만 가진 사람으로 배척하기도 하는' 사람이란 바로 퇴계에 다름 아니다. 1611년 내암이 찬성의 직책을 사양하며 올린 차자에서, "신이 일찍이 고 찬성 이황이 조식을 비방한 것을 보았는데, 하나는 남에게 오만하고 세상을 경멸한다[傲物輕世]는 것이고, 또 하나는 높고 뻣뻣한 선비[高亢之士]여서 중용의 도를 요구하기가 어렵다[難要以中道]는 것이고, 또 하나는 노장(老莊)이 그 학문의 빌미가 된다[老莊爲崇]는 것이었습니다. 그리고 성운에 대해서는 청은(淸隱)이라 지목하여 한 조각의 작은 절개[一節]를 지키는 사람으로 인식하였습니다."라고 한 적이 있기 때문이다.

내암은 여기서 퇴계가, 남명의 일생을 중용의 도를 행한 인물로 보지

---

111 鄭仁弘, 『來庵集』卷13, 「南冥曺先生神道碑銘幷序」, "世之人或認爲輕世 或斥爲一節 甚矣 其不知道也 嗚呼 君子依乎中庸 遯世不見是而不悔 惟先生庶幾焉 夫中之用 無定體 惟在時 非衆人所能知 舜在側微 居深山 非堯 終焉 執兩端 用其中 不在玆乎 三過門不入 禹稷爲中 一簞瓢在陋巷 顔氏爲中 故遯世不悔 不曰高亢 乃曰依乎中庸 其義大可見也."

않고, 노장에 가깝거나 出處의 一節만 지닌 인물로 잘못 이해하고 배척했다며 비판하고 있는 것이다. 퇴계는 일찍이 그의 문인 錦溪 黃俊良에게 준 편지에서, "이러한 사람은 대체로 노장이 그 학문의 빌미가 되어 우리 유학에 공력을 쏟은 것이 으레 깊지 않다."라고 하였고, 또 "높고 뻣뻣한 선비인지라 한번 나가서 은명에 숙배하고 곧장 산으로 돌아갔다."라는 말을 한 적이 있다.

퇴계의 이러한 언급이 세상에 널리 알려져서 남명의 학문이 제대로 인식되지 않았다고 보고, 내암은 스승의 신도비에서 다시 스승을 위한 변명을 시도한 것이다. 그래서 남명이 벼슬길에 나가지 않은 것에 대해 퇴계가 "벼슬하지 않는 것은 군신 간의 의를 업신여기는 것이다."라고 하며 남명에게 벼슬길에 나가기를 압박한 적이 있었고, 이에 대해 남명은 벼슬할 만한 시기가 아니라고 생각하여 출사하지 않은 것인데, 과연 출사하는 것이 바람직하다면 그 연유를 말해달라고 답장한 적도 있다. 이때 퇴계는 자신도 물러나려고 한다면서 남명의 퇴처를 인정하였다. 그러나 세상 사람들은 퇴계의 남명 비판에 무게를 실어 이해했기에 남명의 퇴처를 유가의 퇴처로 이해하지 않고 노장의 퇴처로 이해하려는 경향이 있었던 것이다. 내암은 이 상황을 바로 퇴계가 만들어낸 것이라 보고 퇴계를 비판한 것이다.

舜과 禹·稷의 시대에는 성인인 堯가 다스리고 있었으므로 순이 퇴처해 있다가 나아가 요를 보좌한 것이고, 禹·稷이 순을 보좌하느라 가정을 돌볼 겨를도 없었던 것이다. 그러나 顔回의 시대에는 나아가 벼슬할 만한 시대가 아니어서 簞食瓢飮으로 陋巷에 있으면서도 그 즐거움을 고치려 하지 않았던 것이다. 내암은 이런 측면에서 舜과 禹·稷 및 顔回를 등장시켜 이들의 현실대처가 각각 다르지만, 사실 그들의 처신은 그 상황에 가장 알맞은 중용이란 점에서 모두 같다고 하면서, 남명의 시대에는 남명처럼 퇴처하는 것이야말로 그 상황에 가장 알맞은 중용이라 변론한 것이다.

이는 을사사화 이후에 출사하고 있었던 퇴계의 출처관이 남명에 비해 엄밀하지 못했다는 비판을 안고 있다. 그러면서 오히려 출사하지 않은 것을 두고 퇴계가 노장의 경향성이 있다고 몰아붙인 것은, 오히려 도를 알지 못한[不知道] 데서 온 것이 아니냐고 내암은 퇴계를 비판한 것이다. 남명이야말로 퇴처할 수밖에 없는 시대 상황에서 퇴처한, 중용을 실천한 군자라는 것이다.

나. 남명의 학문은 聖人을 추구한, 敬義에 바탕을 둔 正統儒學이었다.

다음으로 남명의 학문 내용에 대하여 老莊으로 몰아서 정통 유학자로 보지 않으려는 태도에 대하여 변론을 하고 있다.

시험 삼아 학문으로 말해 보겠다. 경으로 마음을 바르게 하고 의로 행동을 반듯하게 하나니, 경과 의가 확립되면 덕은 외롭지 않게 된다.[112] 아울러 간직하여 향상함에 시작과 끝이 되는 것은 이 두 글자만한 것이 없다. 저 남의 언설을 흉내나 내고 문장력이나 뽐내면서 학문한다는 이름을 잃지 않으려는 자들은 단지 하나의 앵무새일 따름이다.

선생은 학문이 끊어지고 도가 상실된 시대에 태어나서 확연히 敬義로 학문의 근본을 삼았다. 뭇 서적을 비록 널리 다 보았지만 평생 학문의 요점으로 이 두 글자를 통하여 공부를 하였으니, 조예를 이루 헤아릴 수 없다. 움직일 때나 고요히 있을 때나 항상 수양하여, 儼然히 上帝를 마주하듯 생활하였다. 성취해서 자기 몸을 자신이 온전히 소유하게 되었다. 그러므로 때로 행동하거나 고요히 있거나 간에 모두 義에 합당하였다. 벼슬을 하지 않아 (삼일을) 굶으면서 자취를 감

---

112 『周易』, 「坤卦 文言傳」, "君子敬以直內 義以方外 敬義立而德不孤."

추고도 아름답게 생각하니, '(幾微를 미리 알고) 떠나감에 임금이 말
린다'[113]는 효상의 뜻을 깊이 체득하였다. 덕을 뽐내지 않으며 날개를
드리우지 않고 모든 사람을 넘어섰으니, 백세 후 성인이 나타나기를
기다리더라도 마땅히 의혹됨이 없을 것이다.

　　세상사람 가운데는 (咸卦의 九三爻에서 말한 것처럼) 다리 노릇을
하다 보니 가만히 들어앉아 있지 못하고, 보잘 것 없는 일을 하면서
남을 따라다니는 사람이 있다. 그러면서도 그들은 스스로 학문을 한
다거나 時中의 도를 실천하고 있다고 한다. 이런 자들과 견주어 보면,
精金과 沙礦의 차이일 뿐만이 아니다. 그러니 선생은 '숨어 지내면서
후회함이 없는 군자'가 아니겠는가? 중용에 의지하였으니 장차 누구
에게 귀결시키겠는가?[114]

　　내암은 이 부분에서 남명의 학문이 경의에 바탕을 둔 학문이고, 이는
성인을 추구하는 학문으로 유학의 정통이라 주장하고 있다. 우선 남명이
임종시에 자신이 평생 추구한 것이 敬義라고 말한 점에서도 그러하고, 지
금까지 경상우도 선비들이 줄곧 남명의 학문 정신을 敬義로 단정해 오고
있는 것에서도 이를 확인할 수 있다. 이 경의는 『周易』坤卦 文言에 나오
는 말일 뿐만 아니라 朱子 또한 학문의 핵심으로 제시하였던 것으로, 이
를 실천하려 한 인물을 두고 정통 유학자가 아니라고 하기는 어려울 것이

---

113 『周易』, 「明夷卦 初九爻辭」, "初九 明夷于飛 垂其翼 君子于行 三日不食 有攸往
主人有言."

114 鄭仁弘, 『來庵集』卷13, 「南冥曺先生神道碑銘并序」, "試以學言 敬直義方 敬義立
德不孤 夾持向上 成始成終 莫此二字若也 彼謄口說騁文辭 要不失學問之名者 特
一鸚鵡耳 先生生學絶道喪時 確然以敬義爲本 羣書雖博盡 平生反約 只在二字上用
工 造詣不可量也 動靜交養 儼乎對越 成就爲一己有 故時行止合於義 于行不食 賁
趾而佳 深得有攸往人有言之爻象 德不拔 翼不垂 度越諸人 百世竢 宜不惑 視世之
咸股不處 執下隨人 自認爲學問爲時中者 不啻精金與沙礦也 先生非遯世不悔之君
子乎 依乎中庸 將誰歸乎."

다. 다만, 내암이 상기 인용문에서 "평생 학문의 요점으로 이 두 글자를 통하여 공부를 하였으니, 조예를 이루 헤아릴 수 없다. 움직일 때나 고요히 있을 때나 항상 수양하여, 儼然히 上帝를 마주하듯 생활하였다. 성취해서 자기 몸을 자신이 온전히 소유하게 되었다."라고 표현한 것은, 남명이야말로 이 경의를 완전히 자기화한 인물이라고 주장하고 있는 것이다. 특히 "성취해서 자기 몸을 자신이 온전히 소유하게 되었다."라는 표현에서 이것을 분명히 확인할 수 있다.

그리고 『周易』明夷卦 初九爻의 효사를 인용하여, 남명의 퇴처는 명이괘에 해당하는 시대의 초구효에 해당하는 인물의 현실대처라는 의미로, "벼슬을 하지 않아 (삼일을) 굶으면서 자취를 감추고도 아름답게 생각하니, (幾微를 미리 알고) 떠나감에 임금이 말린다."라는 표현을 하고 있다. 남들은 퇴처해 있는 삶을 어렵게 여기지만 오히려 남명은 이를 아름답게 생각하였다고 했다. 임금이 그를 말렸다는 말을 통해서는 남명의 학문이 현실에 적용될 가능성이 있었기 때문에 임금이 퇴처해 있지 말고 나오라는 말을 한 것으로 표현한 것이다. 이 역시 시대 상황에 절묘하게 대처한 '不見是而無悶'하는 중용의 한 모습으로 드러내려 한 것이다.

이에 비해 남명을 비판한 퇴계에 대해서는 "남의 언설을 흉내나 내고 문장력이나 뽐내면서 학문한다는 이름을 잃지 않으려는 자들은 단지 하나의 앵무새일 따름이다."라 하여, 퇴계는 도학을 실천하는 인물이 아니라 문장력으로써 학문하는 자처럼 흉내나 내는 앵무새에 불과하다고 혹평하고 있다.

나아가 퇴계를 『주역』咸卦의 九三爻처럼 스스로 자신의 행동을 결정하지 못하고 남을 따라 행동한다고 비판하기까지 하였다. 그러면서 스스로 時中의 道를 실천하고 있다고 생각한다면서, 숨어 지내면서 뉘우침이 없었던 - 중용을 실천한 남명과는 精金과 砂礦의 차이처럼 현격한 차이가

난다고 하였다.

이 부분의 마지막 단락 마지막 구절에서 "중용에 의지하였으니 장차 누구에게 귀결시키겠는가?"라고 한 말은 남명을 성인에 귀결시키려는 의도가 분명히 드러나 있다.

4. 부인과 자손

부인과 자손에 대한 기록은 매우 소략하다. 이 역시 형식적 서술에 불과하다.

> 南平曺氏에게 장가들어 아들 하나 딸 하나를 낳았다. 아들은 次山인데 요절하였다. 딸은 萬戶 金行에게 출가했다. 계실이 아들 셋 딸 하나를 낳았다. 아들 맏이는 次石인데 縣監이다. 둘째는 次磨인데 主簿이다. 셋째는 次矴인데 萬戶이다.
> 김행은 딸 둘을 낳았다. 맏이는 副提學 金宇顒에게 출가하였는데, 소생 자녀가 없다. 둘째는 監司 郭再祐에게 출가하였는데, 아들 몇 명이 있다. 차석은 아들 하나가 있는데 晉明이다. 차마의 아들은 景明이고, 차정의 아들은 浚明이다.[115]

이 짧은 글에서 주목이 되는 것은 부실 은진송씨를 계실이라 표현함으로써 적서를 분명히 드러내지 않았다는 점이다. 그러나 계실의 딸이 누구에게 출가하였는지 하는 점과 세 아들의 소생 가운데 딸에 대한 언급이

....

115 鄭仁弘, 『來庵集』 卷13, 「南冥曺先生神道碑銘幷序」, "聘南平曺氏 生男一女一 男曰次山夭 女適萬戶金行 繼室生男三女一 男長次石縣監 次次磨主簿 次次矴萬戶也 金行生二女 長適副提學金宇顒無子女 次適監司郭再祐 生男若干人 次石生一子曰 晉明 次磨生子曰景明 次矴生子曰浚明."

없는 것과 김행의 두 사위에 대한 언급이 없는 것은 이 신도비명이 매우 소략한 서술임을 극명하게 보여준다.

5. 명문

명문은 대곡이 지은 묘갈명의 명문보다는 좀 길지만 역시 매우 짧다.

①	강건한 자세로 조심하면서 爲己之學을 하였고,	乾乾夕惕學爲己
②	動靜에 법도 잃지 않아 머무를 데 머무르셨네.	動靜不失艮其止
③	잠겨 있어 쓰이지 않았음은 九淵의 용과 같고,	潛而勿用九淵龍
④	그 즐거움 바꾸지 않음은 陋巷의 顔子와 같네.	其樂不改陋巷同
⑤	근심치 않고 두려워하지 않으니,	無悶不懼
⑥	남보다 나음이 참으로 대단하네![116]	其過者大
⑦	칠일 만에 결국 또 얻을 것이니,	七日而得
⑧	지금 몰라준들 어찌 해롭겠는가?[117]	弗喪何害
⑨	구슬 위에 묻은 파리똥은,	玉上蠅點
⑩	털과 혀로 인해 생겼도다.	任他毛舌
⑪	오호라, 남명 선생이시여!	於乎先生
⑫	이 빛을 못 보는구나.	冥道日月日月

이 명문이 비록 짧기는 하지만, 내암은 이 명문을 통해 퇴계의 남명 비판과 관련하여, 남명을 드러내면서 퇴계를 비판하는 두 가지 목적을 제대로 얻기 위해 고심하였던 것으로 보인다.

12句의 명문 가운데 앞의 4句는 7언이고 뒤의 8句는 4언이다. 앞의 4

---

116 『周易』「大過」, "彖曰 大過 大者 過也 …… 象曰 澤滅木 大過 君子 以獨立不懼 遯世无悶."
117 『周易』「旣濟」, "六二 婦喪其茀 勿逐 七日得."

구는 每句押韻을 하였고 뒤의 8구는 隔句押韻을 하였으며 중간에 한 차례 換韻을 하였다. 100구 이상 되는 운문을 一韻到底格으로 쓰는 경우와 비교해 보면 이 명문은 압운을 하는 데에 관심을 두지는 않고 그저 형식만 갖추었을 뿐임을 알게 해 준다. 이런 경우는 대개 내용에 집중하기 위함이라 볼 수 있다.

내용면에서 보면 앞의 8구와 뒤의 4구로 대별되는데, 앞의 8구는 남명의 학문과 처신을 말하였고, 뒤의 4구 가운데 앞 2구는 퇴계에 대한 비판이고 뒤 2구는 후세에 대한 바람이다. 이를 좀더 구체적으로 살펴보자.

가. 남명의 학문과 처신

①의 '乾乾夕惕'은 『周易』乾卦 九三爻辭에 보이는 말이다. 종일토록 부지런히 힘써 학문에 매진하고 밤까지 조심스럽고 두려워하는 태도로 자신을 성찰하는 행동을 한다는 뜻이다. 그래서 이어 '學爲己' 즉, 爲己之學을 하였다고 표현한 것이다.

②의 '動靜不失艮其止'는 『周易』艮卦 象傳에 보이는 말이다. "간은 그친다는 뜻이니, 그쳐야 할 때는 그치고 행해야 할 때는 행하여, 움직일 때나 고요할 때나 간에 그 때를 잃지 않아 그 도가 빛나고 밝다. '그 머무를 곳에 그친다.' 함은 머물러야 할 곳에 머무름을 뜻한다."[118]라고 한 것이 그것이다.

이 두 구절에서 내암은 남명이 지식과 행동의 측면에서는 文王처럼 日乾夕惕하는 자세로 爲己之學에 몰두하였고, 출처의 측면에서는 공자처럼 머물러야 할 곳에 머무르는 時中의 도리를 추구하였다며, 남명 학문의 정

....

118 『周易』艮卦, "象曰 艮止也 時止則止 時行則行 動靜不失其時 其道光明 艮其止 止其所也."

통성을 드러내었다.

③에서 潛而勿用은 『주역』 건괘의 초구효에 보이는 潛龍勿用을 원용한 것이니, '구연의 용'이란 바로 잠룡에 다름 아니다. 내암은 이러한 표현으로 남명을 무한한 능력을 갖추고도 상황이 안 되어 은거하고 있는 군자로 묘사하고 있는 것이다. 그리고 ④의 '其樂不改'는 논어에 보이는 孔子가 顔子를 칭송하는 말[119]이니, '陋巷同'이란 즐거움을 고치지 않고 누항에 은거하였던 안자와 같다고 표사한 것이다.

이 두 구절에서 내암은 남명이 퇴처할 만한 시대 상황에서 퇴처하였는데, 이는 안자가 퇴처한 것과 같은 것이니, 남명의 퇴처야말로 성현의 퇴처 모델과 일치함을 강조한 것이라 하겠다.

⑤의 無悶과 不懼는 『周易』 大過卦의 大象에 보이는 말이다. 大過는 성현의 道德과 功業이 범인보다 크게 낫다는 의미를 지닌 괘다. 程子는 이에 대해 "군자가 크게 남보다 나은 점은 '獨立不懼'하고 '遯世無悶'하기 때문이다. 천하 사람들이 자신을 그르게 여겨도 돌아보지 않음이 '독립불구'요, 온 세상 사람이 알아주지 않아도 뉘우치지 않음이 '돈세무민'이다."라고 하였는데, 남명의 삶이 바로 독립불구와 돈세무민으로 요약되니, 이것이 바로 남보다 크게 나은 점이라는 것이다.

⑦과 ⑧은 『周易』 旣濟卦의 六二爻辭를 응용한 것이다. 이 구절에 대해 정자는 "수레휘장이란 부인이 문밖을 나갈 때 스스로를 가리는 것이니, 이를 잃으면 다닐 수 없다. …… 逐은 남을 따르는 것이니 남을 따르면 평소 자신이 지키던 것을 잃으므로 따르지 말라고 경계한 것이다. 스스로 지켜 잃지 않으면 칠일만에 마땅히 다시 얻는다. …… 中正의 도리가 끝내 폐해지는 이치는 없다. 오늘날 실행되지 않으면 반드시 다른 날

....

119 『論語』「雍也」, "子曰 賢哉回也 一簞食一瓢飮 在陋巷 人不堪其憂 回也不改其樂 賢哉回也."

실행된다."[120] 하였다.

　이는 내암이, 남명의 학문을 비록 지금 알아주는 이가 없더라도, 中正의 道가 끝내 폐해지는 이치가 없듯이, 반드시 다시 알아줄 때가 올 것이라 본 것이다. 알아주는 이가 없는 것은 기제괘의 육이효에서 茀을 잃어버린 것에 해당하는데, 내암은 이를 남명에 대한 퇴계의 비판으로 본 것이다. 그래서 다음과 같은 표현을 하게 된다.

나. 퇴계 비판과 후세에 대한 바람

　내암의 명문 ⑨玉上蠅點에서 玉은 남명의 인품과 학문을 비유한 것이고 蠅點은 남명의 인품과 학문을 훼손한 것을 가리킨다. 그리고 ⑩의 毛舌은 파리의 털과 혀를 가리키는 바, 이는 바로 퇴계가 남명에게 비판을 가한 것을 隱喩한 것이다. 이것이야말로 퇴계학파로서는 견디기 어려운, 심각한 퇴계 비판으로 인식되었던 것이다.[121] 그러나 남명의 문인인 내암의 처지로서는 남명에 대한 퇴계의 비판이 없었다면 남명에 대한 일반의 이해가 달라졌을 것이고, 문묘종사도 충분히 가능했을 것으로 판단했던 것이 아닌가 한다. 특히 당대에 남명을 만났던 인물 가운데 남명에 대하여 유자로 인정하기 어렵다는 비판을 한 경우는 없기에, 내암으로서는 퇴계에 대하여 더욱 못마땅하게 생각하지 않을 수 없었던 것이다.

　내암은 한편으로 퇴계에게 비판당한 남명을 변명하면서도, 이것이 당

---

120 『周易』「旣濟卦 六二爻」程傳, "茀 婦人 出門以自蔽者也 喪其茀則不可行矣 逐者 從物也 從物則失其素守 故戒勿逐 自守不失 則七日當復得也. 中正之道 無終廢之理 不得行於今 必行於異時也."

121 계해정변 이후 정변 주도자들인 西人이 내암에게 광해군 秕政의 총체적인 책임을 지워서 賊臣으로 처단하면서, 廢母殺弟의 元兇이라는 전혀 사실이 아닌 말을 덮어씌워 죽일 적에 南人도 이에 동조하였으니, 이는 기실 내암에 대한 이러한 적대적인 원한이 있었기 때문이라고밖에 설명할 길이 없다.

대의 상황으로는 이미 되돌릴 수 있는 것이 아님을 알고 있었던 것이다. 그래서 ⑪과 ⑫의 표현으로 후세를 기약한 것이다. ⑫의 日月은 바로 남명을 가리키는 것으로, 그의 학문과 덕행이 워낙 두드러져 일월과 같다는 것이며, 冥道란 표현은 세상에 밝게 드러나지 않아 어두컴컴한 세상에 놓인 상황이라는 것이다.

해와 달이 어두울 때도 있지만 시간이 되면 반드시 다시 세상을 훤히 비출 것이므로, 남명의 학문과 덕행 및 학문 정신 등도 역시 세상에 훤히 밝혀질 날이 있을 것이라는 바람의 뜻 또한 분명히 드러내고 있다. 이는 남명이 일월 같은 존재[122]이기 때문에 결국은 환하게 밝혀지지 않을 수 없다는 뜻이기도 하다.

IV. 현양과 폄척

내암은 1617년 무렵에 자신이 찬술한 남명 신도비명에서, 이제까지 살펴본 것처럼 퇴계가 남명을 비판한 것을 염두에 두고 이를 변명함으로써, 스승인 남명을 현양하고 남명을 비판한 퇴계를 되비판하여 폄척하였다. 그런데 내암의 이러한 의도에서의 글쓰기는 여기서 처음 시도한 것이 아니다. 『辨誣』라는 소책자에 수록되어 있는 여러 편의 글에서 이러한 사실을 확인할 수 있기 때문이다.

『변무』에는 내암이 찬술한 남명신도비명의 취지와 무관치 않은 辨誣草略, 高亢學問辨, 跋文解, 答人問, 正脈高風辨, 與崔持平季昇書, 來庵辭職箚 등 12편의 글이 있고, 그 밖에 내암을 변호하는 내용이 들어있는 7편

---

122 해와 달이 남명을 가리킴은 이미 찬술배경에서 내암 스스로가 언급한 바가 있다.

의 글이 더 실려 있다. 이 가운데 앞쪽에 제시된 7편의 글이 이 글과 직접적인 관련이 있는데, 이 글들의 작성 시기가 분명히 제시되어 있지 않아 그 순서를 알기는 쉽지 않으나, 요컨대 남명 학문의 정통성과 퇴계의 지나친 남명 비판을 다루고 있다는 점에서는 대체적인 공통점을 지니고 있다.

「跋文解」는 내암이 『남명집』의 발문에서 퇴계가 龜巖 李楨(1512~1571)에게 답한 편지를 실으면서 퇴계를 은근히 비판한 것에 대해 퇴계 문인들이 분노하여 按劍하는 자가 있기까지 하다며 이에 대해 해명을 한 것이다.

> 내가 일찍이 퇴계가 이정에게 답한 편지글에 대해 논의하고 또 선생의 문집에 발문을 썼더니, 온갖 말들이 나오고 按劍하는 자가 있기까지 하였다. 어떤 손이 말하기를, "어찌 그런 말을 써서 발문을 지었습니까?" 하였다. 내가 그 말을 매우 이상스럽게 여기고 단지, "공이 알 바가 아니오."라고만 답하였다. 한참 뒤에 들으니 鄭同知가 "선사께서 과연 훌륭하시다면 후세에 저절로 마땅히 알아줄 것이니 꼭 분간하여 밝힐 필요가 없다."라는 말을 했다고 한다. 비로소 지난번의 손이 한 말의 所自來를 알게 되었다. 그러나 나의 생각으로는 그렇지 않다고 본다.
>
> 스승과 제자는 의리가 또한 크다. 남이 그르게 여기며 헐뜯거나 그 진실을 손상케 함을 보았다면, 마음이 저절로 편안치 못하여 한 마디 말을 해서 그 시비를 밝히려고 하지 않을 수 없다. 이는 사람의 마음을 지닌 자라면 가만히 있을 수 없는 일이다. 이것은 자신이 좋아하는 사람에게 아첨하는 것이 아니라 바로 옳고 그름을 밝히려는 본래의 마음인 것이다.

여기서의 발문은 『남명집』의 발문이라는 말인데, 『남명집』이 1604년에 처음 간행되고 서애 유성룡이 1605년에 이에 대한 짧은 글을 남긴 바가 있고, 또한 당시에 寒岡이 安東府使로 재직 중이었으니, 이 글은 대체로 이 무렵에 지어진 것으로 보아야 할 것이다. 『변무』에는 「正脈高風辨」이 다섯 번째에 실려 있고 작성연대가 '丙午(1606)秋'로 되어 있고, 여섯 번째 실린 「與崔持平季昇書」는 그 답변인 『訒齋集』 「答鄭仁弘書」는 '丁未(1607)'에 작성된 것으로 되어 있으며, 일곱 번째 실린 「來庵辭職箚」는 1611년에 이루어진 것이니, 『변무』에 실린 글은 대체로 작성연대순에 가깝게 실려 있는 것으로 보이며, 『남명집』 간행을 전후한 시기부터 시작된 것으로 보인다.

1604년 무렵부터 여러 차례 이러한 일이 있었음에도 불구하고 결국 1609년에 鮮初五賢의 文廟從祀가 실현되었는데, 여기에 晦齋와 退溪가 들고 남명은 빠지게 되었다. 이에 대해 내암은 1611년에 사직을 하면서 문묘에 회재와 퇴계가 종사된 데 대해 불만을 토로하였던 것이다. 위의 인용문 뒷부분에 보이는 해명을 하지 않을 수 없는 이유 가운데의 하나가 바로 남명에 대한 곡해를 해명하자는 것이다. 그러다 보니, 퇴계 외에는 남명의 학문이나 처신을 심각하게 비판한 경우가 없으므로, 자연히 내암이 퇴계를 비판하기에 이른 것이다.

『변무』에 보이는 일곱 편의 글에서 보여주는 퇴계 비판과 이 글과의 연관 관계는 다시 일일이 매거하면서 설명을 할 필요가 없을 정도로 같은 맥락이라고 할 수 있다. 그러나 과연 그 효과는 어떠했던가 하는 점을 생각해 보면 크게 수긍이 가지는 않는다. 그것은 결과적으로 계해정변 이후 자신이 적신으로 처형당함으로써 남명학파 전체가 치명적인 타격을 입었다는 것으로도 효과가 없었음이 확인되기 때문이다.

그러나 그렇다고 하여 내암의 이러한 처신을 옳지 않은 것으로만 몰아부칠 수가 있는가 하는 문제가 있다. 남명의 처신이 유가가 아닌 노장에 해당되는 것으로 비판했던 퇴계의 언급은, 사실 자신의 문하에 있던 사람에 대한 단속의 의미로 보아야 할 것이다. 그런데 이것이 잘못 알려져 남명의 학문 자체를 곡해하는 지경에까지 이르렀던 것은 퇴계의 언급이 가져온 잘못된 파장이었던 것이다. 전혀 학문 계열이 다른 우암 송시열 같은 서인 학자조차도 우리나라 인재를 언급하면서 도학자로는 '퇴계·남명·한강·율곡·우계·중봉'을 꼽고 있는 것으로 보아도,[123] 남명을 유자가 아닌 노장으로 파악한 것은 잘못된 것이라고 할 수밖에 없다.

내암이, 남명의 학문이 중용을 실천하려고 했던 안자의 학문자세와 같다는 논리를 넘어서서 퇴계를 직접 비판했던 것은, 어쩌면 자신에게 날아올 화살을 각오한 필사적인 행위였던 것으로 보인다. 내암이 만약 퇴계를 비판하지 않았고 송강과 우계를 비판하지 않았다면 자신은 아무런 해를 당하지 않았을 것이다. 스승 남명과 벗 수우당이 사실이 아닌 것에 의해, 사회 전체에 잘못 알려지게 되었거나 감옥에서 죽게 되었음에도 좌시하고만 있었다면, 이것은 제자로서의 도리도 아니고 벗으로서의 도리도 아니었다고 할 것이다.

요컨대 내암의 남명에 대한 현양과 퇴계에 대한 폄척은 남명 문하의 수문인으로서 자신의 책임을 다하기 위한 자세로 보지 않을 수 없다. 그러니 내암의 비판 자체가 잘못이라기보다는 비판의 내용 가운데 지나친 것이 있을 경우, 예컨대 퇴계를 앵무새에 비유한 것 등에 대해서는 역비판을 제기하여 내암을 비판할 수 있을 것이다. 비판의 발단이 퇴계이기 때문에 퇴계에 대한 비판 자체를 문제 삼기는 어렵다.

그럼에도 불구하고 결과적으로는 내암의 퇴계 비판이 실패로 돌아간 것에 대해서는 어떻게 생각해야 할 것인가 하는 문제가 역시 남아 있다. 여기에는 정치적인 문제가 가장 크게 작용한다고 본다. 계해정변이라는

------

123 『李忠武公全書』卷14, 附錄 6, 「紀實」下, <尤庵語錄>, "先生嘗論人才日 我國人才 至宣廟朝最盛 道學則退溪南冥寒岡栗谷牛溪重峯 文章則月沙簡易 才士則車天輅林悌 善寫韓濩 將才李舜臣金德齡 並生一時 雖是氣數之適然 而亦由培養之盛也."

정치적 상황은 광해군 시대의 최고 지도자 한 사람에 대한 희생을 엮어내지 않을 수 없었던 것이고, 그 대상이 서인과 남인에게 공히 원한을 사고 있던 내암이었던 것이다. 그것보다 더 앞에 있었고 또 어찌 할 수도 없었던 것은, 당대에 이미 퇴계의 영향력이 남명보다 더 컸고 그런 퇴계가 비판한 것이기에 그것을 되돌리기엔 누구도 역부족일 수밖에 없었다는 점이다. 퇴계가 점필재에 대해 남긴 말 한마디로 인해, 제자 2인이 문묘에 종사되었음에도 정작 본인에 대한 문묘종사는 이루어지지 않았던 점필재도 같은 처지였다고 할 것이다.

V. 맺음말

이제까지 내암이 찬술한 남명 신도비명에 대해 조촐하게 논의해 보았다. 대강 정리하면서 마무리를 해 본다.

우선 이 글이 찬술된 것은 1615년에 남명이 영의정에 증직되어 신도비를 세울 수 있었던 조건이 충족되었고, 내암이 남명 문인 사회에서 주도적인 위치에 있었기 때문에 가능했던 것이다.

내암은, 퇴계가 그 문인들에게 편지나 대화를 통해 여러 차례 남명을 비판하였으므로 그것이 알려져 남명이 문묘에 종사되지 않은 것으로 판단하고, 이 글을 쓰기 이전까지 적어도 7편 정도의 글이 남아 전할 정도로 여러 차례 퇴계에 대한 비판을 시도하였으며, 이 글은 어쩌면 그 결정판이라고도 할 수 있을 것이다.

남명의 일생에 대해서는 대곡이 찬술한 묘갈명이 가장 극진하다고 생각하고, 이 신도비명에서는 오로지 남명의 학문 내용이 유가의 정통에 해당되며, 퇴계의 남명 비판은 잘못된 것이라는 논리로 일관하고 있다.

내암이 이러한 글을 쓸 수밖에 없었던 점은 「발문해」에 보이는 바, 문인으로서 스승의 학문이 무함당한 데 대하여 좌시하는 것이 도리가 아니기 때문이다. 師生間의 의를 생각한 데서 나온 정당한 행동으로 스스로 인식하였기 때문에, 당대 최고의 인물이라 알려져 있던 퇴계에 대해 과감하게 비판할 수 있었던 것이다.

결과적으로는 실패하였지만, 이는 내암이 광해군 때 실직에서 행공해본적이 없으면서도 遙執朝權하던 山林政丞이었다는 점과 계해정변이라는 당시의 정치적인 문제에 묘하게 맞물려 있었던 것이 첫째 원인이었고, 다음으로는 당대부터 퇴계가 가지고 있었던 막강한 영향력을 내암이 결국 당해내지 못했다는 것이 둘째 원인이라 할 것이다.

내암이 정치적으로 패퇴한 이후 대부분의 남명 문인이나 내암 문인의 후손들이 차츰차츰 남인화하거나 서인화했지만, 진주를 중심으로 하는 서부 경남 일대에 현재에 이르기까지 400여 년에 걸쳐 남명 정신을 추존하는 사람들이 많았던 것은, 남명의 학문적 영향력이 결코 가볍지 않음을 단적으로 보여주는 것이며, 그런 측면에서 보면 내암의 남명 신도비명 마지막 부분에서 언급한 '冥道日月'이라 표현한 기대가 앞날을 내다 본 표현이 아닌가 생각된다.

참고문헌

『光海君日記』

『周易』

『辨誣』

鄭仁弘, 『來庵集』

成運, 『大谷集』

裵大維, 『慕亭集』

李舜臣, 『李忠武公全書』

大笑軒 趙宗道의 學問과 삶의 態度

I. 머리말

大笑軒 趙宗道(1537~1597)는 丁酉再亂 때 黃石山城에서 장렬하게 일생을 마쳤던 분이다. 당시 그 황석산성에서는 대소헌 이외에도 많은 사람들이 죽었다. 그런데도 그곳에서 죽은 사람으로 大笑軒과 存齋 郭䞭(1551~1597)만 자주 거론되는 것은 무슨 까닭인가?

이들이 단순히 縣監이란 벼슬아치였기 때문이라서 자주 거론되는 것은 아니다. 이들의 행위는 그 자체로도 기릴 만한 충분한 가치가 있었던 것이며, 또한 이들은 황석산성에서 殉死하지 않았다 하더라도 길이 추앙을 받을 수 있었던 인물이다. 이것은 물론 이분들의 실상에 대하여 좀 더 면밀한 검토를 거친 뒤에야 내릴 수 있는 결론이겠지만, 우선 이러한 전제를 통해서 논의의 실마리를 삼으려 한다.

II. 生涯와 師友淵源

大笑軒은 조선 中宗 32년(1537)에 咸安 院北洞에서 貞節公 漁溪 趙旅(1420~1489)의 5대손으로 태어났다. 아버지 趙堰은 圭庵 宋麟壽(1499~1547)의 문인으로, 명종 때 추천으로 참봉에 제수된 적이 있으나 벼슬길엔 나아가지 않았던 인물이며, 어머니는 大司成을 역임한 姜老의 손녀다.

대소헌은 10세 때부터 隱君子 鄭斗로부터 글을 배웠으며, 15세 때에 鄕解에 합격하여 서울에서 재능을 겨루게 되었는데, 이때 자신의 姑母夫인 進士 申弘國의 집에 우거하면서 수업을 하였다. 나중에 判府事를 역임하게 되는 그의 姑從 申礏이 당시에 동자로서 곁에 있었는데, 대소헌을 神仙처럼 바라보았다는 말이 전할 정도로, 대소헌은 어릴 적부터 재능과 외양이 超逸하였던 것으로 보인다. 학문의 기본은 이때 이미 갖추어졌다고 판단된다.

20세를 전후하여 玉溪 盧禛(1518~1578)의 문하에 출입하였는데, 이는 그의 누나가 옥계의 아들 盧士訓의 처가 되는 인연이 있었기 때문이다. 그리고 22세 때 新庵 李俊民(1524~1591)의 딸을 아내로 맞이하는데, 신암은 바로 남명의 생질이다. 연보에는 23세 때부터 남명의 문하에 출입한 것으로 되어 있지만, 이 사실이 행장에는 결혼 이전의 일로 기록되어 있다. 옥계의 연보에 옥계가 일찍부터 남명을 종유하였다는 기록이 있는 것으로 보아, 옥계가 대소헌에게 남명을 사사하라고 권했을 가능성이 있다. 그렇다면 대소헌이 신암의 사위가 되는 데에는 남명이 무관하지 않았을지도 모른다.

이 점을 이렇게 추론하는 이유는, 한 인물의 학문 또는 삶의 태도가 대체로 師友淵源에 의하여 어느 정도 결정되어지기 때문이다. 연보에는 30세 때인 명종 21년(1566) 2월에 南冥 曺植을 모시고 斷俗寺에서 龜巖 李楨(1512~1573) 등과 義理를 講論했다고 되어 있다. 그리고 그 해 3월에 南冥 曺植과 玉溪 盧禛을 모시고 葛川 林薰과 瞻慕堂 林芸 형제를 방문하여 함께 玉山洞에서 노닐었다는 기록도 있다. 즉 남명과의 이러한 만남을 통하여 대소헌은 자연스럽게 자신이 본받을 수 있는 한계 내에서 남명의 장점을 최대한 수용하였을 것으로 짐작된다.

34세 때인 경오년(1570)에 外艱을 당하여 37세 때인 계유년(1573) 봄에 복이 끝났다. 이 해에 太學의 추천에 의해서 安奇道 察訪에 제수되었다. 안기도는 안동 서쪽 5리 지점에 있으므로, 벼슬을 하면서 퇴계의 문인들과 깊이 교제할 수 있다는 편리함 때문에 기쁜 마음으로 벼슬길에 올랐다고 한다. 41세 때인 신사년(1581)에 司䆃寺 直長으로 승진되어 올라가기까지 8년 동안 이 안기도에서 계속 근무하게 된다. 이곳에서 대소헌은 부임할 때 생각했던 대로 퇴계의 문인인 松巖 權好文(1532~1587), 鶴峰 金誠一(1538~1593), 西厓 柳成龍(1542~1607), 賁趾 南致利(1543~1580) 등과 어울려서 강론을 게을리하지 않았다고 한다.

그 뒤 대소헌은 尙瑞院 直長, 通禮院 引儀, 掌隷院 司評 등을 역임하고, 47세 때인 계미년(1583)에 陽智縣監을 제수받았다.『宣祖實錄』乙酉年(1585) 4月 庚午條에 경기도 암행어사 柳根이 올린 狀啓가 실려 있다. 여기서 柳根은 大笑軒이 楊根郡守 金就礪와 함께 善政을 베풀었다고 보고하고 있는데, 대소헌에 대해서는 "양지현감 조종도는 정치를 평이하게 하여 백성의 부역을 輕減하였으며, 여러 가지 폐지되었던 사업을 점차 일으켜 세웠습니다."[124]라고 표현하고 있다. 이로 인해 表裏 一襲을 하사받았다. 그리고 이때 仁同縣監을 하고 있던 謙菴 柳雲龍(1539~1601)에게 편지를 보내었는데, 그 가운데 다음과 같은 표현이 있다.

백성의 논밭에는 물난리가 났고 현감의 관사에는 불이 났으니, 공의 행정은 물과 불 사이에 있습니다. 그러니 陽山 태수가 흰 술을 마시고 노란 꽃을 머리에 꽂고서 사람을 만나면 문득 크게 웃는 것과 어찌 같겠습니까?[125]

....

124『宣宗實錄』, 乙酉年 4月 庚午條, "陽智縣監趙宗道 爲政平易 役民輕歇 凡有廢墜 漸次修擧

겸암은 인동 현감으로서 물난리를 만난 백성들을 돌보는 일과 관아에 난 불 때문에 이를 다급하게 여기면서 행정에 전념하느라 여유가 없겠지만, 陽山 태수로 있는 자신은 머리에 꽃을 꽂고 술을 마시면서 껄껄 웃고 지내는 등 느긋하게 생활하고 있다며, 농담 같은 언급을 하고 있다. 이를 두고, 관찰사는 善政을 했다고 보고함으로써 임금으로부터 표리를 하사받았던 것이다. 그리고 이를, 대소헌이 행정을 평이하게 함으로써 백성들의 삶이 편안해졌다는 『선조실록』의 기록과 함께 본다면, 그가 매우 쉽게 행정을 펼치면서 자질구레함에서 훌쩍 벗어났음을 충분히 느낄 수 있다.

그는 이 해에 벼슬을 그만두고 고향으로 돌아가 있었다. 다음 해(50세, 1586)에 다시 聞慶縣監에 제수되었다가 그 다음 해 봄에 파직되고, 겨울에 金溝縣令에 제수되었다.[126] 기축년(53세, 1589) 겨울에 파직되는데, 境內에서 역신 鄭汝立이 모반하는 일이 일어났기 때문이었다. 이른바 己丑獄事라고 하는 이 사건은 단순히 끝나지 않고, 西人 쪽에서 無辜한 東人 쪽 인물을 너무 많이 연관시킴으로써 정치쟁점화가 되어 버렸다. 남명의 문인 가운데는 潮溪 柳宗智(1546~1589)와 守愚堂 崔永慶(1529~1590) 및 大笑軒이 이 사건에 엮이어 감옥에 갇히게 되었다.

이때 守愚堂은 감옥에서 자기 집 奴僕들을 나무라듯이 獄吏들을 질타하였으며, 대소헌은 평소처럼 우스갯소리를 하고 크게 웃으면서 지냈다고

---

125 趙宗道, 『大笑軒逸稿』 卷1 張3, "民田水 官舍火 公之爲政 在於水火之間 何似陽山太守 飮白酒 揷黃花 逢人輒大笑."

126 이 근처 몇 년 사이에 대한 연보의 기록은 실록의 기록과 연도가 어긋난다. 즉, 연보에는 갑신(1584)에 表裏를 하사받은 것으로 되어 있는데, 실록에는 을유(1585) 4월 경오조에 그 사실이 기록되어 있으며, 연보에는 聞慶縣監에서 파직되는 해가 정해(1587)인데, 실록에는 무자(1588) 4월 계해조에 그 사실이 기록되어 있다. 실록의 기록에 의하면 대소헌은 무자년 봄까지 문경현감으로 있었는데, 연보에는 한 해 전인 정해년 겨울에 金溝縣令에 제수되었다고 기록되어 있다. 대소헌 연보의 기록이 잘못 한 해씩 앞당겨져 있다.

한다. 이것은 옥중에서의 고사가 되어 널리 알려지게 되었는데, 이로써 우리는 수우당과 대소헌이 평소에 쌓았던 학문의 힘이 얼마나 대단하였는지 짐작할 수 있는 것이다.

대소헌의 나이 55세 되던 해인 신묘년(1591) 가을에 장인인 新庵이 서울에서 考終하였다. 逆變 이후로 서울에 갈 뜻이 없어서 가지 않고 있다가 임진년(56세, 1592)이 되어서 병든 몸을 이끌고 서울에 들어갔다. 그런데 이때 왜란이 발발했다. 대소헌은 소식을 듣고 즉시 西厓 柳成龍을 만나 永訣하고 영남으로 돌아오는데, 中路에서 松巖 李魯(1544~1598)를 만나 '영남에 돌아가면 의병을 일으켜 왜적을 치자'고 약속하였다고 한다. 咸陽에 도착하자 마침 그곳에 鶴峰 金誠一이 招諭使의 명을 받고 활동하고 있었던 바, 대소헌은 초유사와 상의하여 송암 이로와 함께 의병을 招募하고 軍民을 위로하는데 총력을 기울였다.

임진년 가을에 掌樂院 僉正에 除拜되고 겨울에는 丹城縣監에 除授되었다. 갑오년(58세, 1594) 가을에 벼슬을 버리고 진주의 召南에 있는 전장으로 돌아갔다. 그 다음 해 安州牧使에 제수되었으나 병으로 부임하지 못했으며, 병신년(60세, 1596) 봄에 淸風府使에 제수되었으나 역시 병으로 부임하지 못 했다. 이 해 가을에 咸陽郡守에 제수되자 자주 朝命을 어긴 것이 미안스러워 억지로 병든 몸을 이끌고 부임하였다.

그 다음해 정유년(61세, 1597)에 병으로 인해 遞職되었다.[127] 그런데도 대소헌은 고향으로 돌아가지 않고, 처자를 거느리고 황석산성으로 들어갔다. 황석산성은 당시 體察使였던 梧里 李元翼(1547~1634)이 조정과 의논

127 鄭慶雲의 『孤臺日錄』 정유년 7월 5일조와 6일조에 의하면 봉고파직당한 것으로 되어 있다. 그러나 그 해 4월 5일조의 '성주가 청렴하다'는 기록과, 여러 차례 병으로 사직서를 올린 기록 등으로 보아, 파직의 이유가 연보의 기록처럼 병으로 업무를 제대로 수행할 수 없었기 때문이 아닌가 여겨진다.

하여 咸陽·安陰·居昌의 백성들을 모두 들어가게 해서 決死抗戰하기로 되어 있었던 산성이었다. 그래서 각 고을의 수령이 백성들에게 모두 황석산성으로 들어가게 하였고, 한편으로는 성을 수축하기도 하였다. 그러나 이미 백성들 사이에는 이 성에 들어가는 것은 위태로운 일이라고 소문이 나버렸다.

사람들이 대소헌에게 '성은 위태롭고 군수의 임무는 바뀌었으니 떠나는 것이 옳다'는 말을 했다. 대소헌은 '평범히 친구와 죽음으로써 약속한 것도 어길 수 없는 일인데, 하물며 나라의 이름으로 약속하여 성을 지키겠다고 했음에랴!'라는 마음가짐이었고, 또 '왜적이 이미 준동을 하고 있는데 신임 군수가 아직 도착하지 않았으니 나만 급히 떠날 수는 없다. 죽더라도 진실로 그곳이 죽어야 할 자리라면 죽은들 어찌 한스럽겠는가?'라고 하고는 드디어 처자를 데리고 입성하였다. 게다가 백성들이 다들 "공이 떠나면 우리도 떠나고, 공이 들어가면 우리도 들어간다."라고 하였다 하니, 대소헌이 황석산성에 들어간 것은 백성들의 뜻이었다.[128]

그런데 이때 황석산성에는 金海府使 白士林이 나중에 도착해서 山城大將이 되었다. 백사림은 일찍이 武勇으로 이름을 날렸던 사람이고, 그가 '성이 험준하여 왜적을 대적하기가 쉽다'고 하였기 때문에, 당시 모두들 그를 믿고 있었다. 존재 곽준이 남문을 맡고, 대소헌은 서문을 맡고, 이 산성 가운데서 가장 험준한 동쪽을 백사림이 맡고 있었는데, 倭將 淸正이 거느린 적세가 성대한 것을 보고 백사림은 밤에 도망을 하였고 그 틈에 왜적이 동문을 통해서 난입하게 되었다.

....

128 『大笑軒逸稿』, 「年譜」 丁酉年條, "先生旣遞 人皆曰 城危任遞 公可去矣 先生曰 尋常許友以死 尙不可背 況爲國約爲城守者乎 又賊兵已動 新守未至 吾不可以徑去 死苟得所 死亦何恨 遂携妻子入城 咸民聞先生遞任 皆欲遁亡 聞先生不去 旋卽從之曰 公去吾亦去 公入吾亦入 先生之不去 亦爲民望也."

대소헌은 이때까지 몸이 완쾌되지 않았는데, 이 보고를 접하고 즉시 병든 몸을 끌고 남문으로 갔다. 존재 곽준이 "어찌하면 좋겠습니까?"라고 하자, 대소헌은 "죽는 도리 밖에 없습니다."라 하고, 드디어 관을 쓰고 띠를 매고 북쪽을 향하여 再拜하였다. 존재 곽준도 죽는 도리 밖에 없다고 하고서는 끝까지 적을 향해 활을 쏘다가 대소헌과 함께 죽음을 당하였다. 연보에는 대소헌이 '웃음을 머금고 칼날을 받았다(含笑受刃)'고 표현하고 있는데,[129] 죽음에 초연했던 대소헌의 자세를 後人이 이렇게 표현해 낸 것이 아닌가 한다.[130]

....

129 『大笑軒逸稿』,「年譜」丁酉年條, "士霖素以武勇名 城中恃之 使守東北門 東門 城之絶險處也 郭公守南門 先生守西門 及賊至 士霖見賊盛 夜毁城遁 賊由東門而入 人以城陷奔告 先生方病臥幕中 扶杖往南門 郭公曰 將奈何 先生曰 死也 遂冠帶下樓 北望再拜 相對而坐 顔色如平常 含笑受刃."
130 『고대일록』에는 존재 곽준의 죽음에 대해서는 상세히 기록하고 있는 반면, 이상하게도 대소헌의 죽음에 관한 기록은 전혀 보이지 않는다.

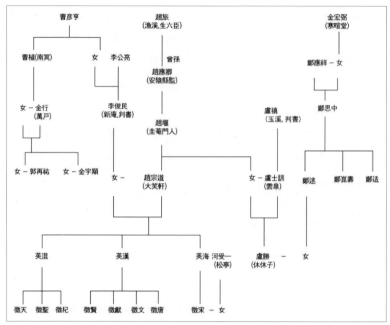

〈별표: 대소헌을 중심으로 한 혼인계보도〉

Ⅲ. 學問과 삶의 態度

앞에서 살펴보았듯이 대소헌은 생애의 마지막 6년 가까이를 난리 속에서 보내었으며, 또한 황석산성에서 최후를 맞을 때 부인도 자결하였으며 아들 英漢은 포로가 되어 잡혀갔다. 이러한 사정으로 해서 대소헌의 시문이 온전하게 전해지지 못 하였다. 예로부터 큰 솥의 국을 다 먹어 보아야 그 국맛을 아는 것은 아니라고 하였으니, 남긴 글과 후세의 信筆을 중심으로 대소헌의 학문은 그 내용이 어떠하며 또 그의 삶의 태도는 어떠한지에 대해서 어느 정도는 정리해 볼 수 있으리라고 생각된다.

여덟 살 때 읊었다는 「詠蝸牛」라는 시가 있다.

흐린 날에는 나오고,	遇陰之天出
갠 날에는 움츠린다.	遇陽之天縮
집이 있어 항상 지고 다니는데	有家常負行
뿔이 있어도 들이받지 못 하네	有角不能觸

이 시는 작자가 날씨에 따라 달팽이가 어떤 모습을 하고 있는지, 또는 평소 달팽이의 행동이 어떠한지를 면밀하게 관찰하였음을 잘 보여주고 있다. 제1구와 제2구를 對句로 처리하는 솜씨도 벌써 어린이의 그것이 아니라는 생각이 들 정도로 세련되어 있다. 제 3구에서의 '집을 항상 지고 다닌다'는 표현이나 제 4구에서의 '뿔이 있어도 들이받지 못한다'는 표현 등은, 달팽이의 생활 모습이 너무나 힘들다는 것과 아울러 그러면서도 결코 남을 해치지 못하는 달팽이의 여린 마음을 드러내고 있는 것으로 보인다.

대소헌은 어릴 적부터 이러한 면밀한 관찰력과 뛰어난 표현력을 발휘하였다. 또 글자 그대로 믿기에는 지나친 표현일지 몰라도 연보 18세조에서는 '聰明過人 過眼輒記(총명함이 보통 사람보다 뛰어나 한번 본 것은 다 기억하였다)'라 하여 기억력이 매우 뛰어남을 말하고 있다. 그리고 隱君子 鄭斗 및 玉溪 盧禛, 南冥 曺植 같은 스승이 있었고, 守愚堂 崔永慶, 覺齋 河沆, 松巖 李魯, 寧無成 河應圖, 茅村 李瀞, 忘憂堂 郭再祐, 存齋 郭趛, 松庵 金沔, 東岡 金宇顒, 寒岡 鄭逑, 松巖 權好文, 賁趾 南致利, 鶴峰 金誠一, 西厓 柳成龍 등 남명과 퇴계 문하의 이름난 학자들과의 교유가 있었으므로, 대소헌의 학문은 물론 삶의 태도까지 자연 이 사우연원의 학문과 깊은 관련이 있을 수밖에 없었으리라고 짐작된다. 그래서 대소헌이 남긴 글 가운데 九鼎一臠의 의미를 지니고 있다고 생각되는 글「學校策」과「倡義文」을 검토해서 학문의 성향을 짐작해 보고자 한다.

「學校策」은 對策인데, 대책은 經典의 의미나 政治 등에 대하여 문제를 내어 의견을 물은 데 대하여 그 의견을 진술하는 글이다.「學校策」은 바로 학교 교육에 관한 대소헌의 견해가 잘 드러난 글이다.

> 학교 행정은 인륜을 밝히는 것과 풍속을 아름답게 하는 것, 이 두 가지에 지나지 않는다.[131]
> 正學을 강의하여 그 마음을 바르게 한다.[132]

학교 행정[學校之政]이라 하였지만, 사실 이것은 학교 교육의 목표라 할 수 있는 것이다. 그런데, 이 학교 교육의 목표를 인륜을 밝히는 것[明倫]과 풍속을 아름답게 하는 것[善俗]으로 표현하고 있는데서, 대소헌이 학교 교육에서 궁극적으로 추구해야 한다고 생각한 내용이 무엇인가를 이해할 수 있고, 또한 그의 삶의 목표가 무엇인지도 짐작할 수 있다. 앞의 인용문이 학교 교육의 목표라면, 뒤의 인용문은 목표에 이르기 위한 방법론에 해당되는 것이다.

> 어찌 하겠는가? 근년 이래로 사람들은 그 몸을 사사로이 생각하고 선비는 그 학문을 사사로이 생각하여, 푸른 깃의 옷을 입고 취학하여 성균관에 이름을 둔 자들이 주견도 없이 무리를 지어 나아가고 무리를 지어 물러나며, 각 고을의 생도들은 서로 눈치만 보면서 태만히 생활하고 있다. 그러면서 사모하는 것은 科擧이고, 도모하는 것은 利祿이다. 책을 읽으면 옛날 글을 표절이나 하여 그로써 問答의 자료로 삼으려고만 하니, 이는 구슬을 산 사람이 구슬 담은 궤짝만 간직하고 구슬은 판 사람에게 되돌려 주는 격이다. 문장을 지을 때는 기이한 표현을 해서 그로써 과거에 합격할 생각만 하니, 이는 도리에 반하는 悖戾된 행위일 뿐이다. 배우고·묻고·생각하고·변별하는[學問思辨] 것이 무슨 소용이 있으며, 禮義廉恥가 무슨 필요가 있느냐고 생각하고

131 趙宗道, 『大笑軒逸稿』 卷1, 「學校策」, "學校之政 不過明倫善俗而已."
132 趙宗道, 『大笑軒逸稿』 卷1, 「學校策」, "講正學 以正其心."

있다. 선비들의 습속이 이와 같으니 국가는 대체 누구를 믿겠는가? 가르침이 베풀어지는 바가 없으니, 그것을 世道 탓으로 돌리겠는가? 자리에 기대앉아만 있고 강의를 하지 않으니, 博士에게 그 책임을 물어야 할까? 참으로 집사가 근심할 만하도다!133

이 부분은 당시의 학교 행정이 지니고 있는 문제점을 밝힌 것이다. 학교에서 공부하는 이유가 科擧를 통하여 利祿을 추구하는 것이니, 알맹이는 쏙 빠지고 껍데기만 남아 있는 꼴[買櫝還珠]이라고 비판하고 있는 것이다. 습속이 이런 식으로 변해 있기 때문에 단순히 한두 사람을 독려하는 식으로는 문제가 해결되지 않는다고 하면서, 해결의 실마리를 다음과 같이 제시하고 있다.

부모를 사랑하고 형을 공경하며 임금에게 충성하고 어른에게 공손하는 것이 바로 '秉彛'인데, 이는 사람이면 누구나 타고나는 것이다. 학교에서의 가르침은 '孝弟忠信'에서 시작하여 '修己治人'에서 끝난다.134

즉 人性教育이 학교 교육의 알맹이이므로, 학교 교육의 시작과 끝이 모두 이 '秉彛'를 알고 그것을 일상생활에서 실천하는 것이라고 설파하고 있다. 이는 서두에서 학교 교육의 목표와 방법을 제시한 것과 호응되는 부분으로, 표현방법은 다르지만 말하고자 하는 것은 앞부분과 서로 일치

---

133 趙宗道, 『大笑軒逸稿』 卷1, 「學校策」, "奈之何近年以來 人私其身 士私其學 青襟鼓篋 名居首善者 旅進而旅退 州縣生徒 相視而怠散 所慕者科擧 所圖者利祿 讀書則摽竊章句 以爲問答之資 則買櫝還珠而已 著述則詭誕文詞 以爲捷科之利 則反道悖理而已 以學問思辨爲何事 以禮義廉恥爲何物 士習如此 國何恃哉 教無所施 委之於世道耶 倚席不講 責之於博士耶 宜乎執事之憂也."

134 趙宗道, 『大笑軒逸稿』 卷1, 「學校策」, "愛親敬兄 忠君弟長 卽所謂秉彛 而人所同得者也 其教始於孝弟忠信 終於修己治人."

한다. 그리고 전제군주 시대에는 이것의 시행여부가 임금에게 달려 있었으므로, 대소헌은 또 "임금의 마음이 바르면 일국의 인심이 바르지 않을 수 없다.[135]"라고 하여 임금의 마음 자세가 발라야 한다는 점을 강조하고 있다. 군주의 이 바른 마음에 제도적 뒷받침이 있어야 이상적인 교육이 가능하다고 할 수 있는데, 다음이 바로 그 제도에 관한 견해이다.

漢·唐 이후에도 賢良科·方正科 또는 '孝廉'한 이를 천거하는 제도, 十科로 벼슬아치를 뽑는 법 등이 있었다. 이름과 실제가 서로 맞았는지는 알 수 없으나, 사람을 등용하는 데 한 가지 방법에만 구애된 것이 아니었다는 사실은 알 수 있다. 지금은 그렇지 않아서, 才能과 器局의 當否나 人物의 賢邪도 不問하고, 백 명 또는 천 명으로 무리를 지어 경쟁토록 하여, 文理가 겨우 법식에 맞기만 하면 등용하여 의심하지 아니한다. 이것이 과연 예의로 모범을 보이는 방법으로써 교육하는 것이겠는가? 학교 교육이 퇴폐하여 떨쳐지지 않았던 이유가 바로 여기에 있다.[136]

즉 국가에서 필요한 인재를 등용하기 위하여 공개경쟁 시험을 치르는 방법 이외에, 추천에 의하여 선발하는 방법과 여러 부문으로 나누어 선발하는 방법 등에 대해서도 고려해 봄이 바람직하다는 내용이다. 문장만 그럴 듯하면 그 사람을 인재로 생각하여 뽑아 쓰는 과거제도 때문에, 학교 교육이 퇴폐하여 떨쳐지지 못하고 있다는 주장이다.

대소헌 자신은 「學校策」을 통해 보더라도 문장에 대한 능력이 매우 탁

....

135 趙宗道, 『大笑軒逸稿』 卷1, 「學校策」, "人主之心正 則一國之人心無不正矣."
136 趙宗道, 『大笑軒逸稿』 卷1, 「學校策」, "漢唐以下 亦有賢良方正之科 孝廉之擧 十科取士之法 名實相稱 雖不可知 用人之道 不拘於一端 亦可知矣 今則不然 不問才器之當否 人物之賢邪 千百爲群 使之競爭 而文理粗中程式 則登庸而勿疑 此果敎之以禮義相先之道乎 學校之頹廢不振 職此然也."

월하였던 것으로 보인다. 그럼에도 불구하고 그는 재능과 국량(才器) 및 인물의 賢邪를 판단하는 데 문장력이 절대적 기준이 되는 것은 아니라고 주장하고 있는 것이다. 물론 이 글에서 대소헌이 구체적인 대안을 제시하지는 않고 있지만, 적어도 이러한 생각을 가지고 있었고 또 이것을 대책문에서 드러내고 있다는 것은, 그가 社會的 實踐을 重視하는 南冥의 學風과 어느 정도 관련이 있는 것으로 판단된다. 선조 20년(1587년, 51세) 3월에 松庵 金沔의 집에서 鶴巖 朴廷璠, 茅村 李瀞, 篁巖 朴齊仁 등과 만나 여러 달 동안 강론을 하면서, '熟味實踐'을 要法으로 삼고 '費辭立說'을 末弊로 규정하고 있는 기록[137]이 그 증거의 하나가 될 수 있지 않을까 한다.

다음으로 논의할 「倡義文」은 「學校策」에서 언급하고 있는 '孝弟忠信'과 '修己治人'의 연장선상에서 나온 글이다.

> 어째서 사람을 신령스럽다고 하는가? 사람에게는 君臣·父子의 윤리가 있기 때문이다. 어째서 선비를 빼어나다고 하는가? 義理의 向背를 알기 때문이다. 이 땅에서 먹고 사는 사람은 모두 신하이니, 어찌 녹을 많이 받는 사람만 죽어야 하리오? …… 죽는 것을 누가 좋아하랴만 온 천지에 그물이 쳐 있어서 달아날 데가 없는 형상이다. 사는 것을 비록 바란다지만 개·돼지처럼 살아가는 것은 죽는 것과 같으니, 차라리 義에 죽을지언정 감히 살기를 바라겠는가? 仁을 위해 生을 버리기도 하였으니, 나라를 배반하고 원수를 섬기는 일을 편안히 여길 수 있겠는가? 정수리의 머리카락을 깎고 이빨을 검게 물들이는 일을 견딜 수 있겠는가?[138]

---

137 金沔, 『松庵年譜』, 萬曆十五年 丁亥, "三月 朴鶴巖廷璠趙大笑軒宗道李茅村瀞朴篁巖齊仁 來留屢月 互相勉勵提飭 尤以熟味實踐爲要法 費辭立說爲末弊 窮理不務新奇 持行不喜崖岸."

138 趙宗道, 『大笑軒逸稿』卷1, 「倡義文」, "何謂靈 爲其有君臣父子之倫也 何謂秀 爲其識義理向背之分也 旣食毛之皆臣 寧肥祿之獨死 …… 死誰可樂 網天地而無逃

글의 흐름이 급박하고 논리가 정연하여 글을 아는 사람이면 누구나 떨쳐 일어나지 않을 수 없게 한다. 글 솜씨만 빼어나게 좋은 글은 읽어 볼 때 얄팍한 생각이 드는데, 가슴 속에서 우러나온 진실한 내용의 글은 읽을수록 진한 맛이 배어나온다. 대소헌의 이「창의문」은, 나중에 황석산성에서 '捨生取義'를 몸으로 보여주었기 때문인지 몰라도 더욱 진실하게 느껴진다. 물론 단순히 글 솜씨만 있기 때문이 아니라, 학문의 힘이 저변에 깊이 깔려 있기에 가능한 것이다.

「倡義文」은 사람들로 하여금 될 수 있으면 많이 의병에 참여토록 유도하는 내용이다. 그러므로 누구나 의병에 참여하여야 한다는 논리를 전개하는 것이 마땅하다. 그런데, 일반인은 의리의 향배에 있어서 그 식견이 확고하지 못하므로, 지식인인 선비가 앞장서서, 그들이 왜 의병에 참여해야 하는가를 알려 주어야 한다는 것이다. 이러한 점에서 대소헌은 지식인으로서의 행동 규범에 대한 인식이 매우 투철했다는 것을 알 수 있다.

대소헌이 송정의 시에 차운한 시 가운데 다음과 같은 내용의 시가 있다.

> 만약 자신의 행동이 분수에 맞는 것이라면,　　　若自卷舒隨立脚
> 곧 큰 절도가 예법을 넘지 않음을 알겠노라.[139]　方知大節不踰閑

큰 절도가 예법을 넘지 않는다는 표현은『論語』<子張> 편에서 子夏가 말한 "大德이 예법의 한계를 넘지 않으면 소덕은 출입이 있더라도 괜

生縱欲偸 屈犬豕而忍活 等其死也 寧死於義 敢望生乎 捨生於仁 背國事讐 其可安歟 髡頂染齒 其可耐歟."

139 『松亭集』卷2,「聞趙丹城辭官而歸遂以三絶戲呈」이란 제목의 시 뒤에 부록으로 대소헌의 次韻詩 3수가 전하는데,『大笑軒逸稿』에는 이 차운시의 제1수만 전하고 나머지 두 수는 전하지 않는다. 대소헌이 차운한 나머지 두 수는 다음과 같다. "頹紙應將做達官 鵬程發軔昔人慳 若自卷舒隨立脚 方知大節不踰閑", "年來衰病眼花昏 欲向高屛覓撥雲 消盡客萌何處好 可從來日御于君."

찮다.(大德不踰閑 小德 出入可也)"라는 말을 응용하여 표현한 것이다. 대소헌의 삶의 태도 가운데 특징적이라 할 수 있는 것이 바로 이 '大節不踰閑'의 자세이다. 大節에 문제가 없으면 사소한 문제는 조금 법식에 맞지 않는 측면이 있다 하더라도 전혀 개의치 않는 대범하고 호방한 삶의 태도다.[140]

己丑獄事에 관련되어 옥에 갇혔을 때에 흥겨운 술자리에서처럼 호탕하게 웃으면서 생활했다는 기록들도 이러한 관점에서 보면 이해될 수 있는 것이다. 그리고 倭의 使僧인 玄蘇가 왔을 때, "宗道는 이름이요 字는 伯由라. 깨어 있을 땐 생각이 깊지 않고 취했을 땐 근심 없다네. 때로 기운을 토해 무지개처럼 뻗치면, 萬丈의 光輝가 南斗星과 牽牛星을 가리리라."[141]라는 시를 차운해 보임으로써, 현소가 그 기개에 감복하여 시를 벽에 걸어두고 절을 했다고 할 정도로, 대소헌은 대범하고 호방했던 것이다.

대소헌의 이런 대범하고 호방한 삶을 보여주는 시 가운데 다음의 시는 아마 그 白眉라 할 수 있을 것이다.

> 호숫가에서 거문고 타며 술을 마시는데,　　　　湖上鳴琴酒一壺
> 술이 다함에 거문고 잡히고 술 받아온다.　　　　壺傾酒盡典琴沽
> 취하니 몸이 복희씨 시대에 있는 듯하여,　　　　醉來身在羲皇上
> 현이 없을 뿐만 아니라 거문고마저 없네.[142]　　不獨無絃琴亦無

도연명이 絃이 없는 거문고[無絃琴]를 준비해 두고 있다가 술에 취하면 이 거문고를 탔다고 한다. 그러므로 무현금은 완벽하게 자기 뜻에 맞게 연주할 수 있는 거문고다. 물론 이러한 이야기는 도연명이 술을 몹시

---

140 물론 이러한 자세에 대하여 吳氏의 설은 귀담아 들을 만한 말이다.
141 『大笑軒逸稿』 卷1, 「次玄蘇韻」, "宗道其名字伯由 醒無思慮醉無愁 有時吐氣虹霓直 萬丈光輝翳斗牛
142 『大笑軒逸稿』 卷1, 「無題」.

좋아했다는 것과, 그가 무아지경에서 거문고의 세계에 빠져들곤 했음을 전해 주는 말이다. 대소헌은 도연명의 그러한 행위에 비해 한 걸음 더 나아간 모습을 여기서 보여주고 있다. 도연명은 술이 없더라도 거문고를 없애지는 않았을지 모른다. 그러나 대소헌은 조금도 주저 없이 거문고를 잡히고 술을 받아 마신다. 그리고는 마치 태고적 인물인양 아무런 얽매임 없이 무아지경에 빠질 수 있었던 것이다.

그런데 그의 이러한 대범하고 호방한 삶의 자세는 학문에 의하여 '大節이 예법을 넘어서지 않을' 수 있었기에 가능한 것이었다. 단순히 대범·호방하기만 하고 학문적 뒷받침이 없었다면 아마도 추앙의 대상이 되지 못 했을 것이다. 공자가 자로에게 '仁·知·信·直·勇·剛' 등을 좋아하면서도 배우기를 좋아하지 않으면 여러 가지 폐단이 있음을 말하여,143 학문에 힘쓸 것을 간곡히 당부하고 있는 것에서 다른 무엇보다도 학문의 중요성을 분명히 인식할 수 있다. 결국 대소헌의 대담·호방한 삶의 태도와 실천 중심의 학문은, 대소헌의 생애에 상호보완적으로 작용하면서 대소헌을 우리가 아는 대소헌답게 인식하게 해 주는 것이 아닌가 생각된다.

IV. 맺음말

이제까지 대소헌의 생애를 살펴보고, 이를 바탕으로 하여 그의 학문과 삶의 태도에 대해서 생각해 보았다. 그렇지만 대소헌에 관한 구체적인 자료가 많지 않아, 적은 자료로 글을 엮다 보니 논리가 제대로 서지 않은

---

143 『論語』「陽貨」, "子曰 由也 女聞六言六蔽矣乎 對曰未也 居 吾語女 好仁 不好學 其蔽也愚 好知 不好學 其蔽也蕩 好信 不好學 其蔽也賊 好直 不好學 其蔽也絞 好勇 不好學 其蔽也亂 好剛 不好學 其蔽也狂."

글이 되고 말았다.

그러나 적어도 다음과 같은 몇 가지 점에서는 합의할 수 있으리라고 본다.

첫째, 대소헌은 총명한 두뇌를 타고난데다, 鄭斗·盧禛·曹植 등 당대 경상우도에서 가장 이름난 스승으로부터 학문을 사사하였고, 이러한 학문 풍토에서 함께 강학했던 좋은 벗들을 많이 만나, 여기서 학문이 무르익을 수 있었다.

둘째, 「學校策」이나 「倡義文」 등을 통해서, 대소헌의 학문이 社會的 實踐과 깊은 관련이 있음을 알 수 있었고, 이는 바로 南冥의 학문과 깊은 영향관계에 있다는 것을 유추할 수 있었다.

셋째, 대소헌은 대범하고 호방한 삶의 태도를 지녔는데, 학문에 의해 '大節이 不踰閑'할 수 있었기에 후인의 추앙을 받을 수 있었다. 황석산성에서 장렬하게 최후를 맞을 수 있었던 것도 바로 이런 삶의 태도와 학문의 역량에 의해서 가능할 수 있었을 것으로 생각된다.

『論語』

『朝鮮王朝實錄』

鄭慶雲, 『孤臺日錄』

趙宗道, 『大笑軒逸稿』

編者未詳, 『松庵年譜』

河受一, 『松亭集』

松庵 金沔의 師承 硏究

I. 머리말

1592년 4월 14일에 왜적이 부산포로 침입해 들어왔다. 釜山鎭僉節制使 鄭撥(1553~1592)은 싸우다가 전사했고, 다음 날은 東萊府使 宋象賢(1551~1592)이 이들을 맞아 싸우다가 장렬하게 순직하였다. 이후 관군은 이른바 '望風而潰' 즉 근처에 적이 왔다는 소문만 듣고도 궤멸되는 형세였다. 慶尙道 觀察使로서 경상도 지역의 방위 책임자인 金睟(1547~1615)는 勤王한다는 명분으로 경상도를 떠남으로써 왜적은 무인지경의 상황에서 서울로 진격하여, 상륙한 지 18일만인 5월 2일에 서울을 점령하였다.

이때 경상도 의령의 외가에 거주하던 忘憂堂 郭再祐(1552~1617)가 전국에서 가장 먼저 4월 22일에 창의하여 게릴라 전법으로 왜적을 당황케 하였고, 이어서 來庵 鄭仁弘(1536~1623)과 松庵 金沔(1541~1593)의 주도 아래 남명학파가 대거 창의하여 약 3,000명을 헤아리는 대군을 이끌고 거창·지례·성주 등지에서 후방 지역 보급을 담당하던 왜군들과 전면전을 펼칠 수 있게 하였으며, 이후 명의 원군도 대거 입국하자 왜적이 결국은 연전연패하여 남해안으로 밀려났다. 그 뒤 정유년에 다시 전면적으로 침범하여 우리를 크게 괴롭혔지만, 저들의 국내 사정도 있었고 승산이 없음도 분명히 알았기에 결국 그들은 물러나고야 말았다.

임진왜란 당시의 송암 김면과 망우당 곽재우는 선비로서 무략도 겸비하였던 인물이었다. 망우당은 붉은 옷을 입고 '天降紅衣將軍'이란 깃발을 달고 예측하지 못한 곳으로 말을 달려 나타났다 사라지곤 하여, 왜적을 정신 못 차리게 할 정도로 무예에도 뛰어났던 것으로 이미 널리 알려져 있다. 송암 역시 말을 타고 달리면서 화살을 쏘아서 목표물을 맞출 수 있을 정도의 무예 능력을 지니고 있었다.

당시 선비로서 이러한 능력을 갖춘 사람들이 나라 안 도처에 없지 않았겠지만, 남명 조식의 경우 그 문인들에게 왜적에 대비할 계책을 평소 대책 문제로 내어 물으면서까지 가르쳤던 만큼, 이것이 임진왜란에 남명학파가 대거 창의하였던 학문적 배경이라 할 수 있다.

茅谿 文緯(1554~1632)는 그의 『茅谿日錄』 끝부분에서 「義兵三將事蹟」이란 글을 실어 두었는데, 여기서의 義兵三將이란 鄭仁弘·金沔·郭再祐를 가리키는 말이다. 임진왜란 당시 또는 직후, 심지어는 200년이 지나기까지 이들이 모두 남명 문인으로 알려져 있었는데, 19세기 후반에 이르러 송암 김면이 남명 문인일 뿐만 아니라 퇴계의 문인이기도 하다는 기록이 나옴으로 인해 의병활동의 분석과 의미 부여에 석연치 않은 변화가 일어났다. 필자 또한 변개된 자료를 보고 김면이 남명 문인이면서 퇴계 문인이라고 人名錄을 정리한 적이 있다. 그러나 1785년에 간행된 두 종류의 『송암실기』와 『송암유고』 및 『송암연보』, 樊巖 蔡濟恭(1720~1799)이 찬술한 金沔 神道碑의 내용과 실제 신도비를 대조해 본 결과, 이들을 면밀히 검토하여 진실을 밝혀야겠다고 생각하여 본고를 집필하게 되었다.

II. 선행 연구 검토

송암 김면은 임진왜란 초기에 창의하여 혁혁한 군공을 세웠기 때문에

이에 대한 기록도 적지 않거니와, 그의 창의활동에 대한 연구 또한 적지
않다. 이 가운데 그의 사승에 대해 언급한 것만 찾아서 살펴보고자 한다.

김면에 대한 본격적인 연구는 1991년에 발표된 김강식의 석사학위 논
문「의병장 김면 군의 경상우도에서의 위치」에서 비롯된다. 그리고 1992
년 10월에 임진왜란 발발 400주년에 즈음하여 경상대학교 남명학연구소
에서 경상우도 의병활동을 재조명하는 학술대회를 개최한 바 있었는데,
여기서 김강식은 다시「송암 김면의 의병활동」이란 제목으로 발표하였다.
그 내용은 석사학위 논문과 대동소이한데, 이 가운데 '의병기반'이란 소
제목 하의 글에서 다음과 같이 논급하고 있다.

> 김면의 경우는 동강·한강 등과 남명을 일찍부터 찾아뵈었으며, 특
> 히 남명이 호를 지어준 사실과, 벼슬길에 나서지 않고 있는 점 등에
> 서 남명학에 얼마나 경도되어 있는지를 알 수 있다.[144]

김강식이 이 인용문에서 남명이 호를 지어 주었다고 표현한 것은 국사
편찬위원회에 보존되어 있는 필사본 사진자료『송암연보』의 "무진년 선
생 28세 9월에 남명 선생이 찾아오셨다. 재호를 송암이라 하고 자필로 현
판 글씨를 써 주셨다.[戊辰先生二十八歲 九月 南冥先生來臨 題齋號曰松庵
自筆懸板]"라는 부분을 근거로 한 발언이다. 그리고 남명학에 경도되었다
는 표현에도『송암연보』를 근거로 하여 구체적으로 다섯 차례나 관직에
제수되었으나 잠시 공조좌랑을 역임하였을 뿐 19세 때 남명에게 수학한
뒤로는 과거를 포기하였다는 주석을 달고 있다.

그런 뒤 다시 제3장 '김면 군의 위치'에서는 다음과 같이 언급하고 있다.

....

144 김강식,「의병장 김면 군의 경상우도에서의 위치」, 1991년 2월 부산대학교 사
　　학과 석사학위논문.

특히 김면은 남명과 퇴계의 양 문하를 드나들면서 배움을 깊이 하였고, 그런 과정에서 맺은 폭넓은 교유관계는 의병활동을 하는 데 많은 도움이 되었다. 그러나 김면이 갖는 지역성과 사귄 문인이 남명문인이 많고 순수한 퇴계문인이 적은 데서 남명의 경의지학에 다소 기울어져 있었다는 점을 부인할 수 없다.

김면이 퇴계의 문하에도 출입했다는 이 표현 역시 앞에서 든 『송암연보』에 근거를 둔 것이다. 김면이 남명학에 크게 경도되어 있었다는 앞의 인용문과 관련지어 보면, 퇴계 문인으로서의 김면을 논술하기가 어려웠던 것으로 보인다. 그러나 『송암연보』에 김면이 퇴계에게도 집지하였다는 기록이 있으므로 이를 인정하지 않을 수 없어서 이처럼 논술한 것이 아닌가 한다. 이와 관련하여 『송암연보』에 대해서는 장을 달리 하여 자세히 논술할 것이다.

김강식 다음으로 김면의 사승에 대해 언급한 것으로는 1993년에 발표한 한상규의 「합천지방 임진의병의 선비정신 발견」이란 논문이 있다. 한상규 또한 같은 근거 자료를 가지고 다음과 같이 김면을 남명과 퇴계의 양 문하에 출입한 것으로 언급하고 있다.[145]

19세에 지리산의 德山으로 南冥을 찾아가 문인이 된 그는 이때부터 일체 과거에 뜻을 두지 않고 진리를 깨닫고 실천하는 공부에만 몰두하였다. 김면은 20세 때 다시 폐백을 갖추어 陶山으로 李滉을 찾아가 퇴계 문인이 되었다.
그가 남명 문인을 규합, 제휴하여 의병을 일으킨 것을 보면 그의 학문 세계는 실천을 중시하는 남명의 경의지학에 어느 정도 경도되었는가를 짐작할 수 있다. 김면이 일찍이 재실을 짓고 남명에게 당호를

....

145 한상규, 「합천지방 임진의병의 선비정신 발견」, 『교육철학』 11집, 253쪽.

지어 줄 것을 청하자 남명은 친히 松庵이라는 현판을 써 주기까지 했다. 그는 학문에 깊이 몰두하여 24세에 『율례지』 7권을 지어 남명에게 바치자 남명은 그의 학문에 감탄한 나머지 그를 '대군자'라고 부르기까지 했다. 남명이 죽자 김면은 1년간 소복을 입고 연회에 참석하지 않았으며 내실을 들지 않을 만큼 스승에 대한 예를 극진히 갖추었다.

한상규는 이런 언급을 하게 된 데 대하여 주석을 달지는 않았으나, 이는 김강식의 논문을 참고하고 『송암연보』의 자료를 더 찾아내어 보강한 것이다. 그러나 1995년에 정현재는 「경상우도 임진의병의 전적 검토」란 논문에서 『송암연보』의 기록을 최초로 부정적인 시각으로 보았다. 물론 이 논문은 사승관계에 대해서는 관심 밖이었고 일자에 따른 전투 상황과 전적지에 대하여 검토한 것이지만, 『송암연보』에서 자세하게 기록된 것들이 다른 기록들과 너무 차이가 있어서 신빙하기 어렵다는 결론을 내렸다.[146]

그럼에도 2003년과 2005년에 「壬亂 義兵 都大將 金沔 研究」와 「송암 김면의 의병활동」이라는, 제목만 다르고 내용은 같은 최효식의 두 논문이 발표되었는데, 여기서도 『송암연보』를 근거로 하여 김면이 남명과 퇴계의 문인임을 언급하고 있다.

그런데 2005년에 최효식과 같은 곳에서 발표된 윤영옥의 「송암 김면의 문학과 사상」이라는 논문에서는 『민족문화대백과사전』에서 "성리학의 대가인 남명을 사사하였고, 퇴계의 문하에서 성리학을 연마하였다."라는 말을 인용하였을 뿐 다른 견해의 표명이 없다가, "아마 송암은 이런 이력을 가진 수우당을 같은 스승을 모신 학연으로 인해 지기로 받아들여 친분을 가진 것 같다."[147]라고 함으로써, 김면을 남명 문인으로서 이해하고 있음을 알

146 정현재, 「경상우도 임진의병의 전적 검토」, 『경남문화연구』 17집, 51쪽~59쪽.
147 윤영옥, 「송암 김면의 문학과 사상」, 『민족문화』 32집, 161쪽.

수 있다. 같은 해 남명학연구원에서 간행된 『선비문화』 8집에서 설석규는 「자신을 버린 우국충정~송암 김면」이란 글에서, 『송암연보』를 인용하면서도 퇴계 문인이었다는 점은 전혀 드러내지 않았다.

또 같은 해에 정진영은 「송암 김면의 임란 의병활동과 관련 자료의 검토」라는 논문을 발표하여 김면과 관련된 자료에 대한 본격적인 검토를 하였다. 여기서 정진영은 "홍중현과 허전의 「시장」, 그리고 「가장」의 내용을 비교해 볼 때, 주목되는 부분은 다름 아닌 송암의 학통 문제이다."라고 하면서 다음과 같이 분석하고 있다.

> 삭제된 「시장」과 「가장」에서는 비록 간단하지만 남명과의 사승관계만 언급하고 있음에 비해 허전의 「시장」에서는 남명과 퇴계를 동시에 언급하고 있지만, 퇴계와의 관계를 장황하게 강조하고 있다. 이것은 송암의 학문적인 연원이 퇴계에게 있음을 강조하는 것이다. 사실 송암은 퇴계에게 講質하기도 하였지만, 남명과의 관계가 보다 빈번하고 돈독하였다. ……
>
> 성재는 한강을 연원으로 하는 근기 남인의 대표적 인물이었고, 또한 김해 부사를 역임하는 과정에서 경상우도의 많은 사족들과 사승관계를 맺고 있었다. 이러한 사정에서 19세기 고령의 사족들은 송암과 남명과의 관계는 드러내고 싶지 않았을 것이다. 이것이 홍중현의 「시장」과 「가장」이 삭제되게 된 진짜 이유이고 유고가 간행되게 된 배경이 아닐까 추측해 본다.[148]

정진영은 여기서 고령 지역 사족들이 19세기 말 당시에 남명보다 퇴계 쪽으로 사승관계의 비중을 강화하려는 움직임이 있었던 것으로 이해하면

---

148 정진영, 「송암 김면의 임란 의병활동과 관련자료의 검토」, 『대구사학』 78집, 117~118쪽.

서, 『송암연보』에 대한 문제점은 전혀 의식하고 있지 않음을 알 수 있다. 이는 위의 글을 쓰면서 주석으로 제시한 다음의 글에서 알 수 있다.

> 송암은 20세(1560)에 퇴계에게 집지하여 기대를 받았고, 부음을 접하고는 설위하여 통곡하기도 하였지만, 남명과의 관계는 훨씬 더 빈번하고 긴밀하였다. 17세(1557)에 처음으로 덕산에 가서 남명을 배알한 이후, 19, 22, 23, 24세에 계속하여 가르침을 받았으며, 특히 27세가 되던 해에는 재실 상량문을 청하자 다음 해 9월에 남명이 방문하여 '송암'이라는 재호를 직접 쓰기도 하였다.(『송암연보』 참조)149

정진영의 이 논문은 자료 비판의 중요성을 언급하면서 『화왕산성동고록』 등의 기록이 갖는 문제점을 일부 제시하면서도 시원하게 그것이 杜撰임을 말하지는 못하였다. 더구나 『송암연보』에 대해서는 전혀 의심을 하지 않고, 이를 경상우도의 사족들이 남명과 함께 퇴계의 문하에도 출입하고 있었던 근거로 언급하고 있다.

그러나 2012년에 이르러 김영나가 「송암 김면과 고령 지역의 의병활동」이란 논문을 발표하면서 김면 관련 자료를 검토하고 당시까지의 김면 관련 논문을 검토하였는데, 이 가운데 김면의 사승과 관련하여 논술한 부분만 인용하면 대체로 다음과 같다.

> 10세 때 裵紳(1520~1573)에게 배웠는데, 그가 조식과 이황 양쪽 문하에서 학문을 익혔던 것으로 보아 김면 역시 그 영향을 받았을 것이다. 1571년 능참봉에 제수되었으나 벼슬에 나가지 않았고, 1577년 공조좌랑에 제수되었지만 거절하였다. 이것은 조식의 출처관을 그대로 이어받았던 것으로 보인다.150

---

149 위와 같은 곳.

고령의 의병활동과 관련된 자료는 『송암선생실기』·『송암선생유고』·『송암연보』 등 김면과 직접적으로 연관된 사료들과 『고대일록』·『모계선생일기』·『용사일기』·『정만록』 등 여러 사람들이 임진왜란 당시에 쓴 일기류 등이 있다. ……『송암연보』는 김면이 사망한 지 200여 년 이상 경과한 후에 만들어졌기 때문에 내용의 진위여부 파악이 필요하다.151

『송암연보』에는 김면이 11세 때 김우옹과 함께 이황을 만난 것으로 되어 있는데, 김우옹은 1566년 26세 때 쯤 이황에게 학문을 배웠다고 한다. 따라서 김면이 이황에게 학문을 배웠다고 하는 것은 문제가 있다. 이것은 17세기 이후 성주권 유림사회가 퇴계학파로 돌아서고, 특히 무신란 이후 영남학파의 정통성이 퇴계학파로 연결되는 정치·사회적 분위기에 편승하여 억지로 연결시키려 한 것이 아닌가 여겨진다. 또한 김면의 행장에 이황의 문하에서 배웠다는 내용이 없기 때문에 제자로 보기에 무리가 있다는 주장도 있다. 따라서 김면이 이황에게 배웠다기보다는 그의 제자들과 교유하면서 간접적으로 영향을 주고받았다고 볼 수 있다.152

이처럼 김영나는 당시까지의 논문과 자료를 정리하면서 김면이 퇴계의 문인이라고 보는 것은 무리라고 보고, 『송암연보』의 기록은 믿기 어렵다는 정현재153와 이상필154의 견해를 받아들이고 있다. 즉, 김면은 남명의 문인으로서 남명의 출처관에 따라 처신하였고 의병활동 또한 그와 연관시키는 것이 바람직하다고 본 것이다.

....

150 김영나, 「송암 김면과 고령 지역의 의병활동」, 『한국사상과 문화』 64집, 240쪽.
151 김영나, 「송암 김면과 고령 지역의 의병활동」, 『한국사상과 문화』 64집, 241쪽.
152 김영나, 「송암 김면과 고령 지역의 의병활동」, 『한국사상과 문화』 64집, 245 ~246쪽.
153 정현재, 「경상우도 임진의병의 전적 검토」, 『경남문화연구』 17집, 53쪽~54쪽.
154 이상필, 『남명학파의 형성과 전개』, 와우출판사, 2003, 113쪽.

그런데 2014년에 이르러 김학수는 「김성일의 임란 중 활동과 인적 네트워크」라는 논문에서, "정인홍의 경우 당시 남명학파의 좌장적 존재라는 점에서 김성일과는 약간의 이질성이 있어 보이는 것은 사실이지만 김면은 퇴계문하의 동문이었으므로 김성일과는 친숙한 관계에 있었다고 할 수 있다."[155]라고 하였다. 2012년에 발표된 김영나의 논문을 못 보았거나 인정하지 않으려는 태도 가운데 하나라고 생각된다.

김영나의 논문을 보았다고 하더라도 명쾌한 결론이 난 것이 아니기 때문에, 이런 상태라면 앞으로도 김면의 사승관계에 대한 언급은 들쭉날쭉할 수밖에 없다. 그러므로 이제 이 문제 해결의 핵심이 되는『송암실기』두 종류와『송암유고』및『송암연보』를, 김면의 사승 관련 이해를 중심으로 분석하여 그 진실에 한걸음 더 다가서고자 한다.

Ⅲ. 松庵 관련 자료 분석

1. 『松庵實紀』와 『松菴遺稿』

松庵 金沔(1541~1593)은 고령김씨 得貫祖 金南得의 7세손으로, 1519년 문과에 급제하여 慶尙左兵使를 지낸 金鐸의 손자이고, 무과에 급제하여 慶源府使를 지낸 金世文(1520~1569)의 아들이다. 남명과 친분이 있었던, 무과에 급제하여 김해부사, 제주목사 등을 역임하고 평안병사에 이른 金秀文(?~1568)은 그의 종숙부다.

김면은 임진왜란 초기에 기병하여 의병대장으로서 3,000명의 대군을

---

155 김학수, 「김성일의 임란 중 활동과 인적 네트워크」,『남명학연구』41집, 79쪽.

지휘하여 경상우도 지역의 방어는 물론 전라도 지역으로 왜적이 침범하지 못하게 함으로써, 임진전란사에 찬연히 빛나는 공적을 남긴 인물이다. 그러나 안타깝게도 53세 되던 1593년 3월 11일 軍中에서 病死하였다. 그의 軍功은 난후에 인정되어 宣武原從功臣에 1等으로 책록되었지만, 이를 현양할 아들이 없어서 그의 공적은 세상에 크게 알려지지 못했고, 그가 남긴 시문도 제대로 수습되지 못했다. 그래서 남명의 사우록인 『산해사우연원록』에 문인으로 등재되지도 못한 채 200년 가까운 세월이 흐른 뒤, 1786년이 되어서야 비로소 초간 『松庵實紀』가 간행되어 그에 관한 개인적 자료가 세상에 알려지게 되었다.

여기에 들어 있는 자료 가운데 사승과 관련 있는 글로는 家狀, 行狀, 謚狀이 있다. 찬자 미상의 家狀에는 "師事曺南冥先生又與寒岡鄭先生述爲道義之交"라 되어 있고, 행장에는 사승 기록이 없고, 洪重鉉(1660~1726)이 1714년에 찬술한 謚狀에는 "遊南冥之門與鄭寒岡爲道義交"라 되어 있다. 일반적으로 가장이 작성된 뒤 이를 바탕으로 행장을 받고, 그 다음 필요에 따라 시장을 받는 것이 관례다. 그렇다면 魯西 尹宣擧(1610~1669)가 찬술한 행장에서 김면이 남명의 문인이었다는 점을 왜 밝히지 않았는지 알 수가 없다.

윤선거는 고령김씨 족보에 의하면 김면의 아우 金滋(1546~?)의 孫壻로 되어 있다. 김자는 종숙부 김수문에게 입계되었다. 김수문은, 礪山군수와 鴻山군수 등을 역임하고 충청도 魯城에 자리를 잡은, 그 고조부 金士行의 가계를 이어 충청도 魯城에 그 터전이 있었던 인물이다. 김자 또한 김수문에게 입계하여 거기서 살았기 때문에 그곳에 대대로 살았던 윤선거가 그의 손서가 될 수 있었던 것으로 보인다. 윤선거는 牛溪 成渾(1535~1598)의 외손이다. 우계 성혼은 남명 문인 守愚堂 崔永慶(1529~1590)을 억울하게 죽게 한 인물로 남명학파의 미움을 받았으니, 그 외손인 윤선거가 妻從祖父

인 金沔을 자랑스럽게 생각하면서도 남명의 문인으로 기록하고 싶지는 않았을 가능성이 있다. 그러나 이는 어디까지나 추측에 불과하다.

그러나 시장에는 김면이 남명의 문인임을 분명히 밝혀 두었다. 시장을 찬술한 洪重鉉은 모당 洪履常(1549~1615)의 현손이고, 芝溪 洪雾(1573~1638)의 종증손이다. 그가 어떻게 해서 김면의 시장을 찬술하였는지 그 배경이 분명하지는 않지만, 그 종증조부 홍방이 광해군 시절에 줄곧 언관의 자리에 있었던 것으로 보아 정파적으로 북인이었거나 북인과 매우 친밀했던 것으로 보인다. 홍중현의 어머니 고령신씨 집안 역시 북인가계이고, 홍중현의 묘지명을 찬술한 해좌 정범조는 남인이라는 점을 참조하면, 남명학파에 호의적인 생각을 가졌던 인물일 것이라는 정도는 짐작이 된다. 그러나 구체적으로 누구의 요청에 의해서 시장을 찬술하였는지에 관한 기록은 보이지 않는다.[156]

이 초간 『松庵實紀』 다음에 나온 것이 1885년 무렵에 간행된 것으로 보이는 再刊 『松菴遺稿』다. 여기에는 초간 『松庵實紀』에 있던 家狀과 홍중현이 찬술한 諡狀은 빠지고 윤선거가 찬술한 행장은 그대로 수록되어 있다. 그리고 "弱冠以南冥爲師寒岡爲友"라고 언급된, 樊巖 蔡濟恭(1720~1799)이 찬술한 神道碑銘과, "先正臣文貞公曹植之高弟也"라 표현된, 蠹窩 崔興璧(1739~1812)이 찬술한 請諡請額疏草가 추가로 실려 있다.

다시 20년 가까이 지나서 三刊 『松庵實紀』가 간행되었다. 이 책에는 1774년의 고령현감 金守默의 서문과 1785년의 고령현감 金重祚의 서문 및 崔興璧(1739~1812)의 발문이 실려 있어서 초간본처럼 보이지만, 발문

---

156 가장은 찬자 미상이지만 집안사람 가운데 그것을 가장 잘 아는 사람이 찬술하는 것이 일반적이고, 행장과 시장은 이를 바탕으로 이루어지는 것이 일반적이라고 보면, 김면 사후 지어졌을 것으로 보이는 가장과 1600년대 중후반에 이루어졌을 것으로 보이는 행장 및 1714년에 이루어진 시장에서의 기록이 가장 오래 되고 가장 신빙성이 높은 기록이라고 보아야 할 것이다.

바로 앞에 1903년에 響山 李晩燾(1842~1910)가 찬술한 「書堂重建記」가 실려 있어서 三刊本임을 알 수 있게 한다. 그런데 여기에는 재간본에서 빠진 家狀과 洪重鉉이 찬술한 諡狀이 역시 빠져 있고, 再從弟 金演이 남겼다고 하는 祭文과 性齋 許傳(1797~1886)이 찬술한 諡狀이 들어 있다. 그리고 拓庵 金道和(1825~1912)의 「書堂重建上梁文」과 최홍벽이 찬술한 초간본 문집 발문도 추가되어 있다.

그런데 재종제 김연의 제문에는 "퇴계와 남명을 종유하였으니, 학문에 연원이 있었다네.[從遊溪冥 學有淵源]"라는 말이 들어 있고, 허전이 찬술한 시장에는 "일찍이 퇴계와 남명, 두 선생의 문하에서 배웠다.[早遊退溪 南冥兩先生之門]"라는 文句가 들어 있다. 그때까지 간행된 초간본『송암실기』와 재간본『송암유고』에는 없던 글들이다.

한편 추가된 김도화의 상량문에도 "덕산의 강석에 달려가 모셨고, 한강의 휘장에서 서로 권면하였네.[趨趨於德山之席 切切於寒岡之帷]"라 하여 남명에게는 나아가 배웠다고 표현하였으나 퇴계와의 관계에 대해서는 언급하지 않았고, 퇴계 후손 이만도가 찬술한 「서당중건기」에서도 "옥산 선생은 선생과 함께 남명을 사사하였다.[玉山先生與先生同師南冥]"라고 하여 남명의 문인임은 분명히 드러내면서도 퇴계의 문인임을 드러낸 표현은 없으며,157 초간본의 발문에서도 최홍벽은 "일찍이 도 있는 이에게 나아갔으니, 벽립천인의 기상을 가진 남명 선생에게 친히 배웠다네.[早就

······················

157 이만도의 「서당중건기」에는 이만도의 문인 金聲燾(1876~1970)가 그 아버지 金相珪(1856~1926)의 명을 받고 글을 요청하였다는 사실을 기록해 두고 있다. 김성도는 김면의 재종제 金演의 후손으로, 1970년에 간행된 金演의 문집『松湖集』 간행에도 간여하였다. 김연의 제문과 허전의 시장에, 김면이 퇴계에게 급문하였다는 내용이 있음에도 이만도가 김면이 퇴계 문인임을 전혀 언급하지 않은 것은, 김성도가 사실 아닌 것을 차마 그 스승에게 말하지 못했기 때문인 것으로 보인다.

有道 親炙於壁立千仞之像]"이라 표현함으로써 남명에게 배웠음은 드러내
었으나, 퇴계와의 관계에 대해서는 언급하지 않았다. 재종제 김연의 제문
은 이때 처음으로 나타난 것인데, 이것이 두찬이 아니라면 1903년 무렵
서당의 상량문과 기문을 부탁할 때 척암 김도화와 향산 이만도에게 말하
지 않았을 리가 없고, 김도화와 이만도가 송암 김면이 퇴계 문인이라는
것을 상량문과 기문에서 언급하지 않았을 리도 없었을 것이다.

이들을 정리하면 다음과 같은 표로 만들어진다.

제목	찬술자	연도	사승 기록	刊年
家狀	미상	미상	師事曺南冥先生	1786
行狀	尹宣擧	미상	사승 언급 없음	1786, 1885, 1903
謚狀	洪重鉉	1714	遊南冥之門	1786
請謚疏	崔興璧	미상	先正臣文貞公曺植之高弟	1885, 1903
神道碑	蔡濟恭	미상	弱冠以南冥爲師	1885, 1903
제문	金㳧	미상	從遊溪冥 學有淵源	1903
謚狀	許傳	미상	早遊退溪南冥兩先生之門	1903
上梁文	金道和	미상	趍趍於德山之席	1903
書堂重建記	李晩燾	1903	玉山先生與先生同師南冥	1903
實紀跋	崔興璧	미상	親炙於壁立千仞之像	1903

요컨대 1903년의 『송암실기』의 편찬에 와서 비로소 김면이 퇴계의 문
인임을 표현하고 있는 金㳧의 祭文과 許傳의 謚狀이 添入되지만, 퇴계의
후손 李晩燾나 퇴계학파인 金道和도 이 책 안의 「서당중건기」와 「서당상
량문」에서 김면이 남명 문인이었음만 언급하고 퇴계문인이었음은 전혀
언급하지 않고 있다는 점이, 金㳧의 師承 문제를 論定하는 데 있어서 매우
중요한 의미가 있다고 할 것이다.

2. 『松庵年譜』 검토

가. 『송암연보』 검토 이전의 문제

앞에서의 검토를 통해서, 우리는 1885년 간행본 『송암유고』까지에서는 김면이 퇴계의 문인이라는 언급이 없다가 1903년 이후의 판본에 비로소 퇴계 문인이라는 점이 드러난 것을 확인하였다. 그런데 1885년 간행본 『송암유고』의 「請諡請額疏草」 말미에 주석으로 처리된 다음 기록을 주목할 필요가 있다.

> 舊本에 비록 洪重鉉이 지은 諡狀이 있었지만 연대가 이미 오래되었고, 또한 本集 가운데의 「倡義事蹟」은 중복된 것이 크게 혐의스럽다. 독자가 싫증내고 번다하게 여길 듯하므로, 家狀과 함께 이를 없애 버렸다. 그리고 지난 갑신(1884) 겨울에 사실을 간추려서 다시 諡狀을 작성해 달라는 뜻으로 性齋 許判書에게 부탁을 하였다. 이를 아직 찾아오지 못했는데 간행하는 일이 다급하므로 이를 여기 싣지 못하게 되었다. 후일을 기다린다.[158]

정진영도 이 부분에 의문을 제기하면서 김면이 퇴계 문인이라는 점을 드러내려는 것 이외에는 달리 이유를 찾을 수 없는 것으로 이해했다.[159] 그렇다면 1884년에 성재 허전에게 諡狀의 작성을 부탁할 때 이미 김면을 퇴계 문인으로도 표현하도록 밑글이 작성되어 있었다는 뜻이 된다. 그리

----

158 金沔, 『松菴遺稿』 附錄 32張, "舊本雖有洪重鉉所製諡狀 而年代已久 且本集中 倡義事蹟 太嫌重複 覽者似爲厭煩 故幷家狀去之 曾於甲申冬 撮要事實 更爲諡狀之意托於性齋許判書傳矣 未及推來 鋟梓爲急 不得入載 姑俟後日."

159 정진영, 「송암 김면의 임란 의병활동과 관련자료의 검토」, 『대구사학』 78집, 117~118쪽.

고 앞에서 언급한 金演의 제문 또한 이때 이미 제시되었다고 보아야 할 것이다.

그리고 1914년에 간행된『陶山及門諸賢錄』에 김면이 퇴계의 문인으로 등재되었다. 그러자 1916년에 이르러『陶山及門諸賢錄辨訂』이란 책이 나와 김면을 퇴계 문인으로 볼 수 있는가 하는 점에 의문을 제시하는 일이 있게 되었다. 그 부분을 인용하면 다음과 같다.

　樊巖 蔡 文肅公이 찬술한 碑銘에 이르기를, "南冥을 스승으로 삼고 寒岡을 벗으로 삼았다."라고 하였으며, 선생에게 급문했다는 말은 한 번도 없다. 그렇다면 이 책 안에 "선생을 좇아서 배웠다.[從先生學]" 네 글자는 어느 서적에 근거한 것인가? ○蒼雪齋本과 靑壁本 두 책에도 모두 실려 있지 않다.160

이는 채제공이 찬술한 신도비명에 남명을 스승으로 삼고 한강을 벗으로 삼았다는 말만 있고 퇴계를 스승으로 삼았다는 말은 전혀 언급되어 있지 않은데, 무엇을 근거로 여기에 입록하였는가 하고 의문을 제기한 것이다. 물론 이전에 간행된 적이 있는, 蒼雪齋 權斗經(1654~1725)이 편집한『溪門諸子錄』의 100여 명과 퇴계 후손 靑壁 李守淵(1693~1748)이 첨가한『陶山及門諸賢錄』의 60여 명에도 들어 있지 않다고 하였으니, 이는 이전에 김면이 퇴계 문인으로 알려지지 않았던 인물인데 이번에 뚜렷한 근거 없이 入錄되었음을 지적하는 말이다.

그리고 1998년에『퇴계학과 한국문화』26집에 발표된 김종석의「『陶山及門諸賢錄』과 퇴계 학통 제자의 범위」라는 글에서도 김면 등 7인은 퇴

160『陶山及門諸賢錄辨訂』卷3, 18~19張, "樊巖蔡文肅公濟恭撰碑銘曰 以南冥爲師 寒岡爲友 而無一言言及及門事者 然則此本中從先生學四字 攷據於何書耶○雪壁 二錄并不載."

계의 문인으로 보기에 무리가 있다는 견해가 제시되었다.[161]

지금 고령에 있는 김면의 묘소 아래 세워진 신도비명은 樊巖 蔡濟恭 (1720~1799)이 찬술한 글이기는 하나, 공자 탄생 2480년 己巳(1929) 3월에 세워진 것이다. 채제공의 생몰연대와 김면의 추숭 사업을 연관시켜 이해하면, 대체로 1786년 초간본『松庵實紀』의 간행과 비슷한 시기에 추진되었을 것이고 초간본에는 실리지 않았으니, 1786년에서 1799년 사이에 받아서 세워졌다고 봄이 타당할 것이다. 1799년과 1929년은 130년 정도밖에 되지 않았으니, 글씨가 닳아서 다시 세웠다고 함은 무리일 것이다. 『樊巖集』卷44에 실린「贈資憲大夫吏曹判書行慶尙右道兵馬節度使松庵金公神道碑銘」과 再刊本『松菴遺稿』및 三刊本『松庵實紀』등의「신도비」에는 모두 "以南冥爲師"라고 되어 있는 글이, 1929년에 세워진 신도비에는 "以退溪南冥兩先生爲師"로 바뀌어져 있다. 이는 누가 보아도 퇴계학파의『陶山及門諸賢錄辨訂』에 대응하기 위한 조처라고 이해할 수밖에 없을 것이다.[162]

나.『송암연보』검토

그렇다면『송암연보』에 대해서는 어떻게 이해해야 할 것인가 하는 문제가 남는다. 그러기 위해서는 우선『송암연보』의 현황과 그 문제점을 검토해야 할 것이다.

『송암연보』는 국사편찬위원회에 붓글씨로 된 필사본의 사진 자료로

----

161 김종석,「『陶山及門諸賢錄』과 퇴계 학통 제자의 범위」,『퇴계학과 한국문화』 26집, 155~157쪽.
162 1910년에 李斗勳의 서문이 있는 필사본『高靈誌』遺逸 金沔 조의 기록에도 "亦嘗往來曺文貞公植之門"이라고만 되어 있고, 退溪에 대한 언급은 일체 없는 것으로 보아도, 신도비의 改立은 1916년 이후『陶山及門諸賢錄辨訂』에 대응하기 위함이라고 보아야 할 것이다.

남아 있는 것이다.[163] 內紙 첫장 첫줄에 '松庵先生實紀' '卷之一'이라 되어 있고 다음 줄에 '年譜'라 쓰여 있기 때문에 이를 『松庵年譜』라고 한 것이다. 분량은 모두 36장인데, 첫장에 251번이 매겨져 있고, 차례로 모두 번호가 매겨져서 마지막 장에는 286번이 매겨져 있다. 매장은 12행 30자 정도로 되어 있고 주석은 雙行小字로 되어 있다. 편찬자와 편찬시기를 알 수 없다.[164]

그런데 이 자료에는 여러 가지 문제점이 있어서 이를 믿고 인용할 수 있는가 하는 의구심이 드는 곳이 많이 있다. 이를 네 가지로 분류하여 분석하면 다음과 같다.

1) 생몰년을 잘 몰라 착각하여 기록한 경우 - 3條

이에 해당하는 기록은, 연보 속에 수많은 인물을 등장시켜 그들과 교분이 있었음을 드러내려고 하지만 생몰년을 정확히 알지 못함으로 해서 사실이 아님이 드러난 것들이다. 김면과 가까웠던 인물 가운데 大庵 朴惺(1549~1606)이 있는데, 박성은 洛川 裴紳(1520~1573)과 來庵 鄭仁弘(1536~1623)의 문인이다. 그런데 연보 10세 조에 그와 함께 관동정에서 공부를 했다 하고, 15세 때 다시 박성과 함께 관동정에서 공부했다고 기록하고 있다.[165] 10세 때는 1550년이고 당시 박성은 두 살에 불과하며, 15

---

163 표지 종이를 따로 마련하여 '국사편찬위원회 도서등록번호 사진본 400'이라 기록되어 있다. 그런데 인터넷 카페 '의병도대장 김면장군'에 올라 있는 『송암연보』가 하나 더 있다. 이것을 본 연보와 대조해 보니, 모두 일곱 장의 비교적 짧은 글인데, 본 연보의 밑글이 되는 자료로 보인다. 이 자료가 한국국학진흥원에 기탁되었다고 하지만, 현재 검색이 되지는 않는다.

164 서문이나 발문도 없고 편찬자와 편찬시기를 짐작할 수 있는 표현은 이 문서 어디에도 보이지 않는다. 이 점에서 이 문서의 신빙성에 대한 의문이 이미 露呈된다.

165 『松庵年譜』 252~253, ① "嘉靖二十九年庚戌 先生十歲 四月 從裵洛川紳朴大庵惺 設做工於寬洞亭." ② "嘉靖三十四年乙卯 先生十五歲 正月 始作常平錄日記 四月

세 때는 1555년이고 박성은 일곱 살에 불과하다.

26세(1566) 2월에 "각처에 사는 道義의 벗들이 모두 量田村 집에 모여서 서로 권면하고 마음을 열어서 도의를 강론하였다."[166]는 기록이 있고 주석에는 이때 참여했다는 인물을 열거해 두었다. 대체로 당시에 교유할 수 있는 인물이 많이 열거되어 있지만, 吳長(1565~1617), 鄭蘊(1569~1641), 郭壽岡(1619~1660), 李厚慶(1558~1630), 李道孜(1559~1642), 姜翼文(1568~1648), 裵大維(1563~1632), 李嶸(1566~1651), 曺挺生(1585~1645), 曺挺立(1583~1660) 등도 포함되어 있다. 이들은 당시에 태어나지 않았거나 나이가 어려 참여할 수 없는 인물이다. 이 기록이 두찬이 아니라면 이처럼 어처구니없는 기록은 있을 수 없다.

2) 인물의 이력을 잘 모르고 기록한 경우 - 7條

동강 김우옹 및 한강 정구와의 친분을 강조하려다가 사실이 아님이 드러난 경우로는 다음과 같은 것이 있다.

① 萬曆 4年 丙子(1576) 先生 36세 7월. 仕禍로 일도 사람들이 모두 상주향교에 모였다. 정한강·김동강 등 제현과 여기에 동참하였다. 3일이 지나서 각기 돌아갔다.[167]

② 만력 11년 계미(1583) 선생 43세 정월. 김동강과 함께 禮安 淸凉山의 精舍로 가서 10여 일 학문을 강론하고 돌아왔다. …… 4월에 김동강과 정한강이 찾아왔다.[168]

．．．．．．．．．．．．．．．．．．．．

以親命往拜裵洛川 復與朴大庵設做工於寬洞亭 …… 與朴大庵情好日密 不欲相離 於時月之間."

166 『松庵年譜』 256, "嘉靖四十五年丙寅 先生二十六歲 二月 各處道義之交 濟濟來會 于量田村舍 相與勸勉 開心論道焉."

167 『松庵年譜』 259, "萬曆四年 丙子 先生三十六歲 七月 以仕禍一道齊會於尙州鄉校 與鄭寒岡金東岡諸賢同參焉 過三日各歸."

③ 만력 19년 신묘(1591) 선생 51세 3월. 문모계와 함께 가서 김동
강을 만나보고 오덕계의 사당을 세웠다. …… 10월 정한강과
김동강이 와서 수일 머무르다가 각기 돌아갔다.[169]

④ 만력 20년 임진(1592) 선생 52세 정월. 檜淵으로 가서 왜인들이
연이어 다니는 것에 대해 놀라 물어보고 왔다. …… 4월 3일에
정한강이 와서 6일 머물렀다. 4월 16일에 조카 홍원을 향청에
보내고, 아우 회를 연강에 보내어 일의 기미를 탐지하였다. 즉
시 김동강과 정한강에게 편지를 보냈다. …… 양강의 답신이
왔다.[170]

⑤ 만력 10년 임오(1582) … 8월. 曹南冥 선생의 行狀과 實記의 校
正을 위해 東岡을 찾아갔으나 병 때문에 뜻을 이루지 못하고 돌
아왔다.[171]

김우옹은 1567년 과거에 급제하여 출사하였는데 1576년 7월에는 부교
리로 서울에서 재직하고 있었으므로 ①의 기록은 사실로 보기 어렵다.
1583년 정월 이후로 김우옹은 大司成과 大司諫의 직책을 맡아 서울에 있
었으므로 ②의 기록 또한 사실로 보기 어렵다. 김우옹은 계축옥사 때 회
령으로 귀양갔으므로 1591과 1592년에는 성주에 있지 않았는데, 줄곧 성
주에 있었던 것으로 기록하고 있으므로 ③과 ④의 기록 또한 사실로 보

168 『松庵年譜』 261, "萬曆十一年 癸未 先生四十三歲 正月 與金東岡偕往禮安淸凉山
精舍 十餘日 論講學而歸 …… 四月金東岡鄭寒岡來會."

169 『松庵年譜』 265, "萬曆十九年 辛卯 先生五十一歲 三月 與文茅溪 往見金東岡 吳
德溪建祠焉 …… 十月鄭寒岡金東岡來留數日而各歸."

170 『松庵年譜』 265~266, "萬曆二十年 壬辰 先生五十二歲 正月往檜淵 驚問倭人之絡
繹而歸 …… 四月初三日鄭寒岡來留六日 …… 十六日送侄弘遠於鄕廳 送弟澮于
沿江 探問事機 卽傳書于金東岡鄭寒岡 …… 兩岡回答."

171 『松庵年譜』 261, "萬曆十年壬午 …… 八月 以曹南冥先生行狀實記校正次 往東岡
而緣病未遂 卽還."

기는 어렵다. 정구 또한 1591년 11월에 통천군수에 제수되어 부임하였으므로 ④의 기록은 신빙성을 획득하기 어렵다.

⑤는 이 연보의 기록자가 남명의 행장이 언제 이루어졌는지 몰랐다는 점과 당시 동강이 직제학으로서 서울에 근무하고 있었다는 사실을 모르고 있었음을 보여주는 것이다. 남명의 행장은 정인홍과 김우옹이 공히 1572년 윤 2월에 찬술하였던 것이니, 10년 뒤에 김면이 김우옹을 찾아가서 교정을 할 필요가 있었다고 보기 어렵다. '실기' 또한 남명과 관련된 기록에서는 이제까지 나온 적이 없는 용어다. 그러므로 이 기록 또한 사실이라고 보기는 어려운 것이다.

수우당 최영경과 관련된 다음의 기록 또한 사실로 보기 어렵다 할 것이다.

> 가정 37년 무오(1558) 3월에 수우당 최영경을 방문하고 돌아왔다.[172]
> 가정 43년 갑자(1564) 5월에 합천으로 가서 수우당 최영경을 방문하고 돌아왔다.[173]

『수우당실기』에 의하면 최영경은 1567년에 비로소 서울에서 내려와 남명을 찾아보았다고 하였으니 1558년이나 1564년에는 경상도 지역의 남명 문인들과 광범위하게 친분이 있었다고는 보기 어렵다. 그리고 합천으로 가서 만났다는 것은 최영경이 합천에 살고 있었다는 전제로 보이는데 이 또한 기록자의 착각에 의한 것임을 알게 한다.[174]

....

172 『松庵年譜』 253, "嘉靖三十七年 戊午 三月 訪崔守愚堂永慶而歸焉."
173 『松庵年譜』 255, "嘉靖四十三年 甲子 五月 往陝川 訪崔守愚堂永慶而歸焉."
174 최영경이 내려와 거주하였던 곳은 진주 도동이었다. 『모계일록』에 의하면 1589년 8월 19일에 합천 야로의 돈평으로 정인홍을 만나러 온 일이 있었고 이때 김면을 만났던 것으로 기록되어 있다.

3) 그런 일이 있었다고 믿기 어려운 기록들 - 7條

11세 때(1551) 김숙부를 좇아서 '義經' 한 질을 연달아 외었다는 기록과 김숙부와 함께 이 퇴계 선생에게 가서 『대학연의』를 질문했다[175]는 기록은, 불가능하다고 할 수는 없으나 믿기 어려운 기록이라 할 것이다. 희경은 『주역』을 말하는 것인데, 11세 때 이에 정통하였고 그것을 순서대로 모두 암송하였다는 것이다. 김면이 어릴 적부터 천재적 능력을 소유하였음을 드러내려고 한 것이나 당시 학자들의 일반적 독서 순서와 비교하면 지나치게 나간 것이라 할 것이다. 그리고 김숙부와 함께 퇴계에게 갔다는 말도 믿기 어렵다. 김숙부는 성주에 살던 東岡 金宇顒(1540~1603)을 말하는데, 그는 1563년에 남명의 외손녀와 결혼하고 남명의 문인이 되었으며, 1565년 서울에서 퇴계를 배알한 것으로 기록되어 있다. 김우옹과 관련된 기록 어디에도 12세 때 퇴계를 만났다는 기록은 보이지 않는다.[176] 더구나 12세 때 『대학』도 아니고 『대학연의』라고 한다면 지나치다고 보지 않을 수 없을 것이다.

그리고 12세 때 김숙부와 함께 雙溪寺에서 공부했다는 기록[177]과 정구와 龍龜寺[178]에서 함께 공부했다는 기록[179] 및 13세 때 회재 선생이 돌아

....

175 『松庵年譜』252, "嘉靖三十年辛亥 先生十一歲 二月 從金肅夫連誦義經一帙 十一月 與金肅夫往拜李退溪先生 問大學衍義焉."

176 인터넷카페 '의병도대장 김면장군'에 사진자료로 올라와 있는 또 다른 필사본 '송암연보' 35세(1575) 조에는 "구월에 김동강을 좇아서 퇴계 이선생에게 가서 절하고 칠일 동안 머물면서 『대학』을 講問하였다.[九月從金東岡往拜退溪李先生 留七日講問大學]"라고 되어 있다. 1575년에는 퇴계 사후이므로 이때 퇴계에게 배웠다고 할 수 없기에 이처럼 12세 조에 기록한 것으로 보인다.

177 『松庵年譜』: 嘉靖三十一年壬子 先生十二歲 三月 從金肅夫設做工于雙溪寺

178 龍龜寺는 어디에 있는 절인지 모른다. 가야산 동쪽 백운동에 龍起寺가 있었다고 하는데, 이것을 염두에 두고 기록한 것인지 모른다.

179 『松庵年譜』252, "嘉靖三十三年甲寅 先生十四歲 二月 與鄭道可述設做工於龍龜寺."

가셨다는 소식을 듣고 자리를 마련하고 곡을 하였다는 기록[180]이 있다. 쌍계사는 河東의 花開에 있는데, 스승을 찾아가 공부하는 것도 아니면서 어린 나이에 그렇게 먼 곳으로 갔다고 하는 것은 납득하기 어렵다. 당시 김우옹은 13세, 정구는 10세이니, 이때 이웃고을 사람과 어울려 삼백 리도 더 떨어진 사찰로 공부하러 간 것은 믿기 어렵다 할 것이다. 그리고 회재 이언적은 김면의 스승도 아니고 만난 적도 없는데, 13세의 나이에 어찌 그를 위하여 신위를 만들어 두고 곡을 하였겠는가?

> 만력 2년 갑술 선생 34세 동월(7월). 吳德溪의 부고를 듣고 가서 조문하고 돌아왔다. 9월. 鄭寒岡과 金東岡이 찾아와서 14일 동안 『性理大全』한 질을 강론하고 각기 돌아갔다.[181]

이런 기록은 매우 평범하여 사실이 아니라고 볼 근거가 별로 없어 보인다. 이때 한강 정구의 나이는 32세에 불과하였지만 덕계의 문인 가운데 禮에 밝은 것으로 이미 널리 알려져 호상을 맡았으며, 덕계의 장례는 10월 1일에 치러졌다.[182] 그러므로 9월에 정구가 한가하게 김면을 찾아가서 함께 『성리대전』을 강론하였다고는 보기 어렵다.

이와 상황이 거의 같은 기록이 하나 더 있다.

> 만력 8년 경진 선생 40세 정월 초2일. 모부인 김해김씨의 상을 당

180 『松庵年譜』252, "嘉靖三十二年癸丑 先生十三歲 二月 承聞李晦齋先生凶音 設位而哭."

181 『松庵年譜』259, "萬曆二年甲戌 先生三十四歲 … 同月聞吳德溪訃 往吊而歸 九月 鄭寒岡金東岡來會 講論性理大全一帙 凡十四日 各歸."

182 『德溪先生年譜』卷1, "二年甲戌 先生五十四歲 七月七日 感疾 二十四日 終于寢 當先生疾病 鄭寒岡河覺齋李公仁愷仁悌 始終診護 …… 寒岡爲護喪 經理喪事…… 十月一日 葬于先塋之南寅坐原."

하였다.

    만력 10년 임오 선생 42세 정월. 朴大庵과 郭存齋가 와서 弔問하였
다. 인하여『二程全書』와『朱子書節要』를 강론하였다. 3월에 복을 벗다.[183]

    모부인의 상기가 끝나지 않은 시점에 친한 벗이 찾아와서 조문하였다
는 것은 있을 수 있는 일이다. 다만 대암 박성과 존재 곽준은 김면과 매우
친밀한 사이였기 때문에 이때 비로소 조문하였다고 보기는 어려울 것이
다. 상을 당한 뒤 즉시 문상을 하고는 삼년상 기간 안에 몇 차례 찾아가
조문을 할 수 있기 때문이다. 그러나 상복을 입고 있는 사람으로서 조문
온 사람과 함께『二程全書』와『朱子書節要』를 강론하였다는 것은 상식에
벗어난 일이기 때문에, 이를 사실로 받아들이기는 어려운 것이다.

4) 있을 수 있는 일이나 전혀 근거 없는 것 − 10條

    『송암연보』에는 깜짝 놀랄 만한 기록들이 많은데, 그것은 김면이 남긴
저술에 관한 것이다. 15세 때부터 기록하기 시작했다는 일기『常平錄』,
23세 11월에 저술하였다는『律禮誌』7篇, 42세 11월에 저술하였다는『評
理誌』, 45세 7월에 지었다고 하는『奉先儀』6篇, 46세 10월에 저술하였다
는『心遺誌』3卷, 그 해 12월에 저술하였다는『明倫誌』3篇, 49세 3월에
편찬하였다는『易理誌』3篇, 50세 4월에 저술했다는『綱略』[184] 2편 등은
이제까지 어떤 기록에도 보이지 않았던 것들이다. 8종 가운데 5종의 저술
에 공히 '誌'가 붙어 있음도 특이하다. 『상평록』이라는 일기를 남겼다는
것은 이『송암연보』가 근거 있음을 암시하려는 의도로 보인다.

....

183 『松庵年譜』260, "萬曆八年庚辰 先生四十歲 正月初二日 丁母夫人金海金氏喪事
    …… 萬曆十年壬午 先生四十二歲 正月 朴大庵郭存齋來吊 仍講論二程全書及朱
    子書節要 三月服闋."
184 『松庵年譜』264에 보이는데, 같은 면의 하단에는『三綱略』으로 기록되어 있다.

『송암연보』258에는 퇴계와 남명의 부음을 듣고, 퇴계에게는 設位痛哭하고 만시를 남겼다고 하였으며, 남명에게는 設位哀哭하고 장례 때 제문을 지어서 제사하였다고 하였다. 지금 전하는 퇴계와 남명의 부록문자에 김면의 만시와 제문은 없다. 그러나 이 연보의 부록에는 김면이 지었다는 만시와 제문이 모두 실려 있다. 이 만시와 제문을 김면이 지은 것으로 볼 수 있는가? 그렇다면 1786년과 1885년 및 1903년경 등 세 차례에 걸쳐서 간행된『송암실기』및『송암유고』에는 왜 실리지 않았을까? 杜撰이 아니라는 근거를 제시하지 않으면 학계에서 인정받기는 어려울 것이다.

IV. 맺음말

이제까지의 논의를 요약하고 그 의미를 정리하면서 결론으로 삼고자한다.

송암 김면에 관한 전기자료는 모두 세 차례 간행되었다. 최초의 것은 1786년에 간행된『松庵先生實紀』이다. 그 다음의 것은 1885년에 간행된『松菴先生遺稿』이다. 세 번째는 1903년 이후에 간행된『松庵先生實紀』이다.

김면의 家狀이 언제 누구의 손에 의해 기술되었는지 알 수는 없으나, 1786년에 간행된 초간본『松庵實紀』에 실려 있다. 여기에는 김면의 사승에 대해 "師事曹南冥先生"이라 표현하고 있다. 그리고 이 책에 실린, 洪重鉉(1660~1726)이 1714년에 찬술한 諡狀에도 "遊南冥之門"이라 되어 있다. 이는 송암 김면에 관한 최초의 전기자료라는 점에서 가장 믿을 만한 기록이라 할 만하다. 그리고 1885년에 간행된 再刊本『松菴遺稿』에 실린 崔興璧 所撰 請諡疏와 蔡濟恭 所撰 神道碑에도 각각 "先正臣文貞公曺植之高弟", "弱冠以南冥爲師"라고 되어 있다. 그런데 1903년 이후에 간행된 三刊

本『松庵實紀』에는 家狀과 洪重鉉 所撰 諡狀이 빠지고 金演 所撰 祭文과 許傳 所撰 諡狀이 들어 있는데, 여기에는 각각 "從遊溪冥", "早遊退溪南冥 兩先生之門"이라 되어 있다.

최홍벽 소찬 청시소 말미의 기록으로 보면 1885년 재간본『송암유고』의 간행은 성재 허전 소찬 시장을 넣어 김면이 퇴계의 문인이기도 하다는 사실을 드러내려고 한 것이었다. 이것이 여의치 않아 1903년 무렵에 다시 삼간본『송암실기』를 간행하여 金演 所撰 祭文과 許傳 所撰 諡狀을 添入하였다. 이렇게 하여 김면이 퇴계의 문인이라는 점을 근거로 1914년 간행된『陶山及門諸賢錄』에 登載하였던 것이다.

그런데 1916년에『陶山及門諸賢錄辨訂』이란 책이 간행되었다. 여기에는 김면이 퇴계의 문인이라는 증거가 없음에도 문인록에 실렸다고 하였다.『송암연보』는 이에 대응하기 위한 구체적 자료의 성격으로 만들어진 듯하다. 이 연보에는 載錄 근거가 전혀 제시되어 있지 않고, 편찬자와 편찬시기도 전혀 밝혀져 있지 않다.

본론에서 필자는『송암연보』의 경우 27개 조항이 사실이 아닐 것이라는 점을 논술하였다. 그렇다고 하여 27개 조항만 문제가 있고 나머지는 믿을 수 있다는 뜻은 아니다. 오히려 27개 조항이 이처럼 문제가 심각하니 나머지도 이미 알려진 것 이외에는 인용할 만한 근거 자료가 되지 못한다는 뜻이다.

사정이 이러함에도 수많은 학자들이 논문을 쓰면서 김면이 퇴계의 문인임을 말하고, 이를 근거로 김면의 처신을 논술하고 있다. 김면이 퇴계의 문인이어야 더욱 훌륭하게 드러날 수 있다는 일부 후손의 생각이 이처럼 많은 오류를 생산하기에 이르렀고, 결과적으로는 세상 사람들에게 김면을 바로 이해하지 못하게 하였던 것이다.

이와 같은 퇴계학파화 현상은 비단 김면 일인에 그치지 않는다. 1650

년대 이후 남명학파가 부분적으로 퇴계학파화하기 시작하여 1800년대 후반기에 이르면 경상우도 지역 전체가 일부 서인을 제외하고는 모두 퇴계학파화하게 되는데, 김면의 사승 또한 이러한 현상의 연장선상에 있다고 해야 할 것이다.

1. 原典資料

金沔, 『松菴遺稿』(1885년 간본).
金沔, 『松庵實紀』(1786년 간본).
金沔, 『松庵實紀』(1903년 간본).
『陶山及門諸賢錄辨訂』.
『松庵年譜』 '국사편찬위원회 도서등록번호 사진본 400'.
『松庵年譜』 '인터넷카페 <의병도대장 김면장군> 사진본'.
『高靈誌』 (1910 李斗勳 序文 筆寫本).
『德溪先生年譜』.

2. 研究論著

김강식(1991),「의병장 김면 군의 경상우도에서의 위치」, 부산대학교 사학과 석사
　　　학위논문.
김영나(2012),「송암 김면과 고령 지역의 의병활동」,『한국사상과 문화』64집, 한
　　　국사상문화학회.
김종석(1998),「『陶山及門諸賢錄』과 퇴계 학통 제자의 범위」,『퇴계학과 한국문화
　　　』 26집, 경북대학교 퇴계연구소.
김학수(2014),「김성일의 임란 중 활동과 인적 네트워크」,『남명학연구』41집, 경
　　　상대학교 남명학연구소.
윤영옥(2005),「송암 김면의 문학과 사상」,『민족문화논총』32집, 영남대학교 민
　　　족문화연구소.
이상필(2003),『남명학파의 형성과 전개』, 와우출판사.
정진영(2005),「송암 김면의 임란 의병활동과 관련자료의 검토」,『대구사학』78집,
　　　대구사학회.
정현재(1995),「경상우도 임진의병의 전적 검토」,『경남문화연구』17집, 경상대학
　　　교 경남문화연구소.
한상규(1993),「합천지방 임진의병의 선비정신 발견」,『교육철학』11집, 한국교육
　　　철학회.

寒岡의 學問性向과 文學

Ⅰ. 머리말

寒岡 鄭逑(1543~1620)는 退溪와 南冥의 문인이다. 兩賢은 당시 학문의 宗匠으로서 퇴계는 영남 좌도의 중심지인 安東에서, 남명은 영남 우도의 중심지인 晉州에서 각기 전국의 인재를 대상으로 學問의 場을 열고 있었다. 양현은 同道를 걸으면서도 資品·德器·出處·學問의 工程 등에 있어서 서로 다른 점이 있었다. 그래서 남명의 문하에 있던 사람들이 퇴계의 문하를 찾기도 하고 퇴계의 문하에 있던 사람들이 남명의 문하를 찾기도 하면서, 양현의 학문을 探得하기에 힘써 일찍이 보기 드문 學問의 盛世를 이루었다. 그런데 남명 문하의 來庵 鄭仁弘(1536~1623)은 만년에 山林으로 명망이 높을 때『南冥集』을 간행하면서 퇴계를 비난하는 글을 실었고, 급기야는 이미 文廟에 배향된 晦齋와 退溪를 黜享해야 된다는 상소를 올렸다. 이로 인해 癸亥政變 이후 내암이 처형되면서, 남명 문도들의 위축은 물론 남명에게도 적지 않은 영향을 미쳤다.

寒岡은 양현의 문하에 함께 출입하여 그 학문을 고루 受容하여 深化하였고, 문인의 성대함도 양현의 문하에서는 당연 으뜸이다.[185] 鶴鳳 金誠一(1538~1593)의 正脈으로 알려진 敬堂 張興孝(1564~1633), 西厓 柳成龍

---

[185] 『寒岡全集』의 「檜淵及門諸賢錄」에 수록된 문인의 수는 341명이다. 참고로 「陶山及門諸賢錄」에 기록된 문인의 수는 368명이다.

(1542~1607)의 正脈으로 알려진 愚伏 鄭經世(1563~1633), 조선 후기 實學의 淵源으로 알려진 眉叟 許穆(1595~1682), 성리학의 독특한 이론 체계의 수립으로 알려진 旅軒 張顯光(1554~1637) 등이 모두 그의 문인이었다.

그런데 후대의 近畿 南人들은 그 연원을 星湖·眉叟·寒岡을 거쳐 退溪에로 연결시킨다.[186] 한강이 남명의 영향을 입지 않았다면 몰라도 한강이 남명과 퇴계를 함께 師事했음을 알면서도 조선 후기 실학파의 연원을 퇴계와 연결시키는 것은 납득하기 어렵다. 이는 아무래도 來庵의 晦·退 비판과 관련되어 남명에게까지 그 영향력이 미친 결과로밖에 이해되지 않는다.

본고는 이 연원 문제를 우선적으로 거론하고자 한다. 그래서 한강의 학문이 이루어지는 배경을 살펴보고, 나아가 퇴계와 남명이 갖고 있는 학문의 근본적인 차이점을 찾아 한강이 그것을 어떻게 수용, 심화하였는가를 구명하려 한다. 또한 그것이 문학에는 어떻게 반영되어 있는지를 살펴봄으로써 한편으로는 학문과의 연관성을 검증하고, 한편으로는 구체적 작품을 통해 그의 내면세계를 직접 이해할 수 있는 바탕을 마련하고자 한다.

이 연구는 결과적으로 퇴계학과 남명학의 성격을 이해하고 그 학맥의 흐름을 파악하는 데 일정한 도움이 되리라고 보며, 앞으로 寒岡의 禮學과 心學 등을 활발히 연구할 수 있는 端初가 될 수도 있을 것이다.

186 蔡濟恭, 「星湖李先生墓碣銘」, 『樊巖集』 卷51, 張6, "吾道自有統緖 退溪我東夫子也 以其道而傳之寒岡 寒岡以其道而傳之眉叟 先生私淑於眉叟者 學眉叟而以接夫退溪之緖 後之學者 知斯文之嫡嫡相承 有不誣者 然後庶可以不迷趣向."

II. 學問 背景

寒岡은 星州의 沙月里에서 출생하였다. 그의 관향은 淸州(西原)로 6代
祖 摠은 조선 개국공신이었다. 그의 조상들은 계속 벼슬을 하면서 서울
근처에서 살았다. 조부 應祥(官은 司憲府 監察)이 寒暄堂 金宏弼의 門人으
로 그 女壻가 되었는데, 父 思中(官은 忠佐衛 副司猛, 贈吏曹判書)이 旣孤
後 그 모부인 金氏를 모시고 玄風에 있던 한훤당의 부인 朴氏 곁으로 移
居하였고, 여기서 星州 李氏와 결혼하여 星州에 定居하게 된 것이다.

寒岡은 三兄弟 가운데 막내로 태어났는데, 7, 8세 때부터 『大學』・『論
語』를 읽어 그 대의를 통했다고 하며, 9세 때 부친을 잃은 후 伯兄의 勸勉
으로 發憤하여 글을 읽었다고 한다. 이처럼 어릴 때부터 학문에 대한 열
정과 성취가 남달랐으며, 대대로 벼슬하던 집안의 후예란 점과 한훤당의
외증손이란 점이 또한 가정 내에서 학문적 분위기를 북돋우었던 것이다.

그리고 沙月里라는 마을의 분위기가 어린 寒岡을 학문에 열중케 한 외
부적 요인이 될 수도 있었다. 이곳은 東岡 金宇顒(1540~1603)의 거주지로,
그의 아버지 七峰 金希參(1507~1560, 文科及第, 官은 三陟府使)은 남명과
교제가 깊었고, 그의 형 宇弘(文科及第)・宇宏(1524~1590, 號 開岩)・宇容은
모두 학문이 넉넉하였으며, 일찍이 南冥을 사사하였다. 같은 마을에 살았
던 한강이 학문하는 이런 분위기를 일찍부터 접하였으리란 것은 쉽게 짐
작이 간다. 특히 세 살 차이나는 동강과는 평생 친하게 지내면서 함께 退
溪・南冥을 사사하여 그 장점을 서로 논하였던 점[187]을 보면 상호 학문적

---

187 寒岡이 東岡祭文에 "退溪正脈終天慕 山海高風特地欽"이라 하였는데, 문인이 高
　風 正脈을 어찌 東岡의 만사에 표현하였느냐고 묻자, 이는 공강과 함께 평소 논
　변하였던 것이기에 쓴 것이라고 하였다.(『寒岡先生言行錄』 卷1, 張24右, 『寒岡
　全集上』, 驪江出版社, 1985.)

補翼이 적지 않았음을 알 수 있다.

이러한 환경에서 학문적 진일보를 이루는 계기는 德溪 吳健(1521~1574)과의 만남이었다. 12세 때부터 "손수 先聖의 화상을 본떠 벽에 걸어두고 날마다 재배하였다."[188]는 기록으로 보아 聖人의 학문에 벌써 뜻이 있었던 것인바, 德溪가 星州鄕校의 訓導로 부임하면서 牧使였던 錦溪 黃俊良(1517~1563)과 뜻이 맞아 興學에 힘을 쏟음에 학도들이 분집하였고, 이때(17세) 寒岡도 東岡과 함께 덕계를 사사하였던 것이다.[189]

덕계는 15세 이전까지 『中庸』을 해마다 천 번씩 읽었고, 『大學』을 천 번, 기타 經史는 사오백 번을 읽었다고 하며[190] 특히 사색 공부가 깊었던 것으로 알려져 있다.[191] 한강이 이처럼 독실한 스승을 소년 시절에 맞을 수 있었던 것은, 깊이 있는 학문의 토대가 형성되었다는 점에서 중대한 계기가 된 것으로 생각한다.

당시에 나이가 어리고 志氣가 昏愚하여 선생께서 存心한 바를 충분히 헤아릴 수는 없었지만, 沖然한 德宇의 기뻐할 만하고 공경할 만한 것에 대해서는 이미 스스로 심취하였음을 깨닫지도 못하였습니다. 이미 문하에서 執經하고 다니면서 세월이 오래 됨에 비로소 태산이야말

---

188 "手摹先聖畫像 揭諸壁上 日必瞻拜."(「寒岡先生言行錄」卷1, 張2右, 『寒岡全集上』, 驪江出版社, 1985.)

189 年譜에는 13세 때 星州訓導로 온 덕계에게 사사한 것으로 되어 있으나, 德溪年譜와 錦溪行狀을 대조한 결과. 덕계가 성주향교의 훈도로 부임한 해는 己未年(1559)이고, 이때 한강은 17세였다. 그러나 덕계는 한강의 종이모부이므로, 그 전에 즉 13세 때 만났을 수도 있었을 것이다.

190 "先生曰 十五歲前 用功於中庸 歲誦千餘遍 得力爲多 故看諸經史 自然通解 又曰 吾於中庸 則讀不知遍數 大學則約千餘遍 諸經史俱不下四五百遍."(「行錄」, 『德溪集』卷7, 張13左, 『韓國文集叢刊』38, p.157.)

191 "子强庸學之工 極爲精深 此非造次所得 非靜中體認 硏窮積久之功 恐未易到此."(「德溪先生年譜」卷1, 張4右, 『韓國文集叢刊』38, p.157.)

로 높아서 언덕쯤은 표준으로 하여 비길 만한 것이 못 된다는 것을
더욱 느꼈습니다.192

덕계로부터 수업을 받은 감동을 서술한 것이다. 한강은 퇴계아 남명에
게는 직접 執經하여 배우지는 않았다고 한다.193 덕계가 4년(1559~1562)
동안 성주에 있을 적에 집경하여 배웠고 그 뒤로는 다른 사람을 집경 사
사한 일이 없다는 것이다. 덕계를 태산과 같은 존재로 인식하고 있는 위
의 祭文에서 덕계로부터 받은 영향이 얼마나 큰 것인가를 짐작할 수 있다.
그런데 덕계는 31세 때부터 계속 남명을 사사하였고, 퇴계를 사사한
것은 성주를 떠난 다음 해(1563, 43세)부터였다. 이는 錦溪와 『朱書節要』
를 읽으면서 큰 감동을 받고 퇴계를 사사해야겠다고 마음먹었던 데서 비
롯된 것이다. 여기서 主敬窮理의 설이 의미깊음을 깨달았고, 未發의 상태
에서 함양된 기상이 聖賢 相傳의 深旨라는 것을 알고는, 그전에 했던 공부
가 모두 口耳之學이라고 스스로를 비판하였던 것이다.194 이 뒤로 덕계가
올린 「請窮理居敬箚」와 같은 글은 퇴계의 영향을 많이 받은 것으로 보인다.
곧 덕계가 남명의 문하에 있으면서 그의 영향을 많이 받았지만, 남명
에게서 느끼지 못했던 것을 퇴계로부터 깨달은 것이 있었던 것이다. 한강

192 "當時年齡稚弱 志氣昏愚 固不足以測先生之所存 而其沖然德宇之可悅而可敬 則已
不自覺其心醉也 旣又執經門下 而周旋進退 歲月漸久 則於是益知泰山之高 而丘垤
阜陵 宜不可以準擬也."(「祭德溪吳先生文」, 『寒岡集』 卷11, 張25右, 『韓國文集叢
刊』 53, p.307.)

193 "臣於二人 出入其門 請問質疑 則有之 執經受業 則未也."(「寒岡先生年譜」 卷1,
張6, 『寒岡全集上』, 驪江出版社, 1985.)

194 "曾試敎於星巖 而又得錦溪黃先生之適來刺是州 …… 相與讀八卷朱子之書 而尤
有味於主敬窮理之說 又其所涵養於未發之前之氣像者 實亦古昔聖賢相傳之深旨也
謂庸學語孟之書 舊亦何嘗不熟讀而力素 顧其所講說者 終不過乎口耳也 今旣脫然
而大悟 若醒醉而喚睡也."(「祭德溪吳先生文」, 『寒岡集』 卷11, 張26左, 『韓國文集
叢刊』 53, p.307.)

도 퇴계와 남명을 사사하면서 계속 덕계와 만났으며, 이 과정에서 양현의 장점을 고루 수용하는 학문적 방향이 정립되었을 것으로 생각된다. 덕계의 輓詞에서 "收餘芳兮佩服 終身世兮願自由"라 한 것이라든지, 祭墓文에서 "常恐不克 誓毋負初"라 한 것이라든지, 제문의 "此先生之學 所以爲體用具備者也"라 한 것 등에서 이를 확인할 수 있다.

이제 퇴계와 남명의 학문관을 살펴서 그 同異點을 알아보고, 한강의 저술을 통해서 양현의 학문이 어떻게 수용, 심화되었는가 하는 점을 찾아보려 한다.

III. 學問 性向

1. 退溪와 南冥의 學問觀

寒岡이 退溪와 南冥에게 영향을 받았다면 그 점이 무엇인지를 분명히 해야 한강의 학문이 지향하는 바를 알 수 있을 뿐만 아니라, 평생의 저술과 언행을 일관되게 이해할 수 있다. 그런데 한강 스스로 이 점을 분명히 밝혀두지 않았으므로 퇴계와 남명의 학문관을 상호 비교하면서, 한강의 저술과 언행들로 증거를 삼아 연역함으로써 한강 학문의 지향점을 찾는 것이 지금으로서는 온당한 방법이라고 생각한다.

그러면 이 양현의 학문체계를 어디서 찾을 것인가 하는 점이 문제로 남는다. 남명은 글을 많이 남기지 않았고 퇴계가 남긴 글은 그에 비해 너무 浩汗하다. 남긴 글을 종합하여 서로 비교한다는 것은 균형성의 문제도 있을 뿐만 아니라, 필자의 역량으로는 감당하기 어려운 일이다.

그런데 묘하게도 양현이 다 宣祖 戊辰年(1568)에 상소한 바가 있고, 또한 여기에서 각기 자신들의 학문관을 밝히고 있다. 이 분들이 평소에 한 마디 한 글자를 깊은 생각없이 말하지 않았겠지만, 특히 임금에게 올리는 글은 지엄하므로 더욱 깊이 생각하여 자신의 생각을 조리있게 드러내어 알리고자 하였을 것이다. 그래서 부족한 대로 이 두 글을 비교하여 성리학이라는 동일한 테두리를 확인하고 서로 달리 강조한 부분을 찾아 그 지향점의 차이를 살피고자 한다.[195]

퇴계의 「戊辰六條疏」는 벼슬을 높여 부른 데 대한 신하로서의 도리로 올릴 것인데, 그 셋째 조목이 '敦聖學以立治本'이다. 여기서 퇴계는 먼저 精一執中이 학문의 大法이라 저 하고, 精一의 방법으로 大學의 格致誠正과 中庸의 明善誠身을 제시하였다. 그리고 致知[格物致知, 明善]의 구체적인 방법으로는, 博學·審問·愼思·明辨을, 力行[誠意正心, 誠身]의 구체적인 방법으로는 審幾微·察動靜·無偏辟·戒懼謹獨 强志不息을 각기 제시하고, 致知와 力行 둘다 敬以爲主와 병행하여 積漸해야 각각 眞知와 中和의 경지에 들어가게 되어 도덕이 확립된다고 하였다.

남명의 「戊辰封事」는 임금이 여러 번 부른 데 대해, 평소 학문과 국정에 관하여 익히고 견문했던 것으로써 상소한 글이다. 여기서 남명은 治道는 임금의 明善 誠身에 달려있다고 하면서 명선과 성신을 窮理와 修身으로 파악하고, 窮理의 목적은 致用에 있으며 修身의 목적은 行道에 있다고 언명하였다. 窮理의 바탕은 讀書講明義理 應事求其當否이며, 修身의 요점은 非禮勿視聽言動이라 하고, 이 궁리와 수신을 보조하여 成遂케 하는 방법으로 存心謹獨과 省察力行을 들면서, 또 이 궁리·수신·존심·성찰을 극진히 할 수 있는 방법으로 以敬爲主를 제시하였다. 한편 下學人事 上達天

---

195 琴章泰 교수는 이 문제를 『한국학의 과제와 전망』 2집(1988, 정신문화연구원)에서 「退溪와 南冥의 爲學體系」라는 제목으로 다룬 바 있다. 본고는 이 글에 교시 받은 바 큼을 밝힌다.

理가 進學의 순서라고 하면서 人事而談天理와 不反諸己而多聞識을 口上之理와 耳底之學이라 경계하였다.[196]

退溪와 南冥은 다 학문의 근본을 中庸의 明善과 誠身에 두고 있는데, 이는 致知의 측면과 力行의 측면에 같은 비중을 두고 있다는 뜻이며, 이 점에서 기본적으로는 같은 골격임을 알 수 있다. 그리고 이를 실현하기 위해서는 敬으로 主를 삼아야 한다는 점에서도 의견이 같다. 일반적으로 明善 致知를 위해서는 道問學을 말하고 誠身·力行을 위해서는 尊德性을 말하는데, 이 두 분이 다 이를 중시하고 있는 것으로 보아, 남명을 陸王내지 老莊으로 보는 견해는 온당하지 못하다고 판단된다. 학문의 골격으로 보아 程朱의 계통임을 부정할 수는 없다. 다만 退溪가 致知의 방법으로 박학·심문·신사·명변(이는 바로 道問學의 구체적인 조목임)을 들면서 여기에 침자반복, 완색체인하여 積漸해야 眞知에 이를 수 있다고 한 데 비해, 남명은 讀書와 應事를 들면서 存心謹獨해야 궁리를 온전히 할 수 있다고 하고, 특히 궁리의 목적을 致用이라고 내세우고 있다는 점에서 상당한 차이가 있다.

退溪가 道問學의 측면을 특히 강조한 것은 尊德性에 치중하는 陸王學을 배척하고 程朱學을 옹호하려는 뜻이며 침잠반복, 완색체인하여 積漸해야 된다는 것은 頓悟를 주장하는 佛教의 禪學과 구별, 배척하려는 뜻이다. 여기에서 퇴계가 정주학을 確立시키려는 데 주도적인 역할을 수행하였음을 알 수 있다.

퇴계는 주자의 주장과 어긋나는 것을 용납하지 않았던 바, 이는 堯舜孔孟의 道統이 주자에게 전해졌음을 확인하려는 것이기도 하며, 그래서

----

196 兩賢의 두 글은 너무 길어 인용하기 곤란하므로 요점만 제시하였다. 退溪의 「戊辰六條疏」는 『退溪集』 卷6, 張42~46, 韓國文集叢刊 29, p.186~188에 있으며, 南冥의 「戊辰封事」는 『南冥集』 卷2, 張82~86, 韓國文集叢刊 31, p.521~523에 있다.

여기에 대한 이론의 정립이 필수적이었던 것이다. 四七論辨이 시작된 후 오랫동안 설왕설래하여 「聖學十圖」의 心統性情圖에서 理發而氣隨之 氣發 而理乘之로 정리되기 까지 퇴계가 이처럼 끈질기게 집념하였던 것은 好學 의 열정과 立言垂後의 의지에서 나온 것이겠지만, 가까이서 그 원인을 찾 으면 陸王의 '心卽理'의 설에 대해 朱子가 '性卽理'의 설을 확립하려는 데 서 출발된 것일 수도 있음을 여기서 확인할 수 있다. 그리고 「理學通錄」, 「心無體用說」, 「傳習錄論辨」, 「聖學十圖」 등의 일련의 글도 같은 맥락에 서 파악된다. 퇴계가 남명에게 老莊의 氣味가 있다고 한 것도 남명을 비 판하려고 한 것이라기보다는 정주학을 보위하려는 의지로 해석하는 것이 바람직하리라고 본다.[197]

그러나 남명은 기존의 연구들에서 언급되듯이 정주학 이외의 사상에 대해서 상당히 관대한 편이었으며,[198] 이론의 정립은 이미 되어 있다고 보 고 사회적 실천 쪽으로 관심을 더 가지고 있었던 것이니, "窮理의 목적은 致用에 있다.[窮其理 將以致用也]"[199]는 언표가 이를 잘 뒷받침한다. 남명 은 이처럼 궁리의 목적을 致用[實用]에 두고 있었기 때문에 이론에만 몰 두하는 것은 목적을 망각한 것으로 생각하여 극력 배제했던 것으로 보인 다. 정계에 진출해 있던 문인 德溪와 東岡 등에게 젊은 학자들이 실천에 는 힘쓰지 않고 이론에만 매달린다고 맹성을 촉구하였고,[200] 德溪가 逋租

----

197 퇴계의 이러한 측면은 나중에는 정주학설과 위배될 적에는 斯文亂賊으로 몰아
    붙이는 학문의 경직성과도 깊은 영향이 있으리라고 생각된다.
198 「曺南冥과 老莊思想」(경남문화연구 제11호, 1988) 및 「南冥曺植과 南冥學派」
    (民族文化論叢 제2·3집, 1982, p.231) 참조.
199 이 같은 남명의 언표는 퇴계의 "學文所以正心"이라는 언표와 함께 양현의 차이
    점의 한 단면을 극명하게 보여주는 것이라 생각된다.
200 「與吳御史書」(『南冥集』卷2, 張8左), 「與吳子强」(같은 책, 張 16左), 「與肅夫書」
    (같은 책, 張26右) 참조. 「與退溪書」(같은 책, 卷4, 張21右)에도 '口談天理'의 분
    위기를 좀 나무라 줄 것을 권하고 있다.

逋卒의 문제를 건의 해결한 것을 두고 不負所學이라고 칭찬한 것[201] 등이 모두 이러한 배경에서 나온 것이며, 그래서 남명은 앞의 상소문에서도 下學人事 上達天理를 말하여 궁리의 목적을 망각하지 말 것을 강조한 것이다. 병법·지리·의약 등에의 관심[202]도 이런 생각에서 나온 것이다.

다음으로는 이와 관련하여 出處 問題를 살필 필요가 있다. 유교 경전의 골격으로 알려진 『大學』의 가르침은 修己와 治人으로 요약된다. 선비가 공부를 하는 것[修己]은 벼슬하여 그 이상을 펴려는 것[治人]이다. 그러나 벼슬하는 것은 그 시기를 잘 살펴야 한다. 벼슬할 시기가 아닌데, 나아가면 枉道의 결과에 이르게 되고, 벼슬할 시기인데 하지 못하면 無能임이 드러나니 둘 다 선비로서는 부끄러운 일이다. 그러므로 큰 뜻을 가진 선비야말로 출처를 신중히 하지 않을 수 없는 것이다. 그러나 공자도 낮은 벼슬은 道의 行不行과 관계없이 할 수 있다는 견해이므로, 선비라면 대체로 科擧를 보았던 것이고 또 낮은 벼슬에서부터 宦路가 시작되는 것이다.

퇴계의 벼슬길은 이렇게 해서 시작된 것이었지만 을사사화, 양재역 벽서사건, 윤원형의 전횡 등을 겪으면서 道가 행해지지 않을 것을 알고 물러나 학문에 전념, 立言垂後해야겠다는 생각이 굳어졌던 것이다.[203] 그런가 하면 남명은 출처문제에 대해서 일찍부터 결론을 내리고 과거를 포기하였다. 그리고 "士君子의 大節은 오직 出處에 있을 뿐이다."[204]라고 문인

....

201 「論逋租逋卒啓」(『德溪集』 卷4, 張9左) 참조.
202 "至於陰陽地理醫藥道流之言 無不涉其梗槩 以及弓馬行陣之法 關防鎭戌之處 靡不留意究知."(「行狀」, 『南冥集』 卷4, 張8左, 『韓國文集叢刊』 31, p.546.)
203 退溪의 出處에 대해서 南冥은 다음과 같이 인정하고 있다. "'泛論古今人物 必先觀其出處 然後論其行事得失 嘗曰 近世以君子自處者 亦不爲不多 出處合義 蔑乎無聞. 頃者 惟景浩庶幾古人."(「行狀」, 『南冥集』 張5右, 『韓國文集叢刊』 31, p.457.)
204 "士君子大節 唯在出處一事而已."(「行錄」, 『南冥集』 卷4, 張13左, 『韓國文集叢刊』

들에게 가르쳤다. 또한 덕계에게 보낸 편지에서 작은 고을에 물러나 있기를 권했던[205] 것을 보면, 나아가 벼슬하더라도 뜻을 펼 수 없으면서 높은 자리에 있는 것은 출처의 도리에 맞지 않다고 보았던 것이다.

2. 寒岡의 學問性向 : 窮理居敬과 致用

앞장에서 退溪와 南冥의 學問觀의 대강을 살펴보았다. 여기서 먼저 한강이 양현의 학문에서 수용, 심화하려 했던 점이 무엇인가를 제시하고, 저술과 언행을 통해 확인하도록 하겠다. 한강은 우선 양현이 함께 주장한 窮理와 居敬을 전폭적으로 수용했다. 특히 窮理의 측면에서는 前人未發의 새로운 이론추구보다는 前代의 대학자들이 이루어 놓은 말을 정리하는 일에 관심을 집중적으로 쏟았다. 이 부분의 공부는 주로 퇴계를 準的으로 삼았다고 할 만하며 邑誌나 歷史書 人物誌 醫書 등의 저술은 남명의 영향으로 보인다.

한강의 저술의 방대함은 단연 양현 문하에서 독보적이라 할 수 있다. 72세 때의 화재로 대부분을 잃은 채로도 역시 독보적이라 하겠다. 이 저술을 부문별로 나누어보면 다음과 같다.

禮學	家禮集覽補註(31)	心學	朱子書節要總目(31)
	昏儀(37)		中和集說(56)
	冠儀(40)		聖賢風範(59)
	▲五先生禮說分類(61)		▲心經發揮(61)
	同改撰(72)		濂洛羹墻錄(62)

....

31, p.549.)

205 "曾勸以退一小縣而止."(「與吳御史書」, 『南冥集』 卷2, 張9左, 『韓國文集叢刊』 31, p.485.)

			▲洙泗言仁錄(62)
	禮記喪禮分類(73) ▲五服沿革圖(75)		臥龍岩志(62) 谷山洞庵志(62)
地志	昌山志(38) 同福志(42) ▲咸州志(45) 通川志(50) 臨瀛志(52) 關東志(54) 福州志(65)	歷史	古今忠謨(56) 治亂提要(64) ▲歷代紀年 古今人物志(65) 儒先續錄(65)
文學	古今會粹(57) 樂天閒適(57) 朱子詩分類(57)	醫藥	醫眼集方(58) 廣嗣續集(72)

※▲는 현존하는 것이고 괄호 안의 숫자는 저술연대임. 文集에 실린 것은 제외하였음.

이 가운데 心學에 해당하는 일련의 저술은 유학에 있어서의 정주학의
정통을 확보하는 데 중요한 역할을 할 수 있는 것으로서, 퇴계의 정신을
수용, 심화한 것이라 하겠다. 『谷山洞庵志』는 주자가 講道, 棲息한 雲谷·
武夷山·白鹿洞·晦庵 등지의 記·序·題詠·事蹟 등을 묶은 것으로 주자를
높이어 숭상한 데서 나온 것이며, 『臥龍岩志』는 武屹精舍[206]의 와룡암에
대한 기록으로 이 근처의 암자·다리·沼·바위 등의 이름이 주자와 연관되
는 것으로 보아 『곡산동암지』와 같은 성격의 것으로 이해된다. 『洙泗言仁
錄』은 원래 南軒 張栻이 편찬한 것인데, 한강이 여기에다 주자의 집주를
중심으로 程子·張子 이하 제현의 논의를 첨가해서 펴낸 것이다. 이는 西
山 陳德秀의 『독서기』 가운데서 '仁' 字를 모은 것과 晦齋 李彦迪의 『求仁
錄』과 함께 보기 위해 만든 것이라 한다.[207] 『濂洛羹墻錄』도 이름으로 보

....

206 62세 때 세운 精舍로 修道山 깊숙한 곳에 있었음.
207 "又以西山先生讀書記中所集仁字 別寫一本 又幷與吾東晦齋李先生求仁錄 參互而
    幷觀焉."(「洙泗言仁跋」, 『寒岡全書下』, 여강출판사, 1985, p.193.)

아 周程의 학문을 체득하려는 그의 의지에서 나온 것으로 보인다. 『聖賢風範』은 9책으로 堯舜으로부터 程朱에 이르기까지 성현의 풍모와 관련되는 구절을 모은 것으로 생각되는데, 오랫동안 책을 읽으면서 수시로 뽑아 적어둔 것을 모아서 이룩한 것이라 하였다.208 이들 저술들은 각기 조금씩 다른 면모가 있지만 전체적으로 본다면 역시 孔孟으로부터 程朱에 이르는 학문의 체계[聖學]를 꿰뚫으려는 노력의 일환에 다름 아니다.

『心經』은 원래 西山 陳德秀가 편찬한 것으로 篁墩 程敏政이 附註를 달았다. 그런데 이 『心經附註』에 陸學으로 알려진 臨川 吳澄의 說을 첨가한 것이 문제가 되자 일찍이 퇴계가 이를 논한 바 있었다.209 한강은 퇴계의 이 논의를 전적으로 수용하여 황돈의 부주 가운데 陸學과의 관련으로 의심되는 부분은 다 삭제하고 程朱의 설을 더 첨가하였다. 그리고 濂溪의 「太極圖說」과 程子의 「定性書」, 伊川의 「好學論」, 橫渠의 「西銘」, 朱子의 「仁說」과 「誠說」 및 朱子 「行狀(略)」 등의 원문과 제설을 부록으로 붙이고 『心經發揮』라 하였다. 『心經發揮』는 황돈의 애매한 주석을 제거함은 물론 敬에 관하여 특히 자세한 주석을 添入하였다. 즉 제5장[敬以直內 義以方外 부분]의 附註는 원래 21개 조에 불과했는데, 한강은 39개 분야로 나누어 무려 287조에 달하는 자세한 주석을 덧붙였던 것이다. 이는 퇴계의 심학을 완성하여 후대 심학 연구의 指南이 된 것으로 평가되는 것이다.

....

208 "先生最惜聖賢風範 其書凡九冊 上自唐虞 下逮關閩 尤詳於孔門諸子 尙龍問爲書役之繁而不得重述歟 先生笑曰 我數十年前 博採群書 隨得隨記 積歲而成 到今思之 宛如隔世事 何能生意重修乎."(「寒岡先生言行錄」卷2, 張9, 裵尙龍錄, 前揭書, p.31.)

209 "所可疑者 草廬之爲陸學 當時已有其議 後世公論 亦多云云 又未知篁墩之爲人與爲學畢竟何如耳 …… 信斯言也 篁墩其果誤矣 其爲學果有可疑者矣 …… 苟如是則是陸無資於朱 而朱反有資於陸矣 斯不亦謬之甚耶."(「心經後論」, 『退溪集』 卷41, 張11~14, 『韓國文集叢刊』 30, p.410~411.)

다음으로 한강의 저술 중에 주목할 것은 예학에 관한 것이다. 『五服沿革圖』는 天子로부터 士庶人에 이르기까지 각종 경우에 따라 服을 어떻게 입어야 하는가를 35개 도표로 제시하고 그 사이에 설명을 붙인 것이다. 『五先生禮說分類』는 朱子의 家禮를 보완하려는 의도에서 나온 것으로, 冠禮·昏禮·喪禮·祭禮 雜禮를 天子諸侯(전집)와 士大夫(후집)로 나누어 儀禮·禮記·周禮 등 옛 禮書를 중심으로 세부 항목을 설정하고 원문을 실은 뒤, 明道·伊川·涑水·橫渠·晦庵 등 다섯 선생의 예설을 각각 그 해당 항목 다음에 배열한 것이다. 모두 7冊 20卷 575板 분량이고 인용서적만도 48종 700여 권에 이르는 것으로, 당대에 실용할 예서로서는 그 극에 달했다 할 만하다. 문인들의 예에 관한 질문에 답한 퇴계의 답변이 후대에 책으로 엮어질 정도였으니,[210] 이를 통하여 퇴계의 예학에 대한 관심과 그 깊이를 짐작할 수 있겠거니와, 한강의 이처럼 방대한 예학관계 저술은 그 연원이 퇴계에 닿아 있음을 짐작할 수 있다.

寒岡은 38세 때 昌寧縣監으로 첫 出仕를 하였는데, 이때 이 고을 읍지인 『昌山志』를 편찬하고부터 부임하는 고을마다 邑志 또는 道志를 남겼다. 『咸州志』는 임란 후 咸安 士人들이 베껴갔기 때문에 유일하게 남아 전한다. 그런데 『通州志』·『臨瀛志』·『關東志』를 만들 때는 1592~1596년 사이로, 전란의 와중에서도 편찬의 고삐를 늦추지 않았던 점에서 이에 대한 그의 확고한 의지를 읽을 수 있다. 『관동지』 편찬 때 문인인 訒齋 崔晛 (1563~1640)의 질문에 대해서, 지방직에 있는 사람으로서는 地志의 편찬은 마땅히 해야 할 일이라고[211] 답한 데서 구체적으로 그의 의지를 확인

----

210 響山 李晩燾는 『溪書禮輯』(林應聲 編) 跋文에서 「喪祭禮答問」,「溪山禮說類編」 등이 있음을 말하였다.(『退溪學文獻全集』9, 계명한문학연구회 편, 1991, p.483.)
211 "<問> 先生撰關東志 方今賊滿疆域 國勢抗捏 策應軍務 亦且不暇 乃於此時撰集地志 何如 <答> 緩急則固異矣 惟所當爲 不可以未遑而放過 況今書籍蕩然散失 若不收拾見聞 將無以示後 ……(『寒岡集』卷6, 張42右, 『韓國文集叢刊』53, p.216.)

할 수 있다. 고을의 수령으로 부임하여 그 고을 사정을 아는 데는 읍지만큼 절실한 것이 없다고 보고 이를 참고로 安民善俗케 하려는 것이 읍지편찬의 근본 의도였던 것으로 판단된다.[212]

　邑志의 편찬은 寒岡의 지방 수령직 선호와 관련이 있고 나아가 출처의 細義와도 관련이 있어, 남명의 실용을 중시한 측면과 출처에 관한 평소의 견해를 한강이 수용, 실천한 것으로 볼 수 있다.[213]

　『醫眼集方』은 成川府使로 있을 때 자신의 눈을 치료하기 위해 여러 醫書에서 눈을 치료하는 제방법을 모은 것으로 눈 앓는 이의 편의를 위해서 편집한 것이다. 그리고 『廣嗣續集』은 産婦人科에 해당되는 의서로 兪子木의 편집에 소루한 것이 많아 증보한 것이다. 이들 저술 역시 남명의 '窮理의 목적인 致用'이라는 생각과 일정한 연장선 위에 있음을 알 수 있다.

　이제까지의 논의는 대체로 한강의 예학과 심학은 程朱 중심의 학문체계를 확립하려는 退溪와 그 淵源이 닿아 있으며, 실용의 측면에서 이해되는 읍지 편찬과 의서의 편집 등은 南冥과 그 淵源이 닿아 있는 것으로 요약된다. 그러나 학문의 授受關係가 이처럼 단조롭게 해석될 수만은 없을 것이다. 특히 남명이 유학에 근본을 둔 학자인 이상 예학과 심학에 깊은 관심을 가졌던 것은 틀림없는 사실이다. 덕계가 만년에 한강과 함께 예학의 정밀함을 강명해야겠다면서 儀禮가 특히 어려우니 몇 달간 함께 논의하자고 한 것을 보아도[214] 남명의 禮에 대한 평소의 관심을 읽을 수

----

212 "使後於今者 復有問焉 則余亦將何以爲辭哉 …… 唯今日之所望 則爲長民於玆焉者 有以深警夫前之所言者 而審其幾之所在 益可勉乎其本 而毋忽於安民善俗之要 則其效之所及 殊非余之所敢言 而亦有非余之所敢量者."(『寒岡集』 卷10, 張6左, 8左, 『韓國文集叢刊』 53, p.294~285.)

213 남명의 문인이면서 한강과도 친했던 龍潭 朴而章(1547~1622)도 『水原志』와 『寧海志』를 편찬하였는데, 이는 南冥, 寒岡과 깊은 영향관계가 있을 것으로 생각된다.

있고, 浮査 成汝信(1546~1632)이 난후에 남명이 정한 禮를 복구하였다는
기록215과 婚姻 喪葬 祭祀 등의 예절은 모두 家禮를 준용했다는 기록216으
로도 이를 확인할 수 있다. 또한 남명이 李霖과 李浚慶으로부터 『心經』을
받은 후, 白晝의 큰 저자 거리에 있는 平天冠(天子의 冠)과 같다고 하면서
『心經』이 매우 긴요한 책인데도 사람들이 실제로 잃지 않음을 비유적으
로 말하였고,217 "마음은 죽고 육체만 다니면서 금수가 아니고 무엇이겠
는가. …… 마음이 죽는 것보다 더 큰 슬픔이 없다. 마음이 죽지 않는 약
을 구하였다면 먹는 것이 급하다. 이 책은 아마 不死의 약이리라."218고
한 것은 남명이 『심경』의 중요함을 누구보다도 깊이 인식하고 있었음을
보여주는 것이다. 이런 점에서 볼 때, 한강은 퇴계와 남명이 강조하던 것
을 다 수용한 셈이며, 이 두 분이 못다한 것을 평생 학문에 잠심하여 훌륭
히 발휘하였다고 볼 수 있으므로, 양현의 학문을 集成했다는 말이 가장
알맞은 표현이라 생각한다.

특히 한강의 저술은 모두 선인의 설을 긴요하게 볼 수 있도록 편집하

....

214 "謂余長懷索居之歎 子亦無伴而踽踽 盍亦來我乎婆娑林壑之幽邃也 新構精舍 端合
宴坐而講道 滿龕遺經 深願與子共入室而齊藏也 禮學精密 不可以不講 而最苦儀禮
之難讀 則尤欲與子共數月之論議也."(「祭德溪吳先生文」, 『寒岡集』 卷11, 張30左,
『韓國文集叢刊』 53, p.309.)

215 "近世喪祭婚姻之禮 因南冥曹先生參定遵行 幾至復古 又自兵亂後 其禮淺廢 先生
慨然倡率 遂復南冥所定之禮."(「言行錄」, 『浮査集』 卷8, 張2右, 『韓國文集叢刊』
56, p.138.)

216 "婚姻喪葬祭祀之禮。皆略倣家禮."(「行錄」, 『南冥集』 卷4, 張11左, 『韓國文集叢
刊』 31, p.548.)

217 "是書也 正似白晝大市中平天冠也 非但無人買之 或加諸頭上 則以僭誅矣 用是人
惡此書 視之爲殺身之具 不啻平天冠也."(「題李君所贈心經後」, 『南冥集』 卷2, 張
41右, 『韓國文集叢刊』 31, p.501.)

218 "心喪而肉行 非禽獸而何 …… 哀莫大於心死 求不死之藥 惟食爲急 是書者其惟不
死之藥乎."(「書李君原吉所贈心經後」, 같은 책, 같은 곳.)

는 데 주력하였고 논변을 하기 위한 글들은 별로 보이지 않는다. 문인들의 질문에 답한 것을 보면 性理諸說에 관하여 박통하고 있음을 알 수 있는데도, 이 방면의 개인적인 독특한 저술이 없는 것으로 보아, 이론에 치중하는 것을 몹시 경계했던 남명의 생각이 깊이 수용되었던 것으로 보인다.

Ⅳ. 作品世界

1. 文學觀

한강은 57세 때 『古今會粹』, 『樂天閒適』, 『朱子詩分類』 등을 편찬하였다. 그러나 72세 때의 화재로 인하여 전하지 않으므로 그의 표현을 통하여 구체적인 문학관을 확인하기는 어렵다. 그러나 이 편저의 제목만으로도 그가 古文에 대해 깊은 관심이 있었음을 알 수 있고, 詩에 있어서는 朱子의 詩를 좋아했다는 정도는 짐작할 수 있다. 그의 序·記·跋과 같은 산문에서 註疏體·語錄體가 끼어 있지 않음을 보아서도 古文에 힘을 기울였음을 알 수 있다. 특히 문인인 慕堂 孫處訥의 다음과 같은 기록은 이 점을 어느 정도 엿볼 수 있게 한다.

선생께서는 일찍이 東坡의 「赤壁賦」를 사랑하셨다. 우리들에게 말씀하시기를 "이 글은 품격일 실로 인간 세상의 사람이 지을 수 있는 것이 아니다." 하시고서는 옛날 남명선생을 모시고 있을 적에 남명선생께서 "程夫子께서 子瞻을 공격하는 데 비록 힘을 쓰셨지만 만약 선생께서 여기 계시다면 내 마땅히 이 賦를 精寫하여 한 번 꿇어앉아 읽어 드리겠다. 그렇다면 程先生께서도 반드시 고개를 끄덕이실 것이다."라 하신 말씀을 들려주셨다.[219]

寒岡이 「적벽부」를 좋아했다는 것과 남명이 이 글을 좋아했고 그래서 程子도 이 글을 인정할 것이라는 말을 한강이 인용한 것은 「적벽부」가 갖추고 있는 문장의 짜임새와 措辭의 세밀함도 긍정적으로 본 것이지만, 인용문의 흐름으로 보아 내용이 갖고 있는 哲理的인 면을 더 중시한 것으로 보인다. 즉 古文의 형식을 빌되 학문의 성과나 학문의 의지가 그 내용으로 잘 녹아 있는 글을 한강은 추구하였으리라고 생각된다.

한강의 시는 현재 78題 105首가 남아 전한다. 화재로 인하여 어느 정도 없어졌다는 것을 감안하더라도, 우선 作詩를 즐기지 않았음을 알 수 있다. 이 가운데 輓詞가 32題 47首이고 贈別·次韻 등 교제상의 필요로 쓰인 시가 16題 26首인 점을 염두해 두면 이 점은 더욱 명백해진다. 다음의 시가 이를 뒷받침해 준다.

> 부끄럽게도 평소에 시를 짓지 않았지만 　　　　愧我平生不作詩
> 그대 보내는 오늘 어찌 詩가 없으랴 　　　　送君今日詎無辭
> □□ 도의를 언제나 생각하여 　　　　　　　□□道義須常念
> 끝까지 진퇴의 도리에 어긋남이 없기를[220] 　莫使終迷進退宜

평소에 워낙 가깝게 지내던 사이였기에 오랜만에 만나 다시 서울로 돌아가는 자리에서 시 한 수가 없을 수 없어 잘못 쓰는 솜씨지만 한 수 지어 전송한다는 뜻이다. 한강은 여기서 '부끄럽게도[愧]'라는 말을 쓰고 있는데, 이 말을 보면 그가 시 짓기를 즐기지 않았다기보다는 시에 능하지 못했다는 말로 받아들여진다. 「遊伽倻山錄」에서 직접 시에 능하지 못함을

---

219 "先生嘗愛東坡赤壁賦 謂余等曰 此詞品格 實非世間人所做作 因言昔侍南冥先生　　先生曰 程夫子攻子瞻 雖甚力 若程夫子在 則吾當精寫此賦 讀一番 程先生亦必頷　　可云."(「寒岡先生言行錄」卷3, 張8左, 『寒岡全書下』, 여강출판사, 1985.)
220 「送金東岡歸京」, 『寒岡集』卷1, 張1右, 『韓國文集叢刊』53, p.373.

밝히고 있음이[221] 이를 중명한다.

그렇다면 13세 때 지었다는 「玉斗詩」와 15세 때 지었다는 「醉生夢死歎」은 어찌 해석할 수 있을 것인가? 각각 34句·32句의 七言排律인데 一韻到底格이다. 시에 능하지 않고서는 나오기 어려운 작품이다. 앞의 주에서도 언급한 바 있거니와 덕계가 성주 훈도로 부임한 때가 한강의 나이 17세 때인 것이 분명한데, 이때 한강에게 시 읊기를 좋아하지 말고 학문에 전심할 것을 권하고 있다.[222] 그렇다면 덕계와의 만남이 계기가 되어 학문의 방향을 거의 잡고 퇴계와 남명을 만난 뒤 학문에 몰두하느라 시에 별 관심을 가지지 않았던 것이 아닐까도 추측된다. 한편으로는 남명에게 執贄하기 전 15, 6세 때부터 벌써 남명의 풍모를 들어 흠모했다는 고백[223]으로 미루어보면, 남명의 "시가 마음을 황폐하게 한다."[224]는 경계에 대해 일찍부터 듣고 작시에 관심을 두지 않기로 작정하였으리라는 사실도 배제할 수 없다.

그러나 이런 점을 아무리 전제한다 하더라도, 당시 사회에서는 시가 없을 수 없었다는 것은 더 말할 필요가 없다. 그리고 시가 있다면 어떤 의도에서 쓴 것인지를 논의할 필요가 있다. 퇴계는 문학의 효용을 正心에 두고 있음을 말하였거니와[225] 유학자의 문학이 모름지기 학문의 의사를

---

221 "余獨不能詩 終日無一句 頗爲諸君所嘲 臨罷 余有一詩 末有默契千年處士心之句 則諸君和以謔語 相與劇笑而罷."(「遊伽倻山錄」,『寒岡集』卷9, 張1右,『韓國文集叢刊』53, p.276.)

222 "堯夫非是愛吟詩 只愛虛明灑落時 莫把遺詩空玩月 好將淸意靜中思."(「星學贈學子 學子卽鄭寒岡也 寒岡夜誦淸夜吟 先生以詩贈之」,『德溪集』卷1, 張10左,『韓國文集叢刊』38, p.82.)

223 "蓋自十五六歲時 始得聞先生之風 而知欽慕之."(「祭南冥曺先生文」,『寒岡集』卷11, 張21左,『韓國文集叢刊』53, p.82.)

224 "常持詩荒戒 以爲詩人意致虛曠 大爲學者之病."(「南冥先生集序」,『韓國文集叢刊』31, p.453.)

담아야 하고, 本性의 善을 계발하는 데 도움을 주어야 하며 체와 격에 맞게 짓되 많은 단련을 해야 한다는 것이라면,[226] 한강의 시도 구은 이 범주에 든다고 단정하여도 큰 무리가 없으리라 생각된다. 그리고 한강이 가야산 유람 때 「南嶽唱酬」朱子年譜 중의 「雲谷記」를 가지고 간 것을 보아 주자의 인품과 주자의 시를 몹시 사모하였던 것을 짐작할 수 있고, 또 「書古鏡重磨方後」에서 주자의 칠언절구에 대해 퇴계가 오언율시로 지어서 이 두 시를 손수 써 놓은 것을 보고, '선생의 시는 실로 거울을 닦는 지극한 방책'이라고 칭송하고 있는 것[227] 등은 한강이 바로 유학자의 문학을 추구하고 있다는 증거이기도 하다.

한강은 작시에 깊은 관심을 가지지 않아서인지는 분명치 않으나, 平仄이 까다로운 근체시보다는 고시를 많이 남기고 있다. 한강의 시문 가운데 「南冥先生祭文」 2편과 「德溪先生祭文」・「降仙樓記」・「六一軒記」・「氷江觀雪圖序」・「立雪賦」・「問牛喘論」・「遊伽倻山錄」 등은 모두 寒岡 詩文의 秀作이라 할 수 있으나 워낙 長文들이어서 여기서는 주로 시를 대상으로 살펴려 한다.

2. 求道에의 意志와 自然과의 合一

寒岡은 유교를 종교적으로 실천한 학자였다. 그래서 성현이 되어야겠다는 의지를 늘 갖고 살았다. 아무리 작은 일이라도 정성을 다하였고, 일거수일투족도 예를 떠나 행해진 것이 없었다. 12세 때부터 先聖의 화상을

....

225 "文學其可忽哉 學文所以正心也."(李德弘 撰, 「退溪先生言行錄」)
226 李源周, 「道學派의 文學」, 『韓國文學研究入門』, 지식산업사, 1982.
227 "先生之詩 實亦磨鏡之至方也哉."(「書古鏡重磨方後」, 『寒岡別集』 卷2, 張6左, 『韓國文集叢刊』 53, p.501.)

손수 그려서 아침마다 우러러 배례했다는 연보의 기록228도 있거니와, 門人이 心遠堂(李埱, 字 士厚)의 다음 기록이 이를 증명한다.

　　선생께서는 어릴 적부터 이미 성현의 학문에 뜻을 두셨다. 나이가 13, 4세 때 先聖의 遺像을 그려서 벽에 걸어놓고 예를 행하였다. 사람들이 혹 이런 행위를 업신여기어 희롱하면 문득 "선성이 여기 계시거늘 어찌 감히 그러는가?" 하시면서 꾸짖어 말리셨다.229

　　물론 이러한 한강 생각은 어릴 때만의 일이 아니었다. 나이 들어 제자들이 문하에서 수업할 때도 그러했다. 한강이 직접 만든 「月朝約會儀」의 절차에서도 확인된다.

　　…… ○先聖과 先師의 초상을 북쪽 벽에 설치한다. ○同約者들이 복장을 갖추고 이르러 外次에서 기다린다. ○다 모이면 나이 순서로 문 밖에 선다. 동쪽을 향하며 북쪽이 윗자리이다. ○約正 등 집사가 문을 나온다. 서쪽을 향하며 남쪽이 윗자리이다. ○揖을 하고 맞이하여 문 안으로 들어간다. 뜰 중앙에 이르러 북쪽으로 향한다. ○모두 재배한다. ○約正이 堂에 올라 향을 피운다. ○내려온다. ○모두 재배한다. ○선성과 선사의 초상을 갈무리한다. ……230

· · · · · · · · · · · · · · · · · ·

228 각주 4) 참조.
229 "先生自幼少時 已有志於聖賢之學 年十三四 摹畵先聖遺像 展壁行禮 人或有謾而戲之者 則輒呵止之 曰先聖在此 何敢乃爾."(「寒岡先生言行錄」 卷1, 張10左, 『寒岡全書下』, 여강출판사, 1985.)
230 "…… ○設先聖先師之像於北壁下 ○同約者如其服而至 俟於外次 旣集 以齒爲序 立於門外 東向北上 ○約正以下出門 西向南上 ○揖迎入門 至庭中北面 ○皆再拜 ○約正升堂上香 ○降 約正升降 皆自阼階 　○與在位者皆再拜 ○藏先聖先師之像 ……."(「月朝約會儀」, 『寒岡集』 卷9, 張20左, 『韓國文集叢刊』 53, p.267.)

이 月朝約會는 한 달에 한 번씩 모여 한 달 동안의 학문을 점검하고 토론하는 모임인데, 의식의 절차가 바로 종교행사인 것을 알 수 있다. 한강이 이처럼 주도면밀하게 행사를 진행하고 있는 것을 볼 때, 스스로의 언행이 어떠하였을까는 짐작하고도 남는다. 그런데도 늘 자신의 학문이 부족하다고 느끼어 반성을 한다.

> 늘 옛적 성현을 기약하였으니　　　　　　期許平生古聖賢
> 이 마음 중천의 해처럼 밝혀야 하리.　　此心昭若日中天
> 어쩌다 혼미한 자질에 병조차 걸려　　　如何昏質兼憂病
> 헛되이 보낸 세월 사십 년일세.[231]　　虛負今將四十年

聖人이 되기를 기약하였다면 마땅히 중천의 해와 같도록 마음을 밝혀야 할 것인데, 자신은 타고난 자질도 혼미하고 게다가 질병으로 인하여 옳게 마음을 밝히지도 못한 채 40년을 허송했다고 반성 탄식한 것이다. 타고난 자질이 혼미하다는 것은 그만큼 더 열심히 노력을 해야 된다는 자신의 강력한 집념의 표현이다. 스스로 총명하다 하고 이미 큰 성과를 이루었다고 자부한다면 성현에의 가망성은 없기 때문이다. 이러한 수양에 있어서는 막연히 성현이 되겠다는 것으로는 부족하고 구체적인 표준이 설정되어야 하는데, 그것이 바로 마음을 중천에 뜬 해와 같이 밝히는 것이다. 다음 시가 바로 이와 관련시켜 볼 한강의 선비상이다.

> 대장부의 심사는　　　　　　　　　大丈夫心事
> 백일과 청천 같은 것.　　　　　　　白日與靑天
> 뇌락한 기상을 누구나 다 보거니　　磊落人皆見

---

231 「偶吟」, 『寒岡續集』 卷1, 張2左, 『韓國文集叢刊』 53, p.373.

뻗어 나오는 빛이 참으로 늠연하구나.232   光芒正凜然

　　이 시의 첫째 구는 簾이 맞지 않는다. 2·3·4구와 비교해 보면 丈(측성)
과 心(평성)의 평측의 위치가 바뀌어 있으니, 결국 古詩 또는 拗體인 셈이
다. 그리고 오언시는 2언과 3언으로 분리되는 것이 일반적인데, 역서는
1·2구가 공히 3언, 2언으로 분리된다. 古詩를 통한 언어배열의 파격에서,
意境을 중시하는 한강의 태도가 엿보인다. 이 시는 쓰고 싶어서 쓴 것이
다. 시의 형식 따위에는 전혀 상관하지 않는 태도가 보인다. 푸른 하늘에
훤히 떠 있는 해처럼 높고도 먼 데다 뜻을 두고, 또 하늘과 해가 만물을
덮고 있으면서 生을 成遂케 하듯 대장부는 인간사회에서 마땅히 그러해
야 한다는 것이다. 여기서 한강의 지향이 성인에 있고 그러기에 끊임없이
함양과 성찰을 통해 스스로를 닦아야 하며 나아가 그 공이 사회에 미치기
를 염두에 두고 있음을 볼 수 있다. 寒岡精舍에서의 8년(31세~38세) 동안
은 바로 이런 생각으로 정진에 몰두한 시기였다.
　　이렇게 큰 뜻을 세워두고 정진하다 보니 벼슬길에 뜻이 없었다. 더구
나 당시의 內職은 是非의 소굴이라 극력 사양하였고, 여러 차례의 천거로
지방관이 제수되자 어렵사리 부임하였던 것이 창녕현감 자리였다. 다음
시는 이때 지은 것이다.

　　　창녕살이 잘못하여 일마다 그릇되니　　　　　失計昌山事事非
　　　아무리 생각해도 돌아가야 되겠구나　　　　　思之百爾不如歸
　　　헛된 이름에 매인 줄도 모르고　　　　　　　　夢魂不省虛名縛
　　　밤마다 꿈속에선 옛터를 맴돈다.233　　　　　　夜夜無端遶故磯

....

232 「自省」, 『寒岡續集』 卷1, 張2左, 『韓國文集叢刊』 53, p.373.
233 「昌山衙閣偶吟」, 같은 책, 같은 곳.

배워 아록 있던 것을 고을 수령으로 있으면서 실천해 보려고 무던히 노력했다. 부임하자마자 興學의 기풍을 일으켰고, '視民如傷' 네 글자를 벽에 써 두고 백성의 생활을 정성껏 보살폈다. 善政으로 표창을 받았을 뿐만 아니라 나중에 창녕의 백성들이 生祠堂을 세워 춘추로 추념하였다 하니, 종교적 귀의에서 우러나온 한강의 애민정신을 충분히 알 수 있다. 그런데도 한강은 자신의 행정에 늘 불만이었고 고향으로 돌아가 덩구 자신을 닦아야 한다고 생각했던 것이다. 그래서 같은 제목의 둘째 수에서는 "백성의 병을 고치지도 못했는데 내 몸의 병이 급하다.[民病未醫身病急]" 라고 읊은 것이다. 물론 여기서의 신병은 육체의 질병이 아니라 자신의 부족한 점을 가리키는 것임은 두말할 필요가 없다.

항상 이런 마음을 지니고 있었기에 조용히 시골에 거처하면서 함양과 성찰을 일과로 하는 생활이 즐거웠던 것이다. 다음 시는 그의 이러한 마음을 잘 드러낸 것이다.

조그마한 산 앞의 자그마한 집　　　　　　小小山前小小家
뜰 가득한 梅菊이 해마다 늘어난다.　　　滿園梅菊逐年加
다시금 구름과 물로 그림처럼 단장하니　　更敎雲水粧如畵
온 세상 사람 중에 내가 가장 사치롭다.[234]　擧世生涯我最奢

가야한 한 자락이 동쪽으로 흘러내려 조그마한 봉우리를 이룬 곳, 가야산과 수도산의 두 물이 합쳐 굽이쳐 내려오는 곳에 檜淵書院이 있는데 여기가 옛날 檜淵草堂이 있었던 곳이다. 한강이 이곳에 자리를 잡고 20가지 마땅함을 말하였는데,[235] 은거하여 학문에 전념하기 가장 좋은 곳이라

234 「題檜淵草堂」, 같은 책 卷1, 張5右.
235 「檜淵新遷二十宜」, 『寒岡別集』 卷2, 張8左, 『韓國文集叢刊』 53, p.502.

는 말에 다름 아니다. 세상 사람들은 돈으로 사치를 하는데 한강은 자연을 가장 사치스럽게 소유하고 있다고 한다. 풍류로 말하면 이보다 엄청난 풍류가 있을까. 한강은 속인이 추구하는 勢利에는 전혀 관심이 없다. 오직 聖人의 마음을 억기에 온 힘을 기울일 뿐이었다. 한강이 시 쓰기를 좋아하였다면 여기서 많은 시가 나왔으리라. 그러나 한두 편의 시가 당시 성황을 짐작케 한다.

지상에 양기가 회복되어 天和가 피어나니 　　　陽回地上天和發
인간세상 어느 것이 봄을 함께 하지 않으리 　　何物人間不共春
다행히도 병든 이 몸 바깥일이 없어서 　　　　猶幸病夫無外事
문을 닫고 종일토록 참됨을 기른다.236 　　　　閉門終日養吾眞

天和는 만물이 소생하고 발육하는 天理의 오묘함을 가리키는 말로, 1·2구는 中和의 공이 이루어짐이 位育의 효과가 만물에게 두루 나타남을 표현한 것이다. 正月을 의미하는 泰는 通利를 뜻하는 卦인데 陽의 축적이 깊어 이제 陰과 조화를 이룬 상태로서 겨울 동안 온축한 것이 발휘되는 것을 말하는 것이다. 문을 닫고 養眞에 힘쓰겠다는 것은 수양에 精進하겠다는 말이고, 그것의 궁극 목표는 성인 中和의 덕에 이르러 덕화가 미치지 않는 곳이 없게 함이다. 한강의 높고도 깊은 뜻이 여실히 드러난 시라 하겠다.

자연을 통해서 인간을 배우기에 사람들은 자연을 더욱 사랑하는 것이리라. 눈 쌓인 가야산을 보고 읊은 다음 시에서 한강의 잠심하여 성찰하는 모습을 본다.

---

236 「甲申春帖」, 『寒岡集』 卷1, 張5右.

온 몸을 다 내놓지 않고	未出全身面
한 모퉁이 기이함만 살짝 보인다.	微呈一角奇
이제사 알겠노라 조화옹의 뜻	方知造化意
天機를 드러내지 않으려 함을[237]	不欲露天機

夙夜齋는 가야산을 히 볼 수 있는 先壟 蒼坪山에 있다. 61세 때 숙야재
가 이루어졌고, 62세 때부터는 武屹精舍에서 정진하였으니, 61세 겨울의
작품이다. 이즈음 來庵과의 관계가 불편해졌고, 東岡이 이 해 겨울에 유명
을 달리 했다. 그런가 하면 이 해에 『心經發揮』를 완성하였고, 前年 木川
에 있을 때 목천 士子들의 도움을 받았던 『오선생예설분류』의 편차가 완
성 단계에 있을 때였다. 내암과는 하루 일정 안에 있었고 동문인 관계로
하여 서로 규계하면서 친하게 지내던 사이였는데, 이즈음 『南冥集』 간행
문제로 의견이 틀어진 것이다. 한강으로서는 내암이 간행하려는 『南冥集』
의 모양새가 두 스승을 다 욕되게 하는 것이므로 말렸겠지만, 당시 내암
의 聲價는 외직이나 돌다가 막 돌아온 한강을 능가하는 것이어서, 하는
대로 두고 볼 수 밖에 없었다. 이러한 상황과 『心經發揮』의 완성 등을 연
관시켜 보면, 이 시에서는 규각을 드러내는 것을 경계하는 마음을 읽을
수 있다. 은근히 감추어 두려는 것이 조화옹의 뜻일진대, 학문을 하는 사
람도 높은 경지에 이를수록 더욱 겸손하고 스스로를 숨기려 해야 한다는
성찰하는 모습이다. 나아가면 따스하고 물러나 있으면 보고 싶어지는 渾
厚한 인품을 지향하고 있다.

함양과 성찰을 통해 자신을 수양하다 보면 그 구극에 樂道와 安義의
경지가 있다. 한강의 만년의 시에서 이를 엿볼 수 있다.

....

237 「叔夜齋望倻山」, 같은 책 張1, p.111.

늙은이는 종일토록 고요히 앉아 있고	翁惟靜坐終日
아이는 책을 읽어 스스로 수양한다	兒亦讀書自修
거친 밥 나물국도 또한 즐거우니	蔬食菜羹亦樂
이 밖에 다시 무엇을 구하리오.238	萬般此外何求

늙은이의 종일토록 고요히 앉아 있는 모습에서 세상의 온갖 榮利를 초탈하고 자연과 인간의 哲理를 꿰고 있는 담담함이 느껴진다. 아직 깊은 이치는 모르지만 스스로 수양해야 한다는 것쯤은 느끼고 할아버지 옆에서 책을 열심히 읽고 있는 손자의 모습이 翁의 靜坐와 무한한 조화를 이루고 있다. 기교라고는 조금도 부리지 않은 것이 결과적으로 엄청난 기교를 부린 셈이다. 祖孫사이의 이러한 분위기라면 거친 밥, 나물 국으로 지내는 것이 조금도 걱정거리가 못된다. 顔子가 陋巷에서 어렵게 지내는 것을 남들은 걱정으로 여겼기에 견디지 못하는 것이었지만, 안자는 즐거움으로 생각하였기에 그 생활을 고치려고 하지 않았다. 蔬食菜羹의 생활도 즐거운데 다시 더 무엇을 구하겠는가? 공자는 "아는 것이 좋아하는 것만 못하고 좋아하는 것이 즐기는 것만 못하다.[知之者 不如好之者 好之者 不如樂之者]"라 했는데, 바로 한강의 이 시에서 樂道의 생활모습이 보인다.

한강은 또 친구나 문인들과의 사이에서는 그들의 장점을 본받으려고 힘쓰는 한편, 規戒와 勸勉도 아끼지 않았다. 같은 고을 또는 이웃 고을에 있으면서 서로 친하게 지내던 친구들이 하나하나 떠나고 大菴 朴惺(1549~1607, 字 德凝)마저 떠나자 輓詩에서 恭叔(李元悌)의 雅와 伯愉(李元愷)의 和와 養靜(存齋 郭赾)의 忠과 松菴(金沔, 字 志海)의 義와 東岡(金宇顒, 字 肅夫)의 直과 李季郁의 貞 및 大菴의 淸介함을 들고 여기에 힘입어서 스스로 절차탁마했음을 말하였다.239 이는 평소 친구들과 어울려 서로의 장점을

. . . .

238 「春帖」, 같은 책, 같은 곳.

논하고 또 더 잘하도록 권하면서 서로를 키워가는 以文會友 以友輔仁의
생활을 단적으로 보여주는 것이다. 다음 시에도 진정한 우정의 단면을 확인
할 수 있다.

귀양길은 나 때문이오 하늘 때문이 아닌 것	窮途由我不由天
潮州 길 팔천 리를 한하지 마오.	莫恨潮州路八千
지금은 참으로 命을 편안히 받아들일 때이고	此日正爲安命日
이후론 다 허물을 돌아볼 기간이라오.	餘年盡是省愆年
강남에선 꿰어 찬 난초 풀지를 말고	江南莫解秋蘭佩
대궐에서 상감 뫼실 일을 부디 생각하오.	宣室應思夜席前
이런 일 지난 후면 그대는 옥처럼 될 것이니	這裏經過知玉汝
乾坤의 은혜로운 조화가 끝이 없구료.240	乾坤恩造更無邊

東岡은 28세 때(1567년, 선조 즉위년) 과거에 급제한 후 34세 때부터
42세 때까지 줄곧 경연에서 활약했다. 그 뒤 東西로 붕당이 생긴 후 東人
편에 서서 西人 특히 松江 鄭澈을 맹공했는데, 이로 인해 己丑獄事에 연
루, 1589년(50세)에 함경도 회령으로 유배되었다. 유배 도중 東岡이 韓愈
의 시를 차운하여 지은 시에, 한강이 차운한 것이다. 한강은 이때 회연초
당에서 문인들과 『心經』과 『近思錄』을 강의하고 있었으며 당쟁과는 무관
하였을 뿐만 아니라 이를 매우 못마땅하게 여기고 있었다. 그래서 귀양은
당파싸움에 참여한 본인의 탓이라 하여 준절히 책망하고 이러한 상황을
원망하지 말고 편안한 마음으로 받아들여 허물을 반성하는 계기로 삼아
야 할 것이라고 충고한 것이다. 경련에서는 屈原의 「離騷」에 쓰인 '訒秋
蘭以爲佩'란 말을 인용하여, 謫所에 있으면서 조석으로 임금을 모셨던 일

239 「挽朴大菴」, 같은 책, 같은 곳, 張10. p.115.
240 「次金東岡會寧途中韻」, 『寒岡續集』 卷1, 張2左, 같은 책, p.373.

을 생각하고, 앞으로 언젠가 그날이 올 때를 대비하라는 의미이다. 마지막 聯에서는 유배지에서 오히려 더 훌륭한 인물이 될 수 있고, 이것이야말로 엄청난 은혜라고 표현하였다. 한강의 동강에 대한 깊은 우정이 首聯에서는 책망으로, 頷聯에서는 規戒로, 頸聯에서는 勸勉으로, 尾聯에서는 成人之美로 나타나 있다.

寒岡은 주로 外職을 맡으면서 학문을 일으키고 백성을 편안히 하고 풍속을 순박하게 하는 데 힘을 쏟았다. 이 점은 각 고을에 부임하면 먼저 그 고을 출신의 선현, 충신의 묘를 찾고 고을의 어진 이들과 힘을 합해 학풍을 진작시키고 읍지를 편찬하여 고을 사정을 분명히 파악한 것 등에서 확인되는 것이다. 특히 咸安에서는 노예로서 효자였던 多勿의 무덤에 가서 제문을 지어 제사를 지내주었고, 임란 후 곳곳에서 왜란에 죽은 시체를 거두어 제사를 지내주었으며, 충신을 顯彰하였던 일 등에서 그의 安民善俗의 의지가 더욱 뚜렷이 드러난다. 다음 시는 이러 생각을 갖고 있는 한강의 시대상황을 보는 안타까운 마음이 잘 드러나 있다.

> 내직 관원 삼백 명과 외직 관원 삼천 명 중 　內官三百外三千
> 나라일에 마음 둔 이 몇 명이나 있는고. 　王事留心有幾人
> 聖上은 근심 걱정 밤낮으로 애쓰는데 　聖上憂勤勞夙夕
> 신하들은 희희락락 종일토록 취해있네.[241] 　群臣嬉戲醉昏晨

이 시는 제3구의 표현으로 보아 임진왜란 이후에 지어진 것으로 보인다. 한강은 50세 때(1592년) 통천군수로부터 58세 때(1600년) 성천부사를 마칠 때까지, 1년 남짓 승지로 내직에 있었고 7년 가까이 외직에 있었다. 난리를 겪는 중이나 겪은 뒤 할 것 없이 조정 안팎이 모두 합심해서 政事

....

241 「歎時」, 『寒岡集』 卷1, 張3左, 같은 책, p.112.

를 돌보아야할 터인데, 성심으로 나라 일에 힘쓰는 사람은 별로 보이지
않고, 윗사람 눈만 벗어나면 노는 데 열중하거나 술에 취해 있으니 탄식
하지 않을 수 없었던 것이다. 한강은 여색·창악·기박 등을 즐기지 않았으
며, 한편으로는 학문에 힘쓰고 한편으로는 배운 것을 실천하는 데 힘쓰면
서 일생을 살았으므로, 榮利에나 눈이 어두워 탐내다가 틈만 나면 노는
사람이 가득한 당대 상황을 몹시 탄식했던 것이다.

V. 맺음말

이제까지 寒岡의 학문성향과 문학에 대해서 일별하였다. 학식이 淺陋
하고 사려가 깊지 못한 데다 筆力도 둔하여 뜻한 바가 제대로 밝혀지지
못했지만 앞에서 논의했던 것을 요약하면서 글을 맺고자 한다.

첫째, 한강의 학문을 터 잡게 하는 데는 德溪의 영향이 컸던 바, 덕계
는 일찍이 南冥의 문하에서 그 학문의 요점을 체득하였으며, 나중에 退溪
에게 나아가 心學을 깨닫고 兩賢의 장점을 수용하려 하였다.

둘째, 퇴계와 남명은 공히 程朱學을 추구하였으나, 퇴계는 尊德性과 頓
悟에 치중하는 陸王學과 禪學을 배격하기 위해 道問學과 학문의 積漸에
깊은 관심을 가졌던 것이고, 남명은 窮理의 목적을 致用에 두었기 때문에
이론 쪽보다는 사회적 실천을 강조하였던 것이다.

셋째, 한강의 저술 중 地志와 醫書 등은 南冥의 致用에 뿌리를 둔 것으
로 후기 실학파의 근원은 당연히 여기서 찾아야 할 것이다.

넷째, 한강은 퇴계의 깊이 있는 학문과 남명의 사회적 실천을 중시하
는 양면을 고루 수용, 심화하여 양현의 학문을 集成했다고 할 수 있다.

다섯째, 한강은 詩가 절대적으로 적은 편인데, 작시에 많은 노력을 쏟

지 않은 것은 남명의 詩荒戒와 유관한 것으로 보인다.

　여섯째, 寒岡詩의 내용은 주로 求道에의 意志와 自然과의 合一로 나타나는 바, 자신에 대한 함양과 성찰이 그 주 내용이고 벗들과의 사이에는 規戒와 勸勉의 뜻이 담긴 것이 많다.

　결국 寒岡의 學問은 전체적인 방향에 있어서는 南冥과 脈을 같이 하고 있으면서도, 구체적인 부분 특히 禮學과 心學 쪽의 깊이 있는 부분에 있어서는 退溪에게 깊은 영향을 받은 것으로 보는 것이 타당하리라 본다. 특히 남명이 배격했던 性理諸說에 관한 개인의 의견을 표명한 글들이 없고 퇴계가 배격했던 陸王·老莊의 기미가 있는 것은 모든 저술에서 제외된 점을 아울러 생각해 보면, 한강은 퇴계와 남명의 학문을 가장 잘 수용하였다고 할 수 있고, 저술의 방대함으로 보면 양현의 학문을 가장 심도 있게 발전시켰다고 할 수 있다.

　본고가 비록 알차지 못한 면이 있더라도 이것이 계기가 되어 앞으로 한강의 예학과 심학에 관한 깊이 있는 연구가 나와서 한강의 넓고도 깊은 학문의 진면모가 분명히 드러나게 된다면 더없는 다행이 아닌가 한다.

제2장

남명학파의 인물들

芝峯 李宗榮의 生涯와 雞黍約會 活動의 意義

I. 머리말

경상도 의령 고을은 현감이 다스리던 작은 고을이었다. 그러나 가례의 김해허씨, 대의의 양천허씨, 용덕과 칠곡의 담양전씨, 정곡의 고성이씨와 경주이씨, 신번의 안동권씨와 의령남씨, 입산의 탐진안씨, 낙서의 벽진이 씨 등은 조선 중기 이후 줄곧 현인 학자들을 배출함으로써, 고을은 작으나 인물은 적지 않은 고을로 알려져 왔다. 특히 남명의 문인인 도구 이제 신과 송암 이로가 나온 뒤 남명의 사숙인들이 대거 배출됨으로써 학문이 흥기된 것이 그 원인이었을 것이다.

芝峯 李宗榮(1551~1606)은 의령 정곡면에 살았던 남명의 문인으로 알려져 있다. 그가 남긴 『지봉선생문집』이 2권 1책이다. 제1권은 그의 시문이고 제2권은 부록으로 되어 있다. 시가 31제 34수이며, 산문으로는 「최수우당변무소」와 「계서약기」·「계서록」 등 3편이 전부다. 시 34수 가운데 계서약회의 모임과 관련 없이 지어진 것은 7수뿐이다. 그러므로 그가 남긴 시문은 계서약회 관련 기록이 거의 전부라 할 수 있다. 그의 학문적 실체를 밝히기에는 자료가 매우 부족하다.

그러나 학술대회의 지정 발표자로서, 마냥 자료 부족만을 내세우고 있을 수만은 없다. 동원할 수 있는 모든 자료를 동원하여 그의 학문적 실체를 밝히려고 노력하는 것이 마땅한 임무라고 생각된다. 그래서 그가 남긴 문집과 가계를 확인하기 위하여 여러 집안의 족보 및 읍지와 왕조실록 및 교유인의 문집 등을 모두 참고하여 이종영이 가지고 있었다고 생각되는 학문적 실체를 최대한 드러내 보고자 한다.

II. 生涯와 師友淵源

1. 家系와 生涯

芝峯 李宗榮(1551~1606)은 자가 希仁이고, 본관은 慶州이며, 지봉은 그 호다. 이종영의 선대는 대대로 경주에서 세거하다가 그의 5대조 李桂蕃이 宜寧 士人 固城人 李琚의 사위가 되어 의령에 정착하게 되었다. 그의 가문은 고관대작은 아니라 하더라도 벼슬을 계속 이어왔고, 벼슬을 하지 못하였을 경우에는 소과에 입격하여 생원 진사를 배출한 사대부 가문이었다. 의령에 세거하던 고성이씨, 안악이씨, 풍덕장씨, 인천이씨 등과 계속 혼반을 이어왔으며, 이종영 자신은 碧珍李氏 李承溫의 딸과 혼인한 것으로 되어 있는데,[1] 자신의 재종형 李宗彬 또한 이승온의 딸에게 장가든 것으로 되어 있다. 이종영의 재취 광주노씨는 墨齋 盧필의 증손녀며 盧偁의 딸이다.

이종영의 조부 이인필의 장인이 안악이씨 참군 이연수인데, 그의 또 다른 사위가 합천이씨 교리 李迪이다. 이적의 曾孫이 남명 문인 日新堂

----

1 後學 姜鳳海가 찬술한 「行錄」과 여러 족보를 근거로 정리한 것이다. 그러나 李 承溫은 『벽진이씨족보』에서 1413년생이라 되어 있으니, 1553년에 태어난 이종 영이 그의 사위가 된다는 것은 불가능한 일이다. 근래에 나온 『벽진이씨족보』 와 『경주이씨족보』에서 이 혼인은 상호비교를 통해 확인되는 것이지만, 여러 종류의 舊譜 등을 확보하여 좀더 면밀히 추적해 볼 필요가 있다.

李天慶이다. 그러니 이종영과 이천경은 異姓 7寸의 姻戚인 것이다. 안악이
씨는 松巖 李魯의 외조모의 집안이기도 하니, 이러한 척의는 이들이 남명
학파가 되는 데 중요한 끈이 되었다 할 것이다.

이를 간략히 정리하면 다음과 같다.

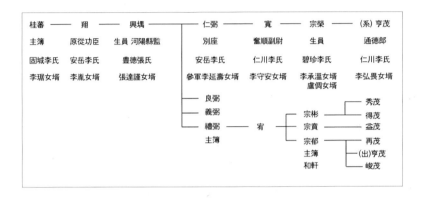

紫巖 姜慶昇의 후손 姜鳳海(1866~?)가 찬술한 행록에 의하면, 이종영
의 어릴 적 성학 과정에 대해서는 전혀 언급되어 있지 않지만, 그의 효성
에 대해서는 6세 때에 이미 자식으로서의 도리를 극진히 하였다고 하는
등 효자로서의 모범적 삶을 영위해 온 것에 대해 상술하고 있다.[2] 그는
사후에 효자 정려를 받은 바 있고, 그 정려각이 지금 의령군 정곡면의 대
로변에 서 있다.

1591년 임진왜란이 발발하기 한 해 전에 사마시에 응시하여 생원에
입격하였고, 왜란 막바지인 1597년에 문과 1차 시험인 한성시에서 1등을
하였으나 복시에서 실패하여 합격하지 못했는데, 그 뒤로는 문과에 다시

----

2 姜鳳海「行錄」[李宗榮『芝峯遺稿』附錄], "行甫六歲能盡子道父母有疾晝宵侍 側未
嘗出外遊戲憂愁之色不絶於面目食飮亦强之然後進父老咸曰異哉齡過十歲愉 婉溫淸之
節周旋承順之道動合於古孝子規範."

응시하지 않았다.[3] 「행록」의 문맥으로 보면 이 뒤로 계속 부모의 상을 당하여 6년 동안 여막에 있었던 것으로 이해되는데, 그렇다면 1597년 이후 1602년까지가 服喪 기간이라 할 수 있다.

1592년부터 1597년 사이에는 달리 기록이 남아 전하지는 않으나, 선무원종공신에 2등으로 책록된 것으로 보아 창의하여 의병활동에 참여했다는 사실을 객관적으로 확인할 수 있다.

1602년에 수우당의 신원을 위해 남명의 문인 및 재전 문인들이 서울로 올라가서 상소를 한 적이 있었는데, 이종영도 여기에 참여하였다. 돌아오는 길에 성여신, 이대약과 함께 다음 달인 3월에 의령의 水回精舍에서 모이기로 약속하여, 거기서 매년 3월과 9월의 보름날에 계서의 모임을 갖기로 한 뒤, 4년 동안 三人이 돌아가면서 주도하던 중 1606년 8월 16일에 이종영이 별세하면서 계서의 모임은 더 이상 가지지 못했다.

『지봉유고』에는 1602년 수우당의 신원을 위해 서울로 올라갔던 일과 내려오는 도중에 결성된 계서약회의 모임을 가진 것 이외에는 남은 기록이 거의 없다. 남은 기록과, 그와 관련된 다른 사람들의 기록을 검토하여 계서약회의 의미만이라도 밝힌다면 의미가 적지 않을 것이다.

2. 師友淵源

『지봉유고』의 부록에 보이는 「행록」·「행장」·「묘갈명」·「묘지명」 등에는 이종영이 남명의 문인이었음을 다음과 같이 밝히고 있다.

---

3 姜鳳海「行錄」[李宗榮『芝峯遺稿』附錄], "以親命 電勉治擧業 捷辛卯生員二等 丁酉魁漢城發解 不利于殿試 其後以親歿 不擧大科 以親命 電勉治擧業 捷辛卯生員二等 丁酉魁漢城發解 不利于殿試 其後以親歿 不擧大科."

열다섯 살이 되어서 南冥 曺先生의 문하에서 학업을 전수받으면서 친히 가르침을 받아서, 敬義와 直方의 학문을 들을 수 있었다.[4]

열다섯 살이 되어서 南冥 曺文貞公의 문하에서 학업을 전수받아서, 敬義와 直方의 학문을 들을 수 있었다.[5]

공은 南冥 曺文貞公의 문하에서 학업을 전수받아서, 敬義와 直方의 학설을 들어, 그로써 학문하는 방도로 삼았다.[6]

겨우 스무 살이 되어서 南冥 曺先生의 문하에 올라 敬義의 旨訣을 들었다.[7]

행록을 쓴 姜鳳海(1866~?)는 1910년 3월 무렵에 자신의 조상인 姜慶昇의 『紫巖亭集賢錄』을 찬술한 적이 있으니, 『지봉유고』의 간행이 이루어지는 1913년 무렵에 이 행록을 기록했음을 알 수 있다. 행장은 퇴계 후손 李家淳(1768~1844)이 찬술하였는데, 그 손자 李晚熹(1842~1910)가 旌閭重修記를 찬술하면서 자신의 조부가 돌아가시는 해에 '行錄'을 작성하였다고 증언하고 있으니, 이는 1844년에 이루어졌음을 알 수 있다.[8]

묘갈명을 지은 金相稷(1779~?)의 경우는 찬술 연도를 기록해 두지 않아서 알 수 없으나 1844년 이후로 보아야 할 것이다. 그리고 묘지명을 찬

....

4 李宗榮, 『芝峯遺稿』 附錄 「行錄」(姜鳳海所撰), "及志學 受業親炙于南冥曺先生之門 得聞敬義直方之學."
5 李宗榮, 『芝峯遺稿』 附錄 「行狀」(李家淳所撰), "志學 受業于南冥曺文貞公之門 得聞敬義直方之學."
6 李宗榮, 『芝峯遺稿』 附錄 「墓碣銘」(金相稷所撰), "公受業于南冥曺文貞公之門 得聞敬義直方之說 以爲爲學之方."
7 李宗榮, 『芝峯遺稿』 附錄 「墓誌銘」(郭鋤所撰), "甫勝冠 登南冥曺先生門 聞敬義之旨."
8 『지봉유고』의 글 제목은 '행장'으로 되어 있으나, 李家淳은 그 글의 말미에서 자신의 글을 '행록'이라 표현하고 있으며, 그 손자 李晚熹 또한 이종영의 「旌閭重修記」(1908)에서 자신의 조부가 '행록'을 지었음을 언급하고 있는데, 이로 보아 본래 행록으로 지은 것을 문집 간행 시에 이를 행장으로 삼고, 행록은 姜鳳海로부터 다시 받은 것으로 봄이 타당할 것이다.

술한 이는 郭鏻라고 되어 있는데, 이는 俛宇 郭鍾錫(1846~1919)이 庚戌國恥 이후 바꾼 이름이다. 그러니, 이 묘지명 또한 『지봉유고』이 이루어지는 1913년 무렵에 찬술된 것으로 판단된다.

그렇다면 대체로 이가순의 행장, 김상직의 묘갈명, 곽종석의 묘지명, 강봉해의 행록 순으로 지어졌음을 알 수 있는데, 남명의 문인이라는 점은 같고 입문한 시기가 15세냐 20세냐의 다름만 있을 뿐이다. 1600년대 초기에 이루어진 『산해사우연원록』에서는 이종영이 남명의 문인으로 등재되어 있지는 않으나, 1958년에 이루어진 『덕천사우연원록』에는 이종영이 남명의 문인으로 등재되었다. 이로써 판단해본다면 1844년 무렵부터 이종영이 남명 문인으로 알려지기 시작했음을 알 수 있다.

이종영의 문집에 남은 글 가운데서 그의 사우연원을 밝히는 데 참고할 만한 것으로는 수우당에 대한 辨誣疏와 李大期, 姜淑昇, 鄭蘊, 成汝信, 李大約 등과의 시문 창수가 있다. 그리고 成汝信·李大約·姜克新·鄭蘊·李秀彦·李培·都應兪 등과는 수우당변무소에 같이 참여하였으며, 이밖에 全雨·文弘運·姜慶昇·姜德龍 등과는 계서약회를 통해 만나고 있음을 확인할 수 있다. 고향의 이웃마을에 살던 남명 문인 松巖 李魯 또한 그의 도의지교라 할 수 있다. 이를 표로 정리하면 다음과 같다.

성명	생몰년	자	호	본관	거주	사승 및 창의 여부
崔永慶	1529~1590	孝元	守愚堂	和順	晉州	南冥 문인
李 魯	1544~1598	汝唯	松巖	固城	宜寧	南冥 문인 倡義
成汝信	1546~1632	公實	浮査	昌寧	晉州	南冥 문인
全 雨	1548~1616	時化	睡足堂	完山	陜川	全致遠子 倡義
李大期	1551~1627	任重	雪壑	全義	草溪	南冥·守愚堂·來庵 문인 倡義
李宗榮	1551~1606	希仁	芝峯	慶州	宜寧	南冥 문인
李宗郁	1553~1623	希文	和軒	慶州	宜寧	宗榮再從弟 來庵 문인
李大約	1560~1614	善守	省臯	全義	草溪	李大期弟 來庵 문인
姜德龍	1560~1627	汝中	梅村	晉陽	晉州	朴士信女壻 武科 宣武原

						從一等功臣
姜克新		敬甫		晉陽	晉州	守愚堂 문인
姜淑昇	1568~1589	善進	寒窩	晉陽	宜寧	守愚堂 문인 慶昇從兄
鄭 蘊	1569~1641	輝遠	桐溪	草溪	安陰	鄭惟明子 來庵 문인
李秀彦		伯英				
金 瑛	1570~?	獻可	十柳亭	善山	草溪	濯溪 문인 倡義
成 鑄	1571~1618	而善	梅竹軒	昌寧	晉州	成汝信子 來庵 문인
李 堉	1572~1637	士厚	心遠堂	全州	星州	李承子 寒岡 문인
都應兪	1574~1639	諧甫	翠厓	八莒	大邱	
文弘運	1577~1610	汝幹	梅村	南平	晉州	文劫子
姜慶昇	1577~1633	善追	紫巖	晉陽	宜寧	桐溪 문인

이들의 사승관계를 전체적으로 정리한다면, 남명·수우당·내암·한강·
동계 등의 문인들이라는 것으로 요약된다. 곧 이들은 모두 남명학파 인물
로서 고고한 절개를 지닌 최영경의 원통한 죽음에 분노하고 그의 죽음을
있게 한 정철과 성혼의 죄를 드러내는데 적극적인 모습을 가진 사람들이
었다고 할 수 있다.

Ⅲ. 雞黍約會 활동의 의의

1. 雞黍約會의 결성

계서약회에 대한 기록은 성여신과 이종영이 자세히 남기고 있는데, 그
가운데서도 이종영의 기록이 약간 더 상세하다. 다만 각자의 처지에서 쓴
기록이기 때문에 이를 서로 참조하면 좀더 입체적으로 이 모임의 상황을
이해할 수 있다.

모임의 결성 배경에 관해서는 두 사람의 기록이 비슷한데 역시 구체적

인 측면에서 이종영의 기록이 좀더 상세하므로 이를 통해 그 과정과 배경을 알아보기로 한다.[9]

신축년(1601, 선조34) 겨울 11월에 도내의 선비들이 高陽[高靈]에서 모여 守愚堂의 원통함을 상소하였고, 12월에 金應成·李益壽·李洞·李尙訓 등이 대궐에 나아가 호소하여 원통함을 풀었다. 임인년(1602) 봄 2월에 또 星山에 모여서 다시 상소하였는데, 한 道의 선비들이 함께 하였다.

윤2월에 성여신·이대약·鄭蘊·姜克新·李墠·李秀彦·都應兪와 나 등 모두 여덟 사람이 金陵에서 모이기로 기약한 것이 이달 초하루였으나, 모이는 것이 일정치 않고 날씨도 개지 않아 6일에 비로소 출발하였다. 中牟를 거쳐 靑安 경내를 지나 13일에 도성에 들어가니, 산하는 옛날과 같았으나 성곽의 백성들은 「黍離」의 통곡이 있었다.

15일에 疏를 올렸더니 다음 날 아침에 즉시 비답을 내려주셨는데, "이제 조정에 공론이 조금씩 시행되고 시비가 조금씩 바로잡히니, 그대들이 자세히 알고 있을 것이다. 이 일에 대한 전말은 黃愼·金覲·韓孝祥 등에게 한 비답에 상세하다."라고 하였다. 16일에 郭義士[郭再祐]의 억울함을 상소하고 21일 귀환길에 올랐다.

이수언은 이보다 먼저 돌아갔고, 이육은 선대의 일로 더 머물렀다. 여섯 사람이 동행하여 金陵驛 앞에 이르러 말을 탄 채 이별하였는데, 강극신과 도응유는 若木으로 향하고, 정온은 知禮로 가고, 세 사람은 같이 星山으로 내려가서 高陽과 娥林[居昌]의 경계에 이르러 성여신은 龍潭을 지나는 길로 가고, 두 이씨는 八溪[草溪]의 경내로 들어갔다. 全雨의 집에서 하룻밤을 자고, 李大約의 집에서 밥을 먹은 뒤 저물어

---

9 이종영 개인에 대한 연구는 이제까지는 없었다. 다만 계서약회에 관해서는 전병철이 2016년 남명학연구원에서 간행된 『선비문화』에서 '부사 성여신의 우정과 신의'라는 글로 다룬 바 있다. 이 글은 성여신의 계서록을 중심으로 논의를 전개하면서 그의 '우정과 신의'라는 측면을 부각하고 있어서, 이 논고와는 초점이 다르다.

서야 띠집으로 돌아왔다.

아림에서 헤어질 적에 세 사람이 3월 보름에 水廻精舍에서 만나 담화하기로 기약하였다. 이날이 되자 성여신이 먼저 이르렀고, 내가 다음으로 왔고, 이대약이 뒤에 왔다. 이틀을 머물며 동행했던 때의 고충을 말하였고, 계서약회에 대한 말을 약속하여 매년 3월과 9월 두 달의 보름으로 날을 정하고, 한번 정한 뒤에는 오로지 하나의 '信' 자를 지켜서 다시 부르거나 편지를 보내는 등의 일을 없도록 하였다. 다음 해 3월에는 (모임 장소를) 성여신의 집으로 정하였다.[10]

이들이 계서약회를 시작하려고 처음 모임을 가진 水廻精舍는 姜慶昇의 이른바 水廻齋라는 곳으로, 『紫巖亭集賢錄』에는 강경승의 정자인 紫巖亭 위쪽에 있다고 되어 있다.[11] 이종영의 묘갈에는 水廻精舍가 晚芝山下

....

10 李宗榮, 『芝峯遺稿』 卷1, 「雞黍約記」, "辛丑冬十一月 一道會于高陽 疏守愚兔 十二月 金應成李益壽李泂李尙訓等叫天 得伸焉 壬寅春二月 又會于星山 議再疏 一道同之 閏二月 成汝信公實李大約善守鄭蘊輝遠姜克新敬甫李埥士厚李秀彦伯英都應兪諧甫與余八人 期會于金陵 月初一日也 會不一 天不霽 六日始發 由中牟路 過青安境 十三入城 山河如舊 而城郭人民 有黍離之痛矣 十五呈疏 翌朝卽下批 曰今朝廷公論稍行 是非稍正 爾等知悉 顚末詳在黃愼金霅韓孝祥等答批中 十六疏郭義士兔 二十一日還程 伯英前此先歸 士厚以先事留 六人同行 至金陵驛前 馬上分手 敬甫諸甫向若木 輝遠向知禮 三人共下星山 到高陽娥林 成由龍潭路 兩李分入溪境 宿全時化 飯善守 暮返茅齋 香燭有依 松竹無恙 因追想京城 心自語口 曰十載窮經 志猶懷濟世 心狂車輈 電室端合臥芝岑 娥林之分 三人約以暮春之望 會話于水廻精舍 到是日 公實先至 余次之 善守後焉 留二日 敍以同行之苦 約以雞黍之會 以每年三九兩月之望 爲定 一定之後 只守一信字 無復有邀致通書等事 翌年暮春 則以公實第爲定云."

11 그런데 묘하게도 『紫巖亭集賢錄』에는 姜慶昇(1577~1633)이 늘 들어 있는데, 이종영의 기록에는 강경승이 늘 빠져 있다. 강경승은 남명 문인 姜爐(1542~1593)의 아들로 동계 정온의 문인이라고 되어 있고 당대에 서로 친밀한 관계였음을 부정할 수 없는데, 이종영의 기록에 강경승의 이름이 빠진 이유를 알 수 없다. 수회정사는 의령군의 『定谷誌』에 余進善(1564~?)의 講學處라고 되어 있으나, 여진선에 대한 자세한 기록은 보이지 않는다.

武夷溪上에 있다고 되어 있다.

　성여신의 기록에는 水回精舍에서 모여 담화하기로 하였다는 기록만 있고, 그 날 모인 기록을 자세히 남기지 않아서 수회정사가 어디에 있는지 알기가 어렵다. 이런 점에서는 『자암정집현록』이 도움이 될 뿐만 아니라, 이 기록을 통해서 당시 모였던 인물들에 대해서도 좀 더 깊이 이해할 수 있다.

　성여신·이종영·이대약 등의 3인이 계서약회를 조직한 것은 그 계기를 보면 전혀 정치적이지 않다. 적어도 최영경의 억울한 죽음에 대한 인식을 같이 하고 있었다는 점과 그것을 행동으로 보여주는 데 뜻을 같이 했던 사람들이라는 공통점은 있다. 그러나 이들이 이후로 다시 정치적 행동을 하지는 않는다. 그리고 그런 것을 목적으로 하지 않았다. 그저 한 해에 두 차례 모여서 느긋하게 시간을 보내며 담소하고, 친목을 도모하며 시를 읊조리는 것이 이들의 모임이 추구하는 것의 전부다.

　그런데 위의 기록에서 삼인이 성주를 지나서 고령과 거창의 경계에서 서로 길을 달리 하여 헤어지는 장면이 이상하다. 성주를 거쳐서 진주나 초계 쪽으로 가려고 하는데 왜 고령과 거창의 경계로 들어갔는가 하는 점이다. 이 점은 우선 의문점으로 두고 이들의 활동을 중심으로 그 의의를 찾아보고자 한다.

2. 계서약회의 활동

　이종영이 남긴 「계서록」에 따라 1602년부터 1606년까지의 모임 상황을 요약 정리한 것이 다음의 표다.

모임 연월일	모임장소	주인	참석자	기타
1602. 3. 15	의령 수회정사	이종영	성여신, 이대약	매년 3·9월 15일에 만나기로 약속
1602. 9.				모임 갖지 않음
1603. 3. 15	진주 반구정	성여신	이종영	李宗郁, 里人 8~9인 참석
1603. 9.				모임 갖지 못함
1604. 3. 15	초계 성산리	이대약	성여신, 이종영	韓景顏·李胤緖·全雨 참석
1604. 9. 15	의령 정곡리	이종영	성여신	成鑄·成鏵·盧偶·盧克諧·李宗郁·韓弘慶·成應南·李洛傳 참석
1605. 3. 15	진주 반구정	성여신		李宗榮·李大約 불참. 船遊
1605. 9. 11	진주 반구정	성여신	이종영, 이대약	鄭蘊·文弘運 참석, 龍鞱船遊
1606. 3. 15	초계 성산리	이대약	성여신, 이종영	全雨·成以忱·姜德龍·金瑛·姜慶昇 등 13인 참석

이들이 매년 3월과 9월의 보름날 만나기로 하였던 점을 생각해 보면, 1606년 8월에 이종영이 별세하므로, 1602년에서 1606년 봄까지 아홉 차례 만났어야 정상이다. 그런데 실제로는 1602년과 1603년의 가을 모임은 없었다. 1605년의 봄 모임 역시 진주의 성여신의 浮査亭에서 개최되는 것인데, 나머지 두 사람이 다 참석하지 못했다. 그러니 제대로 된 모임을 하지 못한 셈이다. 그래서 단지 이종영과 성여신이 서로 편지를 통해 시만 주고받았을 뿐이었다. 그리고 1603년 봄과 1604년 가을 역시 이대약이 참석하지 못했으니, 온전하게 세 사람이 다 모인 것은 아홉 차례 가운데 4차례뿐이었다.

가. 계묘(1603) 3월 15일, 伴鷗亭에서의 모임

1602년 3월은 모임 결성의 의미가 있으며, 1602년 9월은 모임을 가지지 않으니, 1603년 3월 15일 伴鷗亭에서의 회합이 계서약회의 사실상 첫 모임이었다. 이에 대해 이종영은 그가 남긴 「雞黍錄」에서 다음과 같이 기술하고 있다.

계묘년 3월 15일 成公實의 伴鷗亭에서 회합하였다. 芝叟는 水廻에서의 約條와 같이 14일에 갠 날씨를 타고 길을 출발하였다. 향교에서 하룻밤을 묵고 다음날 재종제 和軒 希文과 더불어 松岡에 이르렀다. 배는 있지만 사공이 없었다. 희문이 키를 잡고 혼자서 노를 저어 새로 불어난 물을 잘 건넜다. 사립문을 두드리니 반가운 눈빛으로 浮査가 우리를 인도하여 竹床에 앉히고 그 冠童의 다섯 아들을 보였다.[12]

이 모임에 이종영은 자신의 再從弟 李宗郁(1553~1623)을 데려갔고, 성여신은 자신의 다섯 아들을 이들에게 인사하게 하였다. 맏아들 成鑮(1571~1618)의 경우는 이미 알고 있었겠지만 성여신이 이 다섯 아들을 이종영에게 보인 것은, 『논어』에서 荷蓧丈人이 자로를 자신의 집으로 안내하고 두 아들을 보인 것과 그 맥락이 마치 상통하는 듯하다.

그 날 저녁 이웃에 살던 文弘運(1577~1610)이 와서 함께 성여신의 집에서 잤다. 다음날 李大約이 오면 冠童을 거느리고 文弘運 등과 함께 거문고를 끼고 술병을 차고서 松岡[13]에 노닐고자 하였다. 이대약이 끝내 오지 않자 결국 한낮이 되어서 소매를 나란히 하고 나가서 낚싯대를 메고 따르면서 느릿하게 걸었다. 이는 공자의 제자 曾點이 舞雩에서 바람 쐬고자 하던 그 풍류를 따르려는 것이었다.

산모퉁이에 올라가 둘러보며 노닐다가 해 저물녘에 반구정으로 돌아

....

12 李宗榮, 『芝峯遺稿』 卷1, 「雞黍錄」, “癸卯三月十五日 會成公實伴鷗亭 芝叟如水廻 約 十四日 乘霽跋涉 宿黌齋 翌日與再從弟和軒希文 至松岡 有船無篙師 希文運柁 單史鼓枻 利涉新漲 剝啄柴扉 靑黃兩浮 引坐竹床 見其冠童五子.”

13 松岡은 박지서의 기록에 의하면, 伴鷗亭이 있는 龜村의 동쪽 南江 가에 있는 곳으로 河恒(1546~?)의 別業이 있던 곳이라 한다. (朴旨瑞, 「松岡精舍遺墟碑銘」, 『訥庵集』 卷5, “南江之水 出方丈山 過晉陽城 東北流十里餘 而至龜村 東 畔滙而 爲淵 上有蒼嵐翠屛 連嶂比嶠 秋薄春濃 彌漫綽約 望之隱隱 若畫圖間 而其中凹而 深 窈而有容 宜乎爲至人之盤旋 而其名曰松岡 古隱君子河處士別業遺墟云.”)

오자, 동네 사람들이 계서약회 모임을 기뻐하며 멀리서 온 손님을 위로하고자 少長이 다 모였다. 다시 이종영의 기록을 본다.

드디어 멀리서 온 손님들을 위로하고자 少長이 다 모였다. 다만 사물은 그러나 사람은 그렇지 않으니, 山陽의 느낌이 있다. 술잔을 씻어 마시고 다시 취하니 달빛은 낮과 같다. 마을의 노인 姜洽은 피리 부는 종을 보내고, 鄭烈은 거문고를 안고 와서 기쁜 마음을 도왔다. 또 강 가운데서 달을 보며 배를 띄우고자 하였다. 먼저 연소한 文汝由·成龍一·全士由 세 사람을 보내어 松江의 나루에서 배의 닻줄을 풀게 하고 이를 鷗潭 물가로 옮겨 정박하게 하였다.

거문고 타는 자와 피리 부는 자가 한 무리를 이루어 앞장서 가도록 하고 천천히 걸어서 배에 올라탔다. 노를 버려두고 피리를 불고 거문고를 타면서 강의 위아래를 오르락내리락 하다 보니 닭이 이미 울었다. 닻줄을 강가에 매어 두고 반구정으로 가서 투숙하였다.[14]

성여신은 이를 기록하면서 동네 사람 8~9인이 참여하였다고만 하였으나, 이종영은 이처럼 상세하게 기록하였다. 成汝信과 그의 아들 5형제 및 李宗榮과 李宗郁, 姜洽·鄭烈·文弘運·文汝由·成龍一·全士由 등과 거문고와 피리 연주자까지 합하면 최소한 16인 이상이 3월 16일 밤에 南江의 하류인 반구정 인근 松江에서 배를 타고 술과 음악으로 즐겼다는 것을 알 수 있다.

---

14 李宗榮, 『芝峯遺稿』 卷1, 「雞黍錄」, "遂慰遠客道途之勤 少長咸集 而但物是人非 有山陽之感 洗盞更醉 月色如晝 洞老姜洽 送笛奴 鄭烈抱琴來助歡 又欲中江泛月 先使年少輩文汝由成龍一全士由三人 解纜於松江之渡 移泊于鷗潭之渚 彈琴者吹笛者 作一隊 先行 緩緩而步 乘舟放棹 吹笛彈琴 沿洄下上 如是之際 鷄已鳴矣 繫纜 江干 投宿鷗亭."

나. 갑진(1604) 3월 15일, 초계 성산리에서의 모임

1604년 봄은 이대약의 집에서 모이기로 되어 있어, 이종영은 3월 14일에 어린 종을 대동하여 나귀를 타고 大隱嶺, 西巖洞, 白巖洞을 지나고 또한 큰 고개를 넘어 十柳亭에서 쉬다가 金瑛을 만나 그의 집에 들어가서 묵는다. 다음날인 15일에 초계읍을 지나 작은 고개를 넘어서 黃江을 건너자 六樹亭에서 李大約·李胤緒·韓景顔 등 3인이 웃음을 머금은 채 맞아주었다. 저물녘에 成汝信이 도착했다. 薄暮에는 남명 문인 全致遠의 아들 全雨가 와서 이야기를 나누었다. 그 다음은 이종영의 기록을 그대로 보자.

> 善守(李大約)가 두 노인을 인도하여 자기 집으로 들어갔다. 任重(李大期)이 있는지를 물었더니, 긴요한 일 때문에 성주로 갔다고 하였다. 마음이 울적하였다. 任重은 바로 善守의 형 雪壑翁 大期다. 나와는 오랜 연분이 있다. 여러 해 동안 군현을 다스리고 있어서 만나보지 못한지 오래 되었다. 아아! 계사(1593) 봄에 大巖 朴惺과 함께 善山의 軍幕으로 本道 의병장 金沔을 문병하러 갔을 적에 (설학)옹과 서로 만나 며칠 동안 함께 머무르다가 돌아왔다. 그 뒤 어물어물 이미 10여 년이 지나가 버렸다. 알아주는 친구가 서로 만나는 것이 어찌 이다지도 많이 어긋나는가!

이종영의 이 기록을 보면 계서약회 모임에서의 이대약은 이대기를 대신하는 역할처럼 느껴진다. 이 글은 이종영이 초계 성산리로 오면서 그만큼 이대기를 만나고 싶은 생각이 간절하였음을 느끼게 하기 때문이다. 이대기는 이종영과 동갑이기 때문에 그가 더욱 가깝게 생각하였을 것이다. 이와 함께 1593년 겨울 김면이 죽기 전 전쟁터로 직접 찾아가 문병한 것을 보면, 이들의 관계가 예사스럽지 않음도 알 수 있다.

임진왜란 발발 초기에 남명학파가 대대적으로 창의할 때 남명 문인의 중심에 있었던 정인홍의 倡起가 남명의 문인과 재전 문인들이 속속 창의케 하는데 커다란 역할을 하였으며, 그에 의해 모집된 의병을, 실질적으로 지휘할 능력이 있는 金沔으로 하여금 거느려 지휘토록 함으로써 김천 방면에서 왜적과 전면전을 펼칠 수 있었던 것이다. 여기서 來庵 문인인 大巖 朴惺과 雪壑 李大期를 만나는 장면은 이종영 또한 내암과의 관련이 적지 않음을 짐작토록 한다.

이 날 이대약의 사위가 일찍 죽은 슬픔이 있어서 술과 안주가 준비는 되어 있었으나 흥이 일지 않아 지극히 즐겁게 어울리지는 않았다고 한다.

다. 갑진(1604) 9월 15일, 의령에서의 모임

9월 13일에 이대약이 어사가 고을에 와서 만나자고 하기 때문에 불참할 수밖에 없음을 통보해 왔다. 이 편에 이대기가 정이 담긴 편지를 부쳤다고 하였다.

9월 14일에 이종영의 장인이 두 아들을 데리고 참석하였고, 고을 친구 성응남·한홍경·이낙전과 재종제 이종욱이 모두 모였다. 술과 안주는 물론 탱자를 꿀에 절인 것과 산해진미를 갖추고 성여신이 오기를 기다렸으나, 14일에는 오지 않았고 15일에는 종일토록 쏟아붓듯이 비가 내렸고 그 다음날 아침 날이 개자 성여신이 두 아들을 데리고 이르렀다. 이날의 모임에도 역시 피리 부는 사람을 초청하여 피리를 불게 하고 각기 시를 두세 편씩 읊었다.

라. 을사(1605) 9월 11일, 진주 반구정에서의 모임

이전 모임인 3월15일에 이종영은 장모의 복을 입느라 참여하지 못했고, 이대약은 고모의 상을 당해서 참석하지 못함으로써 계서약회 모임은 이루어지지 않았다. 그러나 성여신의 기록에 의하면 그 날 단목에 사는 河憕(1563~1624) 삼형제와 河仁尙(1571~1635) 및 동네 사람 鄭仁伯이 와서 龍潭과 松灘 사이에서 뱃놀이를 하였다고 한다. 하징 삼형제와 하인상 또한 내암 정인홍의 문인인데, 이들이 여기 참여하게 된 것은 또한 이종영·이대약과도 이러한 연관성이 있기 때문이라는 짐작을 하게 한다.

9월 15일의 모임은 역시 반구정에서 이루어지는데, 봄 모임이 이루어지지 않은 것으로 보았기 때문인 것으로 보인다. 9월 15일에 동계 정온이 삼가의 東堂試에 나아가려고 하면서 이 계서약회에 참석할 의향이 있고, 이대약은 외삼촌[장인]의 소상에 9월 10일 이전에 참여하여 15일까지 기다리는 것은 너무 오래 있어야 하므로, 9월 11일에 모임을 가지기로 한 것이다.

이종영 자신의 기록을 통해 이 날의 모임을 들여다본다.

藍嶺 위에 이르러 말을 쉬게 한 뒤 이윽고 다시 松江에 이르렀다. 주인옹이 내가 강을 건너는 것을 보고는 신발을 거꾸로 신고 나와서 맞았다. 浮査亭에 들어가니 善守가 미리 와서 기다리고 있었다. 얼마 뒤에 정온이 알맞게 이르렀다. 오늘의 모임은 약중 사람이 다 모였을 뿐만 아니라 鄭君[鄭蘊] 또한 먼 곳에서부터 왔으니 그 즐거움은 알 만하다. 드디어 서로 더불어 술을 실컷 마셨다.

저녁 무렵에 주인옹이 용담 선유를 도모하였다. 그리하여 사공으로 하여금 배를 꾸미도록 하였다. 달이 뜨기를 기다려 부사정에서부터 걸어서 소매를 서로 잡고 가는데, 絲竹管絃의 악기를 든 사람들이 무리를 지어 앞장서도록 하였다. 배에 올라서 노 젓기를 멈추고 배가 머무는 대로 놓아두었다. 輝遠[鄭蘊]이 배에 의지하여, "평생 본 것 가운데 오늘 밤 보는 것이 가장 壯觀입니다."라고 찬탄하고는, 잔을 이끌어 가득 따르고 넉넉히 놀면서 기뻐하였다. 무너지듯 취하여 새벽빛이 먼 곳에서부터 이른 줄도 몰랐다. 닻줄을 매어두고 배에서 내려

文汝幹[文弘運]의 새로 지은 草亭에서 잠시 눈을 붙였다.[15]

여기서도 이종영은 約中의 세 사람이 다 모인 것이 즐거운 일일 뿐만
아니라 鄭蘊이 참석하여 더욱 기쁘다고 하였는데, 정온과는 나이가 18년
이나 차이가 나지만 정인홍의 문인 가운데 장래가 촉망되는 사람이었기
때문에 이처럼 반겼던 것이 아닌가 한다.

이번 모임 역시 계서약회가 풍류를 즐기는 데 기본 뜻이 있음을 알게
해준다.

마. 1606년 3월 15일, 초계 성산리에서의 모임

이종영은 이번 걸음에 檜谷을 둘러보고 갈 생각으로 3월 14일에 大隱
嶺을 넘어 石合을 지나 新蕃에 이르렀다. 시내를 따라 골짝으로 들어가니
길이 험하여 말을 타고 갈 수 없어 지팡이를 짚고 걸어갈 수밖에 없었다
고 한다. 정상에 올라 북쪽으로 내려가면 명곡 마을이 있다고 하니, 이종
영이 올라간 곳은 오늘날의 초계면과 적중면이 있는 초계분지의 남쪽을
둘러싸고 있는 미타산·천황봉·국사봉이었던 것이다. 명곡 마을은 李鳴謙
이 성주의 명곡에서 이곳으로 옮겨와 살면서 고향의 마을 이름을 그대로
쓴 것이라고 한다. 이명겸의 아들 李承溫이 초취부인 벽진이씨의 아버지
다. 처남인 참봉 李忠輔가 이명겸의 장손으로, 그의 집이 그곳에 있어서
이종영은 거기서 하룻밤 묵는다.

....

15 李宗榮, 『芝峯遺稿』 卷1, 「雞黍錄」, "至藍嶺上 休馬 尋復到松江 主翁見余渡江 倒
屣而出 迎入浮查亭 善守預來 待之 有頃 輝遠適至 今日之會 非徒約中齊會 鄭君自
遠方來 其樂可知 遂相與劇飮 向夕主翁謀作龍潭游 令篙師粧船 待月上 步自查亭
摻袖而行 令絲竹管絃 作隊先行 登舟停棹 聽其所止而休焉 輝遠倚船而美之 曰平生
壯觀 今夜爲最云 引觴滿酌 優游夷愉 頹然就醉 不知曙色自遠而至也 繫纜下船 暫
睫於文汝幹新草亭."

다음날 초계읍을 지나고 북쪽으로 고개 하나를 넘고 황강을 건너서 성산리 육수정에 도착하니 이대약의 孽弟 惠生이 와서 맞이하여 바위 위에 새로 지은 정사로 들어가 이대약을 만난다. 이때 인사를 마치고 가장 먼저 물어본 말이 이대기의 안부였다. 서울에 있으면서 무사하다고 하나 근래 소식이 끊겼다고 하자, 다음과 같이 탄식한다.

갑진년 봄에 여기서 모였지만 이 노인은 있지 않았고, 오늘 또한 교묘하게 만남이 어긋났으니, 오래 전부터 알고 지내던 사람이 한 자리에 합석하기가 이처럼 어렵단 말인가?[16]

이글을 통해 이종영이 이대기와의 만남을 늘 생각하고 있었다는 것을 짐작할 수 있고, 그 만남이 어긋난 데서 오는 허탈감이 이 짧은 글에 진하게 배어나오고 있음을 알 수 있다.

저녁에 全雨와 成以忱이 와서 모였다. 당시 鄭蘊이 막 停擧를 당했는데, 이 일이 매우 원통한 일이어서 장차 香川書院에 모여 伸救할 계획을 하였다. 成以忱은 李大期의 사위이며 成安義의 아들이다. 이들이 모여서 정온을 신구할 계획을 가지는 것은 동문으로서의 情誼 때문이라 봄이 타당할 것이다.

이날 모임에 姜德龍이 참여하였는데, 강덕룡은 성여신의 동서이기도 하고, 무인으로서 임진왜란 때 혁혁한 공을 세웠으며, 이대기의 처남이기도 하기 때문에 이 모임에 동참하는데 더욱 의의가 있었을 것이다. 그밖에도 이날에는 三人과 상기 全雨·成以忱·姜德龍 외에도 李克培·李益壽·李得培·曹以天·姜慶昇·金瑛·曹信天·洪涉·曹鳴世·姜胤生 등 10인이 더 참여하여 모두 16인의 이름이 「城山同醉錄」에 전한다.

....

16 李宗榮, 『芝峯遺稿』 卷1, 「雞黍錄」, "甲辰春會此 而此翁不在 今又巧違 知舊合席 若是其難耶

참여한 이들의 면면을 보면 이들은 대체로 임진왜란에 창의하였다거나 崔永慶·全致遠 또는 鄭仁弘의 문인들이라는 공통점을 안고 있다. 시를 주고받기도 하며 술을 취하게 마시기도 하면서 동일 학파라는 의식을 가지고 서로 단합하려는 의미 또한 없지 않았던 것으로 보인다.

3. 雞黍約會의 意義

지봉 이종영이 成汝信·李大約과 모임을 가지면서 그 모임의 명칭을 鷄黍라고 한 이유는 무엇일까? 계서는 주지하다시피 『논어』에 나오는 다음 구절에서 그 의미를 따온 것이라고 해야 할 것이다.

> 자로가 공자를 따르다가 뒤처졌다. 지팡이로 망태를 메고 있는 어떤 어른을 만났다. 자로가 그에게 질문했다. "어르신은 夫子를 보셨습니까?" 그 어른이 말했다. "팔다리를 부지런히 움직이지 않고 오곡을 분별하지도 못하니 대체 누가 夫子란 말인가?" 하고서는 지팡이를 꽂아두고 밭을 갈고 있었다. 자로가 그에게 읍을 한 채 서 있었다. 그러자 그가 자로를 자기 집에 묵도록 하고는 닭을 잡고 기장밥을 하여 대접하였다. 그리고 그에게 자신의 두 아들을 보였다. 다음날 자로가 가서 공자를 만나 말씀 드렸더니, 공자께서 "그는 隱者다."라고 하시고는 자로로 하여금 돌아가서 만나 보도록 하였다. 다시 가 보니 떠나고 없었다. 이에 자로가 말하였다. "벼슬하지 않음은 義를 업신여기는 것이다. 長幼의 절도를 폐할 수 없었으니 그렇다면 군신의 의를 어찌 폐할 수 있겠는가? 그 몸을 깨끗이 하려다가 큰 윤리를 어지럽혔다. 군자가 나아가 벼슬을 하려는 것은 그 의를 행하고자 함이니, 도가 행해지지 않을 것은 이미 알고 계신다."[17]

. . . .

17 『論語』·「微子」, "子路從而後 遇丈人 以杖荷蓧 子路問曰 子見夫子乎 丈人曰四體

雞黍約會의 鷄黍는 닭과 기장밥인데, 『논어』의 이 구절에서 隱者가 자로에게 대접한 것이 바로 닭과 기장밥이다. 그런데 은자가 닭을 잡고 기장밥을 하여 자로를 대접하고 자신의 두 아들을 자로에게 보인 것은 자로를 인정한 것이다. 은자가, "팔다리를 부지런히 움직이지 않고 오곡을 분별하지도 못하니 대체 누가 夫子란 말인가?"라고 한 말로 보면 자로의 스승인 공자를 분명히 인정하지 않은 것이다. 그러나 자로가 그에게 읍을 한 채 서 있자 그에 대한 마음이 움직였다는 것이고, 그래서 결국 닭을 잡고 기장밥을 하여 자로를 대접한 뒤 자신의 두 아들까지 보인 것이다. 그런데 자로가 다음날 공자를 만나보고 저간의 사정을 말하자, 공자가 은자라고 하면서 돌아가서 그를 만나보도록 하였고 그래서 가보니 이미 떠나고 없었다는 것이다. 이 상황을 두고 자로가 '不仕無義'라는 말을 남겼다.

唐의 李翰이 지은 아동용 교재 『蒙求』에 '范張鷄黍'란 항목이 있는데 이는 『후한서』 권81 「獨行列傳」 '范式'조의 다음과 같은 이야기에 근거한 것이다.

范式의 자는 巨卿으로 山陽의 金鄕사람이다. 젊어서 태학에 유학하였다. 汝南의 張劭와 벗이 되었다. 장소의 자는 元伯이다. 두 사람이 함께 고향으로 돌아가게 되었다. 범식이 장소에게 말하였다. "2년 뒤에 마땅히 돌아와야 하는데, 장차 지나면서 그대의 부모님을 만나 뵙고 그대의 아이들을 보겠다." 이에 함께 날짜를 기약하였다. 그 뒤 약속한 날짜가 다가왔다. 원백이 갖추어 모친께 아뢰어 술과 음식을 마련하여 기다리자고 요청했다. 어머니가 말했다. "2년 전 이별할 때 천

不勤 五穀不分 孰爲夫子 植其杖而芸 子路拱而立 止子路宿 殺鷄爲黍而食之 見其二子焉 明日子路行以告 子曰隱者也 使子路反見之 至則行矣 子路曰 不仕無義 長幼之節 不可廢也 君臣之義 如之何其廢之 欲潔其身而亂大倫 君子之仕也 行其義也 道之不行 已知之矣."

리 먼 곳에서 만나기로 한 약속인데, 너는 어찌 정성스레 믿느냐?" 원백이 대답했다. "거경은 미더운 선비입니다. 반드시 약속을 어기지 않을 것입니다." 어머니가 말했다. "만약 그렇다면 마땅히 너를 위해 술을 준비하겠다." 그 날이 되자 거경이 과연 이르렀다. 당에 올라 절하고 마시면서 극진하게 기뻐하고서 헤어졌다.[18]

성여신·이종영·이대약이 계서약회의 약속을 하고 해마다 춘추로 3월과 9월의 보름날에 만나기로 약속한 이 계서약회는, 계서를 대접 받은 자로의 지취를 추향하려는 것인가? 아니면 자로에게 계서를 대접한 은자의 지취를 추향하려는 것인가? 단순히 계서라는 말만 본다면 『논어』에서 취한 것이라 해야 할 것이다. 그러나 그들이 은자의 지취를 본받으려 한 것이라고도 할 수 없고, 불사무의란 말을 남긴 자로의 지취를 본받으려는 것도 아니었다. 성여신은 1602년 당시 이미 57세였으니, 출사하여 뜻을 펼친다는 생각을 하였다고 보기는 힘들며 나머지 2인도 거기에 동조하였기에 이 모임이 성립되었을 것이다. 그렇다면 출사여부는 차치하고 따스한 마음으로 닭을 잡고 밥을 대접하는 자리를 해마다 두 차례씩 정기적으로 가져서 서로의 친밀함을 인정으로 확인하면서 더욱 친밀하게 지내자는 뜻이었다고 함이 가장 이치에 가까울 것이다. 즉, 『몽구』에 보이는 '范張鷄黍' 즉, 范式과 張劭가 2년 전에 만날 약속을 했다가 잊지 않고 그날 만났다는 그런 만남을 추구하였다고 보아야 할 것이다. 이 때문에 최석기 교수도 『부사집』 해제에서, "부사는 이 계서약회의 모임을, 뜻을 얻지 못

<hr />

18 『後漢書』 卷81 「獨行列傳」 '范式'條, "范式 字巨卿 山陽金鄕人也 少游太學 與汝南張劭爲友 劭字元伯 二人幷告歸鄕里 式謂元伯曰 后二年當還 將過拜尊親, 見孺子焉 乃共克期日 后期方至 元伯具以白母 請設饌以候之 母曰 二年之別 千里結言 爾何相信之審耶 對曰 巨卿信士 必不乖違 母曰 若然 當爲爾醞酒 至其日 巨卿果到 升堂拜飮, 盡歡而別."

하여 물러나 사는 사람들의 진정한 사귐으로 그 의미를 부여하였다."라고 하였던 것이다.

그러나 하필 이것만으로 이 세 사람과 이를 둘러싼 사람들이 이렇게 정기적 모임을 가졌다고 설명하기에는 무언가 미흡하다. 이들이 모임을 가지게 된 것은 1602년 윤2월에 있었던 상소에 함께 서울을 다녀온 것에서 비롯된다. 이 상소는 최영경이 기축옥사와 관련되어 억울한 죽음이 있게 된 데에는 성혼이 정철을 움직였기 때문이므로 성혼을 定罪하여야 한다는 내용이었다. 그러므로 이 상소 행위와 관련한 세심한 검토가 이루어져야 이 모임의 의의를 좀더 자세히 알 수 있을 것이다.

최영경이 1590년 기축옥사의 길삼봉으로 몰려 억울하게 죽은 뒤 1593년 12월에 최영경을 죽게 한 정철이 죽고 1594년 5월에 최영경에 대한 추증이 이루어졌다. 그러자 이때부터 최영경을 죽게 한 정철을 삭탈관작할 것을 주청하여 11월에는 드디어 정철의 관작이 삭탈되었다. 그리고 1598년 6월에 성혼이 죽은 뒤 1601년 12월 20일에는 문경호 등이, 최영경이 억울하게 길삼봉으로 몰려 죽은 것은 성혼이 정철을 사주하여 이루어진 것이므로 성혼을 정죄해야 한다고 상소하였다. 이후 거의 날마다 이에 대해 상호 논박이 있었고 1602년 1월 16일에는 金霱가 상소하여 자신의 아비 金宗儒가 원통함을 訟辨하였는데 선조가 이에 대해 다음과 같이 비답하였다.

비망기로 金霱의 소에 답하였다.
"나는 네가 어떠한 사람인지 모르며, 또 이 소가 과연 너의 손에서 나온 것인지도 모르겠다. 대체로 최영경이 억울하게 죽은 것은 천하의 지극히 원통한 일이며, 邪毒한 정철은 천고의 奸凶이다. 성혼은 정철의 심복이었으므로 정철의 마음이 곧 성혼의 마음이었으니 몸은 둘이지만 마음은 하나였다. 이 사실은 천지 귀신이 환하게 알고 있고 갓 태어나 머리털도 마르지 않은 아이까지도 이미 알고 있으니, 비록 子貢에게 말솜씨를 빌리고 揚雄에게 글자를 배워 변명 하거나 張儀·蘇秦더러 말을 하게 하고 孟賁·夏育에게 그 용맹을 부리게 한다 해도 이 엄연한 사실에서 벗어나지 못할 것이다.

성혼이 사람을 죽였다는 데 대해서는 말하는 자가 하나뿐이 아니니, 어찌 그 까닭이 없겠는가. 대체로 항간의 지극히 미천한 사람이라도 감히 실정이 아닌 일로 사람을 죽였다는 이름을 덮어씌우지 아니하는데, 지금 많은 선비들이 최영경의 죽음에 대하여 옥사의 죄를 성혼에게 돌리고 있으니 淸濁을 스스로 취하는 격이 아니던가. 어찌 감히 鄭仁弘이 모함의 계책을 하였다 하겠는가. 정인홍의 위인은 조수와 초목까지도 그의 이름을 아는데, 네가 또 정철이 최영경을 죽인 옛날 수법을 본받으려는 것이 아니냐. 성혼이 비록 終南에서 출세하여 徵士로 자처했지만 결국 선비를 죽이는 간특함을 범하였으니 이는 조정의 입장에서 볼 때 만고에 씻을 수 없는 오점이다. 은하수를 터 놓은들 어떻게 羞辱을 씻겠는가. 통탄스러울 뿐이다.[19]

우리는 이 비답을 통해서 선조가 정철과 성혼에 의해 최영경이 억울하게 죽었음을 분명히 인식하고 있고, 정인홍이 성혼을 모함한 것이라고 한데 대해서는 정인홍의 위인이 조수와 초목까지도 그의 이름을 알 정도라면서 무한한 신뢰를 보이고 있음을 알 수 있다.

이 이후에도 거의 날마다 끊임없이 계속 성혼 등을 정죄해야 한다는 사헌부와 사간원 및 홍문관의 논의가 있었고, 드디어 1602년 2월 13일에는 최영경을 賜祭케 하고 그 아우 崔餘慶에게 贈職을 내리게 하는 전교가 있게 된다. 또한 1602년 2월 14일에는 대사헌에 제배된 정인홍에게 빨리 올라오라는 유서를 보내게 된다. 1602년 윤 2월 15일에는 성여신·이종영·이대약·정온 등이 상소하여 성혼의 죄를 드러내어 밝히고 치죄할 것

_____

19 『선조실록』 35년(1602) 1월 기유(16)조.

을 청하였다.

그런데 문경호가 1601년 12월 20일에 올린 상소에 대해 그 당시 대사헌으로 있던 황신이 다음과 같은 말을 하고, 그 3일 뒤에 선조는 그 아래와 같은 비답을 내린다.

文景虎 등은 어떠한 무리이기에 감히 天日 아래에서 誣罔할 수가 있단 말입니까. 이는 남의 사주를 받아서 조정을 모함하여 위험하게 만들려는 계책에 불과할 뿐이므로 그 말에 대해 서로 교계할 것이 못됩니다. 그러나 문경호의 상소에 '문생·도당이 요로를 점거하고 있다.' 는 말이 있습니다. 신은 성혼의 문생으로 이미 드러난 지척을 받았으므로 그대로 언관의 자리에 있을 수 없으니 신의 직을 파직하소서."[20]

비망기로 정원에 전교하였다. "수년 전에 영남 사람 朴惺이란 자가 상소하여 성혼이 최영경을 몰래 죽인 죄상을 극단적으로 말하였는데, 그 말의 허실은 반드시 따질 것이 못되지만 내가 영남 지방에 이런 논의가 있음을 알았다. 지금 영남 선비의 상소에서 처음으로 말한 것이 아니다. 황신이 이미 말한 것과 헌부가 처음 올린 啓辭는 책망할 것도 못되고, 간원의 계사에 '전후 성혼을 지적하여 말한 자가 전혀 없었는데 지금 비로소 죄를 돌린다.' 하여 감히 하나의 始자를 썼고 또 전후에 없던 것이라고 하였으니, 이는 사람을 속이려는 것으로 매우 바르지 못하다. 조정이란 是非가 있는 곳이니, 시비가 바르지 아니하면 어떻게 나라를 다스릴 수 있겠는가."[21]

여기서 황신이 문경호의 상소를 두고 '남의 사주'를 받아 조정을 모함한다고 한 것은 결국 정인홍을 지칭한 것이고, 선조가 박성의 상소를 통

20 『선조실록』 34년(1602) 12월 을유(22)조.
21 『선조실록』 34년(1602) 12월 무자(25)조.

해서도 성혼이 최영경을 죽게 했다는 말을 들었다고 하였으니, 결국 정인홍·박성·문경호 등 남명학파 인물들은 최영경의 억울한 죽음 뒤에는 성혼이 있었다고 알고 있었음을 말해 준다. 그리고 이후 1602년 윤2월에 성여신·이종영·이대약·정온 등이 또 상소를 올렸던 것 역시 이와 맥락을 같이 하는 것이다. 여기에 등장하는 박성·문경호·정온·이대약은 모두 정인홍의 문인이었음이 이미 다 드러난 사람이니, 성여신·이종영 또한 정인홍을 추종하는 사람들이라고 하지 않을 수 없을 것이다.

그리고 이들이 상소를 하고 돌아오면서 '성주를 지나 고령·거창에 이르렀다[共下星山到高陽娥林]'는 말의 의미가 무엇인지 의문이었는데, 이를 정인홍과 관련지으면 자연스럽게 이해된다. 이종영이 원래 기록해 둔 것은 이보다는 자세한 무엇이 있었을 터인데, 이를 생략하다 보니 문맥이 이처럼 난해하게 된 것이다. 즉 지리산 밑의 합천 가야에 살고 있던 정인홍을 만났다고 하면 자연스럽게 된다. 그렇지 않으면 성주에서 고령을 거쳐 바로 진주나 초계 쪽으로 가면 되는 것이니 아림 즉 거창이 나올 이유는 없는 것이다. 가야면은 거창과 고령 사이에 있는 접경 지역이다. 이들 기록을 이처럼 수정하게 된 것은 17세기 중엽 이후 적신으로 처형된 정인홍 문인들의 현실대처 방법이었던 것이니, 이를 왈가왈부할 것이 아니라 문맥에 맞게 바로 해석하는 것이 중요하다.

이러한 점에서 성여신·이종영·이대약 삼인에 의해 1603년부터 1606년 사이에 이루어진 계서약회 모임은, "뜻을 얻지 못하여 물러나 사는 사람들의 진정한 사귐"이라는 겉으로 드러난 의미 이외에, 정인홍의 일부 문인들이 진주·초계·의령 등지에서 학파적 결속을 다지는 것으로 보아야 할 것이다.

『모계일록』에 보이는 다음의 기록 또한 이를 뒷받침한다고 할 수 있다.

(1589년 8월) 18일 갬. 遯坪[河渾이 있던 곳. 당시에 내암이 이곳에서 거처하였음. 고대일록에 보면, 임진란 기간 중 고대가 내암을 늘 이곳에서 배알하고 있음]에 도착하다. 崔守愚堂(崔永慶)을 뵙고 절하였다. 松庵(金沔)·朴大庵(朴惺)·善伯(曺應仁)·權起大·姜克新·李任重(李大期)·朴君信(朴廷璠)·郭守(郭䞭) 등 모인 사람이 모두 삼십 명이었다. 景慕한 지 여러 해였는데 오늘 처음 배알하였으니, 善을 향한 정성이 어떠했었던가?

19일 갬. 수우당 崔丈을 뫼시고 돌아가 松庵에서 묵었다. 李丈 仲容(李弘量)과 季容(李弘宇)도 이미 와 계셨다.

20일 갬. 玉山(李起春)도 왔다. 나와 君變(文景虎)은 遯坪으로 돌아갔다.

(1590년 7월) 10일 갬. (시험을 보기 위해) 길을 떠나 遯坪에서 자다. 李應奎가 같이 갔다.

11일 갬. 性源·君變과 寓谷齋에서 노닐다. 저녁에 高陽의 客舍에 이르다.

26일 비. 전씨 두 어른이 大理寺에 갇혔고 崔丈도 갇혔다고 한다.

(1590년 8월) 29일 갬. 金而信(金景謹)·李汝實(李惟誠)·吳翼承(吳長) 등 20여 인이 와서 상소문 올릴 일을 의논하다.

(1590년 9월) 1일 갬. 李汝唯(李魯)·而信(金景謹)·翼承(吳長)·任重(李大期)·河元龍(河應圖) 등과 모여 崔丈(崔永慶)과 全丈(全八顧, 全八及)을 상소로 신원하자는 의논을 하다.

1589년과 1590년의 이 『모계일록』에는 성여신·이종영·이대약의 이름이 보이지는 않지만 이로부터 10여 년이 지난 1602년의 상소 때에는 이들과 정온이 주역이었던 것이다. 정경운의 『고대일록』에서는 이때의 일에 대해, "상소를 올린 儒者들이 돌아왔고, 선생[鄭仁弘]께서는 별 탈이 없이 성에 들어가셨다는 소식을 들었다. 임금께서 引見하시고서, "卿이 이번에 상경한 것은 백성들의 복이오."라고 말씀하셨다 한다."라는 기록을 남기고 있다. 상소를 올린 유자란 바로 이종영 등을 가리킨 말이고, 이와 관련하여 정인홍의 동정을 함께 기록하고 있는 데서 이들과 정인홍을 떼어서 생각할 수는 없다고 할 것이다.

안타깝게도 『모계일록』과 『지봉유고』의 기록에서 정인홍 관련 기록이 삭제되어 확인할 수 없지만, 그래도 『고대일록』에는 정인홍 기록이 그대로 남아 있기 때문에 어느 정도 사실을 밝힐 수 있는 것이다. 이러한 기록들이 모두 온전하게 남아 있다면 서로 대조해서 정확한 사정을 알 수 있겠지만, 정인홍과 관련된 자료는 계해정변 이후 워낙 삭제되거나 변개되었으므로, 남아 있는 자료를 좀더 적극적으로 해석하지 않으면 유추하기 어려운 측면이 있음을 감안하여야 한다. 그러므로 이들의 계서약회 활동이 갖는 의의 역시 정인홍을 중심으로 하는 남명학파의 결속이라는 측면에서 이해되는 것이다.

IV. 맺음말

이제까지 이종영의 가계와 사우관계 및 계서약회 활동에 대해 살펴보았다. 이종영은 인근에 사는 남명 문인 松巖 李魯와는 선대부터 혼척 관계가 있었고, 그 손자 李曼勝이 이종영의 문인이었으니, 이 고성이씨 집안과 이종영은 특별한 관계라 할 수 있으며, 그 밖에도 남명 문인 姜燉의 아들 姜淑昇과 남명 문인 姜熺와 아들 姜慶昇 등과도 친밀한 관계를 유지하고 있었다.

이종영의 행장이나 묘갈명에 남명 문인이라 하였으나, 그 구체적 증거 자료는 보이지 않고, 1602년에 최영경을 죽게 한 성혼의 정죄를 요청한 상소 모임에 참여한 일이나 계서약회의 결성과 활동을 살펴보면, 오히려 남명 문인 정인홍을 추숭하며 남명학파적 결속을 가졌던 인물로 볼 수 있다. 특히 두 살 아래의 재종제 이종욱은 계서약회 모임에 늘 같이 다녔던 인물로, 이종영이 죽으면서 이종욱의 아들로 자신의 가계를 잇게 해주기를 요청하였던 만큼 그가 신임하였다고 할 수 있다. 이종욱은 1611년 3월 26일에 정인홍이 사직하면서 올린 차자에서 이언적과 이황을 문묘에 종사하는 것이 부당하다는 언급을 하여 조야의 비판을 받자, 그 해 6월 19일에 정인홍을 비호하는 상소를 올린 것으로 유명하다.

성여신을 모시고 계서약회에 함께 자주 참여하였던 그의 아들 성박 또한, 1611년 3월 26일에 정인홍이 사직하면서 올린 차자에서 이언적과 이황을 문묘에 종사해서는 안 된다는 언급을 하여 심각한 비판을 받자, 같은 해 8월 4일과 8월 12일 및 12월 10일 등 세 차례에 걸쳐서 정인홍을 옹호하는 상소를 한 것으로 유명하고, 그래서 정인홍의 문인으로 널리 알려지게 되었다.

성여신이 당시에 살아 있었으니, 성박의 상소는 아버지인 성여신의 의지와 상관없이 독자적으로 올린 것이라 하기는 어려울 것이다. 이종욱 또한 이종영과 상의 없이 마음대로 상소하였다고 보기 어려울 것이다. 이처럼 이들은 정인홍과 떼려야 뗄 수 없을 정도로 친밀한 관계였음에도, 계해정변 이후 모든 자료에서 정인홍 관련 자료를 없앰으로써 진실이 숨어 있게 되었다. 이종영과 성여신이 남긴 이러한 자료와 실록 및 고대일록과 모계일록을 종합하여 보면 이들은 내암 정인홍과 깊은 관련이 있는 사람들로서 뜻을 함께 하고 있다는 의미로 해마다 두 차례씩 일정한 모임을 가지면서 우의를 돈독히 가졌던 것으로 이해할 수 있다. 1611년의 정인홍 옹호 상소를 이종욱과 성박이 이어가면서 한 것 또한 이러한 모임의 연장선상에 있다고 하여야 할 것이다.

『論語』

『後漢書』

『朝鮮王朝實錄』

李宗榮, 『芝峯遺稿』

成汝信, 『浮査集』

姜慶昇, 『紫巖亭集賢錄』

朴旨瑞, 『訥庵集』

文緯, 『茅溪日錄』

鄭慶雲, 『孤臺日錄』

全丙哲, 「부사 성여신의 우정과 신의」, 『선비문화』 29호, 남명학연구원, 2016.

松亭 河受一의 生涯와 文學

Ⅰ. 머리말

한국 한문학에 대한 연구가 본격적으로 논의된 지 거의 20년이 지났다. 그동안 시대적으로는 신라 때부터 한말에 이르기까지 전시대에 걸쳐 두루 연구되었고, 문체별로는 주로 시와 소설을 중심으로 연구되다가 차츰 賦·傳·誌·序·記·銘 등에 이르기까지 다양하게 연구되고 있다. 그리고 이와 보조를 맞추면서 한 학파나 인물에 대한 집중적인 연구도 활발하게 진행되고 있으니, 퇴계학파 및 실학파의 연구와 퇴계 및 다산에 대한 연구 등이 그것이다. 이처럼 다방면에서 다양하게 연구됨으로 하여 한국 한문학의 본 모습이 차츰 뚜렷하게 드러난다는 점을 생각해 보면, 퇴계학파와 아울러 남명학파 및 이들을 포함한 영남학파에 대한 체계적이고도 구체적인 연구는 반드시 필요한 작업이라 할 것이다.

松亭 河受一(1553~1612)에 대한 본고도 바로 이런 관점에서 시작된 것이다. 송정은 覺齋 河沆(1538~1590)과 守愚堂 崔永慶(1529~1590)의 문인이고, 각재와 수우당은 남명의 고족이다. 그리고 '世稱南冥後一人'이라는 謙齋 河弘度(1593~1666)가 송정의 문인이다. 또한 송정의 재세시에는 남명의 쟁쟁한 문인이 많았음에도 불구하고, 각종 記文이 33편이나 전하는 것으로 보아 당시 진주 일원에서의 송정의 文名은 압도적이었던 것으로 보인다. 그러므로 송정에 대한 연구는, 위로는 남명 및 그 문인으로부터

아래로는 남명의 재전 사숙인에 이르기까지 남명학의 흐름을 파악하는데 일정한 기여를 할 수 있으리라고 생각한다.

송정에 대한 연구는 처음이므로 본고에서는 먼저 그의 생애와 사우연원을 개관해 보면서 아울러 그의 문학관을 살피고, 그 다음으로 구체적인 작품을 통하여 실제로 그가 추구하였던 바와 그의 내면세계를 구명하려고 한다.

현전하는 송정의 문집은 두 종류로 확인되는데, 하나는 목판본이고 하나는 석판본이다.[22] 목판본은 俛宇 郭鍾錫의 校勘을 거쳐 나온 것이고, 석판본은 속집과 함께 그 뒤 1939년에 간행된 것이다. 목판본은 6권 3책이고, 석판본은 5권 3책인데, 목판본에 비해 석판본은 목차가 바뀌었고 시문의 글자도 많이 刪削되어 있다.[23] 속집은 3권 1책인데, 제3권이 부록[年譜]이다. 본고에서는 목판본 원집과 석판본 속집을 각각 저본으로 하였다.

II. 生涯와 文學觀

1. 生涯와 師友淵源

송정은 진양하씨로, 고려 현종 때 尙書左司郎中으로 거란에 사신으로 갔다가 死節한 河拱辰의 후예이며, 浩亭 河崙의 방손이다. 그의 집안은 조선 개국 이후로 부윤·판윤·군수·사온서 직장·현감 등 그런 대로 계속 벼

---

22 송정의 연보에는 『松亭歲課』와 『日記』가 전하는 것으로 되어 있으나, 아직 확인하지 못했다.
23 속집과 연보를 編定한 이가 후손인 晦峰 河謙鎭인데, 그가 이 산삭을 담당하였던 듯하다.

슬을 이어왔었고, 그의 조부 希瑞는 생원으로 남명과 친교가 두터웠으며, 아버지는 沔, 어머니는 金羅趙氏이다.

송정은 고조부 때부터 복거해온 진주의 水谷面 井谷村[土谷]에서 태어났는데, 어릴 때는 할머니로부터 글을 배웠다. 할머니 한양조씨는 대궐에서 생장하여 궐 안의 일과 經史에 두루 통하였다고 한다. 일곱 살 때부터는 從叔인 覺齋로부터 배웠다.

18세 때에 조부의 상을 당했는데, 이때 남명이 만시를 써 보내었다. 그 가운데 "여러 손자는 예의와 글을 좋아하네.[諸孫好禮書]"라든지, "빼어난 정원에 돋아나는 난초 싹이 셋이나 되는구나.[秀庭蘭茁是三多]"라는 구절이 있음으로 보아, 당시에 이미 송정과 그의 두 아우 守肯齋 天一 및 梅軒 鏡輝의 이름이 남명에게까지 알려져 있었던 것으로 보인다.

23세 때 善山에서 있었던 鄕試에 나아갔다. 이때 그는 선산으로 가는 도중의 경치와 감회를 「東征賦」라는 글로 남겨 文人으로서의 가능성을 이미 드러내었다.

이후로 그는 方丈寺·靑岩寺 등지에서 한편으로 독서에 전념하면서 한편으로 글짓는 일을 게을리하지 않았다. 그리하여 30세 때에 「丹城鄕校聖殿重修記」를 지었고, 31세 때는 「德山書院洗心亭記」, 「守愚堂銘」, 「矗石樓重修記」 등을 맡아 지었다. 이때는 남명의 문인들이 거의 다 살아 있었는데도 그가 이런 글들을 지은 것으로 보아, 이미 진주 일원에서는 그의 문명이 크게 알려졌음을 짐작할 수 있다.

37세 때 서울 司馬試에서 2등으로 합격하였는데, 이때 고시관이 試券에 '此人讀朱子書甚熟'이라 썼다는 것으로 보아, 經書와 性理諸書에 깊은 조예가 있었음을 알 수 있다. 그리고 39세인 1591년에 文科에 급제했다.

그러나 다음 해 임진왜란이 일어남으로 하여 그의 생애도 몹시 어려웠다. 4월 하순에 상주에 우거하던 종숙부[洛, 喚醒齋]와 그에게 出系한 막

내아우[鏡輝]가 상주성 싸움에서 왜적과 맞서 전사하였다. 6월에 진사 文
劫 등과 함께 진주에서 召募有司가 되어 향병 400여 명을 얻었으나 군량
부족으로 다 흩어져 버리는 안타까움을 맛보아야 했다. 이번에는 군량을
준비하고 8월에 다시 의병을 모았으나 결과는 여의치 않았다.

지리산의 五臺寺 등지로 피난을 하다가 왜란이 소강 상태였던 42세
(1594) 때에 어머니의 상을 만났다. 복을 마친 다음 해인 정유년에 다시
왜란이 일어났고, 이 해에 둘째 아우가 세상을 떠났고, 딸과 사위조차 잃
었다. 이때부터 약 2년 동안 선산·상주·안동·영주 등지로 피난생활을 계
속하였는데, 이때는 지친과 동기를 잃은 뒤요 조카들의 양육과 교육도 맡
아야 하면서 피난을 해야 하는, 개인적으로 몹시 어려운 상황이었다.

그러다가 48세 때인 1600년에 비로소 成均館 典籍으로 벼슬길에 나가
곧 靈山縣監이 되었으나, 그해 겨울 벼슬을 그만두고 조카가 있는 상주로
가서 초당을 지어놓고 강학하였다.

5년 뒤 53세 때인 1605년 경상도 都事가 되어 감사 柳永詢과 함께 경
상도 일대를 돌아보았으며, 그 다음 해 상주 교수로 있다가 55세 때 형조
좌랑·형조정랑을 역임하고, 56세 때 이조정랑이 되었다. 이때가 선조가
승하하고 광해군이 즉위하던 시기로 정국이 혼란하였다. 이에 벼슬을 그
만두고, 향리의 水谷精舍에서 후생을 가르치다가 60세로 일생을 마쳤다.

송정이 어릴 적부터 각재의 가르침을 받았다는 것은 이미 말했거니와
각재와 친분이 두터웠던 수우당에게도, 梧月 李惟諴(1557~1609)·雪壑 李
大期(1551~1628)와 함께 사사하였다. 뿐만 아니라 남명의 문인으로서 근
처에 살았던 茅村 李瀞(1541~1613), 寧無成 河應圖(1540~1610), 撫松 孫天
祐(1533~1594), 潮溪 柳宗智(1546~1589) 등과 종유하였으며, 그밖에 寒岡
鄭逑(1543~1620), 浮査 成汝信(1546~1632), 暮軒 河渾(1548~1620), 守吾堂
吳僩(1546~1589), 大笑軒 趙宗道(1537~1597), 日新堂 李天慶(1538~1610),

竹閣 李光友(1529~1619), 滄洲 河憕(1563~1624), 思湖 吳長(1565~1616) 등
과도 종유하면서 때로는 학문을 토론하고 때로는 남명의 유업을 정리하
며 되새기고 때로는 시로써 심회를 주고받으면서 깊이 교제하였다.

이들과의 사사와 교제에서 송정이 가장 마음에 새기로 실천하려 했던
것은 '南冥 精神의 傳承'이라고 보아야 할 것이다. 그가 "무릇 사람 품격
의 높고 낮음은 단지 효제충신 및 뜻과 행실의 얕고 깊음이 어느 정도인
가에 달려 있거늘, 어찌 떠도는 이름으로 장단을 비교하겠습니까?"[24]라고
한 것이라든지, "사람이 만물 속에 처함에 아는 것이 가장 중요하니, 이
때문에 증자가 팔조목을 논하면서 致知를 誠正의 앞에 두었고, 자사가 三
達德을 말하면서 仁과 勇을 知의 뒤에 두었던 것이다. 그렇다면 학자의
가장 먼저 해야 할 공부가 어찌 이치를 따지는 것[窮理]을 벗어나겠는가?
참으로 학자로 하여금 자신의 사욕을 이겨내고 선을 밝혀 人欲이 눈 녹듯
사라지고 天理가 자연스럽게 유행케 하여, 사방 한 치의 마음으로 하여금
밝은 해와 맑은 거울처럼 분명하게 한다면, 천하의 모든 사물의 이치가
드러나게 될 것이다."[25]라고 한 것이 다 같은 맥락에서 나온 말이다. 즉
남명의 가장 두드러진 점이 실천하는 자세이므로 위와 같이 말한 것이고,
또 실천하려면 어느 것이 옳고 그른가를 판단하는 지혜가 필요하므로 궁
리하는 것을 귀하게 여겨야 한다고 말한 것이다.

그의 이러한 생활 자세는 여러 산문들에서 두루 보이는 바 그가 평소
에 늘 마음에 새기고 있었던 것으로 보이며, 그의 문인 겸재의 다음과 같

....

24 河受一, 「重答柳昌會」, 『松亭集』 卷3, 張6. : 夫人之高下 祗在孝弟忠信 志行淺深
之如何 惡用浮名 而較其長短哉.

25 河受一, 「柳木說」, 『松亭集』 卷4, 張31. : 人處萬物之中 知識最賢 是以曾子論八條
目 則致知在誠正之先 子思言三達德 則仁與勇居知之後 然則學者第一工夫 豈外於
窮理哉 誠使學者 克己明善 渙然人欲消融 浩然天理流行 使方寸之間 皎若白日 炯
如明鏡 則天下之形形色色 姸者媸者 無一之遁其形 匿其情.

은 언급에서도 확인할 수 있다.

　내가 일찍이 수곡정사에서 송정 선생을 배알하고, 인하여 모시고 밤을 묵었다. 닭이 울자 여러 제자들을 깨워 다음과 같이 자상스럽게 교유하셨다. "맹자께서, '닭이 울면 일어나 부지런히 착한 일을 하는 자는 舜의 무리이고 私利를 도모하는 자는 跖의 무리'라고 말씀하셨다. 우리 남명 선생께서 그 뜻을 깊이 터득하시고 堯舜의 道를 즐겨서, 義가 아니면 하나도 남에게 주지도 않으셨고 받지도 않으셨으니, 그 私利의 근원을 뽑아서 막으시려는 것이었다. …… 우리 각재 숙부께서 친히 가르침을 받아 그 도를 들으셨으니, 알지 못함은 있을지언정 알고서는 私利를 가까이한 적이 없으셨다. …… 나같이 불초한 사람도 어려서부터 그 가르침에 젖어들어 비록 아직 잘 이어받지는 못했으나, 마음에 새겨 전승하고 죽을 때까지 잊지 않으려 한다. 너희가 나의 문하에 출입하였으니, 비록 중대한 책임을 맡지 못 한다 하더라도 또한 대대로 전해 오던 가업은 이을 수 있을 터인즉, 善과 私利의 차이를 조금이나마 알거든 있는 힘을 다하여 삼가 불의에 빠져 조상을 욕보이지 않도록 하라."[26]

이는 그가 남명의 학통을 이어받았다는 자부심과 책임감을 아울러 가지고, 자신이 실천에 힘씀은 물론 문인에게도 이러한 남명의 정신을 전수하려고 노력했던 흔적이다. 겸재가 이 말을 명심하였다가 문집에 남긴 것

....

26 河弘度,「記松亭先生語」,『謙齋先生文集』卷5, 張23, 景仁文化社, 1990, p.370, "愚嘗拜松亭先生于水谷精舍 仍陪宿 雞旣鳴 蹙諸子某某等起 諄諄敎誘曰 孟子曰 雞鳴而起 孳孳爲善者 舜之徒也 爲利者 跖之徒也 我南冥先生 深得其旨 樂堯舜之道 非其義 一介不以予人 而取於人 拔其利源 而塞之 …… 我覺齋叔父 受業親炙 而聞其道 有所不知 知之 未嘗近利 …… 如我不肖 自少擩染 雖未能私淑 銘心傳得 至死不忘 汝輩出於吾門 雖不得大任重責 亦可以箕裘承業 粗知善利 深致如登之力 愼勿陷於爲不義 以忝爾所生也."

도 같은 맥락으로 이해된다. 또 그가 德川書院과 晦山書院의 향례에 참석하고 제생과 강학한 것은 물론, 난리 중에도 冶隱의 유지를 찾아보고 陶山書院에 배알하고 月川 趙穆을 찾아본 것까지도 역시 이러한 맥락으로 파악되는 것이다.

2. 文學觀

역대의 인물을 우리는 문인으로 지목하기도 하고 학자로 지목하기도 한다. 문인이라고 해서 학문적 바탕 없이 가능한 것이 아니고, 학자라 해서 문장의 바탕이 없어도 되는 것은 아니다. 또 스스로 문인이라 하여 문인이 되는 것도 아니며, 스스로 학자라 하여 다 학자로 인정될 수도 없다. 요컨대 그럴 만한 '실상'과 남의 '인정', 이 두 가지가 있어야 판단이 가능한 것이다.

그런데 樊巖 蔡濟恭은 「松亭集序」에서 그를 다음과 같이 평하고 있다.

> 공을 문인이라 하겠는가? 문장이 그 학문을 포괄하고 있으니, 문장으로 공을 표방할 수는 없다. 공을 문인이 아니라 하겠는가? 공의 문장은 문명의 고을에서 우뚝하였고, 渢渢히 대국의 아취가 있어서 세상에 전해질 만함이 이와 같으니.[27]

송정이 진주에서 문장을 크게 드러내었고 실상 그 문장이 훌륭하지만, 文人이라고만 지목하기에는 그의 학문과 행실을 간과해 버리는 결과가

....

[27] 蔡濟恭 撰, 「松亭集序」, 『松亭集』; 蔡濟恭, 『樊巖集』卷33, 張35, 景仁文化社, 1988, p.692, "以公而爲文人乎 文也包其學 文不可標公也 以公而爲非文人乎 公之文 拔萃於文明之鄕 渢渢有大國之音 其可傳於世如此."

되어서 곤란하다는 것이다. 그래서 번암은 다음과 같이 전제하였다.

　　공은 일찍이 태평한 때에 과거에 급제했다가, 얼마 후 세상이 자신
을 써주지 않음을 알고 물러나 남명이 향기를 남겼던 곳을 지켰다.
읽었던 것은 성인과 현인의 글이요, 일삼았던 것은 효제충신의 실학
이었다. 상을 당하여서는 고을 사람들이 그의 행동에 느끼어 기뻐하
였고, 일가의 친목을 도모함에 친족들이 예의를 지켜 사양하였으니
현명하지 않고서 가능하겠는가? 詩文은 특히 공의 英華가 겉으로 드
러난 것일 뿐이며, 풍속을 이끌어 가고 혼미한 것을 깨우치는 것이
아니면 일찍이 한가로이 글을 짓지 않았으니, 사림에서 그를 보배로
여김이 어찌 다만 체제가 다 갖추어진 아름다움 때문 만이겠는가?28

　송정은 남명이 남긴 영향을 입어 실질적인 학문에 매진하였고, 문장이
뛰어났지만 문장에만 힘쓴 사람과는 달리, 그 내용은 실상 그의 실질적인
학문을 대변하는 것이라는 뜻이다. 송정의 문학에 대한 이러한 평은 그의
문학의 내용이 성리학적 범주에 들어 있음을 뜻함과 동시에, 글을 짜나가
는 법이나 수사적 측면에도 세심한 노력을 기울였음을 뜻하는 것이기도
하다.
　송정은 「答李汝實論文」에서 문장을 짓는 것은 집을 짓는 것과 같으며,
아무리 좋은 재목이 있더라도 훌륭한 梓人이 없으면 좋은 집을 지을 수
없다고 하면서, 훌륭한 梓人의 도움을 받을 수 있는 방법을 제시하였다.

. . . .

28 蔡濟恭 撰, 「松亭集序」, 『松亭集』 ; 蔡濟恭, 『樊巖集』 卷33, 張35, 景仁文化社,
　　1988, p.692, "公嘗策名明時 已而 知世不我用 退以守南冥遺馥之所 所讀者 聖人賢
　　人之書也 所業者 孝悌忠信之實也 居喪 則鄕里感悅 敦宗 則親黨禮讓 不賢而能之
　　乎 詩文 特公英華之發於外者 而非導俗牖迷 未嘗爲閑佔畢 士林之以爲寶 豈直爲體
　　裁咸具之美也.(『樊巖集』에는 佔畢 다음에 '蓋仁人之言也'가 더 있음.)"

지금 그대가 훌륭한 梓人을 구하려 할진대, 마땅히 『시경』과 『서경』을 千金으로 삼고 『論語』와 『孟子』를 양식으로 삼아, 한유·유종원을 매개로 하고 구양수·소식을 타고서, 疊山[謝枋得]으로 하여금 왼쪽을 몰게 하고 迂齋[樓昉]로 하여금 오른쪽을 따르도록 하여, 정성을 다하고 힘을 다해 아침저녁으로 구한다면, 천하의 梓人들이 반드시 옷을 찢기면서 발을 싸매고서 천 리를 멀다 않고 이를 것이다.[29]

이 말로 보면, 경서를 바탕으로 하고 韓柳歐蘇에 힘쓰면서 첩산·우재까지 정성을 다해 구해야 훌륭한 글을 쓸 수 있다는 것임을 알 수 있다. 이는 문장 수련에 몰두하지 않고서 훌륭한 문장가가 되기 어렵다는 것을 뜻하기도 하지만, 자기 스스로 문장 수련에 많은 힘을 기울였음을 간접적으로 표현한 것이기도 하다.

여기서 그가 여러 문인을 들고 있지만 실제로 그가 가장 본받으려 했던 사람은 한유와 유종원이었다. 다음의 글이 이를 뒷받침한다.

『春秋左氏傳』의 글은 너무나 상고의 글이라 간단하고 그윽하며, 宋 이후의 글은 너무나 下代의 글이라 위축되어 시들었고, 그 中道를 얻은 것으로는 한유·유종원의 글 만한 것이 없습니다. 한유·유종원의 글을 익숙히 읽으면 옛글도 잘 할 수 있고 요즈음 글도 잘 할 수 있으니, 천하의 문장이 이보다 나은 것이 없을 것입니다.[30]

한유·유종원의 문장이야말로 고금의 중도를 얻어 簡邃하지도 않고 萎

<hr />

29 河受一, 「答李汝實論文」, 『松亭集』 卷3, 張1. : 今吾子 欲求善梓人 當以詩書爲千金 語孟爲糗粻 媒韓柳 駕歐蘇 使疊山御其左 迂齋從其右 殫誠竭力 日夜而求之 則天下之梓人 必裂裳裹足 輕千里而至矣.

30 河受一, 「答柳昌會」, 『松亭集』 卷3, 張8. : 左氏 太上而簡邃 宋已下 太下而委薾 得其中者 莫如韓柳 讀韓柳熟 宜古宜今 天下之文章 無駕於此矣.

繭하지도 않기 때문에 본받을 만하고, 그래서 천하의 가장 뛰어난 문장이라고 평가하고 있다. 그가 이렇게 평가한 이면에는, 글이 간수하면 뜻을 전달하기 어렵고 위이하면 힘이 없는데, 한유·유종원의 문장은 이 두 가지 병폐가 없다는 뜻이 들어있고, 자신이 추구하는 문장도 이런 문장이라는 뜻도 내포하고 있다.

송정은 또 시는 이백·두보를 좋아하고, 문은 한유·유종원을 좋아한다고 하면서, 이들의 시문을 평하고 자신이 추구하는 바를 제시하였다.

> 李白의 詩는 公子와 王孫이 누대에서 선녀를 희롱하는 격이다. 杜甫의 詩는 충신과 효자가 물·불 속에서 君父를 구원하는 격이다. 어느 것이 낫고 어느 것이 못하겠는가? 선녀는 놓을 수 없고 君父는 버릴 수 없으니, 그러나 나는 선녀를 뒤로하고 군부를 급히 여기겠다.
> 韓愈의 文은 신나는 말을 타고 큰 길을 달리는 격이니, 그 달림이 나는 듯하고 그 기상이 신선과 같아서, 저 느릿한 駑馬는 마구간에서 발굽을 쭈그리게 한다. 柳宗元의 文은 수놓은 옷을 입고 화려한 자리에 앉아있는 격이니, 그 향기가 자욱하고 그 빛이 찬란하여, 저 솜옷을 잔뜩 기워 입은 사람은 진흙이나 먼지 속에서 자취를 감추게 한다. 어느 것이 낫고 어느 것이 못하겠는가? 수놓은 옷은 폐지할 수 없고 신나는 말은 버릴 수가 없으니, 나는 수놓은 옷을 입고서 신나는 말을 타련다.31

시에 있어서 이백보다는 현실 생활에서의 유교적 실천을 중시하는 두

---

31 河受一,「李杜韓柳詩文評」,『松亭集』卷5, 張24, "李白之詩 公子王孫 弄仙娥於樓臺之上 杜子之詩 忠臣孝子 救君父於水火之中 孰爲優也 孰爲劣也 仙娥不可捨也 君父不可遺也 吾將後仙娥而急君父也 韓子之文 乘快馬 臨周道 其行如飛 其氣如仙 彼款段駑駘 蹐蹭卑櫪 柳子之文 衣繡裳 坐華筵 其香芬鬱 其光粲爛 彼縕袍百結 屛跡泥塵 孰爲勝也 孰爲負也 繡裳不可廢也 快馬不可棄也 吾將衣繡裳而乘快馬也."

보의 시풍을 더 따르려 하였고, 문에 있어서는 한유의 호쾌함과 유종원의 화려하면서도 섬세한 맛까지 체득하려고 노력하였음을 알 수 있다.

그러나 그의 시와 문이 공히 풍속을 바르게 하고 어리석음을 깨우치려는 실질적이고도 진지한 자세로 일관되어 있음을 중시하고, 다음 장에서 그의 문학 세계를 직접 살피려 한다.

Ⅲ. 文學世界

송정은, 남명의 문인이나 사숙인들에 비해 분명 문장 수련에 많은 노력을 기울였고, 그런 만큼 이름을 얻었던 것도 사실이다. 그래서 남명학파의 다른 인물들과 대조적이지만, 그의 문학이 다루고 있는 내용으로 판단하건대 그는 남명 정신을 철저히 이어받은 인물임이 분명하다. 일반적으로 남명학의 요체를 '敬義之學'이라 한다. 敬은 內聖을 이루고 그 상태를 유지하려는 것이라면, 義는 외부적인 사건이나 사물에 대하여 마음으로 판단을 내려 실천하려는 것이다. 남명이, 당대의 학계에서 理氣에 관한 논의가 상당히 심화되고 있었던 것을 비판하였던 점을 상기한다면, 실천적인 학문 태도는 남명 정신의 가장 중요한 부분의 하나라고 할 수 있다. 송정을 남명 정신을 철저히 이어받은 인물이라고 한 것은 바로 이 점을 두고 한 말이다. 그의 문학은 크게 致知와 力行, 憂國과 傷時, 安分과 觀照로 파악되는 바, 바로 敬義에 바탕한 실천적인 학문 태도에서 우러나온 작품들이다.

그의 작품은 原集과 續集의 것을 합하면, 詩가 282題 480首, 賦 8首, 序 27首, 記 33首, 說 11首, 祭文 24首, 書 12首, 기타 31首이다.

1. 致知와 力行

타고난 仁義禮智의 性을 私慾으로 가려진 상태에서 회복하려면 무엇보다 냉철한 이성을 가져야 하는데 이를 위한 공부를 致知라 하고, 또한 致知의 과정을 통해 안 것을 실생활에서 간단없이 실천하는 것, 이를 力行이라 한다면, 송정 문학의 가장 두드러진 특징은 바로 致知의 과정과 力行의 실상을 충실히 드러내고 있다는 점이다.

그의 나이 23세 때 善山의 鄕試에 응시하러 가면서 지은 「東征賦」에서 그는 호쾌한 필치로 진주서 선산까지의 旅程을 통한 견문과 감회를 서술했는데, 여기서 그는 이미 평생의 학문 방향을 드러내고 있다.

우뚝한 호접루 난간에 기대어	憑蝴蝶之危欄
남명의 손때를 우러러 본다.	仰南冥之手澤
글자 몇 자가 아직도 새로우니	字若干其尙新
남은 자취 어제 일처럼 뚜렷하구나.	宛遺跡之如昨
실로 우리나라의 儒宗이요	實我東之儒宗
이미 상실한 道學을 倡導하셨네.	倡道學於旣喪
한스럽게도 내 어리고 어리석어	恨余生之稺愚
강석에서 직접 뫼시지 못했네.	衣未摳於函丈
생각이 아득한들 어찌 미치랴?	思悠悠兮何及
허기진 듯 탄식만 길어진다.	怸余嘆兮從長

(①, 「東征賦」, 『松亭集』 卷2 張42)

담연히도 무성한 저 들판	淡平野之藹藹
곡식이 익어 머리를 늘어뜨렸네.	黍稷或其離離
패었지만 맺지 못한 것들도 있고	或旣秀而不實
풀들만 무성하고 곡식은 드물기도 하네.	或草盛而豆稀

땅의 瘠饒가 비록 다르다 해도   地雖殊其瘠饒
역시 부지런하고 게으른 차이이리라.   亦人事之力惰
비유컨대 노력의 정도에 따라   譬做功之淺深
학문의 高下가 결정됨과 같다네.   學隨之以高下
실로 사물의 이치가 이렇듯 분명하니   誠物理之分明
누가 이를 알아 돌이키고 돌아볼꼬?   孰理會而反顧
                                                                (②, 같은 글)

문득 이 山麓에서 식사를 하니   忽吾飯此山麓
우러러 가야 할 높은 산을 알겠노라.   仰知來之高嶽
나직한 데서부터 말에 채찍질하여   策余馬於自卑
방황하지 말고 올라가거라.   勿彷徨而言陟
높아서 못 오른다 그 누가 말하는고?   夫孰云高不可攀
힘써 행한다면 미칠 수 있으리라.   苟力行則能及
                                                                (③, 같은 글)

새벽같이 일어나 安彦驛을 출발하니   曉吾行此安彦
자욱한 안개가 앞을 가린다.   靄雲霧之曖曖
山川은 어두워 흐릿만 하고   山川暗其微茫
천지는 아득히 희미하구나.   乾坤漠其昏黑
내 마음을 돌아보니   顧余身之方寸
가려져 막혀있음 이와 같구나.   正類此之蔽塞
어찌 하면 볼 수 있을까?   安得睹夫青天
青天에 아득히 빛나는 日光을.   灝日光之生白
                                                                (④, 같은 글)

공자께서 잘 이끌어   惟夫子之善誘
博約의 격언 남기셨고,   有博約之格言
맹자께서 요점을 제시하여   孟氏挈夫裘領

操存을 거듭 가리키셨네.　　　　　　　重指掌於操存
하다가 힘 모자라 죽을지언정　　　　　　寧力不足以死兮
이 말씀 따르기를 바란다네.　　　　　　或庶幾乎斯語
　　　　　　　　　　　　　　　　　　(⑤, 같은 글)

　　남명이 만년에 강학하였던 山天齋를 지나면서 읊은 것이 인용문 ①이
다. 남명을 동방의 儒宗이라 한 것을 봐도 그가 남명을 얼마나 흠모하였
던가를 짐작할 수 있다. 비록 각재를 통해 남명이 추구하던 학문을 접할
수 있었다 하더라도, 직접 모습을 우러러 뵙고 말씀을 들어보지 못한 것
이 못내 아쉬웠기에 한스럽다는 표현을 한 것이고, 아무리 생각해도 어쩔
수 없어 탄식만 나온다고 한 것이다. 그런 만큼 남명이 추구하던 그 학문
에 힘쓰겠다는 의지가 더욱 투철하였던 것이다.

　　그 때문에 新安을 지나면서는(인용문 ②) 농사의 결과를 보고 노력 여하에
따라 학문의 높고 낮음이 결정된다고 하였던 것이고, 金陽의 驛路를 지나면서
는(인용문 ③) 아무리 높은 곳이라도 힘써 행하면 도달할 수 있다고 한
것이며, 安彦驛을 출발할 때는(인용문 ④) 자욱한 안개를 보고 마음의 빛이
발할 수 있도록 無知와 욕심의 안개를 걷어내기에 힘을 쏟겠다고 말한 것이다.

　　그래서 「東征賦」를 마무리하면서 공자의 '博約'과 맹자의 '操存'을 추
구해야 할 학문의 핵심으로 삼고 평생 있는 힘을 다하겠다고 다짐한 것이
다. 공부는 넓고 깊게, 행동은 예에 맞게 하라는 것이 박약의 의미이고,
放縱된 마음을 찾아서 붙잡아 두라는 것이 조존의 의미라면, 이는 그가
추구한 것으로 판단되는 致知와 力行에 다름 아니다.

　　그의 이러한 학문적 의지를 구체적으로 확인할 수 있는 작품으로는
「學原於思賦」와 「求放心賦」가 있다. 전자는 공자의 "배우기만 하고 생각
하지 않으면 아무 소용이 없으며, 생각만 하고 배우지 않으면 위태롭다.

[學而不思則罔 思而不學則殆]"라는 말을 연역하여, 한편으로는 선현의 언행을 배우고 한편으로는 그 이치를 깊이 생각하여 체득해야 한다는 것으로, 광범위한 공부를 통한 치밀한 사색을 역설한 것이며, 후자는 맹자의 "학문의 도는 다른 것이 아니라 그 방종된 마음을 찾는 것일 따름이다.[學問之道無他求其放心而已矣]"라는 말을 연역하여, 一身을 주재하는 마음을 늘 붙잡아 두어 敬의 상태를 유지해야 한다는 것으로, 둘 다 학문하는 사람이 마땅히 추구해야 할 것이 內聖의 경지임을 잘 드러내고 있다.

「讀蘇老泉管仲論」은 그가 글을 읽으며 깊이 사색한 흔적을 잘 보여준다. 관중이 임종 때 자신을 대신할 훌륭한 인물을 천거하지 않은 것을 두고, 蘇洵은 근본을 알지 못한다며 관중을 비판했는데, 송정은 소순도 근본을 모른다며 비판하고 있다. 즉 관중이 임종 때 한 말을 환공이 실천하지 않았던 불성실함으로 보더라도, 그날 훌륭한 인물 한 사람을 천거하지 않았음을비판할 것이 아니라, 평일에 훌륭한 신하를 조정에 많이 천거해 두지 못했던 점을 비판하는 것이 오히려 설득력이 있다는 것이다.

이처럼 이름난 문장을 보고도 깊이 사색하여 그 근본적인 이치를 찾아내려는 그의 자세는, 사물을 대하여서도 그대로 나타난다.

티끌이 다 없어져 붉은 빛 떠오르니	塵埃淨盡紫光浮
흡사 흐릿한 거울이 새로 닦인 듯.	恰似昏鏡新磨銀
알겠노라, 본체가 본래 더럽지 않아	也知本體本不汙
그 때문에 외물 따라 변하지 않네.	所以不能隨緇磷
이로 하여 洗心의 공을 깨닫겠고,	憑渠方覺洗心功
비로소 養生이 操刀에 기인함을 믿겠네.	始信養生操刀因
벼루야 벼루야, 날로 새로우려거든,	硯乎硯乎欲日新
조석으로 주인 마음 일깨워 주렴.	要在朝昏喚主人

(①, 「洗家藏古硯」, 『松亭集』 卷2 張33)

주변이 늘 고요한 곳이라야 물이 고요하니	境常靜處水常靜
돌이 고르지 않은 곳은 물결도 고르지 않네.	石不平頭波不平
문득 人心을 流水에 비겨보니	却把人心流水比
사물이든 사람이든 이치는 같네.	物情元不異人情

(②, 「觀水」, 『松亭集』 卷2 張4)

①은 집안에 소장해 오던 오래된 벼루를 씻고 그 감회를 적은 시이다. 더러운 것을 닦아내자 본래의 붉은 빛이 떠오름을 보고, 사람 마음도 그와 같아서 무지와 사욕에 가려 있을 뿐, 아름답고 착한 그 본체는 변하지 않는다고 한 것이다. 그러므로 洗心의 공과 때맞추어 노력함의 귀중함을 깨닫고, 늘 惺惺의 상태를 유지하기를 다짐하고 있는 것이다. ②도 같은 맥락으로 이해된다. 곧 주변의 상황을 늘 선한 것으로 만들어 둠이 마음을 닦는 기본 방법임을 말한 것으로, '非禮勿視 非禮勿聽'에 비견되는 克己의 공부를 추구하고 있음을 보여준다.

남명이 강조한 문학 작품의 조탁이나 이론적인 쪽─예컨대 理氣論과 같은 것─에 온 힘을 기울이는 데 대한 경계라는 측면에서, 현실 생활에서의 실천을 더욱 강조하고 있다는 의미이다. 송정의 문학 작품에서도 현실 생활에서의 실천을 강조하는 것들이 두드러지게 나타난다.

「首尾吟自警」이 그 한 예이다. 먹고 입는 것을 위한 공부를 하지 말 것과, 형제간에 사이좋게 지낼 것과, 술과 여자를 좋아하지 말 것 등을 내용으로 하고 있다. 한 수만 보인다.

衣食을 위한 공부는 하지를 마라.	無於衣食着工夫
이러한 공부는 下愚나 하는 것.	衣食工夫是下愚
가난한 顔回를 군자는 찬미했고	簞食顔回君子美

넉넉한 公西赤을 성인은 꾸짖었네.   輕裘赤也聖人誅
고기를 먹는데 하필 河中의 잉어를 찾을 것인가?   食魚何必河中鯉
떨어진 옷에는 오히려 물가의 갈대가 있구나.   衣蔽猶堪水上蘆
네가 만약 마음 있어 도를 구할진댄   汝若有心求此道
衣食을 위한 공부는 하지를 마라.   無於衣食着工夫

(「首尾吟自警」, 『松亭集』 卷2 張23)

簞食瓢飮으로 어렵게 살았던 顔回는 가난 그 자체에 관심을 두지 않
고, 늘 도에 관심을 두면서 그 도를 즐겼기 때문에 가난이 문제되지 않
던 것이며, 閔損은 부모의 마음을 편안하게 하려고 갈대솜으로 된 다 해
진 옷도 따뜻하게 여기어 입을 수 있었던 것이다. "도에 뜻을 두고서 惡衣
惡食을 부끄러워하는 자와는 상대할 필요도 없다."라는 공자의 말을 그대
로 실천하려는 의지가 뚜렷하다.

다음의 시들도 역시 이러한 맥락의 작품들이다.

예의는 털처럼 들기가 쉬운데도   禮輶如一毛
능히 실천하는 이 드물구나.   人鮮克擧之
선왕이 가신 지 천 년,   先王千載後
아아 내 마음 슬프기만 하다.   悠悠我心悲

(①, 「題家禮卷後」, 『松亭集』 卷1 張1)

말 옳음이 행실 옳음의 옳음만 못하고   言是不如行是是
자신의 그름이 남의 그름이 그른 것보다 더 심하네.

                                                   己非尤甚彼非非
그름을 없앨진댄 자신의 그름을 힘써 없애고   去非務向己非去
옳은 일을 할진댄 마땅히 행동의 옳음에 힘써야 하리.

                                                   爲是當從行是爲
(②, 「是非吟」, 『松亭集』 卷2 張4)

예의는 어렵고 까다로운 것이 아니다. 누구나의 마음속에도 다 있는 인의예지의 性을 드러내기만 하면 그것이 바로 예의이다. 그런데도 사람들은 이를 잘 실천하지 못한다. 선왕의 덕화가 사라진 지 오래라, 마음을 밝히려고도 않고 남긴 말씀을 따르려고도 않는다. ①은 이를 안타까워하는 심정이다.

말과 행동이 다 중요하지만, 말 잘 하는 것보다 행동을 잘하는 것이 더욱 중요하다. 그래서 공자도 "군자는 말은 어눌하고 행동은 민첩하려고 한다.[君子欲訥於言而敏於行]"라고 한 것이다. 나남 할 것 없이 그른 것은 다 잘못이지만 남의 그름을 탓하기에 앞서 자기의 그름을 늘 살피고 없애는 데 힘을 기울여야 한다. 예나 지금이나 남의 그름은 잘도 꼬집어 내고 말은 번드레하게 잘도 한다. ②는 이를 경계한 것이다.

송정은 斬衰服을 세 번 입었다. 아버지(28세 때), 할머니(32세 때), 어머니(42세 때)의 상이 그것이다. 아버지의 상 때 世星山 밑에 여막을 지었었다. 그곳이 소나무가 크고 무성하여 정자 구실을 하였으므로 송정이란 이름이 있었는데, 이를 자신의 호로 삼았던 것이다. 송정이란 그의 호 자체가 효성에서 연유한 것이고, 그런 만큼 효에 관한 작품도 많다.

푸른 버들 한창인 3월	綠楊三月時
제비가 쌍쌍이 날아온다.	燕子雙飛來
날아와 옛집을 찾고서는	飛來尋舊巢
편안한 곳이라 조금도 의심 않네.	安處無少猜
금방 처마 끝에서 춤을 추다가	頃刻舞簷端
어느 새 진흙을 물고서 온다.	須臾帶泥回
해마다 새끼와 어미는	年年子與母
정답게도 마주 보고 짹짹거린다.	煦煦相語哈
사람은 저 새만도 못해	人生不如禽
한번 가고 나면 돌아오지 않는구나.	一去無歸哉
비록 옛집이 있다 해도	縱有舊堂宇

적막하고 티끌만 쌓인 것을.　　　　　　寂寞空塵埃
제비에겐 그들 말로 해야지　　　　　　語燕語其語
우리말을 알아듣지 못하리라.　　　　　不知吾語開
이 회포를 누구에게 말할꼬?　　　　　此懷竟誰陳
그만 술잔을 기울이고 싶구나.　　　　　且欲傾金罍
　　　　　　　　　(①,「對燕子」,『松亭集』卷1 張15)

나그네 신세로 생일을 만나니　　　　　客裏逢辰日
어버이 생각에 견디기 어렵구나.　　　　難堪寸草情
고생이 많으셨던 이날 저녁　　　　　　劬勞多此夕
늘 불효스럽다는 생각 뿐이다.　　　　　不孝負平生
　　　　　　　　(②,「正月二十二日書懷」,『松亭集』卷1 張1)

바위 끝에 精舍가 한 채　　　　　　　嚴角開精舍
새 그림이 날아갈 듯하다.　　　　　　文禽勢欲飛
푸른 창엔 산 그림자 어른거리고　　　　綠窓山動影
붉은 헌함은 길을 더욱 빛나게 한다.　　朱檻路搖輝
훌륭한 경치 흐르는 물에 닿아있고　　　形勝臨流水
빼어난 모습이 지는 햇빛을 아까워한다.　精神惜落暉
난간에 기댄 나그네의 한　　　　　　倚欄遊子恨
편액을 봄에 눈물이 옷깃을 적신다.　　瞻額淚沾衣
　　　　　　　　　(③,「題愛日堂」,『松亭集』卷1 張12)

①에서는 해마다 옛집을 찾아와 새끼와 다정하게 대화하는 제비를 보
면서 부모 생각에 간절해 하는 송정의 모습이 눈에 선하게 그려진다. 제
비처럼 자신에게도 옛집은 있지만 그 집에는 부모도 안 계실뿐더러 난리
통에 사람이 살지 않아 티끌만 쌓여 있을 것이다. 부모에 대한 그리움을
이길 수 없어 『시경』의 시인처럼 회포를 달래려고 술잔을 기울이려는 것

이다. ②는 난리 때 나그네 신세로 있으면서 생일을 만나 부모 생각을 한 것이고, ③은 부모의 나이가 한 살이라도 더 드는 것을 안타까워하는 자식의 효성을 담은 愛日堂을 두고 읊은 것인데, 자신은 이미 부모가 돌아가 해가 지는 것을 아까워할 필요조차 없는 신세임을 생각하고 부모 생각에 눈물이 옷깃을 적신다는 내용이다.

오동잎 하나가 가을임을 일깨우니	梧桐一葉驚秋色
등불 밝혀 옛글 읽기에 참으로 좋은 계절.	正好明燈講古書
나는 안 될 사람이라 말하지 마라.	莫道吾身難變化
증자·안자도 애초에 성현은 아니었단다.	曾顔元不聖於初

(「贈季弟公廓」, 『松亭集』卷2 張2)

아우에 대한 따스한 마음과 아울러 스스로 한계를 긋지 말고 학문에 매진하라는 내용이다. "舜은 누구이며 나는 누구인가? 그처럼 배우고 실천하면 나도 그런 사람이 될 수 있다.[舜何人予何人 有爲者亦若是]"라는 마음가짐이며, 이는 바로 자신과의 다짐이기도 한 것이다.

이제까지 송정의 작품을 직접 살펴보면서, 그가 완성된 인격을 향하여 끊임없이 그 이치를 고구하고 현실 생활에서 이를 꾸준히 실천하려 하였다는 점은 어느 정도 확인되었다. 이제 난리를 겪으면서 그의 내면 세계가 어떻게 드러나는지를 살펴보자.

2. 憂國과 傷時

송정은 임진왜란이 일어나기 6개월 전에 과거에 급제했다. 임진년 4월에는 상주의 종숙부[洛, 喚醒齋] 집에 있었는데, 여기서 왜란의 소식을 접하였다. 급히 진주로 가서 智異山麓의 五臺寺로 피해 있던 가족을 만났다.

들으니 왕성은 함락되었고 　　　　　　　　　聞說王城陷
어가는 북으로 떠났다 하네. 　　　　　　　　　鑾輿且北征
은혜 입어 一命을 받았으나 　　　　　　　　　有恩霑一命
長纓을 청할 길 없네. 　　　　　　　　　　　無路請長纓
쑥대는 한스럽게도 바람 따라 구르고 　　　　蓬恨隨風轉
해바라기는 안타깝게도 해를 보고 기운다. 　　葵憐望日傾
누가 능히 좋은 꾀를 내어 　　　　　　　　　誰能謀上策
북치고 노래하며 서울을 되찾을꼬? 　　　　　歌皷復神京

　　　　　　　　　(「避盜五臺寺有感」, 『松亭集』 卷1 張4)

　급제하여 은혜를 받기는 했으나, 왕성이 함락되고 임금은 파천하였으
므로 나라의 명령을 받아 보국할 길이 없다고 탄식한 것이다. 쑥대는 난
리에 의지할 데 없이 떠돌아다니는 백성을 말하며, 해바라기는 자신의 처
지를 나타낸 것이다. 나라는 초토화되었고 임금까지 파천하였으나, 자신
이 어찌할 도리는 없으므로 다만 초조히 적병을 물리치기만을 기다리는
안타까운 심정이다.

　5월에 鶴峰이 招諭使로 부임하여 의병을 모았다. 송정도 여기에 호응
하여 6월에 文劫, 孫景禮와 함께 召募有司가 되어 의병을 모았다. 그러나
양식이 부족하다 모였던 鄕兵 400여 명이 다 흩어져 버렸다. 8월에 다시
양식을 준비하여 의병을 불러 모았다.

언제 북치고 노래하며 서울을 되찾아 　　　　何時歌皷復神州
하늘의 해가 분명히 아래를 비추게 할까? 　　天日分明照下頭
오늘 다시 남은 병졸 모아 거두니 　　　　　如今更募收餘卒
깨끗이 쓸지 않곤 누에 오르지 않으리라. 　　不得澄淸不上樓

　　　　　　　　　(「次文子愼題樓上韻」, 『松亭集』 卷2 張8)

각오가 대단하였다. 난리 초기에 종숙부와 막내아우가 상주에서 순국하였으니 적개심은 남달랐을 것이다. 그러나 모병은 실패로 돌아갔다. 사실 송정은 병서를 탐독하지도 않았고 활이나 칼도 쓸 줄 몰랐다. 그러니 실패는 당연한 귀결인지도 모른다. 뜻만 앞섰기 때문이다. 그래서 그는 다음과 같이 부끄러워하고 있다.

팔이 약해 활도 쏠 줄 모르고	臂弱不能弓
재주가 성글어 칼도 잡지 못하네.	才疏未提釖
어려움 많은 때를 만나	生逢多難時
스스로 한 공이 부족함을 부끄러워한다.	自愧一功欠

(「客中雜感」, 『松亭集』 卷1 張2)

배운 것은 다만 글 뿐	所學祇文字
空言을 누가 쓰리오?	空言誰用之
그림 속의 떡과도 같으니	正似畵餅者
그림이 많아도 굶주림을 구하진 못하네.	畵多不救飢

(같은 글, 같은 곳)

한 공이란 바로 무예를 말한다. 국난을 당하여 벼슬길에 있지도 않고 무예도 전혀 없으니, 아무 짝에도 쓸모없는 인간이라는 부끄러움이 솟아오른 것이다. 그래서 자신의 지식은 난리를 만나고 보니 空言에 불과하고 그림의 떡과 같아 아무런 도움이 되지 않는다고 탄식한 것이다. 학문하는 사람으로서의 그가 나라를 근심하는 순수한 마음이 그래서 더욱 담담하게 잘 드러난 작품이다.

다음은 난리를 겪으면서 또는 겪은 뒤의 참상을 읊은 것들이다.

이씨의 아내 황씨의 딸	李婦黃家女

맑은 기풍 아울러 이름내었네.　　　　　清風可幷名
머리 위의 한 하늘은 중하고　　　　　一天頭上重
눈앞의 석 자 칼은 가벼웠네.　　　　　三尺眼中輕
단련을 당해서야 금이 윤택한 줄 알고　　當鍊知金潤
검을 데 임해서야 옥이 변치 않음을 안다.　臨緇見玉貞
다른 날 역사에　　　　　　　　　　他時靑傳上
쓸쓸히 시로 남으리.　　　　　　　　落莫爲詩成

(「哀黃節婦」, 『松亭集』 卷1 張14)

시의 서문에 의하면, 절부는 송정의 문인 李純勳의 아내이고 黃俶의
딸인데, 임진년 7월 진주가 함락되어 岳陽에서 默契로 가는 도중 숲속에
숨어 있다가 왜적에게 사로잡혔다. 왜적이 칼을 뽑아 위협하였다. 절부가
"빨리 나를 죽여라. 차라리 죽을지언정 네 말은 듣지 않겠다."라고 하자,
왜적이 드디어 찔러 죽였다. 이 처참하고도 가상한 소식을, 근처에서 피난
하다가 자세히 전해들은 송정이 시로써 애도한 것이다. 경련의 금과 옥은
절부를 비유한 것으로, 공자의 "날씨가 추워진 뒤에야 소나무 잣나무가
늦게까지 푸르름을 안다."라는 말과 뜻이 통하는 표현이다.

황석성 가운데서 한 집안이 몰사하여　　　黃石城中沒一門
오직 趙씨의 제사는 군을 의지케 되었더니.　唯餘趙祀寄君存
어찌하여 하늘은 저리도 모르는고?　　　如何天道無知甚
차마 혼자 남은 손자를 구천에 보내다니.　忍使孤孫又九原

매양 내 문하의 李漢이라 여겼더니　　　每擬吾門有李漢
누가 짐작이나 했으랴? 약관에 세상을 버릴 줄.　弱冠誰料謝人間
나그네 길 온갖 일이 여의치 않아　　　萬事客中心事負
허름한 관으로 善山의 산에다 임시로 묻는다.　假棺權葬善山山

(「輓趙生」, 『松亭集』 卷2 張22)

시의 서문에 의하면, 조생은 趙徵宋인데 대소헌 조종도의 장손이며 송정의 맏사위이다. 정유년에 자신과 함께 선산으로 피난하였는데, 종[奴]을 범에게 잃고는 놀라 마음의 병을 얻어 7일 만에 죽었다고 한다. 첫수의 起句는 그 해 8월 대소헌 일가가 함양의 황석성 싸움에서 왜적에게 죽은 것을 가리킨다. 대소헌 일문이 몰사한 것만도 처참하고 안타까운 일인데, 하나 남은 손자까지 이렇게 객지에서 허망하게 죽게 하니, 하늘이 너무 무심하다는 것이다.

조징송을 한유 문하의 이한처럼 여겼다는 말은 장래를 기대할 만한 인물이었다는 말이고, 그러기에 송정의 마음은 더욱 아팠던 것이다.

난리를 겪은 뒤 처음으로 서원을 지나니	亂後初經院
시냇가에 정자만 남았네.	溪頭獨有亭
서원 터의 곡식이 사람 눈을 놀라게 하고	眼驚新黍稷
옛날 門庭은 자취도 없네.	行失舊門庭
아련히 생각난다. 글 읽던 많은 선비	絃誦思多士
仲丁에 제사 모시던 일.	蘋蘩憶仲丁
그래도 天王峯은 움직이지 않고	天王猶不動
구름 저 멀리 푸르기만 하다.	雲外數峯青

(「過德山書院 院盡灰 獨洗心亭在 仍有感」, 『松亭集』 卷1 張6)

수련에서는 서원이 다 불타고 시냇가에 洗心亭만 남아있는 모습을 읊었고, 함련에서는 시선이 서원터로 가까이 옮겨져 그 옛날 출입하던 문이나 뜰의 위치를 짐작해 보려고 해도 밭으로 변해버려 알 수 없음을 말했다. 담담하게 읊는 속에서 난리의 참상이 뚜렷이 드러난다. 경련은 난리 전의 서원에서의 생활을 추억한 것이다. 그렇게도 뚜렷한 위치를 점하던 그 서원이 다 불타고 밭으로 변했건만, 멀리 보이는 天王峯은 남명의 기상인양 난리에도 끄떡 않고 푸른 모습을 그대로 간직하고 있다는 尾聯은, 참담한 가운데서도 냉정한 이성을 되찾고 있음을 보여주며, 껍데기에 불과한 건물보다 그 정신을 이어받는 것이 중요함을 잘 드러내고 있다.

다음은 피난 다니면서 고향을 그리워하는 작품들이다.

올해는 풍진이 심하여　　　　　　　　　　今歲風塵甚
先山의 香火가 끊기었네.　　　　　　　　　家山香火絶
아마도 世星山 소나무는　　　　　　　　　應知世嶺松
눈 속에서 쓸쓸해 할 테지.　　　　　　　　帶雪空蕭瑟
　　　　　　　　　　(①,「客中雜感」,『松亭集』卷1 張2)

한 봄 꽃은 한 색이건만　　　　　　　　　一春花一色
천 리의 나그네는 천 가지 수심.　　　　　千里客千愁
밤마다 고향 꿈을 꾸면서　　　　　　　　夜夜家山夢
雲錦亭 주변을 길이 나른다.　　　　　　　長飛雲錦頭
　　　　　　　　　(②,「春日在商山憶故山」,『松亭集』卷1 張2)

평생의 거처 계획 옹졸하여　　　　　　　一生居計拙
일마다 집안사람에게 부끄럽다.　　　　　萬事愧家人
홀로 풍상의 길에 서서　　　　　　　　　獨立風霜路
늙고 병든 몸으로 부질없이 다닌다.　　　徒行老病親
鍾儀도 고향 떠나 있었고　　　　　　　　鍾儀還去越
공자 또한 진나라에 계셨었지.　　　　　　夫子亦居陳
병난의 때를 만나 다시금 깨닫노니　　　　更覺兵塵際
儒冠이 내 몸을 그르쳤음을.　　　　　　　儒冠誤此身
　　　　　　　　　　(③,「行路難」,『松亭集』卷1 張10)

①은 정유년 세모를 맞아 善山에서 쓴 것이다. 그 곳 사람들은 다 조상

산소를 찾아보건만 자신은 산소를 찾지도 못하는 괴로운 심정을 읊은 것이다. 조상의 혼령이 쓸쓸해 할 것이라는 것을, 조상 산소가 있는 세성산 소나무가 눈 속에서 쓸쓸해 할 것이라고 표현하였다. 난세의 현실에 처한 자신의 아픈 마음이 잘 승화되었다.

②는, 몸은 고향을 떠나 있으나 마음은 고향의 갖가지 일로 수심에 차, 꿈에서조차 조상의 손때가 남은 운금정 가를 배회한다는 것이다. 봄의 빛깔과 자신의 수심을 가짓수로 비교하여, 맏이로서 어른이 아무도 없는 고향 일에 대한 그의 걱정이 얼마나 큰가 하는 것을 잘 드러내고 있다.

③에서는 처자와 조카들에 대하여 남편·아버지·백부 노릇을 제대로 하지 못하고 있음과 병란에서 나라 일에 적극적으로 나서지 못한 자신을 부끄러워하고 있음이 나타나 있다. 그러나 경련에서 종의와 공자를 인용한 것이 주목된다. 종의는 초나라 사람으로 晉나라에 붙잡혀 있으면서도 자신의 직책과 고향을 떳떳하게 생각하고 그리워하였던 인물이고, 공자는 노나라를 떠나 진나라에 머물면서 엄청난 시련을 겪었지만, 도를 펴보려는 큰 뜻이 있었던 것이다. 이 점을 생각한다면, 그의 피난 생활이 가족에게는 미안하고 나라에는 당장 별 도움을 주지 못했으나, 스스로의 내심에는 떳떳한 면이 있었고 큰 뜻 또한 있었음을 암시하는 것으로 보아야 할 것이다.

송정은, 병란을 당하여 직접 전선에서 활약하지는 못했지만, 나라 일을 남 못지않게 걱정하였고 시대의 아픔을 뼈아프게 느끼면서 이를 시로 표현하였다. 杜詩를 특히 좋아했다는 점도 이 점에서 이해되는 것이다.

3. 安分과 觀照

송정은 48세 때 처음으로 벼슬길에 나가 56세 때 이조정랑으로 벼슬을 그만두기까지 9년 동안, 실제로 관직에 있기는 4년도 채 되지 않는다.

관직에 있는 동안이나 그 앞뒤에도 당파 관련 기사가 전혀 보이지 않는 것으로 보아 어느 쪽에도 깊숙이 관여하지 않았던 것으로 보인다. 관직에 있지 않았던 49세에서 52세까지는 주로 상주 담암에서, 56세 이후로는 진주 수곡에서, 한편으로는 후생을 가르치며, 또 한편으로는 자연을 벗삼아 지내는 이른바 考槃의 즐거움을 찾고 있다. 대개 이 시기에 쓰인 작품들이, 주로 자연과 인생을 고요히 바라보고, 그 이치에 침잠하는 내용으로 되어 있다.

벼슬은 선비가 마땅히 추구하는 것이지만, 구차하게 취할 수는 없는 것이다. 다음 시들이 그의 이러한 마음을 보여준다.

푸른 수풀 곳곳에	處處靑林下
향기로운 아가위꽃 백성 같구나.	棠花白雪香
다만 야생이기 때문에	只緣生在野
中堂에 오를 수 없네.	不得上中堂

들에 있은들 어찌 마음이 상하겠는가?	在野亦何傷
中堂엔 시시한 꽃들이 많으니.	中堂多細瑣
세상엔 향기를 찾는 이 없지만	世無逐臭人
나는 찾고 찾아 간직하리라.	采采吾將待

(①,「野棠花」,『松亭集』卷1 張1)

현달하면 행할 것을 행하고 궁하면 그만둘 일이니	達則行行窮則止
하필 지위 높은 이에게 내 몸을 굽힐 것인가?	朱門何必屈吾身
일생의 타고난 것 다 정해져 있으니	一生所性皆天定
부귀는 원래 사람 의지 밖의 것.	富貴元來不在人

(②,「感興」,『松亭集』卷2 張1)

세상엔 얄팍한 사람이 많고 淸淳한 사람은 적어　世多澆薄少淸淳
이 한 몸 용납할 곳이 없구나.　無地能容此一身
邪正이 분명찮아 한결같이 취급하고　邪正不明歸一道
是非가 구별 안 돼 먼지 속에 섞였네.　是非無別混同塵
오늘 아침 손을 잡고 간담을 보이다가　今朝握手輸肝膽
그 다음 날 머리 돌려 원수 사이 되는구나.　明日回頭隔楚秦
두어라, 世情을 어찌할 수 없으니　已矣世情無可奈
분수 따라 天眞을 즐김이 더 나으리.　不如隨分樂天眞

(③,「觀世」,『松亭集』卷2 張24)

　　55세 때(1607) 형조좌랑으로 중앙관직에 옮겨 갔으나, 형조정랑·이조
정랑을 거쳐 56세 때 서울을 떠나는 것으로 보아, 선조와 광해군의 교체
기에 있었던 심각한 당쟁을 마땅찮게 생각하고 낙향한 것으로 판단된다.
그래서 아가위꽃이 아무리 깨끗하고 향기롭더라도, 들에서 피는 것이기에
정원 가운데 끼일 수 없다고 한 것이리라.
　　①의 둘째 수에서는 벼슬에 대한 생각을 끊고 덕을 닦으며 살겠다는
의지가 드러나 있다. 맹자의 이른바 "뜻을 얻지 못하면 홀로 그 뜻을 실천
하는[不得志 獨行其道]" 자세라 하겠다.
　　②와 ③도 같은 맥락의 작품이다. 지위 높은 신하에게 몸을 굽히면서
까지 벼슬에 연연하기 보다는 순리에 따르는 것이 마땅하다고 본 것이다.
그러므로 是非邪正이 분명찮은 정계에 있기보다 차라리 고향의 林下에서
분수에 따라 考槃의 樂을 누리겠다고 한 것이다.
　　송정은 시골로 돌아가 집 주변에 매화·대·솔·국화 등을 심어두고, 때
로는 시를 읊조리고 때로는 거문고를 타다가, 찾아오는 아이가 있으면 그
들을 인도하는 것으로써 즐거움을 삼는 생활을 한다.[32]

....
[32] 「三槐樓小軒吟」 및 「墻西吟」,『松亭集』卷1, 張15 참조.

두 그루 매화 두 그루 대나무,　　　　　　　　兩箇梅花兩箇竹
한 쌍의 奇石과 한 쌍의 소나무.　　　　　　一雙奇石一雙松
북창에서 한가로이 마주 봄이 참 좋으니,　　北窓正好閒相對
생애의 풍약일랑 묻지를 말라.　　　　　　　莫問生涯約與豊
　　　　　　　　　　(①,「偶成」,『松亭集』卷2 張2)

경영하지 않아도 번듯하게 이루어지니　　　經營不待奐輪成
좋은 경치 가이없고 특별히 깨끗하다.　　　光景無邊特地清
아깝도다, 세상사람 이르지 않아　　　　　可惜人間人不到
靈臺의 風月이 제 혼자 虛明하구나.　　　一臺風月自虛明
　　　　　　　　　　(②,「靈臺」,『松亭集』卷2 張1)

　①에서는 세상의 모든 욕심에서 벗어나 자연과 벗하면서 自足하는 모습이 여실히 드러나 있다. ②는 이런 생활 속에 침잠하면서 느낄 수 있는 학문과 문학의 조화이다. 영대는 백성들이 아버지의 일에 참여하는 자식처럼 스스로 찾아와 잠깐 만에 만들어준 文王의 대로, 주변 경치가 뛰어나다고 『시경』에서 말한 바 있다. 여기의 영대는 마음을 가리키는 것인데도 문왕의 영대처럼 실존하는 대로 묘사한 것이 묘미가 있다. 영대를 알아주어 찾아오는 사람이 없다는 것은, '방종된 마음을 찾고[求放心]' '타고난 밝은 덕성을 밝히는[明其明德]' 일을 제대로 하는 사람이 없음을 말한 것이다. 그리고 보면 시인은 마치 이 영대에 사는 신선인 듯하다.

바람이 뜬 구름 걷어가니 玉宇가 깨끗하다.　　風捲浮雲玉宇清
그 훤한 군데군데 뭇별이 반짝인다.　　　　爛然隨處衆星明
밤 깊어 다시 天心에 달 돋는다.　　　　　夜深更有天心月
아무도 없는 뜨락, 홀로 거닌다.　　　　　庭院無人獨自行
　　　　　　　　　　(「雨晴夜有感」,『松亭集』卷2 張3)

구름 걷힌 하늘에 별들이 반짝이고 아무도 없는 정원에 오직 달만이 皎皎한 모습인 채 거닌다는 표현은 바로 자신조차 잊은 忘我의 경지이며, 또한 자신이 달이기도 하고 별이기도 한 物我無間의 경지이다. 사욕이 말끔히 없어져 마음이 훤하고 온갖 지혜가 반짝이는, 그러면서도 담담히 살아가는 모습을 보여준다.

물과 달이 서로 감싸 정자에 가득하니	水月相籠滿一亭
虛明을 찾는 마음 하늘도 아는 듯.	天知心事乞虛明
근자에 오래도록 한가함을 즐기다 보니	年來久飽投閒味
주변에 사람 있어 이름 물을까 두렵다.	怕有傍人間姓名

(「獨坐雲錦亭」, 『松亭集』 卷2 張21)

雲錦亭 앞 연못에는 달이 잠겨 있고, 하늘에는 달이 연못을 감싸고 정자를 환하게 비춰주는데, 시인은 정자에 홀로 앉아 한가롭게 이를 즐기고 있다. 자연의 허명함과 마음의 허명함이 어우러져 하나로 된 상태이다. 이러한 閑靜과 虛明의 상태를 계속 유지하려는 마음이 결구에 절실히 나타나 있다.

이처럼 송정의 만년 작품에는 是非邪正이 옳게 분별되지 않고 남인·서인·대북·소북 등의 당파로 분열된 환로를 떠나, 안분자족하는 삶의 태도로 자연에 깊이 침잠하여 조용히 물리를 관조하는 면모가 뚜렷이 보인다.

IV. 맺음말

이제까지 송정의 생애와 그 문학 세계를 일별하였다. 송정의 학문적 연원이 각재를 통해 남명에 닿아있고, 교제한 이들이 대부분 남명의 문인이거나 사숙인이므로, 자연스럽게 남명의 영향을 받았음을 살펴보았다. 그러나 송정이 문학에 특히 힘을 쏟았던 점은 남명학파의 다른 인물과는 특히 대조적이다. 그렇더라도 글의 조탁에만 힘쓴 것이 아니고, 문학의 내용이 그의 실천적인 학문을 대변하는 것이라는 점에서 일반적인 문인과는 구별된다. 이것은 전체 작품에 나타난 거의 일관된 흐름이 致知와 力行이며, 이는 바로 현실 생활에서의 알찬 실천과 이 실천을 위한 끊임없는 탐구의 자세라는 점이 드러났음에서 증명된 것이다. 憂國과 傷時, 安分과 觀照라는 측면에서 살펴본 작품들도 대개 남명정신의 일정한 연장선 위에 있음을 알 수 있었다.

그러나 그가 이백·두보의 시와 한유·유종원의 문을 좋아한다고 말했는데, 구체적인 작품에서 그 여부를 가리지 못하였고, 또 문학성의 측면을 본격적으로 논의하지도 못하였다.

다만 본고가 남명학파의 한 사람인 송정의 문학 세계를 소개하였고, 문학 세계를 통해 본 그의 학문이 남명의 학문 태도와 밀접한 관련이 있음을 드러내었다는 점에 그 의의가 있다고 본다. 그리고 본고가 앞으로 남명학파에 대한 활발한 연구의 촉매 역할을 할 수 있다면 다행이겠다.

滄洲 河憕의 生涯와 南冥學派 內에서의 역할

Ⅰ. 머리말

滄洲 河憕(1563~1624)은 晉州 丹牧 사람으로 南冥 曺植의 문인 河魏寶의 다섯째 아들로 태어나 삼촌인 河國寶의 아들로 입계한 인물이다. 하위보의 아우 河晉寶는 문과에 급제하여 사간원 사간을 역임했으며 역시 南冥 曺植의 문인이다. 하위보의 아들 河恒도 曺植의 문인이었고, 그 아들 河仁尙은 광해군 때 曺植을 문묘에 종사해 달라는 상소의 소두가 되었던 인물이다. 게다가 河晉寶의 딸이 鄭仁弘의 아들과 혼인하였으니 집안 전체가 남명학파라 이를 만하다.

河憕이 태어나 활동한 시기는 曺植의 영향을 직접 받은 그의 문인들이 왕성하게 활동하던 시기와 겹친다. 그래서 그는 자연스럽게 曺植 문인들의 뜻을 받들어 曺植의 정신을 확산시키는 일을 할 수밖에 없었다. 그가 가정에서 받은 영향을 제외하면 그에게 가장 영향을 많이 준 이는 來庵 鄭仁弘과 寒岡 鄭逑 및 崔永慶·河沆·成汝信 등이며, 가깝게 지냈던 벗 李屹·吳長·鄭蘊·趙㻶 등과의 교제를 통해서도 적지 않은 영향을 입었을 것이다.

이제 가계 및 師友와의 교제 상황을 고찰한 뒤, 그가 남긴 글과 그와 교제한 인물들의 글을 참고로 하여, 그가 남명학파로서 당대에 남겼던 족적의 의미를 찾아보고자 한다.

그의 문집은 1897년에 宋時烈의 8대손 宋近洙에게 서문을 받아 梧坊齋에서 간행한 목활자본이 있고, 1907년에 쓴 田愚의 서문과 1939년에 쓴 權載奎의 발문이 있는 목판본이 있고, 목판본의 저본이 되는 필사본도 전한다.

목활자본은 內題가 『滄洲先生遺事』로 되어 있다. 『滄洲先生遺事』는 3권이고, 그 손자 河洛의 실기 2권까지 합철되어 모두 2책으로 되어 있다. 목판본은 내제가 『滄洲先生文集』으로 되어 있으며, 5권 2책으로 편집되어 있다. 그의 시문은 1권에 들어 있고 나머지 4권은 모두 부록이다. 부록은 세계원류, 연보, 행장·묘지명·묘표, 만제문 등으로 이루어져 있다.

그의 문집에 보이는 그의 유문은 詩가 20제 22수, 書·記·雜著가 각 2편, 序·跋·論이 각 1편 등이 전부다. 그가 남긴 글이 현존 문집에 수습된 정도에 그치지는 않을 것이나, 오랜 세월 전해 오면서 잃은 것도 있었을 것이고, 그가 내암 문인으로 활동하면서 남긴 글들은 의도적으로 배제되었을 터이므로, 남은 글이 이 정도밖에 되지 않은 것으로 보인다.

II. 家系와 生涯

1. 家系

가. 始祖 以下 上代의 系統

진주 지역에서의 진양하씨는 그 본관지답게 여말선초 이래로 성대한 문파를 형성하여 왔다. 진양하씨는 전국적으로 서로 계보가 닿지 않는 세 계통이 있으니, 하나는 侍郞公派요 하나는 司直公派요 또 다른 하나는 主

簿公派다.

시랑공파는 고려 현종 때 거란에 인질로 있다가 순절한 河拱辰의 후예를 가리키고, 사직공파는 고려 문종 때 司直을 역임한 河珍의 후예를 가리키며, 주부공파는 고려 때의 主簿 河成의 후예를 가리킨다. 각 계파의 조선 초기 대표적 인물을 든다면 시랑공파는 태종 때 영의정을 역임한 浩亭 河崙(1347~1416)이라 할 수 있고, 사직공파는 세종 때 영의정을 역임한 敬齋 河演(1376~1453)이라 할 수 있으며, 주부공파는 사육신의 한 사람인 丹溪 河緯地(1412~1456)라 할 수 있다.

河憕은 시랑공파다. 시랑공파 족보의 단초는 浩亭 河崙의 아버지 河允濬 신도비에 처음 보이는 上系의 언급에서 비롯된다. 신도비에는 선대의 인물로 河拱辰과 河卓回를 든 뒤, 卓回로부터 挺才, 南秀, 卲, 富深, 湜, 恃源, 允濬으로 그 계보가 적시되어 있다. 그러나 신도비문을 쓴 春亭 卞季良의 문집『春亭集』所載 하윤린 신도비문에는 그 중조 富深 이하만 언급되어 있고, 그 이상의 계보는 실려 있지 않다.

이것은 변계량에 의해 비문이 완성된 후에 하륜이 시조 이래의 계보를 자신이 직접 글씨 쓰는 이에게 추가 기록케 하였기 때문인 것으로 판단된다. 이 신도비가 건립된 때는 永樂 14년(1416) 3월이고, 신도비의 후면에 자손록 및 하윤린의 조부 이래의 계보를 밝히는 글을 朴熙中에게 추가로 기록하게 한 때가 그 해 9월이고, 하륜이 죽은 때는 그 해 11월 6일이기 때문에 이런 추론이 가능한 것이다.

이 계보에 보이는 河拱辰은 고려사에 현종(재위 : 1009~1031) 때의 인물로 되어 있으며 그 아들에 則忠이 있다고 되어 있다. 또 고려사에는 예종(재위 : 1105~1122) 때 河拱辰의 현손인 河濬이 벼슬한 것으로 기록되어 있다. 그리고『문헌비고』와『만성통보』에는 河卓回가 인종(재위 : 1122~1146) 때 四門博士를 역임한 것으로 되어 있다.[33]

그래서 근래에 간행된 판윤공파[河允濚의 아우 河允丘 계열] 족보에는 이를 반영하여 '河拱辰－河則忠－失諱－失諱－河濬－河卓回'로 새로운 계보를 설정하였다. 이렇게 되면 대수 및 관련된 인물의 상하 연대는 어느 정도 고증이 된 셈이나, 아직까지 하칙충 이하 하탁회까지의 직계 후손 여부는 확인되지 않았다. 즉, 하공신의 아들이 하칙충이며 하공신의 현손이 하준이란 사실은 분명하지만, 하준이 하칙충의 증손이라는 점과 하탁회가 하준의 아들이라는 점에 대한 증거는 아직 확보되어 있지 않다.

시랑공파는 다시 크게 세 계파로 나뉘는데 호정 하륜의 계열과 호정의 숙부 宗簿令 河允丘의 계열과 호정의 종조부 典客令 河巨源의 계열이 그것이다. 河憕은 하거원의 계열이다. 하거원의 증손 河淳敬은 세종 때 (1444) 문과에 급제하여 성균관 직강으로 좌익원종공신이 되었는데, 그가 河憕의 6대조. 5대조 河起龍은 문과에 급제하여 通禮門 通贊을 역임하였다. 하순경은 시조 이래 세거했던 晉州 中安里 일대에서 代如村으로 이주했고, 하기룡은 거기서 다시 강 건너에 있는 丹牧으로 이주함으로써 단목이 하씨의 집성촌이 되었다.

---

33 하윤린의 신도비문에는 하탁회가 고종(재위 : 1213~1259) 때의 인물이라 하였으나, 하탁회의 아들로 알려진 하정재가 의종 5(1151)에 장원한 기록이 있으므로, 하탁회를 인종 때의 인물이라 한 기록이 더 근리하다.

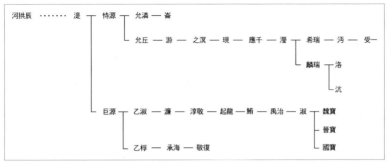

〈가계도 1〉 河拱辰 - 河魏寶

나. 河禹治부터 河憕까지의 系譜

河憕의 증조부 河禹治(1474~1544)는 안주목사를 역임하여 명망이 있었다고 한다. 司直 河敬倫의 딸 하씨와의 사이에서 2남 2녀를 두었는데, 河淑·河活이 그 아들이고 李希轍·李公憲이 그 사위다. 河憕의 조부는 河淑(1493~1552)이다. 하숙은 灌圃 魚得江(1470~1550)의 딸 함종어씨와 혼인하여 河魏寶·河晉寶·河國寶 등의 세 아들과 柳誠·姜士成·安天佑에게 시집간 세 딸을 얻었다. 河憕의 生父는 하위보며, 繼父는 하국보다. 생부 河魏寶(1527~1591)는 1558년에 생원에 입격하였으며 仲父 河晉寶(1530~1585)와 함께 南冥 曺植(1501~1572)의 문인이다.

河魏寶는 전취부인인 李綸의 딸 泗川李氏와의 사이에 7남 2녀를 두었고, 후취부인인 姜佑의 딸 진주강씨와의 사이에 다시 4남을 두었다. 이씨 소생 아들은 河恒·河忱·河恪·河惕·河憕·河憬·河惺이고 딸은 朴天禎과 尹茂에게 출가하였다. 강씨 소생 아들은 河恂·河愃·河怑·河悏이다. 생원·진사에 입격하고 후일 德川書院의 원장도 역임했던 尹承慶이 바로 河憕의 妹夫 尹茂의 아들이다.

河晉寶의 딸은 來庵 鄭仁弘(1536~1623)의 아들 鄭沇(1571~1592)에게

출가하여 鄭梭(1590~1624)을 낳고, 정릉은 鄭燕·鄭壽·鄭烋·鄭烑 등을 낳아 정인홍의 가계를 번창케 하였다. 하진보는 아들을 두지 못해 백형 하위보의 제7자 河憛이 그 뒤로 입계하였다. 그 아우 하국보 또한 아들을 두지 못해 역시 백형인 하위보의 제5자 河憕이 그 뒤로 입계하게 되었다. 河憕 또한 아들을 두지 못해 생가 아우 하성의 아들 河達道로 자신의 뒤를 잇도록 하였다.

하위보의 아들 11형제 가운데 河恒·河忱·河恪·河惕·河憕·河憬·河愃·河怍·河恔 등 9형제와 河憕의 두 조카 河仁尙과 河智尙이 등 11명이 定運原從功臣 1등과 3등에 책록되었다. 정운공신은 선조 말엽 소북인 류영경을 제거함으로써 광해군이 보위에 오르는 데 결정적인 역할을 하였다는 뜻으로 1613년에 책록된 것이다. 정운공신은 정인홍 이이첨 등 11명에게 내려진 것이고, 그 원종공신의 숫자는 책 한 권에 나열되어 있을 정도로 많다. 정인홍과 이이첨이 정운1등공신에 녹훈되었기 때문에 정운원종공신에 녹훈된 인물은 대체로 이들의 추종자가 많을 수밖에 없다. 정인홍과 관련된 인물이 원종공신에 모두 93인이 올라 있는데, 하위보의 자·손 11명이 녹훈되어 있다는 것은 이 가계와 내암 정인홍과의 친분을 무언으로 증명해 주고 있다 할 것이다.

이제까지의 설명을 정리하여 도표화한 것이 다음의 가계도다.

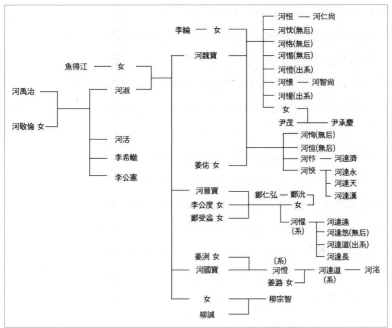

〈가계도 2〉 河禹治 - 河洛

2. 生涯

滄洲의 가계는 전술하였듯이 고려 때부터 조선 초기 증조부 하우치의 시대에 이르기까지 크고 작은 여러 벼슬을 끊임없이 역임하였던 사환가라 할 수 있다. 조부 하숙은 소과나 대과에 입격하지도 못했고 음직으로도 실직에 나아가지는 않았다. 그러나 문학으로 이름이 높았던 관포 어득강의 사위가 된 것을 보면 그의 인품이나 학식이 범상치는 않았을 것으로 짐작이 된다.

하숙의 세 아들 하위보·하진보·하국보는 모두 소과에 입격하였고, 하 진보는 문과에 급제하여 밀양·김해 등지의 부사를 역임한 뒤 사간원 사간에까지 이르렀다. 그리고 형제가 함께 曺植의 문인이었고, 하위보의 맏아들 하인상 또한 曺植의 문인으로서 광해군 때 처음 曺植을 문묘에 종사케 해달라는 상소를 할 적에 소두가 되었던 인물이다.

하위보의 매부 柳誠의 아들 柳宗智 또한 曺植의 문인이며, 하진보의 사위인 鄭沆의 아버지 鄭仁弘은 曺植의 문인으로서 남명학파의 리더였다. 그러니 河憕의 父兄代에 이르러서는 남명학파의 형성과 그 전개에 있어서 주목할 만한 가계였다고 하지 않을 수 없다.

滄洲 河憕은 1563년에 태어났다. 이 해는 曺植의 나이 63세 되던 해로, 河憕의 나이 열 살 때 曺植이 타계했다. 그러므로 河憕은 曺植을 직접 사사할 형편은 되지 못하였다. 그러나 부사 성여신의 「從遊諸賢錄」 '河滄洲' 조에는 "일찍이 남명 선생의 문하에 출입하여 實理의 학문을 들을 수 있었다.[嘗出入于南冥先生之門 得聞實理之學]"라는 표현이 보인다. 曺植은 河憕이 10세 되던 해 2월에 타계하였다. 그러니 성여신의 이 표현을 근거로 河憕이 曺植의 문인이었다고 하는 것은 아무래도 무리라 할 것이다. 그러나 曺植 문인이었던 생부 하위보와 중부 하진보 및 백형 하항 등을 통해 어려서부터 曺植의 학문과 사상을 익히 듣고 성장했을 것임은 충분히 미루어 짐작할 수 있다.

河憕의 「연보」에는 23세 때인 을유(1585)에 拱玉臺에서 수계하였다고 되어 있다. 공옥대는 하동군 옥종면 운곡리 들판에 있는 나즈막하고 둥글게 솟아 있어 마치 새알처럼 생긴 산에 姜景允이 주도해서 만든 대다. 이때 함께 수계했던 인물은 河洛·孫天佑·河沆·金大鳴·李瀞·崔琦弼·河應圖·趙璉·柳宗智·鄭承允·梁應龍·柳萬榮·文劫·河受一·李惟誠·鄭珊壽·姜景允·梁慨·鄭大淳·李純勛·韓誠·吳長·曺次磨 등 23인이다. 공옥대에서의 수계 사실은 모촌 이정의 「연보」에도 보이고 송정 하수일이 쓴 「공옥대기」를 통해서도 확인된다. 河憕의 연보에만 구체적 인물이 제시되어 있고,

다른 곳에는 22인 또는 24인 등으로 수계 인원의 숫자만 표기되어 있다.

당시 함께 수계했다고 하는 23인의 면면을 보면 대체로 진주의 서쪽 지역에 거주하고 있던 인물이다. 이 인물들 가운데 생몰년이 밝혀진 인물로서 당시에 가장 젊은 사람은 17세인 조겸(1569~1652)이고 그 다음이 21세인 오장(1565~1617)이다. 당시 진주 동쪽에 있었던 曺植 문인 수우당 최영경과 부사 성여신이 빠져 있을 뿐 남명학파의 주요 인물들이 모두 망라되어 있다고 할 만하다.

이 모임이 진주 지역 남명학파의 결속에 일정한 영향을 끼친 것은 틀림없겠지만, 이 모임과 결부되어 나타나는 다른 형태의 특별한 일은 알려져 있지 않다. 그러나 1585년은 덕천서원이 건립된 지 10년 째 되는 해이고 당시 아직 사액을 받지 못한 형편이니, 학파의 내부적 결속이 무엇보다 요구되는 때이기도 하다. 이때 河憕이 젊은 나이에 이런 모임에 함께 참여했다는 것은, 젊은 시절부터 남명학파 내에서 두각을 드러내었음을 짐작케 하는 것이기도 하다.

河憕은 29세 때인 신묘(1591)에 朴敏·趙璩과 함께 靑谷寺에서『근사록』을 읽었다. 이 해에 진사에 입격하였다. 河憕의 벗 蘆坡 李屹이 찬술한 행장에 의하면 河憕은 진사에 입격한 뒤 과거를 포기하고 위기지학에 전념하였다고 한다.[34] 그러나『창주유고』에는 그의 학문을 대변할 만한 자료가 많이 남아 전하지 않는다. 河憕이 진사에 입격한 이후의 일생을 이흘은 다음과 같이 요약하여 묘사하고 있다.

괴연히 정좌하여 도서를 좌우에 놓아두고 날마다 성리학 관련 서적을 가져다 종일토록 읽었다. 간혹 조용히 책상을 마주보고 생각을

---

34 李屹,『蘆坡集』卷4,「河滄洲行狀」, "公中辛卯進士 旋廢科業 一以操存爲己之學 專精爲務."

모아 고요히 생각에 잠기기도 하였다. 그러다가 매양 뜻이 맞는 부분이 있으면 비록 밤이라도 반드시 일어나 문득 흔연히 스스로 즐거워하였다. 항상 이르기를, "사람이 정성 '誠' 자 한 글자에 대해서 종신토록 무궁히 행할 수 있다. 한스럽게도 나의 학문이 여기에 이르지 못한 채 벌써 나이가 들었으니 후회해도 미치지 못할 따름이다." 하였다.35

이는 물론 河憕의 만년에 가까이 지내던 벗인 노파 이흘이 보고 들어서 느끼고 있었던 것에 근거한 기록으로 보인다. '誠'을 강조한 학문은 '敬'과 '義'를 강조했던 曺植의 학문과 일정한 거리가 있어 보인다. 그러나 '誠'이야말로 현실에 바탕을 둔 실천을 강조하려는 데서 추구하는 것이니, 曺植이 강조했던 '경'과 '의' 또한 河憕이 강조한 이 '성'이 아니면 이루어질 수 없는 것이다. 그러므로 河憕이 추구했던 '성' 또한 曺植의 학문을 계승하려는 의지에서 나온 것으로 이해된다.

왜란이 일어났던 임진년과 정유년 사이에는 산중에 피난하여 몸을 보전하였으나 아우 河忱이 왜적의 포로가 되어 일본에 잡혀가는 일이 일어났다. 임진왜란이 일어날 즈음 河憕 대소가의 상황은 河憕으로 하여금 집안 전체를 이끌고 가는 역할을 담당하지 않을 수 없게 하고 있다.

즉, 河憕의 생부 하위보는 1591년에, 중부 하진보는 1585년에 각각 타계하였고 하국보는 졸년이 알려져 있지는 않으나, 전후 기록을 종합해 보건대 임진왜란 이전에 이미 타계한 것으로 보인다. 그리고 曺植의 문인으로 남명학파 내에서 촉망받던 인물인 河憕의 백형 河恒 또한 1580년에 타계하고 그 아들 河仁尚(1571~1635)도 자신이 돌보지 않으면 안될 형편이었다. 하항

....

35 李屹,『蘆坡集』卷4,「河滄洲行狀」, "塊然靜坐 左圖右書 日取性理之學 終日以讀 或默對兀上 凝念靜思 每有意會 則雖夜必興 輒欣然自樂 常曰 人於誠之一字 可以 終身行之無窮 而恨吾未至而年已老 悔無及耳."

이외에도 河憕의 형에는 河忱·河恪·河惕 등이 있는데, 하각은 1579년 진사에 입격한 기록은 보이나 그 이후 이들 3인에 대한 기록은 보이지 않고 족보에 무후로 되어 있는 것으로 보아 일찍 타계한 것으로 보인다. 또한 이복 아우 丹洲 河忭(1581~?)과 丹池 河恢(1583~1625)은 아직 10세 남짓의 동자에 불과하였다.

상황이 이렇고 보면 임진년과 정유년의 왜란 시기는 그가 河淑 이하 대소가 20~30명의 리더로서 집안을 이끌지 않으면 안 될 처지에 있었던 것이다. 그러면서도 河憕은 임진왜란이 끝나는 무렵에 이르면 이미 남명학파 내에서도 중요한 역할을 담당할 수밖에 없는 위치에 이르게 된다. 즉, 이 시기에는 수우당 최영경 및 환성재 하락과 각재 하항 등 진주 지역의 曺植 고제들이 이미 서거한 뒤였고, 왜란에 불탄 진주와 김해 및 삼가 등지에 있었던 曺植 향사 서원이 서서히 복원되기 시작하면서, 왜란 기간 중에 창의 활동으로 조야에 명성이 알려진 내암 정인홍의 영향력이 우도 지역 전체에 미치고 있었다. 河憕의 從妹가 정인홍의 子婦가 되어 있어 戚誼가 있기도 하였으나, 河憕은 이미 선배와 동료들로부터 덕천서원의 중건과 『남명집』의 중간 및 『학기유편』의 간행을 주도할 수 있을 정도의 학문적 신뢰를 얻고 있었다.

1601년에 불에 탄 덕천서원 건립을 주도하였다. 당시 함께 이 일을 진행했던 이는 茅村 李瀞과 栢谷 陳克敬 등이다. 아우 竹軒 河惺(1571~1640)의 제문에 의하면 덕천서원만 아니라 진주향교도 師友들과 함께 협의하여 중건하였다고 한다. 1602년에는 덕천서원 祠宇가 완성되고 1603년에는 曺植의 위판을 봉안하였는데, 이때 崔永慶을 배향하였다고 한다. 당시 이 일을 추진한 인물의 명단이 朴敏의 연보에 보이는데, 河憕 이외에 李光友·李天慶·陳克敬·鄭承允·成汝信·申檜·河受一·朴敏·趙璡 등 남명학파 인물들이 망라되어 있다.

박민의 연보에는 1602년에 덕천서원에서 정인홍을 만났다는 기록이 보인다. 『능허집』이 1797년 丁範祖의 서문을 받아 1799년에 간행되었으므로, 내암 문인들의 기록 가운데 『능허집』이 비교적 이른 시기에 간행된 것이라고 할 수 있다. 『능허집』에서의 이 기록은 1602년 난리에 불탄 덕천서원이 복원되자 정인홍이 남명학파의 리더로서 입원하여 진주 지역의 사우들과 회합하였음을 증언하는 것이다.

河憕의 연보에는 1606년 그의 나이 44세 때 덕천서원의 원장이 되어 이광우·이천경·이정·하수일 등과 함께 원록을 수정하고 편집하였다고 하였다.[36] 그러나 『고문서집성』25에는 1609년의 원생록이 가장 앞서는 것으로 되어 있고, 역시 이 책에 수습된 원임록에 의하면, 河沆(1538~1590)·陳克敬(1546~1617)·李瀞(1541~1613)·河憕(1563~1624)·李大期(1551~1628)·權濤(1575~1644) 등의 원장 재임이 확인되는데, 河憕은 1614년에서 1623년까지 재임한 것으로 되어 있다. 진극경과 이정이 원장을 역임했음을 보여주는 기록이 더러 보이므로, 河憕 연보의 기록보다 덕천서원 원임록이 좀더 신빙할 만한 것으로 판단된다.

17세기 초반에는 창의의 공으로 정인홍이 宣祖의 知遇를 입고 있었고 光海君 또한 정인홍을 절대적으로 신임하고 있었으므로, 당시로서는 曺植의 문인 가운데 정인홍이 가장 영향력 있는 인물이었다. 그러므로 덕천서원의 원장을 선임하는 데에 있어서 정인홍의 의향을 무시할 수는 없었을 것이다. 1614년 당시 당시 曺植의 문인 가운데 죽각 이광우나 부사 성여

---

36 河憕 연보의 이 기록은 일신당 연보를 참조한 것으로 되어 있고, 일신당 연보의 해당 기록은 『竹閣實記』를 참조한 것으로 되어 있다. 定齋 柳致明의 서문을 받고 柳宜貞의 발문을 받아 1920년에 간행된 『竹閣集』의 연보 병오(1606)조에는 덕천서원 향례를 행했다는 것과 寒岡이 내방한 기록이 보인다. 그러나 그 해에 院錄을 만들었다는 기록은 보이지 않는다. 기유(1609) 조에는 원록을 중수했다는 기록이 보인다.

신 같은 이가 생존해 있었음에도 河憕이 52세의 나이로 덕천서원의 원장이 된 것은, 남명학파 구성원들의 암묵적 동의도 있었겠지만 특히 정인홍에 의해 학문적 역량을 인정받았기 때문에 가능한 것으로 보인다.

河憕은 덕천서원의 원장이 된 뒤 을묘(1615)에 고령에서 크게 소회를 열어 수백 인이 모인 가운데서 이서가 지은 상소문에 하인상을 소두로 하여 曺植의 문묘 종사를 소청토록 하였다. 그리고 한강 정구를 찾아가 만나본 뒤「新安語錄」을 남겼다. 그리고 이 해에 박민 등과 함께 상소하여 최영경의 배향을 윤허받고, 1617년에는『學記類編』의 간행을 주도하였다.37

河憕 연보 무오(1618) 조에는 "봄에 쌍계사를 유람하였다."라는 기록이 보인다. 이 또한 성여신의『浮査集』을 근거로 들었다.『부사집』에 보이는「方丈山仙遊日記」는 쌍계사 일대를 유람한 사실을 일자별로 상세히 기록해 둔 것이나, 이때의 유람에는 河憕이 참여하지도 않았거니와 더구나 이 일은 1616년 가을에 있었던 일이다.『부사집』의 부사 연보에는 1617년 여름에 다시 두류산을 유람한 것으로 기록되어 있고, 무오(1618) 조에 "봄에 灌圃 魚 先生의 雙磎 八詠樓 詩를 쓴 뒤 그 시에 차운하였다."라는 기록이 있다. 이로 보면 무오년에 성여신 등과는 함께 쌍계사를 유람한 것으로 볼 수는 없다.

기미(1619)에는 덕천서원에서 會講하였고, 임술(1622)에는『二程全書』

----

37 河憕의 연보에는 신해(1611)에 덕천서원에 들어가『학기』를 교정하고 임자(1612) 7월에『학기유편』을 간행했다고 되어 있다.『학기』교정에 관한 기록은『겸재집』이 그 근거로 되어 있다.『겸재집』의 겸재 연보에 과연 그런 기록이 있으나 임자년에 간행한 것이 아니라 교정했다고 되어 있다는 점이 다르다. 그러나 그 교정했다는 기록의 근거도 지금은 알지 못한다. 그런데 겸재 연보 정사(1617) 조에 "6월에 德川에서 河 滄洲와 회합하였다." 한 뒤, 그 주석에서 "刊役 때문이다."라고 되어 있다. 이 부분은 현전 최초로 간행된『학기유편』이 정사(1617)에 간행되었다는 것과 일치되는 기록이다. 그러므로 그 5년 전인 1612년에『학기유편』이 간행되었다는 河憕 연보의 기록은 사실로 보기 어렵다.

를 여러 사람들로 하여금 나누어 베끼게 한 뒤 河弘度 등으로 하여금 교정을 담당케 하여 이를 서원에 갈무리해 두었다. 이는 曹植 학문의 연원을 밝히려는 의도로 풀이된다.

그리고 임술(1622)에는 이른바 『남명집』 임술본의 간행을 주도하였고, 성여신과 함께 『晉陽志』를 편찬하였다. 임술본 『남명집』의 간행에 대해서 河憕 연보에서 언급하지 않고 있는데, 이는 내암과의 관련 사실을 드러내지 않으려는 편집자의 의도에 의한 것이 아닐까 한다. 『진양지』 편찬은 완성을 보지 못하고 河憕이 타계하였으나, 이 일을 成汝信과 河憕 두 사람이 주도하였다는 것은 1622년 당시 진주 지역에서 이 두 사람이 가장 공정하고 분명하게 일을 처리할 수 있다고 인정되었기 때문에 가능하였던 것으로 보인다.

III. 德川書院 重建과 滄洲의 역할

앞에서 언급한 것처럼 河憕은 1614년부터 1623년까지 줄곧 덕천서원의 원장 직함을 갖고 있었다. 그러면서 정인홍의 후원을 받아 丁巳本 『學記類編』을 간행하였고, 壬戌本 『南冥集』을 중간하였으며, 『二程全書』를 필사하여 서원에 갈무리하는 등, 曹植의 학문을 전승하고 그 연원을 찾으려는 작업에 깊은 관심과 노력을 경주하였다.

뿐만 아니라 이미 이런 일들을 하기 이전 난리에 불탄 덕천서원의 중간을 曹植의 문인들과 함께 주도하였다. 이러한 사실을 1622년에 글로 남겼는데, 이것이 『창주집』 소재 「덕천서원중건기」다. 그런데 『고문서집성』 25의 '德川書院誌'에서는 "天啓二年壬戌光海十五年7月上澣揭院誌"라면서 이 글을 全載하였다. 이제 河憕의 이 「덕천서원중건기」를 나누어 자세히 살펴보면 다음과 같다.

　　隆慶 임신(1572) 봄에 남명 선생이 돌아가심에 여름 4월에 산천재 뒷산 언덕에 장례하였다. 崔 守愚堂과 河 覺齋가 寧無成 河應圖, 撫松 孫天佑, 潮溪 柳宗智와 함께 처음으로 사당을 세우자는 논의를 내었다. 을해(1575) 겨울에 목사 具忭과 함께 적당한 땅을 물색하다가 드디어 九曲峰 아래 薩川 가에 터를 결정하였다. 대체로 山天齋와는 서로 바라볼 수 있는 곳이다. 이곳은 이보다 앞서 영무성이 조그마한 띠집을 엮어두고서 때때로 선생을 모시고 소요하던 곳이다. 이때에 이르러 수우당 등의 여러 분이 그 일을 주간하였으니, 供饋를 담당한 이는 孫承善이며 都料匠은 승려 智寬이며, 고을 아전 姜世堅은 장부를 관장하였다. 목사 구변과 감사 尹根壽가 함께 조력하여, 일년도 안 되어서 사우와 강당 및 동서재가 완성되었다. 그 다음해에 꾸며서 단청하는 일까지 끝났다.

　　사방에 담장을 두르고 담장 안에는 샘물을 끌어와 좌우의 方塘을 만들고 그 가운데 蓮을 심었다. 따로 시냇가에 三楹 집을 지어서 바람 쐬며 시를 읊는 장소로 삼게 하였다. 여기에 洗心亭이란 편액을 걸었는데, 나중에 고쳐서 醉醒亭이라 하였다. 이 때부터 봄가을마다 釋菜禮를 게을리 하지 않고 더욱 경건히 거행하였다. 이때는 河 覺齋가 院長이었다.[38]

---

38 河憕, 『滄洲集』 1卷, 「德川書院重建記」, "隆慶壬申春 南冥先生歿 夏四月 葬于山天齋後原 崔守愚堂河覺齋 與河無成應圖孫撫松天佑柳潮溪宗智 始倡立祠之議 乙亥冬 與牧使具忭 相地之宜 遂定址于九曲峰下薩川之上 蓋與山天齋相望地也 先是無成結數椽茅舍于此 時陪杖屨徜徉 至是乃撤其舍而卜之 時乃丙子春也 於是 守愚諸賢幹其事 主供饋孫承善也 都料匠僧智寬也 州吏姜世堅掌簿籍 而具牧使與尹監司根壽 幷助力焉 未一年 祠宇曁堂齋成 粤明年 粧修丹雘訖 繚以周垣 垣內引泉源 爲左右方塘 種蓮其中 別構三楹于溪上 爲諷詠之所 扁之曰洗心 後改以醉醒 自後春秋釋菜 不懈益虔 于時河覺齋爲院長."

이 글에 근거해서 덕천서원의 창건을 주도한 사람은 최영경과 하항이
며 하응도·손천우·유종지 등도 적극 동참하였음을 알 수 있다. 그 시기는
1575년에 시작해서 1576년에 완성되었으며, 그 장소는 산천재와 서로 바
라다 보이는 곳으로서 하응도가 曺植을 모시고 소요하던 별장 자리였다
는 사실을 밝히고 있다. 그리고 당시 진주목사 구변과 경상감사 윤근수가
후원자였으며[39], 손승선과 승려 지관 및 고을 아전 강세견 등은 각각 공궤
와 도료장과 장부를 담당하였음도 밝히고 있다. 서원의 전체 건물 배치는
사우·강당·동재·서재가 있고 이를 담장으로 두른 뒤 샘물을 끌어와서 院
庭 좌우에 각각 方塘을 만들어 연을 심었음도 알 수 있다.

또한 담장 밖 시냇가에 세심정이란 정자를 지어서 풍영의 장소로 삼게
하였다고 하였는데, 덕천서원지에서는 세심정이 임오(1582)에 건축된 것
으로 기록해 두었다. 이는 河憕의 이 기록만으로는 세심정의 건축 연대를
분명히 알 수 없어서, 송정 하수일이 찬술한 「덕산서원세심정기」를 참고

---

39 오이환은 그의 저서 『南冥學派研究』上 484쪽에서, 慶尙監司 柳永詢의 『南冥集』
  간행에 대한 후원을 부정하려다가 滄洲의 『德川書院重建記』에 들어 있는, '감사
  윤근수가 덕천서원 창건을 후원하였다'는 표현조차 연대가 맞지 않으므로 잘못
  된 기록이라 주장하고 있다. 윤근수는 1574년 10월에 부임하여 1575년 10월에
  이임하였으므로, 1575년 겨울에 院役을 시작하였다는 말과 어긋나지 않는다. 오
  이환은, 이취임 연도가 세밀히 적혀 있는 『道先生案』이라는 확실한 근거가 있
  음에도 불구하고, 文景虎가 『남명집』 기유본 발문에서 3년 전의 일을 확인도
  하지 않고 잘못 기록하였다고 본 것이고, 나아가 관련시킬 수도 없는 河憕의
  「덕천서원중건기」를 인용하면서 감사의 재임 연도에 대한 착각의 예로 들었다.
  한 걸음 더 나아가 오이환은 裵大維의 『慕亭集』 3권 소재 「新山書院記」에 보이
  는 잘못된 주석을 근거로 배대유조차 당대의 일을 착각하여 기록했으므로 문경
  호도 착각할 수 있다는 논리를 펼치고 있다. 더구나 「신산서원기」의 작은 글씨
  로 쓰인 姓名 3字는 식견 있는 사람이라면 누가 보아도 주석인 것을 알 수 있는
  것임에도, 오이환은 '諱字를 처리하는 고인의 관례'조차 모른다는 표현을 하면
  서까지 필자의 무식함을 드러내려 하였다. 그러나 이는 『맹자』 「진심」하에 보
  이는 "諱名不諱姓"도 모르고 있음을 스스로 고백한 것에 불과하다.

하여 연대를 고증한 것이다.[40]

한 가지 더 이 기록을 통해 알 수 있는 것은 초기 원장이 각재 하항이었다는 것이다. 『고문서집성』25에 보이는 「덕천서원 원임록」에는 다음과 같이 기록되어 있다.

> 1576년 : 원장과 원임 모두 미상[萬曆四年丙子 院長任幷欠考]
> 1592년 : 원장 하항[二十年壬辰 院長河沆]
> 1601년 : 원장 진극경, 원임 정대순·손균[二十九年辛丑 院長陳克敬 院任鄭大淳孫均]
> 1609년 : 원임 하공효·조겸[三十七年 院任河公孝趙璜]
> 1611년 2월 : 원장 이정 와서 알묘하다. 원임 유종일, 중수원임 유경일.[三十九年二月 院長來謁廟 院長李瀞 院任柳宗日 重修任柳慶一]
> 1614년 3월 : 원장 河憕 와서 알묘하다.[四十二年甲寅三月 院長來謁廟 院長河憕]
> 1624년 정월 : 원장 이대기 와서 알묘하다.[天啓四年甲子正月 院長來謁廟 院長李大期]

이 기록은 1576년부터 1592년까지는 원장과 원임이 누구였는지 알 수 없고, 1592년부터 1601년까지 하항이 원장이었으며, 1601년부터 1611년까지는 진극경, 1611년부터 1614년까지는 이정, 1614년부터 1623년까지는 河憕, 1624년부터는 이대기가 원장이었음을 증언하고 있다. 그러나 하항은 1538년에 태어나 1590년에 타계한 사람이다. 그러므로 河憕의 이 기록을 근거로 하항이 1590년까지 원장을 역임하였고 1590년부터 1601년 진극경이 원장에 취

----

40 河受一, 『松亭集』 4卷, 「德山書院洗心亭記」, "今我崔先生 每杖屨逍遙其上 欲構亭以備遊息之具 以院役未就未成 越壬午春 始克經營 亭成而勝益奇." 德山書院은 1609년에 德川書院으로 사액되기 이전의 이름이다.

임하기까지의 10여 년 동안의 원장은 알 수 없다고 함이 마땅할 것이다.[41]

　　불행히도 임진(1592)에 병화가 갑자기 일어나 강당과 동·서재 및 정자가 모두 불타고 오직 祠宇와 廚舍만 병화를 면했더니, 이마저도 정유(1597) 난리 때 마침내 불에 타고 말았다. 신축(1601)에 목사 尹說이 본 고을 선비들의 요청에 따라 협의하여 중수하게 되었다. 이때 청주 목사 李瀞, 원장 陳克敬과 내가 교대로 일을 맡아서 임인(1602)에 사우가 비로소 완성되었고 이어서 廚舍 건축을 하였다. 그 때의 유사는 鄭大淳과 孫均이었다.

　　선생의 위판은 巖穴 사이에 갈무리해 두어 다행히 보존할 수 있었다. 그러나 때가 타서 더러웠으므로 고쳐서 새 위판을 사용해 계묘(1603) 가을에 봉안하고 수우당을 배향하였다. 제기 또한 서원 노복 世庚이 잘 갈무리한 덕분에 온전히 보존되었다.

　　병오(1606)에 西齋를 건립하였는데, 이는 순찰사 柳永詢이 힘을 다해 후원하고 孫得全이 일을 도맡아서 이루어진 것이다. 유 순찰사와 병사 金太虛가 서원에 와서 사우에 배알한 뒤, 米 20석과 租 50석 및 環山 1里를 取息의 땅으로 삼게 함으로써 서원의 수요에 대비할 수 있게 하였다. 기유(1609)에 강당을 짓고, 이어서 東齋와 廚庫를 지었다. 이 때의 유사는 河公孝와 趙㻩이었다.[42]

....

41 河憕이 1611년 당시에 덕천서원의 원장이었다는『겸재집』연보의 기록은 고증이 정밀치 않은 것으로 보인다.
　河弘度,『謙齋集』附錄,「年譜」辛亥年(1611), "入德川書院見滄洲河公 時滄洲公 爲德川山長 以書來邀 欲與釐正南冥先生學記."
42 河憕,『滄洲集』卷1,「德川書院重建記」, "不幸壬辰 兵燹遽起 講堂齋亭 盡爲灰燼 惟祠宇廚舍得免 而竟火於丁酉之變 歲辛丑 牧使尹說 因本州士子之請 協謀重修 於是 李淸州瀞陳院長克敬曁余 更迭句管 而壬寅祠宇始完 神廚繼就 其時有司 鄭大淳 孫均也 先生位版 藏於巖穴間 幸而獲保 漫漶不潔 故改用新板 癸酉秋奉安 配以守愚先生 祭器亦賴院僕世庚者善藏而得完焉 丙午建西齋 柳巡察永詢所致力 而孫得全敦役焉 柳巡察與 兵使金太虛 來謁祠宇 因出米二十碩 租五十碩 環山中一里 爲取息之地 而備院中之需 己酉營講堂 而東齋廚庫繼之 有司則河公孝趙㻩也."

이상의 기록은 왜란에 서원이 불탄 이후 중건되는 경과를 세밀히 보여주고 있다. 특히 순찰사 유영순이 와서 사당에 배알하고 제사한 뒤 서원의 서재를 건립하고 米租와 땅을 내어주어서 서원 운영을 가능하게 하였다는 기록은 의미 있다고 하겠다. 유영순은 이른바 『남명집』 병오본의 인행을 가능케 한 인물이기도 하기 때문이다.

여하튼 1592년에 사우와 주사를 제외한 서원 건물이 모두 불에 탔고 1597년에는 이마저도 모두 불에 탔으며, 1601년부터 중건을 추진하여 1602년에 사우가 완성되어 1603년에 위패를 봉안하며 수우당을 배향하였고, 1606년에 서재를 건립하고, 1609년에 강당과 동재 및 주고가 이루어졌음을 알 수 있다.

그리고 1601년 이후로 이 중건의 일을 주관했던 인물은 李瀞·陳克敬·河憕이고 후원했던 인물은 목사 尹說과 순찰사 柳永詢 및 병사 金太盧였고, 일을 직접 추진했던 유사는 鄭大淳·孫均·孫得全·河公孝·趙㻩 등이었음을 알 수 있다.

난리 뒤에 사우를 초솔하게 건축하여 기둥이 짧고 위치도 낮아서 제도에 맞지 않았다. 그래서 신해(1611)에 바꾸어 새로 지었다. 옛터를 높이고 기둥을 장엄하게 하여 크게 넓혔다. 이 일을 감독한 유사는 柳慶一이었다. 그리고 옛 재목을 옮겨서 醉醒亭을 지었다. 그 전에 한 간의 草亭을 醉醒門 밖 松林 가에 창건하고 '洗心亭'이라는 편액을 달았으니 이는 취성정의 옛이름이다. 이 정자는 바로 서원 유사 柳宗日이 선생의 橡亭 遺制를 본떠서 지은 것이다. 전후에 있었던 이러한 일의 계획은 모두 원장 李瀞에게서 나온 것이며, 병사 崔濂이 또한 助力함으로써 일이 시작될 수 있었으니 다행스럽다.

대체로 서원 창립의 초기에 사당과 강당 및 동재와 서재가 질질하게 순서가 있었고 垣墻과 건물의 높낮이가 반듯하게 규모가 있었으니, 이는 모두 수우당 선생이 마음으로 계획하여 행한 결과다. 난리 뒤에 중건하면서 모두 옛 제도대로 하였다. 다만 중건의 순서에 선후가 있었고 목공의 솜씨에 교졸의 차이가 있었기 때문에 강당 및 동재와 서재는 예전에 미치지 못하고 사당 건물은 그 전보다 사치스럽게 되었다.

今上 기유(1609) 봄에 정원이 입계하여 특별히 세 서원에 사액이 내리게 되었으니, 이 서원도 그 가운데 하나다. 사액을 요청할 때 수우당을 배향하는 문제를 아울러 계달하지 못했더니, 을묘(1615)에 서원 유생들의 요청에 따라 예조에서 회계하여 윤허를 받았다.[43]

1609년에 서원에 사액이 내렸고, 1611년에는 10년 전에 급하게 보잘 것없이 지은 사우 건물을 헐어내어 새로 확장하여 짓고, 그 목재를 이용하여 없어진 洗心亭 자리에 정자를 짓고 이름을 醉醒亭이라 바꾸었다. 이 건물이 바로 산천재 앞에 있었다는 橡亭의 遺制를 본뜬 것이라고 밝혀 둔 것은 의미 있는 일이다.

1615년의 윤허는 수우당의 배향을 조정으로부터 허락받았음을 뜻하며, 서원 유생들은 이미 1603년부터 배향해 왔던 것임은 앞에서 이미 확인한 바 있다.

서원의 예전 이름은 '德山'이고 '德川'은 새로 사액을 받은 것이다. 정당은 '敬義堂'이고, 좌우의 협실은 東翼室·西翼室이며, 동서재의 예

---

43 河憕, 『滄洲集』 1卷, 「德川書院重建記」, "祠宇草刱於亂後 棟卑級夷 不稱其制 辛亥乃易以新之 增其舊址 壯其棟梲 使之宏敞焉 董役有司則柳慶一也 以其舊材 移構醉醒亭 先此刱一間草亭於醉醒門外 松林之畔 仍扁以洗心舊號 乃院有司柳宗日 象先生橡亭遺制爲也 前後規畫 皆出於李院長瀞 而崔兵使濂 亦爲之宣力 得以就緒 幸也 蓋刱立之初 廟宇堂齋之秩秩有序 垣墻階級之井井有規 無非守愚先生心匠之運 而亂後重營 皆因舊制 第營作有先後 工匠有巧拙 故堂齋不及於古 而廟宇有侈於前矣 今上己酉春 政院入啓 特蒙賜三書院額 此其一也 請額時守愚從配 未及幷啓 乙卯禮曹因院儒疏 回啓蒙允焉."

전 이름은 敬齋·義齋였으나 지금 進德齋·修業齋로 고쳤으며, 동서재의 헌함은 光風軒·霽月軒이며, 정문은 幽貞門이다.

산에 의지하여 물을 내려다보는 형세로 넓은 곳을 그윽하게 두르고 있으며, 산 봉우리들이 공손히 읍하고 냇물이 둘러싸고 있어서, 멀리 있는 듯 가까이 있는 듯 저절로 좋은 형세를 이루고 있으니, 서원을 세울 곳으로는 이보다 더 나은 곳은 없을 것이다. 아아, 方丈이란 산은 천하에 이름났고 德山이란 동네는 넓게 용납함이 있으니, 하늘과 땅이 몇 천백 년인지 모르게 감추어둔 것은 오늘을 기다림이 있음이로다! 산은 武夷山이고 골짝은 白鹿洞이어서 만년토록 詩書를 읽고 禮讓을 강학할 곳이니, 어찌 그 사이에 曆數가 존재한 것이 아니겠는가? 또한 땅이 사람으로 인해 드러난다는 말도 믿을 만하다.

河 覺齋가 德山志를 서술해 둔 것이 있었다. 거기에는 사우를 창건할 때의 계획과 여러 사람들이 부지런히 일을 맡았던 점 등이 자세히 모두 갖추어져 하나도 빠뜨림이 없었다. 이는 나중에 열람하는 사람들로 하여금 어제 일처럼 환하게 알도록 하려는 것이었다. 그러나 병화의 틈바구니에서 마침내 잃어버리고 말았다. 이러한 사실이 없어질까 적이 두려워 그 전말을 대략 기술하여 후일의 열람에 대비한다. 천계 임술(1622) 가을 7월 상순에 後學 進士 晉山 河憕이 삼가 기록하다.[44]

실제 1609년 이전 덕천서원에 관한 기록 가운데 가끔 '덕산서원'이라 되어 있음을 볼 수 있는데, 이 글은 1609년 사액되기 이전에 서원의 이름

························

44 河憕, 『滄洲集』 1卷, 「德川書院重建記」, "院舊號德山 而德川新額也 正堂曰敬義 左右夾室 曰東翼也西翼也 東西齋舊號 曰敬曰義 而今改以進德也修業也 齋軒則光風霽月 而正門則幽貞也 依山俯水 奧衍繚廓 峰巒拱揖 川澤縈紆 若遠若近 自成形勢 建院之地 無以加此也 噫方丈之山 名於天下 德山之洞 廓而有容 天慳地秘 不知其幾千百年 而有待於今日 山爲武夷 洞作白鹿 爲萬世詩書禮讓之地 則豈非有數存乎其間 而地以人顯者 信矣 河覺齋有德山志 祠宇經營之規 諸公敦事之勤 纖悉詳密 無一或遺 俾後之學者 昭然若昨日事 竟失於兵火中 竊恐事歸漫滅 粗述其顚末 以備後之攷閱云 天啓壬戌秋七月上澣 後學進士河憕謹識."

이 덕산이었음을 분명히 확인해 주고 있는 것이다. 그리고 서원 각처의 명칭에 대한 것도 비교적 자세하게 기록되어 있고, 이것이 지금도 거의 그대로 전해오고 있다. 다만 서원 정문의 이름이 '幽貞門'에서 지금은 '時靜門'으로 바뀌었고, 지금의 東西 翼室에는 현판을 걸어두지 않았다는 점과 東西齋에 헌함이 없음으로 해서 光風軒과 霽月軒이라는 현판이 걸려 있지 않은 점 등이 다를 뿐이다. 지금은 사우에 '尙德祠'란 현판이 걸려 있으나, 河憕의 이 글에 아무런 언급이 없는 것으로 보아 당시에는 현판이 없었던 것으로 보인다. 지금도 도동서원이나 남계서원의 사우에는 현판이 걸려 있지 않음으로 보아 이를 짐작할 수 있다.

마지막 부분이 덕천서원의 위치가 얼마나 아름다운가 하는 점을 문학적으로 표현한 것이다. 기문에 꽃이 핀 모양이다. 그러나 전체적으로는 서원의 초기 모습을 매우 상세하게 기술한 실록이다. 그러니 이 글은 「덕천서원중건기」의 의미를 지니면서, 창건 초기의 모습을 목도하였던 것과 창건 과정을 직접 들어서 안 것과 자신이 주도하여 다시 세웠던 것 등 1620년 무렵까지의 초기 서원 전반에 대한 '서원지'의 성격을 띠고 있음을 알 수 있다.

Ⅳ. 文廟從祀 疏請과 南冥著述 刊行

河憕은 이상과 같이 당시 살아 있던 曺植 문인들과 함께 왜란으로 불에 탄 서원을 중건하는 일을 주도하였을 뿐만 아니라, 1614년부터 1623년까지 자신이 원장으로 재임하는 동안 曺植의 문묘 종사를 요청하는 疏會도 주도하였으며, 曺植의 讀書 箚記인 '學記'를 분류하여 재편집한 『學記類編』을 간행하고 『南冥集』을 중간하는 일에도 주도적인 역할을 하였다.

1. 文廟 從祀 疏請

『남명편년』에 의하면 曺植이 졸한 직후 선조가 치제할 적에 대사간으로 증직하였다고 하며, 1609년에 덕천서원·용암서원·신산서원이 사액되었고, 1615년에 '領議政' 및 '文貞'으로 증직과 증시가 있었고, 1617년에 문묘종사 소청이 이루어진 것으로 되어 있다. 『광해군일기』에는 1614년 12월 15일에 시호를 문정으로 정한 뒤 치제한 것으로 되어 있고, 1615년 3월 23일에 경상도 생원 하인상 등이 문묘종사소청을 한 것으로 되어 있다. 『고문서집성』25의 「남명종사소문」에는 1614년 2월 30일에 관학에서 증직을 더 높여주고 시호를 내려주기를 요청하는 상소를 올린 것으로 되어 있고, 1614년 12월에 생원 이종립이 문묘종사를 요청하는 상소를 하였고, 그 다음에 생원 하인상 등이 올린 상소문이 실려 있다.

1614년 2월 30일에 올린 관학의 상소는 실록에 실려 있지는 않으나, 그 해 12월 15일에 시호를 문정으로 정했다는 실록 기록이 있는 것으로 보아, 실록에서 기록이 누락된 것으로 보인다. 그리고 1615년 3월 23일자 『광해군일기』에 실린 하인상 등의 상소 이전에 이종립의 명의로 되어 있는 상소문은, 실록에 누락된 것인지 아니면 상소문만 작성해 두고 실제로는 올리지 않은 것인지 알기 어렵다.

여하튼 실록 기록을 중심으로 보면 1615년 3월 23일에 경상도 생원 하인상 등이 올린 문묘종사 소청을 시발로 하여 광해군 시기에 모두 19차례45나 曺植을 문묘에 종사해 달라는 상소가 있었던 것이다. 그러므로 하인상을 소두로 한 이 상소는 후일 남명문묘종사소청의 남상이 되었다고 할 수 있다.

----

45 『편년』에는 영남 7차, 호서 8차, 호남 4차, 관학 12차, 개성부·옥당·양사 각1차 등 모두 34차에 걸친 문묘종사소청이 있었다고 기록되어 있다.

『고문서집성』25「남명종사소문」에 의하면, 이때의 상소를 위한 소회는 1615년 3월 초6일에 고령에서 있었고, 23일자로 기록하여 陳疏하였고, 좌도 유생 李𥧢 등도 25일에 진소하였던 것으로 기록되어 있다. 고령 소회에 서명한 인원은 모두 169인으로 경상우도 인물 가운데 조관을 역임한 사람은 제외된 생원·진사·유학 등이 입록되어 있다. 이 가운데는 정인홍의 문인으로 알려진 인물들이 많이 포함되어 있다.

그런데 이 상소문이 용연서원 소장 曹植의『연보』끝부분에 실려 있는데, 상소문 끝부분에 다음과 같은 기록이 붙어 있다.

살피건대, 영남 유생 수백 인이 고령 소회에 모였다. 그 때 상소문을 지은 사람이 여럿이었으나 유독 이 상소문은 정 한강의 생질 이서가 지어 한강에게 취정한 것이어서, 그 말이 후세에 충분히 전해질 만하였다. 그래서 연보 뒤에 기록하여 참고해 보는 데 대비케 하는 것이다.[46]

그러나 이서의 문집『동호집』에는 이 상소문만 실려 있고, 이와 유사한 어떤 종류의 주석도 없어서 이 상소문이 한강에게 취정한 것인지의 여부를 알 길이 없다. 그런데 河憕은「신안어록」이란 글을 남겨서 고령소와 관련한 매우 상세한 정보의 일부를 알게 해 준다.

만력 정사(1617) 팔월에 高靈에서 남명선생을 문묘에 종사해 주기를 요청하는 疏會가 있었다. 모인 사람이 거의 수백인이었다. 정 선생이 상소문을 지어 문인 진사 이서 명의로 대신하여 보내었다. 내가

[46]『年譜』(龍淵書院 所藏 筆寫本), "按嶺儒數百人會疏于高靈 其時製疏者非一 而獨此疏 乃鄭寒岡甥姪李舒之作 而就正於寒岡也 其言足以傳信於後 故錄之於年譜之下 以備考覽焉."

외람되이 擇疏를 담당하여 드디어 이 글로 결정하였다. 인하여 신안
으로 가서 선생을 배알하였다. 선생이 즉시 맞이해 들이고는 당겨 앉
게 하였다. 병 때문에 기거와 영읍의 예의를 능히 갖추지 못한다고
하면서, 넉넉한 예우와 따스한 말씀으로 접대하였다. 그리고는 "우리
선생의 종사에 대해 이제야 비로소 소청하게 되는구나. 그러나 받아
들여지기를 어찌 기필하겠는가?" 하였다. ……47

河憕의 이 글을 통해 보면 당시에 올린 상소문은 이서가 지은 것을 정
구에게 취정한 정도가 아니라, 원래 정구가 지은 것을 이서의 명의로 소
회에 보낸 것이다. 원래 정구가 지은 것이라면 당연히 『한강집』에 실려
있어야 할 것인데 아무런 언급없이 『동호집』에 실린 것은 무엇 때문인
가? 그리고 1615년에 올린 상소가 확실한데48 어찌하여 1617년이라 하였
는가? 이 상소문이 올라간 시기를 1617년이라 기록한 것은 박인이 찬술
한 曹植의 『연보』에 처음 보인다. 그 이후 『편년』에서도 답습하고, 그 이
후에 간행된 『창주집』에서도 이와 같이 기록되어 있다. 그러므로 지금으
로서는 『창주집』의 이 기록만으로는 이 상소문을 정구의 소찬으로 확정
할 수는 없다.49

다만 『고문서집성』 25권의 「남명종향소문」에 보이는 자료 및 『창주집』

....

47 河憕, 『滄洲集』 卷1, 「新安語錄」, "萬曆丁巳秋八月 請南冥先生從祀疏會于高靈 會
者幾數百人 鄭先生製疏 代門人進士李舒名 以送 憕禾擇疏 遂用之 因向新安上 謁
先生 先生卽令迎入引坐 辭以病未能起居迎揖 優禮以待 溫言以接 曰我先生從祀 今
始疏請 然得請何可必也."
48 실록과 『고문서집성』 25권 소재 「남명종향소문」에 수습된 상소문 관련 기록은
1615년 3월로 일치된다.
49 김학수는 그의 박사학위논문 「17세기 영남학파연구」 27~30쪽에서, 정구의 曹植
에 대한 존모가 만년에도 쇠하지 않았다는 논지 전개를 하면서 河憕의 「신안어
록」을 자세히 논급하였다. 문묘종사소청이 처음 이루어진 1615년이 어떤 이유
에서 1617년으로 기록된 것인지에 대한 논의는 아예 관심 대상이 아니었다.

「신안어록」의 기록을 종합하고 당시의 제반 여건을 고려한다면 전체적인 주도는 정인홍과 정구의 주도하에 이루어졌다고 봄이 타당할 듯하고, 직접 소회에 참석하여 회의를 주도한 인물은 河憕이었던 것으로 보인다.

2. 『學記類編』과 『南冥集』의 간행

河弘度의 『謙齋集』別集의 「師友門徒錄」‘河滄洲’조에, "덕천서원"의 산장이 되어 남명 선생의 문집과 학기를 논의하여 수정할 때 반드시 불러서 함께 일을 하였다.[爲德川山長 論正南冥先生文集學記時 必邀與同事]"라는 기록이 보이는 것으로 보아, 이것이 바로 1617년 가을에 덕천서원에서 간행된 『학기유편』과 1622년 덕천서원에서 간행된 소위 임술본 『남명집』의 간행 때 河憕이 하홍도에게 교정의 임무를 주었다는 것임을 알 수 있다.[50] 이는 하홍도의 학문적 역량을 알게 해 주는 자료이거니와, 아울러 河憕이 덕천서원 원장으로서 남명학파의 대표가 되어 이 두 가지 일을 수행하였음을 증명하는 것이기도 하다.

『학기유편』은 주지하듯이 曺植이 위기지학으로 학문의 방향을 결정하여 山海亭에 머무르는 동안, 주로 성리학과 관련되는 여러 가지 서적을 본 뒤 그것을 요약하거나 도표로 정리한 것이다. 현존하는 曺植의 저술이 많지 않은 상황에서, 이 책은 曺植 학문의 내용과 방향을 알게 해 주는 매우 중요한 자료라 하지 않을 수 없다. 그리고 『남명집』 임술본의 경우는 갑진(1604)에 초간된 이래 병오(1606) 및 기유(1609)에 약간의 보충이 있은 이후 『남명집』에 대한 완정판이라 일컬을 수 있을 정도의 중요한 자료다. 특히 『남명집』은 임술본 이전에 적어도 세 차례 이상 간행된 것

. . . .

50 하홍도의 연보에는 임자(1612)에 학기를 교정했다는 기록이 보인다. 그러나 이는 정사(1617) 조에 들어가야 할 것이 잘못 임자년 조에 입록된 것이 아닌가 한다.

인데, 처음에는 해인사에서 간행되었음을 기유본 문경호 발문을 통해서
알 수 있거니와, 그 나머지는 구체적으로 어디서 간행된 것이고 그 판목
이 어디에 있었던 것인지 알기가 어렵다. 그러나 임술본의 경우는 간기
및 겸재의 증언 등을 통해서 河憕이 덕천서원의 원장으로서 간행을 전반
적으로 주도하였고, 목판도 모두 덕천서원에 보관되어 있음을 알 수 있다
는 점에서 특히 의의가 있다.

V. 雙磎唱酬의 意味

1. 滄洲 작품의 전모

『滄洲集』에는 「雙磎寺唱酬」라는 제목의 시 2수가 실려 전한다. 그 내
용은 다음과 같다.

골짜기 편벽됨에 묵은 구름 돌아가고,	洞僻宿雲歸
숲속이 깊음에 사람의 자취 끊어졌다.	林深人迹絶
맑은 바람도 역시 풍정이 있는가?	淸風亦有情
갠 멧부리 위로 달을 불어 보내네.	噓送晴巒月
산중의 맑은 절개 국화가 한창일 때,	山中淸節菊花時
손잡고 함께 물외의 약속 장소 찾네.	携手同尋象外期
우연히 부생의 느긋한 한 나절 얻어,	偶得浮生閒半日
붓 잡고 한 편의 시를 쓰고 말았네.	揮毫題罷一聯詩

이 두 편의 시는 세속을 벗어난 깊은 산중에서 느낀 탈속한 심정을

잘 드러낸 시라고 할 수 있다. 특히 앞의 5언절구에서 너무 깊은 숲이라 사람의 자취가 없다고 하며, 바람조차 풍정이 있어서 일부러 그 바람이 달을 산 위로 불어 올린다고 표현한 데서 그런 점이 두드러진다. 뒤의 7언절구는 국화가 피었을 때라는 표현으로 보아 쌍계창수의 시기가 9월 무렵인가 짐작하게 하기도 한다.

그러나 필자의 이 쌍계창수에 대한 관심은 그 시들의 내용보다도 함께 창수하였다고 알려진 이른바 18현이 서로 어떠한 관계에 있는 사람들이며 어떻게 모여서 이 창수가 이루어졌는가 하는 점에 대한 궁금증에서 비롯되었다. 남명학파에 관한 관심을 가지면서 여러 문집을 보던 중 곳곳에서 이 쌍계창수가 보였기 때문이다. 마침 河憕 또한 쌍계창수 18현의 1인이므로 차제에 이를 밝히는 것이 남명학파 연구에도 일정한 도움이 되리라 생각한다.

2. 쌍계창수에 참여한 인물과 문집 게재 실태

쌍계창수는 쌍계사에 선비들이 모여 창수한 시를 말한다. 쌍계사는 주지하듯이 하동군 화개면에 있으며, 고운 최치원이 짓고 쓴 眞鑑禪師碑가 있어서 유명하기도 하고 八詠樓가 있어서 유명하기도 하고 최초로 차를 심은 곳이라 하여 유명하기도 하고 鹿脛 같은 필획으로 알려진 '雙磎·石門'이라는 글자가 있어서 유명한 곳이기도 하다.

그런데 이 쌍계창수에 참여한 인물이 18인이라 하여 1997년에 『十八先生行狀錄』이란 책이 간행되었다. 이 책의 서문에 의하면 1966년 11월에 18현의 후손들이 모여 '世講契'라 하여 해마다 모임을 갖는데, 1972년에는 쌍계사 입구에 「十八賢唱酬遺蹟碑」를 세웠다. 필자도 쌍계사를 지나면서 이 비석을 본 적이 있다. 그 때, 무려 53세의 나이차가 있는 인물끼리한 자리에서 시를 창수하였다는 것은 참으로 흥미있는 일이라고 생각하였다. 그러나 한편으로 思湖 吳長(1565~1617)은 1610년 문과에 급제한 이후 줄곧 서울에서 사환하다가 1615년에는 동계 정온을 신구하는 상소로 인해 토산으로 유배당하여 1617년에 배소에서 타계하였으므로, 적어도 1610년 이전에 이 일이 있었을 것이고 그렇다면 1599년생인 秋潭 鄭頵(1599~1657)는 그 때 나이가 겨우 12세에 불과하니, 이를 어떻게 이해해야 할 것인가 하고 고개를 갸우뚱한 적이 있다.

이제 이 문제를 해결하기 위해 여러 자료를 찾아보았지만 시원한 해답이 나오지는 않는다. 다만 18현의 문집에 이 쌍계창수가 실린 것과 그렇지 않은 것을 살펴보면서 간행연도를 주목하니 약간의 실마리가 잡힐 것 같기도 하였다. 즉 1744년에 간행된 『간송집』, 1751년에 간행된 『겸재집』, 1780년에 간행된 『조은집』, 1781년에 완성된 『사호집』51, 1785년에 간행된 『부사집』 등 5곳에는, 「쌍계창수」라는 시가 보이지 않는다.

그런데 1799년에 간행된 『능허집』에 「쌍계창수」라는 시가 처음 나타나고, 그 뒤 1809년에 간행된 『東溪集』, 1834년에 간행된 『노파집』과 『임곡집』, 1897년에 간행된 『매촌고』, 1909년에 간행된 『동산집』과 『허창주집』, 1917년에 간행된 『강재유고』, 1930년에 간행된 『간송속집』, 1939년에 간행된 『하창주집』, 1956년에 간행된 『매죽헌고』와 『추담집』 및 간행 연대를 알 수 없는 목활자본 『송대집』 등 13곳에는 빠짐없이 이 시가 실려 있다.

이를 표로 정리하면 대체로 다음과 같다.

----

51 吳長의 『思湖集』은 1718년 姜鋧의 서문 및 1781년 鄭志儉의 발문이 있다. 1914년에 쓰여진 李彙溥의 「書行狀後」가 있는 것으로 보아 1914년 이후에 간행된 것이지만, 1781년의 발문이 있는 것으로 보아 문집은 이미 1781년 이전에 완성된 것이다.

번호	성명	생년~몰년	자	호	거주	5언	문집간년	비 고
①	成汝信	1546~1632	公實	浮査	龜洞	×	1785	南冥門人 從遊來庵
②	李 屹	1557~1627	山立	蘆坡	三嘉	○	1834	立齋·來庵門人
③	河 憕	1563~1624	子平	滄洲	丹牧	○	1939	來庵·寒岡門人
④	吳 長	1565~1617	翼承	思湖	山陰	×	1781	來庵·寒岡門人
⑤	朴 敏	1566~1630	行遠	凌虛	奈洞	○	1799	來庵·寒岡門人
⑥	趙 璡	1569~1652	瑩然	鳳岡	鳳岡	?	落帙寫本	浮査門人
⑦	成 鑮	1571~1618	而善	梅竹	龜洞	○	1956	浮査長子
⑧	權 濤	1575~1644	淨甫	東溪	丹溪	○	1809	寒岡門人
⑨	文弘運	1577~1640	汝幹	梅村	嘉坊	○	1897	來庵門人
⑩	河 瑠	1583~1652	士潤	松臺	水谷	○	목활자	松亭從子
⑪	權克亮	1584~1631	士任	東山	丹溪	○	1909	寒岡·旅軒門人
⑫	趙任道	1585~1664	德勇	澗松	咸安	○	1930	蘆坡·旅軒門人
⑬	林眞怤	1586~1657	樂翁	林谷	三嘉	○	1834	蘆坡門人
⑭	許 燉	1586~1632	德輝	滄洲	三嘉	○	1909	蘆坡門人
⑮	韓夢參	1589~1662	子變	釣隱	丁樹	×	1780	篁嵒·旅軒門人
⑯	成好正	1589~1639	尙夫	彊齋	咸安	○	1917	來庵門人
⑰	河弘度	1593~1666	重遠	謙齋	安溪	×	1751	松亭門人
⑱	鄭 頠	1599~1657	子儀	秋潭	晉州	○	1956	南冥孫壻

성 명	문집명(刊年)	쌍계창수 게재여부 및 게재 순서
趙任道	澗松集(1744)	쌍계창수시가 실려 있지 않음
河弘度	謙齋集(1751)	쌍계창수시가 실려 있지 않음
韓夢參	釣隱集(1780)	쌍계창수시가 실려 있지 않음 (7언절구가 있음)
吳 長	思湖集(1781)	쌍계창수시가 실려 있지 않음
成汝信	浮査集(1785)	쌍계창수시가 실려 있지 않음
朴 敏	凌虛集(1799)	박민 성여신 이흘 하징 오장 조겸 권도 하선 권극량 조임도 임진부 허돈 한몽삼 성호정 문홍운 하홍도 정위 (성박 빠짐)
權 濤	東溪集(1809)	권도 성여신 이흘 하징 박민 조겸 오장 하선 임진부 허돈 한몽삼 성호정 문홍운 하홍도 조임도 정위 권극량 (성박 빠짐)
李 屹	蘆坡集(1834)	이흘 성여신 권도 하징 박민 조겸 오장 하선 임진부 허돈 한몽삼 성호정 문홍운 하홍도 조임도 정위 권극량 (성박 빠짐)
林眞怤	林谷集(1834)	임진부 이흘 성여신 하징 박민 조겸 오장 하선 허돈 권도 한몽삼 성호정 문홍운 하홍도 조임도 정위 권극량 (성박 빠짐)
河 憕	滄洲集(1897)	하징 성여신 이흘 박민 오장 한몽삼 권도 조임도 임진부 조겸 권극량 하홍도 하선 허돈 문홍운 정위 성호정 (성박 빠짐)

文弘運	梅村稿(1897)	문홍운 성여신 박민 이흘 하징 오장 조겸 권도 하선 권극량 조임도 임진부 허돈 한몽삼 하홍도 성호정 정위 (성박 빠짐)
權克亮	東山集(1909)	권극량 권도 성여신 이흘 하징 박민 조겸 오장 하선 임진부 허돈 한몽삼 성호정 문홍운 하홍도 조임도 정위 (성박 빠짐)
許 燉	滄洲集(1909)	허돈 성여신 이흘 하징 오장 정위 성호정 (11인 빠짐)
成好正	彊齋遺稿(1917)	성호정 박민 성여신 이흘 하징 오장 조겸 권도 하선 권극량 임진부 조임도 허돈 한몽삼 문홍운 하홍도 정위 (성박 빠짐)
趙任道	澗松續集(1930)	조임도 성여신 이흘 박민 하징 오장 조겸 권도 하선 권극량 임진부 허돈 한몽삼 성호정 문홍운 하홍도 정위 (성박 빠짐)
河 憕	滄洲集(1939)	5언절구와 7언절구가 실려 있으나 남의 시는 게재하지 않음
鄭 頵	秋潭集(1956)	정위 성여신 이흘 하징 오장 박민 조겸 성박 권도 문홍운 하선 권극량 조임도 허돈 임진부 한몽삼 성호정 하홍도
成 鑄	梅竹軒稿(1956)	성박 박민 이흘 하징 조겸 권도 오장 조임도 한조은 임진부 문홍운 (성여신 하선 권극량 허돈 성호정 하홍도 정위 빠짐)
河 璔	松臺集(목활자)	5언절구. 남의 시는 게재하지 않음

3. 쌍계창수의 의미

18현 문집의 간행 연도에 따라 「쌍계창수」가 이처럼 분명한 대비를 보이는 것은, 적어도 『능허집』이 간행된 1799년 이전에는 여기에 보이는 모습의 「쌍계창수」가 존재하지 않았음을 보여준다. 다만 1780년에 간행된 『조은집』에 「쌍계창수」라는 제목의 7언절구가 있고, 거기에는 상기 인물 가운데 성박·성호정·하선·권극량 등 4명을 제외한 14명이 등장한다. 다음이 이들의 명단이 제시된 그 시의 주석 부분이다.

당시 부사 성여신, 능허 박민, 노파 이흘, 창주 하징, 사호 오장, 봉강 조겸, 동계 권도, 겸재 하홍도, 매촌 문홍운, 간송 조임도, 임곡 임진부, 추담 정위, 창주 허돈 등이 함께 모였다. 각각 시가 있다.[52]

....

52 韓夢參, 『釣隱集』 卷1, 「雙溪唱酬韻」, "寺在河東 ○ 時成浮查汝信 朴凌虛敏 李蘆坡屹 河滄洲憕 吳思湖長 趙鳳岡琫 權東溪濤 河謙齋弘度 文梅村弘運 趙澗松任道

여기에는 18현 가운데 비록 네 명이 빠져 있지만 적어도 쌍계사에서 여러 사람들이 모여서 창수한 사실이 있었음을 느끼게 한다. 그러나 7언 절구로 쌍계창수 시가 전하는 경우는 조은 한몽삼을 제외하면 창주 하징 뿐이고, 그 외에는 모두 쌍계창수 시가 오언절구로 되어 있다. 그럼에도 1780년에 간행된 『조은집』과 1799년에 간행된 『능허집』이 서로 무슨 관련이 있는 것인가? 다음은 『능허집』 연보 병진(1616)조에 보이는 것이다.

선생이 일찍이 부사 성여신, 창주 하징, 봉강 조겸, 동계 권도, 사호 오장, 창주 허돈 및 노파 이흘, 동산 권극량, 조은 한몽삼, 겸재 하홍 도, 간송 조임도, 송대 하선, 임곡 임진부, 매촌 문홍운, 강재 성호정, 추담 정위 등 제현과 쌍계사에 모여 이야기를 나누었다. 창수 시가 문집에 실려 있다. 그러나 어느 해의 일인지 몰라 우선 여기에 붙여 둔다.

여기에는 18현 가운데 성박이 제외된 17인이 다 기록되어 있다. 이 뒤로 나온 기록에는 약간의 차이는 있으나, 거의 모든 곳에서 이 기록과 거의 같은 형태로 쌍계창수가 각각의 문집에 실려 있다. 즉, 河憕의 『滄洲集』과 河璿의 『松臺集』에는 본인의 시만 실려 있고, 허돈의 『창주집』에는 7인의 시가 실려 있고, 성박의 『매죽헌고』에는 11인의 시가 실려 있으나, 나머지 여덟 곳의 문집에는 한결같이 17인이 실려 있다. 성박이 포함되어 18현이 되는 것은 1956년에 간행된 『매죽헌고』와 『추담집』에 와서야 가능해진다.

그런데, 1956년에 와서야 함께 창수한 사람으로 오르게 되는 성박의 경우, 그의 문집에 쌍계창수와 관련된 구체적 상황을 알아볼 수 있는 근

林林谷眞怤 鄭秋潭頠 許滄洲燈 同會 各有詩."

거는 보이지 않고, 그 문집 안에 실려 있는 「사행약기」에 다음과 같은 기록이 보인다.

병진(1616) 봄에 부사 선생을 모시고 두류산을 유람하였다. 옥봉 정대순, 봉대 강민효, 능허 박민, 매촌 문홍도, 동정 이중훈 등이 모두 함께 유람하였다. 여기서 창수한 시가 있다.[53]

그러나 이 기록은 예의 쌍계창수 시의 배경을 가리키는 것이라 볼 수 없다. 참여하는 사람이 너무 다르다. 이렇듯 어떤 문집에도 쌍계창수가 이루어진 시기를 밝혀둔 것은 없다.[54] 다만 1897년에 간행된 『가호세고』의 『매촌고』안에 수습된 「쌍계창수」에는 '庚申'이란 연도가 제하에 붙어 있으므로, 이 쌍계창수가 1620년에 일어났던 일임을 보여주려 하였다. 그러나 이 해는 오장과 성박이 이미 타계하고 없던 때이므로 신빙하기 어렵다. 그렇다고 하여 쌍계창수가 이루어진 시기를 1616년으로 본다면 정위의 나이가 18세에 불과하여 71세의 성여신 등과 한 자리에서 같은 자격으로 창수했다고 보기는 무리가 따른다. 더구나 오장은 1610년 이후 줄곧 서울에서 살았고 1615년에는 유배가서 1617년에는 거기서 타계했기 때문에 이에 참여했다고 보기는 어렵다. 그래서 필자는 이를 두찬이 아닌가 의심한다.

....

53 成鑅, 『梅竹軒稿』, 「事行略記」, "丙辰春 陪浮査先生 遊頭流山 玉峰鄭公大淳 鳳臺 姜公敏孝 凌虛朴公敏 梅村文公弘運 洞庭李公重訓 亦皆同遊 而有唱酬之詩焉."

54 허돈의 『창주집』 가운데 1890년에 간행된 목활자본에는 쌍계창수에 참여한 17인의 시들이 모두 소개되어 있고, 연보에는 기미(1919)에 이것이 이루어진 것으로 기록되어 있다. 그러나 1909년에 재간된 목판본에는 자신의 쌍계창수를 실은 뒤 6인의 시만 부록으로 실었고, 연보 기미년조에도 목활자본에 실어두었던 쌍계창수 사실이 삭제되어 있다. 이는 허돈의 집안에서도 쌍계창수를 반신반의 하였다는 증거라 할 것이다.

그 이유는 대체로 앞에서 논급했던 것처럼 몇 가지로 요약될 수 있다. 첫째는 1799년에 간행된 『능허집』 이전의 어떠한 기록에도 쌍계창수의 흔적이 보이지 않는다는 점이다. 둘째는 실린 순서가 조금 바뀌었을 뿐 성박을 제외한 17인의 시들이 천편일률적인 모습으로 실려 있다는 점이다. 셋째는 18인이 한 자리에서 창수했다는 증거가 어디에도 없다는 점이다. 넷째는 연장자와 연소자의 나이차가 53세나 되는데도 이들이 한 자리에서 창수했다는 것은 어딘가 모르게 어색하다는 점이다. 다섯째 18인 가운데 어디서도 빠진 적이 없는 오장은 1610년 이후 서울에서 사환하고 있었기 때문에 나머지 17인과 쌍계사에서 회합하여 창수하는 일은 물리적으로 불가능하다는 점이다.

그렇다면 왜 굳이 18현의 쌍계창수를 19세기 무렵이 되어 들고 나오게 되며, 그 배경은 무엇이며 그 과정은 어떠한가 하는 문제가 남는다. 물론 이에 대한 확실한 증거는 아직 분명히 드러난 것은 아니다. 그러나 몇 가지 사실을 가지고 추론해 볼 수는 있다. 우선 쌍계사에 유람을 실제로 갔던 이들이 남긴 기록을 간단히 살펴볼 필요가 있다.

부사 성여신은 「方丈山仙遊日記」란 제목으로 1616년 9월 24일부터 10월 8일까지 금산에서부터 쌍계사 일대를 둘러보고 돌아오는 15일 동안의 일정을 거기서 지은 시까지 소개하며 6,800여 자에 달하는 방대한 분량으로 매우 자세하게 기록해 두었다. 함께 간 사람은 成汝信·鄭大淳·朴敏·文弘運·成鑄·成錞·姜敏孝·李重訓 등 8인이다. 이들은 각기 少仙·醉仙·步仙·浪仙·酒仙·詩仙·飛仙·謫仙 등 신선이란 이름을 붙여 八仙이라 하고 신선처럼 노닐겠다는 뜻을 가진 채 유람을 하였다는 것이다. 박민 또한 약 650자 분량의 「頭流山仙遊記」에서 이 사실을 기록해 두었고, 문홍운도 약 1,500자 분량의 「頭流八仙遊篇」이란 글을 남기고 있다. 상략의 차이는 있지만 같은 곳을 다녀온 서로 다른 사람의 기록이란 점에서 이 세 기록은 상호보완이 될 만한 자료다. 성박의 『매죽헌고』에는 이때 지은 것으로 보이는 시만 여러 수 실려 있고 유산록은 보이지 않는다.

박민의 『능허집』에서 처음 보이는 쌍계창수 시가 1616년 유람 시의 이들 기록에는 전혀 언급된 적이 없다. 이 유람에서 팔선이 창수한 시를 가지고 후일 나머지 인물들로부터 차운을 받은 것이라면 그럴 법하지만, 이 여덟 사람들조차도 이 때의 유람에서 쌍계창수 시를 남겼다는 것은 어디에서도 확인되지 않는다. 그래서 앞에서 언급한 적 있는 한몽삼의 『조은집』에 「쌍계창수」란 제목으로 14인이 함께 창수했다는 기록이 『능허집』의 기록으로 발전한 것이 아닌가 의심해 본다. 『조은집』에는 7언절구인데 『능허집』이후로 쌍계창수는 모두 5언절구이니, 그렇다면 그 형태만 벤치마킹한 것인지도 모른다.

김익재는 내암 관련 인물들의 문집 간행 과정에서, 戊申亂 一周甲이 되는 1788년 무신년을 맞이하여 正祖가 지시한 획기적인 포상정책 등과 같은 사업이 추진되면서 문집 내용에 변개가 일어난 것으로 보았다.[55] 그러면서 『조은집』과 『능허집』도 내암 관련 기록을 변개했음을 논급하였다. 1780년에 간행된 『조은집』에서 출발하여 1799년에 간행된 『능허집』에서 완성되는 이 「쌍계창수」는, 한편으로는 내암이 길인이 아니라는 사실을 미리 알아 절교했다는 등의 내용을 문집의 다른 곳에서 다루면서, 한편으로는 그런 인식을 함께 하는 사람들과 결속을 다졌음을 보여주는 의미를 지니는 것이다. 그러므로 적어도 이 18현 가운데는 내암과 전혀 상관없는 인물은 없다고 보아야 할 것이다. 河憕 또한 성여신, 이흘 등과 함께 당시 진주 지역 내암 학단의 핵심 인물이었음을 이것으로도 짐작케 하는 것이다.

....

55 김익재, 「내암 정인홍의 현실대응과 그 문인집단의 사승의식」 112쪽, 경상대학교 박사학위논문, 2007.

VI. 맺음말

이제까지 창주 하징의 생애와 남명학파 내에서의 역할에 대해 살펴보았다.

河憕은 1602년 이후 1611년에 이르기까지 여러 차례에 걸쳐 덕천서원의 여러 건물을 중건하는 일을 주도하였고, 또한 1614년부터 1623년까지 덕천서원 원장을 하는 동안 1617년에 曺植의『학기유편』을 덕천서원에서 간행하였고, 1622년에는 『남명집』 임술본을 간행하였으며, 1615년에는 고령에서 曺植을 문묘에 종사해 주기를 요청하는 소회를 주도하는 등의 일들을 하였다. 이는 그가 1600년대 초기부터 1624년까지 진주 지역 남명학파를 사실상 주도하였음을 알게 하는 일들이다.

그리고 그럼에도 불구하고 이러한 여러 가지 일들을 주도하는 과정에서 정인홍을 만났다거나 의논했다거나 그의 의견을 들었다는 등의 일은 그의 문집에 전혀 기록되어 있지 않다. 이것은 정인홍이 계해정변 때 적신으로 처형당한 뒤 약 300년 동안 신원되지 못하였던 데 그 원인이 있었던 것이다.

쌍계창수의 출현도 정인홍 문인의 후예들이 정인홍의 흔적을 부정하려는 의도에서 이루어진 것이었고, 그래서 결국 비슷한 처지에 있는 집안의 후예들이 모여서 세강계를 조직하기에까지 이른 것이다. 「쌍계창수」와 「신안어록」 등은 曺植에 대한 추숭 사업을 가장 충실히 해낸 河憕의 일생을 잘 드러내려 한 것임에도, 河憕의 스승으로서 끝까지 같은 시대를 살면서 曺植을 추숭하려다 죽음에까지 이른 정인홍을 철저히 숨기려 했다는 점은 참으로 아이러니라 할 것이다. 이것이 남명학파의 비극이었다. 그러나 이제는 떳떳이 이를 드러내어 사실을 바로 알 필요가 있을 것이다. 결국 河憕은 내암 정인홍의 문인으로서 그를 대신하여 진주 지역에서 曺植을 추숭하는 일을 주도했으며, 이 가계의 노론화도 기실 여기서 비롯하였던 것이다.

河 憕, 『滄洲集』

卞季良, 『春亭集』

李 屹, 『蘆坡集』

李光友, 『竹閣集』

河弘度, 『謙齋集』

成汝信, 『浮查集』

河受一, 『松亭集』

吳 長, 『思湖集』

朴 敏, 『凌虛集』

趙 璘, 『鳳岡集』

成 鑄, 『梅竹軒稿』

權 濤, 『東溪集』

文弘運, 『梅村稿』

河 瑄, 『松臺集』

權克亮, 『東山集』

趙任道, 『澗松集』

林眞怤, 『林谷集』

許 燉, 『滄洲集』

韓夢參, 『釣隱集』

成好正, 『彊齋遺稿』

鄭 頊, 『秋潭集』

李相弼, 『남명학파의 형성과 전개』, 고려대학교 박사학위논문, 1998.

吳二煥, 『남명학파연구』, 남명학연구원출판부, 2000.

金益載, 「내암정인홍의 현실대응과 그 문인집단의 사승의식」, 경상대 박사학위논문, 2007.

金鶴洙, 「17세기 영남학파 연구」, 한국학대학원 박사학위논문, 2008.

后山 許愈의 南冥學 繼承과 그 意義
-「神明舍圖銘或問」의 成立을 중심으로-

Ⅰ. 머리말

后山 許愈(1833~1904)가 살았던 조선 말기는 寒洲 李震相, 晚醒 朴致馥, 月皐 趙性家, 端磎 金麟燮, 溪南 崔琡民, 老栢軒 鄭載圭, 勿川 金鎭祜, 俛宇 郭鍾錫 등 기호 남인 性齋 許傳의 문인과 영남 남인 定齋 柳致明의 문인 및 호남 노론 蘆沙 奇正鎭의 문인이 진주 인근에 기라성 같이 포진하여 상호 학문적 영향을 끼치면서 일대 장관을 이루고 있었다. 후산 허유는 寒洲 李震相(1818~1886)의 문인으로, 俛宇 郭鍾錫(1846~1919)이 "理學은 寒洲先生, 德量은 退而翁"이라 할 만큼 덕행을 갖춘 인물로 평가받았다. 덕행만 뛰어난 것이 아니라 사실 학문적으로도 당대를 주도하였으니, 그의 문인이 206명이나 되고 그 가운데 문집을 남긴 이가 24명이나 되는 것으로도 이를 대강 확인할 수 있다.

후산은 退溪 李滉·鶴峯 金誠一·葛庵 李玄逸·大山 李象靖·定齋 柳致明의 학맥을 이은 寒洲의 문인이므로 외견상 퇴계학맥으로 분류될 수밖에 없다. 그러나 그의 10대조 晚軒 許彭齡(1528~1584)은 南冥 曺植(1501~1572)의 門人이고, 9대조 德菴 許洪材(1568~1629)와 8대조 滄洲 許燉(1586~1632)은 모두 남명 私淑人이어서, 후산은 태어나면서부터 남명학파의 학문적 전통을 이미 이어받을 준비가 되어 있었다고 할 수 있을 것이다. 겉으로 남명학파는 사라지고 퇴계학파와 율곡학파의 학문이 강우 지역에 깊이 젖어든 이 때, 후산이 남긴 「神明舍圖銘或問」이란 글을 중심으로, 남명학파의 후예로서 그가 추구하였던 남명학 계승 정신과 그 의의에 대해 살펴보고자 한다.

II. 后山의 南冥學 繼承

후산은 한주 이진상의 문인일 뿐만 아니라 성재 허전의 문인인 晩醒 朴致馥(1824~1894)과 오래 동안 가까이 있으면서 상호 學問的 補翼을 얻었으니 외견상 학통으로는 퇴계의 학맥을 이었다고 하지 않을 수 없다. 실제로 후산은 한주의 주리설에 경도되어 주변의 학자들에게 크게 영향을 끼침으로써 三嘉 인근에 한주의 문인이 많아지게 하였던 것이다.

그러나 또한 그는 혈통적으로 남명학파의 가계에서 자랐났으므로 남명학에 남다른 생각을 가질 수밖에 없었던 것으로 보인다. 자신의 9대조인 德菴 許洪材와 8대조인 滄洲 許燉이 來庵 鄭仁弘과 무관하지는 않았지만, 이들과 내암과의 관련에 대해서는 거의 언급 없이 곧바로 남명의 학문을 闡揚하려 하였던 것으로 보인다.

1. 「神明舍圖銘」의 해석 시도 배경

강우 지역에서 역대로 남명 학문의 핵심을 경의 사상이라고 정의하는 데에는 이의가 없었다. 그러나 남명 몰후 후산의 시대에 이르기까지 약 300년 동안, 남명의 경의 사상을 가장 明澄하게 보여주는 「신명사도」와 「신명사명」에 대하여 구체적인 해석을 시도한 학자가 없었다. 이는 아마도 退溪 李滉(1501~1572)이 자신의 문인 錦溪 黃俊良(1517~1563)에게 답한 다음 편지의 내용이 세상에 알려진 것이 가장 큰 원인일 것이다.

> 鷄伏堂銘을 錄示해 주심에 깊이 감사합니다. 다만 그 내용이 曠蕩하고 玄邈하여, 비록 老莊의 서적 더미 속에서라 해도 아직은 보지 못한 것입니다. 배워 본 적이 없는 것에 대해 어찌 감히 의논하여 언급하겠습니까? 그 사람은 진실로 평범한 사람이 아니며 그의 학문 또한 배우기 어렵습니다.[56]

여기서의 '鷄伏堂銘'은 남명이 삼가의 鷄伏堂에 걸어두었던 「神明舍圖銘」에 다름 아니다.[57] 그러므로 남명의 문인들은 『남명집』을 간행하면서 이 부분의 처리를 두고 여러 모로 고민하였던 것이다. 1604년에 간행된 『남명집』 초간본은 지금 전하지 않아서 「신명사도」와 「신명사명」이 어떤 모습이었는지 알 수 없다. 이 책의 목판이 불타고 1606년 무렵에 다시 간행된 『남명집』에는 「신명사도」는 아직 실리지 않았고, 「신명사명」이 附註와 함께 실렸다. 1609년 간행본 이후로는 이 부주가 刪削되었고, 「신명사도」는 1622년 간행본부터 실리기 시작하였다. 그러다가 1897년 간행본에는 「신명사도」가 대폭 수정되었고, 「신명사명」의 주석도 대부분 산삭되었다.

퇴계는 또 1558년 금계 황준량에게 답한 편지에서 다음과 같이 大谷 成運(1497~1579)과 함께 남명을 언급하면서 남명의 노장적 면모를 문제시하였다.

---

56 李滉, 「答黃仲擧」, 『退溪先生全書』卷26, "鷄伏堂銘 深荷錄示 但其說 曠蕩玄邈 雖於老莊書中 亦所未見 既未嘗學 焉敢議及 其人固非尋常 而其學又難學也."
57 李相弼, 「南冥學派」의 形成과 展開」, 와우출판사, 2003, 41쪽 참조.

成健叔의 淸隱한 雅致는 사람으로 하여금 공경하는 마음을 일어나
　게 합니다. 다만 요즈음 사람들이 그 고상함을 잘 알아주지 못하는
　것이 안타까울 따름입니다. 그러나 알아주느니 알아주지 않느니 하는
　것이 隱者와 무슨 상관이 있겠습니까? 그대가 여러 번 그를 방문하였
　다 하니 얻은 바가 많을 듯합니다. 曹楗仲의 爲人을 논한 것은 또한
　바로 그 실상을 맞추었습니다. 그는 義理에 透徹하지 못하니, 이런 사
　람은 대체로 老莊이 그 학문의 병통입니다. 그래서 우리 학문에 대해
　서는 으레 깊이가 부족하니, 투철하지 못한 점을 어찌 이상하게 여기
　겠습니까? 요컨대 마땅히 그 장점을 취해야 할 따름입니다.[58]

　　남명의 학문에 대한 퇴계의 이러한 평가는 남명의 문인 來庵 鄭仁弘
(1536~1623)으로 하여금 퇴계를 비판하게 하였다.[59] 그리고 내암의 이러
한 비판에 대해 寒岡 鄭逑(1543~1620)의 문인 朽淺 黃宗海(1579~1642)는
다음과 같이 퇴계의 입장을 변호하면서 내암 정인홍을 심각하게 攻斥하
였다.

　　仁弘이 李滉이 曹植을 헐뜯었다고 하는 것은 "傲物輕世"가 그 하나
　이고, "難要中道"가 그 하나이고, "老莊爲崇"가 그 하나이니, 그가 이
　때문에 분통을 터뜨리며 답답해하였던 것입니다. …… 예컨대 「神明
　舍銘」의 이른바 '太一眞君'이라는 표현과, 「革帶銘」의 이른바 '縛生龍
　藏沖漠'이란 표현은 특히 고인이 학문을 하던 節度 같지는 않습니다.
　그러니 이황의 이른바 '난요중도, 노장위수'라 한 것이 반드시 이러한
　표현에 근거하지 않는다고 할 수는 없습니다. 그러함에도 인홍이 이

....

58 李滉, 「答黃仲擧(戊午)」, 『退溪集』 卷19, "成健叔淸隱之致 令人起敬 可惜時人不甚
　知其高耳 然知不知 何關於隱者事 惟公屢過其門 所得想多也 其所論曹楗仲之爲人
　亦正中其實矣 其於義理未透 此等人多是老莊爲崇 用工於吾學 例不深邃 何怪其未
　透耶 要當取所長耳."
59 鄭仁弘, 『來庵集』 5卷 「辭貳相箚」 참조.

를 가리켜 조식을 헐뜯는다고 하였으니, 이것이 어찌 사실에 가깝습니까?[60]

1609년 퇴계는 寒喧堂 金宏弼·一蠹 鄭汝昌·靜庵 趙光祖·晦齋 李彦迪 등과 함께 '五賢'으로 일컬어지면서 文廟에 從祀되었다. 그러나 남명의 경우는 그 문인 내암 정인홍과 한강 정구 및 망우당 곽재우가 광해군의 신임을 받았음에도 불구하고 문묘에 종사되지 못하였다. 이는 퇴계의 언급으로 인한 여론에 밀렸기 때문이다. 내암 정인홍이 1611년 사직 차자를 올리면서 퇴계에 대해 못마땅한 견해를 내세웠던 이유는, 남명을 노장으로 평가한 퇴계의 언급을 문제삼아 비판하기 위한 것이었다.

내암이 광해군의 절대적인 신임을 받고 있었지만, 퇴계를 攻斥한 箚子로 인해 당대 사림의 峻烈한 비판을 받았으니, 계해정변 이후 賊臣으로 指斥당하여 처형된 이후부터는 남명 학문에 대한 비판이 노론 계열 학자들에게서도 나왔다.[61]

요컨대 남명의 학문에서 문제가 되었던 것은 그의 학문에는 순수한 유학이 아닌 노장이 깊이 배여 있으며, 그의 추종자들도 결국 거기에 영향을 받을 수밖에 없다는 점 때문이라 할 수 있다. 남명의 노장 취향과 깊이 관련시킬 만한 것이 「신명사도」와 「신명사명」이라 생각되었기 때문에, 약 300년의 세월이 흐르도록 이에 대한 정밀한 주석 작업이 이루어지지

---

60 黃宗海, 「罪鄭仁弘疏(辛亥五月)」, 『朽淺集』 卷2, "今仁弘旣云師曺植 而背其師所尊敬之賢 則仁弘之毀李滉 適所以毀其師也 仁弘謂李滉毀曺植 一則曰傲物輕世 一則曰難要中道 一則曰老莊爲祟 以此憤鬱焉 …… 其他言論著述 抑揚不中 如神明舍銘所謂太一眞君之語 革帶銘所謂縛生龍莊沖漠之說 殊不似古人爲學之節度 則李滉所謂難要中道 老莊爲祟者 未必不在於此等語 而仁弘酒指爲毀曺植之說者 豈近於情乎."
61 남명을 비판한 대표적 인물은 澤堂 李植과 農巖 金昌協이다.

않았던 것이 아닌가 생각된다.

후산이 「신명사도명혹문」을 지은 시기는 대체로 그의 나이 57세 때인 1889년 무렵으로 추정된다. 『후산집』에는 연보에서도 이 글에 대한 아무런 연대표지가 없으나, 이 글에 관한 자신들의 견해를 표명하고 있는 溪南 崔琡民(1837~1905)의 『溪南集』「與許退而(己丑)」와 老栢軒 鄭載圭(1843~1911)의 『老栢軒集』「答許后山」 및 復菴 曹垣淳(1850~1903)의 『復菴集』「答許后山(己丑)」에 모두 기축(1889)이라는 年記가 있기 때문이다.

그러나 후산이 이 글을 짓게 된 구체적인 계기가 무엇인지는 자세히 밝혀져 있지 않다. 다만 「신명사도명혹문」 後說에 보이는 다음 언급을 통해 어느 정도 유추할 수 있을 뿐이다.

> 선생의 이 그림은 본집에 실려 있으나 이를 능히 말할 수 있는 학자가 드물었다. 심한 경우에는 헐뜯는 의논을 더하기도 하였다. 내가 망령되이 자신의 사사로운 뜻으로 或問을 만들었으니, 그 단서를 조금 드러내려는 것이요 감히 분명히 알아서 진실을 설파한다는 생각을 한 것은 아니다. 만약 뜻을 같이하는 이가 있어서 나의 참람함을 이해하고 잘못된 곳을 수정함으로써 그 의미를 자세히 드러내어 선생의 心學이 세상에 크게 밝혀지게 한다면 어찌 사문의 다행이 아니겠는가?[62]

첫째는 『남명집』에 실린 이 「신명사도」를 능히 이해하여 말할 수 있는 학자가 드물었다는 것이고, 다음으로는 「신명사도」에 대해 헐뜯는 자가 있었다는 것이다. 이 두 가지 이유가 「신명사도명혹문」이 지어진 계기

....

62 許愈, 「神明舍圖銘或問」 後說, 『后山集』 卷12 12~13張, "先生此圖 載在本集 而世之學者 鮮能言之 甚者或加訿議焉 愈妄以己意 設爲或問 蓋微發其端 非敢謂見得到 說得眞也 如有同志者 恕其僭 而訂其誤 因而發撝之張皇之 使先生之心學 大明於世 則豈非斯文之幸哉."

라 할 것이다. 후산이 언급한 헐뜯는 사람이란 누구이며 무엇을 헐뜯는다는 것이겠는가? 이는 앞에서 언급했듯이 남명학파가 아닌 사람들이 남명의 학문이 순수한 유자가 아니라는 증거로 이 「신명사도」를 들먹였다는 것임에 다름이 아닐 것이다. 그러니 후산이 이를 시도한 것은 300년 동안 闡揚하지 못했던 남명학의 요체를 드러내려는 의지의 所産이라고 할 수 있을 것이다.

2. 「神明舍圖銘或問」의 爭點과 后山의 態度

후산이 「신명사도명혹문」을 지은 뒤 노백헌 정재규와 복암 조원순 등에게 보내어, 남명 학문의 이해에 무엇보다 중요한 「신명사도」와 「신명사명」에 대한 당시 경상우도의 학문적 역량을 결집시키기 위해 널리 자문을 구하였다. 복암은 마침 山天齋에 여러 달 묵고 있던 계남 최숙민에게 이를 보임으로써, 계남 또한 매우 구체적인 견해를 내게 되었다. 이들과의 왕복 서한을 통해 쟁점이 무엇이며 후산은 결국 어떻게 이를 마무리하고 있는지 살펴보고자 한다.

가. 老栢軒 鄭載圭와의 의견 교환

후산이 「신명사도명혹문」을 지은 뒤 이를 같은 고을에 살던 노백헌 정재규에게 보내어 의견 개진을 요구하였고, 노백헌은 이에 대해 남명 학문에 대한 당대 선비들이 지녀야할 자세까지 논급하면서[63] 자신의 견해를 조목조목 개진하였다. 노백헌의 간찰을 보면 후산이 「신명사도혹문」을 먼저 작성하여 노백헌에게 자문을 구하고, 다시 「신명사명혹문」을 작성

---

63 李相弼, 「南冥學派의 形成과 展開」, 와우출판사, 2003, 204쪽 참조.

하여 자문을 구한 뒤, 나중에 종합·정리하여 「신명사도명혹문」을 확정한 것으로 보인다. 다음은 「신명사도」에 대한 노백헌의 견해이다.

① 凜然收斂惕然恐懼云云 : 이 두 구절은 古來의 학설입니까? 아니면 스스로의 학설입니까? 凜然과 惕然을 서로 바꾸는 것이 어떻겠습니까? 척연은 놀라서 움직이는 모습이니, 아마도 하나의 생각을 반성하여 찾을 적에 알맞을 듯합니다. 그리고 恐懼는 늠연히 스스로를 간직하는 일입니다.

② 國君死社稷云云 : 이 부분은 참으로 절실한 것입니다. 단지 '漢賊兩不立'의 뜻을 설파하지 않으신 것이 흠입니다. 대개 이 뜻을 먼저 설파해야 능히 몸을 굽혀 죽을힘을 다할 것입니다.

③ 大壯旂云云 : 이 부분은 '非君子之大壯 不可能也'의 아래에 아마도 마땅히 다시 朱子의 "勿字似旗脚云云"의 말을 인용하여 다듬고 윤색해야 할 것입니다. 그렇게 함으로써 아래 글에서 인용한 '顔子四勿之旗'라는 말과 서로 비교해 볼 수 있을 것입니다.

④ 審幾云云 : 『通書』의 "幾善惡"이란 말이 진실로 이 「신명사도」 '幾'자의 출처이니, 이를 인용하여 풀이하는 것이 마땅할 것입니다. 다만 '幾'는 움직이는 幾微이니, 곧 『중용』의 이른바 '愼獨'의 '獨'입니다. 그러니 '防微'와 '謹篤'의 警戒에 대해 깊이 마음을 다하지 않으면, 부족할 듯합니다.

⑤ 圈字之或圓或方云云 : 이 부분에 대한 논의는 과연 그럴 법한 이치가 있습니다. 다만 이미 방원의 다름을 논의하였으면, 白圈에 검은 글씨를 쓴 것과 黑圈에 흰 글씨를 쓴 것에 대해서도 마땅히 설명이 있어야 할 것입니다. 또한 日·月의 兩圈이 모두 둥근 것은 '體圓用方'의 뜻이니, 이를 미루어 생각한다면 아마도 설명

하기 어려운 것이 있을 듯합니다. 저의 생각으로는 의심스러운 것에 대해서는 마땅히 언급하지 않는 것이 옳을 듯합니다. 다시 생각해 보시는 것이 어떻겠습니까?

⑥ 日月耳目方位云云 : 이 부분의 논의는 비록 그럴 듯하지만 끝내 석연치는 않습니다. 대개 先天圖는 아래에서부터 올라가고, 太極圖는 위로부터 내려옵니다. 그러니 좌우의 방위는 애초에 염두에 두지 않았던 것입니다. 그리고 이 「신명사도」는 임금이 남쪽을 향하여 政事를 듣는 위치를 형상화하여 그린 것입니다. 그러므로 마땅히 太一君을 위주로 말해야 하며, 보는 사람을 위주로 말하는 것은 아마도 의미가 없을 듯합니다. 明堂의 좌우에 있는 것도 북쪽으로 보는 사람을 위주로 방위 이름을 붙였겠습니까? 朱子의 「名堂室記」에 왼쪽을 '敬'이라 하고 오른쪽을 '義'라 하였으니, 이때의 좌우도 어찌 동서의 방위가 바뀐 것이겠습니까? 또한 "그림을 위주로 방위를 말하는 것은 퇴계의 천명도에서 비롯되었고 예전에는 그런 경우가 없었다."라는 말씀 또한 상세히 고찰하시지 못한 것인 듯합니다. 무릇 圖象의 제작은 河圖에서 시작되었습니다. 하도의 三·八·四·九가 어찌 정해진 방위가 아니겠습니까? 그러니 어찌 그림을 보는 사람을 위주로 말한 적이 있었겠습니까? 만약 「신명사도」에 손을 대어 釐正하신다면 '마음대로 문득 가볍게' 고쳤다는 기롱이 있을 듯합니다. 그러니 달리 一說을 달아 의심스럽다는 사실을 전한다면 또한 어찌 의리에 해롭겠습니까? 다시 좀더 생각해 보시기 바랍니다.[64]

....

64 鄭載圭,「答許后山」,『老栢軒集』卷5 11~14張, "①此二句是古說耶 抑自下說耶 凜然惕然 互換之 如何 惕然是驚動貌 恐於一念反求之際 爲親切 而恐懼 則是凜然自持之事 ②此段 儘切實 但欠不說破漢賊不兩立之義 蓋必先辦得此義 乃能盡鞠躬死己之力 ③此段 非君子之大壯不可能也之下 恐當又引朱子勿字似旗脚云云之語 以修潤之 使下文用顔子四勿之旗之語 有所照管 可矣 ④通書 幾善惡 固此圖幾字之所

이상은 후산이 낸 「신명사도」의 설명에 대한 노백헌의 견해이다. 후산은 노백헌의 견해를 전적으로 수용하였다. 노백헌이 의아하게 생각하여 크게 감탄할 정도로 후산은 그의 견해를 전적으로 수용하였던 것이다.[65] 수정을 거쳐 정본으로 나온 현재의 「신명사도명혹문」에서 후산은 ⑥의 방위 문제에 대해, 일월과 이목 및 백규의 치찰과 사구의 극치 등이 모두 서로 바뀌어 있다고 언급하였다. 그러나 「신명사도」의 그림을 고치는 데까지 이르지는 않았다.

다음은 후산의 「신명사명」 해설에 대한 노백헌의 견해이다.

① 冢宰卽主宰 而此主字 程子所謂 存主之義 故聯書存字 以明存主之爲省察之對也 : '主' 아래에 '存' 자를 聯書하느냐 傍書하느냐에 대해, 지난번에 산천재로부터 온 유생을 보고 물어 보았더니, 구본에는 과연 傍書일 뿐이었습니다. 지금 '存主'의 의미로 풀이하신 것은 마땅합니다. 다만, "存主가 省察의 짝이 됨을 밝힌 것이다.[以明存主之爲省察之對]"라 하신 구절은 약간 논의할 만합니다. 『중용』의 '戒懼'와 '謹獨'을 '未發'과 '已發'로 말하여 진실로 對句로 설명하는 사람이 있지만, 사실 '계구'는 전체를 統貫하는

本也 引而解之 允矣 但幾是動之微也 卽中庸所謂愼獨之獨也 而不深致意於防微謹獨之戒 似爲所欠矣 ⑤此段所論 果有是理 然但旣論方圓之不同 則其白圈而墨書 墨圈而白書 亦當有說矣 且日月兩圈皆圓 亦以體圓用方之義 推之恐有難通者 愚意 當屬之闕疑而不言之爲可也 更思之 如何 ⑥此段所論 雖似矣 而終未能釋然 蓋先天圖 自下而上 太極圖 自上而下 左右方位 初不致意 而乃此圖 則象人君嚮明聽治之位 而畫也 自當主太一君而言之 主看圖之說 恐無意義 明堂左右个 亦可主北面者而名方位乎 朱子名堂室 左曰敬 右曰義 此左右 亦豈東西易方乎 且主圖而言方位 自退陶天命圖始 古未有也之云 恐亦考之未詳也 凡圖象之作 祖於河圖 河圖之三八四九 豈非定位乎 而曷嘗主看圖者而言乎 若就圖犯手而釐正之 則果似有專輒輕遽之譏 而別爲一說以傳疑 則亦何害於義 更加商量."

65 鄭載圭, 「答許后山」, 『老栢軒集』 卷5 15張, "銘或 承讀改本 欽歎之餘 竊有訝焉 舍己從人 惟帝時克 此果是何等地位 而吾丈已能到得耶."

것이고 '근독'은 전체 가운데에서 바야흐로 움직이는 곳에 致察하는 것입니다. 하물며 「신명사도」의 '敬' 자는 주재하는 것이어서 그 존귀함이 짝이 없거늘, 문득 억지로 '성찰'을 그 짝으로 본다면, 아마도 본래의 뜻이 아닐 듯합니다. '內家宰存'이라 하지 않고 '內家宰主'라 하면서 '存' 자를 傍註로 처리한 것은, '內外'와 '存察'은 비록 짝으로 들었지만 '主宰'는 짝이 없다는 뜻이 저절로 있음을 보인 것입니다. 다시 수정하심이 어떻겠습니까?

② 勇字註閑邪 閑邪是克底意 : 이곳의 주석 '閑邪' 두 글자는 『주역』의 이른바 '閑邪存誠'과는 약간 맞지 않습니다. '한사'는 대체로 도적이 이르기 전에 垣墻과 집을 엄히 단속하는 것입니다. 그런데 문득 이를 '勇克'의 아래에 썼으니 어찌 의심할 만하지 않습니까? 다시 상고해 보십시오.[66]

이 편지를 받은 후산이 어떤 내용의 답서를 보냈는지 문집에서는 확인되지 않는다. 다만 「신명사도명혹문」을 토대로 보면, ①에서 '存主와 省察을 짝'이라 함이 잘못이라는 노백헌의 견해에 대해 후산은 수용하지 않았다. 이 편지에 의하면 山天齋의 舊本에는 '內家宰主'의 '主' 곁에 '存'이 傍書로 쓰여 있다는 것인데, 후산이 이를 인정하지 않은 것으로 보인다. 그리고 ②는, '動微勇克' 다음에 있는 '閑邪'라는 주석과 '進教厮殺' 다

....

66 鄭載圭, 「答許后山」, 『老柏軒集』 卷5 14~15張, "①主下存字之聯書傍書 嚮見儒生之自山天來者問之 則舊本果傍書耳 今以存主之義解之者 允矣 但以明存主之爲省察之對一句 有些可議 中庸戒懼謹獨 以未發已發言之 固有對擧爲說者 而其實則戒懼統貫全體 謹獨就全體中方動處致察 況此圖敬字爲主宰 其尊無對 却硬做省察爲對 恐非本旨 不曰內家宰存 而曰主 以存字爲傍註 以見內外存察 雖對擧 而其主宰無對之意 自在矣 更加礱栝 如何 ②此註閑耶二字 與易所謂閑耶存誠 有些不契 閑邪蓋不待寇至而嚴其垣屋者也 却書勇克之下 豈非可疑耶 更詳之."

음에 있는 '克'이라는 주석과 '丹墀復命' 다음에 있는 '存誠'이라는 주석을 어떻게 설명할 것인가에 대한 후산과 다른 견해이다. 노백헌은 閑邪의 '閑'이 막는다는 의미이므로 도적이 이르기 전에 막는 것으로 보아야 하는데, '동미용극'은 이미 나타난 것을 이기는 것이니 '미리 막는다'는 의미로 설명할 수 없지 않느냐는 것이다. 후산이 이에 대해 구체적으로 어떻게 생각했는지 알 수는 없으나 이 부분은 고쳐지지 않았다. 이것은, 마음의 적을 이기는 것을 실제 적을 이기는 것으로 비유하여 표현하다 보니 개념 이해에 혼동이 생겨서 빚어진 견해 차이로 보인다.

나. 溪南 崔琡民과의 의견 교환

1889년에 계남이 후산에게 보낸 편지에 의하면, 자신이 몇 달 동안 산천재에 머무르면서 복암 조원순과 강론을 하기도 하고 근처의 자제들을 교육하기도 하는 중에 후산의 「신명사도명혹문」을 보게 되었다고 하였다. 계남은, 후산이 이 글을 보내면서 널리 수정과 변론을 받아들이겠다고 하였으므로, 별지를 통해 조목조목 자신의 견해를 밝힌 것이다.[67]

---

67 崔琡民, 「答許退而(己丑)」, 『溪南集』 卷8 1~6張, "①分而爲天地以下 恐似多了 禮必本於太一下 添日君者尊稱也六字如何 ②何意日下 欲添入無人僞之雜日天德 無覇術之假日王道 蓋敬之功用也二十二字 ③日月分屬耳目 此意略更說破 如何 ④國君死社稷 專爲敬字發 更爲露出敬字 以明死社之方 在一敬字 未知如何 ⑤忠信修辭 朱子本義 日見於事者 無一言之不實也 下註 日忠信是知得到眞實極至處 修辭立誠是做到眞實極至處 日知到 日做到 則曰修身在其中 故銘註 必書修身之修四字 所包甚廣 今只取口不擇言一句了 却欠分明 ⑥以天上大壯以下 刪之如何 仁者無敵 亦恐未爲著題 ⑦此圖三旅之下 箇箇書審幾字 其精神主意 在幾字上 若不於此早審而早麾焉 則及其動盪已熾之後 亦有麾不去處 此老先生喫緊爲人處 今日三軍之耳目在旅 是重在旅也 非所以釋審幾 ⑧銘之丹墀復命 正釋此止字 故其下自註 存誠止至善 蓋此是盡天理之極 而無一毫人欲之私時節 絜矩方外之句 恐不必於此更提 止字自當方圈 亦不必引矩方義方而爲證也 未知如何 ⑨盡力厮殺恐不必於此言之 ⑩太極

① 太一君何謂 曰心之神明也 國無二君 身無二主 此神明所以爲太一君
也 禮曰禮必本於太一 分而爲天地 轉而爲陰陽 變而爲四時 列而爲鬼
神 太一君之神明不測 有如是矣 : '分而爲天地' 이하는 번다한 듯
합니다. '禮必本於太一' 아래에는 '曰君者尊稱也' 여섯 자를 첨가
하는 것이 어떻겠습니까?(→ 후산은 이 견해를 수용하여, '分而
爲天地' 이하를 산삭하였다. 그리고 '禮必本於太一' 아래에 '心者
形之君 太一君之稱 其本於此乎'를 첨가하였다.)

② 敬之兩傍 分書天德王道 何意 曰格致誠正 非敬不得 修齊治平 非敬
不成 故程子曰 天德王道 其要只在愼獨 愼獨是敬之事也 : '何意' 아
래에 '無人僞之雜曰天德 無覇術之假曰王道 蓋敬之功用也' 22자를
넣고 싶습니다.(→ 후산은 이 견해를 수용하지 않고 달리 수정
하였다.)

③ 何取於日月 曰日月者 天地神明之主也 敬者 人心神明之主也 此日月
其敬字之光輝乎 : 日月이 耳目에 分屬되는 뜻을 대략 다시 설파
하는 것이 어떻겠습니까?(→ 후산은 이 견해를 수용하여 일월
과 이목이 서로 분속되는 것을 다시 설명하였다.)

④ 國君死社稷 其意何在 曰國君無殉社之心 不足以保其國 學者無殉道
之志 不足以保其心 故孔子曰守死善道 孟子曰舍生就義 程子曰餓死
事小 失節事大 朱子曰學者常須以志士不念在溝壑 爲心 則道義重 而

函三爲一 本漢志語也 盖指天地人三才 形氣已具 而渾然未判底物而言也 是主氣之
論 陳安卿 詳言其非 今引之以爲太一之證 恐甚不安 或有他證可言者耶 神明之舍
固非離氣之地 而先生所以爲圖爲銘 以發明之者 主理而言也 恐不可以主氣之論 證
之 如何 ⑪明堂 直以神明舍觀之 可也 盖此舍與堂 皆借說也 以其神明所舍 故曰神
明舍 則今尊號神明爲君 指其舍曰明堂 自無可疑 如上下許多官職 及丹墀等句 是也
蓽門圭竇 何異於王者之明堂 恐語不着 ⑫動微勇克 正指大壯旅旂幾 ⑬日月字 正
應圖中日月 至此則物格知至 視明聽聰 恭己南面 便是堯舜日月 ⑭一字直指澹然虛
明 眞體之本然者 卽太一之一也."

計較死生之心 輕矣 聖賢心法 自來如此 此圖所以特揭此五字 以詔學
者也 : '國君死社稷'은 오로지 '敬' 자 때문에 제시한 것이니, 다
시 '경' 자를 노출시켜 '死社稷'의 방법이 '경' 한 글자에 달려
있음을 밝히는 것이 어떨지 모르겠습니다.(→ 후산은 이 견해
를 수용하지 않았다.)

⑤ 口關 特書忠信修辭 何也 曰三關之中 口關最要害 盖言之所宣也 故
於此尤加謹焉 忠信所以修辭也 修辭所以立忠信也 若口不擇言 逢事
便說 則只這忠信 亦被汩沒動盪 立不住了 學者於修辭工夫 尤當致意
也 : '忠信修辭'에 대해서는 『周易』乾卦의 朱子 本義에서, "사물
에 나타나는 것이 한 마디도 진실치 않은 것이 없는 것이다."
하였고, 그 아래 주석에서 "'忠信'은 진실하고 지극한 곳을 알
수 있도록 하는 것이고, '修辭立誠'은 진실하고 지극한 것을 할
수 있도록 하는 것이다. 알 수 있고 할 수 있으면 수신은 그 안
에 있다." 하였습니다. 그러므로 「신명사명」의 주석에 반드시
'修身之修' 4자를 써둔 것입니다. 포함하는 것이 이처럼 매우 넓
은데, 지금 단지 '口不擇言' 한 구절만 취하셨으니 미흡함이 분
명합니다.(→. 후산은 이 견해를 수용하지 않았다.)

⑥ 大壯旂 何謂 曰易曰 雷在天上大壯 君子以 非禮不履 程子曰赴湯火
蹈白刃 武夫之勇 可能也 至於克己復禮 則非君子之大壯 不可能也
以天上大壯之雷 用顏子四勿之旂 則正所謂仁者無敵 大壯之旂 豈不
壯哉 : '天上大壯' 이하는 刪削하심이 어떻겠습니까? '仁者無敵'
또한 주제를 드러내지 못하는 듯합니다.(→ 후산은 이 견해를
그대로 수용하였다.)

⑦ 審幾 何謂 曰通書曰 幾善惡 夫三軍之耳目 在旂 而此旂一麾 進退存
亡 治亂興廢 無不由之 其機如此 可不畏哉 此三關所以必立大壯旂
以審其幾焉 : 「신명사도」의 세 곳의 기 아래에는 모두 '審幾'라

는 글자를 써 두었으니, 그 정신의 주된 뜻은 '幾' 자에 있습니다. 만약 이를 일찍 살피지 않거나 일찍 지휘하지 않으면, 동탕하여 이미 치솟은 뒤에는 지휘하여 제거하지 못할 부분이 있습니다. 이 부분이 노선생께서 사람들에게 매우 긴요한 점을 보여주신 것입니다. 그런데 지금 '三軍之耳目在旂'라 하시니, 이는 중요함이 旂에 있으므로 '審幾'를 해석한 것이 아닙니다.(→ 후산은 이 견해를 수용하여 수정하였다.)

⑧ 止何謂 曰此大學止至善之止也 絜矩之道也 矩所以爲方 而方則止 故止用方圈 此義以方外之義也 止者 心之則也 有志於心學者 可不求止於所止乎 書曰安汝止 詩曰於緝熙敬止 學者其念之哉 : 「신명사명」의 '丹墀復命'이 바로 이 '止' 자를 해석한 것입니다. 그러므로 그 아래의 自註에 '存誠 止至善'이라 하였습니다. 대개 이것은 천리의 지극함을 극진히 하여 털끝만큼 인욕의 사사로움이 없는 때입니다. '絜矩'와 '方外'의 구절은 여기서 꼭 다시 제시할 필요가 없는 듯합니다. '止' 자는 스스로 마땅히 方圈으로 하여야 하니, '矩方'과 '義方'을 꼭 인용하여 증명할 필요가 없습니다. 어떠신지 모르겠습니다.(→ 후산은 이 견해를 수용하여 수정하였다.)

⑨ 圖後鬼夢 何謂 曰不人不覺 則鬼關也 夢關也 此是生死路頭 君子所以盡力廝殺 : '盡力廝殺'은 꼭 여기서 언급할 필요가 없습니다. (→ 후산은 이 견해를 수용하여 산삭하였다.)

⑩ 或問太一何義 曰極大曰太 未分曰一 太極函三爲一之義 : 태극이 '함삼위일'이라 한 말은 본래 『한서』 「율력지」의 말입니다. 대개 천·지·인 삼재가 형기를 이미 갖추었지만 혼연하여 아직 나누어지지 않은 것을 가리켜 말한 것입니다. 이것은 主氣論입니다. 진안경이 그 그릇됨에 대해 상세히 언급했습니다. 지금

이를 인용하여 태일의 증거로 삼으셨으니 매우 불안합니다. 혹시 다른 증거가 있으십니까? 신명사는 진실로 氣를 떠난 곳이 아니지만 선생께서 「신명사도」와 「신명사명」을 작성하여서 드러내려 하신 것은 理를 위주로 말한 것입니다. 주기론으로 논증하심은 불가한 듯합니다. 어떠하십니까?(→ 후산은 이 견해를 수용하여 완전히 다르게 수정하였다.)

⑪ 學者用工 奚取於明堂布政 日鄒志完日 十二時中 看自家一念從何處起 點檢不放過 夫十二時 服食器用好惡臧否 無非明堂十二月政令 然則學者之蓽門圭竇 何異於王者之明堂太室 詩日上帝臨汝 无貳爾心 戒之哉 : 명당은 바로 신명사로 보는 것이 옳습니다. 대개 이 신명사와 명당은 모두 가설입니다. 신명이 머무는 곳이므로 '신명사'라 한 것이니, 지금 신명을 높여 불러 임금이라 한다면 그 집을 가리켜 명당이라 할 것은 저절로 의심할 것이 없습니다. 상하의 허다한 관직이나 단지 등과 같은 구절도 마찬가지입니다. 그러니 "필문과 규두가 어찌 왕자의 명당과 다르리오?"라 하신 말씀은 맞지 않는 듯합니다.(→ 후산은 이 견해를 수용하여 수정하였다.)

⑫ 動微勇克 何也 日無根而固者欲也 非天下之大勇 無以克之 此所以及其微而勇克之也 不然蔓難圖也 : '動微勇克'은 바로 '大壯旂'와 '審幾'를 가리킵니다.(→ 후산은 이 견해를 수용하지 않았다.)

⑬ 堯舜日月 何謂 日恭己正南面 此非堯舜日月乎 : '일월'이란 글자는 「신명사도」의 '일월'과 바로 대응합니다. 여기에 이르면 사물의 이치가 나타나 이르고 앎이 지극해져서 보이는 것이 훤하고 듣는 것이 분명하게 됩니다. '恭己南面'은 바로 '堯舜의 日月'입니다.(→ 후산은 이 부분을 완전히 다르게 수정하였다.)

⑭ 還歸一 何謂 曰萬殊而一本理也 : 여기서 '一'은 바로 澹然히 虛明한 眞體의 본래 그러한 것을 가리키니, 즉 太一의 一입니다.(→ 후산은 이 부분을 완전히 다르게 수정하였다.)

후산이 이를 바탕으로 수정한 것을 다시 보내었는데, 계남이 그 글에 대해 또 다음과 같이 조목조목 자신의 견해를 표명하였다.[68]

① 第一段 來說約而盡 甚善 尊稱也下 系以荀子所謂心者形之君是也一句 如何 : 순자의 한 구절은 들어가도 해롭지 않습니다. 그러나 또한 매우 긴요하지는 않은 듯합니다.(→ 후산은 자신의 견해를 그대로 存置하였다.)

② 第二段 天德王道 未見先儒的訓 來說忒巧 姑爲敲推耳 鄙說今改之曰敬字左右 夾書天德王道 何意 曰天德王道 卽大學所謂明德新民也 格致誠正 修齊治平 非敬不得 此天德王道 所以夾敬而書也 : '천덕'과 '왕도'에 대해서는 지금의 설명이 좀더 온당하고 저의 설명은 과연 지나치게 교묘하였습니다. 대체로 '敬'으로 덕을 밝힘

68 崔球民, 「答許退而別紙」, 『溪南集』 卷8 6~9張, "①荀子一句 入之無害 亦恐無甚緊 ②天德王道 今說稍穩 鄙說果巧 蓋敬以明德則天德也 敬以新民則王道也 ③今說稍得條理 ④死社稷 盛論本非不好 而甚敢以支蔓病之者 亦見長德包容 使人盡情無憚 蓋愚意 則先生此圖 以敬爲主 而特書此五字於舍內 恐是心要在腔子裏之意也 心之主身 猶君之主國 君不可去國而苟生 心不可離身而或放 看得如此 故敢有繳稟 ⑤修辭鄙說果妄 ⑥旂字 本取四勿旂脚之義 大壯之非禮不履 正是四勿之意 故特揭大壯旂 盛釋所謂以天上之大壯之雷 用顔子四勿之旂 本自無害 然雷旂相對 恰似做文於心 終未安 且仁者無敵 恐終非之證 ⑦審幾當釋審幾 旂當釋旂 恐當更商量 ⑧止義今說稍穩 衡七說未見 ⑨鬼夢今說甚當 ⑩太一之義 旣釋於圖 則恐不必更引他說 以證之 且太極函三爲一 亦恐於太一之義 別無發明 ⑪明堂布政 今說亦恐巧而無緊 蓋天君所舍 謂之明堂 不待註說而自分明 況心君 主乎一身 而其體之虛靈 足以貫乎天下之理 則其布政 大矣 今曰四百九三之神 莫不受命云云 則欲詳而反不平鋪 ⑫動微勇克 非以盛論爲不可 但愚意 此正是哲人知幾誠之於思之事 故謾及之."

이 天德이고, '敬'으로 백성을 새롭게 함이 王道이기 때문입니다.(→ 후산은 자신의 견해를 부분적으로 산삭하고 나머지는 존치하였다.)

③ 第三段 此意亦善 當曰日月之分屬耳目 有意否 曰目屬陽 耳屬陰 日於目 月於耳 此意也 然先生嘗曰 敬義吾家之日月 此日月 全就敬上說來 言敬不言義 何也 曰義之受用於敬 如月之受光於日也 言敬而義在其中 : 지금의 설명이 좀 더 조리가 있습니다.

④ 第四段 此固爲敬字發 然學者之以死社心法自守者 非敬能之乎 學者有此心法 然後可與爲學 不然徒說敬不得 愚意如此 更敎如何 禮曰 國君死社稷 謂之義 : '死社稷'에 대해서는 盛論이 본래 좋지 않은 것은 아니었습니다. 그럼에도 어리석은 제가 감히 곁가지가 많다는 것으로 지적한 것은, 長德께서 감싸고 용납해 주심이 사람으로 하여금 기탄없이 자신의 견해를 다 드러내도록 하신다는 것을 알았기 때문입니다. 대체로 저는, '선생의 이 그림은 경을 위주로 하니 원곽 안에 이 다섯 자를 특별히 써두신 것은 아마도 이 마음이 배속에 꼭 있어야 한다는 뜻'이라고 생각했던 것입니다. 마음이 몸을 주관함은 임금이 나라를 주관함과 같아서, 임금은 나라를 떠나서 구차히 살 수 없고 마음은 몸을 떠나 내팽개쳐질 수 없습니다. 이와 같이 보았기 때문에 감히 여쭙는 것입니다.(→ 이는 '死社稷'이 '敬'을 설명하는 것이라는 견해로, 후산이 수용하지 않았다.)

⑤ 第五段 此恐未然 曰知到 曰做到 固爲兩下普說 然口關之要 終以修辭爲主 故愚說如此 此非愚說也 朱子說也 明道亦曰 若修其言辭 正爲立己之誠 乃是體當自家敬以直內義以方外之實事 此說於此圖之旨 恐爲襯切 然若口不擇言 逢事便說 此字雖朱子說 似淺近 今直改之曰若不修辭云云 無妨 : '修辭'에 대한 저의 설명이 과연 망령되

었습니다.

⑥ 第六段 必欲删此 未悉盛意 更敬如何 : ‘旂’ 자는 본래 ‘四勿旂脚’의 뜻에서 취한 것이며, 大壯卦의 ‘非禮不履’는 바로 ‘四勿’의 뜻이므로 특별히 대장기를 내세운 것입니다. 盛釋의 ‘以天上大壯之雷 用顏子四勿之旂’는 본래 해롭지 않은 것이나, ‘雷’와 ‘旂’를 서로 짝으로 한 것이 흡사 글을 마음에서 만들어낸 듯하므로 끝내 미안합니다. 또한 ‘仁者無敵’도 적확한 증거는 아닌 듯합니다.(→ 후산은 이를 수용하지 않았으나, ‘仁者無敵’ 부분은 산삭하였다.)

⑦ 第七段 來說 說得幾字甚善 然所以審其幾者 非大壯旂乎 如將在軍中 敵之來否 以旂覘知 及其未熾 而指揮之如意 旂之爲用 不亦重乎 愚意盖重在審字 更詳之如何 : ‘審幾’에서는 마땅히 審幾를 해석하고 ‘旂’에서는 마땅히 旂를 해석해야 할 것입니다. 마땅히 다시 생각해 보셔야 할 듯합니다.(→ 후산은 이를 수용하지 않고, ‘審幾’와 ‘旂’를 상호 관련시켜 해석하였다.)

⑧ 第八段 此意亦好 然敬以直內 義以方外 此圖之大旨也 止用方圈之意 不說則已 說則捨方外之義 不得更商 如何 鄙說改之 曰止何謂 曰此大學止至善之止也 止者 心之則也 絜矩之道在是 止用方圈 何意 曰義以方外之意也 止意 當以衡七說 爲正 : ‘止’의 뜻은 지금의 설명이 좀더 온당합니다. 衡七의 설명은 아직 보지 못했습니다.

⑨ 第九段 甚當 今改之 曰不人不覺 則鬼關也 夢關也 學者不能致知誠意 則便是黑山下 鬼家計 可不懼哉 書之圖後 使人知所警惕也 : ‘鬼’와 ‘夢’에 대한 지금의 설명이 매우 마땅합니다.

⑩ 第十段 此用禮運本註 註曰太極函三爲一之理也 才著理字 恐無害於

主理之旨 : '太一'의 뜻은 이미 앞의 「신명사도」에서 해석하였
으므로 다시 다른 설을 인용하여 증명할 필요가 없을 듯합니다.
또한 태극이 '函三爲一'이라는 말로는 太一의 뜻을 별로 드러내
지 못한 듯합니다.(→ 후산은 이 견해를 수용하여 '函三爲一' 및
'理'가 들어간 이 부분 설명을 모두 산삭하였다.)

⑪ 第十一段 示意亦好 今改之 曰明堂布政 何謂 曰明堂者 王者之堂也
傳云 昔者黃帝治天下 百神出 而受職於明堂 今太一君 恭己於神明舍
而四支百骸九竅三要之神 莫不受命 此所謂明堂布政也 : '明堂布政'
에 대한 지금의 설명 또한 공교롭기는 하나 긴요하지는 않은
듯합니다. 대개 천군이 사는 곳을 명당이라 함은 주석이 없어
도 저절로 분명합니다. 하물며 마음의 임금은 한 몸을 주관하
고 그 본체의 허령함은 족히 천하의 이치를 통관할 수 있으니,
그 정사를 펼침이 큽니다. 그런데 지금 "四肢·百骸·九竅·三要의
神이 명령을 받지 않음이 없다." 하신 것은 상세하고자 하다가
도리어 평범해진 것입니다.(→ 후산은 이를 수용하여 모두 산
삭하였다.)

⑫ 第十二段 審其幾者 非大壯旆乎 必欲分別言之 何也 : '동미용극'에
대한 盛論이 不可하다고 생각하지는 않습니다. 다만 저는 이것
이 바로 '哲人은 幾微를 알아 생각에 정성을 기울인다'는 일이
라 생각했기 때문에 언급해 보았던 것입니다.(→ 후산은 '동미
용극'이 바로 '대장기'와 '심기'를 가리키는 것이라는 계남의
이 설을 끝내 수용하지 않았다.)

후산과 노백헌 및 계남의 이 紙上討論은 각자가 모두 심각하게 고민하
고 철저하게 조사하여 자신의 견해를 낸 것이기에, 서로가 수용하거나 하
지 않을 적에도 분명한 논리를 가지고 있었다. 후산은 한주 이진상의 문
인으로 남인 계열이고 노백헌과 계남은 노사 기정진의 문인으로 노론 계

열임에도, 이들 사이의 토론 과정에는 색목이나 학파적 색채가 전혀 보이지 않는다는 것이 특이하다. 家系的인 측면에서 이들은 모두 남명학파의 후예이므로 이런 토론이 가능하였던 것으로 보인다.

다. 復菴 曺垣淳과의 의견 교환

복암은 후산의 「신명사도명혹문」에 대해 매우 높이 평가하면서 조만간에 간행하고 싶다고까지 하였다.[69] 복암은 그러면서도 문집 가운데 '訛誤未善處'가 많으니 이를 바로잡아야 한다는 견해를 피력하였다.

> 지금 이 「神明舍銘」으로 말하더라도 여러 곳의 自註는 또한 의심이 없을 수 없습니다. 한강 선생의 제문을 살펴보면 이 「신명사명」을 두루 인용하였으니, '忠信·敬義·四字符·百勿旂·九竅·三關·尸淵·惺惺' 등의 구절은 하나도 빠진 것이 없습니다. 그러나 한 구절도 주석을 인용한 적은 없습니다. 이로 미루어보면 본래 주석이 없었다고 생각해 볼 수 있습니다. 이것은 제가 평소 품고 있던 의심스러운 점으로 아직 해결하지 못한 것입니다. 그런데 지금 「神明舍圖銘或問」 가운데 주석에 대해 해석을 가한 곳이 한두 군데 있어서 우러러 질의합니다. …… 다시 바라노니, 註說은 버려두고 단지 「신명사명」의 본문에 대해서만 선생의 본지를 강구하여 드러낸 뒤, 圖解와 합쳐서 한 편으로 만들어 斯道를 빛내 주신다면 더 없는 다행이겠습니다.[70]

....

69 曺垣淳, 「答許后山 己丑」, 『復菴集』 卷2 21張, "今此圖銘 得此註解而明焉 則繼迪之功 於是乎大矣 圖銘不傳則已 傳乎世則不可無此註解 早晚當附入梓 使後之學者一開卷 而瞭然易識也."

70 曺垣淳, 「答許后山」, 『復菴集』 卷2 21~22張, "今以此銘 言之 其諸自注處 亦不能無疑 按寒岡先生祭文 歷引此銘 如忠信敬義 及四字符百勿旂九竅三關尸淵惺惺等句 無一遺漏 而未嘗一句 引用注說 推此究之 則本無注說 盖可想矣 此是平日所抱疑 而未解者 今於或問中釋註說去處 有一二條合仰質者 但所疑如右 姑未條稟 伏願明以教之 以祛此迷惑 若愚見不甚悖戾 更望且置註說 只就銘文上 講究先生本旨而

복암은 이 편지에서 註說이 남명의 글이 아니라고 판단하여 삭제하였으면 좋겠다는 견해를 분명히 하고 있다. 이러한 생각의 결과물이 그의 문집에 실려 있는 「神明舍圖銘解」이다. 이는 전해오던 것과는 크게 변질된 것이다. 그 과정을 보여주는 것이 후산에게 보낸 다음의 편지글이다.

〈「답허후산(기축)」 요약〉[71]

① 요즈음의 여러 사람들의 논의는 대체로 '大賢의 문자는 前輩의 손을 거쳤으므로 오늘날에는 한 글자도 가감할 수 없다'는 것입니다. 이 논의가 진실로 그럴 듯하지만, 크게 그렇지 않은 점이 두 가지가 있습니다.

② 註說에는 참으로 지극한 이치가 있지만 煩瑣와 穿鑿에 가까워 오히려 본문의 바른 뜻을 어지럽혀 해치게 되었으니 아마도 老先生의 평소 氣象이 아닌 듯합니다.

③ 「신명사도」 아래의 가운데 '止' 자는 곧 義의 본체이고 至善이 있는 곳이며, 사물마다 각기 하나의 태극을 갖추고 있다는 뜻입니다. …… '不遷'은 마땅히 중앙 止圈의 우측에 있어야 하는데 잘못하여 오른쪽 止圈의 좌측에 있습니다. 盛解에서는 "'必至'는 마땅히 왼쪽 至圈의 우측에 있어야 한다."라고 하시니, 始終과

....

發揮之 與圖解合爲一篇 以光斯道 不勝幸甚."

71 曺垣淳, 「答許后山」, 『復菴集』 卷2 22~23張, "①今之物議 率以大賢文集 經前輩之手 今日却加減一字不得 此論誠若然矣 而有大不然者 ②註說誠亦有至理 而但近於煩瑣 穿鑿 反致眩害於本文正意 恐非老先生平日氣象 ③圖下中止字 卽義之體 而至善之地也 事事物物 各具一太極是也 …… 不遷二字 當在於中止圈之右傍 而誤在於右止圈之左傍 盛解以爲必至二字 當在左至圈之右 恐於始終至善之義 似未明白 而中止字無下落無意味矣 更詳之 如何."

至善의 의미가 명백하지 않아 중앙의 '지' 자가 떨어질 곳이 없어져 의미가 없을 듯합니다. 다시 살펴보심이 어떻겠습니까?

복암은 이 편지에서 註說은 남명의 글이 아니므로 삭제해야 한다고 하고, 「신명사도」 하단 止圈 좌우측의 '필지'와 '불천'의 위치를 수정해야 한다고 주장하고 있다. '필지'와 '불천'의 위치에 대해서는 후산도 적극적으로 동조하였다. 그러나 주설의 삭제에 대해서는 동조를 하지 않았다. 이 문제에 대해서는 다음 장에서 좀더 詳論하고자 한다.

〈「답허후산(경인)」 요약〉72

① 지난번에 논의한 '勇克'과 '閑邪'는 각기 하나의 공부이지만 또 한 서로 바탕이 되며 서로 무관하지는 않습니다. 대개 '克'은

---

72 曺垣淳, 「答許后山(庚寅)」, 『復菴集』 卷2 24~27張, "①前者所論勇克閑邪之說 是各一工夫 然亦相資而不相截然也 蓋克之爲言 與他廝殺而勝之也 閑之爲言 先他未來而防之也 …… 然君子之用工也才勇克便閑邪而不便廢此二者之所以相資而不相截然也 ②但注說 則終不能無疑 或問中可疑者數條 別紙求教 甚覺僭率 然垣於此書 非他後學之比 故忘其淺陋 而猥煩至此 ③函三之說 本漢志語也 彼以天地人渾然未判底物而言 先生則以在我之太極而言 是雖禮運本注 恐未合於先生取用之意 ④卽事物窮理 亦知之事 今卽以力行事當之 何也 ⑤此十一字 請改曰 承 奉也 樞 要也 口是奉承樞要而出納之關也 如何 ⑥欲曰 塗轍 猶云工程 修辭 卽居業之工程也 何如 ⑦細分 猶言條目 蓋主省二字 是工夫之綱領 自承樞至于勿旂 是工夫之條目 細分之意 恐不止是而盡了 更詳如何 ⑧命脉似指勿字而言 百勿是爲仁之命脉也 若於日用間 百勿工夫 一有間斷 則命脉便絶矣 仁何自以求之乎 ⑨此非閑邪時節耶 ⑩ 心神歸宿 本體虛明 改爲動極而靜 似好 下補之曰 程子所謂涵養吾一 卽此也 何如 ⑪ 此段 妄又論之 曰此靜極時也 而復動之機 藏在其中矣 蓋一動一靜 循環不窮 是自然之理 動而所行者順 則靜而所養者益固 靜而所養者固 則動而所行者益順 自承樞出納 至堯舜日月 皆是省察克復之事也 自三關閉塞 至尸而淵 則是戒懼涵養之功也 周子所謂聖人定之以中正仁義而主靜者 正謂此也."

힘써 싸워 이긴다는 뜻이고, '閑'은 오기 전에 미리 막는다는 뜻입니다. …… 그러나 군자가 공부를 할 적에는 '용극'을 해 내면 문득 '한사'가 되므로 하나도 폐할 수는 없습니다. 이것이 바로 이 둘이 서로 바탕이 되며 서로 무관하지 않은 까닭입니다.

② 註說에 대해서는 끝내 의심이 없을 수 없습니다. 혹문 가운데 의심할 만한 것 몇 가지를 별지로 올려 가르침을 구합니다. 참람하고 경솔한 줄 잘 알고 있습니다만, 제가 이 글에 대해서는 다른 후학과 견줄 바가 아니므로 천박함을 잊고 이처럼 외람스럽고 번거롭게 되었습니다.

③ 此用禮運本註太極函三爲一之理也云云 : '函三'의 설은 본래 『漢書』「律曆志」의 말입니다. 거기서는 천·지·인이 혼연하여 갈라지지 않았을 때를 말한 것이고, 선생은 나에게 존재하는 태극으로 말한 것입니다. 이것이 비록 『禮記』「禮運」의 本註이지만 선생께서 取用하신 뜻과는 맞지 않은 듯합니다.

④ 自註學問思辨 及卽事物窮理 何謂 曰學問思辨 致知事 致知則行益力 卽事窮理 力行事 力行則知益進 此皆知行相資之意也 : '卽事物窮理' 또한 '知'의 일인데, 지금 이를 '力行'의 일에 해당시키신 것은 무슨 까닭입니까?

⑤ 承樞 承王命而發樞機者也 : 이 11자는 고쳐서 "承 奉也 樞 要也 口是奉承樞要而出納之關也"로 함이 어떻겠습니까?

⑥ 塗轍 何謂也 曰義 人路也 遵路而行 非塗轍而何 : "塗轍 猶云工程 修辭 卽居業之工程也"로 하고 싶습니다. 어떻습니까?

⑦ 自承樞至此細分也 : '細分'은 '條目'이라 말하는 것과 같으니, 대

개 '主省'은 공부의 綱領이고, '承樞'부터 '勿旂'에 이르기까지는 공부의 조목이기 때문입니다. 세분의 뜻이 아마 여기서 끝나지는 않을 듯합니다. 다시 詳考하심이 어떻겠습니까?

⑧ 命脉何謂 曰人之四支百骸 命脉最要 脉之生死 人鬼判矣 仁者人也 仁非人之命脉乎 : '命脈'은 '勿字'를 가리켜 말한 듯합니다. 그렇다면 '百勿'은 仁을 실천하는 명맥입니다. 만약 일상생활에서 '百勿'의 공부가 한번이라도 끊어짐이 있으면 명맥이 문득 끊어질 것이니, 인을 어디서부터 구하겠습니까?

⑨ 三關閉塞 淸野無邊 何謂 曰此嚮晦宴息之時也 養以夜氣 將以爲朝晝詢訪之地 : 이것은 '閑邪'에 해당되지 않습니까?

⑩ 還歸一 何謂 曰一 卽太一之一也 心神歸宿 本體虛明 此所謂還歸一也 : '心神歸宿 本體虛明'을 '動極而靜'이라 고침이 좋을 듯합니다. 그 아래에는 '程子所謂涵養吾一卽此也'를 넣어 보충하심이 어떻겠습니까?

⑪ 尸而淵之意 可得聞耶 曰尸居而龍見 淵默而雷聲 程子屢擧 似以警厲學者 此段 是宴息時 故只說尸淵 不及雷與龍 然雷龍之意 已藏於其中 學者宜默識而心通也 : 이 부분에 대해서는 망령되이 이렇게 논하여 보았습니다. "此靜極時 而復動之機 藏在其中矣 蓋一動一靜 循環不窮 是自然之理 動而所行者順 則靜而所養者益固 靜而所養者固 則動而所行者益順 自承樞出納 至堯舜日月 皆是省察克復之事也 自三關閉塞 至尸而淵 則是戒懼涵養之功也 周子所謂聖人定之以中正仁義而主靜者 正謂此也"

복암이 ①과 ②에서 주장한 것은 「신명사명」自註에 보이는 '閑邪'를 '勇克'과 상호보완적 의미로 해석해야 한다는 것과 주설이 삭제되어야 한다는 것이다. 이 문제는 다음 장에서 상론코자 한다.

③과 ④에서 복암이 주장한 것은 후산이 수용하였고, ⑤는 서로 같은 견해이나 복암의 주장대로 수정하지는 않았으며, ⑩과 ⑪은 복암의 지적으로 인해 수정은 하였으나 복암이 주장을 그대로 수용하지는 않았다. 그리고 복암의 주장 ⑥·⑦·⑧·⑨는 후산이 수용하지 않았다.

다음은 경인년 편지에 대한 후산의 답서에 복암이 다시 답한 것이다.

⟨「答許后山(辛卯)」⟩[73]

① '閑邪'는 비록 '勇克'의 앞에 있지 않은 적이 없지만 또한 '용극'의 뒤에 있지 않은 적도 없습니다. 이 두 가지를 혼동하여 구별하지 못하면 끝내 미안한 바가 있을 듯합니다.

② 百揆와 司寇의 위치에 대해서도 일찍이 망령되이 의심하여 선생님께 여쭈어보려고 하였으나 외진 곳에 살기 때문에 인편이 없어 뜻을 이루지 못했습니다. …… 冢宰는 主宰의 뜻을 취하였으니 바로 敬이며, 百揆는 揆度의 뜻을 취하였으니 바로 知이며, 司寇는 克治의 뜻을 취하였으니 바로 勇입니다.

③ 此則鄙說稍順 : 『서경』에 이르기를, "입이 좋은 일을 만들어내

....

73 曺垣淳,「答許后山(辛卯)」,『復菴集』卷2 28~30張, "①閑邪 雖未嘗不在勇克之前 而亦未嘗不在勇克之後也 二者混而無別 則恐終有所未安 ②百揆司寇之位置 亦嘗 妄疑欲稟于函丈 而僻居無便 未果 …… 冢宰 取主宰之義 卽敬也 百揆 取揆度之義 卽知也 司寇 取克治之義 卽勇也 ③書曰 惟口出好 與戎 承樞者 口關也 而樞 言之 謂也 言卽心聲也 不言王命 而王命之意 已在其中 承王命而發樞機云 則還恐文勢不 順 ④命脉二字 在百勿下 是百勿注脚 若曰爲仁與不仁 在勿與不勿 如人之生死 在 命脉之絶與不絶云爾 則勿是爲仁之命脉也 ⑤三關閉塞 則無所入之路 田野掃淸 則 無所侵之物 此正是閑邪境界 閉塞二字 恐不必太重看."

기도 하며 전쟁을 일으키기도 한다." 하였습니다. 그러니 '承樞'
가 '口關'이며 '樞'는 말을 이르는 것이고 말은 바로 마음의 소
리입니다. 왕명이라 말하지 않았지만 왕명이란 뜻은 이미 그
속에 있습니다. '承王命而發樞機'라 한다면 도리어 文勢가 不順
할 듯합니다.

④ 仁 人之命脉也 勿字 恐不可作命脉看 : '命脈'이란 두 글자는 '百
勿'의 아래에 있으니 이것은 '백물'의 주석입니다. 만약 "仁과
不仁이 勿과 不勿에 달려 있음은 마치 사람의 生死가 命脈의 絶
不絶에 달려 있음과 같다."라고 하면, '勿'이 바로 仁을 행하는
命脈입니다.

⑤ 閉塞二字之於閑邪 語太重 : 三關이 닫혀서 막혀 있으면 적이 들
어올 길이 없고 전야가 소제되어 깨끗하면 노략질할 물건이 없
으니, 이것이 바로 '閑邪'의 경계입니다. '閉塞' 두 글자를 너무
무겁게 볼 필요는 없는 듯합니다.

복암의 견해 ①은 앞에서 줄곧 논의되던 것으로 '동미용극'을 '한사'
라 한 것과 '진교시살'을 '극'이라 한 것에 대하여 구별하여 설명하여야
한다는 것이다. 복암의 견해 ②는 「신명사도」의 위치가 바뀌어져 있다는
것으로, 「신명사도명」에서의 쟁점 사항이었다. 다음 항에서 상론코자 한
다. 그리고 복암의 견해 ③·④·⑤는 후산이 자신의 견해가 더 낫다고 생
각하여 수용하지 않은 것이다.

라. 「神明舍圖」와 「神明舍銘」의 해석에 있어서의 쟁점

이제까지 후산의 「神明舍圖銘或問」과 관련하여, 당시 여기에 관심을
집중적으로 보였던 노백헌 정재규, 계남 최숙민, 복암 조원순 등과 후산이

편지를 왕복하면서 토론했던 부분을 검토해 보았다. 여기서도 대강 드러
났지만 「신명사도」와 「신명사명」에서의 가장 큰 쟁점은 '「神明舍銘」 註
說의 刪削 與否'라 할 것이다. 다음으로는 '「神明舍圖」 校訂 與否'에 관한
것이고, 나머지는 字句解釋上의 견해 차이에서 온 것이다.

1) 「神明舍銘」 註說의 刪削 與否

다음은 복암이 후산에게 보낸 글이다. 앞에서 인용한 글이지만 다시
인용해 본다.

> 지금 이 「神明舍銘」으로 말하더라도 여러 곳의 自註는 또한 의심이
> 없을 수 없습니다. 한강 선생의 제문을 살펴보면 이 「신명사명」을 두
> 루 인용하였으니, '忠信·敬義·四字符·百勿旂·九竅·三關·尸淵·惺惺' 등
> 의 구절은 하나도 빠진 것이 없습니다. 그러나 한 구절도 주석을 인
> 용한 적은 없습니다. 이로 미루어보면 본래 주석이 없었다고 생각해
> 볼 수 있습니다. 이것은 제가 평소 품고 있던 의심스러운 점으로 아
> 직 해결하지 못한 것입니다. 그런데 지금 「神明舍圖銘或問」 가운데 주
> 석에 대해 해석을 가한 곳이 한두 군데 있어서 우러러 질의합니다.
> …… 다시 바라노니, 註說은 버려두고 단지 「신명사명」의 본문에 대
> 해서만 선생의 본지를 강구하여 드러낸 뒤, 圖解와 합쳐서 한 편으로
> 만들어 斯道를 빛내 주신다면 더 없는 다행이겠습니다.[74]

이 글은 후산이 「신명사도명혹문」이란 글을 통해 남명 학문의 핵심을

------

74 曺垣淳, 「答許后山」, 『復菴集』 卷2 21~22張, "今以此銘 言之 其諸自注處 亦不能
無疑 按寒岡先生祭文 歷引此銘 如忠信敬義 及四字符百勿旂九竅三關尸淵惺惺等
句 無一遺漏 而未嘗一句 引用注說 推此究之 則本無注說 盖可想矣 此是平日所抱
疑 而未解者 今於或問中釋註說去處 有一二條合仰質者 但所疑如右 姑未條묵 伏願
明以敎之 以祛此迷惑 若愚見不甚悖戾 更望且置註說 只就銘文上 講究先生本旨而
發揮之 與圖解合爲一篇 以光斯道 不勝幸甚."

드러내자, 복암은 남명의 후손으로서 한편으로는 흔감해 하면서 한편으로는 남명의 글이 아니라고 생각되는 주설을 산삭해 버리자는 것이다. 이에 대해서는 여러 사람들이 반대하였던 듯하다. 복암 스스로 후산에게 보낸 편지에서 그 사실을 밝히고 있다.

> 요즈음의 여러 사람들의 논의는 대체로 '大賢의 문자는 前輩의 손을 거쳤으므로 오늘날에는 한 글자도 加減할 수 없다'는 것입니다. 이 논의가 진실로 그럴 듯하지만, 크게 그렇지 않은 점이 두 가지가 있습니다. …… 註說에는 참으로 지극한 이치가 있지만 煩瑣와 穿鑿에 가까워 오히려 본문의 바른 뜻을 어지럽혀 해치게 되었으니 아마도 老先生의 평소 氣象이 아닌 듯합니다.[75]

인용문의 내용으로 보아 앞부분은 남명 문집의 내용을 함부로 刪正하려는 것은 바람직하지 않다는 것이고, 뒷부분은 복암이 刪正하려는 것이 바로 「신명사명」의 주설이라는 것을 알 수 있게 한다. 그리고 산정의 이유가 煩瑣와 穿鑿에 가까워서 남명의 글로 보기 어렵기 때문이라는 것이다. 이에 대해 후산은 다음과 같이 자신의 견해를 피력하였다.

> 註說로 말한다면 그대의 뜻이 진실로 좋습니다. 단지 두려운 것은 우리의 견식이 健實하지 못해서 고인의 해석하기 어려운 문자를 보고 문득 자신의 뜻에 따라 제거한다면, 어찌 金銀車의 기롱을 범하지 않았다고 할 수 있겠는가 하는 점입니다. 大要는 後人이 이것을 杜撰할 수는 없었다는 것입니다. 비록 선생의 自註라 할지라도 銘으로 이미 족하거늘 어찌 註解를 하셨겠습니까? 그러나 모두 깨끗이 제거하면

75 曺垣淳, 「答許后山」, 『復菴集』 卷2 22~23張, "今之物議 率以大賢文集 經前輩之手 今日却加減一字不得 此論誠若然矣 而有大不然者 …… 註說誠亦有至理 而但近於 煩瑣穿鑿 反致眩害於本文正意 恐非老先生平日氣象."

미안한 일이니, 꼭 이 일에 급급해 할 필요는 없습니다. 有識者에게 널리 물어 공평한 마음으로 고치고 의논하여 좋은 해석을 얻는다면 어찌 사문의 다행이 아니겠습니까?[76]

복암이 앞의 편지글에서 언급한 것처럼 남명의 문자를 한 글자도 가감할 수 없다는 당대의 여타 학자의 견해에 비해서 후산은 좀 유연한 사고를 하고 있음을 알 수 있다. 즉, 식견이 있는 사람들에게 널리 묻고 공평한 마음으로 논의를 하여 좋은 해석을 얻는 것이 중요한 일이고, 고치는 데 급급해 할 필요는 없다는 것이다.

2)「神明舍圖」校訂 與否

「신명사도」校訂은 두 가지로 나누어볼 수 있는데, 刪削과 互換이 그 것이다. 산삭은 神明舍·丹墀·國君死社稷·大壯旅를 刪削함을 말하는데, 이는 전적으로 복암 조원순의 견해이다. 후산을 비롯하여 노백헌이나 계남은 물론 면우 등도 이에 동조한 글은 보이지 않는다. 다만 1897년 河聖源에게 보낸 다음의 편지글에서 이와 관련한 복암의 동정의 일단을 엿볼 수 있다.

「神明舍圖」는 본래 江左의 諸家에게 就正하였더니 역시 刪削할 곳이 없지 않았습니다. (산삭본에 대해) 約泉도 "정밀함을 얻었다." 하였습니다. 이 형은 학문과 견식이 있음에도 그의 말이 이와 같으니, 미안할 것이 없음을 알 수 있습니다. …… 校正의 법은 예로부터 있던

---

76 許愈,「與曺衡七」,『后山集』卷6 23~24張, "以註說言之 示意固好 而但恐吾輩見識
未建 見古人難解文字 輒以己意去就之 安知不犯了金銀車之譏耶 大要後人杜撰此
不得 雖先生自註 銘己足矣 何用註解爲也 然欲一切掃去 則未安 不必汲汲於此 廣
詢有識者 平心訂議 得其善釋 則豈非斯文之幸耶."

것입니다. 『通書』의 경우는 老莊의 荒淫한 내용을 刪削하여 釐正하였으며, 『二程全書』의 경우에도 역시 校正이 있었다. 『朱子大全』도 그 서문을 보면 "잘못된 것은 바로잡고 부연된 것은 산삭하였다."라는 말이 있으며, 『退溪集』은 애초에 이미 算定했음에도 나중에 다시 重刊할 적에 이론이 없었습니다. 그 까닭은 무엇이겠습니까? 이와 같이 한 연후에 도가 밝아지고 이와 같이 하지 않으면 도가 밝아지지 않기 때문입니다. 만약 이 뜻을 알고 實心으로 尊衛한다면 그 가운데 잘못된 것은 고치게 함이 옳습니다. 그러니 아마도 이처럼 분분할 필요는 없을 것 같습니다.[77]

이 글을 통해 복암은 「신명사도」의 내용을 江左의 諸家에게 就正하였었고, 그들도 대체로 산삭할 곳이 있음을 인정하였다는 것을 알 수 있다. 그리고 자신이 산삭한 이유를 밝힌 글에 대해 約泉 金鎭祜(1845~1908) 또한 '정밀함을 얻었다'며 인정했다는 것이다. 그리고 학문과 식견이 있는 약천의 인정을 받았으니 『남명집』을 교정함에 미안할 것이 없다는 것이다. 물론 끝 부분의 글을 통해 이 문제로 당시에 논란이 많았음도 알 수 있다. 그러나 약천 김진호가 과연 「신명사도」의 교정에 어느 정도 긍정적이었는지는 알 수 없다. 1902년에 복암에게 보낸 편지에서는 문집 내용을 삭제하는 문제에 대해 매우 부정적인 견해를 보이고 있음으로 보아,[78] 논

---

77 曺垣淳, 「答河希伯(丁酉)」, 『復菴集』 卷2 38張, "神明舍圖 本就正於江左諸家 而亦不無刪處 約泉亦曰 得精 此兄有學問識見 而其言如此 其無未安者 從可知也 …… 校正之法 自古有之 通書刪去老莊荒淫之說 而釐正之 兩程遺書 亦有讎校 朱子大全 觀其序文 則有訛者正之 演者刪之之語 退陶集 初已刪定 其後又再刊 而翕然無異論者 何也 以其如是 然後道明 而不如是 則道不明故也 若識此意 而實心尊衛 則其中有誤者 使之改之 可也 恐不必若是紛紛也."

78 金鎭祜, 「與曺衡七(壬寅)」, 『勿川集』 卷6 9~10張, "大抵校勘 雖鄕曲先輩文字 不敢容易下手 以存謹畏之義 況乎老先生之星斗爛章 誰敢窺管妄議 自犯不韙之科哉 此祜所以謂原集依舊不動者也."

리는 인정한다 하더라도 문집을 바로 고치는 것에 대해서는 수긍하지 않았던 것이 아닌가 한다.

「신명사도」의 교정에서 산삭 다음으로 문제가 되는 것은 위치를 바꾸는 것이다. 이것은 日·月 및 耳關·目關과 百揆·大司寇의 위치가 잘못 되었으므로 바로잡아야 한다는 것이다. 태일군이 신명사에서 남면한다고 볼 적에 왼쪽이 日·目關이고 오른쪽이 月·耳關이 되어야 하며, 백규가 왼쪽에 있고 대사구가 오른쪽에 위치해야 하는데 이들이 모두 바뀌어 있다는 것이다. 물론 이 또한 복암의 견해이다.

노백헌이 후산에게 답한 편지를 참조해 보면[79] 후산은 처음 『周易』先天圖를 근거로 전래의 「신명사도」에 재록된 대로 위치를 해석하였던 듯하다. 이것은 마치 그림을 보는 사람을 기준으로 설명한 것처럼 보이므로, 노백헌은 임금이 남면하는 곳을 중심으로 좌우를 삼아야 한다고 주장하였다. 이 설을 후산이 수용하여 「신명사도명혹문」에서도 자세히 지적하고 있다. 왼쪽이 양이고 오른쪽이 음이기 때문에 이렇게 바뀌는 것이 옳다는 근거도 아울러 제시하였다.

일·월과 이관·목관의 위치 문제에 대해 최석기 교수는 전래의 「신명사도」에서 표기한 것이 정당하다는 주장을 하였다. 이에 대해서는 『주역』의 선천도와 『참동계』를 근거로 보아야 하며, 원곽과 아울러 이들이 좌우에 포치하고 있는 것은 크게는 우주 생성의 원리를 가리키고 작게는 인간의 몸을 가리키는 것으로 보았다.[80]

복암은 자신의 견해가 남명의 정신을 제대로 드러낸 것이란 신념을 가지고 그림을 고쳤으나, 후산은 그림을 고치지는 않았다. 이는 「신명사명」

....

79 앞의 주석 9)의 ⑥ 참조.
80 崔錫起, 「南冥의 神明舍圖·神明舍銘에 대하여」, 『南冥學硏究』 제4집, 1994, 160~161쪽 참조.

註說의 刪削 문제와 같이, 공평한 논의를 하여 좋은 해석을 해두는 것이
중요하며, 고치는 것에 너무 급급해 할 필요는 없다고 보았기 때문이 아
닌가 한다.

3) 「神明舍銘」 自註 '閑邪'의 해석 문제

'閑邪'는 「神明舍銘」의 '動微勇克'아래에 있는 自註이다. 이 의미에 대
해 후산은, "(동미용극 가운데의) '勇' 자의 주석이 '閑邪'이며, '閑邪'는
'克'의 뜻이다."라고 하여 노백헌에게 보내었다. 이에 대해 노백헌은, "이
곳의 주석 '閑邪' 두 글자는 『주역』의 이른바 '閑邪存誠'과는 약간 맞지
않습니다. '한사'는 대체로 도적이 이르기 전에 垣墻과 집을 엄히 단속하
는 것입니다. 그런데 문득 이를 '勇克'의 아래에 썼으니 어찌 의심할 만하
지 않습니까?"[81]라 답변하였다. 노백헌의 견해는 결국, '閑邪'는 '사악함을
미리 막는다'는 의미이니, '閑邪'가 '용감하게 이겨내었다는 의미'의 '勇
克' 아래의 주석으로는 마땅하지 않다는 것이다. 이는 자주에 대해 의심
한 것이다.

계남은 '한사'에 대해 다른 견해를 내지는 않고, "'動微勇克'은 바로
'大壯旅'와 '審幾'를 가리킵니다."[82]라는 견해를 후산에게 보내었다. 그리
고 복암은, '극'은 힘써 싸워 이긴다는 뜻이고 '한'은 오기 전에 미리 막는
다는 뜻이니, '용극'과 '한사'는 같은 공부이면서 상호보완 작용을 하는
것으로 보았다.[83]

후산은 계남과 복암의 견해는 받아들이지 않고, 노백헌의 견해 일부를
받아들여, "그러나 '한사'는 모름지기 예비함이니, 마치 집을 가진 사람이

....
81 앞의 주석 11) 참조
82 앞의 주석 12)·13)의 ⑫ 참조.
83 앞의 주석 17)·18)의 ① 참조.

그 원장을 엄히 경계하면 도적이 저절로 이르지 않음과 같다.[然閑邪須豫 如人有室屋 嚴其垣墻 寇自不至]"라는 말을 그 뒤에 추가하는 것으로 매듭 지었다.

'한사'가 사악함을 미리 막는다는 의미임은 분명하지만 '용극'의 주석 으로 보아도 문제가 없다. 왜냐하면 「신명사명」은 전체적으로 적이 쳐들 어오는 것을 비유하여 쓴 글이지만, 여기서의 내용은 사악한 일이 일어나 기 전의 마음 내부의 문제를 다루는 것이기 때문이다. 아직 현실화하기 이전의 마음 내부에서 용감하게 이겨내는 것이므로 이를 '한사'로 설명한 것은 후산이 이 점을 분명히 인식하고 있었다는 뜻으로 이해된다.

4) 「神明舍圖」 '國君死社稷'의 의미 해석 문제

후산은 '국군사사직'의 해석에 많은 지면을 할애하였다. 후산은, "나라 의 임금이 사직에서 죽을 마음이 없으면 그 나라를 보전할 수 없듯이, 학 자는 도를 위해 죽을 뜻이 없으면 그 마음을 보전하지 못한다.[國君無殉社 之心 不足以保其國 學者無殉道之志 不足以保其心]"라는 말을 시작으로 이 부분의 해석을 시작하고 있다. 이에 대해 노백헌은 '漢賊不兩立'의 뜻을 추가하기를 요구하였고,84 계남은 '死社稷'의 방법이 '敬' 한 글자에 달려 있음을 밝혀야 한다고 하였고,85 복암은 앞에서 언급하였듯이 아예 그림 에서 산삭하여야 한다는 생각을 가졌으므로 해석에 대한 다른 견해를 내 지 않았다. 후산은 이 가운데 노백헌의 '漢賊不兩立'만 수용하여 추가하고 계남의 견해는 수용하지 않았다.

남명은 「書李君原吉所贈心經後」에서, "마음은 죽고 고기덩어리[肉身] 만 다닌다면 금수가 아니고 무엇이겠는가? …… 그러니 心經은 바로 마

....

84 앞의 주석 9)의 ② 참조.
85 앞의 주석 12)·13)의 ④ 참조.

음을 죽지 않게 하는 약이다.[心喪而肉行 非禽獸而何 …… 是書者 其惟不死之藥乎]"라고 갈파한 적이 있다. 「신명사도」에서 '國君'은 바로 신명사에 앉아 있는 太一君이고, 이는 바로 마음을 의미하는 것이다. 國君이 죽는다는 것은 마음이 죽는다는 것이다. 임금이 나라를 제대로 지키지 못하면 나라가 망하듯이 私欲과 惡念을 이기지 못하면 마음이 죽은 것이니, 마음이 죽으면 고기덩어리만 살아 있는 것이어서 짐승과 하나도 다를 바가 없게 된다는 것이다. 이와 같이 『남명집』에 나오는 '心喪而肉行'과 관련시켜 보면, 계남의 견해처럼 '국군사사직'을 '敬'의 자세 즉, 私欲과 惡念을 죽을 각오로 막아내는 '厮殺的 存養省察'의 자세를 드러낸 구절이라 함이 더 切當해 보인다.

5) 「神明舍圖」 止圈 左右의 '必至'와 '不遷'의 위치 문제

「신명사도」 하단의 중간에 있는 네모 止圈과 그 좌우 있는 둥근 至圈·止圈에 대한 해석을 어떻게 할 것이며, 그 양쪽에 있는 '必至'와 '不遷'이 어떤 의미에서 배치된 것인가?

후산은 처음에 중앙의 네모 止圈을 대학 첫머리에 나오는 '止於至善'의 '止'라 하고 이를 다시 '絜矩之道'로 보았는데, 구가 모난 것을 재는 자이므로 '지' 자가 네모 안에 들어 있는 것으로 보았다. 이에 대해 계남은 「신명사명」의 '단지복명'의 자주에 '지지선'이 있는 것을 근거로, 「신명사명」의 '단지복명'이 바로 「신명사도」의 '지'를 해석한 것이라 하였다.

복암은 이 부분에 대해 다음과 같이 매우 자세한 설명을 가하였다.

중앙의 네모 止圈은 의의 본체이고 지선이 있는 곳이며, 사사물물이 각기 하나의 태극을 갖추고 있음이다. 왼쪽의 至圈은 지선이 있는 곳을 알아서 반드시 이른다는 뜻이고, 이것이 이른바 이를 곳을 알아서 이름이며 始條理인 것이다. 오른쪽의 둥근 止圈은 지선이 있는 곳에 이르러 옮아가지 않고 그 상태를 유지하는 것이고, 이른바 마칠 곳을 알아 마침이며 終條理인 것이다. '終'이라 하지 않고 '止'라 한 것은 '止於至善'의 뜻을 취하였기 때문이다. 그러니 '필지'와 '불천'은 빼더라도 괜찮다. 다만 혹시라도 좌우를 중요하게 보아 始終을 나누어 至善이 있는 곳을 하나로 보지 않을까 염려하여 이 넉 자를 나누어 註釋한 것이다. 그러니 '불천' 두 글자는 마땅히 중앙 止圈의 우측에 있어야 하는데 잘못되어 오른쪽 止圈의 좌측에 있게 되었다. 盛解에서는 '필지' 두 글자가 마땅히 왼쪽 至圈의 우측에 있어야 한다 하시니, 始終과 至善의 의미가 명백하지 않아 중앙의 '止' 자가 떨어질 곳이 없어 의미가 없을 듯합니다.[86]

복암은 후산에 비해 설명을 자세히 하였지만 결국 후산의 견해와 일치한다. 다만 후산이 止圈의 모난 형태를 설명하기 위하여 '혈구지도'를 인용한 것은 그다지 중요하지 않으므로, 후산도 이 부분은 삭제하였다. 다만 후산은 처음 '필지·불천'을 왼쪽의 지권과 오른쪽의 지권에 분속시켰는데, 복암의 견해를 수용하여 중앙 지권의 좌우에 배치하는 것이 옳다고 하면서 그림에서까지 수정하였다.

이러한 선배 학자의 설들에 대해 최근 최석기 교수는 전래의 그림대로 '필지'는 중앙 止圈의 좌측에 두고, '불천'은 오른쪽 止圈의 좌측에 두는 것이 바람직하다는 견해를 내었다.[87] 요컨대 중앙의 止圈은 止於至善에서

....

86 曹垣淳, 「答許后山」, 『復菴集』 卷2 22~23張, "圖下中止字 卽義之體 而至善之地也 事事物物 各具一太極是也 左至者 卽知其至善之地而必至也 所謂知至之 始條理 是也 右止者 卽止其至善之地而不遷也 所謂知終終之 終條理是也 然不曰終 而曰止 取止於至善之義也 必至不遷 闕之亦可矣 慮或重看左右 分其始終而不一於至善之 地 故分註此四字 然則不遷二字 當在於中止圈之右傍 而誤在於右止圈之左傍 盛解 以爲必至二字 當在左至圈之右 恐於始終至善之義 似未明白 而中止字無下落無意 味矣 更詳之 如何."

87 崔錫起, 「南冥의 神明舍圖·神明舍銘에 대하여」, 『南冥學研究』 제4집, 1994, 174

취한 것이고, 왼쪽의 至圈은 '必至'와 '知至至之·始條理'의 의미가 있으며, 오른쪽 止圈은 '不遷'과 '知終終之·終條理'의 의미가 있다는 점에서는 견해가 일치하고 있다. 결국 중앙의 止圈만으로도 충분하지만, 좌우에 至圈·止圈과 必至·不遷과 知至至之·知終終之를 두어 중앙 止圈의 의미를 체계화하고 심화하는 의미를 드러낸 것으로 이해한다면, 위치에 대해 분분하게 논의할 필요가 없을 것이다.

Ⅲ. 后山의 南冥學 繼承의 意義

앞에서도 언급했듯이 후산은 그 先祖가 南冥學派였으므로, 자신의 대에 이르러 비록 한주 이진상의 문인이 됨으로써 퇴계의 학문에 닿아 있지만, 남명 학문의 천양에도 깊은 관심을 가지고 있었던 것이다. 300년 넘는 세월이 흐르도록 남명 학문의 근본에 도달하려는 학문적 탐구 노력이 없었던 점을 의식하고, 자신이 스스로 「신명사도명혹문」이란 글을 집필함으로써 끊어져 버린 듯한 남명 학문의 요체를 드러내려 하였던 것으로 짐작할 수 있다.

그러나 그의 이러한 작업은 여전히 퇴계학파라는 틀 속에서 이루어질 수밖에 없었다는 점을 인정하지 않을 수 없기도 하다. Ⅱ장에서 언급했듯이 남명의 학문에는 老莊을 추구한 것이 문제점이라는 인식이 있었고, 이러한 생각이 줄곧 이어져 왔기 때문에 남명의 학문을 闡揚하려는 학자들로서는 이를 불식시키는 노력이 중요한 과제였던 것이다.

남명의 『神明舍圖』와 『神明舍銘』 및 그 附註에 사용된 용어의 의미와

....

쪽 참조.

출전을 정밀하게 분석해 보면, 대부분이 유가 경전에서 인용된 것이고, 노장 계열의 서적에서 인용된 것은 매우 부분적이다.[88] 노자의 『도덕경』이나 장자의 『남화경』에 있는 용어이기만 하다면 또 큰 문제가 되지 않을 수도 있었다. 당시에 유자들도 그 정도의 서적은 누구나 읽었기 때문이다.

그러나 남명이 인용한 노장 문자는 노장의 기본 경전이 아니었다. 예를 들어 '신명사'와 '태일진군'이라는 용어에 대해 점검해 보자. 四庫全書에 '神明舍'로 14건이 검색되는데, 이 가운데는 후산이 '古語'라며 인용한 글이 『子華子』 上卷에 보인다.[89] 이 『자화자』라는 책은 黃老之學을 그 내용으로 하는데, 주자는 선진 시대를 假託하여 후대에 지어진 것이 아닌가 하고 의심한 바 있다.[90] 그러나 이런 책들에서 보이는 '神明舍'라는 용어를 주자도 인용하여 시를 지은 적이 있다.[91]

다음으로는 '태일진군'에 대하여 살펴보자. '태일'과 '진군'은 각기 『공자가어』와 『예기』 및 『장자』에 보이지만, '태일진군'이란 성어는 道家者流들이 즐겨 썼던 용어이다. 四庫全書 子部 道家類에 나오는 『雲笈七籤』 6권에 "太一眞君은 北極 太和 元氣의 신이다. …… 만물을 滋育하는데, 하늘에서는 五象이 이로 인해 밝고 땅에서는 草木이 이로 인해 생장하고 사람에게 있어서는 精神과 識見이 이로 인해 靈妙해진다.[太一眞君 是北極太和元氣之神 …… 滋育萬物 在天則五象明焉 在地則草木生焉 居人則神識靈焉]" 하였다. 『雲笈七籤』은 송 眞宗 때 張君房이 편찬한 도가 서적이다. 진종이 도가를 숭상하여 장군방에게 도가 서적을 집대성하게 하여 4,700여

....

88 李相弼, 『南冥學派의 形成과 展開』, 와우출판사, 2003, 49~56쪽 참조.
89 程L本, 『子華子』 上卷, 四庫全書 子部 雜家類, "人中虛 圓不徑寸 神明舍焉."
90 四庫全書 子部 雜家類 『子華子』 提言 參照.
91 朱熹, 『兩宋名賢小集』 卷209, 性理吟上 「觀闌」, "眇然方寸神明舍 天下經綸盡此中 每向狂瀾觀不足 正如有本出無窮."

권의 도가류 서적을 편찬했는데, 이 책은 그 精要만 뽑은 것이다.

그러니 '태일진군'을 '태일'과 '진군'으로 나누어 설명한 후산의 해석은, '태일'을 '태극'으로 이해하여 '萬殊一本'과 관련지은 것인 바 이는 성리학적 사고방식으로 풀이한 것이다. '신명'을 해석하면서 『자화자』를 인용하지 않고 '고어'라 한 것과, '태일진군'을 해석하면서 『운급칠첨』을 인용하지 않고 '태일'과 '진군'으로 나누어 설명한 것 등은, 후산이 도가류 서적을 의도적으로 인용하지 않았던 것으로 보는 것은 무리일 듯하다.

왜냐하면, 이러한 서적은 이런 용어를 쓴 南冥조차도 직접 보았는지 모를 일이기 때문이다. 그만큼 우리나라에 이러한 서적들이 유입되었는지 확인하기 어렵다. 실록에도 이런 서적은 언급되지 않았다. 그러므로 후산은 물론 노백헌이나 계남·복암 등 당대의 학자들도 이를 성리학적 개념으로 풀이할 수밖에 없었던 것이다. 그리고 그렇기 때문에 당시로서는 좀 더 당당하게 이 작업에 임할 수 있었을지도 모르는 일이다. 출처를 모르는 주설 등에 대해 복암이 삭제할 것을 주장하였던 것도 이러한 당시의 학문적 상황을 반영해 주는 언급으로 보인다.

요컨대 남명의 「신명사도」와 「신명사명」에는 노장의 기본 경전을 넘어서서 후대 도가류의 용어가 쓰인 것이 분명하다. 그러나 이러한 몇몇 용어의 사용을 근거로 남명의 학문 전체를 유학이라 하지 않고 노장이라 專斷한다면 이는 사실이 아니다. 왜냐하면 남명의 학문은 너무나 현실 지향적이어서 지향점을 노장에 둔다고 말할 수는 없기 때문이다. 노장 또는 후대 도가류의 용어를 쓴 것은 정신 수련을 극렬하게 하기 위하여 수용한 것으로, 바로 이런 점에서 남명의 '경'이 다른 儒者와 두드러지게 차별성이 있는, 이른바 '厮殺的 存養省察'이라 불려지는 까닭이다.[92]

----

92 李相弼, 『南冥學派의 形成과 展開』 와우출판사, 2003, 35~42쪽 참조.

그러면 후산이 이러한 방법으로 해석 작업을 시도한 것이 무슨 의의가 있는 것인가? 남명학의 핵심을 성리학적 사유체계에서 해석하고, 그의 학문 자세를 후학들이 본받게 하고자 하였다는 데 그 의의가 있었을 것이다. 후산의 이 해석 작업보다 약간 이른 시기인 1883년에 경상우도 지역에서 남명을 문묘에 종사시켜 주기를 바라는 상소문을 작성해 올린 바 있다.[93] 남명을 문묘에 종사시켜 주기를 바라는 역대의 모든 상소문의 내용은 대동소이하게 모두 남명이 독실한 유자였음을 강조하고 있다. 그러나 매번 허락을 받지 못하였다. 批答에 밝혀져 있지는 않았지만 이는 결국 그의 문집에 보이는 노장 관련 문자 때문이었던 것이다. 그러니 후산이 이 「신명사도」와 「신명사명」을 해석한 구체적인 의도는 남명의 학문이 노장으로 매도될 성질의 것이 아님을 밝히려는 것이라 하겠다.

그리고 이 과정에서 한 가지 부수적인 효과가 있었던 것은, 남명의 학문을 연구하고 토론하기 위하여 이 지역 남인 학자들과 노론 학자들이 토론의 광장에 적극적으로 참여하였고, 이로 인해 당파적 적대감보다는 남명학파적 유대감이 깊어졌다는 점이다. 앞에서 본 것처럼 이 해석을 主唱하였던 후산은, 남명의 후손이면서 역시 한주의 문인이기도 한 복암 조원순과는 물론 노사 기정진의 문인 계남 최숙민과 노백헌 정재규와도 가슴을 터놓고 학문적 토론을 벌였다. 이 과정에서 때로는 모든 것을 그대로 수용하기도 하고, 때로는 상대방의 견해를 토대로 수정하기도 하고, 때로는 자신의 주장을 논리적으로 설득시키기도 하였던 것이다.

남인과 노론 사이의 이러한 유대감은 1934년에서 1943년 동안 丹城 인근의 사찰에서 남인 계열 학자들과 노론 계열 학자들이 해마다 모여 진지하게 학문을 토론하게 하는 바탕이 되었다고 볼 수 있을 것이다. 이 모

<hr />

93 曺垣淳, 『復菴集』 卷2, 「請從祀疏(癸未)」 參照.

임은 梅西 金克永(1863~1941)과 松山 權載奎(1870~1952)가 중심이 되어 인근의 남인·노론 계열 학자들을 대거 모이게 하여 학문적 성황을 이루었던 것이다.94

Ⅳ. 맺음말

이제까지의 논의에서 대강 드러났듯이 후산 허유가 1889년에 「신명사명혹문」이란 글을 지은 것은 남명 학문의 핵심을 천발하려는 의도에서 나온 것이었다. 그리고 그것은 자신이 비록 한주 이진상의 문인으로서 퇴계학맥에 해당하면서도, 자신의 선조가 대대로 남명학파였기 때문에 자신이 당대의 남명학파 중진 학자들의 견해를 집대성하게 되었던 것이다.

후산은 이 작업을 진행하는 과정에서 여러 학자들의 견해를 광범위하게 수집하려 노력하였고, 이를 수용하거나 수정하거나 받아들이지 않거나 간에 논리적으로 해결하려 하였다. 특히 쟁점이 되었던 부분은 크게 다섯 가지로 요약될 수 있다.

첫째는 「신명사명」 주설의 산삭 문제인데, 이는 복암 조원순이 강력히 주장한 것이다. 이에 대해 당대의 많은 학자들이 불가론을 펼쳤다. 후산은 복암의 이러한 견해에 여러 모로 동조하면서도, 좋은 해석을 해 두는 일이 중요한 일이고 고치는데 급급할 필요는 없다고 생각하였다.

둘째는 「신명사도」 교정 문제이다. 이 또한 복암 조원순의 주장이다. 신명사·단지·국군사사직·대장기 등을 제거하자는 것과, 일·월, 이관·목

---

94 당시의 토론 내용과 지었던 시들이 『蕭寺同遊錄』이라는 이름으로 정리되어 있다. 여기에는 金克永과 權載奎 이외에도 河鳳壽·金永蓍·鄭珪錫·柳海晔·李敎宇·金鎭文·金槐 등 100여명의 단성 인근 학자들이 참여하였다.

관, 백규·대사구의 위치를 바꾸어야 한다는 것이다. 후산은 전자에 대해서는 동조하지 않고 후자에 대해서는 적극적으로 주장하였다. 그러나 그림을 함부로 바꾸지는 않았다.

셋째는 「신명사명」 '動微勇克' 아래에 있는 自註 '閑邪'의 해석 문제이다. 노백헌 정재규는 '한사'가 '사악함을 미리 막는다'는 의미이므로, 용감하게 이겨내었다는 의미의 '용극' 아래의 주석으로는 마땅하지 않다고 하였다. 그래서 후산은 이 견해를 부분적으로 수용하여 수정하였다. 그러나 마음 내부에서 일어난 일을 '이겨내었다'고 표현한 것으로, 이는 현실화하기 이전의 마음 내부를 다룬 것이므로 '한사'라 함에 문제가 없다 할 것이다.

넷째는 「신명사도」의 '國君死社稷'의 의미 해석 문제이다. 복암은 삭제하여야 한다고 하였고, 노백헌은 '漢賊不兩立'의 뜻을 추가하기를 요구하였고, 계남은 '死社稷'이 '敬'에 달려 있다는 의미를 밝혀야 한다고 하였다. 후산은 노백헌의 견해만 수용하였으나, 이것이 '경'의 자세를 보여주는 것이라는 계남의 견해를 수용하였으면, 남명의 '경'이 지닌 특징이 더욱 잘 드러났을 것이다.

다섯째는 「신명사도」 하단 止圈 좌우의 '必至·不遷'의 위치 문제이다. 이는 주로 복암의 견해에 동조하는 것으로, '필지·불천'이 모두 각각 중앙 止圈의 좌우에 붙어 있어야 한다는 것이다. 『후산집』의 「신명사도명혹문」에 제시된 「신명사도」 그림에는 이것이 수정되어 있다. 그러나 필지·불천은 좌우의 둥근 至圈·止圈 및 그 곁에 쓰인 知至至之·知終終之 등과 함께 중앙 止圈의 의미를 체계화하고 심화하는 의미를 지닌 것으로 보면 문제삼을 필요가 없을 것이다.

이러한 작업들은 학자들 사이에 첨예하게 대립되는 견해가 있기도 하여 매우 번다하고 수용하기도 어려운 일이었음에도 후산은 발표한 지 1년

이 지난 1890년 무렵에 이를 거의 정리한 것으로 보인다. 이 과정에서 후산은 남명의 노장적 면모보다는 성리학적 면모를 드러내려 하였고, 이는 자신이 퇴계학맥을 이은 학자이면서 남명학파이기도 하다는 데서 학문적 절충을 시도한 것으로 이해된다. 또 후산의 이러한 노력이 가져다 준 부수적 효과는 남인 학자들과 노론 학자들 사이에 남명학파적 유대감을 확인할 수 있었다는 점이다. 이는 1930년대 단성 지역에서 진행되었던 남인과 노론 학자들 사이의 年例討論 모임이 이루어진 것과 무관하지 않기 때문이다.

勿川 金鎭祜의 南冥學 受容 樣相

Ⅰ. 머리말

주지하다시피 南冥 曺植(1501~1572)의 학문은 그의 사후 문인들에 의해 계승·발전되어 來庵 鄭仁弘(1536~1623)과 寒岡 鄭逑(1543~1620) 등의 문인들에 의해 크게 현창됨으로써 학파를 형성하였으나, 1623년 癸亥政變으로 인한 來庵의 敗退와 더불어 급격한 침체를 맞이하다가 1728년의 戊申事態 이후 존립 자체가 거의 어려운 지경에까지 이르렀다.

남명의 학문이 위축 일로에 이르게 된 것은 정치적인 문제 이외에도 남명의 학문에 내재한 '老莊爲崇' 및 '釋氏上達處 與吾儒一般' 등으로 대표되는 異端에 대한 일정한 인정 또한 중요한 역할을 하였던 것이 사실이다. 그래서 정치적으로는 북인이 완전히 해체되어 대부분 남인화하고 일부는 서인화하게 되었으며, 학문적으로는 釐正이란 명목으로 여러 차례의 문집 改定 과정을 거치면서 남명 학문의 성리학적 측면에서의 순정함이 드러나도록 노력하였던 것이다.

이런 일련의 과정을 거치면서 초기 전국적이던 남명학파의 분포 범위가 17세기 중반기 이후 진주를 중심으로 하는 지금의 서부 경남 지역에 국한되기에 이르렀다. 그리고 17세기 중반 이후에는 서부 경남 지역의 학자들이 문과 급제를 통해 발신한 인물의 숫자도 적어지거니와 발신을 하여도 요직에까지 이른 경우는 거의 없었던 것이다.

이런 상황에서 正祖가 등극한 뒤 樊巖 蔡濟恭 등 기호 남인을 중용하면서, 남명에 대하여 1798년에 정조가 친히 제문을 지어 내림으로써 강우 유림에게 학문적으로 흥기할 계기가 주어졌다. 왕의 배려에 대해 호응이라도 하듯 1800년대에 접어들어 강우 지역에 凝窩 李源祚(1792~1871, 居星州)·四未軒 張福樞(1815~1900, 居漆谷)·寒洲 李震相(1818~1886, 居星州)·晩醒 朴致馥(1824~1894, 居咸安)·月皐 趙性家(1824~1904, 居晉州)·端磎 金麟燮(1827~1903, 居丹城)·后山 許愈(1833~1904, 居三嘉)·溪南 崔琡民(1837~1905, 居晉州) 등 걸출한 학자들이 우후죽순처럼 일어났다.

다시 이들을 이어서 서부 경남 지역에서 활동한 인물만 대상으로 하더라도 老柏軒 鄭載圭(1843~1911, 居三嘉)·勿川 金鎭祜(1845~1908, 居丹城)·俛宇 郭鍾錫(1846~1919, 居丹城)·膠宇 尹胄夏(1846~1906, 居居昌)·紫東 李正模(1846~1875, 居宜寧)·一山 趙昺奎(1849~?, 居咸安)·小訥 盧相稷(1855~1931, 居密陽)·晦峰 河謙鎭(1870~1946, 居晉州)·松山 權載奎(1870~1952, 居丹城)·深齋 曹兢燮(1873~1933, 居昌寧)·重齋 金榥(1896~1978, 居丹城) 등의 뛰어난 학자들이 長江大河가 밀려오듯 繼起하였던 것이다.

물천 김진호는 바로 이 시기에 단성 지역에서 활동했던 학자로, —단성은 진주와 함께 남명학파의 본거지라 할 수 있는 지역이어서— 그의 생애와 학문 성향이 남명학의 수용과 어떻게 관련이 되는지 그 양상을 살펴보고자 한다.

II. 勿川의 學問 背景과 學問 性向

1. 勿川의 學問 背景

물천 김진호는 丹城 法勿에 조선 초기부터 세거하던 商山金氏로서, 三足齋 金浚(1524~?)·縣監 金景訥(1550~?)의 후손이며 靜軒 金德龍(1784~1877)의 손자다. 거제현령으로 있다가 임진왜란 때 창의하여 성주·고령·진주성 전투에서 활약하여 宣武一等原從功臣에 책록된 金俊民(?~1593)은 金景訥의 再從弟다.

丹城 法勿을 중심으로 세거해 온 상산김씨들은 남명의 문집을 중간하거나 남명의 문묘 배향에 관한 상소를 올릴 적마다 대를 이어 적극적으로 참여한 남명의 사숙인들이다. 小山 金碩(1627~1680)·竹圃 金磏(1629~1708)과 默齋 金墊(1702~1770) 및 金國鳴(1737~1805) 등이 그 대표적인 인물이라 할 수 있다. 그러나 계해정변 이후 영남에서 200년 이상 지속된 남명학파의 쇠퇴와 퇴계학파의 흥륭이라는 시대적 대세에 대하여 어찌할 도리가 없었던지, 이 지역의 상산김씨들도 결국 1800년대에 들어서면 학통상으로는 모두 퇴계학파화하고 만다.

丹城 法勿을 중심으로 하는 상산김씨 가운데 1800년대에 태어난 인물로서 문집을 남긴 이들을 정리하면 대개 다음과 같다.

성명	생몰연대	아호	사우연원	문집명
金履杓	1812~1881	尙友堂	定齋門人	尙友堂集
金麟燮	1827~1903	端磎	定齋·性齋門人	端磎集
金廷燮	1842~1916	竹庵	海閭·端磎·后山門人	竹庵集
金基周	1844~1882	梅下	性齋·寒洲門人	梅下集
金鎭祜	1845~1908	勿川	性齋門人	勿川集

金在鉉	1854~1902	梅廬	性齋門人	梅廬遺集
金基堯	1854~1933	小塘	晚醒·后山門人	小塘集
金壽老	1859~1876	重溪	端磎子	重溪集
金基鎔	1869~1947	幾軒	端磎·勿川·俛宇門人	幾軒集
金大洵	1872~1907	餘齋	勿川子 俛宇門人	餘齋集
金在植	1873~1940	修齋	勿川·后山·俛宇門人	修齋集
金永蓍	1875~1952	平谷	晚醒·勿川·俛宇門人	平谷集
金在洙	1878~1962	重軒	勿川·俛宇門人	重軒集
金鑽文	1881~1957	弘庵	勿川·俛宇門人	弘庵集
金昌錫	1891~1935	三溪	重溪子	三溪集

위의 표를 보면 18세기 중반 이전에 태어난 인물들은 대체로 定齋 柳 致明(1777~1861)과 性齋 許傳(1797~1886)의 훈도를 입었고, 그 이후에 태어난 이들은 그들의 문인들에게 교화를 입어 학문을 성취하였음을 알 수 있다. 주지하다시피 定齋는 퇴계학파의 鶴峰~大山의 계열을 잇는, 영남 남인 가운데 당대 최고의 학자였으며, 性齋는 寒岡과 旅軒의 계통으로 眉 叟~星湖~順菴~下廬 계열을 잇는, 기호 남인 가운데 당대 최고의 학자였다. 법물을 중심으로 하는 상산김씨 학자들이 한결같이 이 두 계열의 학맥에 접맥하고 있는 것은, 적어도 외면적으로는 이 지역이 거의 퇴계학파화했음을 보여주는 것으로 이해할 수 있다. 그러나 법물의 상산김씨를 포함하는 서부 경남 지역의 많은 학자들이 성재를 각별히 생각하여 사사하고 존모했던 것은, 성재의 학맥이 남명과 깊은 관련이 있는 한강과 여헌의 학맥이기도 하거니와, 畿湖 지역 南人의 조상은 대체로 계해정변 이전에 北人 家系라는 점과 무관하지 않다고 보아야 할 것이다.

2. 勿川의 學問 性向

물천이 태어나 글을 배울 무렵에는 상산김씨 인물 가운데 尙友堂 金履

杓와 端磎 金麟燮이 이미 定齋의 문인이 되어 있어서, 집안 내에서의 학문하는 분위기가 상당히 고조되어 있었던 것으로 보인다. 게다가 물천은 어려서부터 주위 사람들의 촉망을 받아, 17세~18세 무렵에 三嘉 大田의 百鍊齋에서 강학하고 있던 晩醒 朴致馥에게 나아가 배웠다. 당시 이곳에는 紫東 李正模 등 젊은 학인들을 포함한 70여 명이 晩醒에게 배우고 있었다고 하니, 이미 1860년대 무렵에는 진주 인근 남명학파 지역에 학풍이 크게 흥기하여 있었던 것이다.

물천은 이후 김해 관아에서 性齋 許傳에게 執贄하고 성주에 가서 寒洲 李震相을 배알하였으며 같은 집안에는 端磎 金麟燮이 있었으니, 학문할 수 있는 여건은 이미 충분히 갖추어져 있었다고 할 만하다. 이처럼 물천이 師事하거나 交友한 인물들을 보면 남명학파 지역의 학문의 방향이 대체로 어떻게 흘러갔던가 하는 점을 짐작할 수 있다.

물천이 관심을 가지고 있었던 학문의 주제는 主理說이었다. 조선 중기 이후 성리학적 이론의 체계와 그 흐름을 무시하고는 학문의 주도권을 유지할 수 없었다. 이는 기호 지역이나 영남 지역이나 다를 것이 없었고, 남인계 학자이건 노론계 학자이건 다를 것이 없었다. 특히 1878년 물천이 한주를 배알할 무렵에는 한주의 주리론이 우도 지역 전체에 일대 센세이션을 불러일으키고 있었고, 이후 寒洲學團의 淵藪가 된 경남지역에서는 곧잘 이 문제를 주요 논제로 삼았다. 물천이 후산에게 보낸 다음의 편지가 그 단적인 예라 할 수 있다.

말씀하신 互發說은 끝내 아마도 退陶의 뜻이 아닐 듯합니다. 대개 '理氣'는 본래 서로 떨어지지 아니하므로 渾淪으로 설명할 수 있으며, 또한 서로 섞이지 아니하므로 分開하여 설명할 수 있습니다. 이 두 가지가 각기 마땅함이 있어서 어느 하나도 폐지할 수 없습니다.

노선생(退溪)이 사단칠정을 논의하실 적에 朱子의 '理之發' '氣之發'

이란 말씀에 따라 바야흐로 分開를 말하였는데, 高峰이 문득 渾淪의
측면에서 이를 의심하여, "理氣는 나누어 말할 수 없다." 하였던 것입
니다. 이것이 먼저 어긋나는 단서가 되었습니다. (퇴계)선생은 반드시,
"朱子의 가르침은 이 여덟 글자로 해결이 된다."라고 생각하셨으나,
高峰의 高見으로도 이를 이해하지 못하였습니다. 그래서 후학의 의혹
이 줄곧 그치지 않게 된 것입니다.

그러므로 주자의 말씀 아래 다시 '氣隨之' '理乘之'라는 여섯 글자
를 더하여, 分開한 가운데 相須가 自在하다는 뜻을 보여주셨습니다.
그래서 '理가 발할 때 氣가 따라 발하지 않음은 아니나 주재하는
것은 理이며, 氣가 발할 때 理가 여기에 올라타 발하지 않음은 아니
나 주재하는 것은 氣이다' 라는 뜻을 확정하여 말씀하셨던 것입니다.
……

지금 말씀하신 내용에는 渾淪을 가지고 分開를 해석하며, 互發을 相
須로 보아서, "理가 發하면 氣가 또한 發하며 기가 발하면 이가 또한
발한다.[理發氣亦發 氣發理亦發]"라는 표현을 하셨습니다. 이 열 자를
혼륜의 측면에서 말한다면 그래도 괜찮겠지만, 분개의 측면에서 해석
한다면 심히 모호하지 않겠습니까? ……

우리 어르신께서 평생 주리의 학설을 주장하셨는데, 이번의 논의는
理氣雙行을 면치 못하니 적이 안타깝습니다.[95]

이 글을 쓴 1903년은 국가의 상황으로 보아서는 이런 논의가 주요 논

---

95 金鎭祜, 『勿川集』卷3, 「答許后山退而 癸卯」 "示互發說 終恐非退陶旨 蓋理氣本不
相離 故可渾淪說 亦不相雜 故可分開說 二者各有攸當 未可以廢一 老先生之論四七
也 因朱子理之發氣之發之語 方說分開 而高峰各以渾淪者疑之 曰理氣不可分說 此
其先參差之端也 先生之意 必曰 朱子之訓 如是八字打開 而明彦之高見 猶有未會
則後學之惑 將無已已 故朱訓之下 復益之以氣隨之理乘之六字 以示分開中有相須
自在之意 蓋定言其理發也 氣非不隨發 而所主者理也 氣發也 理非不乘發 而所主者
氣也云爾 …… 今盛論 則將渾淪釋分開 喚互發作相須 筆之於書 曰理發氣亦發 氣
發理亦發 此十箇字 言之於渾淪 則猶之可也 釋之於分開 則不甚模糊乎 …… 吾丈
平生 以主理之學 立赤幟 而今者之論 不免理氣雙行 私心慨歎."

424 남명학파의 인물들

제가 되지 않았을 법하지만, 중앙의 정치 현실에서 멀리 떨어진 강우 지역의 학자들은 이러한 원론적인 문제에 계속 골몰하고 있었다. 그러면서 자신들의 어쩔 수 없는 처지를 다음과 같이 언급하기도 하였다.

山禽野獸라는 기롱은 退陶 선생도 면하지 못하였습니다. 그러나 이렇게 살면서 사람과의 관계를 끊고 혼자 지낸다는 말은 들어보지 못하였습니다. 出處와 中正의 의리에 대해서는 알아주는 사람과 말할 수는 있지만 알아주지 못하는 사람과는 말하기 어렵습니다. …… 간절히 바라노니 문을 열어 배우려는 이들을 받으십시오. 道義를 講學하고 이치를 밝힘으로써[講道明理], 제멋대로 흘러가는 세태 속에서 한 가닥 명맥을 부지하여, 자랑으로 여기며 본받을 곳이 있게 한다면 다른 말을 하는 사람들이 저절로 悅服할 것입니다.[96]

乙巳勒約 이후 유학자들은 乙巳五賊 따위에 대한 성토 이외에 별 다른 대안을 마련하지 못하고, 재야에서 講道明理를 통하여 아직 다 없어지지 않고 남아 있는 유학의 명맥을 이어가는 도리밖에 없다고 생각하였던 것이다. 물론 俛宇 郭鍾錫은 나중(1919)에 파리장서 사건을 주도하지만, 물천은 조선의 통치권이 완전히 일본에게 넘어가기 전인 1908년에 별세하였다. 그러므로 물천은 평생 퇴계학파적 입장에서 학문에 전심하며 講道와 育英을 도모하였다고 이를 만하다.

그러나 당시의 학계의 분위기에 대한 다음과 같은 언급에서는 남명학파적인 시각을 분명히 읽을 수 있다.

....

96 金鎭祜, 『勿川集』 卷3, 「與郭鳴遠 丙午」, "山禽野獸之誚 退陶先生之所不免 而未聞以此絶人獨處 則出處中正之義 可與知者道 難與不知者言 …… 切願放門受學者 講道明理 扶一線命脈於橫流之際 有所矜式 則異言者 自可悅服矣."

요즈음 유자들의 글 솜씨는 상당히 볼 만합니다. 그러나 말할 만한 것이 없는 것도 아닙니다. 어떤 이는 詞章에 힘쓰면서 자신의 몸과 마음이 좋지 않게 되는지를 깨닫지 못하며, 어떤 이는 입과 혀에 이론을 올리기를 좋아하지만 자신에게 절실한 실제의 병통을 살피지 못하며, 어떤 이는 나약한 데 빠져서 강습을 귀하게 여기지 아니합니다. 요컨대 이 세 가지는 학문의 길에 있어서 하늘과 땅 만큼 어긋나는 것이니, 어찌 유식자의 개탄을 받지 않겠습니까?[97]

일상적으로 어느 시대에나 있을 법한 언급 같기는 하지만, 여기서 우리는 물천이 남명학파적인 현실 감각과 爲己之學에의 집념 등을 읽을 수 있다. 특히 이론을 자주 입에 올리면서 자신에게 절실한 현실의 문제를 직시하지 않으려는 태도에 대한 지적을 보면, 그에게 남명학파적 인식이 적지 않음을 알 수 있다.

Ⅲ. 勿川의 南冥學 受容 樣相

이처럼 물천의 학문 세계 전체에서 남명에 관한 학문적 관심은 그다지 깊다고 말하기 어렵다. 그러나 그가 생장한 지리적 여건을 참작하면, 자라면서 주변에서 보고 들은 것만으로도 남명의 학문이나 정신세계가 그에게 자연스럽게 각인될 수 있었을 것이란 짐작 또한 하기 어려운 것은 아니다.

그의 삶 속에서 자연스럽게 이루어진 남명학의 수용이 구체적으로 어

---

97 金鎭祜,『勿川集』卷7,「答河采五」, "近日儒韻 稍有可觀 而亦不無可議者 或馳騖 於詞章 而不悟身心之不好 或騰理於口舌 而不察切己之實病 或闇黮於守雌 而不貴 講習之資益 要之 三者 其於爲學門路 不啻如河漢之逕庭 豈非有識者之所歎者乎."

떤 양상을 보이는지 세 가지 부문으로 나누어 고찰하고자 한다.

1. 남명 유적지에 대한 관심

물천은 남명의 유적지에서 남다른 감회를 술회하고 있다. 그 대표적인 경우가 두류산 동쪽의 白雲洞에 '南冥先生杖屨之所'라는 여덟 글자를 바위에 새기는 일을 주도하고, 그 일의 추진 과정을 기록으로 남긴 것이다. 남명은 「백운동에서 노닐며[遊白雲洞]」라는 시를 남겼는데, 남명이 이곳에 이 시를 남긴 것을 기념하여 1893년에 물천 등이 중심이 되어 白雲洞 龍門瀑布 근처의 바위에 이 여덟 글자를 새긴 것이다. 물천은 바위에 글자를 새기는 것이 선생의 뜻에 어긋난다고 난색을 표명한 사람에 대하여 다음과 같은 견해를 피력하여 이 일을 성사시켰다.

선생께서 세상사람 가운데 자신의 이름이 썩어 없어지지 않기를 좋아하는 자에 대해 경계하여 말씀하신 뜻은 진실로 準據로 삼고 추구해야 할 것입니다. 그러나 우리로 봐서는 선생보다 너무 늦게 태어나서 이미 문하에서 모시지 못하였으므로, 秋霜烈日 같은 粹然한 모습을 우러러 뵙지도 못하였고, 안을 곧게 하고 밖을 반듯하게 하라는 뜻 깊은 훈계도 듣지 못하였습니다. 그래서 마음속에 넣어두고 꿈속에 부쳐둔 것이 드러날 수 있게 되는 매개체가 없습니다. 그러니 손때 묻은 물건 하나를 보고도 欽仰할 만하며, 마음을 두어서 구경하신 곳을 하나라도 만나면 또한 그리워할 만합니다.

陋巷에 있는 샘에 程伯子가 銘을 지었으며, 周濂溪가 다니던 다리에 朱夫子가 標識하였습니다. 이는 저절로 그렇게 하지 않을 수 없었던 것입니다. 하물며 지금 그 책을 읽고 그 학문을 강습하는 자가 간혹 봄가을 날씨 좋은 때에 泉石 사이를 거닐면서, 精神을 드러내어 펼치기도 하고 性情을 읊조리기도 합니다. 그리고 이곳의 물가에 이르러

갓끈을 씻기도 하며 높은 산을 우러러 회포를 일으키기도 합니다. 이 때 문득 바위에 새겨진 빛나는 모습을 보고 마치 几杖을 잡은 채 모시고 따라다니는 듯하여, 각자 모두 灑然히 생각을 씻고 마음이 깨어나서, 頑惡한 사람을 淸廉하게 하고 게으른 사람을 일어나게 할 수 있다면, 선생의 가르침이 진실로 끝이 없게 되는 것입니다. 어찌 무익하다며 그만둘 일이겠습니까?98

다소 장황한 듯하지만 매우 조리 있게 의견을 개진함으로써 지금도 백운동에 '남명선생장구지소'라는 글자가 남아 있게 되었다. 여기서 물천이 주장한 내용을 듣고 있으면 그가 얼마나 남명의 정신 경계를 높이 생각하고 있는지, 그의 학문 내용을 얼마나 깊이 이해하여 존중하고 있는지 짐작할 수 있다.

우선 '남명선생장구지소'라는 글씨를 새겨두는 것이, 자신의 이름을 새겨서 후세에 전하려는 자에 대한 남명의 경계와는 차원이 다르며, 오히려 이를 통해 후인이 남명을 존모하고 본받는 계기가 되게 하자는 데 그 의의가 있다고 하였다. 이 논의 전개 과정에서 우리는 그가 남명의 추상열일 같은 수연한 정신 경계를 이미 보았다는 것을 알 수 있으며, '敬以直內 義以方外'를 내용으로 하는 敬義之學을 남명 학문의 핵심으로 파악하고, 남명을 추존하는 후학들이 마땅히 추구하여야 할 것으로 인식하고 있었음을 알 수 있다. 그리고 남명의 학문이 '완악한 자를 청렴하게 하고

----

98 金鎭祜, 『勿川集』卷12, 「白雲洞刻南冥先生遺蹟記」, "先生所云警切世之好名不朽者 則固是準的也 然在吾輩 則生已晩矣 旣不得供洒掃於門下 瞻秋霜烈日之粹容 聞直內方外之旨訓 則存諸心想 寓諸夢寐者 無因自發 見一手澤之物 亦可欽也 遇一心賞之地 亦可慕也 陋巷之泉 程伯子銘焉 濂溪之橋 朱夫子識焉 是自不得不然者 況今之讀其書 講其學者 或春秋景明之際 徜徉泉石之間 發舒精神 諷詠性情 臨此水而濯纓 仰高山而興懷 乍見巖崖輝煌 怳若操几陪隨 各自洒然滌慮喚醒 庶乎廉頑而立懦 則先生之敎 儘无窮矣 奚可無益而且已乎."

게으른 자를 일어나게 하는'[廉頑立懦] 효과가 있다고 표현한 것으로 보아, 남명을 '百世師'로 보려는 인식이 있었음을 알 수 있다.

이러한 인식은 安義의 花林洞을 유람하면서 지은 다음의 시에서도 확인할 수 있다.

땅에는 천년의 勝景이 열려 있고,	地闢千年勝
사람으로는 百世의 스승이 지나가셨네.	人過百世師
물이 소리를 지르니 맑은 날의 霹靂이요,	水喧晴霹靂
돌이 미끄러우니 푸른 유리로구나.	石滑碧琉璃
호탕하게 狂歌를 부르노니,	浩蕩狂歌發
이 소리를 알아줄 이 그 누구인가?99	知音更有誰

이 시의 '人過百世師' 구 아래에는 "남명 선생이 盧玉溪·吳德溪·姜介庵과 함께 일찍이 여기서 노니신 적이 있다."라는 주석이 있다. 그러니 여기서 이른바 '百世師'는 바로 남명을 가리키는 말이다. '백세사'는 맹자가 설파한 "聖人은 百世의 스승이니, 伯夷·柳下惠가 그런 인물이다. 그러므로 백이의 풍모를 들으면 완악한 사나이가 청렴해지고 게으른 사나이가 뜻을 세우게 된다."100라고 한 바로 그 '백세사'다. 이러한 인식은 곧 남명이 聖人이라는 인식에 다름 아니다.

물천은 三嘉 紺嶽山 아래에 있는 龘淵[가매못]에 이르러 남명의 그 유명한 「浴川」이란 시를 생각하며 다음과 같이 차운한 바 있다.

맑은 바람 불어오는 오월의 龘淵,	淸風五月龘淵上

---

99 金鎭祜, 『勿川集』 卷1, 「二月遊安義花林洞」.
100 『孟子』 「盡心 上」. "聖人百世之師也 伯夷柳下惠是也 故聞伯夷之風者 頑夫廉 懦夫有立志."

천 섬 우는 물결 쉼 없이 들리네.　　　　　　　千斛鳴波聽未休

늠름하도다, '배를 가르리[刳腹]'라 읊으신 당시의 詩句여!

　　　　　　　　　　　　　　　　　　　　凜凜當時刳腹句

흐르는 물속에서 사람의 마음을 비추어 본다.[101]　人心照見水中流

　　남명은 1549년 감악산 아래 紺淵에서 문인들과 목욕을 하면서 마음의
때를 없애는 것이 더욱 절실하다는 생각을 가지고, "만약 오장 안에 티끌
이 생긴다면, 바로 지금 배를 갈라 흐르는 물에 부치리.[塵土儻能生五內
直今刳腹付歸流]"[102]라 읊었던 것인데, 물천은 바로 그 부연에서 남명의
이 시구를 떠올리며 심각하게 자신을 돌아본 것이다. 남명의 詩句를 목숨
을 건 치열한 수양의 자세로 보고 이를 늠름하다고 표현한 뒤, 물속의 흐
름에서 道心이 아닌 人心이 씻겨 흘러내려 오고 있는지 비추어 본다고 한
것이다. 언제 어디서나 廝殺的 存養省察의 자세로 임하는 남명의 수양 태
도를, 물천은 남명의 유적지에서 그의 시구를 떠올리며 본받으려 하고 있
음을 잘 보여주고 있는 것이다.

2. 南冥의 著述에 대한 관심

　　남명의 신명사도와 신명사도명에 대하여 1889년에서 1891년 사이에
후산 허유가 중심이 되어 계남 최숙민, 노백헌 정재규, 복암 조원순 등과
심도 있는 토론을 전개하였으며, 그 결과 후산과 복암은 각기 약간은 다
르지만 이를 해석하는 글을 작품으로 문집에 남기게 되었던 것이다. 물천
의 경우 이 논쟁에 적극적으로 개입한 흔적은 보이지 않는다. 후산에게

....

101　金鎭祜, 『勿川集』 卷1, 「紺淵次南冥先生韻」.

102　曺植, 『南冥集』 卷1, 「浴川」.

보내는 편지의 다음과 같은 기록으로 보아 남명학에 대한 관심도를 짐작할 수 있다.

> 지난번 和宣의 자리에서 「神明舍圖或問」을 볼 수 있었습니다. 冥翁의 은미한 뜻을 발휘하고 후학들에게 좋은 은혜를 베푼 것이 매우 많습다. 다만 소매 속에 넣어 와서 깊이 열람하지 못함이 안타까웠습니다. 敬을 논한 條에서, "이 마음을 主宰하여 스스로 主宰토록 하는 것이 바로 敬이다." 하셨는데, 아래위로 '主宰'라는 말이 두 번 나오는 것은 중첩이어서 뜻이 나뉘는 듯합니다. 만약 "이 마음을 주재하는 것이 바로 경이다."라고만 하면 어떠할지 모르겠습니다.
>
> 左右를 논한 條의 末句에서, "예전에 없던 처음 있는 일이다.[古未始有]"라 하셨는데, 보는 사람을 위주로 하여 좌우로 나누는 것은 고인에게도 선례가 있었던 것입니다. 朱子의 『大學』 傳에서 "左(아래)와 같이 차례를 정하였다." 한 것이 여기에 해당합니다. 어찌 유독 「天命圖」뿐이겠습니까? 이러하니 '古未始有' 네 글자는 삭제하는 것이 어떻겠습니까?[103]

물천이 남명의 신명사도와 그 명에 대하여 어떻게 생각하고 있는지에 대한 나름대로의 견해를 제시한 적은 없다. 그러나 인용한 글의 흐름으로 보아 물천이 남명 학문의 핵심에 대하여 훌륭하게 여기기는 하면서도 적극적으로 꼼꼼하게 깊은 관심을 기울이지는 않았음도 짐작할 수 있다. 그리고 특히 신명사도에 관해서는 핵심 부분에 대한 본격적인 토론이 매우

---

103 金鎭祜, 『勿川集』 卷3, 「與許后山退而」, "向於和宣坐 得見神明舍圖或問 其發揮 冥翁之微旨 而所以嘉惠后學 甚多 第未得袖歸深覽 伏恨 其論敬條 主宰了此心 自 做主宰底 便是敬云 上下兩主宰字 似語疊而義分 若只日 此心之主宰底 便是敬云 則未知如何 論左右條末句 古未始有云 以主看者分左右 古人亦有此例 朱子大學傳 序-次如左 是也 何獨天命圖而已 如此則古未始有四字 似剩刪去如何."

약하고, 관심의 폭 또한 상당히 좁음을 알 수 있다.

후산의 경에 대한 풀이글에 대해 주재라는 말이 두 차례 중첩되어 나오는 것을 물천이 지적하여 수정하는 것이 좋겠다는 의견을 제시하였으나, 현존 『후산집』에 실린 「신명사도명혹문」에는 물천의 견해가 수용되어 있지 않다. 후산의 설명은, "敬은 一心을 主宰하는 것이다. 마음 밖에 달리 경이 있는 것이 아니라, 이 마음을 주재하여 스스로 주재토록 하는 것이 바로 경이다. 惕然히 收斂하고 凜然히 恐懼함이 스스로 주재토록 하는 방법이다."[104]라는 것인데, 여기에는 물천의 견해를 이미 수용할 수 없을 정도로 설명의 진도가 더 나아가 있다.

'左右'에 대한 물천의 견해는 받아들여진 듯, 후산의 현존 글에는 '古未始有'란 표현이 보이지 않는다. 후산이 '좌우'에 대하여 언급한 것은 신명사도 내의 이관과 목관 및 일월의 위치에 대한 자신의 견해를 표명한 것인데, 이 견해는 굽히지 않고 '고미시유'란 표현은 물천의 지적처럼 지나치다고 생각하여 수정한 것으로 보인다.

요컨대 물천이 남명의 학문 내용을 자기화하기 위하여 구체적으로 움직임을 보인 것은 잘 찾아지지 않는다. 이로 보아 물천 자신이 평소 관심을 가진 학문의 주된 내용에 남명학이 깊이 들어앉을 곳이 있지는 않았던 것으로 보인다.

3. 『南冥集』·『學記』·『年譜』 등의 중간에 대한 관심

물천은 당대 덕천서원 인근의 권위 있는 학자로서 『남명집』의 중간에 어떻게든 관련을 하고 있었다. 1897년에 河聖源에게 답한 다음 편지 내용

----

104 許愈, 『后山集』 卷12, 「神明舍圖銘或問」 "敬者一心之主宰也 非心外別有敬 主宰 了此心 自做主宰底 便是敬 惕然收斂 凜然恐懼 是自做主宰法也."

을 보면 이른바 『남명집』甲午丁酉本과 유관한 물천의 견해를 읽을 수 있다.

지금 그대의 편지를 받고 尊衛의 의리가 마음속에서부터 나온 것이 남보다 만 배도 넘음을 우러러 알게 되었습니다. 그러나 일의 처음에 일찍 말려서 이와 같은 분란에 이르지 않게 하지 못한 것이 안타깝습니다. 저 같은 사람은 아무런 도움도 되지 못하는 사람입니다. 그러니 어찌 斯文의 큰일에 참여할 만하겠습니까? 지난 계사년 여름에 長德의 뒤를 좇아 한두 가지 사항을 대강 들었고, 그 뒤 3~4년 동안 덕산에 발걸음을 들이지 않아 校勘의 定奪이 어떻게 되어 가는지 전혀 모르고 있습니다. 이는 제가 감히 이 일을 스스로 외면하고 있는 것이 아니라, 실로 여러 군자의 별빛 같은 公眼을 믿고 있었기 때문입니다.

이번 초여름에 衡七을 방문하게 되었는데, 형칠이 新本을 내어 보이고는 改定의 대강을 지적하여 말해 주었습니다. 제가 당시 바쁜 일이 있어서 익숙하게 보지 못하고 대략 훑어보았습니다만, 그래도 만족스럽지 못한 곳이 많았습니다. 그래서 "大賢의 글에는 未安한 곳이 있어서는 안 됩니다. 遠近의 여러 논의를 두루 채집하여 고치고 보충할 것은 고치고 보충하며, 예전대로 해야 할 것은 예전대로 되돌려야 합니다. 충분히 완벽을 기한 뒤에야 인쇄하여 배포할 수 있습니다." 고 말하였습니다. 그랬더니 형칠도 그렇다고 하였습니다.

그러나 실로 제가 그 사이에서 한 개나 반 개도 어쩌지 못하였습니다. 설사 무슨 말이 있었다 하더라도 어찌 저 같이 도움이 못 되는 사람을 핑계로 형에게 보낸 편지에서 지적하여 증거로 삼았겠습니까? 題目과 篇題에 대해 云云하는 것은 그 제목이 없는 것에 대해 추가로 기록한 것입니다. 圖本의 去取에 이르러서는 제 견해와 크게 어긋나지 않으면 그대로 두었습니다. 神明舍圖의 改刪이나 神明舍銘의 내용 가운데 그 旁註를 처리하는 문제와 같은 것은, "여러 사람들이 힐난하여 '이것은 선생 心學의 큰 關鍵이고 후학들이 入德하는 바른 길이므로 한 글자도 고칠 수 없다.' 고들 하니, 이를 좇아 판을 다시 짜서 예전

상태로 되돌려야 합니다." 고 했습니다. 그러자 衡七도 생각해 보겠다고 하였습니다. 그러므로 다시 한 마디도 더 하지 않고 헤어졌습니다.[105]

이 기록을 참조하면, 『남명집』 중간이 1893년부터 시작하여 1897년 무렵에 이르기까지 완전히 종결되지는 않았음을 알 수 있고, 이 일에 처음에는 물천도 참여하였으나 무슨 연유인지 그 뒤로 1897년까지 거의 간여하지 않았음을 알 수 있다. 이는 이미 대체로 알려져 있는 것처럼 深齋 曺兢燮(1873~1933)이 당시 20대 초반의 나이로 이 지역 長德을 제치고 『남명집』의 교정을 주도했기 때문으로 보인다. 물론 심재에게 이 일을 맡기면서 주관했던 이는 남명의 후손 復菴 曺垣淳(1850~1903), 즉 상기 衡七이었던 것이다.

복암은 아마 남명의 老莊 관련 문자 등 醇儒로서 흠이 될 만한 문자를 이 지역 長德이 차마 산삭할 수 없음을 짐작하고 深齋에게 이 일을 맡겼던 것으로 보인다. 그리고 그리하여 완성된 문집이 남명의 글이라고 하기에는 너무나 심각한 문제가 있었으므로, 물천이 마침 지나면서 복암에게 들러 "大賢의 글에 미안한 곳이 있어서는 안 된다." 또는 "修補者修補 還舊者還舊", "신명사도명의 경우 한 글자도 고쳐서는 안 된다."라며 다시 수정해야 한다는 견해를 내었던 것이다.

....

105 金鎭祜, 『勿川集』 卷4, 「答河義伯聖源(丁酉)」, "今承盛諭 仰認尊衛之義 發於性根 而出人萬萬 然恨不早捄於事初 未至於如此紛糺也 如祜不貲之物也 何足與聞於斯文大役 往癸巳夏 從長德后 粗聞一二 而伊後四三年 賤跡不入山 漫不知校勘定奪之如何 非敢自外於斯事 實有恃於僉君子公眼如星也 今初夏過訪衡七 衡七出示新本 且指言改定大槪 祜以行忙 未克爛看 略略窺披 有不厭處尙多 因言 大賢文字 不容有未安 當採遠近衆論 修補者修補 還舊者還舊 十分完滿 可以印布 此兄亦以爲然 然實未嘗一箇半箇有所定奪於其間也 設有所云云 顧何足以不貲爲口實 指證於兄書耶 題目扁題云云 追記不起 至於圖本去取 恐不甚謬於鄙見 則姑舍之 若神明圖之改刪 銘辭之刊落旁註 大家詰難以爲 此是先生心學之大關鍵 後學入道之正路陌 不可有一字增刪 趁爲改板還舊 此兄亦曰商量 故更無一言而別."

434 남명학파의 인물들

그러나 복암은 끝내 이 견해를 받아들이지 않았던 것 같다. 1902년에 물천이 복암에게 보낸 편지에는 다음과 같은 내용이 들어 있다.

고명하신 그대는 평소에는 마음이 玉과 같아서 아무도 감히 흠을 잡지 못하였는데, 문집의 교정에 이르러서는 모두들 "衡七의 뜻을 알지 못하겠다." 합니다. …… 대저 교감하는 일은 비록 鄕曲 선배의 글이라 하더라도 쉽게 손대지 못하고 謹畏의 뜻을 가지거늘, 하물며 老先生의 북두성 같은 찬란한 문장을 누가 감히 붓대롱 같은 견해로 엿보며 망령되이 의논하여 스스로 不韙의 죄를 범하겠습니까? 이것이 제가 原集을 예전대로 두어 변동하지 말아야 한다고 이르는 까닭입니다. ……

어찌 全文이 병통이 없는데도 통찰력이 미숙한 자신의 견해로 문득 쥐똥 같은 것을 덧씌우겠습니까? 이러하다면 後生의 실수가 비단 公議에 죄를 얻을 뿐만 아니라 선생께 죄를 얻음이 큽니다. 어찌 감히, 어찌 감히 이런 일을 하겠습니까? …… 고명하신 그대는 비록 자신이 교정한 것이 아니라 해도, 교정하는 사람이 모두 그대에게서 재가를 받아갔습니다. 고명하신 그대가 이러한 뜻으로 먼저 표적을 세워두지 않았다면 재가를 받아가는 사람이 어찌 定奪의 도리를 잃을 수 있었겠습니까? 前人의 거울이 아직도 있습니다.

바라건대 고명하신 그대는 생각을 넓게 하시고 문자를 생동감 있게 보아 尊衛의 정성을 완수하십시오. 그러면 저 같이 어리석은 사람도 마땅히 사양하지 않고 있는 힘을 다할 것입니다. 그렇지 않다면 어찌 감히 수많은 사람의 비방을 정면에서 맞이하겠습니까? 깊고 두터이 알아주심을 입었기에 드리는 말씀 또한 거리낌이 없습니다. 저의 잘못이 많습니다. 저의 잘못이 많습니다.

『學記』는 교감을 완료했습니다. 그러나 자신이 있는 것은 아니고 原集과 어긋나기도 합니다. 구구하게 꾸지람을 피하고 싶지는 않습니다. 『연보』는 구본을 바로잡았으나, 마음에 미안한 점이 있습니다. 그러나 그대로 두면 사람들의 이목에 만족스럽기 어려울 듯합니다. 어찌하겠습니까? 어찌 하겠습니까?

발문을 쓰는 일은 제가 지위도 없고 용렬하므로 일찍이 보통 사람
의 문집에도 붓을 댄 적이 없는데, 감히 大賢의 문집 속에 보잘것없는
글을 넣을 수 있겠습니까? 감히 명령을 받들 수 없습니다. 청컨대 다
시 재촉하지 마십시오.[106]

이 글을 통해서 복암을 중심으로 하는 몇몇 학자들이 1893년부터 이
른바 尊衛 釐正을 진행해 왔으나, 물천을 포함한 지역의 장덕이 원집 내
용의 심각한 改刪은 인정하기 어렵다는 견해를 내었기 때문에 1902년 당
시까지도 간행·배포에는 이르지 못했던 것으로 보인다. 더구나 이 일을
주관하는 복암의 마음 자세를 문제 삼아, 참으로 남명을 위하는 길이 무
엇인지를 깊이 생각하여 행동하라고 촉구하기까지 하였다.

물천의 「연보」 계묘년(1903)조에, "斗芳齋에 가서 남명선생 문집을 교
정하였다." 하였는데, 아마 복암이 물천의 견해를 수용한 결과가 아닌가
생각된다. 그러나 그 해 복암이 별세함으로 해서 물천은 이 일에도 더 이
상 참여하지 않게 되었던 것이다.[107]

그리고 1902년 당시에 『학기』와 『연보』는 물천 자신이 참여하여 교정

....

106 金鎭祜, 『勿川集』 卷6, 「與曺衡七垣淳 壬寅」, "高明平日 心期如玉 無敢指瑕 而
至於校集 則皆曰 衡七之意 未知也 …… 大抵校勘 雖鄕曲先輩文字 不敢容易下手
以存謹畏之義 況乎老先生之星斗爛章 誰敢窺管妄議 自犯不韙之科哉 此祜所以謂
原集依舊不動者也 …… 何至就全文無病中 以己見未透 遽加點鼠乎 如此則後生
手法之猾 非但得罪於公議 得罪於先生大矣 何敢何敢 …… 高明雖不以校正自處
校正之人 皆取裁於高明 高明不以此箇義諦 先立標的 則取裁者 何能不失定奪哉
前鑑尙在 願高明活着意思 活看文字 以遂尊衛之誠 則祜之愚 亦當效力不辭 不然
則何敢抗顏於百車之謗哉 蒙知深厚 故言亦不諱 多罪多罪 學記了勘 非敢自信 而
差異原集 不欲區區避誚 年譜 礫括舊本 未安於心 然依舊存 則恐難厭人耳目 奈何
奈何 跋語以祜賤劣 未嘗泚筆尋常文字 而敢添穢於大集中乎 不敢聽命 勿更督也."
107 金鎭祜, 『勿川集』 附錄, 「年譜」, 癸卯年條.

을 마쳤다고 하였고, 거기서 일부 수정이 있었던 것은 여러 사람의 뜻이었다고 하였다.[108] 『학기』 내용에 대한 수정에 대해 꾸지람을 피하고 싶지 않다고 말한 것은, 자신의 학문적 자신감을 드러내 보인 것이라고도 이를 만하다. 다음은 물천이 『學記』를 교정하고 같이 일을 했던 이들에게 남긴 시다.

처음엔 盤盂錄으로 나왔다가,	初出盤盂錄
차츰 분류하여 편집하게 되었네.	轉成編類門
물결이 날려 냇물이 고요하지 않았고,	揚瀾川不靜
안개가 흩날려 골짝이 오히려 어두웠었네.	簸霧谷還昏
남들은 풍류의 좋음을 사랑하지만,	人愛風流好
나는 淳樸의 본원을 생각한다.	我思淳樸原
墓奴에 左證이 없으니,	墓奴無左證
누가 精微한 논의를 믿겠는가?[109]	誰信精微論

　물천이 이 시에서 언급한 盤盂錄은 남명이 처음 讀書 箚記로 엮은 『學記』를 지칭하는 것이고, 분류하여 편집하였다는 것은 『學記類編』을 지칭하는 것으로 보인다. 頷聯의 언급은 來庵 鄭仁弘이 『학기유편』의 편찬을 주도하면서 내용의 일부가 원본 『학기』의 내용과 무언가 달라졌음을 비유적으로 표현한 것처럼 보인다.

　尾聯에 보이는 '墓奴에 左證이 없으므로 남들이 믿어주기 어렵다'는 표현은, 남명이 다시 살아나서 증거를 대면 모를까 그렇지 않으면 우리들

....

108　金鎭祜, 『勿川集』 附錄 「年譜」에는 계사년(1893)에 『南冥集』 刊役을 도왔다고 하고, 갑오년(1894) 봄에 山天齋에서 『學記』를 校勘하였다고 되어 있다. 이는 原集의 내용과 상충된다.

109　金鎭祜, 『勿川集』 卷1, 「學記校訂後同諸公言志」.

이 한 작업을 누가 남명의 본의라고 믿어 주겠는가라는, 겸손하면서도 다소 자신감이 없어 보이는 표현이다. 이는 앞에서 인용한 "구구하게 꾸지람을 피하고 싶지는 않습니다."라는 표현과 비교해 보면, 물천의 심경을 짐작할 만하다. 꾸지람을 피하고 싶지 않다는 것은 자신의 학문적 역량을 다하였다는 데서 오는 자신감이라면, 확실한 증거를 댈 수가 없으니 누가 우리 일의 정당성을 믿어 주겠느냐는 것은 함께 일한 사람끼리의 두렵고 조심스러운 마음가짐이라 보아야 할 것이다.

IV. 맺음말

남명학이 계해정변과 함께 거의 지하로 흐를 뿐 지상으로 모습을 드러내기 어려웠으니, 이는 정치적 상황과 맞물린 남명학파의 역사적 현실이었던 것이다. 그리하여 17세기 중반기 무렵부터 19세기 중반기 무렵까지 거의 200년에 걸쳐 남명학파의 진원지인 진주를 중심으로 하는 서부 경남 지역에는 학문이 크게 흥기하지 못했던 것이다. 그러다가 18세기 말엽에 正祖가 南冥에 대한 祭文을 친히 지어서 내려준 것이 하나의 계기가 되어, 19세기에 들어서면서 서부 경남 지역에 서서히 학문이 흥기하여 중엽 이후에는 성황을 이루게 되었다. 그러나 이는 이미 퇴계학파화 또는 기호학파화한 상황에서의 興隆이었던 것이다.

勿川 金鎭祜 또한 이런 시대적 분위기와 무관하지 않은 인물이다. 이제까지의 논의에서 물천이 학문적 사승관계에 의해 주로 퇴계학파로서의 면모를 강하게 지니면서도, 자신이 처한 지리적 배경에 의해 자연스럽게 남명학을 접할 수밖에 없었던 점이 어느 정도 드러났다. 물천의 남명학파로서의 면모를 정리하면 대체로 다음과 같다.

첫째, 남명의 유적지를 돌아보면서 드러난 남명 정신을 숭앙하는 태도이다. 秋霜烈日 같은 粹然한 정신 경계와, 直內方外를 내용으로 하는 敬義之學을 남명 학문의 핵심으로 파악하고, 이를 후학들이 마땅히 추구하여야 할 準的으로 인식하였다. 그리고 남명의 학문이 廉頑立懦의 효과가 있다고 하여 남명을 '百世師'로 인식하였다.

둘째, 남명의 구체적 저술에 대한 물천의 생각이 얼마나 깊은지에 대한 자료는 흔하지 않다. 신명사도에 대한 한두 가지 견해만 보일 뿐이고, 이 또한 남명의 학문을 자기화한 것으로 이해되지는 않는다.

셋째, 『남명집』·『학기』·『연보』 등의 중간에 매우 깊은 관심을 가지고 있으면서, 기회가 되기만 하면 적극적으로 이에 참여하였다. 그러나 尊衛라는 이름으로 남명의 진면목을 사라지게 하는 것에 대하여는 반대하였다. 이들의 중간을 주관하던 復菴 曺垣淳에게 기회가 닿는 대로 자신의 견해를 주었으나, 물천의 견해를 받아들이는 일이 이루어지지 않은 상황에서 복암이 별세하였고 그 얼마 뒤에 물천 자신도 별세하였다.

요컨대 물천은 조선이 일본에게 국권을 빼앗기기 직전까지 살았던 인물로, 조선 말기 이후 일제 강점 시기를 살았던 서부 경남 지역의 학자들에게 퇴계학과 함께 남명학에 관해서도 깊은 관심을 가지게 하는 데 매우 중요한 역할을 하였던 인물이라 이를 수 있을 것이다.

1. 원전자료

金鎭祜, 『勿川集』
『孟子』
曺 植, 『南冥集』
許 愈, 『后山集』

면우 곽종석 평전

I. 머리말

면우(俛宇) 곽종석(郭鍾錫, 1846~1919)은 조선 헌종 때 태어나 철종 때 학업의 기초를 다져서 고종 초기에 이미 학문을 크게 성취하였다. 그리고 고종 말기, 조선이 종말을 고하는 시점에 역사의 현장에서 그 과정을 직접 목도하고 선비로서의 바람직한 처신이 무엇인가를 심각하게 고민하였으며, 그리하여 그에 마땅한 행동 지침을 제시하고 스스로 그것을 실천했던 인물이다.

그는 남명학파의 본산인 덕천서원과 30리 정도 떨어진 단성의 사월리에서 태어나고 자라면서 주변에 가득한 남명학파 학자들로 인해 자연스럽게 남명학파의 학문 성향이 몸에 배게 되었다. 일찍부터 학문에 침잠하여 20대에 이미 조선 성리학을 종횡으로 꿰어서 이를 정리하였다. 그리고 주리설(主理說)을 펼쳐 학계의 주목을 받고 있던 한주 이진상을 성주로 찾아가 토론하는 과정에서, 자신이 이미 정리한 성리학적 지식의 정당성을 확인하고 사제 사이에 금방 깊은 신뢰감이 형성되었다.

면우의 학문은 한주를 만난 이후 크게 진전을 보았을 뿐만 아니라 명성 또한 전국에 알려지기 시작하여, 만년의 고종은 이미 기울어져 가는 국운을 돌리는데 혹여 면우가 어떤 특단의 대책을 제시하리라 믿고 간절하게 그를 만나려 하였다. 면우가 결국 고종을 만나 해줄 수 있었던 말은 '임금의 마음 하나에 달려 있다'는 이상의 것이 아니었다.

기울어져 가는 나라를 일개 학자의 힘으로 바로잡는 것은 불가능에 가깝다 해도, 앞으로의 국운은 젊은이들을 교육하는 데 달려 있다고 생각하여, 교육 하나만은 죽는 순간까지 잠시도 게을리 하지 않았다. 그리고 독립운동에 있어서도 유자로서 가장 합당하고 적절한 방법을 찾다가, 결국 파리에서 열리는 국제평화회의에 우리의 처지를 장문으로 호소하는 편지를 보내기로 하였고, 이 일이 발각되어 감옥에 갇혔다가 병으로 출옥하여 얼마 뒤 세상을 떠났던 것이다.

면우의 이러한 면모를 주로 생애의 전개 과정을 중심으로 좀 더 자세히 살피면서, 오늘날 우리가 어떻게 이해하고 받아들일 것이며, 앞으로 우리의 미래에 어떻게 활용할 수 있을 지 그 의미를 새겨 보도록 한다.

II. 成學 과정 [1세~25세]

면우는 조선 헌종 12년(1846) 6월 24일에 경상도 丹城縣 沙月里 草浦村에서 태어났다. 면우의 선조는 대대로 玄風에서 살다가 중세에 漆原에 우거한 적이 있었고, 조부 郭守翊이 단성의 妻鄕에 살게 됨으로써 면우가 단성에서 태어나게 된 것이다. 면우의 아버지는 道菴 郭源兆, 어머니는 海州鄭氏다. 아버지 도암 공은 문학적 역량과 조행이 훌륭한 것으로 인근에 알려져 있었고, 어머니 해주정씨는 農圃 鄭文孚의 후손으로 현숙한 부인이었다.

위인에게 흔히 범상 찮은 태몽이 있듯이 면우의 탄생 때에도 아버지 도암 공이 마을 뒤의 石臺山이 방안으로 들어오는 꿈을 꾸었다고 하며, 그래서 어릴 때의 이름을 '石山'이라 했다 한다.

면우가 태어난 초포촌은 지금의 산청군 단성면 남사 마을의 개울 건너 산 밑에 있다. 면우의 사후 이곳에 尼東書堂을 세워 지금도 해마다 면우를 향사하고 있는 것은 이곳이 그의 출생지이기 때문이다. 면우는 태어난 그 다음 해에 다시 석대산 끝자락을 끼고 도는 이웃 마을인 道坪의 본가로 돌아가서 살게 된다.

남사 마을에는 면우가 태어날 무렵에 月浦 李佑贇(1792~1855)과 月村 河達弘(1809~1877)이 학문에 매진하고 있었고, 인근 단계에는 端磎 金麟燮(1827~1903)이 살고 있었으며, 삼가에는 晚醒 朴致馥(1824~1894)이 함안으로부터 우거해 와서 后山 許愈(1833~1904)와 함께 강학하고 있어서 바야흐로 단성 인근 지역에 문풍이 거세게 일어나고 있었다.

월포 이우빈은 南皐 李志容, 南溪 李甲龍, 台窩 河必淸, 知命堂 河世應, 石溪 河世熙, 謙齋 河弘度, 松亭 河受一, 覺齋 河沆을 통하여 南冥 曺植에 이르는 학적 계보를 잇는 인물이다. 월촌 하달홍과 만성 박치복 및 단계 김인섭은 定齋 柳致明의 문인이고, 만성과 단계는 기호 남인 性齋 許傳의 문인이기도 하다. 그러니, 당시 단성 인근에는 남명학파의 학맥이 끊어지지 않고 이어져 오는 가운데, 퇴계학맥을 이은 학자와 기호 남인의 학맥을 이은 학자들이 포진하고 있어서 면우 같은 대학자의 출현을 이미 예고하고 있었던 것이다.

그러나 면우가 어릴 때부터 이들에게 직접 훈도를 받았던 것은 아니다. 면우는 네 살 때부터 아버지 도암 공에게 글자를 배우기 시작했고, 다섯 살 때는 『史略』을 읽었는데 모부인이 달 밝은 밤 면우를 등에 업고 배운 것을 외어 보라고 하자 거침없이 1권씩 외어 내었다고 한다. 여섯 살 때는 四書와 『詩經』을 읽었고 일곱 살 때에 『書經』을 읽었는데, '朞三百'을 스스로의 힘으로 조금의 오차도 없이 풀어내어 주위 사람들을 놀라게 했다고 한다. 그리고 아홉 살이 되어서 비로소 같은 마을에 사는 李鴻

烈(1808~1867)에게 나아가 과거 공부를 하였다.

이홍렬은 문과에 급제하여 현감을 역임한 默窩 李賢默(1772~1828)의 아들로, 월포 이우빈은 그의 11촌 조카가 된다. 그는 자신이 문과에 합격하지는 못했으나, 아버지가 문과에 급제한 인물이었으므로 과거 시험에 대한 노하우를 상당히 간직하고 있었던 모양으로, 연보에는 당시 인근 학자들이 과거 공부를 위해 그의 문하를 많이 찾은 것으로 기록되어 있다. 중세 이후 면우의 아버지 대에 이르기까지 면우의 직계 조상 중에는 두드러진 학자나 관인이 없었다. 그런 까닭에 어릴 적부터 크게 총명함을 드러낸 면우에게 거는 기대가 남달랐던 것이고, 그래서 면우의 부모는 면우에게 과거 시험을 위한 특별 과외 지도를 시켰던 것으로 보인다.

면우가 어느 날 공부를 하고 저녁 무렵에 집에 돌아와 보니 마침 닭장 문이 닫히지 않았으므로 나아가서 닫았다. 그러자 어머니 해주정씨가 부엌에 있다가 이를 보고 부지깽이를 들고 때리면서 "글 읽는 것이 네 할일이다. 어찌 감히 주제넘게 용렬하고 잡된 일에 나서느냐?" 하였다고 한다. 어머니의 교육이 이처럼 엄격하고 전일하였던 것 또한 면우에 대한 기대가 어려서부터 남달랐음을 말해주는 하나의 증거라 할 수 있다.

열네 살 때에 이미 『禮記』를 읽었으며, 열다섯 살 때부터는 과거시험에 필요한 논술 공부를 하였다. 이 당시 면우는 자신의 재능에 대해 자부심을 가져서 천하의 어떤 일도 그 이치를 궁구하지 못할 것이 없으며, 천하의 어떤 책도 그 뜻을 토론하지 못할 것이 없다고 생각하였다. 그래서 고금의 정치·제도·문장·輿地·名物·兵謀·師紀·律呂·衣服·陰陽·佛老에 관한 책을 연구하여 그 요점을 정리하였다. 그러나 사람들 앞에서 처신할 적에 한 번도 재능과 현명함을 내세운 적이 없고 몸을 낮추어 자중하였다. 그래서 어릴 적에 부르던 이름인 '돌뫼[石山]'를 바로 '돌뫼!'라 부르지 못하고 마치 별호처럼 모두 '석산!'이라 불렀다. 이는 어릴 적부터 학문에 열중하면서도 처신을 바르게 하였기 때문에 얻어진 결과였던 것이다.

면우는 12세 때 아버지 상을 당하고 17세 때(1862)는 같은 고을의 立石里로 옮겨 살다가 얼마 후 다시 道坪 본가로 돌아왔다. 입석리에 살면서 같은 마을의 石帆 權憲璣(1835~1893)와 함께 『시경』·『서경』·『左傳』을 강론하였다. 석범이 면우보다 11년 연상이니까 당시에는 면우가 석범으로부터 학문적 도움을 적지 않게 받았을 것으로 짐작된다. 19세에 대구에서 있었던 문과 시험 초시에는 합격했으나 20세 때 서울에서 있었던 회시에서는 합격하지 못했다.

21세 때인 1866년에 「晦窩圖」를 작성하였다. 이 그림은, 유자 가운데 신유학을 일으켜 학자들의 공부의 표적이 된 晦庵 朱熹, 그리고 그의 영향을 입어 우리나라에 주자학을 수입한 晦軒 安珦, 조선시대에 주자학을 크게 이룬 대표적 인물 晦齋 李彦迪을 존모하여 그린 것이다. 이 그림은 세 개로 이루어져 있는데, 제1도는 7개의 贊이 도식화되어 있고, 제2도와 제3도는 각각 11개의 銘과 11개의 箴이 도식화되어 있다. 이 28개의 찬·명·잠은 자신의 정신을 수양하기 위한 언어들로 이루어져 있다.

하나만 예를 들어본다면, 「晦箴」은 다음과 같다.

내 인생 백 년 동안,　　　　　　　　　　　吾生百年
나날이 달라야 하리.　　　　　　　　　　　日非一日
갈수록 더 부지런해,　　　　　　　　　　　愈久愈勤
촌음도 잃지 않으리.　　　　　　　　　　　寸不可失

면우가 '회'라는 글자에 대해 이처럼 「회와도」를 그리면서까지 좋아하게 된 것은 이 글자가 날 日 자와 매양 每 자의 결합으로 이루어져 있으므로, 날마다 쉬지 않고 부지런히 노력한다는 뜻이 글자에 들어있기 때문이었다. 이런 이유로 위의 회잠의 1구와 2구에서 나날이 발전하는 모습을 보여야 한다고 말한 것이고, 3구와 4구에서 시간을 아껴 촌음도 허송하지 않겠다고 다짐하고 있는 것이다.

회잠에서의 다짐처럼 촌음도 허송하지 않고 열심히 공부하기 위해, 면우는 22세 때 좀 더 고요한 곳을 찾아서, 삼가의 紺嶽山 서쪽 神旨坊으로 거처를 옮겼다. 또 2년 뒤에는 더 깊은 곳을 찾아서, 신지방의 가장 안쪽인 嶧洞으로 거처를 옮기고 공부하는 집의 이름을 繹古齋라 하였다.

이곳에서 잠심·연구하여 25세 때는 「四端十情經緯圖」를 저술하였다. 이 그림은 사단과 십정은 경과 위가 되며, 四端은 主理이고 十情은 主氣라는 것으로 요약된다. 십정은 喜·怒·哀·樂·愛·惡·欲의 칠정에다 憂·惄·懼를 더한 것으로, 이 그림을 완성할 당시에 면우는 이미 앞 시대의 학자들이 이룩한 학문적 업적을 종합하여, 理氣心性의 문제를 사단과 십정의 발현 문제로 집약하고 이를 '經緯'라는 개념으로 정리하였던 것이다.

이 해에 이미 후산 허유를 통해 主理說로 명성을 떨치고 있던 寒洲 李震相을 배알하고 그의 제자가 되었다. 「사단십정경위도」에서 이미 주리와 주기의 개념을 명확히 하면서도 사단과 십정이 실은 모두 다 理가 氣를 타고 발현되는 것이란 생각을 갖고 있던 면우는, 한주를 만난 자리에서 토론이 깊어질수록 견해가 서로 맞아떨어졌다. 당시 한주의 몸이 점점 면우가 앉은 쪽으로 다가가 두 사람은 무릎이 서로 닿는 줄도 모르고 토론에 열중하였다는 이야기는 한주정사(寒洲精舍)의 고사로 널리 알려져 있다. 이때 토론에서 미진하였던 부분을 면우가 '지의록(贄疑錄)'이라 이름 붙여서 한주에게 바치고 돌아갔는데, 한주는 이 글의 조목마다 자신의 견해를 달아주었다. 이로부터 면우는 한주의 학설을 가장 정밀하게 이해한 문인으로 널리 알려지게 되었다.

Ⅲ. 聖學 추구 [26세~65세]

　면우의 생애에 있어서 삼가현 역동은 매우 특별한 의미가 있다. 앞에서 언급한 것처럼 촌음도 허송하지 않고 학문에 잠심하기 위해 찾아들어가 스스로 전대 학자들의 학문의 핵심을 정리하였다는 점에서 의의가 있고, 또 이곳에서 생활하는 동안 자신의 학문을 완성시켜줄 스승 한주를 만났다는 점에서도 그 의의가 적지 않다.

　면우는 이곳으로 옮긴 뒤 처음에는 역동 재실이란 의미에서 자신의 거처를 '역재(嶧齋)'라 하고 후산 허유로부터 그 기문을 받았다. 그러다가 25세 때 한주 문하로 들어간 뒤 한주로부터, 옛사람의 학문을 연역해 들어가라는 의미로 '역고재(繹古齋)'란 이름과 그 기문까지 받았다. 그리고 이때부터 본격적으로 성학(聖學)을 추구하기 시작하였다.

　면우는 26세 때 이 역고재의 공부방 벽에 경계의 글을 지어 붙여놓고 학문에 매진하였는데, 이때 벽에 써 붙여둔 글이 「역고재 협실 벽상계(繹古齋夾室壁上戒)」와 「벽상첩(壁上帖)」이다.

　「역고재 협실 벽상계」는 학문(學問) 14조, 언행(言行) 25조, 사물(事物) 9조, 문자(文字) 7조 등 모두 55조로 되어 있다. 이 55조가 모두 자신이 어떻게 학문에 임하여야 하며 무엇을 추구할 것인가에 대해 정리한 것이다. 이 가운데 몇 조목만 들면 다음과 같다.

- 학문은 모름지기 기질을 변화시켜야 한다.
- 학문을 할 적에는 백 근을 짊어지고 천 리를 달려도 넘어지지 않을 끈질긴 힘과, 주먹과 손바닥을 연마하여 일약 성곽을 뛰어넘어 들어갈 수 있는 용기가 있어야만 바야흐로 큰일을 해낼 수 있다. -학문-
- 『소학』을 읽기 전에는 그 책임이 작고 『소학』을 읽고 난 뒤에

는 그 책임이 크다. 한 걸음, 한 마디 실수를 하더라도 사람들은 이 사람이 바로 『소학』 읽은 사람이라 할 것이다.
- 말 잘하는 것은 인(仁)이 아니고, 말 많은 것은 경(敬)이 아니다.
- 경(敬)은 고요히 앉아 있는 데서 비롯되고, 성(誠)은 망령스레 말하지 않는 데서 비롯된다.
- 말하기가 어려운 것이 아니라 행하기가 어렵다. 말은 행동을 돌아보고, 행동은 말을 돌아보아야 한다. -언행-
- 후설(後說) : 현인(賢人)이 되기는 원하면서 감히 성인(聖人)이 되기를 바라지 않는 것이 학자의 큰 병통이다.

면우의 이 글은 여느 문집에서도 볼 수 있는 글이다. 문제는 체험에서 우러난 자기 소리냐 아니냐는 것이다. 더구나 이 글의 말미에 보이는 후설은, 경계가 될 만한 말들을 정리한 뒤 왜 이런 경계의 글을 써 붙여 두느냐 하는, 수양의 목적을 밝힌 것이어서 면우의 일생을 설명할 수 있는 의미심장한 표현이다.

면우는 공부하는 사람들의 목표가 너무 낮은 것에 대해 불만에 가까운 우려를 가진 것으로 보인다. 공부를 하여 성인이 될 생각을 애초부터 포기하고, 현인만 되어도 천만다행이라는 생각을 가진다면 현인에 도달하기도 어려운 일이니, 그렇다면 성인은 아무도 될 수 없지 않느냐는 우려인 것이다. 자신의 역량을 헤아리지 않고 높은 벼슬을 탐하려 한다면 이는 마땅히 비판받을 만하지만, 공부에 있어서는 그 목표를 아무리 높게 가진다 해도 남에게는 물론 자신에게도 피해가 없는데 왜 목표를 스스로 낮추어 잡느냐는 것이다.

'賢人이 되기는 원하면서 감히 聖人이 되기를 바라지 않는 것이 학자의 큰 병통'이라는 이 표현은, 비록 「역고재 협실 벽상계」의 후설에 드러난 짤막한 말에 불과하지만, 기실은 면우의 생애 전반을 관통하는 말이다.

이울러 면우의 면우다운 까닭을 이해하는 핵심어라 할 수 있다. 즉, 면우는 평생 聖學을 추구하였던 것이다. 그가 27세 때에 27인의 벗들과 함께 시문을 공부한 뒤 「同硏帖」을 작성하고 자신이 그 발문을 찬술하였는데, 그가 이 글에서 과거 공부 이외에 의리의 학문[義理之學]이 있음을 極言하였던 것도 聖學을 추구하자는 의지에 다름 아닌 것이다.

면우는 이 뒤로 거처를 세 차례 옮겼다. 즉 28세 때 자신이 태어난 단성의 초포리로 다시 돌아왔다가, 38세 때는 봉화의 춘양으로 깊이 숨었다가, 51세 때 거창의 다전으로 옮겨서 거기서 일생을 마치게 된다. 결국 면우는 성년 이후 10년 정도 고향에 머물러 살았고 74세로 일생을 마칠 때까지 대부분의 기간 동안 깊은 산골로 옮겨 다니면서 은자의 생활을 하였던 것이다.

봉화의 춘양과 거창의 다전은 사람이 거의 살지 않는 깊고 깊은 골짜기다. 면우가 이런 곳을 자신의 거처로 삼았던 것은 학문에 매진하면서 난세를 피해 살려는 의지의 소산으로, 이 또한 성학을 추구하고 실천하는 과정에 다름 아니었던 것이다. 이제 성학과 관련하여 그가 그 동안 이룩한 학문적 업적과 현실 대응 양상을 정리해 본다.

IV. 학문과 사상

면우는 180권 63책의 문집을 남겼다. 우리나라에 면우의 선배 학자 가운데 면우보다 문집을 많이 남긴 학자가 없다. 문집의 분량으로 학문적 업적을 단순 평가할 수는 없으나, 이것만으로도 면우가 학자로서 일생 동안 얼마나 진지하고 치열하게 살았는지 짐작할 수 있는 것이다.

면우의 문집 180권 가운데 118권이 편지글이다. 오늘날의 편지글은 단순한 신변잡기 또는 수필 형식의 글이 대부분이지만 당시의 편지글은 이보다 훨씬 무거운 의미가 있다. 오늘날의 개념으로 보면 인터넷 실명 공개토론회에 올리는 글과 유사하다. 즉, 학술 토론을 주로 편지로 하였다는 뜻이다. 그래서 후대에 이 118권의 편지글 속에서 사서삼경의 의미에 대해 답변한 것만 모아 1,074장 분량의 『茶田經義答問』이란 책이 엮어져 나오기도 하였던 것이다.

그러나 그의 사상이 담긴 주요 저술은 대체로 5권 분량의 「雜著」에 들어 있다. 잡저는 이기심성에 관한 학설이 대부분을 차지한다. 면우가 견지한 학자로서의 학문 목표에 대해서는 앞 장에서 언급하였으므로 중언을 피하고, 여기서는 「讀書說」에 제시된 공부 방법 및 理氣心性에 관한 학설에 대해 일별하기로 한다.

면우는 「독서설 1」에서 다음과 같이 설파하고 있다.

· 글에는 본의(本意)와 정의(正意)와 여의(餘意)가 있다. 먼저 그 정의를 이해한 뒤 더듬어 올라가 본의를 궁구하고 나아가 여의를 미루어 알아야 한다. 이것이 글을 읽는 요령이다.
· 뱃사람의 자식은 물고기 이름을 먼저 알고 서리의 자식은 장부 정리하는 것을 먼저 배운다. 이것이 모두 세상의 쓰임에 부응하기 위함이다. 과거 공부하는 자들은 갖가지로 문장의 기교만 추구하고 세상의 쓰임에는 도움이 되지 않으며, 글 솜씨를 드러내려는 자들은 크게 헛소리만 하고 도리를 궁구하지 않는다. 이는 천박하기 이를 데 없는 사람들이다. 글 읽는 뜻이 어찌 여기에 있겠는가? 이런 것을 위한 글이라면 글 없는 것이 더 나으리라.

면우는 이처럼 공부의 내용은 우리의 일상생활과 동떨어진 것이어서는 안 된다는 것을 매우 강조하고 있다. 일찍이 남명 조식이 선조에게 올린 「戊辰封事」에서 "학문하는 목적은 그것을 현실에서 쓰기 위함인 것입니다.[窮其理 將以致用也]"라고 명쾌하게 밝혀 실질적인 학문을 추구할 것을 설파한 적이 있었는데, 면우의 이 글 또한 그 연장선에서 언급된 것이다. 현실에 실질적 도움이 되지 않는 독서는 그 의미가 없다고까지 극언하고 있다.

독서의 방법으로 제시된, 正意를 알고 난 뒤 本意와 餘意를 이해해야 제대로 글을 읽은 것이란 언급 또한 오늘날의 우리에게도 시사하는 바가 적지 않다. 오늘날 우리에게는 본의와 여의를 이해하기는커녕 정의조차 제대로 알려고 하지 않으려는 경향이 있으니, 면우의 이 글은 글 읽는 자세라는 측면에서 그가 얼마나 진지하고 치밀하게 글을 접하려고 하였던가 하는 점을 느끼게 한다.

면우는 이기심성에 관하여 일찍부터 깊은 관심을 가졌다. 그래서 앞에서 언급한 것처럼 이미 22세 때 「사단십정경위도」라는 그림을 완성하여 성리학의 핵심을 자신의 힘으로 이해하여 정리하였다. 그 뒤 한주 이진상을 사사하여 주리설을 전수받음으로써 우리나라 성리학계의 학설사를 총정리하여 결론을 내리려는 의지를 드러내었다.

그는 1877년 그의 나이 32세 때 「理訣」을 상·중·하 세 편으로 저술하여 주리설에 입각한 이기심성론을 완성하였다. 여기서 그는 理가 氣에 앞서며, 理는 형적도 없고 생사도 없으며 虧剩도 없으나, 理는 脈絡도 있고 動靜도 있으며 體用도 있다고 하였다. 그리고 理는 主宰함이 있으며 善하지 않음이 없다고 단정하였다.

그리고 다음과 같이 '主理'에 대한 견해를 분명히 하였다.

천하의 만사는 근본이 없이 성립되지 않는다. 이 때문에 聖人이 근본을 중시한 것이다. 임금은 신하의 근본이요, 아비는 자식의 근본이요, 천지는 만물의 근본이며, 理는 또한 천지·만물의 근본이다. 천하의 만사는 理가 없으면 문란하나니, 신하가 그 임금을 시해하고 자식이 그 아비를 시해하거나, 소인이 어른 노릇하고 어지러운 날이 많은 것은 모두 이 理를 소홀히 여겨서 그런 것이다. 그러므로 우리 유학은 主理를 귀하게 생각하는 것이다.

면우 자신도 「理訣 中」에서, "천지에 있는 것을 理라 하고, 인물에 있는 것을 性이라 한다. 性이 곧 理다."라 한 것처럼, 주자 성리학에서는 자연의 이치를 인간의 본성과 결부시켜 天理가 善하듯이 人性도 善하다고 한다. 그리하여 인간의 심성 또한 이 착한 性理가 주재함으로써 아름다운 사회가 될 수 있다고 보는 것이다.

人性이 선하다면 세상에 악한 일은 일어나지 않아야 마땅하겠지만, 성리학자들은 이를 물욕에 의한 가리어짐으로 보고 이를 다시 理가 氣에게 침식당한 것으로 파악했다. 그러므로 이가 기에게 침식당하지 않고 理가 인간의 만사와 만물을 주재하게 하면 아름다운 사회가 될 수 있다고 생각하였다. 그래서 면우는 마땅히 主理를 귀하게 여겨야 한다고 강조한 것이다.

면우의 저술 가운데 이기심성과 관련된 것은 「理訣」 이외에 「心動靜圖說」, 「人心道心說」, 「人心道心圖」, 「人道或問」, 「四端十情經緯圖」, 「四端七情說」, 「四七雜記」, 「心性雜記」, 「心出入集說」, 「柳省齋心說辨」, 「釋性」, 「釋知覺」, 「理氣論」, 「主宰說」 등이 있다.

요컨대 면우는 자신의 시대에 이르기까지 논의되었던 이기심성론에 대한 최종 정리를 하여 이를 主理로 결론지었다. 그리고 이 견해에 대한 이설이 있을 경우 편지글 등을 통해 낱낱이 세밀하게 논증하여 자신의 견해의 정당성을 입증하였다. 이러한 학설 또한 맹자 이래의 성선설을 계승하여 발휘하려는 것으로, 성학을 추구하는 과정에서 반드시 부닥쳐 넘어가야 하는 하나의 계제로 생각하였던 것이다.

V. 현실 대응 - 출처와 교육

면우는 부모의 명에 의해 9세 때부터 과거 공부를 하였다. 19세에 대구의 동당시 초시에 합격하였으나 회시에서는 낙방하였다. 이후 몇 차례 과거 시험에 응시하였으나, 21세에 「회와도」를 작성하고 22세에 삼가로 이거한 뒤 25세와 26세에 「사단십정경위도」와 「繹古齋夾室壁上戒」를 완성하면서, 爲人之學을 버리고 爲己之學을 통한 聖學을 자신의 학문 목표로 삼고 이 성학에 일로매진하였다.

다음 시는 성학을 추구하려는 면우의 내면세계를 보여주고 있다는 점에서 주목할 만하다.

> 두류산(頭流山) 천만 년에,　　　　　　　　頭流千萬歲
> 누가 원대한 소리 들었는가?　　　　　　　孰聞遠大聲
> 소자의 금심(琴心)이 예스러우니,　　　　　小子琴心古
> 이 날 평안히 울지는 않으리.　　　　　　　此日不平鳴
> 　　　　　　　　　　　　　　　　　（「山天齋敢用柱上韻」）

이 시는 山天齋 기둥에 써 붙여 둔 南冥의 시에 차운한 시다. 남명의 시는 하늘이 울어도 울지 않는 두류산 같은 기상을 자기화함으로써 기개 높은 시로 널리 알려져 있다. 이 시에서 면우는 천만 년 동안 아무도 듣지 못했던 원대한 소리를 오늘 한번 들려주겠노라는 인생의 당찬 목표를 드러내 보임으로써 남명과 묘한 대조를 이루는 기개를 보여주고 있다. 면우의 이 도도한 목표는 성학의 추구에 다름 아니다.

29세에 모부인의 뜻에 따라 과거 시험장에 나아갔으나 시험지를 제출하지 않았고, 모부인 또한 면우의 뜻을 알고 과거 공부를 더 이상 종용하지 않았다. 이로부터 면우는 어지러운 국내 정세에는 관심을 기울이지 않은 채, 향리에 은거하면서 선비로서 일상생활을 하는 동안 지켜야 할 여러 가지 일에 모범을 보임과 동시에 선비로서의 전통 행사들을 주도하였다.

이 가운데 가장 중요한 것은 물론 학문에 매진하는 일이다. 그래서 면우는 「村舍月講規約」을 만들어 자신은 물론 주변의 학자들에게 학문에 매진토록 하고, 「鶴社月課」의 예에서 볼 수 있듯이 공부한 내용을 매월 적어가면서 스승과 벗들 사이에 서로 학문을 독려토록 하였다.

「촌사월강규약」에는 한 달에 한 차례씩 모여 책 한 권을 돌아가면서 강독하고 鄕飮酒禮 및 士相見禮를 행하도록 하였다. 그리고 실제로 면우는 자신이 주도하여 32세 때인 1877년 한주 이진상, 만성 박치복, 단계 김인섭 등의 長德을 모시고 원근의 사우들을 초치하여 단성 남사 마을에서 향음주례를 행하였고, 53세 때인 1898년에는 남사 및 성주의 鍾山齋와 三峰書堂에서 각각 향음주례를 행하였다.

면우는 세상이 어지러우므로 스스로 벼슬길에 나아가지 않으려 하였으나, 49세 때인 1894년에 조정 신하의 천거로 仕版에 이름이 오르게 되었다. 그 뒤 비안 현감에 제수되었을 때 사양하고 나아가지 않았으며, 1899년에 고종이 직접 돈유하여 불렀으나 상소하여 나아가지 않았고, 중추원 의관에 제수되었으나 나아가지 않았다. 1903년 58세 때 고종이 면우를 통정대부 비서원승에 제수하고 폐백을 갖추어 사신으로 하여금 돈유해 부르자, 면우도 어쩔 수 없이 등대하였다.

이 자리에서 면우는 "나라의 치란은 오직 임금의 마음이 존재하느냐 존재하지 않느냐에 달려 있을 뿐입니다. 그러니 폐하께서는 오직 자신의 마음에서 그것을 돌이켜 보셔야 합니다."라는, 참으로 오래 전부터 내려오는 원론적인 언급을 하였을 뿐이다.

그러나 면우도 망하기 직전의 나라 상황에서 이 이상의 다른 말은 할 수도 없었고, 서양의 새로운 문물에 대해서는 남보다 나은 지식이 없었으므로 달리 대안이 없었던 것도 사실이다. 그럼에도 고종은 면우의 학식과 인품으로 보아 행여 망해가는 나라를 붙들어줄 수 있는 특별한 대책이라도 제시해 줄 수 있을까 하여, 1905년 을사늑약을 전후하여 몇 차례나 면우를 불렀다. 면우는 왜놈의 이른바 '保護'를 굳게 거절해야 함과 아울러 賣國의 賊臣을 참수하고 列國의 公法에 호소하기를 요청하였다.

이 일도 적신들이 고종으로 하여금 면우를 면담하지 못하도록 막음으로써 결국 허사로 돌아갔다. 그 뒤 국채보상운동을 적극적으로 주도하였으나 마침내 1910년(65세) 망국의 비보를 접하고야 말았다. 그러나 배우러 오는 학자를 거절하지 않으면서, "나라는 망할 때가 있지만 道는 하루라도 없어서는 안 된다."라고 하였다. 면우가 이처럼 추구했던 도는 자아완성을 향한 聖學이었다.

그러므로 면우는 나라가 망해 가는 정세 속에서도 공부하는 일을 게을리 하지 않으며, 옛 성현들이 추구했던 길을 묵묵히 걸어갔다. 망국 이전, 특히 젊은 시절에는 성리학 관련 저술이 많았고, 50대 이후로는 향음주례·사상견례 등을 통하여 망국의 즈음에 무너져 가는 예의를 부지하고자 특별히 노력하였고, 망국 이후로는 선현의 행장과 묘비명, 신도비 등을 많이 지었다. 물론 만년으로 갈수록 명망이 높아져서 글을 구하는 사람이 많아지기도 한 때문이기도 하겠으나, 선현의 행적과 관련한 글들은 선현에 대한 의식을 제고함과 아울러 굳건한 뜻을 가지고 어려운 시대를 살아가게 하는 의미도 없지 않았던 것이다. 특히 경상우도 지역의 정신적 지주였던 남명 조식의 묘지명을 지은 것이나, 임진왜란 때 창의 또는 순국한 趙宗道·朴而章·文緯·金俊民·尹景男·李屹·朴明榑 등의 신도비명과 묘갈명 등을 지은 것은 일반인들의 여느 묘갈명 기록과 그 의미 면에서 단순 비교될 수는 없을 것이다.

1919년 그의 나이 74세 때 전국에서 만세운동이 일어났다. 당시의 현실에서 지식인이 할 수 있는 것을 찾다가 프랑스 파리에서 열리는 세계평화회의에 우리의 독립을 호소하는 장문의 편지를 전국 유림의 주동 하에 보내기로 하고, 자신이 그 글을 짓고 문인인 심산 김창숙을 보내어 이 글을 직접 전달케 했다. 이 일로 면우는 왜경에 붙잡혀 다섯 달 동안 대구 감옥에 갇혀 있다가 병으로 풀려 나온 지 두 달 만에 고종하였다.

지식인이 망국의 상황에 대처하는 방법은 유사 이래 실로 다양하게 나타났다. 그러나 우리나라의 경우 조선이 망하고 일제강점기 시대가 전개되는 동안 지식인이 보여준 시국 대처 방법은 대체로 다음 네 가지로 분류될 수 있지 않을까 한다.

첫째는 鬪爭形이니, 망국 이전에 의병 활동 등 적극적인 투쟁을 하고 망국 이후에는 광복 활동을 적극적으로 전개했던 인물 유형이다. 예컨대 면암 최익현, 백범 김구, 심산 김창숙 등이 그 대표적 인물이라 할 것이다.

둘째는 殉國形이니, 망국이 결과적으로는 자신과 같은 지식인의 책임이라 하여 결정적인 망국의 상황을 당하여 자결의 길을 택했던 인물 유형이다. 예컨대 연재 송병선, 향산 이만도, 매천 황현 같은 이가 그 대표적 인물이라 할 것이다.

셋째는 敎育形이니, 나라가 망했더라도 교육을 통해 우리의 정신을 이어가야 언젠가 나라를 되찾을 수도 있고 발전적 희망도 있다고 생각했던 인물 유형이다. 예컨대 간재 전우, 면우 곽종석 같은 이들이 그 대표적 인물이라 할 것이다.

넷째는 曲阿形이니, 이는 달리 카멜레온형이라고도 할 수 있는데, 고도의 지식을 동원하여 자신에게 이로우면 公義에 관계없이 어디든 달라붙는 인물 유형이다. 예컨대 이완용이나 정만조 같은 자가 그 대표적 인물이라 할 것이다.

교육형과 곡아형은 비슷한 측면도 없지 않다. 교육형이 중간에 마음을 바꾸면 바로 곡아형이 되기 때문이다. 그러나 망국의 현실 속에서도 일상 생활을 담담하게 이어가면서 성현의 법도를 자연스럽게 밟아간다는 것 또한 참으로 어려운 일이다. 투쟁이나 순국은 결단하기가 쉽지 않지만 일단 결단하고 나면 밀어붙여 행동하기는 교육형보다 단순하다. 그런 면에서 교육형은 지식인의 처세 방법으로서 한편으로는 매우 위험하면서도 한편으로는 매우 어려운 측면이 있다. 이 교육형 가운데도 면우처럼 성인을 목표로 평생 인품과 학문을 도야하여 한 점 허물이 없는 인물이야말로 최고의 인물이라 이를 만한 것이다.

면우의 문인은 「俛門承敎錄」에 780인이 기록되어 있다. 퇴계 이황이나 한강 정구의 문인이 대체로 340인 정도인 점을 감안한다면, 문인의 숫자만으로도 교육자로서의 성대한 면모를 충분히 떠올릴 수 있다. 더구나 면우의 문인으로서 진주 인근에서 일제 강점 시기와 대한민국 시대까지 살다간 晦峰 河謙鎭(1870~1946)과 重齋 金榥(1896~1978)의 문인들이 각각 175인, 943인이나 된다는 점을 떠올리면 면우의 풍교가 끼친 영향을 충분히 짐작할 수 있는 것이다.

VI. 맺음말

면우는 죽으면서 자신의 명정에 官爵을 쓰지 말고 '徵士'로 쓰라는 유명을 남겼다고 한다. 실제로 벼슬길에 나가 행공을 한 적이 없으므로 당연한 말인 듯하지만, 죽고 난 뒤에 받은 벼슬조차 쓰려고 하는 관료지향적인 당시의 사회 현실을 감안하면 참으로 그 의미가 남다른 것이라 하지 않을 수 없다.

이는 그가 26세 무렵부터 성인의 길을 걷기로 작정한 이후, 벼슬할 만한 시기가 아니라고 판단하여 벼슬을 구하지 않았을 뿐만 아니라, 만년에는 명망으로 인해 임금이 관작을 내리면서 면대하기까지 하였으나 자신이 실제로 그 자리에서 행공을 한 적은 없었기 때문이다. 사환 여부는 성학을 추구하는 면우에게 그다지 절대적 의미가 있는 것은 아니었다. 그는 나라가 망하기 이전부터 그 조짐을 알고 스스로 학문에 혼신의 힘을 기울였을 뿐만 아니라, 나라가 망한 이후에도 교육만이 장기적인 대안이라 생각하여 한편으로는 학문에 매진하면서 한편으로는 교육에 진력하였다. 그리고 74세 되던 해에 프랑스 파리에서 개최되는 세계평화회의에 우리의 독립을 호소하는 장문의 편지를 보내는 일을 주도하였다가, 5개월 동안 감옥에서 복역한 뒤 이로 인한 병으로 일생을 마치게 되었던 것이다.

요컨대 면우는 사승 관계의 측면에서 퇴계 학풍을 폭넓게 수용하면서도, 지연 및 혈연의 측면에서 실천을 중시하는 남명학의 기풍까지 자기화한 뒤, 성인이 되기 위한 학문으로 죽는 순간까지 자신을 갈고 다듬었던 인물이라 이를 만하다.

俛宇 郭鍾錫의 南冥學 繼承樣相

Ⅰ. 머리말

남명학파는 그 성립 초기, 즉 남명이 생존하던 시기와 그 문인집단이 왕성하게 활동하던 시기인 16세기 후반과 17세기 초반에는 우리나라 학계와 정계를 주도했었다. 특히 남명의 문인 내암 정인홍은 임진왜란 때 동문인 남명 문인들과 자신의 문인들을 독려하여 창의케 함으로써 국가의 위기에 적극적으로 대처하였고, 이로 인해 선조와 광해군의 지우를 입음으로써 남명학파의 전성기를 맞이하게 되었던 것이다.

그러나 광해군 정권 하에서 이른바 遙執朝權으로 명망을 떨치던 내암 정인홍이, 계해정변 이후 서인과 남인의 공통된 원망이 집중됨으로써, '賊臣'으로 몰려 처형을 당하고부터 상황은 急轉直下하였다. 정변 이후 남명학파적 성격을 유지한 채 정권에 참여할 수 없었던 정치적 상황으로 인해 남명학파는 명목과 실상을 동시에 유지하기 어려웠고, 이러한 연유로 해서 17세기 중후반부터 차츰 退溪學派化(南人化) 내지는 栗谷學派化(西人化)할 수밖에 없었다.

이러한 정황 속에서도 내심 북인 세력으로 존재하던 남명학파의 일부가 1728년에 '戊申亂'을 일으키다 궤멸됨으로써 설상가상의 상황에 이르게 되었다. 이즈음에 이르게 되면 남명학파의 목숨은 거의 끊어진 듯이 보인다. 그러나 비록 미미하다 할지라도 진주 인근에서는 知命堂 河世應,

台窩 河必淸, 南溪 李甲龍, 南皐 李志容, 月浦 李佑贇 등의 인물이 꾸준히 학맥을 이어왔던 것이 분명히 포착된다.[110]

18세기 말엽에 이르러 정조가 남명에 대한 제문을 직접 지어 사제케 한 뒤로 경상우도 지역의 사기가 올랐음인지 19세기에 들어서면 凝窩 李源祚, 四未軒 張福樞, 寒洲 李震相, 晚醒 朴致馥, 月皐 趙性家, 端磎 金麟燮, 后山 許愈, 溪南 崔琡民, 老柏軒 鄭載圭, 勿川 金鎭祜, 俛宇 郭鍾錫 등의 저명한 학자들이 대거 굴기하게 되었다.[111]

특히 俛宇 郭鍾錫(1846~1919)은 한주 이진상의 문인으로서 우도 지역은 물론 좌도 지역을 포함하여 전국적 명망을 한 몸에 받는 대유가 되어, 고종의 지우를 입었으나 망국의 현실을 되돌릴 수는 없었고, 경술국치 이후 1919년 파리에서 열린 만국평화회의에 조선 유림의 대표로서 독립을 청원하는 장서를 보내는 일을 주도한 뒤 일생을 마친 인물로, 그의 저술이 너무 호한하여 근래에 이르도록 깊은 연구가 없었던 것이 사실이다.

이제 면우 곽종석의 여러 면모 가운데 남명학을 계승하고 있는 측면만을 부각하여 그 양상과 의미를 더듬어 보고자 한다.

II. 家系와 師友淵源

1. 南冥學派的 家系

면우 곽종석은 지금의 산청군 단성면 사월리 草浦 마을에서 태어났다.

----

110 李相弼(2005), 170~188면.
111 李相弼(2005), 189~197면.

이곳은 조부 蒼溪 郭守翊(1770~1836)의 처향으로 성주이씨가 세거하던 곳이다. 면우의 조모 성주이씨는 남명의 고제 德溪 吳健(1521~1574)의 문인인 李賀生(1553~1619)의 후손이고, 이하생의 후손으로서 남명학의 전통을 면면히 계승해 오고 있던 南溪 李甲龍(1734~1799)과 南皐 李志容(1753~1831) 및 月浦 李佑贇(1792~1855)이 이곳에 살고 있었다. 물론 남계 이갑룡의 선하로는 인근 水谷 및 安溪에 살았던 台窩 河必淸(1701~1758), 知命堂 河世應(1671~1727), 謙齋 河弘度(1593~1666), 松亭 河受一(1553~1612), 覺齋 河沆(1538~1590) 등이 있었으니, 이 한 가닥 학문 수수만큼은 남명학의 계승을 표면적으로도 인정할 수밖에 없는 경우다. 더구나 여기서 언급되는 李甲龍은 곽수익의 장인 李瑗(1743~1802)의 종질이고, 李志容은 이원의 아우이고, 곽수익을 끔찍하게 생각해 주었던 默窩 李賢默(1772~1828)은 이원의 조카다. 그리고 면우가 어릴 적에 배웠던 李鴻烈(1808~1867)은 이현묵의 아들이다.

면우가 그 조부 행장에서 밝힌 이현묵과 얽힌 일화[112]는 조부 곽수익의 바른 마음가짐을 드러내려 한 것이지만 이현묵과의 관계가 얼마나 긴밀하였던가를 단적으로 보여주는 것이기도 하다.

다음은 이우빈이 면우의 조부 곽수익의 죽음을 애도한 만시다.

높이 나는 봉황이 주림을 참을지언정 어찌 곡식을 쪼겠는가?

高鳳忍飢焉啄粟

외로운 소나무가 차라리 꺾일지언정 서리를 걱정하진 않는다.

孤松寧折不憂霜

---

112 郭鍾錫, 『俛宇集』 卷165, 「王考贈通政大夫秘書院丞府君行狀」, "甞偶參廷試初試 及赴會圍 堂舅李公賢默 適監察試院 囑曰 至日 吾當令院隷 索試券 可付而致 府君應曰諾 及臨場 府君趁 早投券而還."

이 시에서는 이우빈이 곽수익의 고고한 마음가짐을 인정하고 있음을 알 수 있는 것이면서도 그와의 관계도 매우 긴밀하였음을 미루어 짐작할 수 있다. 이처럼 이현묵과 이우빈은 같은 마을에 살았기 때문에 면우의 조부 곽수익과 친밀하였던 것이고, 곽수익은 지명당 하세응과 태와 하필청 부자로부터 전해지는 남명학의 일맥이 이 마을의 이갑룡과 이지용, 이우빈으로 이어지는 과정을 보면서 평생을 살았으므로 남명학에 대해 어떤 방식으로든 깊이 이해할 수밖에 없는 위치에 있었던 것이다.

외조부 鄭匡魯(1766~1819)는 一樹軒 鄭樟(1651~1708)의 5대손이다. 일수헌은 겸재 하홍도의 문인 鄭有祐(1615~1664)의 아들이고, 내암 정인홍과 한강 정구의 문인이었던 農圃 鄭文孚(1565~1624)의 증손자다.113

면우의 11대조 郭安邦은 세조 때 청백리에 녹선되었고 尼陽書院에 제향되었다. 7대조 郭有道는 鄭瀁과 함께 계해정변 이후 폐모논의 때 상소하여 동조했다는 이유로 유배된 적이 있었으니 당시에 북인이었음을 알 수 있다. 6대조 郭磐은 眉叟 許穆의 문인이다. 미수 허목의 아버지 許喬 또한 북인이었다. 그러므로 그의 친가 가계는 남명학파로서 북인으로 활동하다가 몰락했던 가계라 할 수 있다.

조부 창계 곽수익이나 아버지 곽원조는 모두 당대의 최고 학자는 아니라 하더라도, 학문과 행실을 겸비한 독실한 인물이어서, 어린 면우의 학문 성장 배경으로서 매우 중요한 역할을 하였던 인물이다. 곽수익의 주변에 있던 이갑룡, 이지용, 이우빈 등이 모두 남명학의 학맥을 이은 인물들이고, 그들 사이에서 학문을 연마하면서 가정을 이끌어 왔으므로 면우로 하여금 남명을 분명하게 인식하게 할 수 있었던 것이다.

....

113 정문부의 후손들이 대체로 서인화하였으나, 단성 일대에 거주하던 그 후손 정장의 후예는 혼맥으로 보아 대체로 남인의 당색을 유지하였던 것으로 보인다. 여기서는 혈맥의 의의를 언급한 것이다.

면우는 가계의 측면에서 親家·外家·先外家가 모두 남명 문인 내지는 재전 문인들의 후예들임을 알 수 있고, 생장 배경의 이러한 토대는 자연스럽게 남명의 정신과 학문을 존숭하는 방향으로 나아갈 수 있었음을 충분히 짐작할 수 있다.

다음 도표는 이제까지의 논의를 요약한 것이다.

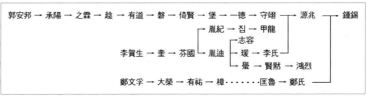

〈면우 곽종석의 간략 가계도〉

2. 退溪學派的 淵源

면우가 태어나고 자라던 19세기 후반은 남명학파의 학문적 전통이 표면적으로는 사라지다시피한 시기라 할 수 있다. 왜냐하면 18세기 후반 正祖의 남명에 대한 親祭賜祭文 이후로 사기가 올라 많은 학자들이 굴기하였다고 하지만, 그 학맥을 보면 대체로 퇴계학파인 嶺南南人 계열과 畿湖南人 계열 및 서인인 蘆沙學派 계열들이기 때문이다.

연보에 의하면 4세 때에 부친으로부터 글을 배우기 시작하여 6세에는 四書와 『시경』을 읽고 7세 때에는 『서경』을 읽었으며 9세 때에는 같은 마을의 李鴻烈로부터 과거를 대비한 明經 공부를 했다. 12세에 부친상을 당한 뒤 14세 때 『예기』를 읽고 이후 줄곧 과거 공부를 했으며 17세 때에는 이웃 立石里로 옮겨 살면서 같은 마을의 石帆 權憲璣(1835~1893)를 종유하며 『시경』·『서경』·『춘추좌씨전』을 강론하였다. 19세 때 대구에서의 문과 초시에 합격하여 20세 봄에 회시에 나아갔으나 낙방하였다. 21세에 「晦窩三圖」를 짓고 25세에 「四端十情經緯圖」를 지었다. 이 해 겨울에 성주의 大浦로 가서 寒洲 李震相(1818~1886)을 배알한 뒤 그 문인이 되었다.

면우는 처음 그 부친으로부터 글을 배우기 시작하여 인근의 이홍렬과 권헌기로부터 기본 경전을 익히고 문장을 수련하였다. 그런 뒤 심성론의 핵심을 나름대로 완벽하게 정리한 뒤 주리론의 거장 한주 이진상의 문인이 되어, 그의 학설을 가장 진실하게 이해하고 전파하는 역할을 하였다.

면우가 어릴 적에 학문적으로 영향을 주었던 인물, 예를 들면 자신의 조부나 가친 및 인근의 학자들은 대체로 남명학파적 학문연원과 밀접한 관련을 가지고 있었지만, 그에게 학문적으로 가장 큰 영향을 주었던 한주 이진상은 '祖雲憲陶'를 표방하였다는 점에서, 면우의 학문 내용이 퇴계학파적 면모 일색이라는 점에 대해 충분히 이해할 수 있을 것이다. 이런 점 때문에 면우에게는 항상 퇴계를 앞세우면서 남명을 그와 대등하게 일컫는 마음이 내면에 깊이 존재하고 있었던 것이다. 퇴계학파적인 면모는 이 자리에서는 생략하고 남명학파적 면모만을 찾아서 그 양상을 개괄하려 한다.[114]

---

114 면우의 퇴계학파적 면모에 대해서는 『남명학연구』 27집, 6편의 기획논문에서 상술된 바 있다.

III. 南冥學 繼承 樣相

1. 敬義思想의 體現意志

남명의 학문에 대해 그 핵심으로 '敬義'를 지적하는 것은 경상우도 지역의 학문 전통을 이해하는 사람들로는 매우 자연스럽다. 그래서 면우 또한 남명의 묘지명에서 이에 대해 다음과 같이 언급하고 있다.

> 선생께서 일찍이, "우리 집에 敬義가 있는 것은 하늘에 日月이 있는 것과 같아서, 만고토록 바뀔 수 없는 것이다." 하셨다. 아아, 선생이 살아계실 적에는 바로 당일 모습을 갖춘 경의 그 자체셨고, 선생이 돌아가신 후에도 그 마음은 泯滅되지 않았으니, 바로 만고토록 바뀔 수 없는 경의가 되셨다. 그러니 선생은 바로 일월이시다. 일월을 어찌 그려서 전할 수 있겠는가?[115]

물론 남명 스스로 인생을 마무리하는 시점에서 한 말을 면우가 인용하고 있기는 하지만, 이는 남명의 말임과 동시에 진주를 중심으로 하는 경상우도 지역 선비들의 입에 늘 붙어 다니는 말이라 해도 과언이 아니다. 면우 이외에도 林眞怤, 宋挺濂, 朴來吾, 安德文, 朴旨瑞, 河達弘, 朴致馥, 金麟燮, 姜柄周, 鄭載圭, 金鎭祜, 河龍濟, 盧相稷, 河謙鎭, 曺庸相, 曺兢燮, 李教宇 등 인근의 수많은 인물들이, 문집 곳곳에서 남명의 사상을 언급할 적마다 이 '경의'란 단어를 제시하고 있다는 점에서, 이를 남명의 핵심 사상이라고 하는 데 대하여 어느 누구도 부인하지는 못할 것이다.

....

115 郭鍾錫, 『俛宇集』卷149, 「南冥曺先生墓誌銘并序壬子」, "先生嘗曰 吾家之有敬義 如天之有日月 亘萬古不可易 嗚乎 先生之存 卽當日有象之敬義也 先生之沒 其心 猶不泯 卽萬古不可易之敬義也 先生卽日月也 日月可繪而傳耶."

면우는『겸재집』발문을 쓰면서도 겸재의 역할을 남명의 경의 사상을 존신하고 실천하는 것으로 보고 다음과 같이 서술하고 있다.

> 南冥 夫子께서 돌아가신 지 백 년도 되지 않아 여러 제자들은 모두 서거하고 가르침은 점차 미미해지게 되었다. 게다가 병화와 난리로 징험할 문헌도 얼마 없었다. 당시에 겸재 선생 같은 분이 같은 고을에서 우뚝하게 일어나, 떨어져 버린 敬義의 遺緖를 찾아 필생토록 독실하게 존신하고 강력하게 실천함으로써, 학문과 덕행이 성취되고 확립되었으며 명예와 절개가 灑落하였다. 그리하여 사람마다 남명의 도는 백세토록 사표로 삼더라도 폐단이 없다는 사실을 알게 하였으니, 이것은 대체로 모두 선생의 힘이었던 것이다.[116]

물론 이 인용문은 계해정변 이후 내암 정인홍이 적신으로 처형됨으로 인해 남명학파의 구심점이 없어진 뒤에, 구심점을 잃어 갈팡질팡하던 남명학파의 구심점 역할을 겸재가 잘 수행하였다는 점을 강조하는 과정에서, 자연스럽게 남명 학문의 핵심을 경의라 언급한 것임을 알 수 있는 것이다.

면우가 남명 학문의 핵심을 경의로 인식했음을 보여주는 또 다른 자료로는「台溪年譜跋」이 있다. 면우는 여기서 台溪 河溍(1597~1658)의 학문 연원을 언급하기 위해 당시 남명학파의 세력범위에 속하는 지역 내의 학자들이 경의의 가르침을 존숭했음을 다음과 같이 강조하고 있다.

....

116 郭鍾錫,『俛宇集』卷141,「謙齋集跋壬子」, "南冥夫子 沒未百年 而諸子淪逝 晉徽寖微 重以兵火搶攘 而文獻之徵 厪厪焉 時則有謙齋河先生 挺起於宮墻之鄕 尋敬義之墜緖 畢生篤信而力行之 以至學成德立 名節灑然 而人人知南冥之道 可以師百世而無弊者 盖皆先生之力也."

대체로 南冥 夫子께서 敬義의 가르침으로써 두류산 아래에서 道學을 倡明하심으로부터 그 연원이 미치는 바의 사람들은 모두 心訣을 준수하고 계승하여 '直內方外'의 공부를 이룩하였다. 그리하여 퇴처해 있을 적에는 지키는 것이 있었으며, 출사했을 경우에는 무언가 해내는 일이 있었던 것이다.[117]

이 인용문에서 말하는 '直內方外'가 바로 '敬義'를 가리킴은 물론이다. 면우가 태계연보에서 이렇게 언급하고 있는 것은, 남명 학문의 핵심을 드러냄과 동시에 그의 학문을 제대로 수수한 인물이 태계였음을 드러내려는 의도일 것이다. 인용문의 뒷부분에서 면우가 언급하는 태도로 본다면, 남명 학문의 또 다른 특징이라 할 수 있는 출처에 대한 엄정한 자세도 역시 경의 사상에 그 뿌리를 두고 있음을 알 수 있게 한다.

송정 하수일의 현손이며 겸재 하홍도의 문인으로서, 효자로 알려져 정려가 내렸던 石溪 河世熙(1647~1686)의 문집 서문에서도, 면우는 남명의 경의 사상을 강조하여 표현하고 있다.

대개 공의 집안은 覺齋·松亭 두 군자가 南冥의 敬義 사상을 親炙하고 私淑함으로부터, 공이 또한 일찍이 다시 謙齋의 문하에서 사사하여 서로 전해 내려오던 旨訣을 더욱 講究하여 體認하고 服膺하여 熟習하기를 싫어하지 않았다. 안으로는 가정에서 행실이 갖추어지고 밖으로는 성의가 남들에게 인정되었으며, 침잠하여 지내면서도 스스로 즐거워하며 담담하게 外華를 엿보지 않았던 것은, 곧 그 연원과 기맥이 끊어지지 않고 전해왔기 때문이었다.[118]

----

117 郭鍾錫, 『俛宇集』卷141, 「台溪年譜跋庚子」, "盖自南冥曺夫子之以敬義之傳 倡道于頭流之下 而其淵源所及 莫不遵承心訣 收功于直方 其處也有守 其出也有爲."

118 郭鍾錫, 『俛宇集』卷136, 「石溪集序癸丑」, "盖公之家 自覺齋松亭二君子 親炙私淑於南冥敬義之傳 公又早請事於謙齋之門 益究相傳之旨 而體認服習之不厭 其入

이 인용문은 남명이 '雪中寒梅'라며 칭송하였던 그 문인 覺齋의 학문 계통을 면우가 언급하고 있다는 점에서 의의가 있고, 더욱이 각재의 학문을 이은 松亭과 謙齋를 거쳐 石溪 河世熙에 이르러서도 그가 體認하고 服膺했다고 한 것이 바로 남명의 旨訣인 敬義라고 면우가 인식하고 있다는 점에서 중요한 의미가 있다.

이처럼 남명의 몰후 100여 년 이내에 남명의 사숙인들 사이에서 '敬義'야 말로 남명사상의 핵심으로서 전승되기에 이르렀으며, 앞에서 인용한 면우의 글들에서 이를 확인할 수 있었다. 물론 면우만이 그렇게 생각했던 것이 아님에도 이에 관한 논의를 하면서 면우의 글만 인용한 것은, 이것이 당시는 물론 면우 당대까지 진주 인근 지역 유림의 공의이며 면우 또한 그러한 생각에서 벗어난 생각을 하지 않았음을 보여주기 위함이었다.

면우는 22세 때 三嘉의 神旨坊으로 거처를 옮기고 紺岳山에 있던 演水寺에서 독서를 하다가 24세 되던 해에는 인근에서 가장 깊은 곳인 嶧洞으로 다시 거처를 옮겼다. 여기서 繹古齋를 지어두고 공부에 매진하여 「四端十情經緯圖」를 저술하였다. 삼가는 남명이 태어난 곳이고, 부모의 묘소가 있는 곳이고, 자신의 학문을 완성했다고 이를 만한 곳이기도 하다. 면우가 이를 염두에 두고 삼가로 거처를 옮겼는지는 알 수 없다. 그러나 삼가라는 지역과 남명이란 인물을 떼어놓고 생각하지 않았음은 다음 글을 보아도 짐작할 수 있다.

黃梅山은 三嘉의 鎭山이다. 南冥 曺 先生이 이 고을에서 태어나 '志尹學淵'의 말을 통해 깨달은 뒤 敬義에 힘을 써서 드디어 大賢이 되셨다.[119]

....

而行備於家 出而誠孚於人 潛居自樂 而澹然無覬於外者 卽其淵源氣脈之有傳而不替也."
119 郭鍾錫, 『俛宇集』 卷137, 「藏淸軒記己亥」, "黃梅嘉之鎭山也 而南冥曺先生 生於

이 인용문은 면우가 삼가 幷木에 있는 송씨의 三希齋에 붙어 있는 藏清軒에 글을 써주면서 언급한 것이다. 삼가라는 고을과 남명이란 인물은 불가분의 관계에 있음을 알 수 있고, 더욱이 남명이 '敬義'에 특별히 힘을 써서 大賢이 되었다고 함으로써, 남명 학문의 핵심이 '敬義'임도 아울러 드러내고 있다.

다음 시는 면우가 居昌 加祚의 落帽臺에서 읊은 것이다.

물가의 해오라기는 무슨 마음 지닌 채	問余過鷺底心性
물속의 노는 고기와 서로 알고 지내나?	鏡裏游魚相與知
가련타! 桐溪 노인의 집 앞 물가에서,	可憐桐老堂前水
南冥의 刳腹 시를 소리 내어 읊조리니.[120]	朗誦冥翁刳腹詩

낙모대는 桐溪 鄭蘊(1569~1641)이 어머니의 상을 당하여 삼년 동안 여묘를 살았던 가조의 龍山마을 龍泉精舍 곁의 냇가에 있다. 이 낙모대는 동계가 1636년 重九日에 泛菊會를 열었던 곳이라 하여 후대의 많은 학자들이 찾아가 보고 있고, 지금도 이를 기념하는 빗돌이 있다. 면우는 동계가 범국회를 열었던 그 해 겨울 호란 때 인조가 항복하러 나가는 것을 보고 자결을 시도하였던 점을 생각하면서, 남명의 '刳腹' 시를 떠올려 시의 결말을 장식하고 있다.

남명은 삼가의 紺岳山 아래 黼淵에서 濯足할 적에 「浴川」이란 제목으로 "塵土儻能生五內 直今刳腹付歸流"라 읊은 적이 있다. 이 시에서 사용한 '刳腹'이란 단어는 남명이 자신의 '경의' 사상을 평소 어떻게 펼치고 있었든가 또는 그것이 얼마나 치열했든가 하는 점을 절실하게 보여주는

是鄕 有悟於志尹學淵之語 敬義用工 遂成大賢."
120 郭鍾錫, 『俛宇集』 卷2, 「就浴落帽臺下偶得數語呈聖養」.

것이다. 동계가 범국회를 열었던 낙모대에서 면우가 동계를 남명과 연결시키면서 남명의 경의의 자세를 절실하게 떠올리고 있음을 알 수 있다.

　면우의 남명에 대한 이러한 생각은 혈연과 지연으로 인해 생래적으로 형성된 것에다 연구에 의한 학문적 역량이 혼합되어 나타난 것으로 볼 수 있는바, 자신의 후배에 대해서도 이를 분명하게 전수하고 있음을 다음과 같은 예를 보아서도 짐작할 수 있다.

　　'敬義日月' 이것은 바로 曹 先生의 正法眼藏입니다. 후생으로서 선생을 추종하는 자들은 참으로 마땅히 이 旨訣을 잃지 않아야 할 것입니다. 요즈음 理氣에 대한 담론을 다투어 숭상하면서 스스로 고상하다고 생각하지만 전혀 하나도 모범이 될 만한 것이 없는 경우를 鍾錫같이 어리석은 사람 또한 이미 싫어하고 있습니다. 叔亨은 이 뜻을 몰라서는 안 될 것입니다. 바라건대 종유하는 제군들과 서로 實行을 권면하고 서로 實心을 권장한다면, 마음에는 반드시 그 진실이 보존될 것이고 행실은 반드시 그 옳음을 구하여서, '直內方外'의 가르침을 저버리지 않을 것입니다.[121]

　이 인용문은 1902년에 면우가 자신의 문인 晦峰 河謙鎭(1870~1946)에게 준 편지글의 일부다. 회봉은 면우의 행장을 지은 고제로, 위의 글은 남명학의 전통에 대한 수수를 책임지는 차원에서의 언급임을 느끼게 한다.

　이기론에 대한 언급을 숭상하며 그런 자세를 고상하게 여기는 학문풍토에 대해, 정치한 이론적 토대를 갖고 있는 자신조차 싫어하고 있음을 토로하면서, 남명 정신의 핵심이라 할 '경의'의 가르침을 간절하게 실천

....

121 郭鍾錫, 『俛宇集』卷74, 「與河叔亨壬寅」, "敬義日月 此是曹先生正法眼藏 爲先生後徒者 正宜不失此旨也 今之競尙於理氣之談 自以爲高 而殊無一長足範者 鍾之愚亦已厭之矣 叔亨不可不知此意也 望與從游諸君 惟相勉以實行 相將以實心 心必存其眞 行必求其是 以無負於直內方外之傳."

하기를 권면하고 있음이니, 이는 이른바 남명학의 전통에 대한 의발 전수 정도의 의미로도 생각할 만한 것이다.

요컨대 면우는 남명 정신의 핵심을 그의 '경의' 사상에서 찾고, 이 사상이 우도 지역 곳곳에서 이제까지 전승되어 왔던 것이므로, 앞으로도 계속 전승해가야 한다는 생각을 가지고 있었음을 알 수 있다.

2. '敬義日月'과 「神明舍賦」

남명의 神明舍圖銘이 남명사상의 핵심이라 알려진 경의의 실현을 위한 구체적 수양법을 제시하고 있음은 주지의 사실이다. 그러므로 남명 당대에는 남명을 종유하던 龜巖 李楨(1512~1571) 같은 이가 「神明舍賦」를 지어서 경의의 의미를 스스로 깊이 추구하려 하였으며, 문인인 東岡 金宇顒(1540~1603)은 남명의 명에 의해 「天君傳」을 지어서 경의의 의미를 서술하였으며, 그 뒤로 寒沙 姜大遂(1591~1658)와 台溪 河溍(1597~1658)이 「신명사기」를 지어 남명의 정신을 고취하려 하였으며, 조선 말기에 이르러 면우 또한 「신명사부」를 지어서 남명의 경의 사상을 體化하려 하였다.[122]

면우는 「신명사부」라는 작품도 남겼지만, 남명의 일생을 재조명하는 의미의 묘지명도 찬술하였다. 여기서 면우는 다음과 같이 남명사상의 핵심을 드러내고 있는 神明舍圖銘의 의미를 정리한 바 있다.

> 神明舍圖銘을 찬술하셨다. '太一眞君'이란 표현으로써 '心'이 太極이라는 뜻을 내걸었다. '敬'이 '冢宰'가 되어 '天德'과 '王道'의 핵심을

---

122 이들 신명사도명과 관련된 일련의 작품을 全丙哲이 『동아시아의 명산과 지식인』의 「지리산권 지식인의 마음 공부」에서 상세하게 논술한 바 있다. 필자 또한 龜巖 李楨의 「神明舍賦」를 분석한 바 있다.

확립한다. ‘知’는 ‘百揆’가 되어 사물의 기미를 극진히 살피고, ‘義’는 ‘司寇’가 되어 미세한 움직임에 대해서도 용감하게 이겨낸다. 밖으로 는 ‘三關’을 방어하여 造次의 즈음에도 감히 소홀하지 않으며, 안으로 는 ‘社稷’을 수호하여 顚沛의 즈음에도 잠시도 떠나지 못한다. 이를 곳을 알아서 이름[至]과 마칠 곳을 알아서 마침[終], 存心하여 이치를 살핌[存心察理], 자신을 돌아보아 사욕을 이겨냄[省身克己], 도에 나아 가 덕을 이루는[造道成德] 등의 실질적인 것들이 井然히 조리가 갖추 어져 있고 확연히 근거가 있지 않음이 없다. 그러므로 이는 만세토록 학자들의 指南이 될 수 있는 것이다.123

　　인용한 이 글은 면우가 남명의 묘지명에서 말한 것이므로, 물론 면우 가 아닌 다른 사람이라도 이에 대해 어떻게든 언급해야 할 내용임에는 틀 림없다. 그러나 이제까지의 논의에서 확인한 것처럼 그는 남명에 대한 각 별한 존숭의 생각을 이미 뚜렷하게 가지고 있었으므로, 자신에게 돌아온 묘지명 청탁에 대해 심혈을 기울여 서술하였을 것임은 더 말할 필요가 없 을 것이다. 그렇게 때문에 “井然히 조리가 갖추어져 있고 확연히 근거가 있지 않음이 없다.”라는 말을 덧붙이면서, 남명의 ‘경의’ 사상을 圖와 銘 으로 표현한 이 神明舍圖銘이야말로 영원토록 학자들의 指南이 될 수 있 음을 言明한 것이다.

　　연보에는 면우가 남명의 묘지명을 찬술한 해가 1912년으로 기록되어 있다. 그가 「신명사부」를 지은 해는 미상이다. 「신명사부」를 지을 정도로

---

123 郭鍾錫, 『俛宇集』 卷149, 「南冥曺先生墓誌銘幷序壬子」, “其爲神明舍圖銘 以太一 眞君揭心 爲太極之旨 敬爲冢宰 而立天德王道之要 知爲百揆 而致察於事物之幾 義爲司寇 而勇克於發動之微 外禦三關 造次而不敢疎 內守社稷 顚沛而不暫去 知 至而至 知終而終 其存心察理 省身克己 造道成德之實 莫不井然有條 確然有據 而 可以爲萬世學者之指南 此何待於連篇累帙 而多其辭說 然後爲至哉 蓋見之眞 則所 言自簡 知之明 則所行自純.”

남명에 대한 관심과 그 사상의 핵심을 이해하고 있었으므로 묘지명에서 이 사실을 매우 중요하게 언급할 수 있었을 것이다. 이제 면우가 「신명사부」를 통해 얼마나 진지하게 남명의 사상을 체화하려 했던가 하는 점에 대해 살펴보자.

「신명사부」는 모두 97韻 194句 1,031字로 이루어져 있다. 격구로 압운이 되어 있으며 산문부의 형식을 띠고 있다. 이 글을 크게 네 단락으로 나눌 수 있는데, 다음은 그 첫째 단락이다.[124]

　　우주 사이에 만물이 태어나니, 크건 작건 집에서 편안함을 얻는다. 지렁이는 흙에 구멍을 파고 굴뚝새는 숲에 둥지를 틀며, 호랑이는 가파른 벼랑에 살고 교룡은 깊은 물에 숨어산다. 집이 귀함은 주인이 거기 살기 때문이다. 높다란 太廟 우러러 보니 여기에 선조께서 엄전히 來臨하고, 엄숙하고 거룩한 明堂에선 聖君의 政事가 나온다. 하물며 太一眞君은 上帝의 衷을 받아 내게 내렸음에라! 八極을 돌아봐도 方所가 없으나 어찌 常居를 버릴소냐. 최초의 經營을 더듬어 보니 곳곳에 陰陽五行이 뿌려져 있다. 赤縣을 살펴 터전을 잡았으며, 사방 울 안에서 神州로 나아간다. 丹田을 열어 부지런히 일하니, 하루도 되지 않아 이루어졌다. 인력으로 어찌 가능한 일인가? 그 臺를 靈臺라 명명했다. 眞君이 拱手하고 다스리니 진실로 그윽하고 아득하다. 사방의 문이 활짝 열려 아득히 먼 지역도 모두 품었다.[125]

....

124 면우의 「신명사부」는 앞에서 인용한 전병철의 논문에서 매우 자세히 다루어졌다. 번역도 대부분 그대로 인용했으며, 단락 구분도 그대로 따랐다.

125 郭鍾錫, 『俛宇集』 卷1, 「神明舍賦」, "宇宙之間 萬物之生 罔偉罔細 攸宅以寧 蚯蚓穴諸壤 鷦鷯巢乎林 虎豹广于巇 蛟龍隩于深 所貴乎宅 有主其臨 仰太廟之嵬峨 儼先祖之莅兹 於肅穆其明堂 乃聖后之出治 而況太一眞君 承皇衷而降予 覽八極而無方 然曷遺於常居 原厥初之經營 播二五於區宇 按赤縣而相基 適神州於四圍 開丹田而鞬役 成不日而執禦 豈人力之可及 謂其臺曰靈臺 眞君拱御 允邃而恢 四門洞闢 靡遠不懷."

면우는 「신명사명」의 첫째 단락에서 神明舍와 太一眞君의 유래를 묘사하였다. 上帝의 衷心을 받아 내게 내려온 것이 神明舍의 주인인 太一眞君이라는 것이다. 남명은 태일진군에 대한 일체의 자세한 설명이 없었다. 그런데, 면우는 태일진군에 대한 설명을 상제의 충이 나에게 내려온 것으로 파악한 것이다. 그래서 이 글의 大尾에서 太一眞君이 바로 無極翁이라는 점을 밝히고 있다. 宋儒 周敦頤는 「太極圖說」에서 '無極而太極'이라 하였으니, 무극은 '나타나지 않은 태극'이라 할 수 있다. 太極은 바로 理이니, 면우가 한주의 주리설을 좇아 太一眞君을 理로 보았음을 유추할 수 있다. 또한 위의 인용문에 보이는 "음양오행이 곳곳에 뿌려져 있다."라는 표현이, 바로 태일진군을 태극으로 보았음을 뒷받침하고 있다. 앞에서 인용한 남명 묘지명에서 "'太一眞君'이란 표현으로써 '心'이 太極이라는 뜻을 내걸었다."라는 언급 또한 같은 맥락에서 나온 것이다.

둘째 단락은 크게 두 부분으로 구별된다. 다음은 그 앞부분이다.

義仲을 嵎夷에 거하게 하였다. 百揆를 수령으로 삼아 돕게 하여, 한 집안을 화락하게 하였다. 靑陽을 펼쳐 만물을 발육케 하니, 사계절이 모두 다스려진다. 父子有親은 너의 직분이며, 親民과 澤物은 미루어 나갈 일이라. 太和를 부채질하여 하나로 단결하니, 석 달을 풀어놓아도 어기지 않는다.

義叔을 南交에 거하게 하였다. 하늘은 높고 땅은 깊으며, 품계와 등급이 조화롭다. 찬란한 문장이 있어, 밝게 빛나고 흐리지 않네. 이에 만물이 성대해지고, 인문이 화려하게 문채 내네. 長幼有序는 너의 직분이며, 길례·흉례·빈례·군례·가례 등은 조화롭게 행해야 하리. 공경하고 공경하여, 차질이 없게 한다.

和仲을 서쪽에 거하게 하였다. 만물을 거두어 모으니, 神功의 성취 흡족하네. 文武百官 조회하는 자리에 간사한 무리 엿본다면, 네가 사정없이 베어버려 씨도 남기지 않고 죽여야 하리. 경계 밖에 도적이 침입하면, 네가 깨끗이 제거하여 남김없이 소탕해야 하리. 君臣有義는 너의 직분이며, 尊尊賢賢은 네가 행할 일이다. 이익을 도모하지 말고, 사사로운 정을 용납하지 말라. 조처함이 지극하다면, 온 천하가 맑아지리라.

和叔을 朔方에 거하게 하였다. 만물이 이로부터 시작되며, 만물이 여기에 갈무리되네. 離婁의 환한 눈과 師曠의 밝은 귀로도, 멋대로 우쫄대서는 안 된다. 張良과 陳平의 모략, 管仲과 諸葛亮의 계책으로도, 자신하여 으스대서는 안 된다. 가을 터럭으로도 태산을 가릴 수 있고, 보배로운 거울에 어떤 사물도 남은 적 없다. 夫婦有別은 너의 직분이며, 是是非非를 자세히 살펴야 하리. 시작하게도 하고 끝나게도 하니, 감히 소홀히 할 수 있으랴?[126]

둘째 단락은 태일진군, 즉 理의 발현인 四端~仁義禮智~이 제대로 포치하고 있는 상태를 드러내고 있다. 희중·희숙과 화중·화숙을 내세워 사단에 따르는 수양의 과정을 표현함으로써, 잘 다스려지고 있는 상태를 보여주고 있다. 이 가운데 '의' 부분에서 남명의 廝殺的 存養省察에 해당하는 치열한 표현이 등장함 또한 주목할 만하다. 가만히 들어앉아 있는 동안에도 사욕이나 사념이 일어날 수 있으니, 그럴 경우 씨도 남기지 않고 없애야 한다는 시살적 태도를 잘 표현하고 있다.

. . . .

126 郭鍾錫, 『俛宇集』卷1, 「神明舍賦」, "於是分命羲仲 宅嵎夷 長百揆而贊襄 俾一家之熙熙 宣靑陽而發育 莫不理夫四時 父子有親惟爾職 親民澤物惟爾推 扇太和以一團 縱三月而莫違 申命羲叔 宅南交 天高地下 品級和調 炳然有章 伊喇匪淸 萬物於斯爲盛 人文郁乎生華 長幼有序惟爾職 吉凶賓軍嘉惟爾和 敬之敬之 罔俾有蹉 分命和仲 宅西 斂萬物而摯束 恰神功之玆諧 朝著之間 奸邪閃弄 爾乃剗殄 滅之無遺種 疆場之外 寇賊闖發 爾乃廓然 掃除無餘蘖 君臣有義惟爾職 尊尊賢賢惟爾行 勿謀利 勿容情 措制之至 四海其淸 申命和叔 宅朔方 萬物於斯而始 萬物於斯而藏 離婁之明師曠之聰 不足以自私揚揚 良平之謀管葛之策 不足以自恃堂堂 秋毫足以蔽泰山 寶鏡不曾留一物 夫婦有別惟爾職 是是非非惟爾知悉 令始令終 或敢有忽."

다음은 둘째 단락의 뒷부분이다.

　　이리하여 方寸의 사이는, 사방으로 통하여 막힘이 없다. 엄숙하고
정돈된 계단과 뜰에서, 나아가고 물러난다. 안으로는 천지가 제자리
를 찾고, 밖으로는 만물이 길러진다. 방 안에 거처하는 것을 보니, 은
밀한 데서도 부끄러움이 없다. 陰陽의 지도리가 돌아가고, 乾坤의 문
이 여닫힌다. 담장이 눈앞을 가로막는 부끄러움 없고, 거처에는 기둥
과 주춧돌 같은 대신이 보좌한다. 강당은 확 트여 넓고, 행랑은 정연
하게 서 있다. 흙손질한 벽 더럽히는 이 없고, 둘러친 보루 넘어오는
자 없다. 眞君은 팔짱을 낀 채 좌정하고 있으니, 하늘이 내려주신 복
이로다. 높은 성안이 편안하니, 소란스럽지 않도다. 환호하며 북치고
춤추니, 즐거움이 陶陶하도다.[127]

　　이는 居敬이 극에 달하여 마음이 안온한 상태를 드러낸 부분이다. 이
럴 경우의 태일진군과 그 주변의 상황을, 왕도정치를 이룩한 王者가 팔짱
을 낀 채 좌정만 하고 있어도 천하가 잘 다스려지는 것으로 묘사하고 있
다. 이는 남명의 「신명사도명」에 보이는 '堯舜日月'의 상태에 다름 아니다.
셋째 단락도 두 부분으로 구별된다. 다음은 앞부분이다.

　　저것이 어떤 종자이기에, 안으로 불평함을 품고 있나? 그 움직임이
처음엔 미세하여, 나를 놀라게 하지 않았다네. 졸졸 흐르는 물 막지
않으면, 장차 거대한 강물을 이루리. 피어오르는 작은 불꽃 끄지 못하
면, 거센 불길 어떻게 제어할 것인가? 담장 안에서 내란이 일어나리

127　郭鍾錫, 『俛宇集』 卷1, 「神明舍賦」, "於是方寸之間 四通不礙 肅肅階庭 以進以退
　　入而天地位 出而萬物育 相在爾室 不愧于屋 斡旋陰陽之樞 開闔乾坤之戶 面無土
　　牆之恥 居有柱石之輔 有敞其堂 有秩其廡 無畫我堁 無越我塢 眞君垂拱 天錫之祜
　　百堵晏然 不哃不騷 歡呼鼓舞 樂焉陶陶."

라 생각지도 못했으며, 가까운 甘泉에서 변란을 만나리라 어찌 알았으리요? 도적이 변경에 이르러, 포효하며 들어온다. 왁자지껄 소란스러운 무리, 우리 경계에 가득 찼네.[128]

이 부분은 안온한 상태로 있던 사람의 마음에 사욕이나 사념이 일어나는 것을 묘사하고 있다. 둘째 단락이 靜的 居敬에 해당된다면, 셋째 단락은 處事接物時에 사욕이나 사념이 일어나는 것을 묘사한 것이다.

다음은 셋째 단락의 뒷부분이다.

熊耳山에서 온 자들이 있네. 종과 북을 시끄럽게 두드리고, 胡笳와 角을 소란스레 불어대네. 작은 새와 벌레들 처량하게 울어대며, 기괴한 귀신들 울부짖는 듯하네. 형세는 비바람이 몰아치는 것 같고, 위력은 우레처럼 빠르네. 산이 붕괴하고 골짜기가 무너지는 소리에, 집이 흔들리고 문이 덜컹거리네.

天目峰에서 온 자들이 있네. 햇빛에 물결치듯 깃발을 펄럭이고, 불꽃이 일어나듯 창을 들썩이네. 사타돌궐의 검은 까마귀, 臺城의 흰말, 樊崇의 赤眉軍, 張角의 黃巾賊. 靑犢軍과 碧眼胡의 무리들이, 陽城과 下蔡의 군대를 몰아오네. 북방 변경의 연지를 흩뿌리고, 비단으로 철갑을 묶었네. 어찌 平陽의 초가집이, 瓊宮과 瑤臺처럼 사치스럽게 되었나?

瓦口關에서 온 자들이 있네. 요리기구 짊어진 자들 선봉이 되어 수천 수백씩 진치고, 淄水와 澠水 분변하는 자들 中營을 다스려 알맞게 조절하네. 酒池의 해자를 두르고, 脯林의 목책을 세웠네. 곰들을 몰아 발바닥을 어루만지며, 범들을 부려 하얀 태를 쓰다듬네. 낙타의 등, 성성이의 입술, 소금의 짠맛, 꿀의 단맛, 씀바귀의 쓴맛, 여뀌의 매운

128 郭鍾錫, 『俛宇集』 卷1, 「神明舍銘」, "夫何一種 內懷不平 其動始微 而莫我驚 涓涓不除 將爲江河 熒熒不滅 炎炎若何 不意蕭墻之內 有此顚狽之憂 詎知甘泉之邇 乃見烽火之愁 有寇至邊 其來炰然 叮儔嘯黨 彌滿我區."

맛, 모두 함께 넣어 섞었네.

　石鼻城에서 온 자들이 있네. 난초와 蕙蒕를 태워 연기를 피우고, 사향을 쪼개어 미물을 현혹하네. 비린내가 온 땅에 가득하고, 오물이 앉은 곳까지 밀려오네. 팔이 긴 자들 다리 짧은 이들, 무려 억만의 무리를 거의 이루었네. 문짝을 두드리고 울타리를 걷어내며, 뜰을 짓밟고 마루를 침탈하네. 창벽은 더럽혀지고 기둥은 쓰러지려 하네.[129]

　이처럼 셋째 단락의 뒷부분에서는 처사접물 때의 사욕이나 사념이 熊耳山[耳]·天目峰[目]·瓦口關[口]·石鼻城[鼻] 등 네 가지 경로를 통해 들어오게 되는 과정을 묘사하고 있다. 이것은 남명이 「신명사명」에서 "九竅之邪 三要始發"이라 표현한 것과 「신명사도」에서 耳關·目關·口關을 그려서 사욕이나 사념이 일어나 들어오게 되는 것을 표현한 것과 같은 맥락이다. 면우는 이 三要에다 코를 더 첨가하여 네 가지로 설명하고 있다는 점이 약간의 차이일 따름이다.[130]

　다음은 넷째 단락으로 사욕과 사념을 물리치는 것을 묘사하고 있다.

　眞君이 탄식하길, 아, 어찌 이리 심하게 되었는가? 나의 집이 무너

---

129 郭鍾錫, 『俛宇集』 卷1, 「神明舍銘」, "有從熊耳山來者 金鼓之鏗鏘 笳角之嫛娜 纖而禽口宦蟲 啁之凄瑟 怪而神呼鬼哭之恍惚 勢如風雨之驟 威若雷霆之疾 卽有山崩峽倒之響 屋我宏而門我闐 有從天目峰來者 旗旌嬋姸而曜日 戈戟蓬勃而如火 或沙陀之黑鴉 或臺城之白馬 或樊崇之赤眉 或張角之黃巾 或靑犢碧眼之屬 驅陽城下蔡之軍 潑塞土之膩脂 束金甲以綺羅 是何平陽之茅屋 有此瓊宮瑤臺之奢 有從瓦口關來者 負鼎俎者 爲前鍔而千百其屯 辨淄澠者 攝中營而不多不寡 以酒池爲濠 以脯林爲柵 驅群熊而撫其掌 駕衆豹而懷其白 與夫駝之背 猩之脣 鹽之醎蜜之甛茶之苦蓼之辛 莫不容與而繽紛 有從石鼻城來者 爇蘭蒕以漲其烟 刌麝腦而詫么麼 腥氈氍以之而滿地 朽穢以之而逼坐 其若長臂者短脛者 無慮幾億萬群 敲我扉 撤我藩 蹂躪我庭 搶攘我堂 牆壁則欲其塗抹 棟桷則欲其顚僵."

130 전병철(2009), 166면.

지려고 하니, 혹시 그치게 하여 조금 늦출 수 있을까? 和叔에게 명하여 계책을 결정하게 하고, 密地에서 전쟁의 계획을 정하였네. 和仲에게 명하여 적군을 殲殺토록 하여, 돌연히 섬멸하여 모조리 죽였다네. 드디어 義仲이 祖宗의 터전을 수복하고, 義叔이 中興宮을 정리하였네. 모든 지체를 주관하여 명을 내리고, 항상 엄숙하고 의젓하여 삼가는 듯하니, 누가 이것을 주장하는가? 眞君의 공로라네. 만약 眞君이 없다면, 집이 무슨 소용이 있으랴! 천만년 긴 세월 동안, 군주 바뀌지 않았고 집은 날로 풍성했으니, 그 군주 누구인가? 無極翁이시다.[131]

화숙은 지혜를 뜻하므로 그에게 물리칠 계책을 결정하게 한 것이고, 화중은 의를 뜻하므로 대사구로서 외적을 직접 물리치는 일을 담당하여 시살토록 한 것이며, 인을 뜻하는 희중과 예를 뜻하는 희숙이 외적을 물리치고 난 뒤의 복구와 정리를 담당하는 것으로 묘사한 것이다. 그리고 이를 총지휘하는 이가 진군인 무극옹이라 표현하고 있다.

이와 같이 면우는 「신명사부」를 크게 네 단락으로 구성하여 신명사의 유래, 정적 거경의 상태, 처사접물시에 사욕과 사념이 일어나는 과정, 이를 시살하여 이른바 '復其初'하는 과정 등을 신명사가 겪는 治亂의 역사로 상정하여 매우 역동적으로 묘사하였다. 이를 남명이 내세웠던 경의와 관련하여 생각해 보면, 앞의 두 단락은 敬을 드러낸 것이고, 뒤의 두 단락은 義를 드러낸 것이다. 경의를 직접적으로 내세우지 않으면서 경의의 의미를 매우 심도 있게 드러낸 것이다.

다만 면우가 태일진군을 무극옹이라 한 것은 남명이 언표한 적이 없는

131 郭鍾錫, 『俛宇集』 卷1, 「神明舍銘」, "眞君曰咨噫何此甚 我屋將頹 其或少遲于戡禁 命和叔而決策 定廟算於密地 命和仲而厮殺 欻斷掃其靡遺類 於是義仲修復祖宗之址 義叔整理中興之宮 攬百體而制其命 恆凜凜乎若恫 誰其尸者 眞君之功 苟無眞君 我屋奚庸 於千萬年 君不替而屋日豐 其君伊誰 曰維無極翁."

것이어서, 당시 자신의 학문적 처지에서 면우가 남명을 이해하고 있었던 하나의 단서로 보아야 할 것이다. 남명은 「신명사도」에서 마음을 '태일군'으로 표현하였고, 「신명사명」에서는 '태일진군'이라 표현하였다. 마음을 신명사의 주인인 '군'으로 칭하고 그 이름을 '태일'이라 한 것이 '태일군'의 의미일 것이다. 그렇다면 '태일진군'은 '태일군'에다가 명의 형식에 맞추기 위해 '태일인 참 임금'이란 뜻의 4자로 바꾸었을 뿐 둘 사이에는 다른 차이가 없다고 해야 할 것이다.

남명이 마음을 태일과 진군으로 명명한 것은 각각 『공자가어』 「예운」편과 『장자』 「제물론」에 그 근거를 둔 용어다. 그런데 면우가 이 '태일진군'을 원시유학 내지는 도가적 입장에서 드러내려 하지 않고, '무극옹'이라는 신유학적 용어를 사용한 것은 그의 학문적 입장을 표명한 것이기도 하다. 그는 주지하듯이 寒洲 李震相의 문인이고 한주는 主理說을 펼친 인물이다. 無極의 또 다른 이름이 太極이며, 太極은 바로 理인 것이니, 면우의 이 「신명사부」는 太一眞君이 바로 理라 언표한 셈이다. 그리고 이 理야말로 신명사를 주장하는 인물이라 함으로써, '主理'의 학설이 기묘하게 이 글 전체에 깔려 있게 한 것이다.

3. 尊慕의 實相 : 竑尊冥退

이제까지의 논의에서 보았듯이 면우는 어릴 적부터 남명의 사상이 온존하고 있었던 단성의 남사리에서 남명사상을 이어온 학자들과 접하면서 성장하였다. 그래서 그는 자연스럽게 남명사상을 접할 수 있었으며, 마음속 깊이 자리한 그의 학문의 토대 또는 柱礎가 되었던 것이다.

다음은 면우가 1877년, 그의 나이 32세 때 許愈·金鎭祜·河龍濟 등과 두류산을 유람하는 도중 山天齋에 들러서 남명의 시에 차운한 것이다.

두류산 천만 년 세월에   頭流千萬歲
누가 원대한 소리 들었나?   孰聞遠大聲
小子의 琴心이 예스러우나   小子琴心古
이 날은 불평하여 운다네.132   此日不平鳴

남명이 「題德山溪亭柱」시에서 '天鳴猶不鳴'이라고 하였던 바, 이는 두
류산을 자신에게 투영하여 自況한 것이다. 천만 년 동안 아무도 듣지 못
한 두류산의 원대한 소리란 남명의 정신을 가리킴에 다름 아니다. 금심이
예스럽다는 말은 자신이 남명이 추구했던 것과 같은 위기지학을 추구하
고 있음을 드러낸 것이다. 불평하여 운다고 표현한 것은 남명의 정신을
자신이 체화하기가 쉽지 않음을 말한 것이다. 여기서 우리는 면우 등의
두류산 유람이 단순한 유람이 아니라 구도를 위한 순례와 같음을 알 수
있다. '小子'라는 말을 시에 넣어 스스로 남명의 私淑人임을 분명히 하고
있음에서도 충분히 이해할 수 있는 것이다.

그런데 면우는 이보다 3년 전에 이미 「入德門賦」라는 글을 통하여 남
명의 정신을 높이 받들고 그를 추수하려는 의지를 표명한 바 있다. 「입덕
문부」는 모두 92운 184구 1,187자로 이루어져 있으며, 「神明舍賦」와 마찬
가지로 격구로 압운되어 있고 산문부의 형식을 띠고 있다.

① 갑술년(1874) 夏曆 정월 초이렛날 …… 저 가파른 절벽을 보니,
   물들지도 않고 닳지도 않네. 빛나는 세 글자는, '入德門'이라네.
   저 높다란 곳이 頭流山 정상이요, 저 우뚝한 것은 山天齋라네.

② 그대는 유독 듣지 못했는가? 예전 斯文이 망하지 않았을 적에,
   陶山 夫子 같은 이는 하늘이 江左에 내려주셨고, 南冥 先生은 천

....

132 郭鍾錫, 『俛宇集』 卷2, 「頭流記行二十五篇」 中 「山天齋敢用柱上韻」.

길 벼랑처럼 嶺右에서 우뚝하셨으며. 나이는 동갑이요, 교제는 서로 神交였고, 道는 함께 성대했고, 德은 함께 두터웠으며, 우리나라의 孔孟이요 山南에서의 程朱라는 사실을! 두류산의 높음은 몇 천만 길이 되는지 모르지만, 선생의 처지에서 본다면 아마도 작은 언덕으로 생각하셨으리라.

③ 敬이 확립되어 안이 곧게 되며, 義가 드러나 밖이 반듯하네. 출사하면 有莘에 살던 伊尹 같이 '聖之任者'가 되었을 것이고, 隱處하여서는 누항에 살던 顔淵 같이 退藏함을 잃지 않으셨네.

④ 둘러쳐진 담이 있으니 三綱五常의 질서에서 모범을 취하였고, 넘실대어 넘치는 칭송이 있으니 玉山·陶山의 높음과 아름다움을 견주네. 賜額된 현판이 堂楣에서 빛나고, 親製 賜祭文이 엄숙히 돌에 새겨 있네. 醉醒을 일깨우는 亭閣이 벌여 있고, 洗心을 하게 하는 軒檻이 열려 있네.

⑤ 머리 돌려 두류산이 푸른 하늘을 버티고 있다는 구절을 보면, 하늘이 울더라도 그래도 울지 않으시리.133

인용문 ①은 입덕문을 통과해서, 공자처럼 물들지도 않고 닳지도 않을 정도의 희고 깨끗함을 유지하였던 남명의 만년 은거지로 들어가는 모습

....

133 郭鍾錫, 『俛宇集』 卷1, 「入德門賦」, "① 閼逢閹茂之歲 攝提建杓人日 …… 視彼 懸崖 不涅不磷 煒煌三字 入德之門 彼崒崒者 頭流之峯 彼嶷然者 山天之齋 ② 子 獨不聞夫昔者斯文之未喪也 有若陶山夫子 天降於江之左 南冥先生 壁立乎嶺之右 年同庚 交同神 道同盛 德同厚 洙泗乎海外 閩洛乎山南者否 頭流之高 吾不知其幾 千萬仞也 以先生而視之 殆亦培塿是認也 ③ 敬立而內直 義形而外方 出可以爲莘 尹之任 處不失province巷顔之藏 ④ 有堵周遭 取法乎三綱五常之秩 有頌洋溢 媲美乎玉 山陶山之尊 恩額之賜 煥乎在楣 宸文之侑 肅乎在珉 鋪之以醉醒之閣 敞之以洗心 之軒 ⑤ 回頭看頭流撑碧句 天鳴而猶不鳴."

을 서술한 것이다. ③은 경의의 공부를 통하여 출처를 엄히 하였던 점을 드러내었고, ⑤는 입덕문을 나오면서 두류산을 돌아보고 남명이 읊었던 '天鳴猶不鳴'을 되새기고 있음을 보여주고 있다.

그러나 인용문 ②와 ④를 보면 의아한 생각이 든다. 덕산 입구에 있는 입덕문을 노래하면서 왜 陶山을 언급하는가 하는 점이다. 특히 퇴계에 대해서는 '陶山夫子'라 하고 남명에 대해서는 '南冥先生'이라 일컬은 데서는, 문장 내에서 변화를 주기 위한 표현상의 차이라고 하기에는 선뜻 이해하기 어려운 측면이 있다. 물론 '天降'이란 용어와 '壁立'이란 용어를 對句로 쓴 점도 같은 맥락으로 이해된다.

1873년, 면우의 나이 28세 때 朴以晦에게 답한 편지에, "퇴계의 출처에 대해 의심하는 것은 망령스럽다."면서 계묘(1543) 이후의 퇴계의 출사태도를 적극적으로 옹호하고 있다.[134] 陶山과 山海를 아울러 언급하고 있는 경우는 1874년에 勿川 金鎭祜에게 답한 편지 등 일일이 예거할 수 없을 정도로 무수히 많은 곳에서 확인된다. 면우의 이러한 표현방식에 대한 자신의 견해는 1877년에 成采奎에게 답한 편지에서 분명히 드러난다.

　　저는 일찍이 退老도 당대의 일등 인물이고, 冥翁 또한 당대의 일등 인물이라고 생각합니다. 정신으로 교제하고 마음으로 인정하여 그 고상한 風貌와 성대한 德容은 千古에 아무도 보지 못한 것이어서 감히 누구도 서로 낫다고 말할 수 없습니다. 후생으로서는 높이 우러러 仰

----

134 郭鍾錫, 『俛宇集』 卷31, 「答朴明老以晦○癸酉」, "退陶出處訾之者 妄也 先生之言曰 君雖賢 其當國大臣 若有妨撓之事 不得行我所爲 則不可仕也 又曰 位卑則責輕 猶可一出 官尊則任大 豈宜輕進 此二言者 實先生出處之大義也 是以先生在癸卯年間 見大小尹構釁 國本頗搖 故始有退去之志 司成之乞假 禮賓之不赴 良以此也 甲辰之赴以微官 不敢辭召命 而乙巳之連在呈病者 亦以時事艱虞 不可榮進也 丙午乞假 屢召不起 而丁未之還朝 亦以久抗朝命 不安於微分故也 戊申之乞外補 將以爲遠禍退身之計而已."

慕하기에도 겨를이 없을 터인데 어찌 감히 하나의 견해를 멋대로 내고 의논을 만들어 그 사이에서 마음대로 시끄럽게 떠들어대겠습니까? 항상 이 점 때문에 천장을 보고 탄식할 뿐이었습니다.[135]

남명을 높일 뿐만 아니라 퇴계를 동시에 높이는 것은 면우에 의해 이루어진 것이 아니라, 이미 17세기 후반에 남인화가 이루어지면서부터 뿌리 내리기 시작했던 유서 깊은 시각이라 할 것이다. 다만 면우라는 당대를 대표할 만한 학자에게서 이러한 견해가 분명히 言表됨으로 인해 강우지역에서의 이러한 표현이 대표성을 가지게 되었다고 말할 수 있을 것이다. 면우의 문인 晦峰 河謙鎭(1870~1946)이 편찬한 『東儒學案』 가운데의 「德山學案」 조에서도 이러한 사고가 明澄하게 드러나고 있다.

그러나 면우 같이 한주의 성리설을 충실히 추종하고 있던 사람으로서도 "南冥翁의 이른바 손으로 물 뿌리고 비질하는 절도도 모르면서 입으로 天理에 대해 담론한다는 언급은 오늘의 우리에게 꼭 맞는 藥石 같은 경계입니다."[136]라며, 성리학 이론에 관한 탐구에 대해 경계했던 남명의 말을 매우 의미 깊게 새기고 있었던 것은 사실이다. 그럼에도 면우는 이와 관련하여 다음과 같이 정리하고 있다.

"'요즈음 학자들은 손으로 물 뿌리고 비질하는 절도도 모르면서 입으로 천리에 대해 담론한다.'라고 하면서 山海 老先生께서는 절실하게 경계하셨습니다. 요즈음의 논자들은 학자가 도리를 담론하는 것을 보

....

135 郭鍾錫, 『俛宇集』 卷13, 「答成丈天擧采奎○丁丑」, "鍾嘗以爲退老爲當世第一人 冥翁亦當世第一人 神交心許 高風盛德 曠絶千古 莫可相尙 後而生者 方將高景瞻 忽之不暇 奚敢橫出一見 作爲議論 以逞其咆哮於其間哉 常以此仰屋獻歎而已."

136 郭鍾錫, 『俛宇集』 卷37, 「答成聖汝○辛丑」, "南冥翁所謂手不知灑掃之節而口談 天理者 恰恰是今日吾輩藥石誠也."

기만 하면 문득 이 말을 끌어다가 경계합니다. 이것이 務本에 가까운 듯합니다. 그러나 학자가 義理를 論說하는 것은 농부가 桑麻에 대해 이야기하는 것과 같아서 하루도 講說하지 않을 수 없는 것입니다. 그러나 밭 갈고 씨 뿌리는 일에는 힘쓰지 않고 단지 桑麻에 대해 이야기만 하는 것은 농부의 실수입니다. 물 뿌리고 비질하는 일은 하지 않고 단지 天理만을 담론하는 것은 학자의 병통입니다. 이것이 선생께서 절실히 경계하신 뜻일 것입니다."[137]

치열한 실천 의지가 없는 사람으로서 성리학적 이론에 대해 토론하기를 즐기는 경우를 면우는 경계하였다. 이것은 남명의 견해를 정면으로 수용한 것이 아니라 한 걸음 물러나 받아들인 것으로, 이는 퇴계의 학문을 수용하기 위해서 어쩔 수 없이 선택한 타협이었다. 면우의 이러한 생각이 일반화되어 이것이 바로 당대 남명학파 인물들의 일반적인 생각이 되었던 것이다.

요컨대 면우는 남명을 존모하면서도 퇴계와 함께 숭상하는 면모를 보이고 있음을 알 수 있다. 이는 계해정변 이후 남명학파의 학문적 전통이 희미해지면서 남인의 경우 퇴계학파의 학문이 서서히 그 자리를 대체해 온 결과라 할 것이다.

---

137 郭鍾錫, 『俛宇集』卷37,「答許孔叔○辛丑」, "今之學者 手不知灑掃之節 而口談天理 山海老先生之切戒 今之論者 才見學者 談說道理 便引此爲戒 似近務本 而學者之論說義理 如農夫之談桑麻 不可一日而不講也 然不務耕種 而只談桑麻 農夫之失也 不事灑掃 而只說天理 學者之病也 此先生所以切戒者耶."

Ⅳ. 맺음말

이제까지의 논의에서 언급되었던 것을 정리하면 대체로 다음과 같다.

첫째, 면우는 태어나고 자란 곳이 남명학파적 요소가 뿌리 깊은 곳이고, 혈연을 중심으로 살펴본 그의 가계에서도 남명학파적 요소가 두드러진다. 그러나 학연의 측면에서 보면 한주 이진상의 학문을 계승하였으므로 퇴계학파적 요소가 두드러진다.

둘째, 면우는 남명 정신의 핵심을 그의 '敬義' 사상에서 찾고, 이 사상이 우도 지역 곳곳에서 면면히 전승되어 왔던 것이므로, 앞으로도 계속 전승해가야 한다는 생각을 가지고 있었다.

셋째, 면우는 「신명사부」를 크게 네 단락으로 구성하여 신명사의 유래, 靜的 居敬의 상태, 處事接物時에 私欲과 邪念이 일어나는 과정, 이를 廝殺하여 이른바 '復其初'하는 과정 등을 신명사가 겪는 治亂의 역사로 상정하여 매우 역동적으로 묘사하였는데, 이를 남명이 내세웠던 경의와 관련하여 생각해 보면, 앞의 두 단락은 敬을 드러낸 것이고, 뒤의 두 단락은 義를 드러낸 것이다. 敬義를 직접적으로 내세우지 않으면서 敬義의 의미를 매우 심도 있게 드러내었다.

넷째, 면우는 南冥을 매우 尊慕하였지만 退溪와 함께 崇尙하는 면모를 보이고 있다. 이는 계해정변 이후 남명학파의 학문적 전통이 희미해지면서 남인의 경우 퇴계학파의 학문이 서서히 그 자리를 대체해 온 결과라 할 것이다.

남명의 사상 가운데 그 핵심이라 이를 '敬義'에 대한 계승 의지는 면우 또한 매우 투철했음을 확인할 수 있었다. 그러나 이와 맞물려 있는 엄정한 출처와 실천 지향의 측면은 다소 약화되고 성리학적 이론에 대한 면밀한 탐구가 있었으니, 이는 대체로 퇴계학파적 면모의 확대로 인한 자연스런 현상으로 보인다. 학자로서 사우의 연원은 결정적이므로 면우의 문집에 퇴계학파적 면모가 두드러지게 보이는 것도 사실이지만, 남명학파로서의 자부심과 그에 대한 지향성이 뚜렷하다는 점 또한 부인할 수 없는 것도 사실이다.

1. 원전자료

郭鍾錫, 『俛宇集』

2. 연구논저

李相弼(2005), 『남명학파의 형성과 전개』, 와우출판사.
全丙哲(2009), 「지리산권 지식인의 마음 공부」, 『동아시아의 명산과 지식인』 발표
　　　논문집, 경상대학교 경남문화연구원.

제3장

남명학파 문집 해제

『篁谷先生日記』 解題

　이 일기는 篁谷 李偁(1535~1600)이 1594년 5월 24일부터 1596년 8월 14일까지 약 2년 3개월 동안 매일 자신의 주변에서 일어났던 일을 기록해 둔, 전체 120쪽(60장) 분량의 筆寫 記錄이다.

　이 자료는 언제 누구에 의해 필사되었는지 알 수 없다. 이 자료를 소장하고 있는 이는 함안군 함안면 대산리 들기미(冬只山) 마을의 李相淑(1910년생)씨로, 황곡의 3子 菊庵 李明慾(1569~1637)의 후손이다.

　이 자료는 가로 16.5cm, 세로 20.0cm의 匡廓에 12행의 괘선이 인쇄된 한지에 필사한 것으로, 매행의 글자가 대체로 22자 내외이다. 현재 이 자료는 1596년 3월 4일 뒷부분부터 동년 3월 15일 앞부분 사이의 기록 1장이 缺落된 상태이므로, 필사 당시에는 122쪽의 분량이었던 것으로 판단된다.

　황곡은 중종 30년(1535년) 2월 17일 함안 들기미 마을에서 출생했다. 자는 汝宣, 황곡은 그 호이며, 본관은 星山(廣平)이다. 아버지는 彰信校尉 忠武衛 副司直 李士諦(1507~1553)이며, 어머니는 恩津林氏로 石泉 林得蕃의 딸이다. 황곡의 先世는 본래 星州에 世居하다가 6대조부터 고조 靖武公 李好誠 代까지는 金山의 賀老里로 옮겨 살았고, 증조 奉事公 李處仁이 妻鄕을 따라 丹城으로 옮겼고, 조부 海南 縣監 李順祖가 다시 처향을 따라 咸安으로 옮긴 이후 함안에 정착하게 되었다.

　황곡의 생애를『황곡집』부록의 家狀에 따라 간략히 언급하고자 한다. 황곡이 일곱 살 때 외조부 石泉 앞에서 능히 시를 지음으로써 외조부는 물론 외숙인 葛川 林薰(1500~1584)과 瞻慕堂 林芸(1517~1572)을 놀라게 하였다는 기록이 있는데, 이는 황곡의 재능이 어릴 적부터 탁월하였다는 것임과 동시에 학문적으로 갈천과 첨모당의 영향을 많이 받았음을 시사해 주는 것이기도 하다. 1553년 19세 때 부친상을 당하여 3년 동안 여묘를 살면서 禮書를 읽었다. 服喪을 마친 후 모친의 권유로 과거 공부도 겸하여 1558년 24세 때 생원이 되었다. 이때 사람들이 축하하자 "어머니 뜻에 따른 것일 뿐 군자의 해야 할 일이 여기에 있지 않다."라고 하고는, 經學 공부에만 전념하였다.

退溪와 南冥을 사사하였으며, 寒岡 鄭逑, 東岡 金宇顒, 旅軒 張顯光, 西川君 鄭崑壽, 守愚堂 崔永慶, 存齋 郭䞭, 竹閣 李光友 등과 도의로 사귀었다.

1584년 50세 때 유일로 천거되어 南部參奉에 除拜되었으나 부임하지 않았고, 1586년 52세 때 한강이 함안 군수로 부임하여 "咸州志』를 편찬할 적에 여러 모로 많은 도움을 주기도 하였다.

임진왜란이 발발하자 茅村 李瀞, 篁巖 朴齊仁, 大笑軒 趙宗道 등과 倡義하여 召募한 군사를, 당시 咸安 郡守이면서 招諭使 幕下의 中衛將으로 있던 柳崇仁에게 인계하였다. 1595년 61세 되던 8월과 12월에 추천으로 靑陽 縣監, 鎭岑 縣監에 제수되었으나 부임하지 않았다. 이듬해 정월에 唐津 縣監에 제수되자 사퇴하였다. 그 달에 다시 石城 縣監에 제수되자 할 수 없이 부임하였다. 3월에 부임하여 7월에 李夢鶴의 난이 일어나고 수습이 되는 과정에서 사임하고 돌아왔다.

난리 중에 宜寧·三嘉·草溪·陜川·安陰·山陰·丹城 등지로 전전하다가 1599년 가을에 고향으로 돌아와 儉巖精舍을 지어서 후진을 교육하던 중 1600년 12월 16일 66세로 考終하였다.

『篁谷先生日記』는 현재의 모습으로 필사될 때 이미 앞뒤로 결락이 되어 있었던 것 같다. 그러나 매일 있었던 일을 빠짐없이 기록하고 있어서,

임진왜란 당시의 선비의 일상생활이 어떠하였던가를 짐작할 수 있다는 점에서 중요한 의의를 지닌다. 또 그가 피난을 다니는 동안 만난 사람들이 대부분 남명의 문인들이거나 그 재전 문인들이라는 점에서 당시 남명학파의 인물들의 상황을 알 수 있는 자료라는 점에서도 중요한 의의를 지닌다. 이 일기에서는 어려운 상황에서도 사우 관계에 있는 사람들끼리 서로 잘 협조하고 있음을 보여준다. 왜란이 소강상태로 접어든 뒤 왜적과 관군 및 의병진이 서로 대응하는 방식의 일부를 엿볼 수도 있으며, 또한 경상우도 지역의 생활상을 연구하는 데에도 중요한 의의가 있다고 생각된다.

요컨대 이 자료는, 孤臺 鄭慶雲의 『孤臺日錄』 및 茅谿 文緯의 『茅谿先生日記』와 함께 임진왜란 당시 경상우도 지역의 제 상황을 이해하는 데 매우 귀중한 사료 역할을 하리라고 생각된다.

『覺齋集』 解題

Ⅰ. 書誌事項

『覺齋集』은 覺齋 河沆(1538~1590)의 문집으로 5차에 걸쳐 간행이 이루어졌다. 초간본과 중간본은 각기 두 차례씩 간행되었고, 삼간본은 한 차례 간행되었다.

初刊本[1]은 목판본으로, 일차 간본과 이차 간본과의 차이는 上卷 23판 補遺의 有無에 있다. 일차 간본은 그 존재가 아직 확인되지 않았다.[2] 이차 간본의 半廓의 크기는 가로 18.8cm 세로 23.2cm이며, 책의 크기는 가로 23cm 세로 32.8cm이다. 반곽이 11行, 每行 21字로 되어 있으며, 행간에는 경계선이 그어져 있다. 上·中·下 3권 1책인데, 목록이 2판, 상권이 23판, 중권이 19판, 하권이 19판 등 모두 63판이다. 목판의 사방 경계는 굵고 가는 두 줄로 처리되었으며, 魚尾는 上下에 內向二葉花紋으로 되어 있다.

....

1 계명대학교 도서관 소장본. 경상대학교 도서관의 아천문고본도 동일 판본이나 낙장이 많다.
2 일차 간본의 존재를 확인하지 않고도 일차 간본이 있었다고 보는 까닭은, 우선 이미 간행되지 않았다면 굳이 보유로 한 판을 추가로 만들 필요가 없었을 것이기 때문이고, 또 하나는 중권과 하권의 끝에는 각각 '覺齋河先生文集卷中'·'覺齋河先生文集卷下'라 되어 있는데, 유독 상권 끝에만 '覺齋河先生文集卷之一'로 되어 있기 때문이다. 그러나 판목이 다 만들어진 그 시점을 전후하여 보유에 실린 그 4수의 시가 발견된 경우임을 완전히 배제할 수도 없기는 하다.

內題는『覺齋河先生文集』, 版心題는『覺齋先生文集』, 表題는『覺齋集』이다. 발행 시기와 장소를 알 수 있는 기록이 전혀 없다.

重刊本 역시 목판본으로 두 차례 간행되었다. 그 최초의 간본은 서울대학교 규장각에 있는 것으로 민족문화추진회에서 간행한 한국문집총간 48권3에 실린 것이다. 이를 바탕으로 하여 보충한 것은 河晉賢에 의하여 1844년에 간행되었다.4 반곽의 크기는 가로 16.4cm 세로 20.4cm이며, 책의 크기는 가로 20.2cm 세로 30.6cm이다. 반곽이 10行, 每行 20字로 되어 있으며, 행간에는 경계선이 그어져 있다. 上·中·下 3권 1책인데, 서문이 7판, 목록이 2판, 상권이 27판, 중권이 13판, 하권이 33판 등 모두 82판이다. 하권은 '覺齋先生文集附錄'이란 제목으로 시작되며, 하권의 판심은 1·2판만 '覺齋集世系'로 되어 있고, 나머지는 모두 '覺齋集卷下'로 표기되어 있다. 목판의 사방 경계는 굵은 單線으로 처리되었으며, 魚尾는 上下에 內向二葉花紋으로 되어 있다. 內題는『覺齋先生文集』으로 되어 있고, 版心題와 表題는 모두『覺齋集』으로 되어 있다. 1813년에 立齋 鄭宗魯 (1738~1816)가 기록한 序文과 1844년에 旁後孫 容窩 河晉賢(1776~1846)이 기록한 跋文이 있다.

이 중간본의 이차 간본은 상권의 13·14판과 18·19판 및 중권의 3·4판 등 모두 6판이 改替되었고, 하권의 28~33판까지 모두 6판이 추가되었다. 개체된 여섯 판은 일차 간본과 그 내용이 완전히 같은 것으로 보아, 이차 간본의 용와 하진현 발문에 보이는 '훼손된 목판은 개체하였다.[板之傷者 改之]'는 표현은 바로 이 여섯 판을 두고 한 말임을 알 수 있다.

三刊本5은 石版本으로 1940년에 간행된 것이다. 반곽의 크기는 가로

....

3 한국문집총간 48권 490쪽의『각재집』범례에 '초간본'이라 표현한 것은 계명대학교와 경상대학교 도서관에 소장된 판본을 보지 못한 데서 온 오류라 생각된다.
4 경상대학교 도서관 오림문고 소장본.

13.4cm 세로 18.8cm이며, 책의 크기는 가로 18.4cm 세로 27.2cm이다. 반 곽이 10行, 每行 20字로 되어 있으며, 행간에는 경계선이 그어져 있다. 2 권 1책인데, 서문이 6판, 목록이 9판, 1권이 34판, 2권이 부록으로 40판, 발문 2판 등 모두 91판이다. 판의 사방 경계가 굵고 가는 두 선으로 처리 되었으며, 판심의 위쪽에만 黑魚尾가 있다. 內題는 『覺齋先生文集』으로 되어 있고, 版心題는 『覺齋集』으로 되어 있다. 1813년에 立齋 鄭宗魯 (1738~1816)가 기록한 序文과, 1844년에 旁後孫 容窩 河晉賢(1776~1846) 이 기록한 跋文과, 1939년 12代孫 河壽鎭이 기록한 발문이 있다.

II. 編纂 및 刊行 經緯

1. 初刊本과 重刊本

앞에서도 언급하였듯이 초간본에는 서문과 발문이 없고 간단한 刊記 도 없어서 이 판본만으로는 간행 경위를 전혀 알 수 없다. 그런데 용와 하진현이 쓴 중간본의 이차 간본 발문에 다음과 같은 내용이 보인다.

선생의 從孫 殿中丞 松臺[河璿] 공이 흩어진 것을 끌어 모아 집에 갈무리할 수 있도록 하였다. 그러나 허술하여 제 모습을 갖추지는 못 하였다.
돌아가신 나의 아버님 涵淸軒[河以泰, 1751~1830] 공이 깊이 추모 하는 마음을 드러내서서 드디어 간행할 계획을 세우셨다. 知舊의 집 을 통해 재물을 모우고 이름난 선비에게 글을 청하였다. 드디어 일을

---

5 경상대학교 도서관 면우문고 소장본.

시작하여 本院에 목판을 갈무리하였다.

　벽 틈으로 비가 새어서 간혹 썩거나 훼손된 것이 있었다. 게다가 문집이 이 간행된 뒤에 思湖[吳長, 1565~1617]의 輓章과 祭文이 뒤늦게 발견되었다. 그러므로 不肖한 내가 서원의 선비들과 의논하여, 훼손된 목판은 바꾸고 빠진 글은 보충해 넣었다. 이 또한 돌아가신 아버님께서 뜻하신 일이었다. 드디어 일의 전말을 기록하여 후학들에게 참고가 되게 한다.

　今上 10년 갑진년[1844] 5月에 旁後孫 晉賢이 삼가 발문을 쓰다.6

　이 글을 통하여 초간본의 간행 경위를 일부나마 알 수 있게 되었으니, 각재 문집의 간행을 최초로 주도하여 간행한 인물은 그의 從孫인 松臺 河璿(1583~165?)이었다는 점, 중간본의 일차 간본의 간행을 주도한 이는 1844년에 이차 간본의 발문을 쓴 容窩 河晉賢(1776~1846)의 아버지 涵淸軒 河以泰(1751~1830)라는 점, 그러므로 중간본의 일차 간본의 간행 시기는 대체로 立齋 鄭宗魯의 서문을 받은 1813년 무렵이었을 것이라는 점이 그것이다.

　그러나 위 인용문의 첫째 단락 기록만으로는 문집을 간행했는지의 여부를 단정하기 어렵다. 그러나 필자가 초간본이라고 하는 문집이 함청헌 하이태가 중간본을 간행하기 이전에 이미 간행된 것은 분명하다. 왜냐하면 여기에는 1812년에 龜窩 金垙(1739~1816)이 지은 행장이 실리지 못하고 松臺 河璿이 지은 행장이 실려 있기 때문이다. 그런데 容窩 河晉賢이 기록한 것처럼 초간본의 간행을 송대 하선이 주선한 것이라고도 보기 어

<hr />

6　"先生之從孫殿中承松臺公 掇拾散佚 以備家藏 而草草不成樣 先君子涵淸公 深追羹墻之慕 遂謀剞劂之役 鳩財於知舊之家 請文於秉筆之士 竟以就緒 藏板于本院矣 雨漏壁隙 間有朽毀 且思湖輓祭之文 晩出於旣刊之後 故不肯詢于院儒 板之傷者改之 文之遺者補之 亦先君子志事也 遂記顚末 以備後學之參考云爾 上之十年甲辰端陽月 旁後孫晉賢謹跋."(『覺齋集』卷下 33張, 河晉賢「跋」)

려운 측면이 있다. 왜냐하면 송대 하선이 지었다는 행장은 사실 각재의 '행장'으로 지어진 것이 아니고, 『松臺集』에 의하면 「覺齋先生集跋」로 지어진 글이기 때문이다. 즉 자신이 문집의 간행을 주도하면서 자신이 지은 그 문집의 발문을 행장으로 바꾸었다고 보기는 어렵기 때문이라는 것이다. 더욱이 문집의 발문을 그대로 행장으로 쓸 수는 없어 발문의 앞뒤에 세계를 넣어 행장으로 이름을 붙인 것이므로 송대 자신이 그렇게 했다고 보기는 어렵다. 적어도 송대가 문집 간행을 계획하여 주도했던 것만은 분명하지만, 그가 이 일을 완수하지 못하고 그 뒤 누구의 손에 의하여 급하게 마무리된 것으로 추측해 볼 수밖에 없지 않을까 한다.

이처럼 초간본이 있었음에도 중간본을 간행할 이유는 어디에 있었겠는가? 그것은 문집이 간행된 지 오래 되어 다시 간행할 필요도 있었거니와, 위의 容窩의 언급에서 보이는 것처럼 초간본이 문집의 모양을 제대로 갖추지 못했기 때문인 것으로 보인다. 그리고 이차 간본을 계획한 것은 추가로 발견되어 부록에 추가할 내용이 많았기 때문에, 대부분 일차 간본 때의 목판을 사용하고 훼손된 것과 추가된 부분만 새로 목판을 만들어 간행하였던 것이다.

2. 三刊本

삼간본은 이미 언급한 것처럼 1940년에 간행되었다. 1844년에 간행된 뒤로 채 100년이 되지 않았다. 초간본의 간행을 주도한 송대는 각재의 從孫이고, 중간본의 일·이차 간본의 간행을 주도한 涵淸軒과 容窩는 각재의 傍後孫이다. 그러니 당시까지는 『각재집』을 각재의 직계 후손이 주도하여 간행한 적이 없었다. 이 삼간본의 간행은 각재의 12대 종손인 河壽鎭이 주도하였다. 그는 『각재집』 삼간본의 발문에서 다음과 같이 언급하고 있다.

순조 갑진년7에 大覺書院에서 목판으로 간행하여 이미 세상에 널리 알려졌다. 그럼에도 불구하고 차례를 잃은 것이 없지 않고 잘못된 것이 많다. 이는 아마 당시 끊기고 썩은 데서 수습하여 얻은 대로 기록하기만 하고, 빗질하고 씻어서 정밀하게 할 겨를이 없었기 때문이었으리라. …… 그 전의 것에 비하여 빼낸 것은 있어도 더한 것은 없다.8

차례를 잃었다는 것은 覺齋가 松亭의 시를 차운한 경우 송정의 그 원운을 모두 해당 시 뒤에 붙여 둔 것을 가리키는 것으로 보인다. 왜냐하면 삼간본에서는 초간본과 중간본에 있던 송정의 원운이 모두 산삭되었기 때문이다. 송정이 각재의 종질이면서 문인이기도 한데, 송정의 시문을 『각재집』의 부록이 아닌 원문 안에 '元韻'이라는 형식으로 많이 실어둔 것은 여러 모로 체면에 맞지 않았던 것이다. 이렇게 된 것은 아마 초간본과 중간본을 간행할 당시에 문집 간행을 주도할 만한 직계 후손이 없어, 송정의 후손들이 간행을 주도했기 때문에 일어난 것으로 보인다.

삼간본에서 빠진 시문에 대해서는 뒤에서 상세히 다루게 될 것이다.

III. 覺齋 河沆의 生涯와 學問

覺齋 河沆(1538~1590)은 晉陽河氏로 고려 현종 때의 侍郎 河拱辰의 후예다. 조선 태종 때 영의정을 역임한 浩亭 河崙의 傍孫이다. 그의 아버지

---

7 순조 대에는 갑진년이 없다. 이는 하진현이 중간본의 이차 간본을 간행한 헌종 갑진년(1844)을 잘못 표현한 것으로 보인다. 그렇지 않으면 중간본의 일차 간본을 간행할 무렵인 순조 갑술년(1814)을 잘못 표현한 것인지도 모르겠다.
8 "純祖甲辰鋟梓于大覺書院 已公行於世 而猶不能無失次 而多訛誤 蓋當時掇拾斷爛 而隨得隨錄 無暇於梳洗得精也 …… 比舊又有損而無增."(『覺齋集』 三刊本, 河壽鎭「跋」)

河麟瑞는 1531년 司馬試에서 生員·進士에 모두 입격하였으며, 그의 백부 河希瑞도 1525년 사마시에서 생원에 입격하였다. 하희서와 하인서는 모두 南冥 曺植(1501~1572)의 절친한 친구였다. 그래서 각재는 그의 형 喚醒齋 河洛(1530~1592)과 함께 일찍부터 남명의 문하에서 학업을 익힐 수 있었다.

각재는 그 기상이 맑고 고상하며 모습이 마른 학과 같아서, 남명이 항상 그를 가리켜 '雪中寒梅'라 하였다고 한다. 그리고 마마를 앓다가 기절한 적이 있었는데, 남명이 이 소식을 듣고 다급하여 소를 타고 이르러서 손으로 입을 벌려 약을 먹임으로써 소생할 수 있었다고 한다. 각재는 남명이 몰하자 삼년 동안 心喪의 복을 입었다.

각재는 1567년 생원시에서 일등으로 입격하였다. 그러나 문과에는 응시하지 않고 爲己之學에 침잠하였다. 남명이 몰한 뒤 각재는 守愚堂 崔永慶과 함께 진주 지역 남명학파의 리더로서 德川書院을 건립하는 일을 주도하였으며, 초기 덕천서원의 원장을 역임하였다.[9]

각재는 南冥이야말로 堯舜 이래 孔孟程朱의 학문의 핵심을 체득하여 그 學統을 이은 이로 인식하였으며, 아울러 그 남명의 학문이 세상에 널리 알려지지 못함을 안타까워하였다. 이는 「南冥曺先生銘」의 다음 구절에서 확인된다.

손 안의 明月珠는,	手中明月
요순 이래 전해온 것.	傳自唐虞
명월주 부질없이 빛나고,	明月空輝
길 가는 사람 요행만 바라네.	行人守株

'손 안의 명월주'는 남명이 명월주를 손 안에 넣었음을 나타낸 말인데,

....
9 韓國精神文化研究所, 『古文書集成』 25卷 20쪽, 德川書院 院任錄 參照.

그 명월주는 캄캄한 밤에 세상을 환히 비춰주는 밝은 달 같은 보배로운 구슬로, 바로 堯舜 이래 孔孟程朱의 학문의 핵심을 뜻하는 말이다. 그 명월주가 부질없이 빛나고 있다는 말은 요순 이래 공맹정주의 학문의 정통을 진정으로 가치 있게 인식하는 이가 드물다는 뜻이다. 그 다음 두 구절은 학문을 한다는 사람들이 각고의 노력을 기울여 요순 이래 가장 가치 있는 명월주를 손 안에 넣으려 하지 않고, 그저 목전의 이익을 위해 守株待兎하듯이 고지식하게 요행만 바라고 있음을 말한 것이다. 요컨대 각재는 남명이 명월주를 수중에 넣었고, 그것을 자신의 문인들을 비롯한 세상 사람들에게 보여 주었으되 그 가치를 깨달아 아는 이가 드물다는 상황을 이처럼 표현했던 것이다. 각재가 남명을 사사하여 학문을 하면서 진실로 추구하였던 것이야말로 바로 자신이 그 명월주를 手中에 넣는 것이었다.

IV. 『覺齋集』의 構成과 內容

1. 『覺齋集』의 構成

『각재집』은 모두 1책으로 되어 있으며, 초간본과 중간본은 상·중·하 세 권으로 分卷하였고 삼간본은 1·2권으로 분권하였다. 이 가운데 상권과 중권 및 1권이 각재의 시문이고, 하권 및 2권이 부록으로 구성되어 있다. 초간본과 중간본의 경우 상권은 韻文, 중권은 散文으로 되어 있고, 삼간본의 경우에는 따로 분권되어 있지는 않으나 운문이 앞에 실려 있고 산문이 뒤에 실려 있다. 그러므로 전체적인 배열 순서는 초간본의 체재가 거의 그대로 유지되고 있는 셈이다.

가. 韻文

초간본 상권에는 모두 146수의 시가 실려 있다. 이 가운데 오언절구가 29수, 오언율시가 10수, 칠언절구가 77수, 칠언율시가 30수로 되어 있다. 補遺에 오언율시 1수, 칠언절구 3수가 더 실려 있으니, 이를 합하면 각재의 시는 모두 150수가 전해지는 셈이다.

중간본의 상권에는 보유에 있던 시가 오언율시와 칠언절구의 자리로 들어가는 등의 이유로 순서가 조금 바뀌고 제목에 일부 수정이 있을 뿐 초간본과 크게 다른 점이 없다. 그러나 몇 가지 달라진 점이 없지는 않다. 우선 초간본에 松亭 河受一의 시가 '元韻'이란 이름으로 각재의 해당 시 바로 뒤에 부록으로 붙어 있던 것이 중간본에선 모두 刪削되었고, '次霽景'이란 제목의 칠언율시는 송정의 원운은 물론 각재의 시까지 함께 산삭되었다. 또한 초간본 칠언절구 끝에 있던 '無題' 시가 중간본 일차 간본에서는 없어지고 대신 '慰人眼昏'이라는 제목의 시가 그 자리에 실려 있었다. 이차 간본에서는 이 시마저도 산삭되고, 그 다음 줄의 '칠언율시'라는 제목이 없어지면서 그 사이에 칠언율시인 '挽林葛川' 1수가 추가되었다. 그리고 칠언율시에 있던 '戒酒詩'가 中卷으로 넘어가서 '戒酒箴'으로 제목이 바뀌어 실렸으며, '挽李純叔'은 산삭되었다. 중간본의 상권 末尾에는 초간본에 없던 '賦' 항목이 따로 설정되어, 초간본의 중권에 있던 '空中樓閣賦'와 '次鄭寒岡挽吳德溪韻'이 이 자리로 들어왔다.

삼간본에서는 중간본에 비해서 오언절구 4수, 오언율시 2수, 칠언절구 13수, 칠언율시 2수 등 21수가 산삭되었다. 또한 「西臺八詠」의 松亭 註釋도 산삭되었다. 그리고 2구가 결락된 오언율시 '贈尹尙州國馨' 1수가 추가되었다.

위치가 바뀌거나 제목이 조금씩 바뀐 것을 제외하고, 초간본부터 삼간본까지의 과정에서 산삭되거나 추가된 것을 정리하면 다음 표와 같다.

시제목	초간본	중간본	삼간본	시제목	초간본	중간본	삼간본
住鶴亭贈河性源	O	O	×	贈學者	O	O	×
自晦山書院將往	O	O	×	贈同年宋御史	O	O	×
遊石亭	2수	2수	1수	題多會灘院壁	O	O	×
七松居士	O	O	×	挽梁山斗	O	O	×
贈尹尙州國馨	×	×	O	挽權槩叔	O	O	×
次舍兄喚醒齋韻	O	O	×	李祥甫日新堂	O	O	×
題河元龍河東草亭	×	O	O	無題(七言絶句)	×	O	×
喪女後謝人勸肉	O	O	×	挽林葛川	O	×	×
將往尙州贈三孤姪	O	O	×	次霽景	O	×	×
題壁上	2수	2수	1수	挽伯叔母趙氏	O	×	×
書懷	O	O	×	挽李純叔	O	×	×
題吳僩壁上	O	O	×	無題(보유)	O	O	×
面腫吟	O	O	×				
晦山書院	O	O	×				

시들이 이처럼 산삭되거나 추가된 것에 대한 설명이 아무 곳에도 없다. 초간본의 '挽李純叔'은 각재가 일찍 죽은 아들을 생각하며 역시 일찍 죽은 이순숙에 대해 지은 만시이다. 각재의 아들은 庚申(1560년)生이고 이순숙은 庚戌(1550년)生이라 한 점에서 보더라도 이 시는 역사성이 있는 작품이라 할 만한데 무슨 이유인지 중간본 이후로 산삭되었다. 이들에 대한 연구는 앞으로 각재를 연구할 적에 하나의 과제가 될 만하다.

나. 散文

산문이 초간본에는 行文이라는 제목으로 되어 있다. 書 8편, 遺事·序·祭文이 각 2편, 記·銘·輓詞·賦·對問·碑銘·疏 각 1편 등 모두 21편이다. 이 가운데 對問과 疏는 중간본 이후로 산삭되었고, 「吳德溪挽」과 「空中樓閣賦」는 중간본 이후로는 앞쪽의 운문 부분으로 옮겨 실렸다. 그리고 「金汲古齋湛贊」이 삼간본에 추가되었다.

疏의 내용에 栗谷 李珥를 심각하게 비판하는 부분이 있는데, 이것이

疏의 刪削 원인으로 보인다. 그러나 對問이 산삭된 이유는 알 수 없다. 「鳩集堂銘」뒤에 부록한 松亭의 「鳩集堂記」와 「題宗姪受一家訓屛風後序」 뒤에 부록한 송정의 「家訓屛序」또한 중간본 이후로는 산삭되었다. 이는 송정의 글을 각재의 글 뒤에 부록하는 것이 각재의 체면을 손상시킨다고 보았기 때문으로 보인다.

다. 附錄

부록이 초간본에는 挽章 15수, 行錄·遺事·祭文 각 3수, 上樑文·祝文 각 2수, 行錄略·行狀·序 각 1수로 되어 있다. 중간본에는 立齋 鄭宗魯로부터 받은 서문을 책머리에 싣고, 世系를 부록의 머리에 붙이고, 龜窩 金㙆으로부터 받은 행장을 그 다음에 실은 것이 가장 큰 변화이다. 그리고 초간본에 실린 河璿이 지은 행장은 중간본에 행록으로 바뀌어 실려 있다. 西溪 朴泰茂가 지은 晉陽鄕賢錄과 補遺로 吳長의 제문과 만사 및 朴齊仁의 사우고유문, 河弘度 남명선생사우록발, 덕천사원에의 각재 追享과 관련된 書簡 3편이 중간본 이후로 추록되었다. 이 보유 부분은 중간본의 이차 간본 때 비로소 첨입된 것이다. 일차 간본에는 발문이 없었으나, 이차 간본 때 河晉賢이 발문을 써 두었다.

삼간본 부록에는 중간본의 내용에다 晦峰 河謙鎭이 지은 墓碣銘과 晦堂 張錫英이 지은 遺墟碑銘이 추록되었으며, 부록 머리에 있던 世系가 부록의 끝으로 자리를 옮겼다. 그리고 하진현의 중간 발문과 河壽鎭의 발문이 책의 가장 마지막에 실려 있다.

2. 『覺齋集』의 主要 內容

『각재집』은 대체로 학문과 사우간의 교제를 그 내용으로 하고 있는 것과 개인적 정감을 그 내용으로 하고 있는 것으로 대별해 볼 수 있다.

전자에 해당하는 것으로는 상권의 「住鶴亭贈河性源」·「梧桐」·「偶吟」·「奉和吳翼承」·「題寒岡」·「呈吳德溪」·「奉謝吳學士投贈」·「晦山書院」·「西臺八詠」·「李祥甫日新堂」·「無題」, 중권의 「南冥曺先生遺事」·「祭南冥曺先生文」·「祭南冥先生文」·「吳德溪遺事」·「吳德溪挽」·「復許民瑞書」·「與吳措大書」 등이 대표적 작품이라 할 만하다. 그리고 후자에 해당하는 것으로는 상권의 「喪明吟」·「喪女後謝人勸肉」·「書懷」·「挽李純叔」 등이 대표적 작품이라 할 만하다. 이 가운데 일부분만 소개한다.

「住鶴亭에서 河渾에게 준 시[住鶴亭贈河性源]」는 다음과 같다.

학이 머문다는 주학정에 학은 없고,	住鶴亭無鶴
흰 구름만 부질없이 넓고 넓구나.	白雲空浩浩
절친한 친구끼리 서로를 보내면서,	故人送故人
끝없는 눈물 소나무에 뿌린다.	濺松無盡淚

이 시는 시의 제목과 내용으로 보아 暮軒 河渾(1548~1620)과의 이별 때 지어 준 시로 보인다. 절친한 친구는 물론 하혼일 터인데 무슨 연유로 소나무에 끝없는 눈물을 뿌린 것인지 알기가 어렵다. 주학정에 관하여 『嶠南誌』 陜川郡 편에서는 俗傳임을 전제하고 최치원이 가야산에 들어갈 때 쉬었던 곳이기 때문에 붙여진 이름이라고 되어 있다. 그렇다면 이런 전설을 바탕으로 하여 하혼이 지은 정자일지도 모른다. 하혼은 야로 돈평에 살고 있었는데, 임진왜란을 전후한 시기에는 내암 정인홍도 이 근처에 거주하고 있었다. 『孤臺日錄』 1593년 8월 27일 조에, "주학정에서 내암 선생을 뵈었다.[謁來庵先生于住鶴亭]"라는 기록이 보이고, 『篁谷日記』 1596년 1월 11일 조에, "住鶴亭 아래 이르러 먼저 鄭令公 댁으로 향하였다.[到住鶴亭下 先向鄭令公宅]"라는 기록을 통해서도 확인이 되는 것이다.

하혼은 내암의 문인이고 각재보다 10세 아래이니, 각재가 그를 故人이라 했다기보다는 오히려 내암을 故人이라 했다는 것이 순리이다. 학 같은 인품의 수우당 최영경이 기축옥사에 끌려가고 난 뒤에 내암과 함께 이를 슬퍼한 내용으로 볼 수 있을 듯하다.

「우연히 읊음[偶吟]」이란 시는 다음과 같다.

古人은 학문을 하며 산 깊이 숨었으니,	古人爲學隱山深
벼슬과 利祿이 원래 마음에 없었다네.	爵祿元來不入心
슬프다, 지금은 다투어 자신을 파니,	惆悵如今爭賣己
물에 빠진 백성을 언제 건지겠는가?	水民何日可拯沈

각재는 남명의 학문에 깊이 영향을 받아 1567년 생원시에 일등으로 입격을 하고도 문과에 응시를 하지 않아 벼슬길에 나가지 않았다. 이 시는 그의 출처에 대한 신념을 드러내면서 진정 물에 빠진 처지에 있는 백성들을 건져줄 수 있는 사람은 누구인가를 묻고 있는 내용이다. 「梧桐」 또한 이러한 맥락을 담고 있다. 이 시에서 각재가 "죽어서 南風歌를 타는 거문고가 되어 백성의 슬픈 마음을 풀어주기보다, 살아서 봉황이 오기를 기다리는 것이 더 낫다.[死作南薰琴解慍 不如生待鳳凰來]"라고 한 표현은, 남명이 "시장에 다니면서 이리저리 금은보화의 가격을 묻기보다, 차라리 한 마리 물고기라도 사오는 것이 낫다.[遨遊於通都大市之中 金銀珍玩 靡所不設 終日上下街衢 而談其價 終非自家裏物 只是說他家事爾 却不如用吾一匹布 買取一尾魚來也]"[10]라고 한 표현을 보는 듯하다. 오동으로 거문고를 만들기도 하지만, 오동 열매는 봉황이 먹는 것이기도 하다. 봉황은 순 임금 같은 성군을 비유적으로 표현한 말이다. 거문고를 만들어 순 임금이

---

10 金宇顒, 「南冥先生行狀」, 『東岡集』 17卷.

지은 南風歌를 부름으로써 백성들을 위로할 수도 있다. 그러나 각재는 이 시를 통하여 곧바로 백성들을 잘 다스릴 수 있는 聖君이 나오는 것이 훨씬 절박함을 강조한 것이다.

다음으로는 「西臺八詠」이 있다. 이 시는 西臺의 八景 즉, 淵嶽朝曦·西山暮雨·沙汀春柳·晴川秋月·孤村綠竹·四野黃雲·苔巖釣魚·驛程行人을 소재로 하고 있다. 서대는 尙州에 있는데, 각재가 그 형 喚醒齋를 만나러 상주에 가끔 들렀으므로, 이 시는 그때 그 주인이 각재에게 화답을 요구하여 지은 것이라고 한다. 그러니 심상한 경치 이야기에서 그칠 법한데, 각재의 종질이면서 문인인 송정 하수일은 이를 성리학적인 관점에서 해석하고 있다. 서경적인 시를 통하여 人欲의 싹틈과 天理의 存置를 위한 노력 등을 비유적으로 담고 있다.

「南冥曹先生遺事」와 「祭南冥先生文」은 각재가 남명에게서 무엇을 받아들이려고 노력했던가를 여실히 보여주는 글들이다. 「吳德溪遺事」와 「吳德溪挽」은 동문 선배인 德溪 吳健(1521~1574)의 遺事와 輓章이며, 「復許民瑞書」와 「與吳措大書」는 許燉(1562~?)와 吳長(1565~1617)에게 보낸 편지이다. 「喪明吟」과 「喪女後謝人勸肉」은 아들과 딸을 잃은 뒤의 심경을 나타낸 시이고, 「挽李純叔」은 같은 해에 이미 아들을 잃은 각재가 젊은 나이로 죽은 李純叔을 애도하며, 자신의 여섯 아이가 크면서 다 죽고 마지막 남은 한 아들마저 夭折한 것을 상기하는 내용이다. 「書懷」는 사방이 적막한 한밤중에도 잠을 이루지 못하고, 울고 싶어도 남들이 두려워 목 놓아 울 수도 없어, 아침마다 귀밑머리가 세어간다는 내용으로, 만년에 아들과 딸을 잃은 아버지의 심경이 매우 인간적으로 드러나 있다.

V. 맺음말

雪壑 李大期는 남명 문하에서 覺齋의 위치를, 退溪 문하에서의 月川과 孔子 문하에서의 顔淵과 같다고 언급하였으며, 흔히들 德溪·守愚堂·東岡·寒岡과 함께 각재를 남명 문하 五賢의 한 사람으로 꼽고 있다. 이제 각재의 이러한 면모를 그의 시문에 대한 연구를 통하여 드러낼 필요가 있을 것이다. 이러한 연구는 각재 개인을 위해서도 의미 있는 일이지만, 각재의 학문을 이은 松亭 河受一(1553~1612) → 謙齋 河弘度(1593~1666) → 雪牕 河澈(1635~1704)→ 養正齋 河德望(1664~1743)·知命堂 河世應(1671~1727) → 台窩 河必淸(1701~1758) → 南溪 李甲龍(1734~1799) → 南皐 李志容 (1753~1831) → 月浦 李佑贇(1792~1855) 등으로 이어지는 진주를 중심으로 하는 학맥의 실체를 밝히기 위해서도 절실히 필요하다고 하겠다.

『松亭集』解題

Ⅰ. 書誌事項

　『松亭集』은 松亭 河受一(1553~1612)의 문집으로, 지금까지 두 차례의 간행이 있었다.

　초간본은 木版本으로 半廓의 크기는 가로 17.2cm 세로 21.0cm 이며, 책의 크기는 가로 20.7cm 세로 31.3cm 이다. 반곽이 10行, 每行 22字로 되어 있으며, 행간에는 경계선이 그어져 있다. 목판의 사방 경계는 굵은 단선으로 처리되었으며, 魚尾는 上下에 內向二葉花紋으로 되어 있다. 內題는 『松亭先生文集』, 版心題는 『松亭文集』, 表題는 『松亭集』이다. 시문 6권과 부록 1권 등을 합하여 모두 3책으로 되어 있다. 서문이 6판, 목록이 2판, 1권이 20판, 2권이 44판, 3권이 29판, 4권이 38판, 5권·6권이 40판, 부록이 15판 등 모두 194판이다. 이 책에는 발행 시기와 발행 장소를 알 수 있는 기록이 전혀 없다. 5권과 6권의 版心題는 분리되지 않고 모두 5권으로 되어 있으며 판목의 번호도 연속되어 있어, 판심만으로는 6권의 존재가 확인되지 않으나 內題에 의하면 29판부터 40판까지가 6권임을 알 수 있다.

　중간본은 石版本으로 반곽의 크기는 가로 14.3cm 세로 19.3cm이며, 책의 크기는 가로 19cm 세로 28cm이다. 반곽이 10行, 每行 20字로 되어 있으며, 행간에는 경계선이 그어져 있다. 석판의 사방 경계는 굵고 가는 두 줄로 처리되었으며, 위쪽에만 黑魚尾가 있다. 內題는 『松亭先生文集』, 版

心題는『松亭集』, 表題는『松亭先生文集』이다. 原集 5권과 續集 3권 등 모두 4책으로 되어 있다. 서문이 6판, 목록이 19판, 1권이 28판, 2권이 32판, 3권이 24판, 4권이 42판, 5권이 43판, 원집 부록이 15판, 속집 부록이 6판, 속집 1권이 22판, 속집 2권이 13판, 속집 3권이 26판 등 모두 276판이다. 속집의 1권과 2권은 판심에 분권이 되어 있으나 석판번호는 35판까지 서로 연결되어 있다. 1939년 京城 東亞石版印刷所에서 인쇄되었다.

초간본과 중간본에는 공히 1788년에 쓴 樊巖 蔡濟恭(1720~1799)의 서문이 앞에 있고, 지은 연대를 알 수 없는 游齋 李玄錫(1647~1703)의 서문이 그 다음에 실려 있다. 원집의 말미에는 역시 초간본과 중간본 공히 鑑谷 李汝馪(1556~1631)이 1598년에『松亭歲課』발문으로 쓴「書松亭歲課集」가 실려 있다.

II. 編纂 및 刊行의 經緯

초간본인 목판본『松亭集』의 간행 경위에 관해서는 문집에서 그 근거를 찾을 수 없을 뿐만 아니라, 다른 곳에서도 현재로서는 그 간행 사실을 알려줄 만한 기록을 발견하지 못했다. 다만 서문이 1788년에 쓰였고, 석인본『송정집』의 송정 연보 끝 부분 1788년 조에 있는 '文集成'이란 기록으로 보아, 1788년 무렵에 문집이 간행되었을 것으로 짐작될 뿐이다. '문집이 이루어졌다'는 말은 '문집이 간행되었다'는 말에 비해 정밀한 표현이 아니라서, 간행하기 위한 문집 원고가 완성되었다는 뜻으로도 볼 수는 있다. 그러나 초간본에는 1812년에 龜窩 金㙆(1739~1816)이 찬술한 松亭墓碣銘이 부록에 실려 있지 않은 것으로 보아, 적어도 1812년 이전에 간행되었다고 보는 것이 순리일 것이다. 그래서 지금으로서는 1788년 무렵에 초간본인 목판본이 간행되었다고 볼 수밖에 없기는 하다.

초간본의 간행에 관한 기록이 남아 있지 않음으로 해서, 간행을 주관했던 이가 누구인지도 분명하지 않다. 松亭의 8대손 容窩 河晉賢(1776~1846)은 다음과 같은 기록을 남겼다.

> 우리 선조의『松亭歲課』4책은 바로 선조께서 손수 쓰신 글씨로 된 책이다. …… 家君께서 일찍이 베껴내어 간행하신 뒤 그 원본을 갈무리해 두셨으니, 오직 혹시라도 상할까 염려하셨기 때문이었다.[11]

용와의 아버지는 涵窩 河以泰(1751~1830)이다. 그가 베껴내어 간행했다고 하는『송정세과』가 바로 목판본『송정집』이 아닐까 추측된다. 그러나『송정집』이라는 분명한 용어를 두고『송정세과』云云한 것으로 보아, 현재로서는 함와가 간행한 것이『송정집』이라고 단정할 수는 없다. 그러나 1788년 무렵에 살아 있었던 송정의 후손 가운데서『송정집』간행을 주도할만한 인물로는 송정의 6대 종손 河達中(1723~1799)과 그의 둘째 아들 河以泰가 가장 유력하다. 그러나 하달중의 遺事[12]에도『송정집』에 관한 언급은 전혀 없으니, 과연 1788년 무렵에 간행된 것인지 장담할 수는 없다.

중간본은 송정의 13대 종손인 河宗根에 의해 간행되었는데, 다음은 그가 쓴 발문 첫머리 부분이다.

> 先子 松亭 선생의 문집은 原集·續集·年譜 등 모두 약간 권으로 되어 있다. 原集은 예전에 이미 세상에 간행되었다. 그리고 徵君 俛宇 郭先生이 다시 校正하여 刪削해 둔 것이 당시에 있었다. 續集과 年譜는

---

11 河晉賢,『容窩集』4卷,「書松亭先生祖歲課編後」, "我先祖松亭歲課四冊 則先祖手澤也 …… 君家嘗謄出而刊之 仍藏其原本 唯恐或傷矣."
12 河晉賢,『容窩集』4卷,「王考處士公遺事」.

門祖 謙鎭 씨가 編定한 것이다.[13]

이 글의 내용으로 미루어 보면, 원집은 예전에 이미 간행되었고, 중간본의 원집은 俛宇 郭鍾錫(1846~1919)이 일찍이 교정해 두었던 것임을 알 수 있다. 아울러 속집과 연보의 편찬은 晦峰 河謙鎭(1870~1946)에 의해 이루어졌음도 알 수 있다.

그런데 여기서도 초간본에 대해서는 "예전에 이미 간행되었다."라고만 하였고, 그 편찬 주체는 밝히지 않았다. 초간본의 편찬 주체에 관해서 관심이 없었는지, 아니면 정말 그 편찬 주체를 모르는지, 그도 저도 아니라면 너무나도 잘 아는 사실이라서 생략한 것인지, 여하튼 초간본의 간행에 관한 구체적인 기록은 잘 보이지 않는다.[14]

III. 松亭 河受一의 生涯[15]

松亭 河受一(1553~1612)은 晉陽河氏로, 거란으로 사신 갔다가 死節한 河拱辰의 후예이며 浩亭 河崙의 傍孫이다. 조부 河希瑞(?~1570)는 서울생활을 하던 1525년 生員에 入格한 인물로 南冥 曺植(1501~1572)과는 친교

....

13 『松亭集』(石印本) 附錄, 跋文(河宗根 撰), "先子松亭先生原集續集年譜總若干卷 原集舊已刊行于世 而郭徵君先生重讐校所刪 時有之 續集年譜 門祖謙鎭氏編定也."
14 1813년에 쓴 河致中(1758~?)의 「七先生實記後跋」(啓明大學校 圖書館 所藏 『大覺書院七先生實記』의 발문)에, "覺齋·松亭 두 분 선생의 文字는 散亡된 것을 수습하여 若干권으로 세상에 간행된 것이 있다.[覺齋松亭兩先生文字收拾散亡 有若干卷刊行於世者]"라는 기록으로 보아, 적어도 『송정집』초간본이 1813년 이전에 이미 간행되었음은 확인된다.
15 李相弼, 「松亭 河受一의 生涯와 文學」, 『韓國漢文學과 儒敎文化』, 亞細亞文化社, 1991, 參照.

가 두터운 사이였다. 부친은 河洒(1137~1580)이고, 모친은 咸安趙氏다.

송정은 水谷面 井谷村[우무실]에서 태어났는데, 이곳은 고조부 때부터 卜居해 오던 곳이다. 어릴 때는 조모 漢陽趙氏로부터 글을 배웠으며, 7세 때부터는 南冥의 門人인 從叔 覺齋 河沆(1538~1590)으로부터 受學하였다.

송정은 18세 때 조부의 상을 당했는데, 이때 남명이 만사를 써 보냈다. 그 가운데 '諸孫紹禮書', '秀庭蘭茁是三多'라는 구절이 있는 것으로 보아, 당시에 이미 송정과 그의 두 아우의 이름이 남명에게까지 있었던 것으로 보인다.

그의 나이 30세 때에 「丹城鄕校聖殿重修記」를 지었고, 31세 때에는 「德山書院洗心亭記」·「守愚堂銘」·「矗石樓重修記」 등을 맡아 지었다. 이때는 남명의 문인들이 거의 살아 있던 시기인데도 그가 이런 글들을 지을 수 있었던 것은, 진주 일원에서 그의 文名이 얼마나 크게 알려져 있었던 가를 단적으로 보여주는 것이라 생각된다.

37세 때인 1589년 生員에 入格한 뒤, 39세 때인 1591년 文科에 及第하였다. 그러나 다음 해 倭亂이 발발함으로 인하여 벼슬길에 나아가지 못함은 물론, 그의 생애도 몹시 어려워졌다. 1592년 6월에 進士 文劼 등과 함께 晉州 召募有司가 되어 鄕兵 400여 명을 모았으나, 군량 부족으로 다 흩어져 버렸다. 군량을 준비하여 8월에 다시 의병을 모았으나 결과는 여의치 않았다. 결국 智異山 五臺寺 등지로 피난을 다녔고, 1594년에는 內艱을 당하였다. 복을 마친 다음 해인 1597년에 倭兵이 再侵하였는데, 이때부터 약 2년 동안 善山·尙州·安東·榮州 등지로 피난 생활을 계속하였다.

그러다가 48세 때인 1600년에 비로소 成均館 典籍으로 출사하여 곧 靈山 縣監이 되었다. 그러나 그 해 겨울 벼슬을 그만두고 조카가 있는 尙州로 가서 초당을 지어 놓고 강학하였다. 55세 때인 1607년 刑曹의 佐郞과 正郞을 거친 뒤 1608년에는 吏曹 正郞이 되었다. 그해 6월에 경상도 都事가 되어 1609년 6월까지 재직하였다.[16] 이후로는 벼슬에 관한 기록이 없

는 것으로 보아 벼슬을 버리고 고향에 돌아온 것으로 판단된다. 謙齋 河
弘度의 기록17으로 보면 만년에 水谷精舍에서 강학을 하며, 남명으로부터
각재를 통해 이어 내려오는 학맥을 전수하려 했던 것으로 생각된다.

IV. 『松亭集』의 構成과 內容

1. 『松亭集』의 構成

초간본과 중간본의 전체적인 구성은 다음과 같다.

卷別	초간본	중간본	비고
제1권	詩 135수	賦 7수, 詩 113수	
제2권	詩 171수, 賦 8수	詩 165수	
제3권	書12수, 序 21수	書12수, 說 9수, 論 3수	
제4권	記 32수, 說 9수, 跋·論 각 1수	序21수, 記 22수	
제5권	上樑文 2수, 祈雨文 3수, 祭文 21수, 通文 2수, 雜著 2수, 箋 2수, 頌 4수	記 7수, 跋 1수, 箋 2수, 頌 4수, 上樑文 1수, 祝文 3수, 祭文 20수, 通文 1수, 銘 4수, 墓碣誌銘 7수	
제6권	銘 4수, 墓誌銘 7수	(부록) : 行狀(2), 墓碣銘, 遺事, 奉安文, 常享文, 歲課跋	
속집		1권 : 詩 149수 2권 : 雜著 2수, 序 6수, 記·跋 각 1수, 祭文 3수, 墓銘 2수	
부록	世系, 行狀(2), 遺事, 奉安文, 歲課跋	年譜, 跋	

....

16 연보에는 1605년에 경상도 도사가 된 것으로 기록되어 있으나, 『慶尙道先生安』
   에는 1608년 6월부터 1609년 6월까지 도사 직에 있었던 것으로 기록되어 있고,
   鄭慶雲의 『孤臺日錄』 1608년 6월 2일 조에도 "河太易爲慶尙都事"라는 기록이
   있으므로, 이를 따랐다.
17 河弘度, 『謙齋集』 9卷, 「記松亭先生語」 參照.

중간되면서 초간본에 실린「社鼠賦」1수와 詩 28수가 刪削되었다. 이 가운데 12수는 완전히 산삭되었고, 나머지는 같은 제목의 여러 수 가운데 일부가 산삭된 것이다. 산문으로는 記 3수, 上樑文·祭文·通文 각 1수씩이 산삭되었다. 다음은 산삭된 시문의 제목이다.

詩 : 奉酬同年朴景賢, 觀魚, 醉贈同年趙都事, 醉贈權醴泉景仰先生, 病劇
謝諸從子侍疾, 大覺偶吟, 次鄭肯甫鳩集堂韻, 避盜五臺寺有感, 謝鄭
司果送三斗米用資軍食, 禮安途中行色忽遽不得謁退溪書院, 次柳巡
相韻, 元日太初
散文 : 三梅堂記, 梅竹堂記, 嶺南樓記, 李汝實祠宇上樑文, 祭牧使金公時
敏文, 大覺祠宇營建通文

중간본에서는 시문을 추가할 경우 모두 續集에 편성하였다. 그러므로 초간본의 것과 중간본 속집의 것을 합하면 송정 시문의 총량이 나오게 된다. 즉 詩 455수, 賦 8수, 書 12수, 序 27수, 記 33수, 跋 2수, 論 3수, 說 9수, 雜著 2수, 上樑文 2수, 祝文 3수, 祭文 24수, 通文 2수, 箋 2수, 頌 4수, 銘 4수, 墓碣誌銘 9수가 松亭 詩文의 전체 면모이다.

2. 『松亭集』의 主要 內容

松亭의 詩文은 畿湖 지역이나 慶尙左道 지역 인물들에 비하면 그 분량이 결코 많다고 할 수 없다. 그러나 당대 慶尙右道의 인물이라는 점을 염두에 두고 보면 그의 시문이 상당히 많다는 것을 알 수 있다. 왜냐하면 경상우도 지역 인물들은 특히 남명의 영향[18]으로 시문의 창작에 특별히

18 李相弼,『南冥學派의 形成과 展開』, 고려대학교 박사논문, 1998, 100~104쪽 참조.

관심을 기울이지 않았기 때문이다. 그런데 송정은, 남명의 문인들이나 다른 사숙인에 비하여 문장 수련에 많은 노력을 기울였고 그런 만큼의 文名도 얻었다. 그래서 남명학파의 다른 인물들과 대조적이기는 하지만, 그의 문학이 다루고 있는 내용으로 판단하건대, 그는 남명 정신을 철저히 이어받은 인물이라 할 수 있다.

　송정의 시와 부에 대해서는 기존의 논문에서 이미 자세히 언급하였으므로 여기서는 한 수만 소개하고 나머지는 생략한다.

바람이 뜬구름 걷어가 하늘이 말끔한데,　　　　　風捲浮雲玉宇淸
찬란한 곳곳에 뭇별이 반짝인다.　　　　　　　爛然隨處衆星明
밤 깊어 다시 天心에 달 돋음에,　　　　　　　夜深更有天心月
아무도 없는 뜰을 홀로 거닌다.　　　　　　　庭院無人獨自行

　이 시는 『송정집』 2권에 나오는 「雨晴夜有感」이다. 비 온 뒤 맑게 갠 밤하늘을 보고 느낌을 읊은 것이다. 말끔히 갠 하늘에 뜬 달을 바라보며 아무도 없는 뜰을 홀로 거닐고 있는 모습은, 사욕이 말끔하게 없어진 상태에서 唐虞로부터 전해오는 手中의 明月珠가 환히 빛나고 있음을 상징적으로 보여주는 듯하다. 송정이 覺齋를 통해 南冥의 학문을 계승하려는 의식을 갖고 있음과 연관시켜 이해할 만한 시이다.

　산문 가운데는 序가 27수, 記가 33수로 다른 문체에 비해 상대적으로 많은 편이다. 序의 경우, 書冊의 서문은 6수밖에 되지 않고 贈序·送序가 많은 분량을 차지하고 있다. 記의 경우, 진주를 중심으로 하는 지역의 이름난 건물의 연혁을 고찰하는 데 매우 중요한 의미가 있다.

　1583년에 쓴 「德山書院洗心亭記」는 賜額되기 전의 德川書院 앞에 세워졌던 洗心亭에 관한 기문이다. 다음은 그 전문이다.

『禮記』에 "군자는 은거하여 수양하며 때로는 한가히 거닐며 휴식한다."[19]고 하였으니, 대체로 은거하여 수양할 터전이 있는 경우에는 반드시 한가히 거닐며 휴식할 곳이 있었던 것이다. 이것이 예로부터의 법도이다.

삼가 살피건대, 이 德山書院은 祠堂을 세워서 제사지내는 곳임을 분명히 하였고, 明倫堂을 세워서 윤리를 중시하였고, 東齋와 西齋를 두어서 공부하는 이들이 거처하도록 하였으니, 진실로 은거하면서 수양할 터전이 마련된 셈이다. 그리고 서원의 남쪽에 시내가 있어 虛明함과 푸르름을 머금고서 감돌아 맑은 못을 이루고 있으니, 이곳에 이르면 '沂水에서 목욕하고 舞雩에서 바람쐬는'[20] 흥취가 있다. 시냇가에는 복숭아무 숲이 있고 사이사이에 소나무와 渭城柳가 보여서 마치 武陵桃源과 같으니, 참으로 노닐면서 감상할 만한 홀륭한 장소이다.

근자에 우리 崔先生[21]께서 매양 지팡이 짚고 이 근처를 소요하시면서, 정자를 지어 한가히 거닐며 휴식할 수 있는 장소를 갖추려고 하셨지만, 서원을 짓는 일이 이루어지지 않았기 때문에 이 뜻을 이루시지 못하고 있었다. 그러다가 임오년(1582) 봄에 비로소 서원이 완성되었고 정자 또한 낙성을 보니, 경치가 더욱 볼 만하여 시내는 그 맑음을 더한 듯하고, 물속에서 뛰노는 고기들도 그 즐거움이 더한 듯하였다.

이에 覺齋叔父[22]께서 『周易』의 '聖人이 마음을 씻는다'[23]는 뜻을 취

---

19 『禮記』「學記」, "君子之於學也, 藏焉修焉息焉游焉. 疏曰, 藏謂心常懷抱學業也, 修謂修習不能廢也, 息謂作事倦息之時, 而亦在學也, 游謂閑暇無事游行之時, 亦在於學, 言君子於學, 無暫時替也."

20 "늦은 봄에 봄옷이 완성되면 어른 대여섯 명과 아이 예닐곱 명과 함께 沂水에서 목욕하고 舞雩에서 바람 쐬면서 시를 읊조리다가 돌아오겠다."(『論語』「先進」, "莫春者 春服旣成 冠者五六人 童子六七人 浴乎沂 風乎舞雩 詠而歸)는 曾點의 말. 道學을 닦는 여가의 흥취를 말함.

21 守愚堂 崔永慶(1529~1590)을 말함. 본관은 和順, 서울 사람으로 南冥先生을 흠모하여 진주로 내려와 선생을 師事하였고, 선생 沒後에 선생을 위하여 德山書院의 건립을 계획하고 그 일을 하나하나 감독하였다고 함.

22 南冥先生의 門人인 覺齋 河沆(1538~1590)을 말함. 이 가문을 지은 松亭 河受一

하여 정자의 이름으로 삼았으니, 대개 '물을 보는 데에도 도리가 있
다'24는 뜻을 염두에 두신 것이다. 대저 물의 성질은 맑으므로, 더러
운 것은 씻어서 깨끗이 하고, 검은 것은 빨아서 희게 한다. 그러므로
흐르는 물가에 우뚝이 정자를 세운 것은 은거하면서 수양하는 사람으
로 하여금 답답한 마음을 화창하게 하고 자신의 浩然之氣를 잘 기르
도록 하기 위함이며, 현판의 이름을 물과 관련지은 것은 한가히 거닐
면서 휴식하는 사람으로 하여금 이 물을 보고 자신을 반성하여 나날
이 새롭고 또 나날이 새롭게 하고자 함이리라. 우리 유학을 공부하는
사람들이 만약 이 정자에 올라 아득히 南冥先生의 유풍을 생각하고,
또 현판의 이름을 돌아보면서 그 의미를 생각하여 능히 마음을 맑게
하는 공부를 할 수 있다면 다행이리라.

　　우둔하고 어리석은 내가 참람되게도 이처럼 고루한 생각을 기록하
고 또 노래를 지었다.

　　아름답고 우뚝한 저 정자,　　　　　　　　奐彼高亭
　　나래 돋아 훨훨 날 듯하다.　　　　　　　翼如翚如
　　이제 거닐며 쉴 수 있으니,　　　　　　　旣游以息
　　군자가 거처할 만하도다.　　　　　　　　君子攸居
　　넓다란 이 시냇물,　　　　　　　　　　　浩玆溪流

....

(1553~1612)의 從叔父임. 南冥先生이 '雲中寒梅'라 일컬을 정도로 인품이 고결
하였다고 함.

23 『周易』「繫辭上傳」 제11장에 나오는 말, 즉 변화무쌍하면서도 일정한 이치가
있으며 또 이러한 번역의 이치를 사람에게 알려주는 『周易』의 德을, 聖人이 체
득하여 한 점 티끌도 없는 깨끗한 마음을 지님으로써, 아무런 일이 없을 때에는
그 마음이 寂然하여 아무도 엿볼 수 없고, 어떤 일이 있을 때에는 모든 일을 신
령스럽게 알아서 그 일에 알맞게 대처할 수 있다는 의미임.

24 『孟子』「盡心」에 "물을 보는 데에도 방법이 있으니, 반드시 그 물결을 보면서
그 물의 근원이 있음을 알아야 한다.[觀水有術 必觀其瀾]"라고 하였는데, 道에는
몸이 되고 근본이 되는 것이 있으니 사물을 대할 적에는 반드시 이를 생각하여
야 한다는 것이다.

玉같이 깨끗하여 虛明하구나.	玉潔鑑虛
군자는 이를 보고,	君子以之
반성하며 스스로를 수양한다.	反心求諸
맑음과 밝음이 나에게 있으면,	淸明在躬
타고난 본성을 회복할 수 있으리.	可復吾初
진실로 그러하지 못하거든,	苟或不然
이 큰 글씨[洗心]를 보라.	視此大書

　이밖에도 1575년에 세워진 覺齋 河沆의 學塾에 대한 기문인 「日新齋記」, 商山人 金濆의 三梅堂 기문인 「三梅堂記」, 1582년에 쓴 「丹城鄕校聖殿重修記」, 1583년 31세 때 쓴 「矗石樓重修記」, 1606년에 쓴 山淸 換鵝亭의 기문인 「換鵝亭重修記」, 1583년 8월에 姜敏修·崔琦弼·河憕·吳慶長[25]·曹次磨와 松亭 자신 등 여섯 사람이 덕산서원 秋享을 마친 후 남명의 유적지를 유람한 기록인 「遊德山獐項洞盤石記」, 水谷 元新堂의 書塾에 대한 기문인 「元堂書齋記」, 南冥 門人 李天慶의 日新堂 기문인 「日新堂記」, 벗 權濟의 아버지 權文顯의 정자 기문으로 1597년에 쓴 「竹亭記」, 陜川 冶爐에 住鶴亭을 안고 있는 형세로 위치한 河渾의 헌함에 대한 기문인 「暮軒記」, 1605년 자신의 조부 河希端를 위하여 지은 정자 기문인 「雲錦亭記」, 1585년에 潮溪 柳宗智의 서당인 慕古軒 기문으로 지은 「柳公慕古軒記」, 1587년에 李惟諴 등과 함께 落水巖을 유람한 기록인 「遊落水巖記」, 1588년에 쓴 松亭의 外先祖 咸安趙氏의 진주 옥봉동에 위치한 精舍 기문인 「玉峰精舍記」, 1589년에 玉宗 雲谷에 위치한 拱玉臺에 대하여 기록한 「拱玉臺記」, 茅村 李瀞의 새 거처인 鄕梅窩 기문인 「鄕梅窩記」, 河東 五寒亭의 기문인 「五寒亭記」, 송정의 조카 河璋의 정자 기문인 「思古亭記」, 河渾

....

25 思湖 吳長을 가리킨다.

이 命名한 鳳岡 趙瑊의 水月軒 기문으로 1611년에 쓴 「水月軒記」 등이 있다. 그리고 「遊黃溪瀑布記」는 1582년 10월 三嘉 晦谷의 晦山書院에 남명을 봉안한 후 그 유적을 유람한 기록이다. 삼가에 처음 세워진 회산서원의 창건연대가 이로 인해 고증될 수 있다.

이 외에 송정의 작품 가운데 주목할 것으로는 「讀西臺八詠詩解義」이다. 이 글은 송정의 스승이자 종숙부인 覺齋 河沆이 지은 「西臺八詠」 詩에 대한 의미 해설의 성격을 띤 글이다. 이 글은, 각재의 시가 단순한 吟風弄月이 아니라 性理學的 思惟體系 속에서 그의 進學的 境地를 드러내 주는 글로 보고 풀이하였다는 점에서 의의가 있는 글이다.

V. 맺음말

이제까지 대략 살펴본 것처럼 松亭은 南冥의 학맥을 자신의 從叔父인 覺齋 河沆으로부터 傳授하여 謙齋 河弘度에게 傳授한 인물이다. 그리고 그의 시문은 당대의 다른 남명학파 구성원들에 비하여 상대적으로 그 분량이 많은 편이다. 그러나 이제까지 단 한 편의 논문이 나왔을 뿐이다. 송정은 임진왜란 기간 동안 安東과 榮州 일대를 다니면서 퇴계학파 구성원들과도 교제가 있었다. 그리고 그들과 나눈 대화 및 문집에 실려 있지 않은 시 가운데 退溪와 南冥의 기상을 노래한 것[26] 등은 앞으로 당시 左右道 사람들이 퇴계와 남명을 서로 어떻게 인식하고 있었던가를 이해하는 데 매우 중요한 의의가 있을 것으로 생각된다.

....

26 남명학연구소 소장본 「削板復板源委」에 송정이 지었다는 "小白山高勢自雄 多雲多雨又多風 南州六十淸靈氣 幷與天王薄太空"이라는 절구가 실려 전한다.

『竹溪集』 解題

Ⅰ. 書誌事項

이 문집은 表題가 『竹溪集』이고, 內題는 『竹溪先生文集』이며 版心題
는 『竹溪先生集』이다. 저자는 安憙(1551~1613)이다. 서문은 1890년 3월에
晚醒 朴致馥(1824~1894)이 서술하였으며, 발문은 1890년 3월에 端磎 金麟
燮(1827~1903)이 '後叙'라는 이름으로 서술하였다. 특이하게도 立齋 鄭宗
魯(1738~1816)의 舊序가 端磎의 발문 앞에 위치해 있다. 1890년 5월에 후
손 安璣魯와 安曒燮이 기록한 발문이 마지막에 있다. 4권 2책이며 木活字
本이다.

서문과 목록이 각각 4장이며, 1·2·3·4권이 각각 27·21·22·34장이어
서 문집의 전체 분량은 112장이 된다. 책의 크기는 가로 20.5cm 세로
29.7cm이고, 半廓의 크기는 가로 17.5cm 세로 22.5cm이며, 매면이 10행으
로 되어 있고 매행은 20자가 들어가도록 되어 있다. 匡廓의 四周는 굵은
단선으로 되어 있고, 行마다 경계선이 있다. 위쪽의 어미는 下向의 櫛紋魚
尾와 黑魚尾가 섞이어 나타나며, 아래쪽의 어미는 內向의 二葉花紋으로
되어 있다. 1890년 5월에 咸安의 茅谷里에서 간행되었다.

II. 編纂 및 刊行의 經緯

『죽계집』의 편찬 경위는 다음에 보이는 후손 安璣燮의 발문을 통해 그 대략을 살펴볼 수 있다.

선생의 시문이 많지 않았던 것은 아니다. 그러나 10代 300年의 세월이 지나면서 여러 차례 화재를 겪어 집안에서 제대로 간수하지 못했다. 그런데 세상사람 가운데 忠義를 崇尙하고 德業을 思慕하며 문장을 사랑하는 이들이 (선생의 글을) 보배처럼 여겨서 갈무리해 두었으므로 차츰차츰 다시 나오게 되었다.

榮州의 李公 집에서 얻은 것은 임진왜란 당시에 지으신 것이며, 우리 고을 선진이신 澗松 趙先生이 지으신 『金羅傳信錄』에서 얻은 것은 (선생의 저술 가운데) 가장 뛰어난 작품이다. 또 김해의 新山書院에서도 얻었고 '東人詞賦'에서도 찾아내었으니 이 얼마나 神異한 일인가! 참으로 萬古토록 썩지 않을 좋은 문장이라 이를 만하리라. 그렇지 않다면 어찌 10대 300년이라는 오랜 세월 동안 流傳되어 泯滅되지 않았겠는가?

이밖에도 狀·碣·銘·贊과 簡札 등이 생각건대 응당 汗牛充棟이었으리라. 그러나 불초한 이 사람은 寡聞하고 식견이 부족하여 모두 찾아내지 못한 채 책을 간행하기에 이르렀다. 이 점 더욱 개탄할 만하다.[27]

이 글에 의하면 1890년 간행할 당시에 죽계의 후손 집에서는 죽계의

---

27 安璣燮, 『竹溪集』 跋, "先生詩文 不爲不多 而代傳十葉 歲過三百 累經鬱攸 不能守之于家 而世之尙忠義慕德業愛文章者 珍而藏之 稍稍復出 其得之榮川李公家者 龍蛇亂離中所著也 其得之本鄕先進澗松趙先生金羅傳信錄者 最其尤者也 又得之于金官之新山書院 又搜出于東人詞賦中 其亦神矣也哉 眞可謂亘萬古不朽底好文章也 不然 何其世十代年三百而流傳不泯若是之久乎 其餘狀碣銘贊曁赫蹄 想應棟牛 而不肯寡陋 未克盡搜 而付諸剞劂氏 尤可慨也."

유고가 전혀 보존되어 있지 않았으며, 따라서 이 문집에 실린 모든 작품은 다른 신빙할 만한 자료에서 발췌해온 것임을 알 수 있다. 그 주된 자료가 榮州에 사는 李公의 집에서 소장하던 것과 『金羅傳信錄』및 新山書院 자료와 이른바 '東人詞賦' 등이다.

『죽계집』부록에 실려 있는, 屹峯 李贇望이 갑자년에 쓴 遺稿後識에 의하면, 기미년에 죽계의 후손 安應瑞와 함께 順興에 들렀다가 榮州에 사는 李載翊의 집에 갈무리된 임진왜란 때의 죽계의 유고를 발견하였다고 한다. 위 인용문의 '영주의 이공 집'이 바로 이를 언급한 것일 터이다. 그러나 『죽계집』가운데 어떤 작품이 구체적으로 영주에서 발견된 것인지 자세하지는 않다. 다만 임진왜란 때의 작품이라고 하니, 제목으로 어느 정도는 짐작할 수 있을 것이다.

澗松 趙任道(1585~1664)가 편찬한 『金羅傳信錄』下冊의 목록에 '大丘府使安公遺稿'라 되어 있고, 본문 107장부터 123장에 걸쳐 칠언절구 「五賢從祀後有感」 1편과 「過晉陽城憶金鶴峯賦」·「鵠不浴而白賦」·「次空中樓閣賦」·「六十化賦」·「設壇拜將賦」·「天馬老能行賦」·「大會孟津賦」·「學而優則仕賦」·「葬刻鮑信形賦」·「進學在致知賦」 등 10편의 부 작품과 「王若曰建官策」 1편이 실려 있다.

신산서원에 소장된 자료에서 발췌한 것은 「新山書院重建通文」인 듯하나, 그밖에 동인사부와 각종 자료에서 발췌한 것은 지금 그 출전을 일일이 밝히기 어렵다. 그러나 이상에서 본 몇몇 자료를 통하여 드러났듯이, 죽계의 후손 집에 대대로 家藏된 手稿는 아니지만 세상에 크게 알려져 남아 전하는 것이므로 그 의의는 더욱 크다 할 것이다.

문집 끝 부분에 '聖上二十七年庚寅五月日 新印又咸安茅谷'이라는 刊記가 있으므로 이 책이 고종 27년 庚寅(서기 1890년) 5월에 咸安의 茅谷里에서 처음으로 간행되었음을 알 수 있다.

Ⅲ. 竹溪 安憙의 生涯

죽계는 1551년 함안의 모곡리에서 태어나 1613년 대구 부사로 재직 중에 일생을 마쳤던 인물이다. 『죽계집』 부록에 실린 연보와 행장 등을 중심으로 생애를 간략히 언급하고자 한다.

죽계가 태어난 함안 인근에는 당대에 남명의 문인 또는 재전 문인들이 많이 거주하고 있었다. 남명의 문인으로는 松岩 朴齊賢(1521~1575)·篁谷 李偁(1535~1600)·篁嵒 朴齊仁(1536~1618)·大笑軒 趙宗道(1537~1597)·竹牖 吳澐(1540~1617)·茅村 李瀞(1541~1613) 등이 있었으니 이들은 모두 죽계의 선배이다. 남명의 재전문인으로는 洛厓 吳汝橻(1561~1633)·匡西 朴震英(1569~1641)·道谷 安侹(1574~1636)·澗松 趙任道(1585~1664) 등이 있었으니 이들은 모두 죽계의 후배이다. 죽계가 태어나서 자란 모곡리 인근의 이와 같은 학문적 분위기는 그로 하여금 자연스럽게 남명의 학문에 접할 수 있게 하였을 것으로 보인다.

죽계는 26세 때인 1576년에 진사에 입격하였는데, 당시에 그는 金海에 거주하고 있었고 이후에 金海의 士林으로 활동한 흔적이 많이 보인다. 1585년 그의 나이 35세 때 문과에 급제하여 宦路에 나가 있으면서도, 1588년에 산해정 근처에 남명을 향사하기 위한 신산서원을 창건하는데 주도적인 역할을 한 것이[28] 그 한 예가 될 것이다.

....

28 新山書院의 創建에 대하여, 『古文書集成』 26권 「德川書院誌」에는 戊寅年(서기 1578년)에 金海 府使 河晉寶와 慶尙 監司 尹根壽가 주도한 것으로 되어 있으나, 이는 잘못된 기록으로 보인다. 왜냐하면 『慶尙道先生案』에 의하면 윤근수(1537~1616)는 1574년~1575년에 경상 감사를 역임한 것으로 되어 있고, 『慶尙南 道興地集成』 「金海府 宦蹟」 條에 의하면 하진보(1530~1585)는 명종조에 김해 부사를 역임한 것으로 되어 있기 때문이다. 신산서원의 창건에 대한 가장 신빙할 만한 근거 기록은 慕亭 裵大維(1563~1632)가 撰한 「新山書院記」이다. 지금 신산서

그의 나이 42세 때 임진왜란이 발발하자, 김해에서 창의하여 창원으로의 적로를 차단하였고 다음해 계사년에는 400여 명의 병졸들을 수습하여 진주성으로 들어갔다. 진주성이 함락되자 아버지의 유명에 따라 관향인 풍기로 거처를 옮겼다.

1599년 그의 나이 49세 때 호조 정랑에 임명되면서 다시 벼슬길에 나아가, 형조 정랑·이천 부사·부사직·부사과·장단 부사·단양 군수를 거쳐 1608년에는 김해의 옛터로 돌아가서 살았다. 이해에 자신의 발의로 신산서원의 중건이 시작되어 1610년에 완공될 수 있었다.

이해 7월에 대구 부사로 부임하여 1613년 대구의 관아에서 일생을 마쳤다. 대구 부사로 있으면서 1610년 9월에는 신산서원에 위패를 봉안하는 일을 주도하고 1611년 2월에도 신산서원을 찾는 등 김해 사림으로서 적극적으로 남명의 정신을 계승하려 하였다.

....

원에 걸려 있는 이 기문에 "戊子鄕人請建書院方伯尹根壽邑宰河晉寶 議以克合 卜基于亭之東麓下 安正字憙尸其事"라 되어 있다. 이 현판에 '尹根壽'·'河晉寶'가 '方伯'·'邑宰'와 같은 크기의 글씨로 되어 있는 것은 1705년에 이 기문의 글씨를 쓴 四友堂 曺爾樞(1661~1707)의 착각으로 보인다. 이 착각은 金海 士林 許景胤 (1573~1646)의 『竹庵集』所載「名堂齋總說」에 보이는, "歲萬曆戊子 方伯月汀尹相國根壽 知府河侯晉寶可其鄕人之請 卜基於亭之東麓下 數弓之地 董其事者 安竹溪憙也"라는 기록을 신빙한 데서 온 것으로 생각된다. 허경윤이 어떻게 해서 이런 기록을 남기게 되었는지 지금으로서는 알 길이 없다. 그러나 1908년에 간행된 『모정집』에는 '윤근수·하진보'가 각각 '방백·읍재' 아래에 작은 글씨로 쓰어 있다. 이는 '윤근수·하진보'이 모정의 원래 기문에 없던 글, 즉 주석이란 증거이다. 이 주석을 두고 '조선시대의 諱法' 운운하는 이가 있으나, 이는 『孟子』의 이른바 "諱名不諱姓"을 이해하지 못한 所致로 보인다.

IV. 『竹溪集』의 構成과 內容

1. 『죽계집』의 구성

『죽계집』은 4권 2책으로 되어 있는 바, 庚寅年(서기 1890년) 3월 晩醒朴致馥(1824~1894) 所撰 서문을 포함하여 1권과 2권이 上冊으로 되어 있고, 3권과 4권이 下冊으로 되어 있다. 1권은 詩·辭·賦·策, 2권은 記, 3권은 序·說·雜著이며 4권은 附錄이다.

1권에 수록된 시는 오언율시가 3편, 칠언절구가 4편, 칠언율시가 5편이며, 사는 2편, 부는 14편, 책은 1편이다. 2권에는 기만 6편 수록되어 있다. 3권에는 서 3편, 설 1편, 잡저 7편이 수록되어 있다. 4권 부록에는 年譜·生進榜目·文科別試榜目·恩典·家狀·行狀·墓碣銘·唱酬·挽章·敍述·杜陵書院記事·太學通文·奉安文·常享祝·舊序·後叙·跋이 실려 있다.

그러고 보면 『죽계집』에는 書·行狀·墓碣·祭文·挽詩 등이 한 편도 없음을 발견하게 된다. 그의 뛰어난 문장력이나 김해 지역 유림을 대표하였다는 점에서 판단해 보더라도, 평소에 그가 이런 종류의 글을 한편도 남기지 않아서 지금 한 편도 전하지 않는 것이라고 할 수는 없을 것이다. 죽계와 교제했던 여러 사람들의 문집이나 사우록을 좀더 면밀히 조사해 본다면 죽계의 작품이 여기서 그치지 않음을 알 수 있을 것이다.

2. 『竹溪集』의 主要 內容

간송 조임도가 『금라전신록』에 실어서 전한 죽계의 여러 작품들은 아마도 그의 문학성을 높이 평가하여 그에 상응하는 작품만 실은 것으로 보인다. 그러므로 여기에 실린 작품들에 대한 분석이 이루어진다면 그의 문학적 역량을 재평가할 수 있을 것이다.

　죽계의 생애 가운데 임진왜란 때 계사년에서의 진주성 함락 이후 풍기에서 살 때가 가장 곤란을 겪었을 때인 것으로 보인다. 『죽계집』에 수록된 이때의 글 가운데 「或問」이란 글이 당시 죽계의 심정을 잘 드러내준다.

　　竹溪子가 나그네가 된 뒤부터 우러러보고도 웃고 굽어보고도 웃고 앉아서도 웃고 누워서도 웃고 빈객을 마주하고서도 문득 웃곤 하였다. 或者가 이상하게 여기어 물었다. "그대는 어지러운 세상을 만나 門戶를 잃은 사람이 아닙니까? 군자는 웃을 때가 되어야 웃는다고 들었습니다. 그런데 그대는 웃을 때가 아닌데도 웃습니다. 또한 天地를 대상으로 웃을 수는 없는 일이거늘 그대는 천지를 향하여 웃으며, 앉아 있을 때나 누워 있을 때에도 신명이 있는 법이거늘 그대는 앉아서도 웃고 누워서도 웃으며, 오래도록 공경할 사람이 賓客이거늘 그대는 빈객을 향해서도 웃으니, 그대의 웃음은 慢忽한 것입니다."
　죽계자가 웃으면서 말하였다. "내가 언제 웃기를 좋아하였다고 그대는 나를 웃는다고 합니까?" 혹자가 말하였다. "그대는 웃으면서도 스스로 모르고 있으니 미치광이에 가깝지 않습니까?" 죽계자가 또 웃으면서 말하였다. "남들은 모두 저를 미쳤다고 하지만, 저는 스스로 미친 것이 아니라고 생각합니다." 혹자가 말하기를, "그러면 어리석은 것이지요." 죽계자가 눈을 빠히 뜨고 바라보다가 다시 웃으며 말하였다. "王橡은 어리석지 않았습니다." 혹자가 답답해하며 말하였다. "그대는 미쳤음에도 스스로 미쳤다고 생각하지 않고, 어리석음에도 스스로 어리석다고 생각하지 않으면서, 난세에 처하여 큰일을 만나고도 오직 웃기만 좋아하니, 나는 0다시 그대와는 말하지 않겠습니다."
　죽계자는 그래도 웃으면서 대꾸하지 않았다. 혹자가 떠나겠다고 하니, 죽계자가 비로소 劍을 어루만지며 길이 탄식하고 말하였다. "그대는 앞으로 와 보시오. 다들 즐겁고 한 사나이만 괴로워도 그는 한쪽 구석을 향하여 눈물을 흘리거늘, 천하에 어찌 나라가 부서지고 집이

망하고도 웃는 자가 있겠습니까? 그대는 듣지 못했습니까? 울고 싶어
도 울 수 없음을! 내가 우러러보고 웃은 것은 우러러보고 운 것이요,
굽어보고 웃은 것은 굽어보고 운 것입니다. 앉아서 웃은 것은 앉아
있을 때도 운 것이요, 누워서도 웃은 것은 누워 있을 때도 운 것입니
다. 빈객을 마주하고 웃은 것은 빈객을 마주하고도 운 것입니다.
……"29

앞에서 언급한 것처럼 죽계는 임진왜란을 당하여 김해에서 창의하여
활동하였고 계사년에는 400여명을 이끌고 진주성에 들어갔으나 진주성이
함락되는 비참한 광경을 목도하였다. 아버지의 유언에 따라 貫鄕인 豊基
의 順興으로 돌아갔으나 거의 미친 사람 같이 생활하였던 것이고, 이 기
록은 그의 이러한 정황을 여실히 보여주는 것이라 할 만하다.

『죽계집』의 내용 가운데 소개할 만한 또 한 가지 중요한 기록은 신산
서원에 관한 기록이다. 그는 邑宰와 方伯을 찾아가 신산서원의 창건을 도
와줄 것을 요청하여 그 일을 주도하였으며, 왜란으로 불탄 뒤 중건하는
일 또한 그가 주도하였던 것이다. 다음의 통문이 그 일단을 엿볼 수 있게
한다.

天心이 재앙을 내린 것을 뉘우침에 文運이 도리어 형통하게 되었습

---

29 安憙, 「或問」, 『竹溪集』 3卷 17~18張, "竹溪子爲客 仰而笑 俯而笑 坐而笑 臥而笑
對賓客輒笑 或怪而問曰 子非遭亂世失門戶者耶 吾聞君子時然後笑 子之笑 非其時
也 且天地不可笑 而子笑之 坐臥有神明 而子笑之 久而敬者賓客 而子笑之 子之笑
慢矣 竹溪子笑曰 余豈好笑 而子以我爲笑乎 或曰 子笑而不自知 無乃近於狂歟 竹
溪子又笑曰 人皆以生爲狂 生自以爲非狂 或曰然則愚矣 竹溪子瞪目 又笑曰 王橡不
癡 或潻曰 子狂而不自狂 愚而不自愚 處亂世 遭大故 而惟笑是好 吾不復與子言矣
竹溪子笑而不答 或告去 竹溪子始撫劒長歎曰 子來前 一夫有悶 尙有向隅之泣 天下
安有國破家亡而笑者乎 子不聞乎 欲哭不可 則吾之仰而笑者 仰而哭也 俯而笑者 俯
而哭也 笑於坐者 坐亦哭也 笑於臥者 臥亦哭也 對客而笑者 對亦哭也."

니다. 兵火로 불탄 祠宇는 곳곳마다 새로 세워졌건만, 山海의 한 서원만 아직 중수하지 못하고 있습니다. 비루하고 야만스러움을 면하기 어려우니, 부끄러움이 무엇이 이보다 더하겠습니까? …… 아아, 우리 벗들이 비록 궁핍하더라도 남보다 백배로 노력한다면 지극한 정성 아래 이루지 못할 일이 없을 것입니다. 한 사나이 愚公도 산을 옮기고자 하였으니, 우리 사우들은 모두 스스로 한계를 긋지 말아야 할 것입니다. 향교에서부터 이 글을 먼저 都約正에게 알리고 面約正과 鄕中의 여러 鄕員들에게 알려서, 다음 달 초엿새에 만사를 제쳐두고 모두 향교에 모입시다. 먼저 府使에게 아뢰어 有司를 나누어 정하고, 事由를 갖추어 [결] 先生께 仰稟한 뒤에 이를 方伯에게도 아뢰고 우리 고을에서도 계책을 마련합시다. 그리하여 작은 노력의 부족 때문에 일이 성사되지 않는 지경에 이르게 하지 않는다면 다행함을 이기지 못하겠습니다.[30]

이 글 한 편으로 그가 남명을 얼마나 존숭하였는지 짐작할 수 있고, 신산서원의 중건을 위해 얼마나 정성을 기울였는지 이해할 수 있다. 그리고 당시 전쟁이 지나고 난 뒤의 극히 어려운 상황 아래에서 모든 향원이 총동원하여 이 일에 동참하려 했던 점도 아울러 짐작할 수 있다. 한편 "사유를 갖추어 (결) 선생께 앙품한 뒤에"라는 기록에 담겨 있는 의미를 유추해 봄 또한 당시의 상황을 제대로 판단하기 위해 필요하다 할 것이다.

결락된 부분에 들어갈 말은 '來庵'이라 보아야 할 것이다. 주지하고 있듯이 광해군 집정 시기에서의 내암의 영향력은 조야를 막론하고 막강하

---

30 安憙, 「新山書院重建通文(戊申)」, 『竹溪集』 卷3 11~13張, "天心悔禍 文運還亨 兵燹祠宇在在皆新 山海一院 尙未重修 難免鄙夷 愧孰加焉 …… 噫我友雖窮 人百其力 則至誠之下 無事不成 一夫愚公 且欲移山 凡我士友 不可自畫 自校中將此文 先通于都約正 面約正暨鄕中諸員 於開月初六日 除萬故齊會于校中 先達明府 分定有司 具由仰稟於(缺)先生 而後告諸方伯 謀語吾黨 庶不至於虧簣 不勝幸甚."

였던 것이 사실이었기 때문이다. 죽계가 광해군 즉위 직후 대구 부사에 임명되었던 것이나 남명을 존모하는 일에 적극적으로 활동했던 일 등은 그와 내암과의 밀접한 관련성을 감지케 한다. 더구나 죽계가 寒岡의 門人錄에도 收單되어 있지 않은 데다, 한강의 문인으로서 만년에 한강을 깍듯이 모셨던 慕堂 孫處訥(1553~1634)의 『慕堂日記』에 다음과 같은 기록이 보이기 때문이다.

> 城主의 喪次에 들어가 보았다. 護喪의 用具는 모두 綵緞을 사용하였다. 비록 上大夫라 해도 이보다 더 낫지는 않을 것이라 한다. 해당 비용을 煙戶家에서 내도록 하여 거의 200필에 이른다. 병이 심각할 때 아들이 벼슬을 그만두고 돌아가기를 권하자, "만약 관청에서 죽으면 治喪에 필요한 모든 도구를 다 쓸 수 있다. 그런데 집에 돌아가면 네가 무슨 힘으로 처리하겠느냐?" 하였다. 지난겨울부터 전혀 일을 보지 않았다. 사람을 만나면 상투적인 酬酌만 하며 일이 있으면 鄕所에 사양하여 거의 관청의 일을 비우다시피 하였다.[31]

매우 악의적인 기록이라 하지 않을 수 없다. 모당은 한강과 퇴계를 남달리 존모하는 사람이었다. 그래서 1611년에 내암이 올린 「辭貳相箚」에 대하여 인근에서 모당이 가장 극렬하게 내암을 비판하였던 것이다. 이러한 그가 자기 고을 부사였던 죽계를 유난히 악의적으로 서술하고 있는 것으로 보아 이는 죽계가 내암의 문인이었다는 간접적 증거라 할 만하다.

위의 통문에서 결락된 부분이 '來庵'이라는 사실은, 德川書院·晦山書

---

31 孫處訥, 『慕堂日記』, 癸丑年 3月 21日 條, "入臨城主喪次 護喪之具 皆用綵段 雖上大夫 無以加此云 價出煙家 幾至二百疋 病時 渠子勸解歸 曰若死於官 治喪凡百 可盡其具 歸家 則汝何力以治之 自前冬專不視事 遇人 則例行酬酌 有事 則讓鄕所 幾於空官."

院(香川書院·龍巖書院)·新山書院의 창건과 중건에 내암이 직간접으로 주도 내지는 지휘하였다는 것을 증언하는 것이라 할 수 있다. 그리고 김해 지역 사림 가운데는 죽계가 가장 내암의 신임을 받았던 문인이었음도 미루어 짐작할 수 있는 것이다.

V. 맺음말

죽계는 남명 생존시에 태어났으나 남명을 사사하지는 못했다. 연보에는 여섯 살 때 할아버지에게 배웠다는 기록만 있을 뿐 師事에 대한 다른 기록은 보이지 않는다. 그러나 35세 때 문과에 급제한 뒤 38세 때 신산서원의 창건을 주도하였던 점을 보면 이 무렵에는 이미 내암의 문인이 된 뒤였을 것으로 판단된다. 죽계와 같이 당대에 여러 가지 업적을 남겼던 인물의 연보에 사승에 관한 기록이 없다는 것은 의도적 삭제였다고 볼 수밖에 없다. 당시 인물 가운데 의도적 삭제 대상 인물은 내암 정인홍이다.

죽계가 이처럼 내암 정인홍의 문인이였기에 남은 시문 가운데는 그와 관련된 것이 상당수 있었을 것이다. 후손이 시문의 手稿를 전수하지 못했던 것은, 내암과 관련되는 이러한 자료를 간직할 수 없다는 사회적 여건과도 무관하지는 않을 것으로 보인다. 없는 자료를 가지고 지나치게 억측하는 것도 무리겠지만, 없앴거나 조작한 것을 선인들의 기록이라 하여 비판 없이 그대로 믿기만 하는 것도 바른 태도는 아닐 것이다.

『죽계집』의 구성을 검토해 보면 家傳된 手稿가 없어서 시문이 제대로 수습되지 않았음이 자연스럽게 드러난다. 그러나 남명학파로서의 그의 위치는 현전하는 그의 활동 한두 가지만으로도 충분히 가늠할 수 있다.

『嶧陽集』 解題

『嶧陽集』은 嶧陽 文景虎(1566~1619)의 詩文集이다.

역양의 字는 君變이며, 본관은 南平으로, 應洙의 아들이며 暮軒(河渾, 1548~1620)의 甥姪이다. 陜川郡 冶爐 출신이다.

15세 때(1570년) 인근 松川에 있던 來庵(鄭仁弘, 1535~1623)을 찾아가 문인이 되었으며, 인근 星州에서 강학하고 있었던 寒岡(鄭逑, 1543~1620)에게 도 사사하였다. 도의로 사귀었던 인물로는 暮軒·鶴巖(朴廷璠, 1550~1611)·雪 壑(李大期, 1551~1628)·陶村(曺應仁, 1556~1624)·蘆坡(李屹, 1557~1627)·桐 溪(鄭蘊, 1569~1641) 등이다.

30세 때(1585년) 生員試에 합격하였으나, 이듬해 아버지의 상을 만난 뒤로 과거 공부를 그만두고, 嶧山齋·東皋亭 등에서 爲己之學에 전념하였 다. 임진왜란이 일어나자 의병을 일으켜 忘憂堂(郭再祐, 1552~1617)과 함 께 활동하였다.

46세 때(1601년) 고을 사람들과 협력하여 三嘉 香川에다 龍巖書院을 창건하여 南冥先生을 향사하였으며, 47세 때(1602년)에는 『南冥集』을 修 正·刊行하였다. 그런데 이 간본은 널리 인포하지도 못한 채 판각에 불이 나버렸다. 1609년 그의 나이 54세 때 『남명집』을 다시 간행하게 되는데, 이때 그가 그간의 경위를 발문으로 쓴 바 있다.

來庵과는 종신토록 師弟의 의를 지니고 있었던 것으로 보이는데, 문집 에서는 의도적으로 내암과의 관계를 소원하게 보이도록 편집하고 있다.

다만 '殺弟廢母'와 관련된 문제에 있어서는 桐溪와 의견을 같이하여, 李爾瞻을 중심으로 하는 在京 大北勢力들과는 뜻이 다를 뿐만 아니라, 내암이 이이첨 일파와 절교하기를 간곡히 권한 것 만큼은 틀림없는 사실인 듯하다.

본 『역양집』은 崔興璧과 鄭宗魯의 발문으로 보아 1813년 이후에 간행된 것으로 보인다. 모두 6권 3책으로 되어 있는데, 4권까지가 詩文集이고 5권 이후는 附錄이다. 詩가 90題 104首이고, 疏·書·記·跋·雜著·祭文·修墓文·墓誌 등의 글이 모두 65편이다. 李光靖·李獻慶·兪恒柱 등이 지은 세 편의 序文이 있고, 부록에는 행록·행장·묘갈명 등의 부록 문자들이 여러 편 있다.

嶧陽은 來庵과 인근하여 있으면서 내암에게 가장 많은 신임을 얻고 있었던 것으로 보이는데, 이에 대한 관계 설정을 위해서나 寒岡과의 관계 설정을 위해서도 이 문집은 『王朝實錄』의 기록과 함께 면밀히 검토되어야 할 것으로 보인다. 『韓國文集叢刊』에 이 문집이 실리지 않았는데, 이번에 여기 影印·收錄됨으로 해서 남명학 관계 연구에 좋은 자료 역할을 하리라고 생각된다.

南冥學派 研究의 現況과 課題

I. 序言

周知하는 것처럼 16세기는 勳舊派와 士林派의 대결에 따른 여러 번에 걸친 士禍로 인하여 사림파가 대대적인 숙청을 당하는 와중에서도 사림 세력이 서서히 社會·政治的으로 성장해 나가던 정치적인 격동기였을 뿐만 아니라, 思想史的으로도 매우 주목되는 시기이다. 왜냐하면 고려말기에 受容된 이래 조선전기 사회를 주도하는 이념으로서 서서히 발전해 오던 성리학적 사유체계가 佔畢齋 金宗直(1431~1492), 寒暄堂 金宏弼(1454~1504), 一蠹 鄭汝昌(1450~1504), 靜庵 趙光祖(1482~1519) 등에 의하여 심화·정착되고, 마침내 이 시기에 이르러 하나의 정점에 도달함으로써 우리 精神史에서 비상하게 주목되는 새로운 국면을 보여주고 있기 때문이다. '더구나 그러한 사유 체계의 가치와 의의가 그것이 성립했던 당대뿐만 아니라 오늘날까지도 유효하고, 따라서 그 시대적 의미와 함께 현재적 의의를 추구해야 할 당위성'32을 가지고 있다는 점에서 더욱 더 그러하다.

이러한 국면을 주도했던 대표적인 인물로는 花潭 徐敬德(1489~1546), 晦齋 李彦迪(1491~1553), 退溪 李滉(1501~1570), 南冥 曹植(1501~1572), 栗谷 李珥(1536~1584) 등을 들 수 있다. 특히 남명은 퇴계와 함께 조선후기 사상사의 전개에 큰 비중을 차지하고 있는 영남학파의 형성에 실질적인 초석을 놓음으로써 진작부터 '嶺南의 兩大山脈'으로 일컬어졌던, 그러

---

32 李東歡, 「曹南冥의 精神構圖」, 『南冥學硏究』 創刊號, 慶尙大 南冥學硏究所, 1991, 2쪽 參照.

면서도 회재나 퇴계 등과는 확실히 구별되는 특이한 사상적 지향과 현실 대응 방식을 지녔던 참으로 우뚝한 봉우리였다.

그럼에도 불구하고 퇴계를 계승한 퇴계학파가 조선후기까지 그 학문적 전통을 맥맥히 이어갔던 것과는 달리, 남명을 계승한 남명학파는 역사적 조건의 변화와 함께 浮沈하였다. 이에 따라서 애초에 서로 비슷한 비중을 차지하였던 퇴계학파가 왕성한 발전을 거듭했던 것과는 달리 남명학파는 계해정변으로 인한 鄭仁弘의 몰락을 계기로 하여 크게 위축되었다. 그리고 남명학에 대한 관심이 크게 고조된 근년에 이르기까지의 양학파에 대한 연구도 남명학이 퇴계학에 도저히 미칠 수 없었다. 그러나 영남학파의 전개 양상을 거시적이고 입체적으로 이해하기 위해서는 퇴계학과 함께 남명학에 대한 균형 있는 연구가 무엇보다도 우선적인 과제로 생각되며, 퇴계학파와 남명학파가 다같이 영남학파이면서도 여러 모로 다른 학풍을 가졌다는 점에서 더욱 더 그러하다.

이러한 인식 위에서 이제 남명 및 남명학파에 대한 연구의 방향이 어떠하였으며, 그 결과 성과는 무엇이고 문제점은 무엇이며, 또 앞으로 해결해야 할 과제는 무엇인지에 대하여 한번 짚어 보고자 한다.

II. 硏究 現況

앞에서 필자는 남명학에 대한 연구가 퇴계학의 그것과 상대적으로 비교해 볼 때 매우 저조하다고 말한 바 있다. 그러나 근년에 경상대학교 부설 남명학연구소와 사단법인 남명학연구원이 설립되어 왕성한 연구 활동이 시작되면서 남명학에 대한 연구 논문이 폭주적으로 보고되고 있다. 그리하여 지금까지 남명에 대하여 무려 200여 편에 달하는 연구 논문이 발표되었으므로 개별적인 연구사 검토가 매우 힘겹게 느껴지는 측면이 있는 것도 또한 사실이다. 그러므로 여기서는 개별적인 연구 성과를 일일이 소개하는 방식을 가급적 지양하고 주요 성과를 중심으로 하여 간략하게 검토하되, 기존의 연구 논문33을 남명에 관한 연구와 남명학의 계승자 혹은 남명학파에 관한 연구로 나누어 점검하는 방식을 취하기로 한다. 다만 『남명집』은 그 간행 경위가 매우 복잡하기 때문에 판본에 관한 연구를 따로 한 항목으로 나누어 살피기로 한다.

1. 남명에 관한 연구 현황

지금까지 학계에 보고된 남명에 관한 연구 논문은 모두 118편에 이르고 있는데, 이를 다시 분류해 보면 넓은 범주에서 남명의 학문과 사상에 관련되는 연구가 62편, 敎育과 관련되는 연구가 13편, 詩文學에 관한 연구가 21편, 版本에 관한 연구가 14편, 其他가 8편이다.

이 가운데서 남명의 학문과 사상에 대하여 처음으로 본격적인 논문을 제출한 이는 金忠烈이었다. 金忠烈은 1978년에 「曺植의 學問과 思想」34을 발표한 후 남명에 대한 일련의 논문을 지속적으로 발표하여 왔으며, 이를 통하여 '남명 학문의 要諦가 敬義 思想'이라는 傳來의 見解를 재확인하는 한편, 그 당시까지 학계의 관심 대상에서 소외되어 왔던 남명의 존재를 알리는 데 많은 공헌을 하였다. 한편, 崔海甲은 1979년에 「南冥의 爲政觀에 관한 小考」35라는 논문을 발표하고, 남명의 출처관에 관한 논문을 잇

---

33 吳二煥, 「南冥學 關係 旣刊文獻 目錄」, 『南冥學硏究論叢』 4輯, 南冥學硏究院, 1996, 254~291 參照.

34 金忠烈, 「曺植의 學問과 思想」, 『韓國哲學思想』 中卷, 韓國哲學會, 1978.

35 崔海甲, 「南冥의 爲政觀에 對한 小考 (1)」, 『晉州敎大 論文集』 19호, 1979.

달아 집필함으로써 남명 사상의 현실 비판적인 측면과 엄정한 출처관을 집중적으로 연구하였다.

다른 한편으로 李樹健은 1982년 「南冥 曺植과 南冥學派」[36]라는 논문을 통하여 남명의 학문 성향과 그 문인들의 학문 성향 및 남명학파 전체의 盛衰를 영남학파라는 큰 틀에서 파악한 이래 영남학파에 대한 일련의 집중적인 연구를 수행하여, 근자에 『嶺南學派의 形成과 展開』[37]라는 저서를 내어놓았다. 이 저작은 사회경제사적인 연구를 그 중심 과제로 선택함으로써 사상사적 연구에서 범하기 쉬운 이론 중심의 공허한 연구 풍토를 견실한 토대 위에 굳건하게 세우는 데 중요한 역할을 하였다.

全炳允은 1984년에 「南冥의 思想과 文學 硏究」[38]라는 논문을 발표한 이래, 『南冥集』 판본 연구[39]와 「神明舍圖」에 관심[40]을 보여줌으로써, 남명 연구에 있어서의 판본 연구의 중요성과 南冥 敬義思想의 핵심을 드러내고 있는 것이 「神明舍圖」임을 학계에 처음으로 보고하였다. 韓相奎는 1985년에 「南冥 曺植의 敎育思想」[41]이란 논문을 위시한 일련의 논문에서 남명 및 남명 문인들의 교학 방법과 선비 정신을 밝히는 데 관심을 쏟아오고 있다.

1990년에 집필된 權仁浩의 「朝鮮中期 士林派의 社會政治思想硏究」[42]

....

36 李樹健, 「南冥 曺植과 南冥學派」, 『民族文化論叢』 2-3집, 嶺南大學校 民族文化研究所, 1982.

37 李樹健, 『嶺南學派의 形成과 展開』, 一潮閣, 1995.

38 全炳允, 「南冥의 思想과 文學 硏究」, 啓明大學校 碩士學位論文, 1984.

39 全炳允, 「南冥集 諸板本의 對比的 考察(1)」, 『白旻 全在昊 博士 華甲紀念 論叢』, 1985.

40 全炳允, 「南冥 曺植의 神明舍圖 考察」, 『南冥學研究』 創刊號, 慶尙大學校 南冥學研究所, 1991.

41 韓相奎, 「南冥 曺植의 敎育思想」, 『研究論集』 4輯, 中央大學校 大學院, 1985.

42 權仁浩, 「朝鮮中期 士林派의 社會政治思想 研究」, 成均館大學校 博士學位論文,

를 위시한 일련의 논문들은 남명의 사상과 정인홍 등 남명 제자의 학문과 사상에 대하여 집중적인 관심을 보이고 있는데, 이 논문들은 퇴계학파 중심의 사고방식에서 벗어나려는 신선함이 돋보인다.

崔錫起는 「南冥의 成學過程과 學問精神」[43]이라는 논문을 발표하는 한편, 「南冥의 神明舍圖·神明舍銘에 대하여」[44]라는 논문을 통하여 남명학의 실체 해명에 중요한 단초를 제공하였다.

鄭羽洛은 「南冥文學의 意味表出 樣相과 現實主義的 性格 硏究」[45] 등의 논문을 통하여 줄곧 남명의 문학에 관심을 가지면서, 남명사상의 문학적 표출양상과 남명문학에 나타난 현실주의적 성격 내지 비판정신에 대하여 집중적인 관심을 보인 바 있다.

그러나 남명의 사상에 대한 이해가 크게 심화되는 계기를 마련한 것은 1991년에 발표된 李東歡의 「曺南冥의 精神構圖」[46]라는 논문이다. 이동환은 남명 사상의 여러 국면을 고립적이고 산발적으로 연구하여 오던 기존의 연구 풍토를 지양하고 '主體로서의 心 그리고 敬義', '自我定立의 巨大志向', '不動과 力動의 辨證法', '現實世界志向의 性向' 등 네 가지 요소를 중심으로 남명의 정신구도를 유기적이고 입체적으로 파악하였다. 이 가운데 특히 '不動과 力動의 辨證法'은 仕宦을 끝까지 거절하면서도 현실에 관한 관심을 끈질기게 지니고 있는 남명정신의 양면성을 명쾌하게 설명할

....

1990.

43 崔錫起, 「南冥의 成學過程과 學問精神」, 『南冥學硏究』 創刊號, 慶尙大學校 南冥學硏究所, 1991.

44 崔錫起, 「南冥의 神明舍圖·神明舍銘에 대하여」, 『南冥學硏究』 4輯, 慶尙大學校 南冥學硏究所, 1994.

45 鄭羽洛, 「南冥文學의 意味表出 樣相과 現實主義的 性格 硏究」, 慶北大學校 博士學位論文, 1997.

46 李東歡, 「曺南冥의 精神 構圖」, 『南冥學硏究』 創刊號, 慶尙大學校 南冥學硏究所, 1991.

수 있는 새로운 지평을 제시한 것으로 판단된다.

이외에도 琴章泰는 퇴계와 남명을 비교하면서 남명의 학문체계에 대하여 論及하였고,[47] 金周漢은 퇴계와 남명의 문학관을 비교하면서 남명의 문학에 대하여 논의한 바 있으며,[48] 許捲洙는 南冥詩의 救世精神[49]을, 張源哲은 南冥思想의 淵源[50]과 南冥詩의 思想史的 基底[51]를 밝히는 논문을 각각 발표한 바 있다.

이러한 일련의 연구 성과들에 의하여 남명의 사상은 이제 그 대체적인 윤곽이 드러나고 있을 뿐만 아니라, 사안에 따라서는 문제의 핵심에 핍진하게 도달한 것들도 없지 않은 것으로 생각된다. 그러나 다른 한편으로 생각해 보면 敬과 義를 중심축으로 하여 이루어진 그 동안의 남명사상에 대한 연구 성과는 대부분 남명사상의 핵심이 경의에 있다는 전통적인 견해를 재확인하거나 이를 힘주어 강조하는 단계에 머무르고 있을 뿐, 경의사상의 내포와 외연에 대한 깊이 있는 성찰이 부족했던 것도 사실이다. 요컨대 경과 의는 남명뿐만 아니라 당시 성리학자들이 보편적으로 강조하던 명제였으므로, 남명사상의 핵심이 경과 의에 있다는 사실의 확인만으로는 다른 사상가와의 변별성을 도출할 수 없으며, 이에 따라서 다 같이 경의를 표방한 남명이 특이한 사유체계와 행동 양식을 가지게 되었던

47 琴章泰, 「退溪와 南冥의 爲學體系」, 『韓國學 國際學術會議 論文集』, 精神文化研究院, 1988.
48 金周漢, 「退溪와 南冥의 文學觀 小考」, 『民族文化論叢』 5輯, 嶺南大學校 民族文化研究所, 1983.
49 許捲洙, 「南冥詩에 나타난 救世精神」, 『慶南文化研究』 11輯, 慶尙大學校 慶南文化研究所, 1988.
50 張源哲, 「南冥思想과 顏淵 (1)」, 『南冥學研究』 創刊號, 慶尙大學校 南冥學研究所, 1991.
51 張源哲, 「南冥 詩世界의 한 局面」, 『南冥學研究』 5輯, 慶尙大學校 南冥學研究所, 1995.

원인을 설명하기 어려운 것으로 생각된다. 뿐만 아니라 남명사상의 핵심으로 밝혀진 경과 의의 관계, 그리고 그것이 남명의 현실주의적 성격이나 엄정한 출처관, 흔히 '壁立千仞'으로 일컫는 그의 드높은 기상이나 '程朱後不必著述'의 태도 등과 어떤 함수 관계를 지니고 있는지에 대한 연구도 아직은 다소 미흡하다. 아울러 남명 사상의 형성 배경의 家系的 統緒나 地理的 環境 및 思想史的 背景에 대한 연구도 더 깊은 이해가 필요함은 물론이다.

이상필의 「남명학파의 형성과 전개」[52]는 이러한 필요에 의해 집필된 것이다. 이상필은 남명의 사상이 형성된 배경에 대해서 家系的 統緒, 地理的 背景, 思想史的 背景을 중심으로 살펴보았다. 남명의 內外 家系 중 남명의 사상을 형성하는 데 많은 영향을 끼친 인물은 曾祖母, 祖母, 母 등과 연관된 文益漸, 趙之瑞, 崔閏德 등이었다. 문익점으로부터는 백성에 대한 뜨거운 애정, 충효의 정신, 현실지향적 성향 등에 일정한 영향을 받았으며, 조지서로부터는 엄정한 출처관과 삼엄한 기상 등에 일정한 영향을 받았으며, 최윤덕으로부터는 엄격한 자기통제를 가능케 한 무인 기질적 성향에 일정한 영향을 받은 것으로 보았다.

사상의 측면에서 남명이 영향을 많이 받았던 인물로는 一蠹 鄭汝昌과 寒暄堂 金宏弼, 靜菴 趙光祖 등이 있다. 一蠹와 靜菴은 詩文에 특별한 관심을 기울이는 것이 유학자에게는 별로 득이 될 것이 없다는 말을 하였고 남명이 특히 이들을 尊慕하였으므로, 남명의 '詩荒戒'는 일두와 정암에게 상당한 영향을 받은 것으로 보았다. 한훤당에 대해서 남명은 「書景賢錄後」라는 글과 「寒暄堂畵屛跋」 등을 남기고 있을 뿐만 아니라, 그 속에서 존모하는 마음을 표현하면서도 출처에 관한 부분의 언급이 단호하고, 寒暄

52 李相弼, 「南冥學派의 形成과 展開」, 高麗大學校 博士學位論文, 1998.

堂과 靜菴의 출처에 대해서 先見之明이 부족한 측면이 있다고 함으로써,[53] 엄정한 출처관의 형성에 한훤당과 정암의 영향이 적지 않았던 것으로 판단하고 있다.

그리고 남명이 살았던 경상우도 지역 가운데는 그 이전부터 强悍하다고 이름난 지역이 많은 바, 남명이 累代에 걸쳐 이 지역에 살아왔기 때문에 지리적 환경에 영향을 적지 않게 받은 것으로 보았다. 특히 스케일이 크고 남성적인 면모를 보여주거나 悲憤慷慨하는 내용이 주조를 이루는 詩들에서 이런 점이 확인된다. 그리고 남명이 주 무대로 살았던 김해 지역에서 보이는 넓은 남해 바다와 진주 인근에서 보이는 두류산과 같이 높은 산 등을, 그의 거대하고 웅장한 정신을 형성한 지리적 배경으로 보았다.

이상필은 다음으로 '남명 사상의 특징'에서 敬義思想의 내용과 '敬과 義'의 상호 관련성 및 존양성찰의 방식과 이를 통해 이룩한 인격상, 출처관과 현실지향적 성향, 학문 방법상의 특징 등을 고찰하였다. 남명의 '敬'과 '義'가 다른 학자들과 구별되는 독특한 점은, 그가 50대 정도에 완성한 것으로 보이는 「神明舍銘」과 「神明舍圖」에 대한 고찰을 통해 어느 정도 드러났다. 「신명사도」는 '敬'을 통해 마음을 닦는 것을 보여주기도 하고 '義'에 따라 현실에 대응하는 면모를 보여주기도 한다는 점에서 兩面構造로 되어 있다고 할 수 있다. 이런 점을 통해 우리는 남명이 마음을 온전하게 유지하기 위하여 사욕과 악념이 일어날 경우 목숨을 걸고 이를 없애려는 '厮殺的 存養省察'의 자세를 지니고 있었으며, 사회적 실천의 측면에서는 '方斷的 處事接物'의 자세를 지니고 있음을 살펴보았다. 아울러 남명의 '義'는 '敬'과 대등한 중요성을 지니고 있음으로 해서 특히 사회적 실천 의지가 더욱 강조될 수 있었다고 보았다.

....

53 曺植, 「與吳御史書」, 『南冥集』 2卷 8張(『韓國文集叢刊』 31卷 484쪽), 雖以考亭之賢, 不免乞斬之說, 況我偏邦 人心極巧 前日寒暄孝直 皆不免於先見之明 況我與君輩乎."

남명은 존양성찰의 방법으로 人鬼關과 夢覺關이라는 눈에 보이지 않는 관문을 내세워, 사람이 될 것인지 귀신이 될 것인지, 아니면 취생몽사하는 삶을 살 것인지 깨친 마음으로 살 것인지 스스로에게 확인하는 공부를 하였다. 「神明舍圖」의 垣郭 밖에 보이는 '鬼'와 '夢'이 바로 물리쳐야 할 것인 바, 이는 '人'과 '覺'를 추구해야 한다는 의미이다. 이러한 공부도 廝殺的으로 하지 않으면 이루기 어려운 것으로 보았다.

남명이 노장사상을 적극적으로 수용하였던 것은 정신세계를 거대하게 유지하기 위한 방편으로 이해되며, 秋霜烈日 또는 壁立千仞으로 규정되는 그의 기상 또한 敬義 思想과 함께 거대한 정신세계를 그 내용으로 하는 老莊 思想의 영향으로 보았다.

남명이 出處觀에 특히 엄정하였던 것은 '義'를 강조한 것과 깊은 관련이 있다. 나아가 벼슬할 만한 때가 아닌데도 나아가 벼슬하면 구차하게 되어 '義'에 어긋나게 된다. 그러나 벼슬할 만한 때는 항상 드물고 벼슬할 수 없는 때가 많으므로, 엄정한 출처관을 가지고 실천하기란 어려운 것이다. 남명이 이를 실천할 수 있었던 것도 '敬'과 같은 비중으로 '義'를 강조하였던 데서 온 결과인 것으로 판단하였다.

남명의 학문 방법상의 특징 가운데 敎學上의 開悟式 方法은 남명이 구구한 이론의 학습보다는 정신적으로 어느 순간 갑자기 깨치게 하는 교육을 펼쳤다는 점에서 敎育史的인 意義가 있으며, '程朱後不必著述'의 태도는 一蠹 鄭汝昌, 寒暄堂 金宏弼, 靜菴 趙光祖 등으로 이어져 온 우리나라 초기 유학사의 다분히 실천적인 측면을 계승한 것으로 보았다.

2. 『南冥集』 판본에 관한 연구 현황

吳二煥은 1987년에 「南冥集 版本考(Ⅰ)」[54]를 발표한 이래 줄곧 『南冥

集』판본 연구에 몰두하여 일련의 논문을 집필한 바 있다. 오이환의 판본 연구는 단순히 판본 연구에 그치지 않고 여러 차례에 걸친『남명집』간행 과정에서 드러난 남명학파 학자들의 동향에도 깊은 관심을 보임으로써, 남명학파 학자들의 학문 사상과 연관되어 일어난 사건의 이면에 펼쳐진 학파의 裏面史를 밝힌 의의가 인정된다. 최근에 와서 金侖壽[55]도『南冥集』의 판본 문제에 대하여 오이환과 약간 다른 각도에서 집중적인 성과를 보여주었다. 이 두 연구자는 논쟁을 통해서『남명집』판본 연구를 진일보시켰다고 할 만하다.

두 연구자 간의 판본 논쟁 가운데 가장 중요한 것은 초간본의 간행을 언제로 보느냐는 것이다. 오이환은 이를 1602년이라 보고 김윤수는 1604년이라 보고 있다. 묘하게도 양인의 주장의 근거는 모두 1609년에 간행된『南冥集』의 文景虎 所撰 跋文에 있다.

> 지난 壬寅(1602년) 연간에 우리 來庵 선생이 한두 동지와 함께 先師께서 남긴 글이 전해지지 못하게 될까 염려하여 詩文 약간 편을 수습하여 伽倻山 海印寺에서 간행하였다. 널리 인쇄하여 배포하기도 전에 藏板閣에 불이 났다. 아, 불행이 심하도다! 그 뒤 수년에 다시 刊役을 일으켜 許從善이 刊本을 베껴내었다. 그리고 巡察使 柳永洵 또한 工役을 도와서 한 해만에 일이 끝났다. …… 己酉(1609년) 정월에 후학 烏山 文景虎가 삼가 기록함.[向在壬寅年間 我來庵先生與一二同志 慮先師遺響無傳 收拾詩文若干篇 入梓于伽倻之海印寺 印布未廣 藏閣遽灰 吁不幸甚矣 後數年更起刊役 許生從善 寫出刊本 柳巡察永洵亦助工役 功一歲而告訖 …… 歲己酉春正月 後學烏山文景虎謹識.]

....

54 吳二煥,「南冥集 板本考 (1)」,『韓國思想史學』1輯, 韓國思想史學會, 1987.

55 金侖壽,『南冥集의 冊版과 印本의 系統』,『南冥學硏究』2집, 慶尚大學校 南冥學研究所, 1992.

이 인용문에 보이는 임인년이 문제의 출발이다. 오이환은 이 해에 간행된 것이라 보고, 김윤수는 이 해는 시문의 수습을 시작한 시기이며 문집 간행은 서문이 쓰인 갑진년(1604)이라고 보는 것이다. 따라서 불에 탄 뒤 다시 간행된 해를 오이환은 1604년으로 보고 김윤수는 1606년경으로 보는 것이다. 이 인용문은 매우 중요한 단서임에도 여기에 구체적 간행 연월일이 명기되어 있지 않음으로써 논쟁의 발단이 된 것이다.

이처럼 간행 연월일에 대한 구체적 정보가 없을 경우 서문을 쓴 연월일이 매우 중요한 단서가 되는 것 또한 상식이다. 1602년에 초간이 되었다면 적어도 1602년 이전에 서문이 쓰였다고 해야 할 것이다. 그리고 1602년 초간본의 것을 1604년에 중간했다면 이 서문 안에 초간에 대한 언급이나 그것이 중간이라는 언급이 있어야 할 것이다. 아니면 적어도 1602년 이전의 서문이 실려 있어야 할 것이다. 또 유영순이 경상도 관찰사로 재임한 기간이 1605년 9월에서 1607년 3월까지이니, 최초의 중간이 1606년 경에 이루어졌다고 함이 이치에 합당할 것이다.

『남명집』은 계해정변 이후 내암 정인홍과 관련된 기록을 刪削하기 위해서 여러 차례 중간되었고, 老莊 관련 문자 등을 산삭하여 남명을 醇儒로 만들기 위해서 여러 차례 중간되었다. 이에 대한 오이환과 김윤수의 연구는 명칭과 구체적인 간행연도 등에 관한 것이 중심이므로 더 이상의 소개는 생략한다.

이 두 연구자의 논의와는 별도로 『남명집』 판본과 관련하여 한 가지 언급할 수 있는 것은, 대체로 초기 판본이 남명의 정신을 가장 잘 드러내 주는 것이고 후기로 갈수록 남명의 본모습을 흐려지게 하여 19세기 말에 나온 것은 거의 남의 문집이 되다시피 하였다는 점이다.

3. 南冥學 繼承者에 관한 연구 현황

지금까지 남명의 사상을 계승한 학자들에 대한 연구 논문은 모두 91편에 이르고 있는데, 그 대부분이 개별 인물에 대한 연구이며, 그 인물들도 몇몇 사람에 편중되어 있다. 요컨대 忘憂堂 郭再祐에 대한 연구가 29편, 來庵 鄭仁弘에 대한 연구가 15편, 寒岡 鄭逑에 대한 연구가 11편이나 되는 데 비하여, 東岡 金宇顒에 대한 연구가 5편, 德溪 吳健에 대한 연구가 4편, 守愚堂 崔永慶·大笑軒 趙宗道·松庵 金沔·浮查 成汝信에 대한 연구는 2편에 불과하고, 桐谷 李晁·禮谷 郭赾·篁巖 朴齊仁·覺齋 河沆·竹牖 吳澐·松亭 河受一·孤臺 鄭慶雲·桐溪 鄭蘊·梧溪 曺挺立·寒沙 姜大遂·謙齋 河弘度·端磎 金麟燮·俛宇 郭鍾錫·晦峰 河謙鎭·深齋 曺兢燮 등에 대한 연구가 각각 1편씩 발표되었을 뿐이다. 더구나 압도적인 다수를 차지하는 곽재우 등에 대한 연구도 남명학파의 史的 展開를 직접적으로 거론한 것이 아니라 임진왜란 때의 의병 활동과 관련된 것이 거의 대부분을 차지하고 있다. 그러나 이들의 관심 대상도 남명의 문인이나 재전 문인까지, 즉 시기적으로 계해정변 전후에 활약했던 인물까지로 국한되고 있으며, 그 이후의 인물에 대한 연구로는 근세의 인물인 端磎 金麟燮·俛宇 郭鍾錫·晦峰 河謙鎭·深齋 曺兢燮 등에 대한 연구가 있는 정도이다

계해정변 이전은 물론이고 정변 이후에도 강우 지역에서 실로 무수한 학자들이 배출되었고, 이 가운데 남명학의 전통을 계승한 인물로 파악되는 학자도 엄청나게 많은 숫자에 이르고 있음을 감안한다면, 그리고 남명학파의 역사적 전개에 대한 연구는 기본적으로 이러한 무수한 학자에 대한 개별적 연구를 바탕으로 성립될 수 있다는 점을 감안한다면, 남명학파에 관한 연구는 지금 막 시작하는 단계에 있다고 해도 과언이 아니다.

앞에서 거론한 남명학 계승자에 대한 연구는 모두 개별 인물에 대한

연구에 그치고 있고, 남명학파라는 전체의 틀에서 종합적으로 연구한 것으로는 앞에서 언급한 적이 있는 이상필의 「남명학파의 형성과 전개」가 유일하다 할 것이다. 이상필은 이 부분을 다시 '南冥學派의 形成'과 '남명학파의 역사적 전개'로 나누어 고찰하였다. '南冥學派의 形成'에서는 南冥門人 概況 및 南冥 思想의 繼承 樣相, 남명학파의 일반적 특징 등을 檢討하고 點檢하여 摘示하였다.

남명의 門人錄으로는 1636년 无悶堂 朴絪에 의해 작성된 『山海師友淵源錄』이 최초로 만들어진 것인데 여기에는 50명의 문인이 등재되어 있다. 1764년에 나온 「南冥先生別集」의 「師友錄」은 상기 『山海師友淵源錄』과 같은 것이며, 19세기 말엽에 復菴 曺垣淳에 의해 편찬된 『山海淵源錄』은 분류 기준과 추가된 인물에 대한 문헌적 증거가 미흡하여 참고하기에 부족하며, 1960년에 편찬된 『德川師友淵源錄』이 비교적 完整한 편이고 또 많은 문인들이 보충되어 있는데, 여기에는 전기 50명의 문인을 포함하여 모두 135명의 문인이 등재되어 있다. 이상필은 『산해사우연원록』과 『덕천사우연원록』을 분석하여 남명 문인으로 볼 수 없는 인물 10명을 제외하고, 여기에다 남명문인으로 추가할 인물 11명을 더하여 모두 136명을 남명문인으로 판단하여 정리해 두었다.

남명 사상의 계승 양상에서는 경의 사상의 수용 양상, 출처관의 계승 양상, 사회적 실천 정신의 계승 양상, 현실지향적 학문 성향의 계승 양상, 현실비판 정신의 계승 양상 등 여러 부문으로 나누어 남명 문인들의 남명 사상 계승 양상을 구체적으로 살펴보았다. 아울러 남명 문인들에게 공통적으로 나타나는 특징적인 면모를 다음과 같이 정리하였다.

첫째, 敬義 思想을 南冥 思想의 핵심으로 이해하고 이를 이어받으려는 자세를 가지고 있다. 둘째, 문집의 분량이 적으며 특히 시의 분량이 적다. 이는 남명의 '程朱後不必著述'의 태도와 '詩荒戒'의 영향으로 보인다. 셋째, 성리학적 이론 탐구와 유관한 글이 거의 없다. 이는 남명이 사회적 실천을 강조하면서 이론적 탐구를 경계했기 때문인 것으로 보인다. 넷째, 현실비판 정신이 강하며, 그런 만큼 현실의 어려운 상황에 민감하게 반응한다. 이는 남명의 현실지향적 성향과 현실비판 정신에서 영향을 받은 것으로 보인다.

'남명학파의 역사적 전개'에서는 '남명 사숙인들의 계보'와 '남명 사숙인들의 남명 사상 계승 양상'으로 나누어 고찰하였다.

남명 私淑人의 系譜에서는 남명의 재전 문인들을 별도로 언급하고, 그 이후의 인물들에 대해서는 계해정변 이후와 순조대 이후로 나누어 고찰하였다. 계해정변 이후 순조대까지는 남명학파의 인물이 현격하게 줄어들어 남명학파의 위축된 모습이 뚜렷이 드러난다. 순조대 이후에 畿湖 南人의 領袖 性齋 許傳과 嶺南 南人의 領袖 定齋 柳致明 및 이를 이은 寒洲 李震相의 문하에서 강우 지역 남인 학자들이 대거 배출되었다. 그리고 노론 계열 쪽으로는 19세기 중엽까지는 全南 長城에서 강학하며 主理論으로 크게 알려진 蘆沙 奇正鎭에게 급문한 인물들이 강력한 학문 집단을 형성하였고, 19세기 말엽부터는 栗谷·尤菴의 正脈으로 알려진 艮齋 田愚에게 及門한 인물들이 많이 배출되었다.

남명 사숙인들의 남명사상 계승 양상에서는 남명 사숙인들 가운데 대표적 인물 몇 명만을 대상으로 하여 살펴보았다. 아직 개별 인물에 대한 연구가 부족하고 자료는 너무 많아 단정하긴 어렵지만, 대표적인 인물들을 통해서 미약하나마 남명의 정신이 連綿히 이어져 내려왔음을 볼 수 있었으며, 남인 계열의 학자들이나 노론 계열의 학자들이거나 간에 강우지역을 생활 거점으로 삼고 있는 인물들은 남명 사상의 계승이란 측면에서는 긍정적으로 검토될 만하였다. 이 시기에 오면 남명학파의 특징으로 제시되었던 네 가지 가운데 경의 사상의 계승 및 현실지향적 성향과 비판정신 등은 어느 정도 변모된 채 계승되고 있었으며, 문집의 분량이 적었던 점 및 성리학적 이론 탐구와 유관한 글이 없었던 점은 상당히 퇴색해지고 말았다.

III. 結言 및 向後 課題

南冥이 살았던 16세기 직전까지의 유학의 흐름은, 一蠹 鄭汝昌, 寒暄堂 金宏弼, 靜菴 趙光祖 등에 의하여 『小學』을 중심으로 현실에서 '堯舜君民'의 道學政治를 실현하려는, 즉 다분히 現實志向의 實踐的 性向을 띠는 것이었다. 그러나 여러 차례의 사화로 인하여 현실에서 이들이 참담한 좌절을 겪음에 따라, 이들 이후의 학자들은 도학정치의 실현을 전제로 하는 심성수양과 이론의 정비에 학문의 역량을 집중시키게 되었다. 학문의 방향이 이렇게 정립된 데에는 晦齋 李彦迪, 退溪 李滉 등의 역할이 결정적이었다.

南冥은 바로 이러한 思想史的 轉變의 시기에 태어나 생장하면서 전래의 도학정치를 정치적 이상으로 삼고 '敬義'를 바탕으로 하는 철저한 개인의 수양과 함께 사회적 실천을 강력히 지향하는 쪽으로 학문의 방향을 설정하였다. 특히 남명은 전투에서 죽을 각오로 적을 물리치려는 厮殺的 자세를 '敬'의 구체적인 방법으로 제시함으로써, 당시까지 여타의 학자들에게서 볼 수 없었던 精神修鍊의 치열함을 보여 주었으며, 나아가 '敬'을 통한 수양을 바탕으로 하면서 '義'를 행동의 표준으로 삼아 方斷的 자세로 사회적 실천을 지향함으로써 '義'의 중요성을 '敬'의 중요성과 대등한 정도로 끌어올려, 이전의 선현에게서 볼 수 없었던 독창적인 '敬義思想'을 제시하였던 것이다.

南冥이 평소 견지하였던 嚴正한 出處觀이나 백성에 대한 강렬한 애정과 함께 社會的 實踐을 지향하는 학문의 성향이, 한편으로는 그의 경의사상에 收斂이 되면서 한편으로는 경의사상을 통해 擴散됨으로써, 남명사상의 다양한 국면이 입체적 모습을 띠게 되었다. 남명이 '一家의 學問을 이루었다'고 하는 언표도 이러한 점에서 이해되는 것이다.

남명 사상의 이러한 면모는 문인들 전반에게 계승되어 이른바 남명학파를 형성하게 되는데, 이들 남명의 문인들 가운데서 東岡 金宇顒은 임금의 측근에서 心性修養을 통한 聖學의 완성으로 도학정치의 이상을 실현하려 하였고, 來庵 鄭仁弘은 司憲府 掌令으로 있을 때 강력한 비판 정신으로 官人들의 의식을 바로잡으려 하였고, 寒岡 鄭逑는 주로 지방 수령직을 통하여 蘊蓄한 학문을 백성에게 직접 실현시키려 하는 등 정치 현실에서 두루 그 역량을 발휘하였다.

남명의 문인들은 정계에서의 이러한 활약 못지 않게 자신들의 생활 근거지를 중심으로 문인 집단을 형성하였다. 守愚堂 崔永慶과 覺齋 河沆은 晋州·丹城·山陰 등지를 중심으로, 來庵 鄭仁弘은 陜川·三嘉·草溪·咸陽·安陰·居昌 등지를 중심으로, 寒岡 鄭逑는 星州·高靈·漆谷·大邱 등지를 중심으로 각각 講學活動을 통하여 문인 집단을 형성해 나갔다. 남명의 문인들에 의해 형성된 이들 재전문인들은 모두 남명의 사상을 계승하고 있었으므로 서로 간에 문인들이 겹치는 경우가 많았으며, 이런 현상은 남명학파 구성원 상호간에 일체감을 형성하게 하였다.

이러한 일체감은 宣祖 25년(1592년)에 일어난 壬辰倭亂 때 여실히 드러나, '義'에 입각한 사회적 실천을 중시하던 남명의 정신이 유감없이 발휘되었다. 이때 남명의 문인들 및 내암 정인홍의 문인들이 주축이 된 남명학파가 대대적으로 창의활동을 전개하였던 바, 개인적·산발적으로 창의활동이 이루어졌던 여타 지역에 비해, 강우지역에서의 집단적·조직적 창의활동은, 남명이 특히 '의'를 '경'과 대등하게 중시하면서 사회적 실천을 강조하였던 면모가 그 문인과 재전 문인들에 의해 선명하게 드러난 결과라고 그 의의를 규정할 수 있다.

壬亂時의 이러한 대대적인 창의활동으로 인하여 남명학파 전체의 위상이 제고되었음은 말할 것도 없거니와, 이에 따라 남명학파를 주도하던 내암 정인홍의 정치적 위상도 높아졌다. 광해군의 즉위에 적극적 지지 의사를 표명했던 내암은 광해군이 즉위한 뒤 그의 정신적 지주 역할을 하였고, 내암은 이에 부응하여 광해군을 만날 때마다 民本精神에 입각한 爲民政治를 할 것을 역설하였으며, 역시 광해군의 존경을 한 몸에 받았던 한강 정구는 향리에서 엄청난 문인 집단을 형성하면서 강학활동에 전념하였다. 따라서 이 시기는 대거 정계에 진출한 내암의 문인 집단과 향리에서 학문에 몰두한 한강의 문인 집단이 朝野에서 남명학파의 역량을 보여준, 남명학파의 전성기였다고 할 수 있다.

그러나 계해정변 이전에 寒岡이 沒하고 계해정변으로 來庵이 殺弟廢母의 원흉으로 몰려 처형당함으로써 남명학파는 엄청난 위축의 시대를 맞이하였다. 즉, 정변이 일어나자마자 내암이 88세의 노구로 끌려가 처형당하고 내암의 문인들이 대거 처형당한 것과 관련하여, 살아남은 일부 내암 문인들의 세력이 여타 북인 잔여 세력과 결탁하여, 여러 차례의 반란을 시도하였으나 그 때마다 실패함으로써, 남명학파가 정치적으로는 물론 학문적으로도 몰락하게 되었다.

이러한 정치적·학문적 위축은 來庵 및 그의 문인 일부로부터 발단되어 남명학파 전체에 그 영향이 파급된 것으로, 이후 이 지역 학자들이 여러 차례에 걸쳐 『南冥集』을 釐正하였던 것도 이러한 몰락에서 벗어나려는 노력의 일환이었던 것으로 이해된다.

영조 4년(1728)에 일어난 戊申亂 또한 남명학파와 무관하지는 않다. 무신란은 景宗을 지지하던 南人과 小論의 일부 세력이 英祖를 축출하고 老論을 제거하기 위하여 일으킨 반란이므로, 기본적으로는 남명학파와는 무관한 사건이었다. 그러나 安陰을 중심으로 일어난 鄭希亮과 陜川을 중심으로 정희량에 동조하여 일어난 曺聖佐는, 각각 來庵의 門人이었던 桐溪 鄭蘊과 陶村 曺應仁의 후손이므로, 이후 남명학파의 근거지인 강우지역이 반역향으로 지목됨으로써 남명학파는 정치적·학문적으로 더욱 위축을 겪게 되었던 것이다.

이러한 상황에서도 남명학파 학자들의 남명을 추숭하는 사업은 끊이지 않고 계속되었다. 이 일은 주로 尊衛釐正 내지는 時諱釐正의 차원에서 『남명집』을 중간하는 일과 남명을 文廟에 종사하기 위한 일들이었다. 이런 일들의 진행은 남명학파가 정치적·학문적으로 엄청난 위축을 겪고 있으면서도, '敬義思想을 중심으로 一家를 이루었던' 남명의 학문 정신이 후대에 면면히 살아 있음을 보여주는 것이라 할 수 있다.

19세기 이후 기호남인의 영수 性齋 許傳과, 영남남인의 영수 定齋 柳致明 및 그의 문인 寒洲 李震相, 노론 계열의 蘆沙 奇正鎭 등의 문하에 강우지역 학자들이 대거 급문하여 성황을 이루었는데, 이들의 학문 연원이 위로 退溪와 栗谷 등에 닿아 있음으로 인하여 남명학파의 학풍이 크게 변모하게 되었던 바, 이 시기 강우지역 학자들의 문집에 나타나는 외견상의 모습만으로는 남명학파의 풍모가 거의 드러나지 않게 되었다.

그러나 이런 가운데서도 일부 문집에는 남명에 대한 존모의 생각이 편린으로 남아 있어 남명 사상이 어느 정도 계승되어 왔던가 하는 점을 살펴 볼 수 있다. 특히 조선 말기에 이르면 남명의 경의사상이 집약된 것으로 알려진 「神明舍圖」와 「神明舍銘」에 대하여 精緻하게 해석하는 작업이 后山 許愈, 老柏軒 鄭載圭, 俛宇 郭鍾錫, 復菴 曺垣淳, 重齋 金榥 등의 학자들에 의해서 이루어지는데, 이 과정에서 남명의 노장적 면모에 대한 해석은 제외된 채 논의되고 있음으로 보아 이들에게 퇴계학파적 시각이 깊이 침투되어 있음을 보여준다.

남명의 작품에 대한 이론적 탐구 이외에 남명의 정신을 실천하려는 학자들도 상당히 존재하였음을 짐작케 하는 인물로 端磎 金麟燮 같은 이가 있다. 그는 평소에 남명의 사상을 자신의 생활 속에서 구현하려 하였으며, 이 점은 특히 丹城民亂 때 그가 정신적 지주 역할을 하였던 것에서 확인된다. 또 1894년과 1910년 등에도 『남명집』이 중간되었는데, 이 때 간행된 문집에는 노장과 관련될 법한 구절이 모두 삭제됨으로써, 이 문집으로는 남명을 바로 이해하기 어렵다는 문제점이 남아 있기는 하지만, 이러한 활동을 통하여 강우지역에서 여전히 남명의 정신을 이으려는 학자들이 광범위하게 존재하였음을 짐작케 한다.

요컨대 남명은 그의 敬義思想 및 엄청나게 거대하고 웅장한 精神世界의 크기로 인해 16세기 유학사에서 일단 주목을 받은 인물이었으나, 계해정변 이후 내암의 패퇴와 함께 남명학파가 정치적·학문적으로 위축됨으로써, 남명의 학문과 사상을 계승하는 인물들이 江右地域에 한정되었다. 그러나 20세기에 들어오기까지 남명의 직계 학맥은 거의 없어진 상황에서도 남명의 사상은 강우지역에서 끊임없이 이어져 왔다. 앞으로 더욱 연구되어야 분명해지겠지만, 한 지역에서 이처럼 한 인물의 사상이 정치적 패퇴에도 불구하고 끊임없이 존숭되고 계승된 경우는 그 유례를 찾기 어려울 정도이다.

이런 점을 염두에 두면서 앞으로 남명 및 남명학 계승자에 대한 연구에서 중점적으로 연구해야 할 과제를 몇 가지 제시하면 다음과 같다.

남명에 대한 연구는 이제 『남명집』의 작품 하나하나를 각각의 개별 논문으로 연구하고, 이를 종합하여 남명의 사상이나 문학을 정립하는 방향으로 나아가야 할 것이다. 비슷한 주제로 중언부언하기보다는 하나씩 개별 작품을 연구해 들어가는 것이 실질적이라는 뜻이다. 그리고 이런 연구야말로 이제까지의 연구에서 방향이나 개념 설정이 잘못된 경우 이를 수정할 수 있는 확실한 근거가 될 수 있는 것이다.

남명학 계승자에 대한 연구에서 우선적으로 연구되어야 할 것은 물론 중요 인물에 대한 개별적인 연구이다. 이를 종합해야 남명학파의 실체가 드러날 것이기 때문이다. 그런데, 이러한 연구를 하면서 관심을 기울여야 할 점은, 계해정변 이후 남명학파가 남인화한 경우도 있고 서인화한 경우도 있는데, 개인이나 가문의 어떤 특성에 의해서 학문적 당파가 서로 다르게 되었는가 하는 점을 밝히는 것이다.

아울러 남명학 계승자들의 남명학을 계승한 면모가 자세히 밝혀지면 지금까지 강우학파라고도 한 남명학파의 지역적 분포가 드러날 것이다. 퇴계학파나 율곡학파 또한 이러한 방법으로 학파의 지역적 분포가 드러나면 우리나라 학계의 전반적인 면모가 더욱 뚜렷이 드러날 것이다.

남명학 계승자 가운데 남명학파 내부의 갈등 관계와 타학파와의 연계 등에 대한 연구도 필요하다. 남명학을 밝히는 작업은 나아가서 우리나라 학계의 동향을 체계적으로 밝히고, 나아가 우리나라 지성인의 정신이 흘러온 역사를 재구할 수 있어야 하기 때문이다.

향후 과제 가운데 좀 조심스럽게 언급되어야 할 부분이면서 반드시 짚고 넘어가지 않으면 안 될 것이 있다. 즉, 남명의 경의사상이 갖고 있는 많은 장점에도 불구하고, 그것이 내포하고 있는 비타협적인 측면이 사회 내부의 화합을 저해할 수도 있다는 점에 대해서는 깊이 있는 연구가 필요하다. 이 부분에 대한 연구는 남명학파의 치부가 될 수도 있다. 그러나 이러한 연구는 남명학파의 학문이 앞으로도 유효하기 위해서는 반드시 짚어야만 할 부분이다. 물론 이는 남명학파만의 문제는 아닐 것이다. 어느 학문이든 아무리 장점이 많다 하더라도 단점이 없을 수 없는데, 이를 아울러 밝혀야 발전적 방향으로 나아갈 수 있기 때문이다.

|본문 내용의 원출처|

순번	논문	원출처
1장-1	龜巖 李楨의 學問 標的 - 神明舍賦」의 분석을 중심으로 -	『南冥學硏究』第23輯(2007.06) 경상대학교 남명학연구소
1장-2	瞻慕堂 林芸과 南冥 曺植과의 關係	『南冥學硏究』第54輯(2017.06) 경상대학교 남명학연구소
1장-3	介庵 姜翼의 師友淵源과 實踐志向的 學問	『16세기 함양지역 유현의 학문과 문학』(2009.09) 함양문화원 제5회 학술발표회 자료
1장-4	『簞谷先生日記』小考	『함안의 인물과 학문(2)』(2011.12) 함안문화원
1장-5	來庵 鄭仁弘의 學問性向과 政治的 役割	『南冥學硏究』第6輯(1997.02) 경상대학교 남명학연구소
1장-6	南冥學派의 展開過程에서 來庵 鄭仁弘에 대한 認識 再考	『동양한문학연구』第36輯(2013.02) 동양한문학회
1장-7	來庵 鄭仁弘 所撰 南冥 神道碑銘 小考	『南冥學硏究』第40輯(2013.12) 경상대학교 남명학연구소
1장-8	大笑軒 趙宗道의 學問과 삶의 態度	『南冥學硏究』第38輯(2013.06) 경상대학교 남명학연구소
1장-9	松庵 金沔의 師承 硏究	『南冥學硏究』第57輯(2018.03) 경상대학교 남명학연구소
1장-10	寒岡의 學問性向과 文學	『南冥學硏究』創刊號(1991.12) 경상대학교 남명학연구소
2장-1	芝峯 李宗榮의 生涯와 雞黍約會 活動의 意義	『동양한문학연구』第49輯(2018.02) 경상대학교 남명학연구소
2장-2	松亭 河受一의 生涯와 文學	『韓國漢文學과 儒敎文化』安東漢文學 제2집, 蒼谷金世漢敎授 定年退職紀念論叢(1991.12)
2장-3	滄洲 河惺의 生涯와 南冥學派 內에서의 역	『南冥學硏究』第25輯(2008.06) 경상대학교 남명학연구소
2장-4	后山 許愈의 南冥學 繼承과 그 意義 -「神明舍圖銘或問」의 成立을 중심으로-	『南冥學硏究』第19輯(2005.06) 경상대학교 남명학연구소
2장-5	勿川 金鎭祜의 南冥學 受容 樣相	『南冥學硏究』第21輯(2006.06) 경상대학교 남명학연구소
2장-6	면우 곽종석 평전	『문화고을 진주』창간호(2007) 진주문화연구소
2장-7	俛宇 郭鍾錫의 南冥學 繼承樣相	『南冥學硏究』第28輯(2009.12) 경상대학교 남명학연구소
3장-1	『簞谷先生日記』解題	『南冥學硏究』第6輯(1997.02) 경상대학교 남명학연구소
3장-2	『覺齋集』解題	『南冥學硏究』第12輯(2002.02) 경상대학교 남명학연구소
3장-3	『松亭集』解題	『南冥學硏究』第13輯(2002.06) 경상대학교 남명학연구소
3장-4	『竹溪集』解題	『南冥學硏究』第19輯(2005.06) 경상대학교 남명학연구소
3장-5	『嶧陽集』解題	『南溟學硏究』第4輯(1995.02) 경상대학교 남명학연구소
3장-6	南冥學派 硏究의 現況과 課題	지역학과 영남좌우도 한문학 연구 동양한문학회 2018년도 추계학술대회 발표문

벽재 논문집 2

남명학파의 인물들

초판 인쇄 | 2020년 4월 13일
초판 발행 | 2020년 4월 23일

지 은 이   이상필
발 행 인   한정희
발 행 처   경인문화사
편   집   한주연 김지선 박지현 유지혜
마 케 팅   전병관 하재일 유인순
출판번호   406-1973-000003호
주   소   경기도 파주시 회동길 445-1 경인빌딩 B동 4층
전   화   031-955-9300 팩 스   031-955-9310
홈페이지   www.kyunginp.co.kr
이 메 일   kyungin@kyunginp.co.kr

ISBN 978-89-499-4886-7 94910
      978-89-499-4884-3 (세트)

값 43,000원